刑事判例研究

〔15〕

韓國刑事判例研究會 編

博 英 社

Korean Journal of Criminal Case Studies

〔15〕

Edited by

Korean Association of Criminal Case Studies

Pakyoungsa Publishing Co.
Seoul, Korea

머 리 말

「형사판례연구」 제15권을 발간하게 되었다. 본서는 2006년 3월부터 2007년 2월까지 월례 연구회에서 발표된 논문과, 이와 별도로 투고된 논문 중 심사를 거쳐 선정된 논문들을 수록한 것이다. 부디 본서가 형사법에 관심을 가진 분들에게 많은 참조가 되기를 희망한다. 제15권 역시 형사판례연구회 회원들의 노력과 관심이 일궈낸 결실이다. 발표를 하여주시고 원고를 집필하여주신 분들에게 감사드린다. 본서가 발간을 거듭할수록 여기에 실린 글들이 우리나라 형사법학 발전에 미칠 영향을 더 생각하게 되고, 형사 실무계에 대해서도 더 무거운 책임감을 느끼면서 연구발표를 하고 있다고 생각한다. 이를 통하여 형사판례연구회는 앞으로 우리나라 형사법 발전에 실질적인 도움을 줄 수 있는 학술단체로 발전을 거듭할 것이라고 믿는다.

본서에서는 지난 제14권과 달리 영문초록과 제목 등을 부기하였다. 이는 「형사판례연구」지를 학술진흥재단의 등재지로 만들기 위한 준비작업의 일환이다. 이 문제에 대해서는 몇 년 전에 논의한 바가 있었으나 굳이 그 필요성을 느끼지 않았던바 최근 학계의 실질적 필요성으로 인하여 입장을 바꾸지 않을 수 없었다.

끝으로 형사판례연구회를 적극 지원하여 주신 한국형사정책연구원의 이태훈 원장님께 감사드리고, 본서의 출판을 지원하신 박영사의 안종만 회장님, 그리고 형사판례연구회 운영을 위한 수고를 아끼지 않은 경기대학교 황태정 교수, 한국형사정책연구원 이승현 박사에게도 사의를 표한다.

2007년 8월 14일

형사판례연구회 회장 **박 상 기**

目　次

Table of Contents

부진정결과적 가중범의 성립범위와 죄수

김 성 룡*

[대상판결 1] 대법원 1983. 1. 18. 선고 82도2341 판결

[사실관계]

피고인은 그의 부 공소외인 이 사찰의 주지인 피해자 1 때문에 피고인과 공소외인 등 가족이 거주하여 오던 암자에서 쫓겨난데 대하여 원한을 품고 동인을 살해하기로 결의하고, 1982. 3. 31. 소속대로부터 외박허가를 얻고 외출하여 동년 4. 1. 00:30 경 안면에 마스크를 하고 위 피해자 1의 집에 침입하여 그 집 부엌의 석유곤로 석유를 프라스틱 바가지에 따라 마루에 놓아두고 큰 방에 들어가자 피해자 1은 없고 동인의 처 피해자 2와 딸 피해자 3(19세), 피해자 4(11세), 피해자 5(8세) 등이 깨어 피해자 3이 피고인을 알아보기 때문에 마당에 있던 절구방망이를 가져와 피해자 2와 3의 머리를 각 2회씩 강타하여 실신시킨 후 이불로 뒤집어 씌우고 위 바가지의 석유를 뿌리고 성냥불을 켜 대어 피해자 1 및 동인가족들이 현존하는 집을 전소케 하고 불이 붙은 동가에서 빠져 나오려는 위 피해자 4와 5가 탈출하지 못하도록 방문 앞에 버티어 서서 지킨 결과 실신하였던 피해자 2와 탈출하지 못한 피해자 4와 5를 현장에서 소사케 하고, 탈출한 피해자 3은 3도 화상을 입고 입원가료 중 동년 4.10 사망에 이르게 하여 동인들을 살해하고, 위 범행 후 자살을 기도하다가 귀대일시인 동년 4. 1. 17:00에 귀대치 아니하고 이튿날인 4. 2. 03:00경 검거됨으로써 10시간 동안 부대를 이탈하였다.

[사건경과 및 판결이유]

원심인 해군고등군법회의는 피고인의 위 4인에 대한 살해행위를 형법 제250조 제 1 항에, 위 현주건조물에의 방화행위를 형법 제164조

* 경북대학교 법과대학 법학부 교수, 법학박사.

전단에 의율하고 양자를 상상적 경합범으로 처단하여 피고인에게 사형을 선고한 제 1 심 조치를 지지하였고, 이에 대해 피고인이 상고한 사건에서 대법원은 원심의 상상적 경합인정을 현주건조물방화치사죄에 대한 법리오해라고 평가하였다. 먼저 실신한 피해자 2와 3에 대한 범죄사실에 관하여 보면 형법 제164조 후단이 규정하는 현주건조물 방화치사상죄는 그 전단에 규정하는 죄에 대한 일종의 가중처벌규정으로서 불을 놓아 사람의 주거에 사용하거나 사람이 현존하는 건조물을 소훼함으로 인하여 사람을 사상에 이르게 한 때에 성립되며 동 조항이 사형, 무기 또는 7년 이상의 징역의 무거운 법정형을 정하고 있는 취의에 비추어 보면 과실이 있는 경우뿐 아니라 고의가 있는 경우도 포함된다고 볼 것인바(대법원 1966. 6. 28. 선고 66도1 판결은 과실에 의한 경우에 동조 후단의 적용요건에 관한 사례이므로 위와 같은 당원 견해와 저촉되지 아니한다), 이와 다른 견해에서 형법 제164조 후단의 범죄는 과실의 경우에만 적용되는 것으로 판정하여 피고인을 현주건조물에의 방화죄와 살인죄의 상상적 경합으로 의율한 제 1 심 판단을 지지한 원심판결은 결국 형법 제164조 후단의 법리를 오해하였다는 평을 면하지 못한다(이 사건에서와 같이 위 양죄의 상상적 경합으로 기소된 사실을 형법 제164조 후단의 범죄로 인정한다 하더라도 공소사실의 동일성이 손상되지 아니함은 물론이다). 그러나 논지처럼 형법 제164조 후단의 범죄로 인정하여 동 조항을 적용한다면 피고인만이 상고한 이 사건에 있어서 피고인에게 불리한 의율이 될 수밖에 없는 법리로서 결국 논지는 채택될 수 없다.

다음 피고인이 불을 놓은 집에서 빠져 나오려는 위 피해자 4, 5를 방문에서 가로 막아 동녀들을 탈출 못하게 함으로써 불에 타 숨지게 하였다는 공소사실에 관하여 직권으로 살피건대, 형법 제164조 전단의 현주건조물에의 방화죄는 공중의 생명, 신체, 재산 등에 대한 위험을 예방하기 위하여 공공의 안정을 그 제 1 차적인 보호법익으로 하고 제 2 차적으로는 개인의 재산권을 보호하는 것이라고 할 것이나, 여기서 공공에 대한 위험은 구체적으로 그 결과가 발생됨을 요하지 아니하는 것이고 이미 현주건조물에의 점화가 독립연소의 정도에 이르면 동 죄는 기수에 이르러 완료되는 것인 한편 살인죄는 일신전속적인 개인적 법익을 보호하는 범죄이므로, 이 사건에서와 같이 설사 사람이 현존하는 건조물에 그 사람을 살해하기 위하여 방화한 경우라 할지라도 그것은 1개의 행위가 수개의 죄명에 해당하는 경우라고 볼 수 없고, 위 방화행위와 살인행위는 법률상 별개의 범의에 의해 별개의 법익을 해하는 별개의 행위라고 하지 않을 수 없는바, 그렇다면 불에 타고 있는 집에서 빠져 나오려는 이 사건 피해자들을 막아 소사케 한 행위는 별개의 행위로서 살인죄를 구성한다고 할 것임에도 이를 위 방화죄와 상상적 경합범으로 처단한 제 1 심 판단을 지지한 원심판결에는 필경 살인죄, 현주건조물 등에의 방화죄 및 죄수의 법리를 오해한 잘못이 있다고 볼 수 있으나 이 사건에서 피고인을 현주건조물 등에의 방화죄와 살인죄(피해자 4, 5에 대한)의 실체적 경합범(관계)으로 의율처단한다면 상상적 경합범(관계)으로 의율처단한 원심보다 피고인에게 불리함이 분명하므로 결국 피고인의 불이익에 귀결되는 법리로서 위 직권판단한 이유를 들어 원심판결을 파기할 수 없다는 결론에 이른다.

[판결요지]

가. 형법 제164조 후단이 규정하는 현주건조물 방화치사상죄는 그 전단에 규정하는 죄에 대한 일종의 가중처벌규정으로서 불을 놓아 사람의 주거에 사용하거나 사람이 현존하는 건조물을 소훼함으로 인하여 사람을 사상에 이르게 한 때에 성립되며 동 조항이 사형, 무기 또는 7년 이상의 징역의 무거운 법정형을 정하고 있는 취의에 비추어 보면 과실이 있는 경우뿐만 아니라 고의가 있는 경우도 포함된다고 볼 것이므로, 현주건조물 내에 있는 사람을 강타하여 실신케 한 후 동건조물에 방화하여 소사케 한 피고인을 현주건조물에의 방화죄와 살인죄의 상상적 경합으로 의율할 것은 아니다.

나. 형법 제164조 전단의 현주건조물에의 방화죄는 공중의 생명, 신체, 재산 등에 대한 위험을 예방하기 위하여 공공의 안전을 그 제1차적인 보호법익으로 하고 제2차적으로는 개인의 재산권을 보호하는 것이라고 할 것이나, 여기서 공공에 대한 위험은 구체적으로 그 결과가 발생됨을 요하지 아니하는 것이고 이미 현주건조물에의 점화가 독립연소의 정도에 이르면 동 죄는 기수에 이르러 완료되는 것인 한편, 살인죄는 일신전속적인 개인적 법익을 보호하는 범죄이므로, 이 사건에서와 같이 불을 놓은 집에서 빠져 나오려는 피해자들을 막아 소사케 한 행위는 1개의 행위가 수개의 죄명에 해당하는 경우라고 볼 수 없고, 위 방화행위와 살인행위는 법률상 별개의 범의에 의하여 별개의 법익을 해하는 별개의 행위라고 할 것이니, 현주건조물방화죄와 살인죄는 실체적 경합관계에 있다.

[대상판결 2] 대법원 1990. 6. 26. 선고 90도765 판결

[판결요지]

특수공무방해치사상과 같은 이른바 부진정결과적 가중범은 예견가능한 결과를 예견하지 못한 경우뿐만 아니라 그 결과를 예견하거나 고의가 있는 경우까지도 포함하는 것이므로, 공무집행을 방해하는 집단행위의 과정에서 일부 집단원이 고의행위로 살상을 가한 경우에도 다른 집단원에게 그 사상의 결과가 예견가능한 것이었다면 다른 집단원도 그 결과에 대하여 특수공무방해치사상의 책임을 면할 수 없다.

[대상판결 3] 대법원 1996. 4. 26. 선고 96도485 판결

[사실관계]

피고인은 1995. 8. 7. 03:15경 경기 광주군 도척면 도웅 2리 소재의 피고인 집 안방에서 잠을 자고 있는 피해자인 아버지 피해자 1과 동생 피해자 2를 살해하기 위하여 그 곳에 있던 두루마리 화장지를 말아 장롱 뒷면에 나 있는 구멍을 통하여 장롱 안으로 집어 넣은 다음, 평소 소지하고 다니던 1회용 라이터로 화장지에 불을 붙여 장롱으로 불이 번지자 그 곳을 빠져 나옴으로써 직계존속인 위 피해자 1과 동생인 위 피해자 2를 연기로 인하여 질식사하도록 하여 이들을 살해하고, 위 피해자들이 현존하는 건조물을 소훼하여 사망에 이르게 하였다.

[사건의 경과 및 판결이유]

제 1 심과 원심의 위의 사실관계에 대하여 아버지에 대한 살인행위를 형법 제250조 제 2 항, 동생에 대한 살인행위를 같은 법 제250조 제 1 항, 각 현주건조물방화치사의 점을 같은 법 제164조 후단에 의율하여 위 각 죄를 상상적 경합범으로 처단하였고, 대법원은 이에 대해, 원심은 이를 유지하였다. 형법 제164조 후단의 현주건조물방화치사죄의 법리나 상상적 경합범의 법리를 오해한 것으로 평가하고 그 이유를 다음과 같이 밝혔다.

살피건대, 형법 제164조 후단이 규정하는 현주건조물방화치사상죄는 그 전단이 규정하는 죄에 대한 일종의 가중처벌 규정으로서 과실이 있는 경우뿐만 아니라, 고의가 있는 경우에도 포함된다고 볼 것이므로 사람을 살해할 목적으로 현주건조물에 방화하여 사망에 이르게 한 경우에는 현주건조물방화치사죄로 의율하여야 하고 이와 더불어 살인죄와의 상상적 경합범으로 의율할 것은 아니라고 할 것이고(대법원 1983. 1. 18. 선고 82도2341 판결 참조), 다만 존속살인죄와 현주건조물방화치사죄는 상상적 경합범 관계에 있으므로, 법정형이 중한 존속살인죄로 의율함이 타당하다고 할 것이다. 따라서 이 사건에 있어 동생의 살해에 대하여는 현주건조물방화치사죄만으로 의율하였어야 함에도 불구하고, 위와 같이 동생의' 살해에 대하여 살인죄와 현주건조물방화치사죄의 상상적 경합범으로 의율한 제 1 심을 유지한 원심은 필경 형법 제164조 후단의 현주건조물방화치사죄의 법리나 상상적 경합범의 법리를 오해하였다고 아니할 수 없다.

그러나, 피고인의 소위는 1개의 방화행위로 인하여 아버지와 동생을 동시에 사망하게 한 것으로서 이는 상상적 경합범에 해당되므로 어차피 현주건조물방화치사죄보다 형이 더 무거운 존속살인죄의 정한 형으로 처벌할 수밖에 없고, 원심도 피고인을 형이 가장 무거운 존속살인죄의 정한 형으로 처벌하였으므로 원심의 위와 같은 잘못은 판결에 영향이 없다 할 것이니, 이 점을 지적하는 상고이유의 주장은 결국 이유 없음에 귀착한다고 할 것이다.

[판결요지]

형법 제164조 후단이 규정하는 현주건조물방화치사상죄는 그 전단이 규정하는 죄에 대한 일종의 가중처벌 규정으로서 과실이 있는 경우뿐만 아니라, 고의가 있는 경우에도 포함된다고 볼 것이므로 사람을 살해할 목적으로 현주건조물에 방화하여 사망에 이르게 한 경우에는 현주건조물방화치사죄로 의율하여야 하고 이와 더불어 살인죄와의 상상적 경합범으로 의율할 것은 아니며, 다만 존속살인죄와 현주건조물방화치사죄는 상상적 경합범 관계에 있으므로, 법정형이 중한 존속살인죄로 의율함이 타당하다.

〔평 석〕

Ⅰ. 평석의 배경과 내용

현주건조물에 방화하여 사람·존속 혹은 (참작할 만한 동기에 의해) 영아를 살해한 경우에 현주건조물방화치사죄와 살인죄·존속살해죄 혹은 영아살해죄와의 관계에 대해 현재 국내에서 주장되는 학설 및 판례의 입장을 간략하게 정리한다면, 위의 사안들에 공통적으로 양죄간의 상상적 경합을 인정하는 견해, 타인을 살해한 경우에는 현주건조물방화치사죄의 단순일죄이나 존속을 살해한 경우에는 현주건조물방화치사죄와 존속살해죄간의 상상적 경합을 인정하는 입장, 현주건조물방화죄와 살인죄·존속살해죄의 양자간의 상상적 경합을 인정하는 견해가 있다. 본 평석에서는 이러한 기존의 입장과는 달리 위의 사안에서는 단순히 현주건조물방화치사죄의 일죄가 성립한다는 것을 증명해 보고자 하는 것이다.

우선적으로 대법원이 형법 제15조 제2항 및 각칙상의 결과적 가중범규정에 소위 '부진정결과적 가중범'이 포함되는 것인가라는 물음에 대해 어떠한 해석론적 입장을 취하고 있는가를 확인하기 위해서는 1960년대 이후 현재까지의 대법원의 몇몇 판결을 종합적으로 분석할 필요성이 있다는 생각에서, 60년[1]·80년[2] 및 90년대[3]의 중요 판결 중 대표적인 유형 하나씩을 대상판결로 선정하였다.

아래에서는 우선적으로 대법원의 입장을 간략하게 분석하고(Ⅱ), 관련 학설적인 논의를 개관한 뒤(Ⅲ), 필자의 해석론(Ⅳ)을 덧붙이는 방식으로 논의를 진행하기로 한다.

Ⅱ. 대법원의 해석론

1. 결과적 가중범규정의 성립범위

대법원의 판결 중 결과적 가중범에 대한 명시적인 언급이 등장하는 것은 현주건주물방화치사상죄는 중한 결과인 사상에 대해 과실이 있는 경우에 적용된다는 1960년대의 판결이나, 동 판결에서는 중한 결과에 대해 이미 고의가 있었던 경우도 포함되는 것인지에 대해서는 명시적인 언급을 찾아볼 수 없다.[4] 그 후 1980년대에 와서 [대상판결 1]에서와 같이[5] 중한 결과에 대해 고의가 있는 경우도 당연히 포함된다고 하여 소위 '부진정결과적 가중범'을 인정하기 시작했다. 하지만 [대상판결 1]의 대상이 된 현주건조물방화치사죄는 법정형이 고의의 살인

1) 대법원 1966.6.28. 선고 66도1 판결.

2) 위의 [대상판결 1].

3) 위의 [대상판결 2] 및 [대상판결 3].

4) 대법원 1966.6.28. 선고 66도1 판결.

5) 대법원 1983.1.18. 선고 82도2341 판결. 같은 취지의 판례로 대법원 1996.4.26. 선고 96도485 판결; 대법원 1996.4.12. 선고 96도215 판결 등.

죄보다 높다는 특징이 있기 때문에 특수공무방해치사상죄나 현주건조물일수치사죄와 같은 경우에도 부진정결과적 가중범을 인정할 것인가에 대해 직접적인 추론은 불가능하다.

이러한 의문의 해답은 대법원의 특수공무집행방해치상죄의 해석론에서 찾아볼 수 있다. 1980년대 대법원은 위의 현주건조물방화치사상죄의 경우와 유사하게 형법 제144조 제 2 항의 특수공무집행방해치상죄는 결과적 가중범으로 그 결과를 의도할 필요는 없고, 결과의 발생을 예견할 수 있으면 족한 것이라고 하여,[6] 그 결과를 의도한 경우도 포함하는 것인지에 대해 모호한 입장을 보였다. 그 후 마침내 1990년대에 [대상판결 2]에서와 같이 동죄는 분명하게 부진정결과적 가중범이라고 판시함으로써 결과적 가중범의 법정형이 중한 결과 자체에 대한 고의범(상해죄·살인죄)보다 낮은 경우에도 당해 결과적 가중범규정은 부진정결과적 가중범형태를 포함한다는 일반적인 원칙을 선언한 것이다.[7]

이러한 대법원의 원칙은 그 후 다양한 범죄유형에서 확인되고 있다. 즉 1990년대 대법원이 현행 강간살인죄의 대상이 되는 사안에서 살인죄와 강간치사죄의 상상적 경합을 인정하면서, 후자는 강간의 고의를 가진 경우를 의미하는 것으로 보았고, 결국 살인죄와 부진정결과적 가중범으로서의 강간치사죄의 성립을 함께 인정한 것이었다.[8]

[대상판결 3]에서 대법원이 동생살해에 대해 현주건조물방화치사죄, 존속살해에 대해 동죄와의 상상적 경합을 인정한 것은 결국 현주건조물방화치사죄는 양 사안에서 모두 부진정결과적 가중범규정으로 보고 있다는 것을 확인해 주고 있는 것이다.

---

6) 대법원 1980.5.27. 선고 80도796 판결; 같은 취지로 대법원 1990.8.22. 선고 90도767 판결; 대법원 1997.10.10. 선고 97도1720 판결; 대법원 2002.4.12. 선고 2000도3485 판결.

7) 같은 취지로 대법원 1995.1.20. 선고 94도2842 판결.

8) 대법원 1990.5.8. 선고 90도670 판결.

2. 죄수판단의 기준

(1) 법정형의 불균형이 발생하지 않는 경우

[대상판결 1]과 [대상판결 3]의 동생을 살해한 범죄사실에 대해 대법원은 현주건조물방화치사죄의 단순일죄를 인정하고 있다. 나아가 [대상판결 1]에서 현주건조물에 살해의 고의로 방화한 후 도망 나오는 자를 나오지 못하게 막아 결국 소사케 한 범죄사실에 대해서는 현주건조물방화죄와 별도로 살인죄가 성립하는 것으로 보아 양죄의 실체적 경합을 인정하고 있다. 여기서 대법원은 현주건조물을 방화하여 사람을 살해할 고의를 가지고 방화하고 이로 인해 피해자가 사망한 경우에는 부진정결과적 가중범으로서 현주건조물방화치사죄의 단순일죄를 인정하고, 현주건조물에 방화하여 살인하고자 하였으나 미수에 그친 이후 별도의 살해행위가 존재한다고 판단하는 경우에는 현주건조물방화죄(기수)와 살인죄와의 실체적 경합을 인정하고 있다는 점이다.

여기서 약간의 검토가 필요한 것은 [대상판결 1]의 제 2 범죄사실(못나오게 막은 행위)에 대한 대법원의 논지이다. 제 1 범죄사실에 대해서는 단순히 중한 결과에 대해 고의가 있는 경우도 포함된다는 부진정결과적 가중범의 성립범위에 대한 판단만을 제시한 것에 비해, 제 2 의 범죄사실에 대해서는 법익과 관련한 상세한 논거를 제시하고 있다. 대법원의 논증의 요지는 방화행위만으로 살인의 고의가 실현된 경우에는 현주건조물방화치사죄의 단순일죄가 성립되지만, 방화행위가 기수에 이른 후 피해자가 사망에 이르기 전에 별도의 살해행위가 추가된 것으로 판단되는 경우에는 후행의 살해행위는 부진정결과적 가중범으로서의 고의의 중한 결과실현으로 볼 수 없다는 것이다. 즉 제 2 범죄사실에서는 기본범죄의 위험(추상적 위험범)이 중한 결과에 실현되었다고 볼 수는 없다는 것이다.

당시 제164조의 미수범처벌규정이 있었다는 점을 일단 논외로 하고,[9] 제 1 행위인 방화행위로 인해 사망한 것이 아니라, 후행의 도주방

9) 개정 전 형법 제174조에서는 형법 제164조의 미수범을 처벌하는 규정을 두고 있

지행위를 통해 살해한 것으로 본다면 대법원의 죄수판단도 타당한 것으로 보인다.[10] 여기서는 제2범죄사실뿐만 아니라 제1범죄사실에 있어서도 현주건조물방화치사죄는 성립될 수 없고, 현주건조물방화죄와 살인죄의 상상적 경합이라고 하는 학설상의 주장이 전자의 보호법익과 연결되어 있고, [대상판결 1]에서 동죄의 보호법익에 대한 대법원의 상세한 설시가 있으므로 이에 대해 간략하게 검토해 보기로 한다.

[대상판결 1]에 따르면, 현주건조물방화죄는 '공중의 생명, 신체, 재산 등에 대한 위험을 예방하기 위하여 공공의 안전을 제1차적 보호법익으로 하고, 제2차적으로는 개인의 재산권을 보호하는 것'이다. 이에 비해 현주건조물방화치사죄는 전자에 대한 일종의 가중처벌규정이라는 점은 분명히 밝히고 있으나, 그 가중의 근거는 명시하고 있지 않다. 이와 관련하여 제1범죄행위와 제2범죄행위에 공히 현주건조물방화죄와 살인죄의 상상적 경합을 인정해야 한다는 주장은 그 가중의 근거는 결과적 가중범의 일반적인 전제조건인 기본범죄의 위험이 결과에서 실현되어야 한다는 것인데, [대상판결 1]에서는 그러한 관련점을 찾을 수 없다는 것이다. 즉 현주건조물방화치사죄에서의 중한 결과인 사망이 진정·부진정결과적 가중범의 결과로 받아들여지기 위해서는 그 사망이 공공의 위험이 실현된 것으로 보여야 한다는 것이고, 불특정 다수인 또는 다수의 불특정 법익에 대한 침해(다수인의 사망)가 아닌, 특정인을 살해하는 것은 공공의 위험이 (특정 개인의 죽음에서) 실현된 것이 아니라는 지적이다.[11]

었고, 이 점에서 만약 대법원이 부진정결과적 가중범을 인정하는 입장을 고수할 경우 동 사안은 부진정결과적 가중범으로서 현주건조물방화치사의 미수범과 독립된 살인죄의 실체적 경합을 인정하는 것이 보다 타당했던 것으로 보인다.

10) 예를 들어 이미 출입문을 사전에 봉쇄한 후 현주건조물에 방화한 경우가 [대상판결 1]의 제2행위와 비교하여 죄질의 차이가 있는지, 있다면 어느 것이 더 중한 것인지, [대상판결 1]의 제2행위를 현주건조물방화죄와 살인죄의 경합범으로 보아 징역형을 선택할 경우에는 [대상판결 1]의 제2행위가 보다 중한 죄로 처벌된다는 것이 합리적인 결론인지에 대한 의문의 검토는 생략한다.

11) 김선복, "현주건조물방화치사죄의 성립요건", 비교형사법연구 제7권 제1호(2005), 389-390면에서는 [대상판결 1]의 제2행위에 있어서 판례의 취지를 보다

하지만 이에 대해서는 다음과 같은 지적이 가능할 것이다. 현주건조물방화죄는 공공의 생명 등(보호법익)에 대한 위험을 발생시킨 경우에 기수가 된다는 것이지, 다수인이 사망한 경우에만 그러한 공공에 대한 위험이 실현된, 즉 현주건조물방화치사가 된다는 것을 의미하는 것은 아니라는 것이다. 개인에 대한 위험이 아닌 공공에 대한 위험이 개인의 생명을 앗아가는 결과로 실현되는 것은 얼마든지 가능한 것임에도 이러한 사안에서는 공공의 위험이 결과에서 실현되지 않았다고 하는 것은, 만약 다수인이 사망한 경우라고 하더라도 개별적인 개인의 사망에 대해서는 공공의 위험이 개인의 사망의 결과로 실현된 것일 뿐임을 간과한 것으로 보인다. 다수인이 사망한 것을 모두 포괄하여 단순일죄의 현주건조물방화치사죄를 인정해야 한다는 주장이 아니라면 말이다.12)

(2) 법정형의 불균형이 발생하는 경우

대법원은 [대상판결 3]에서 존속살인죄와 현주건조물방화치사죄는

일반화한 결론으로, 제 1 및 제 2 범죄사실에 공히, 현주건조물방화죄의 공공의 위험과 불특정다수인의 사망이라는 중한 결과 사이에는 아무런 관련성이 없으며, 방화는 단순히 살인의 행위방식의 하나에 불과하다는 점에서 현주건조물방화죄와 살인죄(존속살해죄·강간살인죄)의 상상적 경합을 인정해야 한다고 한다[이 입장에 따르더라도, 위의 각주 10)에서 지적한 바와 같이, 제 2 범죄사실의 못나오게 막은 행위는 별도의 살인행위로 구별(실체적 경합)되지는 않는다는 것으로 보인다]. 특히 389면에서는 "현주건조물방화치사죄는 고의 또는 과실로 현주건조물방화죄와 전형적으로 결합되어 있는 위험이 직접적으로 사망이라는 중한 결과의 발생으로 발전할 때 성립하는 것이므로 현주건조물방화죄를 범하여 특정인을 살해하는 것은 일반적으로 현주건조물방화죄와 결합되어 있는 공공위험의 실현을 의미하는 것이 아니라, 단지 현주건조물에 대한 방화를 범행수단으로 하여 살인죄를 범하는 것으로 해석하여야 한다"라고 지적하고 있다. 입법론·정책적인 관점, 양형의 사유로 해소될 수 있다는 점, 설령 동 죄를 유지하더라도 보호법익의 관점에서 적정하게 편제된 것인가에 대한 지적으로는 의미가 있어 보인다. 하지만 이러한 관점을 일관되게 주장한다면 소위 진정결과적 가중범형태의 현주건조물방화치사죄의 경우에도 현주건조물방화죄와 과실치사의 상상적 경합을 인정해야 할 것이다. 그렇다면 결국 동 죄는 다수인의 치사 내지 불특정인의 살해의 경우에만 적용되는 조항이 된다는 것이다.

12) 고립무원의 별장 혹은 해상에 정박한 선박에 방화하여 체류자를 사망케 한 경우에 이를 현주건조물방화치사죄로 볼 것인가의 문제제기가 오히려 현주건조물방화죄의 법익에 기초한 문제제기일 것이며, 이러한 경우에 방화행위는 공공의 위험발생과는 무관한 것이라고 보면, 기본행위가 미수에 그친 경우에도 현주건조물방화치사죄의 기수범이 성립될 수 있는가의 문제로 연결될 것이다.

상상적 경합관계에 있으므로, 법정형이 중한 존속살인죄로 처벌해야 한다는 입장이다.[13] 환언하면 결과적 가중범의 중한 결과 자체에 대한 고의범의 법정형이 더 높게 설정되어 있는 경우에는 (법정형 설정 당시의 입법자의 오류를 수정하기 위해) 죄수론으로 대처하겠다는 것이다. 왜 상상적 경합인지를 논구하지 않고, 법정형이 중한 존속살해죄와 상상적 경합을 인정하여 존속살해죄로 처벌하겠다는 것이다. 현주건조물에 방화하여 존속(혹은 영아)을 살해한 경우에 현주건조물방화치사죄만을 인정할 때에는 존속살해(혹은 영아살해)죄의 불법과 책임이 모두 평가되지 않았다고 본다면 대법원의 입장도 충분히 타당한 결론이라고 보인다. 즉 하나의 행위가 두 개의 구성요건을 충족시키고, 하나의 구성요건에 다른 구성요건이 완전히 포섭되지 않는다면 상상적 경합을 인정할 수 있는 전형적인 예라고 할 수 있다는 것이다. 하지만 대법원은 이러한 죄수판단의 기초에서 출발하고 있지 않다는 것은 [대상판결 2]와 같은 특수공무방해치사상죄에 대한 관련판결에서도[14] 그대로 나타나고 있다. 즉 '결과적 가중범에 이와 같이 고의로 중한 결과를 발생케 하는 경우가 포함된다고 하여서 고의범에 대하여 더 무겁게 처벌하는 규정이 있는 경우까지 고의범에 정한 형으로 처벌할 수 없다고 볼 것은 아니라는 것'이다. 결과적 가중범은 행위자가 중한 결과를 예견하지 못한 경우에도 그 형이 가중되는 범죄인데, 고의로 중한 결과를 발생케 한 경우까지 이를 결과적 가중범이라 하여 무겁게 벌하는 고의범에 정한 형으로 처벌할 수 없다고 하면, 결과적 가중범으로 의율한 나머지 더 가볍게 처벌되는 결과를 가져오기 때문이라는 것이다. 따라서 고의로 중한 결과를 발생케 한 경우에 무겁게 벌하는 구성요건이 따로 마련되어 있는 경우에는 당연히 무겁게 벌하는 구성요건에서 정하는 형으로 처벌하여야 할 것이고, 결과적 가중범의 형이 더 무거운 경우에는 결과적 가중범에 정한 형으로 처벌할 수 있도록 하여야 할 것이라고 한다.

13) 대법원 1996. 4. 26. 선고 96도485 판결.

14) 대법원 1995. 1. 20. 선고 94도2842 판결.

그러므로 기본범죄를 통하여 고의로 중한 결과를 발생케 한 부진정결과적 가중범의 경우에 그 중한 결과가 별도의 형벌이 중한 구성요건에 해당한다면 이는 부진정결과적 가중범과 중한 결과에 대한 고의범의 상상적 경합관계에 있다고 보아야 한다는 것이다.[15] 결과적으로 대법원의 입장에 따르면 마치 (일죄와) 상상적 경합은 법정형의 비교를 통해 결정되는 것이 되어 버린다.

Ⅲ. 학설의 주요내용

1. 진정결과적 가중범원칙론

현행 형법 제15조 제2항의 '예견할 수 없었을 때에는'이라는 자구의 문리해석에서 출발하여 부진정결과적 가중범을 인정하는 입장도[16] 기본범죄(행위)시에 중한 결과에 대한 고의를 가지고 결과를 발생시킨 자에 대해 기본범죄의 고의범과 중한 결과의 고의범의 상상적 경합을 인정했을 때 형법상 결과적 가중범의 법정형보다 경하다는 형량의 불균형이 발생하는 경우에만 해석론적인 예외로 부진정결과적 가중범의 성립을 인정하고 있다는 점에서 결국 진정결과적 가중범을 원칙으로 보고 있다는 공통점을 보이고 있다.[17] 단지 부정설의 경우에는 예외로도 부진정결과적 가중범을 인정할 필요가 없다고 본다는 차이뿐이다.[18] 특히 부정설의 일부는 고의살인과 과실치사의 비난가능성이 확연히 다름에도 이를 동일하게 취급하는 것은 지나친 확장해석이므로[19] 부진정결과적 가중범을 인정할 수 없다는 논거도 제시하고 있다. 이에 따르면 현주건조물을 방화하여 살인한 경우에는 현주건조물방화죄와 살인죄의

15) 대법원 1995.1.20. 선고 94도2842 판결.

16) 김성돈, 형법총론(2006), 563면; 김일수/서보학, 새로쓴 형법총론, 제11판(2006), 468면; 정영일, 형법총론, 개정판(2007), 158면.

17) 김성돈, 형법총론, 563면; 김일수/서보학, 새로쓴 형법총론, 468, 469면; 정영일, 형법총론, 158면; 신동운, 형법총론(2003), 229면.

18) 권오걸, 형법총론(2007), 397-398면; 박상원, 결과적 가중범, 형사법강좌 I, 380면; 정성근/박광민, 형법총론(2001), 447면.

19) 권오걸, 형법총론, 398면. 경향적으로 김용욱, "결과적 가중범의 개정방향", 연세법학연구, 6권 1호(1999), 24면 참조.

상상적 경합을 인정해야 하고,[20] 여기서 발생하는 형의 불균형은 현주건조물방화살인죄를 신설함으로써 해결되어야 한다는 것이다.[21]

2. 진정 · 부진정결과적 가중범 구별기준으로서 법정형

부진정결과적 가중범을 인정하는 긍정설은 형법각칙상 결과적 가중범의 형태로 규정된 특별구성요건이 진정결과적 가중범인지 부진정결과적 가중범인지를 구별하는 기준으로 법정형을 제시하고 있다. 즉 당해 결과적 가중범의 법정형과 그 결과적 가중범의 중한 결과 자체에 대한 고의범(예: 살인죄)의 법정형을 비교하여, 후자의 법정형보다 전자가 더 높은 경우에는 당해 결과적 가중범은 부진정결과적 가중범이라는 것이다.[22]

3. 죄수판단의 다양성

지금까지 제시된 주요학설의 죄수판단에서는 다음과 같은 공통점과 상이점을 발견할 수 있다. 우선 부진정결과적 가중범을 인정할 필요성을 느끼지 못하는 입장에서는 단순히 기본범죄와 중한 결과 자체에 대한 고의범과의 상상적 경합을 인정한다.[23] 살인죄를 기본으로 하고, 현주건조물방화는 살인의 수단으로 사용된 행위로 보는 구조이다. 부진정결과적 가중범을 인정하는 입장의 일부는 동죄는 중한 결과에 대한 고의범을 당연히 포함하는 개념이므로 별도로 중한 결과에 대한 고의범의 성립을 인정한다면 하나의 행위를 이중평가하는 것이므로 단순일죄를 인정해야 한

---

20) 하태훈, "현주건조물방화치사상죄와 부진정결과적 가중범", 고시계, 1998.5., 90면 참조.

21) 고의-고의결합의 독립된 고의범의 신설을 주장하는 입장은 김용욱, "결과적 가중범의 개정방향", 연세법학연구, 6권 1호(1999), 특히 24면 참조; 변종필, "결과적 가중범의 정비방안", 형사법연구 제22호(2004), 331면.

22) 김성돈, 형법총론, 564면; 변종필, "결과적 가중범의 정비방안", 형사법연구 제22호, 331면; 손동권, 형법총론, 344면; 이정원, 형법총론, 제 3 판(2004), 440면; 정영일, 형법총론, 158면.

23) 권오걸, 형법총론, 398면; 오영근, 형법총론, 211면.

다고 주장한다.[24] 물론 이러한 입장에 따를 때에도 일반인을 살해한 것인가 존속이 객체가 된 것인가에 따라 일죄와 상상적 경합으로 분류할 것인지 여부에 대해서는 의견이 분기된다. 긍정설의 일부는 중한 결과를 고의로 실현한 고의범의 불법내용이 부진정결과적 가중범에 당연히 포함될 수 없다는 점을 근거로 양자간의 상상적 경합을 인정해야 한다거나, 실행행위의 일부가 동일하므로 혹은 이 두 범죄는 한 개의 행위로 인해 성립한 독자적인 두 개의 범죄이므로 상상적 경합을 인정해야 한다는 입장이 있다.[25] 현주건조물방화치사죄의 일죄를 인정할 경우 사망의 결과가 과실로 야기된 것인지 고의로 실현된 것인지를 구별할 수 없다는 점에서 법정형의 경중과 관계없이 상상적 경합으로 살인죄를 표현해야 한다는 주장도[26] 이러한 유형에 해당한다. 이러한 입장을 따른다면 사망한 자가 존속인지 일반인인지는 문제되지 않고 일관되게 양죄간의 상상적 경합을 인정하게 된다.[27] 이에 반해 [대상판결 3]과 같이 일반살인죄와 현주건조물방화치사간에는 후자의 일죄가 성립되고, 존속살해죄와의 관계에서는 양자의 상상적 경합이 인정된다는 입장도 주장된다.[28] 단지 대법원의 논지와의 차이는 상상적 경합의 인정이유가 부진정부작위범은 예외적인 형상이며, 양자의 형량이 동일한 경우에는 여전히 존속살해죄를 범했다는 독립성을 유지시켜 별도의 범죄가 성립된다고 보는 것이 결과적 가중범의 본질에 상응한 죄수판단이라는 것이다.[29] 소위 상상적 경합의 명확성기능을 강조하고 있는 것이다.

---

24) 배종대, 형법각론, 제6전정판(2006), 632면; 오영근, 형법총론, 213-214면; 이정원, 형법총론, 441면.

25) 김성돈, 형법총론, 565면; 정영일, 형법총론, 158면; 배종대, 형법총론, 720, 788면; 이재상, 형법총론, 제5판(2003), 201, 532면; 신동운, 형법총론, 229면; 이용식, "결과적 가중범", 고시계, 1992. 11., 109면; 이재상, "1996년의 형사판례회고", 형사판례연구 [5], 517면 이하; 김일수/서보학, 새로쓴 형법총론, 699면.

26) 손동권, 형법총론, 제2개정판(2005), 345면; 김일수/서보학, 새로쓴 형법총론, 699면; 이재상, "1996년의 형사판례회고", 형사판례연구 [5], 517면 등.

27) 이재상, 형법각론, 509면 및 각주 8); 김성돈, 형법총론, 565면.

28) 신동운, 형법총론, 231-232면.

29) 신동운, 형법총론, 232면; 손동권, 형법총론, 345면.

Ⅳ. 독자적 해석론

1. 해석방법론의 관점에서의 부진정결과적 가중범원칙론

부진정결과적 가중범을 인정할 수 있다는 주장들은 현행 형법 제15조 제2항의 자구해석과 관련하여 동 조항을 논리[30]·당연(물론)[31] 혹은 반대해석[32]의 방법으로 해석할 때 동 조항은 진정결과적 가중범만을 의미하는 것은 아니라고 한다. 하지만 필자의 이해에 따를 때, 문리해석의 관점에서 동 조항을 파악한다면, '예견할 수 없었을 때에는 중한 죄로 벌하지 아니한다'라는 문구 속에서는, 예견가능성이 없을 때는 법정형이 중한 결과적 가중범으로 처벌하지 못한다는 의미를 도출할 수 있을 뿐, 예견할 수 있었을 때나 예견을 넘어 의도까지 한 경우에 대한 답은 찾을 수 없다. 한편 반대해석의 방법을 적용하면[33] '결과로 인하여 형이 중한 죄에 있어서 그 결과의 발생을 예견할 수 있었을 때에는 중한 죄로 벌한다'가 된다. 하지만 이러한 반대해석의 결론은 위의 문리해석과 같이 풍부한 답을 제공해 주지 못한다. 전자의 경우 예견할 수 있었을 때나 고의까지 있었던 경우의 양자에 대해 아무런 답을 줄 수 없다는 것에 비해 반대해석은 예견할 수 있었을 때에는 결과적 가중범이 성립된다고 해석할 수 있는 가능성을 준다는 점에서 보다 풍부한 답을 제공하고는 있지만, 고의까지도 포함할 것인가에 대해서는 명확한 답을 제시하지 못하는 것이다. 끝으로 당연·물론해석에 따르면[34](진정결과적 가중범은 예외 없이 인정하고 있다는 것을 전제로 이를 현행 법조문의 내용으로 볼 때) '제15조 제2항은 중한 결과를 과실로 야기한 경우를 처벌한다'라는 타당성주장, '중한 결과를 고의로 야기한 경우는 중한 결과를 과실로 야기한 경우보다 더 처벌의 필요성이 강하

30) 이정원, 형법총론, 441면.
31) 임웅, 형법총론, 개정판(2002), 512면.
32) 정영일, 형법총론, 158면; 김일수/서보학, 새로쓴 형법총론, 468면.
33) 세부적인 내용은 김성룡, 법적 논증의 기초(2006), 특히 329면 이하.
34) 이에 대해서는 김성룡, 법적 논증의 기초, 특히 324면 이하.

다'라는 주장 및 이러한 2개의 주장 속에 들어 있는 비대칭적인 관계가 결과적으로 전자의 금지를 후자에 대한 금지로 정당하게 전이시켜 줄 수 있다고 할 때, 유효한 당연해석이 결론으로 도출된다는 것이다. 즉 '형법 제15조 제2항은 중한 결과를 고의로 야기하는 경우도 당연히 처벌한다'라는 하나의 타당성주장 내지 해석주장이 유효할 수 있다는 것이다. 이러한 당연추론을 통한 해석의 결론이 올바른 것인가는 제1주장이 타당하거나 확실하다는 근거가 제시되어야 한다는 조건 및 제2주장도 승인되어야 한다는 조건이 갖추어져야 한다. 위의 추론에서는 결국 제1주장은 법률에 의해 규정된 금지로 입법자에 의해 주어진 규범이라고 보아 특별한 근거제시가 필요없다고 한다면, 제2주장은 고의처벌원칙 혹은 경험적인 타당성주장으로 받아들임에 무리는 없을 것이다. 그렇다면 제15조 제2항에는 중한 결과를 고의로 야기한 경우가 당연히 포함된다는 주장은 타당한 물론해석이라고 할 수 있을 것이다.

나아가 체계적인 해석방법의 관점에서도 현행 형법 제15조 제2항은 부진정결과적 가중범을 포함하는 규정임을 증명할 수 있을 것이다. 입법학의 지도적인 원칙의 하나라고 할 수 있는 체계화의 요구는 형법총칙의 규정은 특별한 예외가 없는 한 각칙의 모든 범죄에 공통적으로 적용된다는 의미의 다른 표현이기도 하다. 특히 고의범처벌원칙이라는 총칙상의 일반원칙이 체계적으로 이해된다면 동일한 결과에 대한 과실범을 처벌하면서 고의범을 처벌하지 않는다는 것은 이해되기 어렵다. 달리 말해 최소한 현행 형법의 입법자가 이러한 체계성을 머릿속에 담고 있었다면 말이다.

2. 죄수판단에서 법정형의 의미

죄수판단은 심판대상이 된 피고인의 범죄행위를 개별적인 범죄유형의 성립 여부라는 관점에서 모두 심사한 후, 성립이 인정된 범죄 사이의 수적인 문제를 다루는 것이다. 인정된 다수의 범죄간에 법조경합, 상상적 경합 및 실체적 경합의 판단은 달리 말해 개별범죄의 성립 여부의 확정 이후에 제기되는 문제인 것이다. 성립된 범죄들간에 법정형이 어떠한 판단기준·자료가 되는 경우로는 예를 들어 상상적 경합이나 실체적 경합이 인정된 범죄간에 어떠한 범죄의 법정형이 처단·선고형의 기준이 되는가를 판단하기 위해 중한 범죄를 찾을 때이다.[35] 이렇게 본다면 [대상판결 3]에서의 대법원의 판단이나 상상적 경합을 인정하는 해석론은 이러한 원칙에 부합되지 않는 것이다.

예를 들여 현주건조물에 불을 놓아 건물을 소훼하고 건물 내의 사람을 살해한 경우에 부진정결과적 가중범으로서 현주건조물방화치사죄가 성립된다고 보면, 동죄에는 현주건조물의 방화를 살해의 수단으로 사용한 것이 이미 포함되어 있는 것이다. 달리 말해 현주건조물방화치사는 일반살인에 비해 보다 많은 불법내용을 담고 있고, 결국 현주건조물방화치사죄가 살인죄에 대해 특별관계의 법조경합이라고 보아야 하는 것이다.

한편 현주건조물에 방화하여 존속을 살해한 경우는 현행 형법은 현주건조물방화치사죄나 존속살해죄를 동일한 법정형으로 규정하고 있으므로 현재의 대법원의 입장으로도 법정형을 기준으로 상상적 경합이나 단순일죄로 구분하지는 않을 것임을 예견할 수 있다. 하지만 이러한 경우 단순일죄라는 것은 법정형 때문에 그러한 것이 아니라, 부진정결과적 가중범으로서 현주건조물방화치사죄는 그 객체가 일반인인지 존속인지, 심지어 영아를 살해할 참작할 만한 동기에 의한 것인지를 구분하고 있지 않다는 점에서 찾아야 한다. 달리 말해 부진정결과적 가중범으로서 현주건조물방화치사죄에는 존속살해의 불법이 모두 평가되어

35) 경우에 따라서는 흡수되어야 할 범죄가 흡수하는 범죄의 법정형보다 높은 경우도 적지 않다. 예를 들어 폭행을 가하면서 그 사실을 협박한 때에는 협박죄는 불가벌적 수반행위로서 폭행죄에 흡수된다(이재상, 형법각론, 63면; 정성근/박광민, 형법각론, 61면)는 주장에서는 오히려 법정형이 경한 범죄가 (법조경합으로) 중한 범죄를 흡수(수반)할 수 있고, 절도죄의 법정형이 불가벌적 사후행위로서 장물양도죄의 법정형보다 낮다는 기이한 구조(독일형법 및 일본형법의 경우에는 절도죄와 장물죄는 최소한 양죄의 형량이 동일하게 되어 있다)를 보이고 있다. 그렇다고 하여 법정형을 기준으로 절도죄를 불가벌적 사전행위라고 하고 장물처분행위를 주범으로 보아 장물양도죄가 성립된다고 보지는 않는다는 것이다.

있다고 볼 수 있는 것이다. 물론 이 점에서 일반인을 살해한 것인지 존속을 살해한 것인지를 명확하게 구분해 주기 위해 소위 상상적 경합의 명확성기능을 사용해야 한다는 입장이 제기되는 것이나, 이러한 주장은 이미 "현주건조물방화치사죄에는 사람 혹은 존속을 고의로 살해하는 행위가 포함되지 않는다" 혹은 '치사와 살해, 치사와 존속살해'는 개념적인 관련성, 즉 연상작용을 기대하기 어렵다는 것을 전제하고 있는 것이다. 특히 현행 형법이 비교입법적으로도 독특하게 존속살해와 영아살해를 가중·감경구성요건으로 따로 마련·유지하고 있는 것이 바람직하지 않다는 것은 별론으로 하더라도, 만약 존속살해죄나 영아살해죄와 현주건조물방화치사죄의 상상적 경합을 인정하더라도 그 근거는 현주건조물방화치사죄에는 포함되지 않은 별도의 불법요소가 있다는 것이 되어야 한다는 점이다. 필자의 판단에는 존속살해에서는 존속에 대한 인식, 영아살해죄에서는 참작할 만한 동기가 유일하게 현주건조물방화치사죄에는 포함되지 않은 요소라고 할 수 있을 뿐이다. 하지만 전자에서 존·비속관계의 인식이 독립된 불법이라고 한다는 것은 이해하기 어렵고, 후자의 경우는 단지 행위의 동기에 불과한 것이다.

V. 결 론

현행 형법 제15조 제2항 및 각칙상의 결과적 가중범규정의 체계적·논리(당연·물론)적 해석에 따르면 결과적 가중범규정은 원칙적으로 부진정결과적 가중범형태를 포함하고 있다. 강간살인 혹은 강도살인과 같이 부진정결과적 가중범의 형태를 독립된 고의범으로 설정하고 있는 경우에는 해당 결과적 가중범규정(강간치사·강도치사)은 진정결과적 가중범의 근거조항으로 축소되는 것이다. 전자가 특별법이기 때문이다. 부진정결과적 가중범으로서 결과적 가중범규정은 중한 결과 자체에 대한 고의범(상해·살인죄)과 법조경합관계로서 부진정결과적 가중범의 단순일죄가 성립한다. 존속살해죄와 영아살해죄를 별도의 구성요건으로 마련하고 있음으로 인해 발생하는 체계적 부정합성 내지 이들 조항의 폐지필요성은 별론으로 하더라도 현주건조물에 방화하여 존속을 살해하거나 참작할 만한 동기 등으로 영아가 현존하는 현주건조물에 방화하여 영아를 살해한 경우는 양형의 사유로 해소되어야 한다. 현주건조물에 방화하여 존속이나 영아를 살해한 경우에 존속살해나 영아살해죄의 불법이 이미 부진정결과적 가중범으로서 현주건조물방화치사죄에서 모두 평가된 것으로 본다면 굳이 상상적 경합의 명확성기능을 부각시킬 이유가 없어 보인다. 이러한 분석에 따를 때 [대상판결 1]에서의 대법원의 판단 중 특히 제2범죄행위에서 피해자의 도주를 방지한 행위가 별도의 살해행위로 볼 수 있다고 본다면 결론적으로 타당한 것으로 보여진다. [대상판결 2]도 결과적 가중범의 법정형이 중한 결과 자체(살인죄)의 법정형보다 낮다고 하더라도 원칙적으로 형법상의 결과적 가중범은 부진정결과적 가중범임을 표현한 점에서 타당하다고 보인다. [대상판결 3]에서 존속을 살해한 점과 관련하여 대법원은 개정 전 법률에 따라 형이 중한 존속살해죄로 처벌하기 위해 법정형에 기대어 부진정결과적 가중범으로서의 현주건조물방화치사죄와 존속살해죄의 상상적 경합을 인정하였으나, 형이 중하다는 이유가 아니라 전자에 후자의 불법이 모두 평가되지 않은 이유를 밝혔어야 했던 것이다. 만약 이를 근거지울 수 있다면 본 평석의 입장과 일치한다.

[주 제 어]
결과적 가중범, 부진정결과적 가중범, 법조경합, 상상적 경합, 영아살해죄, 존속살해죄, 현주건조물방화치사

[Key word]
Die erfolgsqualifizieten Delikte, die unechten erfolgsqualifizieten Delikte, Gesetzeseinheit, Tateinheit, Idealkonkurrenz

[Zusammenfassung]

Der Anwendungsbereich der unechten erfolgsqualifizierten Delikte und die Konkurrenzlehre

Kim, Sung-Ryong*

Diese Besprechung über die Rechtsprechung befasst sich mit den erfolgsqualifizierten Delikten im geltenden korStGB. In heutiger Lage streiten sich die Rechtsprechung und die Lehrmeinungen darüber, ob die geltenden Vorschriften für die erfolgsqualifizierten Delikte nur in Fälle angewandt werden soll, in denen der Täter den schwereren Erfolg nur fahrlässig herbeigeführt hat.

Anders als §18 deutStGB lautet §15 Abs. 2 korStGB: Wer bei Begehung der Tat den Eintritt einer besonders schwereren Folge nicht voraussehen könnte, wird nicht mit einer schwereren Strafe bestraft, wenn das Gesetz an eine besondere Folge der Tat eine schwerere Strafe knüpft.

Die Rechtsprechung hat die Vorschriften für die erfolgsqualifizierten Delikte grundsätzlich als Regelungen angesehen, unter die nicht nur echte, sondern auch unechte erfolgsqualifizierten Delikte subsumiert werden kann. Dagegen anerkannt die Lehrmeinung überwiegend die geltenden Regelungen als Vorsaz-Fahrlässigkeit-Kombination.

In dieser Besprechung versucht es zu begründen: § 15 Abs. 2 korStGB und die Vorschriften im Besonderen Teil, die als erfolgsqualifiziertes Delikt angesehen werden, finden nicht nur im echten, sondern auch im unechten erfolgsqualifizierten Delikt

* Professor, College of Law, Kyungpook National University, Dr. iur.

Anwendung. 2. Gesetzeseinheit zwischen Brandstifung mit Todesfolge und Totschlag, Totschlag an einem Verwandten aufsteigender Linie oder Kindestötung ist gegeben, wenn der Täter durch eine Brandstiftung vorsätzlich einen anderen, einen(oder eine) Verwandte oder ein Kind getötet hat.

예방적 정당방위의 성립가능성

김　혜　경*

[대상판결] 대법원 1992. 12. 22. 선고 92도2540 판결(살인)

1. 사건개요

피고인 김보은은 7세에 어머니의 재혼으로 인하여, 의붓아버지 김영오와 함께 살게 되었다. 그런데 9세때 의붓아버지 김영오로부터 성추행을 당하고 12세때 강간을 당한 이래 중학교부터 대학교 2학년때까지 의붓아버지 김영오로부터 성행위불응시 피고인 자신과 가족들에게 가해지는 심한 폭행과 공포속에서 성행위를 강요당하여 왔고, 김영오의 협박으로 인하여 도망갈 엄두도 못 낸 채 김영오의 통제와 감시 및 구속, 지배상태 하에서 이 사건 범행무렵까지 김영오와의 성관계를 계속적으로 강요받아 왔다. 또한 당시 충주검찰청 총무과장으로 근무하던 김영오는 자신의 지위를 이용하여 신고해도 소용없으리라는 점을 확신시켰을 뿐만 아니라 신고하지 못하도록 끊임없이 협박을 가하였다. 이에 생모인 김영자 역시 딸이 의붓아버지로부터 성폭행을 당하는 사실을 알면서도 협박과 공포 속에서 이를 저지하거나 신고할 엄두를 내지 못하였다.

김보은의 남자친구인 피고인 김진관은 피고인 김보은으로부터 피해자와의 관계를 고백받고 같이 번민하다가 피해자를 살해하고 강도로 위장하기로 공모한 후, 피고인 김진관이 이 사건 범행 전날 서울 창동시장에서 범행에 사용할 식칼(증 제 4 호), 공업용 테이프(증 제 7, 제10호), 장갑 등을 구입하여 가지고 범행장소인 충주에 내려가서 피고인 김보은과 전화통화로 범행시간을 정하고, 약속된 시간인 1992. 1. 17. 01:30경 피고인 김보은이 열어준 문을 통하여 피해자의 집안으로 들어간 다음, 이어서 피해자가 술에 취하여 잠들어 있는 방에 몰래 들어가 피해자의 머리 맡에서 식칼을 한손에 들어 피해자를

* 계명대학교 법경대학 교수, 법학박사.

겨누고 양 무릎으로 피해자의 양팔을 눌러 꼼짝 못하게 한 후 피해자를 깨워 피해자가 제대로 반항할 수 없는 상태에서 피고인 김보은을 더 이상 괴롭히지 말고 놓아 주라는 취지의 몇 마디 이야기를 하다가 들고 있던 식칼로 피해자의 심장을 1회 찔러 그 자리에서 살해하고, 강도살인을 당한 것처럼 위장하기 위하여 죽은 피해자의 양 발목을 공업용 테이프로 묶은 다음 현금을 찾아 태워 없애고 장농, 서랍 등을 뒤져 범행현장에 흩어 놓고 나서, 피고인 김진관은 강도에게 당한 것처럼 피고인 김보은의 브레지어 끈을 칼로 끊고 양 손목과 발목을 공업용 테이프로 묶은 다음 달아나고, 피고인 김보은은 양 손목과 발목이 공업용 테이프로 묶인 채 옆집에 가서 강도를 당하였다고 허위로 신고하였다.

2. 판결이유

…… 정당방위 또는 과잉방위를 주장하는 부분에 대하여 원심이 인정한 바와 같이, 피고인 김보은이 약 12살 때부터 의붓아버지인 피해자의 강간행위에 의하여 정조를 유린당한 후 **계속적으로 이 사건 범행 무렵까지 피해자와의 성관계를 강요받아 왔고, 그 밖에 피해자로부터 행동의 자유를 간섭받아 왔으며, 또한 그러한 침해행위가 그 후에도 반복하여 계속될 염려가 있었다면, 피고인들의 이 사건 범행 당시 피고인 김보은의 신체나 자유 등에 대한 현재의 부당한 침해상태가 있었다고 볼 여지가 없는 것은 아니나,** 그렇다고 하여도 판시와 같은 경위로 이루어진 피고인들의 이 사건 살인행위가 형법 제21조 소정의 정당방위나 과잉방위에 해당한다고 하기는 어렵다.

정당방위가 성립하려면 침해행위에 의하여 침해되는 법익의 종류, 정도, 침해의 방법, 침해행위의 완급과 방위행위에 의하여 침해될 법익의 종류, 정도 등 일체의 구체적 사정들을 참작하여 방위행위가 사회적으로 상당한 것이었다고 인정할 수 있는 것이어야 할 것인데(당원 1966. 3. 15. 선고 66도63 판결; 1984. 6. 12. 선고 84도683 판결 각 참조), 피고인들이 사전에 판시와 같은 경위로 공모하여 범행을 준비하고, 술에 취하여 잠들어 있는 피해자의 양팔을 눌러 꼼짝 못하게 한 후 피해자를 깨워 피해자가 제대로 반항할 수 없는 상태에서 식칼로 피해자의 심장을 찔러 살해한다는 것은, 당시의 상황에 비추어도 사회통념상 상당성을 인정하기가 어렵다고 하지 않을 수 없고, 피고인들의 범행의 동기나 목적을 참작하여도 그러하므로, 원심이 피고인들의 판시 행위가 정당방위에 해당한다거나 야간 기타 불안스러운 상태 하에서 공포, 경악, 흥분 또는 당황으로 인하여 그 정도를 초과한 경우에 해당한다는 피고인들의 주장을 배척한 조처도 정당하고, 거기에 소론과 같은 법리를 오해하거나 채증법칙을 어긴 위법이 있다고 할 수 없다.

정당방위의 성립요건으로서의 방어행위에는 순수한 수비적 방어뿐 아니라 적극적 반격을 포함하는 반격방어의 형태도 포함됨은 소론과 같다고 하겠으나, 그 방어행위는 자기 또는 타인의 법익침해를 방위하기 위한 행위로서 상당한 이유가 있어야 하는 것인데, 피고인들의 판시 행위가 위에서 본 바와 같이 그 상당성을 결여한 것인 이상 정당방위 행위로 평가될 수는 없는 것이므로, 원심이 피고인들의 이 사건 범행이 현재의 부당한 침해를 방위할 의사로 행해졌다기보다는 공격의 의사로 행하여졌다고 인정한 것이 적절하지 못하다고 하더라도, 정당방위행위가 되지 않는다는 결론에 있어서는 정당하여, 이 사건 판결의 결과에 영향이 없는 것이다.

〔연　　구〕

Ⅰ. 문제의 제기

형법은 법익침해가 예상되는 긴급한 상황 하에서 특정한 요건을 갖추게 되면 형법상 범죄구성요건에 해당하는 행위라 할지라도 행위의 위법성을 조각한다. 여기에 해당하는 위법성조각사유가 바로 정당방위와 긴급피난이다. 양자는 긴급상황의 유발원인, 현재성, 이익형량에 있어서 적용상 차이가 있다. 그리고 정당방위는 목전에 임박하였거나 시작하였거나 진행중인 위법한 침해에 대하여 긴급피난보다는 완화된 법익균형성을 요구하게 되는 반면, 긴급피난은 정당방위보다는 시간적으로 넓은 범위에서 위난을 피하기 위한 행위로써 엄격한 이익형량을 요구한다고 보는 것이 일반적이다.

그런데 1992년 이른바 "김보은 사건"에서 대법원이 피의자가 피해자로부터 성관계의 강요 및 행동의 자유의 간섭을 받아왔고, "또한 그러한 침해행위가 그 후에도 반복하여 계속될 염려가 있었다면, 피고인들의 이 사건 범행 당시 피고인의 신체나 자유 등에 대한 현재의 부당한 침해상태가 있었다고 볼 여지가 없는 것은 아니다"라고 하여 소위 예방적 정당방위에 관한 논란을 불러일으켰다. 즉, 실제 부당한 침해가 목적에 임박하였거나 시작하였거나 진행중인 상태가 아니더라도, 동일한 부당한 침해행위가 계속적·반복적으로 행해진 경우 장래의 침해행위를 위한 정당방위가 가능한가의 문제이다.

여기에 대하여는 그동안 많은 논의가 진행되어 왔다. 예방적 정당방위는 정당방위라는 용어를 사용하지만 소위 방어적 긴급피난의 일부를 지칭하는 용어로 해석하는 견해,[1] 현재성의 결여로 인하여 정당방위가 될 수 없기 때문에 예방적 정당방위는 위법성이 조각되지 않지만, 이를 긴급피난으로 해결하고자 하는 견해,[2] 예방적 정당방위는 긴급피난과는 관계없이 원칙적으로 현재성이 없어 정당방위가 될 수 없는 상황을 정당방위상황으로 오인한 오상방위라고 보는 견해,[3] 정당방위와 유사한 상황으로 파악하여 정당방위에 관한 규정을 유추적용하고자 하는 견해,[4] 정당방위의 현재성의 범위를 넓게 보아 예방적 정당방위도

---

1) 김일수/서보학, 형법총론, 317면; 원형식, "소위 "예방적 정당방위"에 관한 연구", 형사판례연구(9), 형사판례연구회 편, 2001, 93면 이하.

2) 이용식, "정당방위와 긴급피난의 몇 가지 요건", 형사판례연구(3), 형사판례연구회 편, 1995, 89면 이하 및 "긴급피난", 고시계, 1994/11, 58면 이하; 조준현, "정당방위와 긴급피난의 법리에 관한 사례연구", 형사판례연구(6), 형사판례연구회 편, 1998, 104면; 최우찬, "정당방위", 고시계, 1994/11, 36면; Jeschek/Weigend, AT § 32 Ⅱ 1 d; Kühl, AT § 7 Rn. 42; Roxin, Der druch Mensch ausgelöstete Defensivnotstand, in: Jescheck -FS, 1985, 480면 이하; Chöke/Schröder/Lenckner/Perron § 34 Rn. 17.

3) 윤종행, "정당방위상황으로서의 현재의 부당한 침해", 연세법학연구 제7권 제1호, 연세법학회, 2000, 454면.

4) Suppert, Studien zur Notwehr und notwehrähnlichen Lage, 1973, 366, 381면.

정당방위에 포함된다고 보는 견해[5] 등 다양한 견해들이 제시되고 있다. 이와 같이 예방적 정당방위가 위법성이 조각될 수 있을 것인가, 조각되는 근거가 어디에 있는가에 대하여 아직까지 통일된 견해가 제시되지는 않고 있다. 다만 지금까지 국내의 학설을 살펴보면 이를 소위 방어적 긴급피난으로 보아 긴급피난의 원리로써 해결하고자 하는 견해가 지배적인 것으로 보인다.

물론 대상판례에서는 이를 정당방위로든 긴급피난으로든 위법성이 조각되기는 어렵다. 비록 판례의 취지처럼 정당방위의 현재성을 인정한다고 하더라도, 상당성을 긍정하기 어렵기 때문에 정당방위가 성립될 수 없음은 물론이거니와, 방어적 긴급피난의 성립가능성을 타진해 본다고 하더라도 역시 상당성을 인정할 수 없기 때문이다. 다만 본 논문에서는 동 판결의 내용을 토대로 하여, 계속적 침해가 있거나 예방이 필요한 시점에서의 위법한 침해에 대하여 다수설이 인정하는 방어적 긴급피난이 아닌 예방적 정당방위의 인정이 가능할 수 있겠는가라는 의문을 던지고자 한다.

따라서 본 논문에서는 예방적 정당방위의 의의 및 위법성이 조각될 것인지, 위법성조각사유에 해당된다면 어떠한 근거로 위법성이 조각되는지 검토해 보고자 한다. 그리고 이러한 논의는 정당방위와 긴급피난에서 위법성이 조각되는 기본사상이 무엇인가와 본질적으로 관련이 되므로 양자를 인정하는 기본사상에 비추어 검토해 보도록 한다. 또한 정당방위와 긴급피난에 있어서 차이점으로 설명되는 현재성의 범위와 이익형량의 원칙이 예방적 정당방위에는 어떻게 작용하는지 살펴보고자 한다.

---

5) 大判 1992. 12. 22, 92도2540.

Ⅱ. 위법성조각의 기본사상

1. 정당방위

(1) 기본사상

1) 연 혁

자기 또는 타인의 법익에 대한 현재의 부당한 침해를 방위하기 위하여 인정되는 정당방위는 역사적으로 보복사상과 자기응징행위(handhaften Tat) 예컨대, 현행범과 부딪친 행위자가 장소와 정황에 관한 일정한 요건 하에 살해까지도 할 수 있는 권리로부터 출발한다.[6] 이는 로마법뿐만 아니라 게르만법으로부터도 기원한다. 다만 로마법상으로는 자위권으로부터 유래하는 독자적인 권리로서 효과가 발생하는 반면, 게르만법상으로는 12세기 자기응징행위로서의 혈족간의 복수, 파벌싸움과 살해에 대하여 국가의 형사소추를 제한하기 위한 필요성으로부터 발생하였다. 그 후 1532년 카롤리나 형법전 제139조 및 제140조에 로마법적 사고를 계승한 정당방위 규정이 발견되는데, 이때까지는 총칙상의 일반규정으로서 받아들여지지는 않았고, 개별범죄에 있어서 모살죄 및 고살죄와 관련하여서만 신체나 생명을 방어하기 위한 경우로 규정되었다.[7] 그 후 1794년 제정된 프로이센 일반란트법[8]은 제517조 이하 9개 조문에 걸쳐 정당방위를 규정하고 있으면서 살인범죄와 같은 특수한 경우로 제한하고 있지 않을 뿐만 아니라 일반적인 정당방위규정으로서 모든 범죄행위에 유효하도록 규정하고 있다. 또한 긴급구조와 함께 규정되어 있고, 정당방위가 가능한 법익을 생명이나 신체로 제한하고 있지 않을뿐더러 이에 상응하는 필요조건이나 피난의무에 관한 내용 역시 현저히 감소한 형태로 규정되어 있다.

---

6) Haas, Notwehr und Nothilfe, 1978, 19면 이하; Krey, JZ 1979, 704면.

7) Krey, JZ 1979, 704면.

8) 동법은 원칙적으로 로마법을 완전히 부정하였지만, 로마법을 계수한 정당방위에 관한 규정은 이에 영향을 받지 않은 것으로 보인다.

2) **이원적 구조**

앞서 본 바와 같이 역사적으로도 정당방위는 위법한 침해에 대한 보복으로부터 비롯되었다. 그리고 현재 법은 불법에 굴복할 필요가 없다는 전제[9] 하에 통설은 정당방위의 기본사상을 이원적으로 평가한다. 개인적 권리로서의 요소와 사회적 권리로서의 요소가 그것이다.

정당방위의 자기보호사상은 부당한 침해로부터 자기 자신을 방어하기 위한 인간의 본능으로부터 출발한다. 즉, 인간의 자기보호본능은 국가의 실정법과 형벌권에 앞서 자연적인 것이므로 국가가 행사하는 권력도 여기에서는 제한적으로 인정될 수밖에 없다. 여기에서 제한적이라 함은 국가권력의 발동을 예상하기 어려울 정도로 급박한 부당한 침해상황으로써, 그러한 상황에서는 개인이 스스로 자위권을 행사함으로써 자기보호에 충실할 수 있다는 점을 고려한 것이다.

정당방위의 자기보호사상은 사회적 권리로서의 요소와 동전의 양면과 같은 형태를 띤다. 즉, 자기보호사상에서 비롯한 행위는 결과적으로 국가가 스스로 실정법을 수호할 수 없는 상황, 국가권력이 미치지 못하는 상황에서 법질서가 파괴되는 순간에 개인이 부당한 침해에 대한 응징을 함으로써 국가의 법질서를 수호하는 결과를 가져오기 때문이다. 그리고 이는 장래의 잠재적인 법익침해자에 대한 일반예방적인 기능까지도 담당하게 되므로 일반인의 법적 신뢰도를 높이게 된다.[10] 그리고 정당방위의 가치는 이러한 사회적 권리로서의 요소로부터 나온다.[11] 정당방위행위에 있어서는 긴급피난과 같은 엄격한 이익교량이 필요 없으므로, 보다 낮은 가치를 지키기 위해서 보다 높은 가치를 침해하는 행위도 위법성이 조각된다. 이처럼 엄격한 이익교량을 요구하지 않는 이유는 법적으로 승인된 이익을 보호하는 자는 이를 통하여 법질서의 효력을 강화하므로 불법을 용인할 필요가 없기 때문이다. 또한 이

9) Berner, Lehrbuch des deutschen Strafrechts, 18. Aufl. 1898, 1986년 신간 107면 (MK/Joecks/Miebach, § 32 Rn. 6 재인용).

10) 박상기, 형법총론, 167면.

11) 김일수/서보학, 형법총론, 292면.

와 같은 사회적 권리로서의 요소는 정당방위의 현재성을 제한하는 요소로서 작용할 수 있다. 침해가 목전에 임박하거나 시작되었거나 진행중인 경우에는 국가권력이 발동할 수 없고, 국가권력의 발동이 불가능한 상황에서는 이익교량이 관대한 정당방위행위가 가능하다는 점에서 현재성의 범위는 국가권력의 발동가능성 및 국가권력 행사의 위임이라는 제한적 요건에서만 인정될 수 있다. 그렇지만 모든 불법에 대하여 정당방위가 법확증 원리로서 역할하지는 않는다. 아무리 정당방위가 법확증 기능을 가진다고 하더라도 법 자체가 사소한 침해에 대하여 매우 심각한 방법과 수단으로 불법을 방어할 것을 원하는 것은 아니기 때문이다. 예컨대 법은 재물손괴와 같은 경한 불법행위를 한 자에 대하여 살인죄로서 처단하는 것을 원치 않는다. 따라서 법확증 기능은 동시에 정당방위의 제한원리도 함께 수반하는 것으로 볼 수 있을 것이다.[12)]

한편으로 정당방위의 사회적 권리로서의 요소를 타인의 법익을 보호하기 위한 정당방위의 경우로 제한하거나[13)] 사회적 또는 국가적 법익에 대한 정당방위의 허용근거로 간주하는 견해[14)]가 있다. 정당방위의 사회적 권리로서의 요소, 즉 법질서 수호 또는 법질서 확증의 원리는 자기보호사상과 불가분의 관계를 맺는 것으로 파악해야 할 것이다. 자기의 법익을 보호하고자 하는 행위가 실정법 위반자에 대한 반격으로 나타날 때에는 이 역시 실정법 위반자의 행위를 제지함으로써 실정법을 수호하는 역할을 할 수 있기 때문이다.

(2) 사회적 요소 결여의 경우

법익 위태화의 상황에서 자위권의 행사가 반드시 자기보호사상과 법질서수호사상을 항상 동시에 발생시키는 것은 아니다. 그렇다면 개인

---

12) 물론 정당방위의 기본사상과 제한원리에 대한 많은 논의들이 있지만, 여기에서는 논문의 주제인 예방적 정당방위와 방어적 긴급피난의 관계를 설명하는 범위에서만 언급하고자 한다.

13) 오영근, 형법총론, 356면.

14) 오영근, 형법총론, 357면; 임웅, 형법총론, 212면.

에게 닥친 부당한 침해상황으로부터의 자기보호가 법질서 수호의 효과는 없는 경우에도 정당방위로서 인정할 수 있겠는가? 또는 인정할 실익이 있겠는가? 예컨대, 상대방의 침해행위가 정당하지 못한 행위이기는 하지만, 실정법을 위반하는 행위가 아닌 경우를 가정해 볼 수 있다. 인간에 의하여 발생한 법익 위태화의 상황이지만 인간의 행위가 법에 의하여 처벌되는 과실범이 아닌 경우를 생각해 보자. 이 경우 방위자의 행위는 부당한 침해에 대한 자기보호의 원칙에는 충실하지만 이로 인하여 수호되는 법질서란 존재하지 않는다.

결과적으로 사회적 권리로서의 법질서 수호의 원리가 작용되지 않는 상황에서는 정당방위는 부정되어야 한다. 이는 정당방위의 본질적 요소인 이익형량의 관대함이 사회권적 요소로부터 발생되기 때문이다. 정당방위가 긴급피난과는 달리 엄격한 이익형량을 하여 보호되는 이익이 침해되는 이익보다 커야 할 필요가 없는 것은 국가권력이 발동할 수 없는 상황에서 행위하는 개인의 법질서 수호행위는 국가권력의 내재적 위임행위이기 때문이다. 그러므로 사회권적 요소가 결여되는 상황에서는 정당방위를 인정해서는 안 된다. 이러한 점은 다시 정당방위는 불법한 침해에 대하여만 가능하다는 점을 인식시켜 주는 동시에 긴급피난과의 차이점을 발견하게 해 준다. 정당방위가 인정되지 않는 이 경우에는 사안에 따라서 긴급피난이 성립할 수도 있다. 다만 보다 엄격한 이익교량을 통하여 행위의 상당성을 심사받아야 한다.

2. 긴급피난

(1) 연 혁

긴급피난이란 급박히 발생하는 위난을 피하기 위하여 타인에게 손해를 가하게 되는 행위이므로 이러한 긴급행위는 모든 법영역에서 나타날 수 있다. 따라서 긴급권에 관한 법적 의미와 법적 평가에 관하여는 다양한 모습으로 전개되었다.

긴급피난이론의 기본사상에 대하여 논의할 경우에는 고대 그리스철학자 카르네아데스의 판자(Brett des Karneades)[15]가 주로 인용되었고, 헤겔이나 칸트 등 많은 법철학자들이 긴급권의 성질을 파악할 때 동 사례를 이용하였다.[16] 로마법상으로는 고의가 결여되었다는 점에서 긴급피난 행위를 인정하였다. 예컨대 푸펜도르프는 카르네아데스의 판자에 있어서도 행위자는 판자 위에서 살아남기 위하여 타인을 살해할 수 있는 어떠한 권리도 인정되지 못하고, 따라서 행위에 법적인 정당성을 인정할 수는 없지만 책임이 배제되어 결과적으로 처벌할 수 없다고 보았다. 칸트의 경우에도 긴급한 상황 하에 불법한 행위를 한 경우에는 옳지 못한 것을 합법적으로 만든다는 것은 법이론적으로 타당하지 않으므로, 그 어떤 경우에도 정당화될 수 있는 긴급상황이라는 것은 인정되지 않는다고 보고, 다만 긴급상황에서의 행위들은 면책의 대상이 되는 것으로 평가하였다. 반면, 헤겔은 보다 높은 법익을 보호하기 위한 긴급상황 하에서의 행위는 정당화되고, 따라서 적극적인 권리로서 인정된다고 보았다.

1532년 카롤리나 형법전이 제정되면서는 제166조에 아사의 위급상황에서 자기 또는 처자를 구하기 위하여 음식물을 절취한 자에 대한 불벌이 규정되었고, 1794년 프로이센 일반란트법상으로는 제1115조에서 책임을 면제하는 형태로 인정되었다. 독일 구 형법(1871년 이전) 역시 제54조에서 정당방위의 경우를 제외하고 다른 방법으로는 제거할 수 없는 자기 책임 아닌 긴급상태에서 행위자 또는 그 친족의 생명이나 신체에 대한 현재의 위난을 피하기 위한 행위는 벌하지 아니한다고 하여, 긴급피난을 책임조각사유로 규정하고 있었다.[17]

---

15) 동 사례는 카르네아데스가 긴급권을 설명하면서 제시한 것으로서, 선박이 항해중에 좌초하여 침몰하고 오로지 작은 판자에 몸을 의지하여 표류중이던 선원이 더 이상 판자에 다른 사람과 함께 있을 수 없는 급박한 상황에서 자기의 생명을 구하기 위하여 함께 판자에 있던 타인을 죽인 경우이다.

16) 김학태, "긴급권에 관한 법철학적 근거", 법철학연구 제 8 권 제 2 호, 한국법철학회, 2005, 221면 이하.

17) 본 논문에서는 긴급피난의 기본사상을 검토하는 데 중점을 두므로, 이것이 책임조각사유 또는 위법성조각사유인가의 여부 및 이에 관한 연혁은 생략하기로 한다.

(2) 기본사상

긴급피난이 정당화되는 기본적인 사상은 사회연대성의 원칙에 있다고 보여진다. 개인의 삶은 사회적 연대에 의하여 유지되며, 삶의 가치, 사회적 가치는 다른 인간과의 관계에서 규정된다. 따라서 모든 인간은 다른 인간과 함께 연대적 주체이지 대상이 아니며, 이러한 사회관계를 형성하는 원리를 연대의 원리라고 한다. 이는 사회적 통일성이 형성되는 특수한 방식으로서 공동체를 지배하기 위한 원리로 나타나는데, 구성원 각자가 공동체의 지속적인 가치실현을 위하여 공동의 책임을 지게 되고, 이 경우 공동체 내의 구성원 각자에게는 사회공동체를 유지하기 위한 연대책임이 나타나게 된다.

이러한 연대성의 원칙으로부터 공동체 내의 구성원은 전체사회의 연대라는 관점 하에서 일정한 경우 위험을 감수해야 할 책무가 도출된다. 따라서 연대성의 원칙은 위험에 처해 있는 자로부터 어쩔 수 없는 법익침해가 발생할 때 위험에 처해 있는 자의 긴급행위를 사회공동체의 다른 구성원들이 받아들일 것을 요구한다. 또는 일정한 지위·의무관계를 부여하여, 상황에 따라 위험에 빠진 자에게 구호를 받을 수 있는 권리를 부여하는 것을 법질서 내에서 정당한 것으로 허용하게 된다.[18] 이와 유사한 의미에서 긴급피난의 존재의의를 정당한 제3자의 희생에도 불구하고 이를 통한 가치의 재분배가 일정한 조건하에 전체법질서에 비추어 허용될 수 있다는 사실에서 찾는 견해가 있다.[19] 이러한 견해 역시 사회공동체 내에서의 가치의 재분배는 연대성에 기초하고 있다. 긴급피난이 부당한 침해에 대한 대응행위가 아님에도 불구하고 타인의 법익에 대한 피난행위를 인정하는 것은, 이 경우에는 공동생

18) Lackner/Kühl, Strafgesetzbuch, 24. Aufl., 2001, §323 c Rn.1에 따르면 독일형법 제323조 c항 구조불이행죄가 바로 이러한 연대성의 원리로부터 도출된 규정이라고 한다. 동 규정은 사고나 공공위험 또는 긴급한 상황의 발생으로 인하여 위험에 처한 자를, 제반사정에 비추어 특히 자신에 대한 현저한 위험 또는 기타 중요한 의무의 위반 없이도 구조가 가능한 자가 구조를 제공하지 않는 경우 1년 이하의 징역이나 벌금형에 처하도록 하고 있다.

19) 이재상, 형법총론, 2004, 236면; 이형국, 형법총론연구 I, 1990, 309면.

활의 질서유지에 합치될 뿐만 아니라 연대성의 기본원리 하에 국가적 가치재분배가 일어나기 때문이다. 긴급피난의 기본사상에 대하여 공동체원리에서 나오는 위험분산의 원칙에 의하여 객관적으로 자신의 더 큰 법익을 보호하기 위하여 타인의 작은 법익을 희생하는 것은 사회구성원 상호간에 양해된 것이라는 점에서 찾는 견해가 있는데,[20] 이 또한 양해의 이유가 연대성에 기초하기 때문에 동일한 견해로 보아야 할 것이다.

한편으로는 긴급피난의 기본원리를 이원적으로 설명하는 견해[21]가 있다. 동 견해에 의하면 긴급피난은 정당방위와 같이 개인적 원리와 사회적 원리 두 가지 사상을 밑바탕으로 하고 있으며, 사회적 원리인 연대성의 원리 이외에도 정당방위의 기본사상으로 설명되는 자기보호의 원칙이 개인적 원리에 해당한다고 본다. 복수의 법익이 서로 충돌하고 대립하는 긴급상태에 빠진 타인에게 법은 자기의 법익을 희생시키면서까지 그 침해나 위험을 감수할 것을 요구할 수 없기 때문이라고 한다. 자기보존은 인간의 본질적인 자연법상의 권리라는 점에서 이를 인정하고 있다. 그런데 이러한 이원화는 그다지 실익이 있어 보이지는 않는다. 긴급상황에서의 행위는 그것이 정당방위이든 긴급피난이든 자구행위이든 자기보존의 원리가 기본이기 때문이다. 특히 정당방위에서는 자기보호의 원칙이 보호되는 법익을 개인적 법익으로 한정하는 원리로서 작용하기 때문에 이원적 구조로 설명하는데 있어서 중요한 작용을 하지만, 긴급피난에 있어서는 동 원리가 긴급피난의 작용에 보다 중대한 영향을 미치지 않는다. 따라서 긴급피난의 중요한 원리는 연대성의 원리가 될 것이다.

긴급피난이 연대성의 원리에 기본적으로 뿌리내리고 있다면 긴급피난의 한계 역시 연대성의 원리에 있게 될 것이다. 즉, 타인에게 공동체의 구성원으로서 일정한 자유와 권리의 침해 또는 제한을 수용할 것

---

20) 오영근, 형법총론, 387면.

21) 박광민, "긴급피난의 정당화원리", 형사법연구 제 7 권, 1994, 64면 이하.

을 요구하기 위해서는 그러한 수용의 요구가 정당화될 수 있어야 한다. 그러므로 긴급상황에 처한 자를 위하여 타인에게 법익희생을 감수하도록 요구하기 위해서는, 긴급상황에 처한 자의 법익이 타인의 희생되는 법익보다 본질적으로 우월해야만 할 것이다. 따라서 연대성의 원리는 엄격한 이익형량을 통해서만 공동체의 일원들에게 연대의무 내지 수인의무를 수용할 것을 요구할 수 있게 작용한다.

3. 기본원리상의 차이점

정당방위와 긴급피난은 긴급상황에서의 행위라는 점에서 법적 정당성을 유출해 내고자 하는 노력이 계속되어 왔다. 정당방위에 대하여는 인간의 본성으로서의 개인적 권리로서 자기수호의 원리와 사회적 권리로서의 법질서수호의 원리가 그 바탕에 깔려 있다면, 긴급피난은 사회연대성의 원리 위에 인정되는 제도이다.

정당방위가 로마법과 게르만법상으로도 법적 정당성을 승인받은 이유는 행위유발원인이 불법적인 인간의 침해라는 점과 이에 대한 보복 내지 응징이라는 점에 있다. 이처럼 정당방위가 정당화되는 동안에도 긴급피난의 법적 정당성에 관하여는 많은 논란이 제기되어 왔다. 그리하여 법철학적으로도 이를 정당성의 근거로 삼는 견해와 법적으로 정당화될 수는 없지만 기대불가능성에 의한 면책사유로 인정하는 견해가 팽팽히 대립되었다. 그런데 연대성의 원리로부터 긴급피난이 유래한다면 긴급피난은 사회연대성의 범위 내에서만 인정된다는 한계가 도출된다. 그리고 사회연대성이라는 한계는 이익형량의 엄격성이라는 형태로 표현되고 있다. 이와 같이 볼 때, 긴급피난이 정당방위보다 법익형량 또는 이익형량을 통하여 보호되는 법익의 범위가 보다 협소한 것은 긴급피난이 발생하게 된 기본사상과 불가분의 관계를 가진다. 그 결과 긴급피난은 위난의 상황에서의 회피하고자 한 행위의 제반사정을 사회적인 차원에서 총체적으로 평가하여 그러한 행위가 사회공동체의 연대성이라는 차원에서 허용될 수 있는지를 판단해야 한다. 즉, 위난으로 인하여 침해되는 이익과 동일한 또는 더 큰 이익의 희생을 모든 사회구성원에게 요구할 수 없게 되는 것이다.

이처럼 정당방위는 법질서확증의 원리를, 긴급피난은 연대성의 원리를 기본으로 하고 있고, 법질서확증의 원리와 연대성의 원리의 차이점은 정당방위와 긴급피난의 차이점으로 귀결된다. 법질서확증의 원리는 법이 불법에 양보할 수 없다는 입장에서 불법상황을 전제로 하여 엄격한 이익형량을 요구하지 않는 반면, 연대성의 원리는 사회공동체의 연대의무를 전제로 엄격한 이익형량을 요구하게 되는 것이다. 또 다른 한편으로는 현재성의 제약에 있어서의 해석상의 차이를 유발한다. 즉, 법질서 확증 또는 방위의 원리에 있어서는 법질서를 국가가 수호할 수 없다는 시간적인 급박성을 요건으로 하기 때문에 정당방위의 침해의 현재성이 긴급피난보다 엄격히 해석된다. 반면 긴급피난은 연대성의 원리를 기초로 함으로써 사회공동체의 연대 내지 용인이라는 차원에서 제반사정을 고려하여 위난의 현재성을 파악하기 때문에 정당방위보다는 완화된 정도의 현재성을 요구한다.

Ⅲ. 예방적 정당방위와 방어적 긴급피난의 상관관계

1. 본안 사건과의 관계

본 사건이 예방적 정당방위와 방어적 긴급피난에 관한 논의의 시발점이 된 것은 대법원이 정당방위의 현재성을 인정하는 듯한 판시를 하였기 때문이다. 대법원은 앞서 판결이유에서 본 바와 같이 사건 당시 피고인 김보은의 신체나 자유에 대한 현재의 부당한 침해가 있었다고 볼 여지가 없는 것은 아니라고 판단하였다. 즉, 정당방위의 요건으로서의 현재성을 간접적으로 인정하는 것과 같은 인상을 준다. 그리고 이러한 판단의 기초로서 피고인 김보은이 12세 때부터 피해자인 김영오로부터 성폭행을 당한 후 계속적으로 이 사건 범행 직전 무렵까지 성관계를 강요받아 왔고, 행동의 자유를 제한받아 왔다는 점에 주목하고 있다. 따라서 의붓아버지로부터의 성관계의 지속적인 유지를 위한 계속적이고 반복적인 강요와 협박으로 인하여, 피고인의 신체 내지 행동의 자유에 대한 침해에 있어서 현재성이 있다고 볼 여지를 열어두고 있는 것이다. 이와 같은 판단이 정당방위와 긴급피난의 현재성의 차이를 간과했다는 비판과 함께 예방적 정당방위와 방어적 긴급피난의 논란을 초래하였던 것으로 보인다.

긴급피난이라고 할 때에는 대체로 위난과 관계없는 제 3 자의 법익을 침해하는 공격적 긴급피난을 의미하게 된다. 그런데 경우에 따라서는 피난행위자가 자기 또는 타인의 법익을 위난으로부터 구조하기 위해서는 위난을 유발한 당사자의 법익을 침해하는 형태가 가능한데 이를 방어적 긴급피난이라고 한다. 즉, 공격적인지 방어적인지는 피난행위에 의하여 침해되는 법익의 귀속자가 누구인지에 의하여 판단된다고 보아야 한다.

일반적으로 정당방위와 긴급피난의 차이점에 대하여 전자가 부정 대 정의 관계인 반면, 후자는 정 대 정의 관계라고 설명하기도 하지만,[22] 긴급피난은 위법하지 않은 침해뿐만 아니라 불법한 침해에 대하여도 가능하기 때문에 반드시 정 대 정으로 표현되는 것은 아니라고 보아야 한다.[23] 따라서 법익침해가 예상되는 긴급한 상황에서는 침해행위가 위난인지 불법행위인지와 피난자의 상대방이 위난유발자인지 제 3 자인지에 관한 여러 조합이 가능하다. 첫째, 불법행위가 아닌 위난을 피하기 위하여 제 3 자의 법익을 침해한 경우로써, 전형적인 공격적 긴

22) 손해목, 형법총론, 468면; 신동운, 형법총론, 272면; 오영근, 형법총론, 383면; 이재상, 형법총론, 236면; 이형국, 형법총론연구 I, 309면; 임웅, 형법총론, 209면. 한편, 양자의 차이점을 재반격행위에서 발견하고자 하는 견해가 있다. 이에 따르면 정당방위행위는 부당한 침해자를 객체로 한 반격행위이므로 정당방위상황을 야기한 부당한 침해자는 반격행위에 대한 재반격행위를 할 수 없는 반면, 긴급피난에서는 긴급피난자로부터 침해를 받는 자는 그가 위난유발자이든 제 3 자이든 원칙적으로 긴급피난이 가능하다는 점에 초점을 맞춘다. 따라서 반격행위와 재반격행위에 초점을 맞출 때에는 정당방위는 반격행위가 정이고 재반격행위는 부정이 되며, 긴급피난은 반격행위도 정, 재반격행위도 정으로 평가되기 때문에 정 대 정의 관계가 성립한다고 본다. 박광민, "긴급피난의 정당화원리", 형사법연구 제 7 호, 한국형사법학회, 1994/12, 52면.

23) 김일수/서보학, 형법총론, 306면; 박상기, 형법총론, 192면.

급피난이 된다. 둘째, 불법한 침해행위를 피하기 위하여 제 3 자의 법익을 침해한 경우로써, 역시 공격적 긴급피난에 해당된다. 만일 불법한 침해행위를 한 당사자의 법익을 침해하게 된다면 정당방위에 해당하기 때문에 제 3 자의 법익을 침해하는 때보다 상당성이 훨씬 완화된다. 상당성의 면에서는 불법한 침해와 관계없는 제 3 자의 법익을 침해하는 것이므로 엄격한 이익형량을 요구하는 것인 연대성의 원리상 당연한 귀결이다. 셋째, 불법하지 않은 위난을 피하기 위하여 위난유발자의 법익을 침해한 경우로써, 방어적 긴급피난에 해당한다. 넷째, 불법한 침해행위를 피하기 위하여 침해유발자의 법익을 침해한 경우로써, 전형적인 정당방위에 해당하게 된다. 따라서 방어적 긴급피난과 정당방위는 위난유발자의 행위가 불법행위인가 여부로 결정된다.[24] 문제는 지속적이고 반복적이거나 장래에 급박한 침해의 위험성이 있는 시점에서의 유발자의 행위가 현재성이 인정되는가 여부에 있다. 만일 현재성이 인정된다면 정당방위로, 현재성이 부정된다면 긴급피난으로 해결하고자 하는 바가 다수설적 입장이다. 이유는 긴급피난의 현재성의 범위가 정당방위의 그것보다 넓기 때문이라고 본다.

따라서 본 사건과 관련하여서는 정당방위의 현재성의 범위를 어떻게 파악할 것인가, 그 결과 계속적 침해이거나 장래 급박한 침해에 대하여 정당방위로서의 현재성을 인정할 것인가의 여부와, 긴급피난에 있어서 상당성 판단에 대하여 살펴보고자 한다. 물론 피고인의 행위에 정당방위의 현재성을 인정한다고 하더라도 위 사안은 상당성을 벗어난 행위로서 위법성이 조각되기는 어려울 것이다. 이는 방어적 긴급피난을 적용한다고 하더라도 마찬가지이다.[25]

---

24) 김일수/서보학, 형법총론, 317면; 송명섭, "긴급피난에 관한 연구(下)", 외법논집 제 6 집, 한국외대 법학연구소, 1999/4, 153면; 이용식, "긴급피난", 고시계, 1994/11, 53면.

25) 예컨대, 이용식, "정당방위와 긴급피난의 몇 가지 요건", 100면은 방어적 긴급피난의 상당성을 부정하는 대신 면책적 긴급피난의 성립가능성을 판단하고 있다.

2. 방어적 긴급피난

(1) 침해의 현재성

방어적 긴급피난이나 공격적 긴급피난이나 현재성의 범위는 동일하다. 따라서 이미 침해가 발생한 때에는 물론 그 침해가 즉시 또는 임박한 경우를 의미한다. 또한 침해가 계속적·반복적으로 지속되었거나 장래에 예상되는 침해를 지금 예방하지 않으면 후에는 방어가 불가능하거나 현저하게 곤란해지는 경우에도 긴급피난은 가능하다. 그러나 장래의 예견되는 모든 침해가 여기에 속한다고 보기는 어렵다.

따라서 첫째, 불법하지 않은 위난이 즉시 또는 임박한 경우에는 방어적 긴급피난이 가능하다. 그리고 침해가 불법한 경우에는 정당방위가 성립된다. 둘째, 계속적인 위난도 계속성이 현재성으로 파악된다. 셋째, 장래에 예상되는 불법하지 않은 침해가 방어의 실효성과 관련될 때에는 현재성이 인정된다. 넷째, 장래의 불법한 침해를 지금 예방하지 않으면 후에는 방어가 불가능하거나 현저하게 곤란해지는 경우에는 이를 예방적 정당방위로 볼 것인가 방어적 긴급피난으로 볼 것인가 문제된다. 만일 정당방위의 현재성이 인정된다면 이를 굳이 긴급피난으로 볼 실익이 없다. 상당성판단에 있어서 정당방위의 허용범위가 더 넓기 때문이다.

본 사안에서는 두 가지 법익침해에 관한 현재성이 문제된다. 성적 자기결정권의 침해행위와 관련하여서는 이미 성폭행이 끝난 시점이더라도 그것이 10여 년이 넘도록 장기적이고 계속적·반복적으로 행해져 왔다는 점에서 현재성을 인정할 수 있다. 또한 협박 등 의사형성의 자유침해의 면에서도 협박이 목전에 있지 않더라도 이미 행한 협박행위로 인하여 공포심이 지속되는 순간이기 때문에 현재성을 인정할 수 있다.

(2) 상 당 성

1) 학설의 검토

방어적 긴급피난은 공격적 긴급피난과 현재성의 범위가 동일하다고 보지만, 상당성 판단, 특히 이익형량에 관하여는 논란의 여지가 있다. 방어적 긴급피난이 위난의 원인자에 대한 반격이므로 상당성을 공격적 긴급피난처럼 엄격하게 판단할 필요가 있겠는가가 논란의 시발점이다. 여기에 관하여는 크게 두 가지 견해가 대립되는 것으로 보인다.

첫째, 위험의 유발자를 우대할 필요가 없기 때문에 방어적 긴급피난의 경우에는 본질적으로 더 가치 있는 법익이 아니더라도 이익교량에서 우월한 가치로 평가된다고 보는 견해이다.[26] 극단적인 경우 방어적 긴급피난자가 생명과 건강의 위험을 피하기 위하여 위난유발자를 살해했더라도 긴급피난에 의하여 정당화된다고 본다.[27] 이에 의하면 이익형량은 오로지 객관적인 법익간의 비교만을 통해서 이루어지는 것이 아니라, 위난의 제반사정 예컨대 위난원인행위의 종류와 정도, 법익보호의 성공가능성 등도 고려사항이 된다는 점에서 출발한다. 따라서 위난이 유발자에 의하여 야기되었다는 사실은 이익형량에서 당연히 중요하게 고려되는 요소이기 때문에 방어적 긴급피난에서는 보호되는 법익이 침해되는 법익보다 본질적으로 우월하지 않더라도 법익의 추상적인 가치순위뿐만 아니라 구체적인 사정 하에서의 보호까지 고려하는 포괄적인 이익형량을 통하여 이루어지고, 그 결과 위난이 유발자에 의하여 발생하였다는 사실은 당연히 이익교량의 요소로서 고려되어 이익형량에 있어서 피난자의 법익은 우월하다고 판단된다고 본다. 즉, 높은 가치의 법익을 가진 자로부터 위난이 나온다는 사정은 낮은 법익을 가진 자의 입장에서는 그 자신의 법익보호에 본질적으로 높은 이익을 인정할 수 있게 해 준다고 본다.

그러나 위난야기자가 위난을 불법하게 야기한 것이 아니라는 점을 감안할 때에는 구체적인 이익교량이 단순히 법익비교뿐만 아니라 그 외의 제반사정을 고려한다고 하더라도 언제나 이익형량에 있어서 위난유발자의 법익이 본질적으로 낮은 법익으로 평가된다고 본다는 것은 지나치다고 보여진다. 또한 이렇게 볼 때에는 위난이 불법하게 이루어

26) 김일수/서보학, 형법총론, 317면; 이용식, "정당방위와 긴급피난의 몇 가지 요건", 97면; Schönke/Schröder/Lenckner/Perron § 34 Rn. 30.

27) 김일수/서보학, 형법총론, 317면.

질 때의 이익교량과 차이가 없다. 그 결과 위난을 유발한 자에 대한 반격행위는 그 위난이 불법한 침해인지 아닌지와 관계없이 정당방위에 해당하는 정도의 상당성을 인정하는 결과를 초래한다. 하지만 이러한 결과는 정당방위와 긴급피난의 서로 다른 법원리를 고려해 볼 때 타당하지 않다. 사회공동체의 윤리적 입장에서 개인은 전체 속에서 개체로서 독립성과 자율성을 유지하면서 동시에 타자에 대한 공동책임을 지는 총체적 인격으로서 간주된다는 점에서 연대성의 원리는 출발한다. 이러한 본질적 상호성은 공동체 내에서의 일정한 수락과 감수를 의무의 형태로 요구하게 되는데, 긴급피난 역시 상호 수락과 감수의 의무범위 내에서만 가능하다. 그리고 이러한 점이 상당성 판단에서 작용하게 된다. 긴급피난의 위법성의 조각은 그 행위가 사회공동체의 연대성의 측면에서 사회공동체가 감수할 수 있을 수준이어야 한다. 즉, 위난야기자의 입장에서 불법하지 않은 위난의 유발은 언제나 자신의 높은 법익이 반격자의 법익보다 상대적으로 낮은 법익으로 판단될 수 없다. 반격자의 행위에 대한 감수의 범위는 유발자의 입장에서는 위난이 불법하지 않다는 점이 반드시 고려되어야 할 것이다.

둘째, 긴급피난의 이익형량에 있어서 본질적 우월관계는 공격적 긴급피난에 대해서만 타당한 척도이고, 방어적 긴급피난의 경우에는 이와는 또 다른 척도로써 균형성을 판단하고자 하는 견해이다.[28] 이에 따르면 독일형법 제34조는 균형성 판단기준으로 본질적 우위를 명시적으로 규정하고 있는 반면 우리 형법은 단지 상당한 이유만을 규정하고 있다는 점에 주목한다. 상당성 판단은 해석의 문제이므로 그 척도를 공격적 긴급피난과 방어적 긴급피난에 따라 다르게 정하더라도 법규해석상 문제가 없다고 보는 것이다.

그런데 긴급피난의 상당성은 법문에 본질적으로 우월해야 한다는 점을 명시하지 않더라도 연대성의 원리에 비추어 본질적으로 우월해야

28) 배종대, 형법총론, 305면; 원형식, 앞의 논문, 99면; Hruschka, Rechtfertigung oder Entschuldigung im Defensivnotstand?, NJW 1980, 22면; LK/Hirsch § 34 Rn. 74.

한다. 즉, 사회공동체의 연대라는 측면에서 살펴본다면 불법하지 않은 행위에 대한 피난행위의 정도는 본질적으로 보호하고자 하는 법익이 침해되는 법익보다 본질적으로 우월할 때에만 사회구성원에게 수인의무를 요구할 수 있다.

2) 연대성의 원리와 상당성

양자는 최소한 방어적 긴급피난을 공격적 긴급피난보다 상당성의 평가에서 완화하고자 한다는 점에서 공통된다. 물론 위난의 유발자가 전혀 무관한 제3자에 대한 피난행위와 전적으로 동일하게 평가될 수는 없을 것이다. 그러나 그 정도는 자초위난자가 위난을 피하기 위하여 제3자에게 행하는 공격적 피난행위에서의 이익형량에서 고려되는 사항과 유사하게 평가되는 것이 타당하다고 보여진다. 자초위난에서 위난의 유발자라는 점은 이익교량에 있어서 고려의 대상이 되지만 그렇다고 언제나 자초위난자의 이익이 낮은 이익으로 평가되지는 않는다. 따라서 위난을 피하기 위하여 위난유발자에게 행하는 행위는, 물론 제3자에게 행하는 행위보다는 이익형량에 있어서 고려되어야 할 사항이기는 하지만 그것이 공격적 긴급피난과는 다른 기준을 가질 수는 없을 것이다. 그렇다고 전자의 견해처럼 위난유발자의 높은 법익은 언제나 위난을 피하기 위한 행위자의 보다 낮은 법익보다 항상 열등하게 평가될 수는 없다고 보여진다. 그 범위 역시 연대성의 원리를 벗어날 수 없기 때문이다. 위난을 유발하는 행위는 불법행위를 하는 것과는 질적으로 다르다. 따라서 보호이익이 침해이익보다 본질적으로 우월하지 않거나 보호가치가 낮은 경우에도 정당방위에서 예상되는 상당성과 유사한 정도로 평가될 수는 없을 것이다.

특히 계속적 반복적인 불법행위이거나 장래 예상되는 불법행위에 대하여 정당방위의 현재성을 인정하지 않는 대신에 방어적 긴급피난으로 보는 한편으로 방어적 긴급피난의 상당성의 범위를 정당방위와 거의 동일한 정도로 평가하고자 할 때 이러한 점이 주목된다. 방어적 긴급피난에는 장래 예상되는 불법행위뿐만 아니라 예상되는 불법하지 않은 위난도 포함된다. 그런데 장래 예상되는 불법행위에 대한 반격행위의 상당성의 정도를 완화하게 되면, 장래 예상되는 불법하지 않은 위난행위도 방어적 긴급피난에 해당하기 때문에 정당방위와 유사한 정도의 상당성을 평가받게 되는 결과를 초래하게 된다는 점에서 타당하지 않다. 연대성에 근거한 수인의무라는 측면을 고려한다면, 장래 예상되는 불법하지 않은 위난행위에 대하여 위난유발자에게 모든 이익을 양보하도록 요구하는 것이 타당한지에 관하여 의문이 들기 때문이다.

사건에서 피고인에게 현재성이 인정될 경우 필요성요건만 충족되면 긴급피난으로 정당화될 가능성을 인정하는 견해[29]도 있다. 그러나 잠재적 공격자를 잠자는 도중 살해하는 행위에 대하여 면책적 긴급피난[30]을 인정하고자 하는 바에서도 알 수 있듯이 본 사안은 어떠한 경우에도 정당화적 긴급피난으로서의 상당성을 인정할 수는 없다. 살해행위는 정당화적 긴급피난에서 본질적으로 이익이 우월한가라는 평가에 있어서는 언제나 상당성이 부정된다.

3. 예방적 정당방위

(1) 침해의 현재성

1) 학설의 검토

정당방위란 자기 또는 제3자의 법익에 대한 현재의 부당한 침해를 방위하기 위한 상당한 이유 있는 행위로써, 정당방위권은 침해가 직접 임박하였거나 현존하는 시점에서 발생한다. 그리고 예방적 정당방위란 장래에 확실히 발생할 부당한 침해를 현재 예방하지 않으면 후에는 방어가 불가능하거나 현저히 곤란해지는 경우에 부당한 침해를 받을 것이 예상되는 자가 행하는 예방적 행위를 의미한다. 따라서 예방적 정당방위란 현재 예방하지 않으면 안 되는 급박한 상황의 장래 발생이 확실한 부당한 침해의 현재성을 인정할 것인가의 문제로 귀결된다.

---

29) 배종대, 형법총론, 305면.
30) 이용식, 앞의 논문, 99면.

따라서 정당방위에서의 침해의 현재성, 즉 임박하였거나 현존하는 상태가 어느 범위인지 해석상의 문제에 놓이게 된다. 여기에 대하여는 미수에서의 실행의 착수시점과 유사하게 보는 견해와 실효적 방위시설 및 예비의 마지막 단계로서 미수근접 예비설이 제기된다.[31] 이러한 견해들은 정당방위의 현재성 판단에 있어서 시간적 고려 이외에 방위행위의 실효성을 고려하였는가의 두 가지 측면에 관한 것으로 보인다.

우선 미수에서의 실행의 착수시점과 유사하게 보는 견해는 침해자가 예비단계에서 미수단계로 옮겨가는 순간에 침해의 현재성이 있는 것으로 본다. 즉, 오로지 시간적으로 실행의 착수시점만이 현재성의 시점이라고 보고, 방위행위의 실효성의 측면은 전혀 고려하지 않는 입장이다. 그러나 침해의 현재성을 너무 좁게 인정하는 결과 효과적인 정당방위의 기회확보가 불가능하게 되므로 타당하지 않다.[32] 행위의 경과 중 실행의 착수에 이르게 되면 이미 결과의 실현에 근접하게 되는 것뿐만 아니라, 침해의 종류에 따라서는 실행의 착수가 범죄의 완성과 시간적으로 밀접하여 공격자에 대한 방어가 거의 불가능하게 되기 때문이다. 또한 방위행위의 기회가 늦어짐으로 인하여 보다 중한 반격행위가 수반될 우려가 있기 때문에 방위자의 입장에서는 필요성의 면에서 과도해질 우려가 있고, 침해자의 입장에서는 중한 반격행위로 보다 큰 피해를 입을 수 있으므로 정당방위의 결과면에서도 그다지 타당하지 않고 보여진다.

예비의 마지막 단계에서 현재성이 인정된다는 미수근접 예비설은 구성요건실현의 개시가 아니라 공격의 직접적 개시가 정당방위를 행사할 수 있는 시점이 된다고 본다. 이 견해에 따르면 구성요건실현의 개시가 아니라 공격의 직접적 개시 또는 실행의 착수시점 직전에서 정당

31) 여기에서의 학설의 명칭은 이용식, "정당방위와 긴급피난의 몇 가지 요건", 형사판례연구(3), 형사판례연구회 편, 85-87면 참조.

32) 박상기, 형법총론, 168면; 이용식, 앞의 논문, 86면; 하태훈, "형법 제21조의 정당방위 상황", 차용식 교수화갑기념논문집, 1994, 189면.

방위권이 발동될 수 있다.[33] 이 견해는 보다 효과적인 정당방위 기회의 확보를 위하여, 즉 반격자의 입장에서 보다 효율적인 방어를 할 수 있도록 전자의 견해보다 정당방위권의 범위를 넓히고자 한다.

동 견해는 실행의 착수시점을 어느 시점에서 인정할 것인가와도 불가분의 관계에 있는 것으로 보인다. 현재 행위자의 관념과 행위객체에 대한 행위의 직접성을 중심으로 하여 실행의 착수 여부를 판단하는 절충설(주관적 객관설)이 지배적이다. 내적으로는 행위자의 범죄계획을 고려하고, 외형적으로는 엄격히 구성요건 해당행위가 아니더라도 이와 밀접하거나 결합된 행위를 하거나 법익침해에 직접적인 위험을 야기시키는 시점이 실행의 착수시점이 되는 것이다. 따라서 정당방위의 현재성의 입장에서는 구성요건행위와 밀접하거나 결합되기 직전의 단계라고 볼 수 있는데, 이는 현재성을 판단하면서 시간성 이외에도 효율성의 면을 고려한 것이라고 보여진다.

마지막으로 정당방위권 발동에 있어서 효율성의 면을 강하게 드러내는 학설이 실효적 방위시설이다. 침해가 나중에는 방위하는 것이 불가능하거나 중한 조건하에서만 방위할 수 있을 때에는 언제나 현재성을 인정하고자 하는 견해이다. 따라서 실행에 착수한 것이 아니라도 단순한 범행의 계획이나 계획의 통보, 예비에 속하는 행위에 대해서도 정당방위가 가능하다. 그런데 단순한 범행의 계획이나 통보 등은 문언의 의미상 침해에 해당되지 않기 때문에 법률문언에 조화되기 어렵다거나[34] 그것이 침해가 아니었을 착오의 위험성이 크기 때문에 타당하지 않다고 본다.[35]

방위행위의 실효성을 통하여 모든 예상되는 침해에 대한 반격행위를 인정한다면 오히려 정당방위행위가 선행하는 부당한 침해가 되고, 이에 맞서는 행위가 정당방위로 인정되는 경우가 발생한다. 즉, 이 경우는 현재성의 문제가 아니라 침해의 부당성이 인정되지 않는 경우이

33) Schönke/Schröder/Lenckner/Perron §32 Rn. 14; 박상기, 형법총론, 168면; 하태훈, 앞의 논문, 188면.

34) Roxin, AT I, §15 Rn. 22.

35) 이용식, 앞의 논문, 87면.

거나 침해와 관련되는 전조가 존재하지 않는 경우까지도 '정당방위'를 인정하는 불합리한 결과가 초래된다.

2) 법확증의 원리와 현재성

정당방위의 현재성은 시간적 요소 이외에 정황적 요소를 고려해야 할 것이다. 법확증의 원리를 통하여 나타나는 현재성은 국가권력을 발동할 수 없다는 정황적 요소를 포함하게 된다. 그리고 정당방위는 속성상 법확증뿐만 아니라 법방위까지도 포함한다. 방위 또는 예방은 경찰의 영역이라고 하더라도, 국가권력에 의한 예방이 불가능한 상황에서 예견되는 부당한 침해를 배제해 버리는 것은 정당방위의 범위를 지나치게 좁히는 결과를 초래한다. 그렇다고 해서 실효적 방위시설이 주장하는 불법침해와 관련한 모든 사전행위로 범위를 넓히는 것은 아니다. 사전행위 중에서 어떠한 이유로든 국가권력의 발동이 현실적으로 불가능하다는 정황이 방위행위를 정당화해 준다고 보아야 할 것이다. 정당방위의 근거가 국가가 스스로 실정법을 수호할 수 없는 상황, 국가권력이 미치지 못하는 상황에서 법질서가 파괴되는 순간에 개인이 부당한 침해에 대한 응징을 함으로써 국가의 법질서를 수호하는 결과를 가져오고, 이로 인하여 장래의 잠재적인 법익침해자에 대한 일반예방적인 기능까지 담당할 수 있다는 점을 고려해 본다면, 현재성의 범위는 정당방위의 근거로부터 도출되어야 할 것이다.

원칙적으로 불법행위에 대한 대응으로써 해악이 부과되는 영역은 국가권력의 독점적 영역이다. 그리고 사적인 응징은 국가권력이 실제로 행사되지 않는 정황에서 사인의 보충적 개입을 허용하지 않는다면 그러한 처사가 이해될 수 없는 한도 내에서만 누구나 국가기관을 대신하여 잠재적으로 폭력을 행사할 수 있다.[36] 이러한 관점에서 볼 때 정당방위는 법확증의 영역, 즉 법적 효과를 집행함으로써 파괴된 평화를 회복시키는 작용보다는 법방위의 영역에서 오히려 더욱 큰 의미를 가진

36) Kargle, Die intersubjektive Bergrundung und Begrenzung der Notwehr, ZStW 110(1998), 38면 이하(최석윤 역, "정당방위의 상호주관적 논증과 제한", 형사정책연구 제42호, 한국형사정책연구원, 2000/6, 229면 참조).

다. 법적 평화에 대한 현재의 법파괴가 완성되지 않은 곳에서 개인이 법파괴를 종식시킬 권한을 갖는다는 점이 정당방위의 의미를 더욱 분명히 해 주기 때문이다. 따라서 이미 파괴된 법적 평화를 회복시키기 위한 작용보다는 현실적으로 침해가 되고 있거나 침해가 완성되지 않은 시점에서 개인의 자기방위권은 의미가 크다. 이와 같은 점은 정당방위에서는 긴급피난과 달리 국가적 법익이나 사회적 법익의 침해에 대한 정당방위가 원칙적으로 인정되지 않는다는 점과도 관련을 가진다. 개인의 자기수호로서의 시원적 자기방어권과 이로 인한 법평화의 유지는 동전의 양면과 같은 관계이기 때문이다. 따라서 개인의 자기수호가 요구되는 상황에서 국가권력의 발동이 정황적으로 불가능한 상태라면, 그것이 현실적으로 지금 침해되고 있는 상태뿐만 아니라 장래 침해가 확실히 예상되는 반면 국가권력의 발동이 지극히 어렵거나 불가능한 상황에서도 방위권의 실행은 정당화되어야 할 것이다.

한편으로 이러한 정당방위의 적용은 정당방위를 유추적용한 결과, 죄형법정주의 원칙상 유추적용금지의 원칙에 반하기 때문에 금지된다고 보는 견해도 있다.[37] 그러나 형법상 모든 유추해석이 금지되는 것은 아니다. 피고인에게 유리한 유추해석, 정당방위의 면에서는 반격자에게 유리한 위법성 조각의 유추해석은 죄형법정주의에 반하지 않는다.

따라서 예방적 정당방위가 일반적으로 정의되는 표현, "장래에 확실히 예상되는 침해를 지금 방어하지 않으면 후에는 (국가권력에 의한) 방어가 불가능하거나 현저하게 곤란해지는 침해가 예상되는 자에 대하여 행하는 예방적 조치"라면, 예방적 정당방위의 현재성은 정당방위의 현재성에 포섭될 수 있을 것이다. 그리고 이때에는 정당방위의 유추적용의 문제가 아니라 정당방위의 현재성에 관한 정당방위규정의 적용으로 보아야 할 것이다. 물론 정당방위의 현재성이 긴급피난의 현재성보다는 엄격히 해석되지만 엄격성의 정도도 법확증 또는 법방위의

37) 성낙현, "정당방위에 있어서 침해의 현재성", 영남법학 제3권 제1·2호, 영남대학교 법학연구소, 1997, 376면.

요구라는 한계 내에서만 가능하다고 보아야 할 것이다. 이렇게 본다면 계속위난 또는 장래위난을 위난발생의 원인이 불법한지 아닌지와 관계없이 방어적 긴급피난으로서의 현재성을 인정하면서 무리하게 긴급피난의 상당성을 이원적으로 파악하고 방어적 긴급피난의 상당성을 정당방위와 유사한 정도로 완화하고자 하는 시도가 요구되지 않는다.

본 사건에서 피해자는 9세부터 무려 지속적이고 반복적으로 가해자로부터 성폭력과 협박 등에 시달려 왔고, 10여 년간 강간을 당했으며 장래 이러한 법익침해가 계속될 것이라는 점은 확실하다. 그리고 가해자인 김영오가 지방검찰청 소속으로 피해자가 국가권력에 구조를 요청하더라도 구조가 불가능하다는 점을 각인시켜 왔고, 이로 인하여 피해자의 입장에서는 국가권력의 현실적 발동을 기대불가능한 상태에 놓여 있었다. 이러한 점은 피해자로 하여금 정당방위의 현재성을 인정할 수 있는 정황적 요소로서 작용할 수 있는 가능성이 높다. 즉, 시간적으로는 절대적으로 국가권력의 발동을 기대할 수 없는 바가 아니지만, 정황적으로는 국가권력의 발동을 기대할 수 없는 가능성이 높다는 점이 현재성 판단에 있어서 고려될 필요가 있다. 그리고 정황적 요소는 시간적 요소처럼 모든 침해행위에서 객관적으로 동일하게 판단되는 것이 아니라, 개별적 사안마다 구체적으로 판단되어야 한다. 따라서 본 사건과 같이 가해자가 국가권력의 발동을 좌우할 수 있다는 확신을 피해자에게 확실케 하는 상황이라면, 현재에도 장래에도 국가권력의 발동이 현저히 불가능하다고 판단할 수 있는 가능성이 높을 것으로 보인다.

(2) 상 당 성

예방적 정당방위의 상당성은 정당방위의 일반적 내용과 동일하다. 따라서 긴급피난보다는 완화된 이익형량의 조건을 충족하는 것으로 충분하다. 그리고 방위행위가 필요한 범위 내에서 행하여졌다면 방위행위자가 예상하지 못한 중한 결과가 발생하였어도 위법성이 조각된다.[38]

---

38) 박상기, 형법총론, 174면.

따라서 기본적으로 긴급피난과는 달리 침해법익과 보호법익간의 균형성을 필요로 하지 않는다. 긴급상황에서 자신의 이익을 보호하기 위하여 보다 확실한 방위수단을 선택하는 것 역시 법확증을 통해 타당성을 가진다. 그러므로 정당방위의 수단은 불확실한 수비방위에 국한되지 않고 보다 확실한 공격방위가 일반적으로 허용된다. 다만 이러한 정도는 개별적 사안마다 사안의 특성을 고려하여 판단되어야 할 것이다. 경우에 따라서는 강도나 강간 등을 목적으로 하는 침해행위에 대하여 급박한 사정을 통하여 상대방의 생명을 위협할 정도의 방위행위도 상당성이 인정된다.[39] 그러나 판례는 이혼소송중인 남편이 찾아와 가위로 피고인의 다리를 긋고 목에 들이대는 등 폭행을 가하고 변태적인 성행위를 요구한 데에 격분하여 침대 밑에 숨겨 두었던 칼로 남편의 복부를 찔러 사망에 이르게 한 경우에는 방위행위로서 상당성을 인정할 수 없다고 본다.[40] 심지어는 지속적인 폭행을 가하는 남편이 부엌에서 가져온 칼을 피고인의 목에 들이대며 같이 죽자고 하면서, 여러 번 칼을 남편 자신과 피고인의 목에 번갈아 갖다 대는 순간, 피고인은 계속된 폭행에 못이겨 남편이 쥐고 있던 칼을 남편의 목에 밀어붙여 목부위를 찌르고, 다시 칼을 빼앗아 목 뒷부분 등을 수회 찔러 사망케 한 사건에서도 상당성을 인정할 수 없다고 보았다.[41] 판례는 수비적 방어뿐만 아니라 공격적 방어도 인정하지만 실제로, 이처럼 공격자의 생명을 침해하는 공격적 방위행위에 대하여 상당성을 인정한 유례는 없다.[42] 그리

39) 박상기, 형법총론, 175면; 신동운, 형법총론, 274면; 이재상, 형법총론, 226면; 임웅, 형법총론, 219면. 한편 정성근/박광민, 형법총론, 227면은 우리 형법상 상당성은 보충성의 원칙, 이익균형의 원칙, 수단의 상규성, 사회윤리적 제약까지도 포함하는 포괄적인 개념이라고 본다.

40) 大判 2001. 5. 15, 2001도1089.

41) 大判 1994. 3. 22, 93도3336.

42) 심지어 판례는 술을 먹은 피해자가 밤새 부엌의 식칼을 들고 어머니에게 칼을 들이대어 어머니가 기절하고, 이에 동생이 이를 저지하려 하였으나 한손에 칼을 들고 다른 손으로 동생의 목을 쥐고 힘을 가하자 이를 저지하지 않으면 생명이 위험하다고 생각하고, 피해자를 덮쳐 목을 졸라 사망에 이르게 한 피고인에 대하여도 정당방위의 상당성이 결여된다고 보았다. 다만 이때에는 극히 짧은 시간 내에 계속하여 행하여진 피고인의 일련의 행위는 이를 전체로서 하나의 행위로 보아야 할

고 이러한 점은 본 사건에서도 나타난다.

그런데 본 사안에서는 피해자의 계속적 침해에 대하여 현재성을 인정한다고 하더라도 사안의 특성이 살해행위를 통한 방위행위를 허용하기 어렵다고 보여진다. 피고인들은 강간행위 후 술에 취하여 잠들어 있는 피해자의 양팔을 눌러 꼼짝 못하게 한 후 피해자를 깨워 피해자가 제대로 반항할 수 없는 상태에서 식칼로 피해자의 심장을 찔러 살해하였다. 이는 강간행위가 목전에 임박하여 이를 피하기 위하여 적극적으로 상대방의 생명을 침해하는 경우와는 다르다. 정당방위가 필요성과 요구성을 충족하는 정황에서만이 적극적인 생명침해도 상당성이 인정될 수 있지만, 사건과 같이 공격자가 술에 취하여 잠들어 있는 상태였다면, 사회윤리적인 비교형량의 점에서 공격자의 생명침해라는 극단적인 방법을 통한 방위행위가 허용되기는 어려울 것이다.

Ⅳ. 맺 음 말

본 사안은 위법성을 조각하기 위한 모든 시도를 동원해도 예방적 정당방위로든 방어적 긴급피난으로든 상당성을 인정받기는 어려울 것이다. 다만 그러한 정황들은 양형책임의 요소로서 작용할 수 있을 것이다.

그런데 이와 같은 모든 논의들은 장래 예상되는 급박한 침해행위에 대하여 이를 방어하는 행위의 위법성을 조각하고자 하는 시도이다. 그리고 면책적 긴급피난을 우리 형법상 수용하여 책임을 조각하고자 하는 견해[43]를 제외하고는, 장래에 예상되는 침해를 지금 예방하지 않

것이므로, 방위의사에서 비롯된 피고인의 위와 같이 연속된 전후행위는 하나로서 형법 제21조 제2항 소정의 과잉방위에 해당한다 할 것이고, 당시 야간에 흉포한 성격에 술까지 취한 피해자가 식칼을 들고 피고인을 포함한 가족들의 생명, 신체를 위협하는 불의의 행패와 폭행을 하여 온 불안스러운 상태하에서 공포, 경악, 흥분 또는 당황 등으로 말미암아 저질러진 것이라고 보아야 할 것이라고 판단하고 있다 (大判 1986.11.11, 86도1862).

43) 이용식, 앞의 논문, 106면은 본 사건을 면책적 긴급피난으로써 기대불가능성에 의하여 책임이 조각될 수 있다고 본다. 그리고 기대불가능성에 의한 면책을 공식적으로 인정하기보다는 실무상 양형에서 고려하여 해결한다는 점에 대하여 비판하고

으면 후에는 방어가 불가능하거나 현저하게 곤란해지는 경우에 침해가 예상되는 자에 대하여 행하는 예방적인 조치에 관하여 위법성을 조각하고자 한다는 점에서는 모든 견해가 동일하다.

다만 긴급한 상황에서 위법성이 조각되는 두 가지 이유인 정당방위와 긴급피난 양자의 선택의 문제일 뿐이다. 그리고 방어적 긴급피난을 인정하든 예방적 정당방위를 인정하든 위법성은 조각된다. 그리고 양자는 현재성의 범위를 목전에 임박하거나 현재의 침해상태보다 넓게 인정하고자 한다는 점 및 이익교량을 엄격하게 적용하지 않고자 한다는 점에서 유사한 결론에 도달한다. 그렇다면 양자 중에서 어느 것을 인정할 것인가는 인정실익과 그것이 갖는 문제점이 최소화되는 위법성 조각사유를 선택하는 것이 타당할 것이다.

방어적 긴급피난을 인정하는 입장에서는 예방적 정당방위를 통해서는 현재성의 범위가 부당하게 넓어지는 결과 예방영역까지도 방위행위가 실행되는 부당한 결과가 초래된다는 점을 지적한다. 반면 예방적 정당방위를 인정하고자 할 때에는 방어적 긴급피난을 적용할 때에는 이익교량이 공격적 긴급피난과 이원화되는 불합리한 점이 있다는 점을 지적하지 않을 수 없다. 그리고 긴급피난의 이익형량이 연대성의 원리라는 벗어날 수 없는 한계가 있다는 점을 고려할 때에는 정당방위와 유사한 정도로 상당성의 범위를 넓히는 방법이 타당해 보이지는 않는다. 만일 상당성을 그와 같이 넓힌다면 장래 예상되는 위법하지 않은 위난을 유발한 자에게도 불법행위를 한 자와 동등하게 법익침해를 감수하라고 수인의무를 강제하게 되는 결과, 연대성의 측면에서 수용하기 어려워지기 때문이다.

반면에 예방적 정당방위를 정당방위의 일종으로 보기 위하여 현재성을 넓힌다고 하더라도, 효과적인 방위를 위한 모든 사안이 아니라 법확증 또는 법방위의 영역 내라고 한다면 방어적 긴급피난을 인정하는

있다. 그러나 기대불가능성이라는 것 역시 한계가 불분명한 척도이기 때문에 책임조각사유를 개별적으로 규정하고 있는 우리 형법상 이를 독자적인 초법규적 책임조각사유로 인정하기에는 무리가 있다고 보여진다.

입장에서 우려하는 바와 같이 그 범위가 지나치게 넓어질 것으로 보이지 않는다. 즉, 전적으로 국가권력에 의한 법방위를 현저히 예상하기 어려운 정황이라는 요소를 현재성 판단에서 고려한다면 정당방위의 법확증원리에 포섭되면서도 그 자체가 현재성의 한계로서도 작용할 수 있을 것이다.

[주 제 어]
예방적 정당방위, 방어적 긴급피난, 현재성, 상당성

[Key words]
Defensivnotstand, Präventive Notwehr, Gegenwärtigkeit, Notwehrlage

[Zusammenfassung]

Präventive Notwehr

Kim, Hye-Kyung*

Notwehr und Notstand als Rechtfertigungsgrund verlangen Gegenwärtigkeit, Interressenabwägung und Erfordernis. In der Regel, die Gegenwärtigkeit des Angriffs daß eine zeitliche Eingenzung der Notwehrlage vergelangt wird, stimmt mit diesen Notstand.

Vom Standpunkt der Defensivnotstand, wenn Präventive Notwehr anwenden soll, es kommt in Frage daß eine zeitliche Eingernzung zu weiter wird. Aber die zeitliche Eingrenzung der Notwehrlage soll unter dem Einfluß von den Existenz des Angreffs. Die akute Bedrohung der Rechtsgüter des Angegriffenen liegt nicht nur einem laufenden Angriff vor, sondern auch im davorliegenden und im darauffolgenden Stadium. Wenn durch Strafgewalt Staat die Rechtbewährung nicht beschützen kann, in diesem Moment die Gegenwärtigkeit in Notwehrlage soll anerkannt werden.

Das folgt aus der ratio des rechtfertigenden Notstands, der nicht auf dem Prinzip des maximalen Gesamtnutzens, sondern auf dem der Solidarität beruht. So die Verletzung eines abstrakt höherwertigen Rechtsguts kann also zum Zweck des Schutzes eines geringerwertigen, dem im konkreten Fall eine erheblich intensivere Verletzung droht, gerechtfertigt sein. Das soll nicht nur Aggressiver Notstand sondern auch Defensivnotstand angewendet werden. Um es kurz zu sagen, Gegenwärtigkeit in Notwehrlage soll sowohl zeitliche Umstand als auch situationliche Umstand in ferner Zukunft begewert werden.

* Professor, Department of Police Administration, Keimyung University, Ph.D. in Law.

경찰관의 무기사용에 대한 정당방위의 성립여부

김 태 명*

[대상판결] 대법원 2004. 3. 25. 선고 2003도3842 판결

1. 공소사실요지

J경찰서 D파출소 소속 경찰관인 피고인은 2001. 11. 27. 밤 동료 경찰관과 함께 순찰차를 타고 D파출소 관내를 순찰하던 중 J경찰서 상황실로부터 피해자가 술병으로 타인을 찌른 사건이 S파출소 관내에서 발생하였으니 이와 관련하여 S파출소를 지원하라는 무선지령을 받고 S파출소로 순찰차를 운전하여 가 피해자의 처로부터 피해자가 현재 그의 주거인 J시 S동 소재 꽃집에 있다는 말을 듣고, 23:50경 피해자의 처와 함께 위 꽃집 앞에 도착하여 동료경찰관은 꽃집 주위에 있는 막대기를 들고 앞장서고 피고인은 권총을 꺼내어 안전장치를 풀고 동료경찰관의 뒤에 서서 따라 위 꽃집 안으로 걸어 들어가, 그 곳에 미리 와 있던 이웃 주민에게 "피해자가 어디에 있느냐?"고 묻는 순간, 피해자가 세면장에서 나오면서 피고인과 동료경찰관에게 "당신들 뭐야, 이 밤에 왜 왔어? 빨리 가!"라고 소리를 지르며 피고인과 동료경찰관이 서 있는 곳으로 나오다가 이를 말리는 이웃주민과 몸싸움을 하므로, 그만둘 것을 종용하였음에도, 피해자가 계속하여 이웃주민과 몸싸움을 하다가 이웃주민을 바닥에 넘어뜨리고 출입문 쪽으로 달려 나오며 동료경찰관과 피고인을 밀어 넘어뜨리고 넘어진 동료경찰관의 몸 위에 올라 타 동료

* 동국대학교 법과대학 부교수, 법학박사.

경찰관과 몸싸움을 하자, 피고인이 넘어져 있는 상태에서 소지하고 있던 권총으로 공포탄 1발을 발사하였음에도 피해자가 이에 굴복하지 아니하고 계속 동료경찰관의 몸 위에서 동료경찰관의 목을 누르는 등 동료경찰관을 일어나지 못하게 하고 있는 것을 목격하였는바, 피해자가 동료경찰관의 몸 위에서 몸싸움하던 과정에 동료경찰관의 허리춤에 손을 대는 것을 보고는 피해자가 동료경찰관의 총을 꺼낼지도 모른다고 성급하게 생각하고 당황하여 위와 같은 조치를 먼저 취하지 아니하고 바로 피해자를 향하여 대퇴부 이하를 제대로 조준하지 못하고 권총을 발사한 과실로 인하여 탄환이 피해자의 흉부를 관통하게 하여 피해자로 하여금 같은 해 12.3. 08:55경 J시 소재 K대학교병원에서 패혈증 등으로 사망하게 하였다.

2. 제1심 판결요지: 창원지방법원 진주지원 2003.1.8. 선고 2002고단816 판결

총기를 소지한 경찰관으로서는 구체적인 사태를 합리적으로 판단하여 가급적 총기사용을 자제하여야 할 뿐만 아니라 가사 총기를 사용하더라도 그 상대방의 대퇴부 이하를 조준하여 발사하여야 할 업무상 주의의무가 있는데, 당시는 피고인과 동료경찰관 2인이 현장에 출동하여 1명의 범인을 검거하는 상황이라 2인이 힘을 합하면 총기를 사용하지 않고도 피해자를 제압할 수 있고, 그렇지 않다고 하더라도 최소한 경찰관 2인의 힘이면 동료경찰관이 피해자의 몸 밑에 깔린 상황을 해소하고 함께 피해자에게 대항할 수 있으므로 총기를 사용하기 전에 먼저 피해자에게 달려들어 동료경찰관이 일어날 수 있도록 도와 함께 피해자에게 대항할 궁리를 하여야 [하고], (중략) 피고인은 위와 같이 가까운 거리에서 권총의 안전장치를 푼 상태에서 피해자의 행동을 계속 주시하고 있어서 부득이 총기를 사용하여야 할 급박한 사정이 생기는 경우 언제든지 권총을 발사할 수 있는 상황이므로 상황을 좀 더 주시하며 실제 피해자가 동료경찰관의 권총을 끄집어내려고 하는 것인지를 확인한 후 비로소 권총을 발사하여야 되는 것이며, 나아가 부득이 권총을 발사하여야 할 경우라도 위와 같은 정도의 가까운 거리에서는 조금만 침착하게 조준하였다면 충분히 대퇴부 이하를 맞힐 수 있었다고 인정된다.

3. 제2심 판결요지: 창원지법 2003. 6. 17. 선고 2003노167 판결

피해자가 이웃주민과 몸싸움을 하다가 이웃주민을 바닥에 넘어뜨리고 출입문 쪽으로 달려 나오며 동료경찰관과 피고인을 밀어 넘어뜨리고 넘어진 동료경찰관의 몸 위에 올라탄 사실을 인정할 수가 있어, 정당방위 요건 중 동료경찰관에 대한 현재의 부당한 침해에는 일응 해당된다고 보인다. (중략) 피고인이 현장으로 가기 전에 S파출소에서 그곳에 근무하는 경찰관으로부터, 'S파출소장이 현장으로 오고 있으니 총기는 사용하지 말고 대치만 하고 있으라.'는 당부를 들은 사실, 당시 피해자는 처의 신고와는 달리 칼로 아들을 위협하는 등 인질극을 벌이고 있지 않았던 사실, 피해자가 아무런 무기나 흉기를 휴대하고 있지 않았던 사실(피고인의 억측과는 달리 칼을 소지하지 않았던 것으로 후에 판명됨), 현장에는 피고인과 동료경찰관 등 경찰관 2명이 있는데다가 처와 그녀의 연락을 받고 미리 와 있던 이웃주민이 있어 유사시 어느 정도의 도움을 줄 수 있었던 사실을 인정할 수 있다. 한편 피해자가 동료경찰관의 권총을 탈취하려 하였다고는 보이지 아니한다. 사정이 위와 같다면 경찰관인 피고인이 공포탄 발사에서 나아가 근접한 거리에서 피해자의 몸을 향한 실탄 발사로 나아간 것은 사회통념상 총기 사용의 허용범위를 벗어난 것으로서 상당성을 결하였다고 봄이 상당하므로 정당방위에 해당하지 아니한다.

형법 제21조 제3항은 과잉방위의 경우 그 행위가 야간 기타 불안스러운 상태 하에서 공포, 경악, 흥분, 당황으로 인한 때에는 벌하지 아니한다고 규정하고 있다. 이러한 상황에서는 방위행위가 상당성의 정도를 넘었다고 하더라도 적법행위의 기대가능성이 없어 책임이 조각되기 때문이다. 살피건대 피고인이 경찰관인 점을 고려하면 야간 기타 불안스러운 상태라 하여 쉽사리 공포, 경악, 흥분 또는 당황하였을 것이라고 판단되지 않으므로, 피고인에 대하여 위 규정을 적용할 수 없다. 또한 피고인은 가사 피해자가 동료경찰관의 몸에서 권총을 꺼낼 의사가 없었는데 피고인이 이를 오인하여 발사하였다고 하더라도 이는 형법 제21조 제 3 항에 해당하여 벌할 수 없다고 주장하나, 위와 같은 오상방위의 경우에는 위 규정이 적용되지 않는다고 할 것이다.

4. 대법원 판결요지

S파출소 근무자로부터 '피해자가 술집에서 맥주병을 깨 다른 사람의 목을 찌르고 현재 자기 집으로 도주하여 칼로 아들을 위협하고 있다'는 상황을 고지받고 현장에 도착한 피고인으로서는, 피해자가 칼을 소지하고 있는 것으로 믿었고 또 그렇게 믿은 데에 정당한 이유가 있었다고 할 것이므로, 피고인과 동료경찰관이 피해자와의 몸싸움에 밀려 함께 넘어진 상태에서 칼을 소지한 것으로 믿고 있었던 피해자와 다시 몸싸움을 벌인다는 것은 자신의 생명 또는 신체에 위해를 가져올 수도 있는 위험한 행동이라고 판단할 수밖에 없을 것이고, 따라서 피고인이 공포탄 1발을 발사하여 경고를 하였음에도 불구하고 피해자가 동료경찰관의 몸 위에 올라탄 채 계속하여 동료경찰관을 폭행하고 있었고, 또 그가 언제 소지하고 있었을 칼을 꺼내어 피고인이나 동료경찰관을 공격할지 알 수 없다고 피고인이 생각하고 있던 급박한 상황에서 동료경찰관을 구출하기 위하여 피해자를 향하여 권총을 발사한 것이므로, 이러한 피고인의 권총 사용이 경찰관직무집행법 제10조의4 제 1 항의 허용범위를 벗어난 위법한 행위라거나 피고인에게 업무상과실치사의 죄책을 지울 만한 행위라고 선뜻 단정할 수 없다(다만 민사상으로 공무원인 피고인의 위와 같은 행위에 관하여 국가가 국가배상책임을 질 것인지 여부는 이와 별도의 관점에서 검토되어야 할 것이며, 이 점은 별론으로 한다).

〔연 구〕

Ⅰ. 문제의 제기

이 사건은 경찰관의 무기사용으로 인해 피해자가 사망한 대표적인 사례로서, 경찰관의 무기사용의 한계와 관련하여 많은 논란의 대상이 된 바 있다.[1] 이 사건에 대한 대법원판결은 우선 동일한 사안을 놓고 제 1 심과 제 2 심의 원심판결과 정반대의 결론에 이르고 있다는 점에서 경찰실무적으로나 형사정책적으로 주목을 끌고 있다. 그리고 다른 한편으로는 원심이 피해자가 동료경찰관을 넘어뜨린 상태에서 동료경찰관의 권총을 잡으려고 하여 불가피하게 총을 발사할 수밖에 없었다는 피고인의 주장을 배척한 반면, 대법원은 이러한 피고인의 주장을 수용한 것이 아니라 피고인에게 착오가 있었고 또 착오에 정당한 이유가 있다는 이유를 들어 피고인의 총기사용의 적법성을 인정하고 있다는 점에서 형법이론적으로도 상당히 주목할 만하다. 다만 이러한 대법원의 판결내용에는 다음과 같은 문제점이 있다고 생각한다.

첫째, 제 1 심 및 제 2 심법원은 피고인의 행위는 경찰관직무집행법상 총기 사용의 허용범위를 벗어난 것으로서 상당성을 결여하였다고 판단한 반면, 대법원은 피고인의 행위는 허용범위를 벗어난 위법한 행위라 할 수 없다고 판단하여 상반된 입장을 보이고 있다. 그간 대법원은 경찰관의 무기사용에 관하여 범인의 체포, 도주의 방지, 자기 또는 타인의 생명, 신체에 대한 방호, 공무집행에 대한 항거의 억제를 위하여 상당한 이유가 있을 때에는 필요한 한도 내에서 무기를 사용할 수 있으나, 형법이 정하는 정당방위와 긴급피난에 해당할 때 또는 체포, 도주의 방지나 항거의 억제를 위하여 다른 수단이 없다고 인정되는 상당한 이유가 있는 때에 한하여 필요한 한도 내에서만 무기를 사용하여

1) 김형훈, "경찰관무기사용의 법리와 형사책임", 경찰학 연구 4호(2003), 28면 이하; 허일태, "오상과잉방위와 형법 제21조 제 3 항", 형사법연구 26호 특집호(2006), 569면 이하 참조. 이상주, "경찰관의 무기사용요건 충족여부의 판단기준(구 경찰관직무집행법 제11조)", 대법원판례해설 49호, 447면 이하.

사람에게 위해를 가할 수 있다고 판시함으로써,[2] 경찰관의 총기를 비롯한 무기사용에 대해서는 엄격한 보충성과 균형을 요구해 왔다. 제1심판결 및 제2심판결은 이와 같은 경찰관의 총기사용의 한계에 관한 판례의 입장에 따라서 피고인의 행위의 적법성을 충실하게 판단하고 있는 반면에, 정작 대법원은 그간 여러 판결을 통해 축적된 기준을 적용하지 아니하고 착오에 정당한 이유가 있는가의 여부를 기준으로 피고인의 총기사용의 적법성을 판단하고 있다.

그러나 형법이론적으로 정당방위 상황 및 방위행위의 상당성은 객관적으로 판단해야 한다는 데 대해 이론(異論)이 없다. 따라서 일반적인 형법이론에 따르면 행위자가 정당방위 상황이나 방위행위의 상당성을 오인하여 불필요한 방위행위를 한 경우에는 설사 그 오인에 정당한 이유가 있다고 하여도 정당방위로서 위법성이 조각되는 것은 아니다. 즉, 행위자가 정당방위 상황이나 방위행위의 상당성을 오인한 경우에는 오상방위 또는 과잉방위가 문제될 따름이지, 오인에 정당한 이유가 있다는 이유로 객관적으로 상당성을 결여한 방위행위가 정당화되는 것은 아니다.[3] Ⅱ에서는 대법원이 착오의 정당성을 기준으로 총기사용의 적법성을 판단하는 태도의 이론적·현실적 문제점을 지적한 후, 그간 여러 판결에서 제시된 경찰관 총기사용의 한계에 대한 판단기준에 따라서 이 사안에서 피고인의 행위의 적법성을 판단해 보고자 한다.

둘째, 이 사안에서 피고인은 공포탄의 발사에 이어 근접한 거리에서 피해자의 몸을 향해 실탄을 발사하였고 이로 인해 피해자가 사망하였음에도 불구하고 제1심에서 대법원에 이르기까지 피고인의 죄책과 관련해서는 업무상과실치사죄의 성립여부가 문제되었다. 피고인이 피해자에게 공포탄을 발사하고자 하였으나 실제로 실탄이 발사되었다거나

2) 대법원 1999.6.22. 선고 98다61470 판결(자세한 내용은 한명수, "경찰관직무집행법 제11조에서 정하는 무기사용의 요건과 한계", 대법원판례해설 32호(1999), 251면 이하 참조); 2004.5.13. 선고 2003다57956 판결(자세한 내용은 이상주, "경찰관의 무기사용요건 충족여부의 판단기준(구 경찰관직무집행법 제11조)", 대법원판례해설 49호(2004), 447면 이하 참조).

3) 허일태, 앞의 논문, 79면.

피해자의 몸이 아닌 다른 곳을 향해 경고사격을 하고자 하였으나 잘못하여 총알이 피해자의 몸에 맞아 사망한 경우라면 모르겠으나, 피고인이 실탄이라는 사실을 알면서도 피해자의 몸을 향해 총을 발사한 경우라면 최소한 상해의 고의 정도를 인정하는 데에는 큰 문제가 없다.[4] 그럼에도 불구하고 검찰과 법원이 처음부터 피고인의 죄책으로 업무상과실치사의 성립여부를 문제삼은 것은 상해치사죄의 법정형이 과중하다는 고려 외에도, 제2심 판결이 명시하고 있듯이 이 사안에서의 피고인의 행위를 오상방위로 파악하였기 때문으로 보인다.

오상방위는 일반적으로 정당방위상황이 객관적으로 존재하지 않음에도 불구하고 행위자가 존재한다고 믿고 방위행위로 나아간 경우로서, 행위자가 객관적으로 존재하는 정당방위상황을 과대평가하여 필요 이상의 방위행위로 나아가는 과잉방위와는 성질을 달리한다. 그리고 오늘날 형법학계의 일반적인 견해인 제한적 책임설에 따르면 오상방위는 고의책임이 조각되어 과실범으로 처벌되는 데 반하여, 과잉방위에 대해서는 형법 제21조 제2항과 제3항에 의하여 형감면 또는 불처벌의 법적 효과가 부여된다. 이처럼 오상방위와 과잉방위는 그 요건에서나 법적 효과에서 현저한 차이가 있으므로, 양자는 이론적으로는 물론 현실적으로 구분되지 않으면 안 된다. 그런데 원심판결이 인정하고 있듯이 이 사안에서 피고인이 피해자에게 권총을 발사할 당시에 정당방위상황으로 타인(동료경찰관)의 법익에 대한 현재의 부당한 침해가 있었기 때문에, 피고인의 행위는 오상방위가 아니라 과잉방위의 문제로 다루는 것이 타당하지 않는가 하는 의문이 든다. Ⅲ에서는 오상방위와 과잉방위의 차이는 무엇이고, 이 사안에서 피고인의 행위를 오상방위의 문제로 다루어야 하는지 또는 과잉방위의 문제로 다루어야 하는지를 검토한다.

4) 같은 지적으로는 신영호, "경찰관직무집행법상 무기의 사용과 긴급한 정당행위", 비교형사법연구 7권 1호(2005), 315면.

Ⅱ. 방위행위의 상당성의 판단기준과 피고인의 총기사용의 적법성

1. 대법원 판결의 문제점

앞에서 지적한 바와 같이 대법원과 원심법원이 인정한 사실에 있어서는 차이가 없음에도 불구하고 대법원은 원심법원의 판단과 정반대의 결론을 제시하고 있다. 피고인은 피해자가 동료경찰관의 권총을 꺼내려 하였기 때문에 피해자를 향하여 권총을 발사하는 것이 불가피하였다고 주장하였으나, 원심법원은 이러한 주장을 받아들이지 않았고 대법원도 이 점에 대해서는 다른 판단을 하지 않았다. 그러나 대법원은 피고인이 당시 상황을 오인한데 대한 정당성이라는 별개의 이유로 원심법원의 판단과는 정반대로 피고인의 총기사용이 적법하다는 판결을 내리고 있다.

대법원판결은 피고인이 피해자가 칼을 소지하고 있는 것으로 믿었고 또 그렇게 믿은 데에 정당한 이유가 있으므로 피고인의 총기사용은 경찰관직무집행법의 허용범위를 벗어난 위법한 행위라고 할 수 없고 따라서 피고인에게 업무상과실치사의 죄책을 지울 수 없다고 판단하였다. 이에 반해 원심법원은 당시의 객관적 사정을 기준으로 경찰관인 피고인이 공포탄 발사에서 나아가 근접한 거리에서 피해자의 몸을 향해 실탄을 발사한 행위는 사회통념상 총기사용의 허용범위를 벗어난 것으로서 상당성을 결하였다고 판단하고 있다.

여기에서 우선 과연 정당방위 상황과 방위행위의 상당성을 객관적으로 판단해야 하는가 또는 행위자의 인식에 따라서 주관적으로 판단해야 하는가의 문제가 발생한다. 그리고 정당방위 상황과 방위행위의 상당성을 객관적으로 평가한다면, 과연 이 사안에서 피고인이 총기사용이 정당화될 수 있는 정당방위 상황이 존재하고 나아가서 피고인의 총기사용이 적법한지의 문제가 발생한다. 이하에서는 이 문제를 보다 면밀히 검토한다.

2. 정당방위 상황과 방위행위의 상당성의 판단기준

앞에서 지적한 바와 같이 대법원은 피고인의 총기사용이 허용범위를 벗어난 것인지의 여부를 행위자의 주관을 기준으로 판단하고 있음에 반하여, 원심법원은 객관적 상황을 기준으로 판단하고 있다.[5] 학설은 일치하여 정당방위 상황과 방위행위의 상당성은 행위자의 주관에 의해서가 아니라 객관적으로 평가되어야 한다고 본다.[6] 그 이유를 부연 설명하자면 다음과 같다.

우선 정당방위상황을 행위자의 주관에 의해서 결정하는 것은 정당방위의 성립요건으로 '현재의 부당한 침해'를 엄격히 요구하고 있는 형법규정의 취지에 반한다. 정당방위와 함께 긴급행위의 하나로 분류되는 긴급피난과 비교해 볼 때, 긴급피난은 '현재의 위난'을 요건으로 하므로 정당방위보다는 요건이 완화된 반면 상당성의 판단에 있어서 원칙적으로 보충성과 균형성을 엄격히 요구하므로 피난행위의 허용범위가 제한된다. 이에 반하여 정당방위는 '현재의 부당한 침해'를 요건으로 하므로 긴급피난보다 요건이 엄격한 반면 상당성의 판단에 있어서 원칙적으로 보충성과 균형성을 요구하지 않으므로 방위행위의 허용범위가 넓다. 이와 같은 정당방위의 특성을 무시하고 정당방위 상황을 행위자의 주관에 따라 넓게 인정한다면 현실적으로 정당방위가 인정되지 않는 경우는 거의 없을 것이고, 그로 인한 피해자는 무방비상태에 놓이게 된다. 그리고 이 사안에서 볼 수 있듯이 공격자가 아니라 방위자가 힘이 우세한 경우에는 정당방위권의 남용을 조장하는 결과가 된다.

그리고 정당방위상황을 행위자의 주관에 의해 판단한다면 오상방위나 과잉방위의 문제는 처음부터 발생하지 않게 된다. 오상방위란 정

5) 물론 원심법원이 피고인의 주관적 인식을 명시적으로 제외한 것은 아니나, 피해자가 동료경찰관의 권총을 꺼내려 하였다는 피고인의 주장을 배척하였다는 점에 비추어 볼 때, 주관적 인식이 아니라 객관적 상황을 기준으로 하고 있다고 보는 것이 논리적이다.

6) 배종대, 형법총론(제 8 전정판), 2005, 359면; 이재상, 형법총론(제 5 판), 2006, 223면; 임웅, 형법총론(개정판), 2002, 217면; 정성근/박광민, 형법총론(제 3 판), 2006, 232면.

당방위상황이 객관적으로 존재하지 않음에도 불구하고 행위자가 존재한다고 오인한 경우를 말하는데, 정당방위 상황을 행위자의 주관에 의해 판단한다면 결국 존재하지 않는 정당방위 상황도 존재하는 것으로 간주되기 때문에 오상방위의 문제가 처음부터 발생하지 않는다. 또한 행위자가 정당방위상황을 과대평가하여 필요 이상의 방위행위로 나아가는 과잉방위의 사례에서도 정당방위상황을 행위자의 주관에 의해 판단한다면 결국 방위행위의 상당성을 인정할 수밖에 없기 때문에 과잉방위의 문제는 처음부터 발생하지 않는다.

다만 정당방위 상황을 객관적으로 판단해야 한다고 하여 정당방위상황이나 방위행위의 상당성을 평가함에 있어서 행위자가 처한 주관적 상황이 전혀 고려되지 않는 것은 아니다. 최근 이른바 의부살해사건(대법원 1992.12.22. 선고 92도2540 판결)을 계기로 제기되고 있는, 침해의 현재성과 관련하여 과거부터 계속되어 온 침해행위가 언제든지 반복될 현실적인 가능성을 지니고 있는 경우 침해는 진행중인 것으로 보아 침해의 현재성을 인정하는 것이 타당하다는 주장은, 정당방위 상황을 판단함에 있어 특히 행위자의 심리적 특수상태를 고려해야 함을 강조하고 있다.[7] 그러나 정당방위 상황을 판단하는데 행위자가 갖는 '심리적 특수상태'를 고려하는 정도에서 더 나아가 '행위자의 주관'에 의해 침해의 현재성을 판단한다면, 예컨대 침해가 목전에 임박하거나 시작되지도 않았음에도 불구하고 행위자가 착오로 침해가 목전에 임박하거나 시작되었다고 판단하고 방위행위로 나아간 경우에도 정당방위를 인정해야 한다는 문제점이 발생한다. 그러나 이러한 경우는 정당방위 상황이 존재하지 않음에도 불구하고 존재한다고 오인하고 방위행위로 나아가는 오상방위의 사례로 다루어져야 한다.[8]

위법한 침해가 긴박하고 중대할수록 그에 비례하여 방위행위의 허용범위가 넓어진다는 점에서 정당방위 상황과 방위행위의 상당성은 맥

7) 박상기, 형법총론(제 6 판), 2006, 170면.
8) 허일태, "오상과잉방위와 형법 제21조 제 3 항", 형사법연구 26호 특집호(2006 겨울), 575면.

락을 같이하는데, 정당방위 상황과 마찬가지로 방위행위의 상당성도 행위자의 주관이 아니라 객관적으로 판단되어야 한다.[9] 대법원은 다수의 판결에서 방위행위의 상당성은 "침해행위에 의하여 침해되는 법익의 종류, 정도, 침해의 방법, 침해행위의 완급과 방위행위에 의하여 침해될 법익의 종류, 정도 등 일체의 구체적 사정들을 참작하여" 판단하여야 함을 밝힌 바 있으나,[10] '일체의 구체적 사정'으로서 행위자의 주관적 인식을 들고 있지는 않다. 만약 행위자가 적정한 정도의 방위행위를 하려고 하였으나 의도와는 달리 객관적으로 허용되는 정도를 초과하는 결과를 초래하였다면, 이것은 방위행위의 상당성을 초과하는 것으로서 형법 제21조 제 2 항 · 제 3 항이 규정하고 있는 과잉방위의 문제가 될 따름이다.

3. 피고인의 총기사용의 적법성

(1) 총기사용이 불가피한 상황의 존재여부

이상에서 살펴본 바와 같이 정당방위 상황과 방위행위의 상당성은 일단 행위자의 주관이 아니라 객관적으로 판단되어야 한다. 이 사안에서 피고인의 총기사용의 적법성도 피고인의 주관적 인식이 아니라 객관적으로 판단될 문제이다. 정당방위가 성립하기 위해서는 정당방위 상황이 존재해야 하고 방위행위의 상당성이 인정되어야 하므로, 이 사안에서 피고인의 총기사용의 적법성을 판단하기 위해서는 우선 과연 이 사안에서 피고인이 총기를 사용하는 것이 허용될 정도의 급박하고 중대한 침해가 존재하는지가 확정되어야 한다.

원심에서 피고인은 "피해자는 J시내 일반부 씨름대회에서 우승할 정도로 힘이 센 사람이어서 동료경찰관이나 피고인이 몸싸움을 통하여 피해자를 제압할 수 없었고, 피해자가 동료경찰관을 넘어뜨린 상태에서

---

9) 배종대, 앞의 책, 359면; 이재상, 앞의 책, 233면; 정성근/박광민, 앞의 책, 232면.

10) 대법원 1966. 3. 15. 선고 66도63 판결; 1984. 6. 12. 선고 84도683 판결; 1992. 12. 22. 선고 92도2540 판결; 2003. 11. 13. 선고 2003도3606 판결; 2004. 6. 25. 선고 2003도4934 판결.

위에서 누르면서 동료경찰관의 권총을 잡으려고 하고 있어서 자신이 피해자에게 달려들어 동료경찰관이 일어날 수 있도록 도와줄 수도 없는 위협적이고 급박한 상황이었기 때문에 권총을 발사할 수밖에 없었으며, 피해자가 동료경찰관의 몸 위에 올라앉은 채로 위에서 누른 상태에서 몸을 움직이고 있었으므로 동료경찰관의 대퇴부 이하를 조준하여 총을 발사하기도 어려운 상황이었다"는 이유로 자신의 행위는 당시 상황으로 보아 정당방위에 해당한다고 주장하였다. 그러나 원심법원은 이러한 피고인의 주장에 대하여, 동료경찰관은 피해자의 몸 밑에 깔린 상태에서 A와 몸싸움을 벌였으므로 피해자가 자신의 권총을 빼앗으려 하였는지에 관하여 가장 잘 알 수 있음에도 불구하고, 최초 경찰 진술시에는 피해자의 손이 자신의 허리 부분에 닿으려고 했다는 등의 진술을 하지 않았고, 2회 조사시 그러한 내용을 동료경찰관으로부터 들었다고 진술하였으며, 그 이후부터 피해자의 손이 권총을 차고 있는 허리 부위에 닿는 것을 느꼈다고 진술하는 등 진술에 일관성이 없으므로, 피해자가 동료경찰관의 총기를 꺼내려 하였다는 피고인의 진술 및 동료경찰관의 일부 진술은 그대로 믿기 어렵다는 이유로 피고인의 주장을 배척하였다.

피고인의 주장대로 만약 피해자가 동료경찰관의 권총을 빼앗으려고 하였다면 이는 피고인의 총기사용의 적법성을 인정할 수 있는 중요한 근거가 될 수 있는데, 대법원은 이 점에 대한 원심법원의 판단에 대해 다른 의견을 제시하지 않았다. 따라서 이 사안에서 피해자는 동료경찰관을 넘어뜨리고 그 위에 올라타 피고인이 공포탄을 발사하였음에도 불구하고 동료경찰관의 목을 누르고 있었기는 하였지만 동료경찰관의 권총을 빼앗았거나 빼앗으려고 하는 급박한 상황이 아니어서, 일단 피고인이 총기를 사용해야 할 만큼 동료경찰관의 생명이나 신체에 급박한 위험이 있는 상황을 아니라고 판단된다.[11)]

11) 같은 취지로는 허일태, 앞의 논문, 575면.

(2) 총기사용의 적법성의 인정여부

1) 총기사용의 적법성의 판단기준

이제 피고인의 총기사용의 적법성, 즉 경찰관인 피고인이 공포탄 발사에서 나아가 근접한 거리에서 피해자의 몸을 향해 실탄을 발사한 행위가 총기 사용의 허용범위 내에 있는 것으로서 상당성이 인정되는가의 문제를 구체적으로 검토해 보자. 경찰관의 총기사용의 요건과 한계에 대한 명문의 규정으로 경찰관직무집행법 제10조의4가 있고, 이 규정의 구체적 의미에 관해서는 이미 많은 판례가 집적되어 있다.[12] 경찰관직무집행법 제10조의4의 내용은 다음과 같다.

> 경찰관직무집행법 제10조의4(무기의 사용) ① 경찰관은 범인의 체포·도주의 방지, 자기 또는 타인의 생명·신체에 대한 방호, 공무집행에 대한 항거의 억제를 위하여 필요하다고 인정되는 상당한 이유가 있을 때에는 그 사태를 합리적으로 판단하여 필요한 한도 내에서 무기를 사용할 수 있다. 다만, 형법에 규정한 정당방위와 긴급피난에 해당하는 때 또는 다음 각호의 1에 해당하는 때를 제외하고는 사람에게 위해를 주어서는 아니 된다.
>
> 1. 사형·무기 또는 장기 3년 이상의 징역이나 금고에 해당하는 죄를 범하거나 범하였다고 의심할 만한 충분한 이유가 있는 자가 경찰관의 직무집행에 대하여 항거하거나 도주하려고 할 때 또는 제3자가 그를 도주시키려고 경찰관에게 항거할 때에 이를 방지 또는 체포하기 위하여 무기를 사용하지 아니하고는 다른 수단이 없다고 인정되는 상당한 이유가 있을 때
> 2. 체포·구속영장과 압수·수색영장을 집행할 때에 본인이 경찰관의 직무집행에 대하여 항거하거나 도주하려고 할 때 또는 제3자가 그를 도주시키려고 경찰관에게 항거할 때 이를 방지 또는 체포하기 위하여 무기를 사용하지 아니하고는 다른 수단이 없다고 인정되는 상당한 이유가 있을 때
> 3. 범인 또는 소요행위자가 무기·흉기 등 위험한 물건을 소지하고 경찰관으로부터 3회 이상의 투기명령 또는 투항명령을 받고도 이에 불응하면서 계

12) 대법원 1991.5.28. 선고 91다10084 판결; 1991.9.10. 선고 91다19913 판결; 1993.7.27. 선고 93다9163 판결; 1994.11.8. 선고 94다25896 판결; 1999.3.23. 선고 98다63445 판결; 1999.6.22. 선고 98다61470 판결; 2000.10.17. 선고 2000다46313 판결; 2003.3.14. 선고 2002다57218 판결; 2003.9.23. 선고 2003다27146 판결; 2004.3.25. 선고 2003도3842 판결 등.

속 항거하여 이를 방지 또는 체포하기 위하여 무기를 사용하지 아니하고는 다른 수단이 없다고 인정되는 상당한 이유가 있을 때

4. 생략

② 제 1 항의 "무기"라 함은 인명 또는 신체에 위해를 가할 수 있도록 제작된 권총 · 소총 · 도검 등을 말한다.

이 규정을 보면 경찰관의 총기사용은 위해를 수반하지 않는 경우와 위해를 수반하는 경우로 나누어진다. 총기사용에는 총기를 꺼내어 겨누는 것, 공포탄을 발사하는 것, 실탄을 공중으로 발사하는 것, 조준하여 사격하는 것 등이 모두 포함되는데, 이 중에서 앞의 3가지는 직접적으로 사람에게 위해를 가하는 것이 아닌 반면 마지막의 것은 사람에게 직접적으로 위해를 가하는 것이다.[13] 그리고 총기로 사람에게 위해를 가할 수 있는 것은 정당방위 또는 긴급피난 상황에 해당하는 경우 및 제10조의4 제 1 항 제 1 호 내지 제 4 호에서 정하는 사유에 해당하는 경우에 한정된다.

이 사안에는 피해자가 동료경찰관의 몸 위에 올라타 그의 목을 누르고 있었다는 점에서 정당방위 상황이 존재하므로 일단 총기사용의 요건이 충족된다.[14] 이 사안에서 총기사용의 요건이 갖추어져 있다고 하여 곧바로 피고인의 총기사용이 적법하다는 결론에 이를 수 있는 것은 아니다. 일반적으로 요건은 어떤 현상의 가부(可否)를 결정하는 요소라고 한다면, 한계는 어떤 가능한 현상이 진행됨에 있어서 정도를 결정하는 요소이다.[15] 따라서 경찰관이 '자기 또는 타인의 법익에 대한 현재의 부당한 침해'가 있는 상황에서 총기를 사용할 수 있다고 하더라도, 그러한 총기사용이 상당성의 요건을 충족하였는가는 총기사용의 한

13) 김형훈, 앞의 논문, 9면 참조.

14) 제 3 호의 상황에 해당한다고 볼 여지가 있으나, 사후적으로 밝혀진 바에 따르면 피해자는 칼을 소지하지 않았을 뿐만 아니라 재판과정에서 피해자가 동료경찰관의 권총을 탈취하려 하였다는 피고인의 주장도 받아들여지지 않았다.

15) 총기사용의 요건과 한계의 구분에 대해서는 김형훈, 앞의 논문, 13면; 한인섭, "경찰관 총기사용의 법적 요건과 한계에 관한 연구", 치안정책연구소, 2004, 113면 참조.

계의 문제로서 별도로 검토되어야 한다.

일반적으로 정당방위는 자기보호의 원리 이외에 법질서수호의 원리에도 그 근거를 두고 있고, 「법은 불법에 양보할 필요가 없다」는 사고에 기초하여 방위행위의 상당성의 판단에 있어서는 필요성만 요구될 뿐 보충성이나 균형성은 요구되지 않는다고 설명된다. 그러나 이 사안과 같은 경찰관의 총기사용은 사인(私人)의 자력구제행위가 아니라 경찰목적을 위하여 직접 사람 또는 물건에 대하여 실력을 행사하거나 경찰장비를 사용하는 경찰강제이다. 경찰강제는 개인의 권리나 이익에 대한 침해의 우려가 크므로, 특히 총기사용은 국민의 생명·신체에 대한 직접적인 침해를 야기하므로 헌법상의 비례성의 원칙이 엄격히 적용된다.[16]

따라서 경찰관직무집행법 제10조의4 제 1 항 제 1 호 내지 제 3 호가 규정하고 있는 '무기를 사용하지 아니하고는 다른 수단이 없다고 인정되는 때'라는 보충성의 요건은 긴급피난 상황에서는 물론 정당방위 상황에 있어서도 적용되고, 나아가서 예외적으로 총기사용이 허용되는 경우에도 필요한 한도 내로 제한된다는 의미에서 균형성의 원칙도 적용된다. 즉, 일반적인 정당방위 상황과는 달리 경찰강제로서 경찰관의 총기사용에 대해서는 보충성과 균형성이 요구된다.[17] 판례도 계속 추적하거나 공포탄을 발사하여 제압할 여지가 있거나,[18] 총기대신 가스총·경찰봉을 사용하거나 다시 한번 공포사격을 하여 제압할 여지가 있음에도 불구하고 피해자를 향하여 총기를 발사한 경우에는[19] 보충성의 원칙을 위반했다는 이유로, 그리고 신체의 다른 부위에 발사할 수 있음에도 불구하고 가슴이나 등에 총기를 발사한 경우에는[20] 비례성의 원칙

16) 김연태, "경찰관의 무기사용의 요건 및 한계에 관한 법적 쟁점", 인권과 정의 335호(2004.7.), 57면.

17) 경찰관직무집행법에 관한 연구, 한국형사정책연구원, 1995, 196면.

18) 대법원 1994.11.8. 선고 94다25896 판결; 1999.6.22. 선고 98다61470 판결; 2000.10.17. 선고 2000다46313 판결.

19) 대법원 1993.7.27. 선고 93다9163 판결.

20) 대법원 1991.5.28. 선고 91다1008 판결; 1991.9.10. 선고 91다19913 판결.

을 위반했음을 이유로 총기사용의 적법성을 인정하지 않고 있다.[21)]

2) **이 사안에서 피고인의 총기사용이 적법한지의 여부**

이 사안에서 제 2 심법원은 총기사용이 불가피할 만한 정당방위 상황의 존재여부에 초점을 맞추어 그러한 상황이 존재하지 않는다고 판단한 후, 피고인이 공포탄 발사에서 나아가 근접한 거리에서 피해자의 몸을 향해 실탄을 발사한 것은 사회통념상 총기사용의 허용범위를 벗어난 것으로서 상당성을 결하였다고 판단하고 있다. 한편 제 1 심법원은 "피고인은 상황을 좀 더 주시하며 실제 피해자가 동료경찰관의 권총을 끄집어내려고 하는 것인지를 확인한 후 비로소 권총을 발사하여야 되는 것이며, 나아가 부득이 권총을 발사하여야 할 경우라도 가까운 거리에서는 침착하게 조준하여 대퇴부 이하를 맞힐 수 있었다고 인정된다"는 이유를 들어, 위와 같은 조치를 먼저 취하지 않고 피해자를 향하여 권총을 발사하여 피해자를 사망하게 한 피고인의 행위는 경찰관직무집행법 제10조의4 제 1 항의 허용범위를 벗어난 것으로 위법하다고 결론짓고 있다.

이와 같은 하급심의 판결에 대해서는, 집총상태에서는 총기를 탈취당하여 피격당할 우려가 크기 때문에 집총을 한 상태의 경찰관은 몸싸움을 해서는 안 되는 것이 기본원칙이므로 범인이 제압되지 않은 이상 집총을 한 경찰관이 취할 수 있는 실력행사는 어디까지나 총기사용이 될 수밖에 없다는 이유를 들어, 이 사안에서 피고인의 총기사용은 보충성의 요건을 충족하고 있다고 반론이 제기되고 있다.[22)] 그러나 원심법원이 인정하고 있듯이 피해자는 동료경찰관의 총기를 탈취하려고 하지 않았을 뿐만 아니라 피고인은 총기탈취를 우려하여 총기를 발사한 것도 아니다.

이 사안에서 대법원은 피고인은 피해자가 칼을 소지하고 있는 것으로 믿었고 또 그렇게 믿은 데에 정당한 이유가 있었다는 이유로 총

21) 판례가 경찰관의 총기사용에 대해 보충성의 원칙과 균형성의 원칙을 적용하고 있다는 데 대한 지적으로는 김형훈, 앞의 글, 27면 참조.

22) 김형훈, 앞의 논문, 31면.

기사용이 정당하다고 판단하고 있다. 대법원이 피해자가 칼을 소지하고 있었다는 객관적 상황이 아니라 피해자가 칼을 소지하고 있는 것으로 믿었다는 피고인의 주관적 인식을 기준으로 총기사용의 적법성을 판단하는 태도의 문제점은 앞에서 지적한 바와 같다. 그러면 과연 피해자가 칼을 소지하고 있었던 상황이라면 총기사용의 적법성이 인정될 수 있을 것인가?[23)]

필자는 설사 피해자가 칼을 소지하고 있었다고 하더라도 이 사안에서 피고인의 총기사용은 적법하지 않다고 본다. 경찰관직무집행법 제10조의4 제1항 제3호는 "범인 또는 소요행위자가 무기·흉기 등 위험한 물건을 소지하고 경찰관으로부터 3회 이상의 투기명령 또는 투항명령을 받고도 이에 불응하면서 계속 항거하여 이를 방지 또는 체포하기 위하여 무기를 사용하지 아니하고는 다른 수단이 없다고 인정되는 상당한 이유가 있을 때"에 한하여 총기사용을 허용하고 있다. 그리고 꺼내는 즉시 발사하여 타인의 생명·신체에 중대한 위해를 가할 수 있는 총기와는 달리, 칼은 그 위험성의 정도에서 현저한 차이가 있다. 원심판결이 적절히 지적하고 있듯이 피해자가 칼로 피고인이나 동료경찰관을 위협하고 있지 않고 단순히 칼로 위해를 가할 우려가 있는 상황에서는 총기를 사용하지 않고 피고인과 동료경찰관이 힘을 합하여 피해자를 제압하는 것이 옳다고 할 것이므로, 이 사안에서 피고인의 총기사용은 보충성의 요건을 충족했다고 보기 힘들다.[24)]

일부에서는 이 사안은 피해자가 동료경찰관을 제압하면서 피해자와 동료경찰관이 엉켜 있는 상황이기 때문에 피고인이 피해자의 대퇴

23) 피고인의 억측과는 달리 피해자는 칼을 소지하고 있지 않았던 것으로 판명되었다(제2심판결요지 참조).

24) 김형훈, 앞의 글, 31면은 별도의 범죄도 발견되지 않았고 허리에 찬 칼 이외에 총기도 소지하지 않은 피검문자가 검문하는 경찰관의 총기를 뺏으려 한다는 이유로 다른 경찰관이 실탄 5발을 발사하여 사망하게 하였으나 경찰관의 총기사용을 문제삼지 않은 미국의 사건을 예로 들면서, 이 사안에서 경찰관의 총기사용은 보충성의 요건을 충족했다고 주장하고 있다. 그러나 이 사안에서 피해자는 칼을 소지하고 있지도 않았고 경찰관의 총기를 탈취하려고 하지도 않았다.

부를 겨냥하는 것은 동료경찰관의 생명까지 침해할 가능성이 농후하고 따라서 피고인이 사격을 하면서 상체를 조준하는 것은 불가피하다는 점을 들어 피고인의 총기사용은 균형성의 요건을 충족하고 있다는 주장이 제기된다.[25] 그러나 이 사안에서 피해자는 칼을 소지하고 있지도 않았고 경찰관의 총기를 탈취하려고 하지도 않았기 때문에, 객관적으로 피고인이 피해자를 향해 총기를 발사하는 행위는 처음부터 필요한 정도를 초과하는 과잉대응이라고 하지 않을 수 없다. 결론적으로 칼을 손에 잡고 피고인과 동료경찰관을 위협하거나 칼을 버리라는 명령을 듣고도 계속 항거하는 상황이 아닌 이상, 단순히 피해자가 칼을 소지하고 있고 그 칼로 동료경찰관에게 위해를 가할 위험이 있다는 이유만으로 권총을 발사하는 것은 허용되지 않는다고 하겠다.

Ⅲ. 과잉방위와 오상방위의 구별

Ⅱ.의 논의를 정리해 보면 정당방위 상황과 방위행위의 상당성은 행위자의 주관적 인식이 아니라 객관적 상황에 기초하여 평가되어야 하고, 이 사안에서 피해자는 칼을 소지하거나 동료경찰관의 권총을 빼앗으려고 하지도 않았다는 객관적 상황을 고려해 볼 때 피고인의 총기사용은 보충성과 균형성의 요건을 충족하고 있지 못한 것으로 위법성이 조각되지 않는다.

그런데 이처럼 정당방위 상황과 방위행위의 상당성을 객관적으로 판단하고 총기사용에 대해 보충성과 균형성을 요구한다면, 피고인이 공포탄을 발사하였음에도 불구하고 피해자가 이에 굴복하지 아니하고 동료경찰관의 몸 위에 올라타 동료경찰관의 목을 누르고 있는 상황에서 과연 피고인에게 아무런 착오나 과실이 없이 대응할 것을 요구하는 것이 정당한가 하는 문제가 제기된다. 최근 경찰관의 총기사용으로 인해 피해자가 상해를 입거나 또는 사망한 일련의 사건에서 법원이 손해배상 또는 형사책임을 부과하고 있는 것에 대해서 '무흠결의 총기사용'을

25) 김형훈, 앞의 글, 33면.

요구하는 비현실적인 결정이라고 비판하고 있는 것도 일리가 있다고 하지 않을 수 없다.[26] 총기사용을 엄격히 제한하고 그러한 제한을 넘어서는 총기사용에 대해서 민·형사상의 책임을 부과하는 것은 국민의 생명과 신체의 안전이라는 측면에서는 바람직하다고 할 수 있으나, 공무수행의 안정성 및 공공의 이익과의 조화를 위해서는 경찰관이 상황을 오인하여 총기를 과도하게 사용한 경우 그에 대한 책임을 감경 또는 면제할 장치를 함께 마련하지 않으면 안 된다.

경찰관이 '정당방위 상황을 오인하여' 불필요하게 총기를 사용하여 피해자에게 위해를 가한 경우에는 두 가지 유형이 있을 수 있다. 첫번째 유형은 경찰관직무집행법상 총기를 사용할 수 있는 상황이 존재하지 않음에도 불구하고 그러한 상황이 존재한다고 오인하고 총기를 사용한 경우이다.[27] 자기 또는 타인의 법익에 대한 현재의 부당한 침해가 없음에도 불구하고 있다고 오인하고 이를 방위하기 위하여 경찰관이 총기를 사용한 오상방위의 사례도 이 유형에 속한다. 그리고 두번째 유형은 객관적으로 총기를 사용할 수 있는 상황이 존재하나 총기를 사용하여 사람에게 위해를 가할 정도는 아님에도 불구하고 경찰관이 상황을 과대평가하여 총기로 피해자에게 위해를 가한 경우이다. 앞에서 살펴본 바와 같이 경찰관직무집행법 제10조의4 제1항은 단순한 총기사용과 사람에게 위해를 가하는 총기사용을 구분하고 있는데, 정당방위 상황에서 총기사용 이외의 수단이나 경고사격과 같이 단순한 총기사용

26) 이기호, "겨누지만 쏘지 못하는 이유?: 총기사용 왜 주저하는가", 수사연구 제19권 10호(2001. 10), 10면 이하, 김형훈 앞의 글, 4면 참조.

27) 경찰관직무집행법 제10조의4 제1항 제1호에 따르면 중대범죄를 범한 자가 경찰관의 직무집행에 대하여 항거하거나 도주하려고 할 때 이를 방지 또는 체포하기 위하여 불가피한 때에는 총기를 사용할 수 있는데, 범인이 아님에도 불구하고 범인으로 오인하고 총기를 발사한 사례를 첫번째 유형의 예로 들 수 있다. 실제로 강도사건이 발생하였다는 지령을 받고 동료경찰관과 함께 현장에 출동한 피고인이 막대기를 손에 들고 계속하여 도주하던 피해자를 강도공범으로 오인하여 추격하다가, 피해자가 자신은 범인이 아니라고 수차례 소리쳤고 계속 도주를 하였을 뿐 피고인에게 대항하거나 위해를 가하려는 태도를 보이지도 않았음에도 불구하고 피해자의 등 부위를 향하여 권총을 발사하여 피해자가 사망한 사례가 있다(전주지방법원 2003. 1. 15. 선고 2002고단3062 판결).

으로 충분함에도 불구하고 사람에게 위해를 가하는 방법으로 총기를 사용한 과잉방위의 사례가 이 유형에 해당한다.

형법은 과잉방위에 대해서 원칙적으로 형을 감면할 수 있도록 하고(제20조 제2항), 나아가서 과잉방위가 불가피한 경우에는 불처벌의 법적 효과를 부여하고 있다(제20조 제3항). 이에 대해 오상방위에 대해서는 명문의 규정이 없는 상황에서 오상방위와 같은 위법성조각사유의 전제사실에 관한 착오에 대해서는 사실의 착오로 취급할 것인가 법률의 착오로 취급할 것인가를 둘러싸고 학설이 대립하고 있다. 현재 일반적인 견해(제한적 책임설)에 따르면 위법성조각사유의 전제사실에 관한 착오는 사실의 착오에 준하여 고의가 조각되고 과실이 있는 경우에 한하여 과실범으로 처벌된다.

일반적인 견해에 따르면 과잉방위와 오상방위는 개념상 구분될 뿐만 아니라 그 법적 효과에 있어서도 차이가 있다. Ⅲ.에서는 우선 오상방위과 과잉방위의 개념상 구분과 법적 효과의 문제를 검토한 후, 이 사안에서 피고인의 행위를 오상방위의 문제로 다룰 것인지 또는 과잉방위의 문제로 다룰 것인지를 검토하기로 한다.

1. 오상방위와 과잉방위의 구분과 법적 효과

(1) 오상방위의 의의와 법적 효과

오상방위는 정당방위 상황, 즉 자기 또는 타인의 법익에 대한 현재의 부당한 침해가 존재하지 않음에도 불구하고 존재한다고 오인하고 방위행위로 나아가는 경우를 말한다. 즉, 전혀 위법한 침해가 없음에도 불구하고 위법한 침해가 있다고 오인하고 방위행위로 나아간 경우, 위법한 침해가 예상만 되고 있는 상황에서 방위자가 침해가 임박하거나 또는 개시되었다고 오인하고 방위행위로 나아간 경우, 자기 또는 타인의 법익에 대한침해가 있으나 그것이 위법하지 않음에도 불구하고 위법하다고 오인하고 방위행위로 나아간 경우와 같이, 실제로 존재하지 않는 정당방위 상황을 존재한다고 오인하고 방위행위로 나아간 모든 경우를 지칭한다.[28] 오상방위는 오상피난, 오상자구행위 등과 함께 대표적인 위법성조각사유의 전제사실에 관한 착오 사례이다.

과잉방위의 법적 효과에 대해서는 명문의 규정(형법 제21조 제2항 및 제3항)이 있으나, 오상방위의 법적 효과에 대해서는 명문의 규정이 없다. 오상방위는 한편으로는 '위법성조각사유'에 관한 착오라는 점에서 법률의 착오(제16조)의 성격을 그리고 다른 한편으로 '사실'에 관한 착오라는 점에서 사실의 착오(제15조)의 성격을 동시에 띠고 있는데, 이 때문에 오상방위의 법적 효과에 대해서는 사실의 착오로 보아 고의가 조각된다고 보아야 하는가 또는 법률의 착오로 보아 정당한 이유가 있는 경우에 한하여 책임이 조각된다고 보아야 하는가를 둘러싸고 학설이 대립하고 있다.

위법성의 인식을 객관적 행위상황의 인식과 함께 고의의 구성요소가 되고 위법성의 인식이 없는 경우에는 고의가 조각된다는 견해(고의설)에 따르면 위법성조각사유의 전제사실에 관한 착오에 의한 행위는 고의범으로 처벌할 수 없고, 다만 이를 회피할 수 있었을 때에는 과실범으로 처벌될 수 있을 따름이다.[29] 위법성조각사유의 부존재도 구성요건요소로 보아 이에 대한 오인이 있는 경우에는 고의가 조각된다는 견해(소극적 구성요건요소이론)와 위법성조각사유의 전제사실에 관한 착오가 있는 경우에는 사실의 착오에 준하여 고의가 조각된다는 견해(제한책임설)에 의하더라도 결과적으로는 그 법적 효과가 고의설에 의한 것과 같다. 제한책임설은 다시 사실의 착오와의 유사성을 이유로 사실의 착오규정이 유추적용된다는 견해(유추적용설) 그리고 구성요건 고의는 있으나 책임고의가 인정되지 않기 때문에 법적 효과에 있어서 과실범으로 처벌된다는 견해(법효과제한적 책임설) 등으로 구분된다.

오늘날 위법성조각사유의 전제사실에 관한 착오에 관하여 고의설

---

28) Nomos Kommentar zum Strafgesetzbuch, 2. Aufl., 2005, § 32 Rn. 132 참조.

29) 대법원도 법률의 착오에 정당한 이유가 있는 때에는 범의가 조각된다고 하여 고의설을 취한 바 있다(대법원 1970. 9. 22. 선고 70도1206 판결; 1974. 11. 24. 선고 74도2676 판결).

이나 소극적 구성요건요소이론을 주장하는 견해는 없고, 다수의 학자들은 위법성조각사유의 전제사실에 관한 착오는 법률의 착오보다는 사실의 착오와 구조적으로 유사하다는 점, 위법성조각사유의 전제사실에 관한 착오가 있는 경우에는 법적대적 의사로서 심정반가치가 인정되지 않는다는 점 그리고 국민의 법감정에 합치하는 결론을 도출할 수 있다는 점을 근거로 제한적 책임설을 주장하고 있다.[30)]

첫째, 우선 제한책임설 중에서 유추적용설은 위법성조각사유의 전제사실에 관한 착오도 일종의 '사실'에 대한 착오라는 점을 근거로 법률의 착오보다는 '사실의 착오'에 가깝다는 점을 강조한다.[31)] 그러나 이러한 주장은 같은 사실이라도 구성요건적 사실과 위법성조각사유의 전제사실은 범죄론 체계상의 위치가 다르다는 점을 간과하고 있다. 구성요건적 사실은 원칙적으로 그러한 사실이 존재하는 경우에는 범죄가 성립하는 적극적 요소인데 반하여, 위법성조각사유의 전제사실은 구성요건적 사실이 있음을 전제로 예외적으로 범죄의 성립을 조각하는 소극적 요소이다. 우선 구성요건적 사실은 존재하는 경우에는 원칙적으로 범죄성립과 형벌이라는 중대한 법직 효과가 발생한다. 이 때문에 형법은 구성요건적 사실이 존재함에도 불구하고 그에 대한 인식이 없는 경우에는 고의범으로 처벌하지 않고 과실이 있는 경우에 한하여 과실범으로 처벌하도록 하고 있다(제13조).[32)] 구성요건적 사실과는 달리 위법성조각사유의 전제사실은 존재하는 경우에는 예외적으로 범죄불성립과 불처벌이라는 법적 효과가 발생한다. 따라서 위법성조각사유의 전제사실에 관한 착오는 예외적으로 범죄의 성립을 조각하는 데 불과한 사실

30) 김일수/서보학, 형법총론(제11판), 2006, 288면; 박상기, 앞의 책, 252면; 배종대, 앞의 책, 468면; 손동권, 형법총론(제 2 개정판), 2006, 191면; 신동운, 형법총론(제 2 판), 2006, 420면; 이재상, 앞의 책, 331면; 임웅, 앞의 책, 314면; 정영일, 형법총론(개정판), 2007, 289면.

31) 김일수/서보학, 앞의 책, 290면.

32) 형법 제13조(범의)는 고의에 관한 규정임과 동시에 구성요건 착오에 관한 규정이라고 할 수 있다(김성돈, 형법총론, 2006, 222면; 문채규, "형법 제15조 제 1 항에 대한 새로운 해석의 시도", 형사법연구 16호(2001), 22면).

을 그것도 실제로 존재하지 않음에도 불구하고 존재한다고 오인한 데 불과하므로, 여기에 대하여 사실의 착오에 준하여 법적 효과를 부여할 수는 없다.

둘째, 제한책임설은 위법성조각사유의 전제사실에 관한 착오는 행위자가 무엇을 행하고 있는지 모르고 행위하는 경우이지만 법률의 착오는 행위자가 무엇을 행하고 있는지 알고 있고 다만 그러한 행위가 허용되는지에 대하여 착오가 있는 경우로서, 앞의 것은 행위사정에 관한 착오인 반면 뒤의 것은 행위의 법적 평가에 대한 착오로서 양자는 본질적으로 다르다고 주장한다.[33] 그리고 법률의 착오의 경우 행위자는 법질서가 금지 또는 명령하는 바가 무엇인지에 대하여 잘못된 인식을 가지고 있지만 위법성조각사유의 전제사실에 관한 착오는 행위자가 금지규범 또는 명령규범을 잘 알면서도 구체적인 사정을 오인함으로써 자신의 행위가 위법하다는 점을 인식하지 못한 경우이므로, 법률의 착오보다는 사실의 착오에 가깝다고 주장한다.[34]

그러나 위법성조각사유의 전제사실에 관한 착오를 행위자가 무엇을 행하고 있는지 모르고 행위하는 경우라고 볼 수 없다. 행위자가 무엇을 행하고 있는지 모르고 행위하는 경우는 단순히 과실범이고, 위법성조각사유의 전제사실에 관한 착오는 행위자가 자신이 무엇을 행하고 있는지는 알고 행위하는 경우이다. 즉, 오상방위의 사례에서 볼 수 있듯이 위법성조각사유의 전제사실에 관한 착오 사례에서 행위자는 현재의 부당한 침해를 방위하기 위하여 침해행위를 하는 자에게 위해를 가한다는 사실을 알고 있기 때문에, 무엇을 행하고 있는지 모르고 행위하는 순수한 과실범과는 다르다.[35] 오히려 위법성조각사유의 전제사실에 관한 착오의 경우는 자신이 무엇을 하고 있는지는 알고 있지만 그러한 행위가 허용되는 상황을 잘못 이해함으로써 그러한 행위가 허용된다고 오인한 경우라고 하는 것이 정확하다.

33) 김일수/서보학, 앞의 책, 288면.
34) 신동운, 앞의 책, 419면.
35) 같은 지적으로는 오영근, 앞의 책, 459면.

그리고 위법성조각사유의 전제사실에 관한 착오도 행위자가 법질서가 금지 또는 명령하는 바가 무엇인지에 대하여 잘못된 인식을 가진 경우라는 점에서 다른 유형의 법률의 착오와 다르지 않다. 물론 위법성조각사유의 전제사실에 관한 착오는 금지규범이나 명령규범 그 자체에 대하여 착오(직접적 착오)를 일으킨 경우가 아니다. 그러나 법률의 착오에는 금지규범이나 명령규범 자체에 대한 착오뿐만 아니라 허용규범에 대한 착오(간접적 착오)도 포함되고, 이 두 가지는 착오의 과정의 차이에도 불구하고 모두 규범을 제대로 이해하지 못하여 결과적으로 '자신이 행위가 법령에 의하여 죄가 되지 아니하는 것으로 오인'하였다는 점에서 동일하다.[36] 특히 간접적 착오의 경우 허용규범 자체에 대한 착오(위법성조각사유의 존재 또는 한계에 관한 착오)이든 또는 허용규범이 적용되기 위한 전제사실에 대한 착오(위법성조각사유의 전제사실에 관한 착오)이든 모두 '자신의 행위가 죄가 되지 아니하는 것으로 오인' 하였다는 점에서는 동일하므로 양자에 본질적인 차이를 두어야 할 이유가 없다.[37]

이처럼 제한책임설은 위법성조각사유의 전제사실에 관한 착오는 법률의 착오와 본질적으로 다르고 사실의 착오와 유사하다고 주장하고 있으나, 오히려 그 반대로 위법성조각사유의 전제사실에 관한 착오는 사실의 착오와는 상당한 거리가 있고 법률의 착오와 유사하거나 또는 법률의 착오의 한 유형이라고 보는 것이 오히려 타당하다.

셋째, 제한책임설 중에서 특히 법효과제한적 책임설은 고의의 이중적 지위를 인정하고 위법성조각사유의 전제사실에 관한 착오에서는 행위반가치로서의 구성요건 고의는 있으나 심정반가치로서 책임고의는 없다고 주장한다. 그러나 고의의 이중적 지위를 인정하는 것 자체가 논

36) 같은 지적으로는 김경락, "오상방위의 형사책임", 비교형사법연구 8권 1호(2006), 107면.

37) 이러한 이유에서 위법성조각사유의 전제사실에 관한 착오에 있어서 '사실'에 관한 착오의 측면은 이처럼 법률의 착오에 이르기까지의 하나의 과정으로서 단순한 동기의 착오에 불과하다고 보는 것이 타당하다(오영근, 형법총론, 2006, 459면).

리적으로 문제가 있을 뿐만 아니라 법적대적 의사로서의 심정반가치가 없다는 것은 위법성조각사유의 전제사실에 관한 착오에만 특유한 것이 아니라 법률의 착오 전체에 공통된다.[38] 이런 점에 비추어 보더라도 위법성조각사유의 전제사실에 관한 착오는 사실의 착오보다는 법률의 착오의 한 유형으로 보는 것이 훨씬 더 타당하다.

넷째, 제한책임설은 형법 제16조가 법률의 착오의 법적 효과로서 정당한 이유의 유무를 기준으로 책임인정과 책임조각의 양자택일만을 규정하고 있음을 지적하고, 위법성조각사유의 전제사실에 관한 착오를 법률의 착오로 취급하는 경우에는 이러한 경직성으로 인해 범죄성립의 범위가 지나치게 확대되고 양형상 불합리한 결과가 초래된다고 비판하고,[39] 위법성조각사유의 전제사실에 관한 착오가 있는 경우에는 사실의 착오에 준하여 고의를 조각시키되 다만 과실이 있는 때에는 과실범으로 처벌하는 것이 일반인의 법감정에 부합한다고 주장한다. 그러나 과연 제한책임설에 의하는 것이 엄격책임설에 의하는 더 합리적인지는 보다 면밀히 검토될 필요가 있다.

우선 엄격책임설에 의하든 제한책임설에 의하든 착오에 대한 회피가능성이 없는 때에는 행위자가 처벌되지 않는다는 점에서는 동일하다. 그러나 제한책임설에 의하면 위법성조각사유의 전제사실에 관한 착오가 있는 경우에는 일단 고의가 조각되고 과실이 있는 경우에 한하여 과실범으로 처벌될 수 있는데 반해 엄격책임설에 의하면 고의가 조각되지 않는다는 점에서, 분명히 엄격책임설보다 제한책임설에 의하는 것이 행위자에게 유리하다.

그러나 위법성조각사유의 전제사실에 관한 착오의 법적 효과를 판단함에 있어서는 비단 행위자의 형사처벌만이 아니라 행위자의 착오로 억울하게 자신의 법익을 침해당한 피해자를 함께 고려해야 한다. 행위자의 착오로 피해자가 상해 또는 사망한 경우에는 그나마 과실범 처벌

38) 허일태, 앞의 논문, 584면.

39) 신동운, 앞의 책, 419면.

규정이 있어 다행이나 폭행, 재물손괴, 주거침입, 명예훼손 등의 경우에는 과실범 처벌규정조차 없기 때문에, 제한적 책임설에 따르면 이와 같은 경우 행위자는 착오에 대한 과실의 유무를 불문하고 처벌되지 않는다. 그리고 상해나 사망의 결과가 발생한 경우라고 하더라도 그 법정형이 아주 낮아 형법의 보호적 기능이 제대로 확보되지도 못한다. 결국 착오에 의해 자신의 법익을 침해당한 피해자만 억울할 따름이다.[40)]

또한 엄격책임설에 따라서 단순히 위법성조각사유의 전제사실에 관한 착오가 사실에 관한 착오로서의 성격을 함께 가지고 있다는 이유로 법적 효과에 있어서 다른 유형의 법률의 착오와 현저한 차이를 두는 것은 다른 이유로 '자기의 행위가 법령에 의하여 죄가 되지 아니한 것으로 오인한' 경우와 비교할 때 양형상 불합리할 뿐만 아니라, 피해자의 입장을 고려하지 않고 행위자를 지나치게 유리하게 취급함으로써 긴급행위권의 남용마저 우려된다. 따라서 다른 유형의 법률의 착오와의 균형과 피해자보호의 필요성을 함께 고려한다면 위법성조각사유의 전제사실에 관한 착오를 사실의 착오에 준하여 무조건 고의책임 또는 고의형벌을 조각시키는 제한책임설보다는, 일단 고의를 인정하되 다만 그 오인에 정당한 이유가 있는 경우에 한하여 책임이 조각될 수 있다고 보는 엄격책임설이 일반인의 법감정에 더 부합한다. 그리고 위법성조각사유의 전제사실에 관한 착오가 있는 경우에는 오인에 정당한 이유가 없는 때라도 적법행위에 대한 기대가능성이 적기 때문에 책임감경이 인정되므로 그다지 양형상의 불합리도 초래되지 않는다.[41)] 이처럼 제한책임설은 이론적으로나 형사정책적으로 많은 문제점을 내포하고 있기 때문에 최근에는 위법성조각사유의 전제사실에 관한 착오를 다른 유형의 법률의 착오와 구분하지 않고 동일한 법적 효과를 부여해야 한다는

40) 이 점에 대한 지적으로는 오영근, 앞의 책, 459면 각주 1).

41) 다만 입법론적으로는 법률의 착오에 있어 정당한 이유가 없는 경우에도 형을 감경할 수 있다는 명문의 규정을 두는 것이 바람직하다. 독일형법전 제17조 제1항과 일본개정형법초안(1974년) 제21조 제1항은 법률의 착오에 의한 행위는 원칙적으로 그 정상에 따라 감경할 수 있다고 규정하고 있다.

주장(엄격책임설)이 강력하게 제기되고 있다.[42)]

그리고 위법성조각사유의 전제사실에 관한 착오의 법적 효과를 결정함에 있어서는 인식 없는 과잉방위와의 균형을 고려하지 않으면 안된다. 오상방위는 원칙적으로 정당방위 상황이 존재하지 않음에도 불구하고 있다고 오인하고 방위행위로 나아간 경우임에 반하여, 인식 없는 과잉방위는 원칙적으로 현재의 정당방위 상황이 존재하는데 행위자가 그 상황을 과대평가하여 과잉방위의 결과를 초래한 경우이다. 오상방위나 인식 없는 과잉방위는 모두 행위자가 착오에 의하여 의도하지 않은 결과를 발생시켰다는 점에서는 동일하나, 인식 없는 과잉방위는 정당방위 상황이 존재하므로 비록 동일한 결과를 발생시켰다고 하더라도 불법이나 책임의 면에서 오상방위보다 경하다. 그런데 형법상 과잉방위에 대해서는 원칙적으로 형의 임의적 감면이라는 법적 효과를 부여하는데 반해, 불법이나 책임의 면에서 결코 가볍다고 볼 수 없는 오상방위에 대해서는 제한책임설이 주장하는 바와 같이 고의조각에 따른 원칙적 불처벌(제13조)과 과실범처벌 규정이 있는 경우의 예외적 처벌(제14조)이라는 파격적인 효과를 부여한다면, 죄형(罪刑)의 균형이 맞지 않는다. 이 점에 대해서는 아래 (2)에서 부연설명한다.

(2) 과잉방위의 의의, 유형 및 법적 효과

과잉방위란 방위행위가 상당하지 못한 경우(형법 제21조 제1항), 즉 방위행위가 '그 정도를 초과한 때'(같은 조 제2항)를 말한다. 不正대 正의 관계에서 성립하는 정당방위에 있어서는 원칙적으로 균형성이 요구되지 않으므로, 반드시 방위행위로 인해 보호되는 법익이 침해되는 법익보다 우월하거나 균형을 이룰 필요가 없다. 따라서 과잉방위란 결국 방위행위로 인해 침해되는 법익이 보호되는 법익보다 현저히 우월한 경우를 말한다. 물론 정당방위가 제한되는 사례에서는 경우에 따라서 보호법익과 침해법익이 균형을 갖추지 못한 때에도 과잉방위가 될

42) 김성돈, 앞의 책, 438면; 오영근, 앞의 책, 459면; 정성근/박광민, 앞의 책, 347면; 허일태, 앞의 글, 585면.

수 있다.[43)]

과잉방위는 다시 방위행위 자체가 허용되는 범위를 초과한 경우와 침해가 종료되었음에도 불구하고 방위행위가 계속하여 행해진 경우로 구분될 수 있다. 일반적으로 앞의 것은 내적 과잉방위(질적 과잉방위) 그리고 뒤의 것은 외적 과잉방위(양적 과잉방위)라고 한다. 내적 과잉방위가 과잉방위에 해당한다는 점에 대해서는 이론이 없으나, 외적 과잉방위에 대해서는 침해가 종료되었음에도 불구하고 행위자가 아직 침해가 계속되고 있다고 오인하고 방위행위를 하는 경우이기 때문에 오상방위에 해당한다고 볼 여지가 있다.[44)] 그러나 침해가 종료된 후에 방위행위를 하였더라도 현재의 침해에 대한 방위행위(제1행위)와 침해가 종료되고 난 이후에도 계속된 방위행위(제2행위)가 시간적으로 밀접하게 연관되어 있다면, 제2행위는 별개의 행위가 아니라 제1행위의 계속으로 보아야 하므로 제1행위와 제2행위는 전체로서 하나의 방위행위로 파악하는 것이 일반적이다. 대법원도 "극히 짧은 시간 내에 계속하여 행하여진 피고인의 위와 같은 일련의 행위는 이를 전체로서 하나의 행위로 보아야 할 것이므로, 방위의사에서 비롯된 피고인의 위와 같이 연속된 전후행위는 하나로서 과잉방위에 해당한다"고 보고 있다.[45)]

그리고 과잉방위는 다시 행위자에게 과잉성에 대한 인식이 있는가에 따라 인식 있는 과잉방위(bewusste Notwehrexzess)와 인식 없는 과잉방위(unbewusste Notwehrexzess)로 구분된다.[46)] 행위자가 방위행위의 과잉성을 인식하지 못한 경우로는 i) 정당방위 상황을 제대로 인식

---

43) 정당방위가 제한되는 사례에서는 원칙적으로 요구되지 않는 보충성과 균형성이 예외적으로 요구되므로 긴급피난과 유사하게 보호법익이 침해법익보다 우월하거나 최소한 균형을 갖추어야 한다(임웅, 앞의 책, 221면). 따라서 정당방위가 제한되는 사례에서 침해법익이 보호법익보다 우월한 경우에는 과잉방위가 될 수 있다.

44) 차용석, "오상과잉방위", 형사법강좌Ⅰ, 1982, 243면.

45) 대법원 1986.11.11. 선고 86도1862 판결.

46) 인식 있는 과잉방위와 인식 없는 과잉방위를 각각 고의의 과잉방위와 과실의 과잉방위로 부르기도 하나 고의의 대상은 객관적 구성요건 요소(죄의 성립요소인 사실)이므로 '과잉성'에 대한 인식여부를 기준으로 과잉방위를 구분하는 용어로 적합하지 않다고 본다.

하였으나 허용되는 방위행위의 정도를 오인하여 중대한 방위행위로 나아간 경우(경찰관이 칼을 들고 난동을 피우는 피해자에게 경고사격만이 허용됨에도 불구하고 조준사격까지도 허용된다고 오인하고 조준사격을 하여 상해를 입힌 경우), ii) 정당방위 상황을 제대로 인식하고 허용되는 정도의 방위행위를 하였으나 뜻하지 않게 중대한 결과가 발생한 경우(예컨대 경찰관이 칼을 들로 난동을 피우는 피해자에게 경고사격을 하고자 하였으나 잘못하여 피해자를 향해 총을 발사하여 피해자가 사망한 경우) 그리고 iii) 정당방위 상황을 잘못 인식하여 필요이상으로 중대한 방위행위로 나아간 경우(난동을 피우는 피해자가 칼을 소지하지 않았음에도 불구하고 경찰관이 피해자가 칼을 꺼내 언제든지 찌를 수 있다고 오인하고 총을 발사하여 상해를 가한 경우)가 있을 수 있다. i)의 경우는 정당방위의 한계에 대한 착오로서 법률의 착오에 해당하고, ii)의 경우는 중한 결과에 대한 고의가 처음부터 없었기 때문에 중한 결과에 대한 과실범 또는 결과적 가중범이 성립한다는 데 이론이 없다. 이 사안과 같이 과잉방위가 문제되는 사례는 대부분 iii)의 경우로서, 인식 없는 과잉방위라고 하면 원칙적으로 이 경우를 말한다.

방위행위의 상당성의 판단은 행위자의 주관이 아니라 객관적으로 이루어지기 때문에 행위자가 과잉성에 대한 인식은 과잉방위의 요건이 아니다. 따라서 과잉성에 대한 인식이 있는 경우이든 인식이 없는 경우이든 모두 과잉방위에 해당한다고 보는 것이 일반적이다.[47] 그런데 일부 견해는 과잉성에 대한 인식이 없는 과잉방위를 과실에 의한 과잉방위라고 하고, 과실에 의한 과잉방위는 오상방위의 예에 따라 고의가 조각된다는 주장을 제기한다.[48] 이러한 주장은 인식 없는 과잉방위는 오상방위와 마찬가지로 정당방위 상황에 대한 착오가 있는 경우이므로

47) 이재상, 앞의 책, 232면; 배종대, 앞의 책, 2005, 359면; 정성근/박광민, 앞의 책, 232면.

48) 김일수, 앞의 책, 120면; 원형식, "형법 제21조 제 2 항 및 제 3 항의 적용범위", 형사법연구 19권 1호(2007년 봄), 54면; 차용석, 앞의 글, 239면(차용석 교수는 이런 이유에서 과실에 의한 과잉방위를 준오상방위라고 한다).

오상방위와 마찬가지로 고의가 조각된다고 보는 것이 타당하다는 점을 근거로 든다. 그러나 이러한 주장에 대해서는 과연 인식 없는 과잉방위와 오상방위를 구분하지 않고 두 가지를 동일하게 취급하는 것이 타당한가 그리고 오상방위로서의 법적 효과를 부여하고 나아가서 과잉방위의 법적 효과를 동시에 부여하는 것이 법이론적으로 또는 형사정책적으로 바람직한가에 대해서는 의문이 있다.

행위자가 정당방위 상황을 오인함으로써 방위행위의 과잉성을 인식하지 못한 과잉방위는 정당방위 상황에 대한 착오, 즉 오상방위의 성격을 가지고 있다는 점을 부인하기는 힘들다. 그러나 오상방위는 정당방위 상황이 존재하지 않는 상황에서 행위자가 정당방위 상황이 존재한다고 오인하고 방위행위로 나아간 경우임에 반하여, 과잉방위는 정당방위 상황이 존재하는데 행위자가 정당방위 상황을 과대평가하여 필요 이상의 방위행위로 나아가는 경우이다. 즉, 정당방위 상황에 대한 착오가 있다는 주관적인 면에서 양자는 동일할지 모르나, 정당방위 상황이 존재하지 않는 오상방위와는 달리 과잉방위에서는 정당방위 상황이 존재한다는 점에서 현저히 다르다.[49]

정당방위 상황이 존재한다는 점은 과잉방위에 대하여 형의 감면이라는 법적 효과(제21조 제2항)를 부여하는 근거가 된다. 이와 관련하여 과잉방위의 법적 성질에 대해서는 책임감소·소멸설,[50] 불법 및 책임감소·소멸설[51]이 대립하고 있으나 불법은 질적·양적으로 구분될 수 있다는 점을 감안하면, 과잉방위에서는 분명 위법성이 조각되지 않으나 방위행위가 허용되는 범위 내에서는 불법이 감경되고 나아가서 과잉행위에 대한 비난가능성, 즉 책임도 감경된다. 다만 불법과 책임이 감소되더라도 완전히 소멸되는 것은 아니고,[52] 경우에 따라서 일반예방 및

49) 같은 지적으로는 허일태, 앞의 논문, 586면 참조.

50) 김성돈, 앞의 책, 305면; 박상기, 앞의 책, 188면; 오영근, 앞의 책, 337면; 임웅, 앞의 책, 227면;

51) 정성근/박광민, 앞의 책, 230면.

52) 불법 또는 책임이 완전히 소멸하는 경우는 형면제판결이 아니라 무죄판결을 해야 하는데 형법 제21조 제2항은 과잉방위에 대해서는 형의 감면을 인정하고 있으므로,

특별예방의 관점에서 처벌의 필요성이 소멸되어 형을 면제할 수 있다. 따라서 과잉방위의 특성과 과잉방위에 대한 법적 효과로서 형면제가 규정되어 있는 점을 고려해 볼 때, 과잉방위에서는 불법과 책임이 감경되고 나아가서 처벌의 필요성이 소멸한다고 볼 수 있다.[53] 그런데 과잉방위와는 달리 오상방위에서는 정당방위 상황이 존재하지 않는다는 점에서 불법과 책임의 감경 그리고 처벌필요성을 부인할 만한 특별한 사정이 원칙적으로 존재하지 않는다.[54] 따라서 단순히 정당방위 상황에 대한 착오가 있다는 주관적인 측면에만 초점을 맞추어 인식 없는 과잉방위를 오상방위에 준하여 취급해야 한다는 주장은 설득력이 부족하다.

그리고 인식 없는 과잉방위에 대하여 오상방위의 법적 효과를 부여하는 것은 형사정책적으로도 바람직하지 않다. 과실에 의한 과잉방위를 오상방위의 예에 의하여 처벌하는 경우에는 일단 고의가 조각되고 과실이 있는 경우에는 과실범으로 처벌될 수 있을 따름이다. 대부분의 범죄에 대해서는 과실범처벌규정이 없고 과실범처벌규정이 있다고 하더라도 고의범에 비해 법정형이 현저하게 낮으므로, 인식 없는 과잉방위에 대한 형사처벌은 사실상 어렵다. 이러한 결과는 행위자에게는 유리할지 모르나 인식 없는 과잉방위의 피해자는 오상방위에서와 마찬가지로 상황을 제대로 인식하지 못한 행위자의 무책임한 폭력의 희생자가 되고 만다.

한편 과실에 의한 과잉방위를 오상방위의 예에 의하여 처벌하는 것은 정당방위 상황을 제대로 인식하고 허용되는 정도의 방위행위를 하였으나 뜻하지 않게 중한 결과가 발생한 앞의 ii)의 경우와 비교해 볼 때 형평에 맞지 않는다. ii)의 경우에는 방위행위의 과잉성에 대한

책임감경·소멸설과 불법 및 책임감경·소멸설은 형법체계와 일치하지 않는다.

53) 김일수, 앞의 책, 122면, 김일수/서보학, 앞의 책, 418면; 손동권, 앞의 책, 188면.

54) 오상방위의 경우에도 불가피한 사정으로 인하여 행위자가 그 상황을 오인하여 방위행위로 나아가는 경우가 있을 수 있다. 그러나 이것은 적법행위에 대한 기대가능성이라는 일반적인 책임감경·조각사유의 문제로 해결해야 할 문제이므로, 오상방위 자체가 가지고 있는 고유한 특성으로 보기는 힘들다.

인식이 없음은 물론 중한 결과 자체에 대한 고의가 없으므로 과실범이 성립하고 나아가서 '허용되는 정도를 초과하는 방위행위'를 하였다는 점에서 과잉방위 규정이 적용된다. 이와는 달리 인식 없는 과잉방위는 행위자가 정당방위 상황을 과대평가한 결과로서 상당성을 초과하는 방위행위로 나아간 경우로서 원칙적으로 중한 결과에 대한 구성요건적 고의가 인정된다는 점에서, ii)의 경우와 비교해 볼 때 행위반가치가 훨씬 크다. 그럼에도 불구하고 인식 없는 과잉방위에 대하여 오상방위에 준하여 고의조각이라는 법적 효과를 부여하는 것은 불법과 책임에 있어 현저한 차이가 있는 두 행위를 동등하게 취급하는 결과가 된다.

그리고 인식 없는 과잉방위를 과잉방위에서 제외하여 오상방위의 범주에 포함시키게 되면 과잉방위에는 고의에 의한 과잉방위만이 남게 되는데, 이를 경우 형감면과 불처벌의 법적 효과를 규정해 놓은 제21조 제 2 항과 제 3 항의 존재의의가 거의 상실된다. 물론 인식 있는 과잉방위에 대해서도 당연히 과잉방위의 법적 효과가 부여되어야 하겠지만 실질적으로 제21조 제 2 항과 제 3 항은 과실의 과잉방위를 염두에 둔 것이라고 해도 과언이 아닐 것이다.

결론적으로 오상방위와 인식 없는 과잉방위의 본질적 차이를 존중하면서 각각의 불법과 책임에 비례하는 형벌을 확보하기 위해서는 인식 없는 과잉방위를 오상방위에 준하여 취급할 것이 아니라 과잉방위의 한 유형으로 제21조 제 2 항 및 제 3 항을 적용하는 것이 타당하다. 그리고 인식 없는 과잉방위와 비교하여 오상방위의 불법에 적합한 형벌을 확보하기 위해서는 엄격책임설을 취하는 것이 옳다. 오상방위의 법적 효과에 대하여 엄격책임설을 취하고 인식 없는 과잉방위와 오상방위를 구분하여, 양자의 법적 효과를 비교해 보면 다음과 같다.

구 분	착오가 회피가능한 경우	착오가 회피불가능한 경우
오상방위(엄격책임설)	고의범으로 처벌. 다만 책임이 감경되는 경우 형감경(제16조)	책임이 조각되어 범죄불성립(제16조)
인식 없는 과잉방위	불법 및 책임이 감경되거나 처벌의 필요성이 소멸되는 경우 형감경 또는 면제(제21조 제 2 항)	책임이 조각되어 범죄불성립(제21조 제 3 항)

2. 피고인의 행위가 오상방위인지 또는 과잉방위인지의 여부

이 문제를 다루기에 앞서 우선 판례가 오상방위와 같은 위법성조각사유의 전제사실에 관한 착오에 대하여 어떠한 견해를 취하고 있는가를 살펴볼 필요가 있다. 결론적으로 말하자면 판례는 엄격책임설 또는 제한적 책임설 중 어떠한 견해를 취하고 있지 않으며, 착오에 정당한 이유 또는 상당한 이유가 있다면 위법성이 조각된다는 독특한 견해를 취하고 있다.[55] 즉, 대표적인 위법성조각사유의 전제사실에 관한 착오사례로 일컬어지는 이른바 배희칠랑 사건에서 "가사 피해자에게 피고인을 상해할 의사가 없고 객관적으로 급박하고 부당한 침해가 없었다고 가정하더라도 … 피고인으로서는 현재의 급박하고도 부당한 침해가 있는 것으로 오인하는 데 대한 정당한 사유가 있는 경우에 해당된다고 아니할 수 없[다]"고 한 바가 있고,[56] 형법 제310조와 관련해서는 "행위자가 그 사실을 진실한 것으로 믿었고 또 그렇게 믿을 만한 상당한 이유가 있다면 위법성이 조각된다"는 입장을 취하고 있다.[57] 이 사안에서도 대법원은 "피해자가 칼을 소지하고 있는 것으로 믿었고 또 그렇게 믿은 데에 정당한 이유가 있었다고 할 것이므로, (중략) 피고인

55) 이 점에 대한 지적으로는 김성돈, 앞의 책, 433면.

56) 대법원 1968. 5. 7. 선고 68도370 판결.

57) 대법원 1993. 6. 22. 선고 92도3160 판결; 1994. 8. 26. 선고 94도237 판결. 이 판결에 대해서는 오경식, "출판물에 의한 명예훼손", 형사판례연구 6호(1998), 186면 이하; 김재봉, "형법 제310조와 의무합치적 심사", 형사판례연구 8호(2000), 202면 이하 참조.

의 권총 사용이 경찰관직무집행법 제10조의4 제1항의 허용범위를 벗어난 위법한 행위라[고] 단정할 수 없다"고 하고 있다. 이러한 태도는 객관적으로 판단되어야 할 위법성의 문제를 주관적으로 판단함으로써 결국 정당방위와 과잉방위 및 오상방위의 구분을 혼란케 하는 결과를 초래하였다는 점은 앞에서 지적하였다. 다만 굳이 엄격책임설과 제한적 책임설 중 하나를 택한다면 착오가 있음을 이유로 고의가 조각된다고 하지 않고 상당한 이유 또는 정당한 이유가 있는 경우에는 처벌을 부정하고 있다는 점에서 엄격책임설의 입장에 가깝다고 본다.58)

그러면 이 사안에서 과연 법원은 피고인의 총기사용을 오상방위로 보는가 또는 과잉방위로 보는가? 법원은 이 사안을 오상방위와 과잉방위의 성질을 동시에 가지고 있는 것으로 파악하고 있다고 판단된다. 우선 원심판결의 내용 중에는 오상방위라는 용어가 나오고 공소제기에서부터 재판단계에 이르기까지 피고인의 죄책과 관련하여 업무상 과실치사죄의 성립여부를 문제삼고 있다는 점에서, 법원이 이 사안을 오상방위로 파악하고 있다고 보여진다. 다만 앞에서 지적한 바와 같이 판례가 위법성조각사유의 전제사실에 관하여 제한 책임설의 입장을 취하고 있다고 보기는 힘들다. 다만 이 사안에서 법원과 검찰이 피고인의 죄책과 관련하여 업무상과실치사죄의 죄책을 문제삼은 것은 피고인에게 상해치사죄의 죄책을 묻는 것은 지나치게 가혹하고 또한 피고인이 '의도적으로'라기보다는 '실수로' 피해자에게 총기를 발사했다는 보는 것이 타당하다는 사회통념 내지는 일반인의 법감정이 반영된 결과로 보이고, 이것은 제한 책임설의 논거와 사실상 일치한다. 그리고 다른 한편으로 원심판결은 "피해자가 B와 몸싸움을 하다가 B를 바닥에 넘어뜨리고 출입문 쪽으로 달려 나오며 동료경찰관과 피고인을 밀어 넘어뜨리고 넘어진 동료경찰관의 몸 위에 올라탄 사실을 인정할 수가 있어, 정당방위 요건 중 동료경찰관에 대한 현재의 부당한 침해에는 일응 해당된다

58) 신동운, 앞의 책, 413면은 대법원 1968. 5. 7. 선고 68도370 판결을 근거로 대법원은 엄격책임설을 취하고 있다고 본다.

고 보인다"고 하여 정당방위 상황의 존재를 인정하고 있고, 나아가서 피고인의 행위가 사회통념상 총기 사용의 허용범위를 벗어난 것으로서 상당성을 결하였는가의 여부를 문제삼고 있는 점에서 법원은 이 사안을 과잉방위의 문제로 파악하고 있음을 알 수 있다.

일반적으로 오상방위와 과잉방위의 성격을 동시에 가지고 있는 사례를 오상과잉방위라고 한다.[59] 그러나 엄밀히 말하면 과잉방위, 특히 인식 없는 과잉방위와 오상과잉방위는 엄밀히 구분되지 않으면 안 된다. 앞에서 지적한 바와 같이 우선 과잉방위와 오상방위는 정당방위 상황의 존재여부에 따라서 구분된다. 그리고 과잉방위에는 인식 없는 과잉방위도 포함되므로, 행위자가 정당방위 상황을 과대평가함으로써 필요 이상의 방위행위로 나아간 경우도 과잉방위에 포함된다. 이에 반하여 오상과잉방위는 정당방위 상황이 존재하지 않음에도 불구하고 존재한다고 오인하고 나아가서 정당방위 상황이 존재한다고 가정하더라도 필요한 이상의 방위행위를 하는 경우를 말한다.

따라서 인식 없는 과잉방위와 오상과잉방위는 오상방위와 과잉방위의 성질을 동시에 가지고 있다는 점을 제외하고는, 기본전제에서 차이가 있으므로 본질적으로 동일하게 취급할 수 없다. 즉, 인식 없는 과잉방위는 과잉방위에 속하고 오상과잉방위는 오상방위에 속한다. 그리고 양자는 단지 개념상의 차이가 있는 데 그치지 않고 형법 제21조 제3항의 적용여부와 관련하여 실질적인 차이가 있다.

3. 제21조 제3항의 적용여부

제21조 제2항은 원칙적으로 과잉방위에 대해서 임의적 형감면이라는 법적 효과를 부여하고 있다. 그러나 과잉방위가 야간 기타 불안스러운 상태 하에서 공포, 경악, 흥분 또는 당황으로 인한 때에는 처벌되지 않는다. 이러한 이유에서 제21조 제2항의 과잉방위를 형벌감면적

---

59) 허일태, 앞의 논문, 588면은 이 사안을 과잉방위와 오상방위의 성질을 함께 가진 오상과잉방위의 사례로 보고 있다.

과잉방위라고 하고 제21조 제3항의 과잉방위를 불가벌적 과잉방위라고 하기도 한다.[60] 형벌감면적 과잉방위의 법적 성질에 대해서는 앞에서 서술한 바와 같이 학설이 대립하고 있으나, 제21조 제3항의 과잉방위가 불가벌인 이유에 대해서는 책임이 소멸되기 때문이라는 데 견해가 일치되어 있다.[61] 다만 이 규정을 과잉방위에 대해서만 적용할 것인가 또는 오상방위에도 적용할 것인가에 대해서는 논란이 있다.

만일 오상과잉방위에 대해서 제한책임설에 따라 오상방위의 법적 효과로서 고의를 조각하고 다시 과잉방위규정(제21조 제2항, 제3항)을 적용한다면 행위자는 이중으로 혜택을 받는 셈이 된다. 앞에서 필자는 오상방위와 과잉방위를 엄격히 구분할 것을 주장했는데, 오상방위와 과잉방위를 구별해야 할 필요성은 오상방위에 대하여 다시 과잉방위 규정을 적용할 수 있는가의 문제와도 밀접하게 관련되어 있다.

앞에서 설명한 바와 같이 오상방위와 과잉방위는 정당방위 상황의 존재여부 그리고 여기에서 비롯되는 불법과 책임의 양과 정도에서 현저한 차이가 있다. 과잉방위에 대하여 임의적 형감면(제21조 제2항) 그리고 불처벌(같은 조 제3항)의 법적 효과를 부여하는 것은 바로 행위자가 처한 특수한 상황에서 비롯된다. 특히 형벌감면적 과잉방위의 법적 효과는 불가벌적 과잉방위의 법적 효과에 비하여 훨씬 관대할 뿐만 아니라, 앞의 것은 판단은 법관의 재량에 맡겨져 있는 반면에 뒤의 것은 판단은 의무적이라는 점에서도 뚜렷이 구분된다. 입법사적으로 볼 때도 제21조 제3항은 원래 정부안에는 규정되어 있지 않던 것을 국회 심의 과정에서 적법행위를 기대할 수 없는 상황에서 과잉방위의 엄격성을 완화하여 국민의 자위권을 보장하기 위해 의욕적으로 도입한 조항이다.[62]

---

60) 원형식, 앞의 논문, 44면; 김일수, 앞의 책, 121면.

61) 김성돈, 앞의 책, 305면; 배종대, 앞의 책, 360면; 신동운, 앞의 책, 280면; 오영근, 앞의 책, 337면; 이재상, 앞의 책, 234면; 임웅, 앞의 책, 227면. 다만 책임만 소멸되는 것이 아니라 불법도 함께 소멸된다고 보는 견해(정성근/박광민, 앞의 책, 234면)에 따르면 피해자는 가해자를 상대로 손해배상을 요구하거나 피해자가 반격을 가할 수 없다는 문제가 발생한다는 문제가 발생한다.

62) 입법취지에 대해서는 신동운 편, 형법제정자료집, 형사정책연구원, 1990, 208-212

오상과잉방위는 '과잉방위'의 성격을 가지고 있다는 점에서 과잉방위에 관한 규정을 적용해야 한다고 볼 여지가 있으나, 오상과잉방위에는 과잉방위에 대해서 부여되는 법적 효과를 인정해야 할 상황이 기본적으로 존재하지 않는다. 즉, 오상과잉방위에 있어서는 임의적 형감면(제21조 제 2 항)의 전제가 되는 정당방위 상황이 존재하지 않으며 또한 불가벌의 전제가 되는 적법행위에 대한 기대불가능성 또는 자위권의 보장 필요성이라는 기본적인 전제가 갖추어져 있지 않다. 만약 단순히 오상과잉방위가 과잉방위로서의 특징을 함께 가지고 있다는 이유로 오상방위의 법적 효과에 이어서 다시 과잉방위의 법적 효과까지 부여한다면, 정당방위 상황과 방위행위의 상당성에 대한 이중의 착오를 일으켜 더욱 비난해야 할 행위자에게 오히려 이중의 혜택을 부여하고, 오상과잉방위의 피해자를 그야말로 무책임한 폭력의 희생자로 전락시키는 결과가 되고 만다.

물론 오상과잉방위 행위자에게 정당방위 상황을 오인하고 나아가 과잉행위로 나아갈 수밖에 없는 불가피한 사정이 있는 경우도 있을 것이다. 그러나 이러한 경우에는 피고인에게 관대한 법적 효과를 인정하는 과잉방위 규정(제21조 제 2 항, 제 3 항)을 적용할 것이 아니라, 일반적인 범죄에서와 마찬가지로 착오의 회피가능성 또는 적법행위에 대한 기대가능성의 유무를 따져 정당한 이유가 있는 경우에 한해서만 책임조각을 인정해야 할 것이다. 결론적으로 오상과잉방위는 과잉방위의 법적 효과를 부여해야 할 전제가 결여되어 있기 때문에 단순히 오상방위로 취급해야 하고 다시 과잉방위 규정을 적용하는 것을 옳지 못하다고 하겠다.[63]

그러면 이 사안에서 피고인에게 제21조 제 3 항을 적용할 수 있을지에 대해서 검토해 보자. 앞에서 지적한 바와 같이 이 사안에서 피고인의 총기사용은 오상방위가 아니라 과잉방위에 해당하므로 제21조 제

면 참조.

63) 박상기, 앞의 책, 191면; 배종대, 앞의 책, 367면; 오영근, 앞의 책, 461면; 이재상, 앞의 책, 236면; 정성근/박광민, 앞의 책, 237면.

3항이 적용될 여지가 있다. 원심판결은 이 사안을 오상방위라고 전제한 뒤 제21조 제3항의 적용을 부인하기는 하였다. 그러나 이 사안에서 피고인의 행위는 과잉방위에 해당하므로 피고인에 대한 책임유무는 제21조 제3항을 적용하여 판단하여야 한다. 다만 책임의 유무에 대한 판단은 적법행위에 대한 기대가능성에 대한 판단이기 때문에, 피고인의 총기사용이 야간 등 기타 불안스러운 상태 하에서 공포, 경악, 흥분 또는 당황으로 인한 것이었는지의 여부를 판단하는 것은 실질적으로 피고인이 당시의 상황을 오인한 것이 불가피하였는지의 여부를 판단하는 것과 일치한다. 이런 점에서 논리적인 문제점을 제외한다면 대법원이 '오인에 정당성이 있는 경우'에는 '피고인에게 죄책을 물을 수 없다'는 보는 태도 자체가 반드시 부당하다고 볼 수만은 없을 것이다.

책임의 유무와 관련하여 "피해자가 동료경찰관을 넘어뜨린 상태에서 위에서 누르면서 동료경찰관의 권총을 잡으려고 하고 있어서 피해자에게 달려들어 동료경찰관이 일어날 수 있도록 도와줄 수도 없는 위협적이고 급박한 상황이었기 때문에 권총을 발사할 수밖에 없었으며 또한 동료경찰관의 대퇴부 이하를 조준하여 총을 발사하기도 이려웠다"는 피고인의 주장을, 원심은 피해자가 동료경찰관의 총기를 꺼내려 하지도 않았을 뿐만 아니라 피해자가 동료경찰관의 총기를 꺼내려 하고 있다고 오인하였음을 인정할 수 없는 이유로 배척하였고, 대법원도 이 점에 대해서는 다른 판단을 하지 않았다. 그런데 대법원은 피고인이 S파출소 근무자로부터 '피해자가 술집에서 맥주병을 깨 다른 사람의 목을 찌르고 현재 자기 집으로 도주하여 칼로 아들을 위협하고 있다'는 상황을 고지받고 현장에 도착하였다는 등의 사정을 이유로 피해자가 칼을 소지하고 있는 것으로 믿었고 또 그렇게 믿은 데에 정당한 이유가 있다고 판시하였다.

원심에서의 피고인의 주장처럼 피고인이 피해자가 동료경찰관의 총기를 꺼내려 하였다고 오인하였다면 당시 상황의 급박성에 비추어 볼 때 그러한 오인에 정당한 이유가 있음을 인정할 여지가 있을 것이다. 그러나 피고인이 단순히 피해자가 칼을 소지하고 있는 것으로 믿었다면 정당한 이유가 있음을 인정하기 어렵다고 본다.[64] 왜냐하면 총은 꺼내는 즉시 발사하여 동료경찰관이나 피고인의 생명·신체에 중대한 위해를 가할 수 있으므로 이미 경고사격의 효과가 없는 상황에서 피고인은 총기를 사용하여 위해를 가하는 방법으로 대처해야 하겠지만, 칼은 그 위험성의 정도에서 총과 현저한 차이가 있으므로 경찰관직무집행법 제10조의4 제1항 제3호가 규정하고 있듯이 피해자가 칼을 손에 쥐고 피고인과 동료경찰관을 위협하거나 칼을 버리라는 명령을 듣고도 계속 항거하는 상황이 아닌 이상, 단순히 피해자가 칼을 소지하고 있다는 이유만으로 피해자를 향하여 권총을 발사하는 것은 허용되지 않기 때문이다. 따라서 특별한 사정이 없는 한 설사 피고인이 피해자가 칼을 소지했다고 믿었고 또 그렇게 믿었다고 하더라도 그것만으로는 총기사용이 적법하다고 본 대법원의 결정은 경찰관직무집행법 제10조의4 제1항 제3호를 제대로 고려하지 않은 성급한 결정이라고 하지 않을 수 없다.

일부 견해는 유사한 사례에서(1999년 상주시 경관 사망사건, 2001년 경주시 경관사망사건)에서 몸싸움을 하던 경찰관이 총기를 탈취당하여 사망한 사실이 공지되어 있었고, 이러한 상황에서 총기사용이 자제되어야 한다는 문헌이나 판결도 없었으며, 경찰교육과정에서도 이러한 내용이 없었다는 점을 이유로 착오의 정당성을 주장하기도 한다.[65] 그러나 경찰관 총기사용의 요건과 한계에 대한 연구결과나 판결은 오래 전부

64) 허일태, 앞의 논문, 591면은 씨름선수였을 정도로 건장할 뿐만 아니라 칼까지 소지한 것으로 파악된 피해자가 피고인과 동료 경찰관을 밀어서 일거에 넘어지게 하고 동료경찰관의 몸 위에 올라탄 채 폭행을 계속하자 피고인이 공포탄 1발을 발사하여 경고를 하였음에도 불구하고 그 폭행을 멈추지 않고 계속하였고, 또한 그가 언제 칼을 꺼내 동료경찰관을 찌를지 알 수 없는 급박한 상황에서 동료경찰관을 구출하기 위하여 피해자를 향하여 권총을 발사하였다고 전제하고 제21조 제3항을 적용할 수 있다고 주장한다. 그러나 이 사안에서는 피해자가 칼을 소지한 것으로 파악되지 않았기 때문에 언제 칼을 꺼내 동료경찰관을 찌를지 알 수 없는 급박한 상황으로 단정하기는 어렵다.

65) 김형훈, 앞의 논문, 41면(상주시 경관사망사건(1999년)과 경주시 경관사망사건(2001년)의 내용은 31면의 각주 43·44 참조).

터 집적되어 왔고, 경찰교육과정에 총기관련 내용이 없다는 것은 현실적이지 못하며,[66] 유사한 사례에서 경찰관이 사망하는 사실은 피고인의 심리에 상당한 영향을 미쳤을 것으로 생각되나 피해자가 총기를 탈취하려고 하지도 않았고 또한 칼을 소지하고 있다는 신고만 받았을 뿐 그 사실이 확인되지도 않은 상황에서, 피해자가 단지 칼을 소지하고 있고 그것을 사용할 우려가 있다는 이유만으로 곧바로 피해자를 향해 권총을 발사하는 행위는 정당성을 인정하기는 어렵다.

Ⅳ. 사안의 해결

이상에서 정당방위 상황에서 경찰관이 정당방위 상황을 오인하여 불필요한 총기사용으로 인해 피해자에게 위해를 가한 경우 경찰관의 총기사용이 과연 적법한지 그리고 그 행위에 대한 책임이 인정되는지의 여부에 대해서 살펴보았다. 이 사안에 대한 원심법원과 대법원의 판결을 비교해 보면 논리적으로는 물론 형사정책적으로 원심법원의 판단이 훨씬 더 타당하다고 판단된다. 그 이유는 다음과 같다.

첫째, 원심법원은 경찰관의 총기사용의 적법성을 판단함에 있어서 기존의 판결들에서 제시된 기준을 비교적 충실히 적용하고 있는 데 반해, 대법원은 오인의 정당성이라는 기준을 적용하여 총기사용의 적법성을 판단하고 있다. 그러나 방위행위의 상당성은 행위자의 주관이 아니라 객관적으로 판단되어야 하고, 총기사용의 적법성 또한 객관적으로 판단되어야 한다. 그리고 총기사용의 요건과 한계에 관한 경찰관직무집행법 제10조의4에 의하면 총기사용의 적법성이 인정되기 위해서는 총기사용의 요건을 갖추고 나아가서 총기사용의 한계를 벗어나서는 안 되는데, 원심법원이 잘 지적하고 있는 것과 같이 이 사안에서는 피고인이 피해자를 향하여 권총을 발사하지 않으면 안 될 불가피한 상황이

66) 무기사용에 관한 규정의 명확화, 무기사용 교육·훈련의 개발과 총기 이외의 범죄장비진압의 도입을 통해 총기를 사용한 과잉진압사례를 축소해 나가야 하겠지만(김연태, 앞의 글, 73면 이하), 교육과 장비의 부실을 이유로 과잉진압 자체를 정당시하기는 힘들다.

존재하지 않기 때문에 피고인의 총기사용은 적법하다고 볼 수 없다.

둘째, 대법원은 행위자에게 피해자가 칼을 소지하고 있다고 오인한 데에 정당한 이유가 있다는 이유로 총기사용의 적법성을 인정하고 있으나, 논리적으로 정당방위 상황 또는 방위행위의 상당성에 착오가 있는 경우는 과잉방위 및 오상방위에 해당하므로 설사 오인의 정당성이 인정되더라도 책임감경 내지는 책임조각사유는 될 수 있을지언정 정당화사유는 될 수 없다. 즉, 대법원이 말하는 오인의 정당성은 총기사용이 위법함을 전제로 하여 위법한 총기사용에 대한 책임과 관련된 과잉방위 또는 오상방위의 문제에 관한 것으로 오인에 정당성이 있다고 하여 총기사용이 적법화되는 것은 아니다. 이러한 점에서 대법원은 과잉방위 또는 오상방위의 문제를 정당방위의 문제로 전환시키는 오류를 범하고 있다고 판단된다.[67)]

셋째, 대법원은 행위자에게 피해자가 칼을 소지하고 있다고 오인한 데에 정당한 이유가 있다고 판단하고 있으나, "범인 또는 소요행위자가 무기·흉기 등 위험한 물건을 소지하고 경찰관으로부터 3회 이상의 투기명령 또는 투항명령을 받고도 이에 불응하면서 계속 항거하여 이를 방지 또는 체포하기 위하여 무기를 사용하지 아니하고는 다른 수단이 없다고 인정되는 상당한 이유가 있을 때"에 한하여 총기사용을 허용하고 있는 경찰관직무집행법 제10조의4 제1항 제3호에 비추어 볼 때 피해자가 칼을 소지하고 있다고 오인한 것만으로는 정당한 이유가 있다고 보기 어렵다.

이런 점에서 이 사안에 대하여 정당방위의 성립을 부정하고 오상방위라고 본 원심판결의 결정이 보다 더 타당하다. 다만 원심법원은 이 사안이 과연 오상방위에 해당하는지에 대한 면밀한 검토 없이 단지 정당방위 상황에 대한 오인이 있다는 점에 착안하여, 이 사안을 오상방위라고 전제하고 형법 제21조 제3항의 적용을 부인한 것은 논리적으로 문제가 있다고 본다. 오상방위와 과잉방위는 정당방위 상황이 존재하는

67) 같은 지적으로는 허일태, 앞의 글, 578면.

가의 여부에 따라서 개념상으로 구분될 뿐만 아니라 설사 동일한 결과를 발생시켰더라도 행위의 불법과 책임에 있어서 현저한 차이가 있으므로 그 법적 효과에 있어서도 차이를 두는 것이 바람직하다.

정당방위 상황이 존재하지 않는 오상방위에서는 방위행위의 과잉성이 인정되더라도 피해자에 대한 관계에서나 정당방위 상황이 존재하는 과잉방위에 대한 관계에서 다시 과잉방위 규정(제21조 제2항, 제3항)을 적용하지 않는 것이 타당하다. 그러나 이 사안에서는 원심법원이 지적한 바와 같이 정당방위 상황이 존재하므로 피고인의 행위는 오상방위가 아니라 과잉방위의 문제로 다루어야 한다. 그리고 정당방위 상황에 대한 과대평가로 허용되는 범위를 초과하는 방위행위를 하는 인식 없는 과잉방위도 마땅히 과잉방위에 포함에 되므로 형법 제21조 제2항과 제3항을 적용하여 형을 감면하거나 또는 처벌하지 않을 수 있다. 다만 이 사안에서는 피해자가 동료경찰관의 권총을 뺏으려고 하지도 않았고, 피고인은 피해자가 칼을 소지하였다고 오인을 하였으나 그 오인에 정당성을 인정하기 어려우므로 제21조 제2항에 의하여 형감면의 법적 효과만을 부여하는 것이 타당하다고 본다.

오상방위의 법적 효과에 대해서 제한책임설을 취하고 나아가서 과실에 의한 과잉방위도 정당방위 상황에 대한 오인이 있는 경우이므로 오상방위에 준하여 취급해야 한다고 주장하는 입장에서는 이와 같은 결론이 피고인에게 지나치게 가혹하다는 비판을 제기할 수 있다. 그러나 오상방위 또는 과잉방위의 법적 효과를 판단함에 있어서는 피해자의 법익보호라는 관점을 고려하지 않을 수 없고, 형법의 보장적 기능(피고인의 인권보장)을 위해 보호적 기능(피해자의 법익보호)을 희생시키는 것은 바람직하지 않으므로, 오상방위에 대해서는 오히려 엄격책임설을 취하는 것이 적절하다.

대법원은 피고인을 지나치게 가혹하게 처벌함으로써 발생할 수 있는 여러 가지 문제점(예컨대 경찰관의 사기저하, 소극적 대처로 인한 도주나 제3자에 대한 피해확대, 총기탈취로 인한 경찰관사상 등)을 우려하여 피고인에게는 형사책임을 묻지 않는 대신 민사책임을 묻는 것으로 족하다는 다분히 정책적 판단을 하고 있다. 그러나 경찰관의 총기남용에 대한 미온적 대처로 피해자가 사망하는 사건이 적지 않게 발생하고 있는 현실을 고려해 볼 때, 이러한 정책적 판단은 국가권력의 남용으로부터 국민의 기본권보장이라는 헌법정신에도 부합하지 않는다. 오히려 총기사용에 대한 경찰관직무집행법 제10조의4를 엄격히 해석·적용하여 총기를 사용할 수 있는 경우와 총기를 사용하여 사람에게 위해를 가할 수 있는 경우를 유형화함으로써 경찰관에게 대하여 예측가능성을 부여하는 방향으로 나아가는 것이 타당하다.

다른 한편으로 총기사용 상황이나 총기사용의 적정성의 판단에 있어서의 어려움을 고려하여 이에 대한 오인이 있는 경우에는 과잉방위에 관한 형법 제21조 제2항 및 제3항을 적극적으로 적용하는 것이 필요하다. 그동안 우리나라의 판례를 살펴보면 법원은 과잉방위를 인정하는 데 인색하였고, 더욱이 정당방위가 제한되는 사례에서는 단순히 제한에 그치지 아니하고 부인하는 경우까지 적지 않았다.[68] 이처럼 과잉방위에 대한 소극적인 태도는 결국 이 사안과 같이 피고인을 처벌하기 곤란한 경우에서 다시 방위행위의 상당성을 인정하는 논리적인 모순을 초래하였다. 대법원이 오상방위 등 위법성조각사유의 전제사실에 착오의 사례에서 '오인에 정당한 이유가 있는 경우'에는 위법성이 조각

68) 그 예로 피해자가 술에 만취하여 누나와 말다툼을 하다가 누나의 머리채를 잡고 때리자 남편인 피고인이 이를 목격하고 화가 나서 피해자와 싸우는 과정에서 자신보다 훨씬 몸무게가 많은 피해자가 자신을 침대 위에 넘어뜨리고 가슴 위에 올라타 목부분을 누르자 호흡이 곤란하게 된 피고인이 안간힘을 쓰면서 허둥대다가 그곳 침대 위에 놓여 있던 과도로 피해자를 찔러 상해를 가한 사안에서 원심은 피고인의 행위가 과잉방위에 해당한다고 판단하였으나, 대법원은 피고인의 행위는 피해자의 부당한 공격을 방위하기 위한 것이라기보다는 서로 공격할 의사로 싸우다가 먼저 공격을 받고 이에 대항하여 가해하게 된 것이라고 봄이 상당하다는 이유로 정당방위 또는 과잉방위로 볼 수 없다고 판시한 바 있다(대법원 2000. 3. 28. 선고 2000도228 판결). 이 외에도 대법원은 정당방위가 제한되는 사례에서 사회통념을 이유로 정당방위는 물론 과잉방위의 성립조차 부인하고 있다(이에 대해서는 김태명, "가정폭력사건에 있어서 정당방위 성립요건의 판단절차와 기준", 형사법연구 25호(2006 여름), 85면 이하 참조).

된다는 독특한 견해를 취하고 있는 것도 이와 무관하지 않다. 그러나 위법성은 법질서 전체의 관점에서 객관적으로 판단되어야 할 문제이고 행위자의 착오 또는 착오의 정당성은 책임의 문제로 파악하는 것이 형법체계에 부합한다. 물론 위법성의 문제이든 책임의 문제이든 행위자의 불처벌이라는 점에서 차이가 없다는 반론이 제기될 수 있다. 그러나 국가 또는 경찰관을 상대로 한 손해배상책임의 문제 그리고 오상방위 또는 과잉방위의 피해자가 다시 행위자에게 반격을 가할 수 있는지 또는 제3자가 피해자를 도와 행위자를 공격할 수 있는지의 문제까지 고려한다면 형법체계를 무시하는 판단방법은 수용하기 곤란하다. 그리고 행위자의 착오를 책임의 문제로 다룬다고 하여 반드시 부당한 결론에 이르는 것은 아니다. 독일이나 일본과는 달리 우리나라 형법은 과잉방위의 법적 효과로서 형감면과 불처벌의 두 가지를 모두 규정하고 있는데, 이 규정을 적극적으로 적용해 나간다면 위법성과 책임판단의 혼란을 제거하고 피고인의 불법과 책임에 적합하면서도 형사정책적으로 바람직한 법적 효과를 부여할 수 있을 것으로 본다.

[주 제 어]
정당방위, 과잉방위, 오상방위, 오상과잉방위, 총기사용

[Key words]
Notwehr, Notwehrexzess, Putativnotwehr, Putativnotwehrxezess, Schusswaffengebrauch

[Abstract]

Notwehr und Notwehrexzess beim Schusswaffengebrauch der Polizisten

Kim, Tea-Myeong*

Ob und inwieweit sich Polizisten in Ausübung ihres Amtes auf die Notwehr- und Nothilfevorschrift des §21 berufen dürfen, ist sehr umstritten. Der Grund dafür liegt in der Unklarheit der öffentlich-rechtlichen Vorschriften. So gestatten Gesetz über die Amtsausübung der Polizisten einen Schusswaffengebrauch zur Abwehr von Verbrechen und von gewaffenen Vergehen. Anderseits haben es Notrechtsvorbehalte, die auf strafrechtliche Rechtsfertigungsgründe verweisen. Ihnen zufolge sollen z.B. die Vorschriften über Notwehr und Notstand unberührt bleiben. Wenn das richtig ist, kann sich die Polizei wie jeder Bürger bei Ausübung von Notwehr und Notstand auf § 21 berufen. Aber dann fragt sich, welchen Sinn die den Schusswaffengebrauch einschränkenden Regeln des Gesetz über die Amtsausübung der Polizisten überhaupt haben soll.

Der Widerspruch hat sich jetzt nicht befriedigend auflösen lassen. Nach der im Strafrecht überwiegenden Meinug darf der Polizist sich schlichthin in Ergänzung der polizeigesetzlichen Regelungen bei der Ausübung von Notwehr und Notstand auf § 21 berufen. Aber die Bedeutung der polizeigesetzlichen Spezialregelungen ist dann nicht in einer Einschränkung der durch § 21 gegebenen Nothilfebefugnis, sondern darin zu sehen, dass sie das für den Normalfall bei der Notwehr Angemessene im Form einer

* Professor, College of Law, Dongguk University, Ph.D. in Law.

handlichen, konkretisierten Anweisung zusammenfassen. Wenn etwa der Schusswaffengebrauch bei der Abwehr von Verbrechen untersagt ist, bei denen der Täter selbst nicht mit Schusswaffen versehen ist, dann ist das so zu verstehen, dass ein geschulter Polizist im Regelfall mit einen solchen Vorgang ohne den Einsatz von Schusswaffen sollte fertigt werden können; dann ist ein Schuss auch nicht i.S.d. §21 angemessen. Wenn z. B. ein Dieb mit der Beute flieht, hat ein Polizist im Vergleich mit einem Privatmann so viel größere Ergreifenmöglichkeiten, dass ein Schuss meist nicht erforderlich sein wird. Dazu kommt, dass ein Einschränkungen, die bei unerheblicher Angrifen schwere Verletzugen als nicht angemessen erscheinen lassen, natürlich auch bei Polizisten gelten und sich namentlich bei der Abwehr unbewaftneter Vergehenstäter auswirken. Ähnlich vorhält es sich mit den so viel diskurierten Spezialregenlung über den gezielten Todesschuss. Nach den Rechtssprechungen nur abgegen werden darf, sofern er das einzige Mittel zur Abwehr einer gegenwärtigen Lebensgefahr oder der gegenwärtigen Gefahr einer schwerwiegeden Verletzung der körperlichen Unversehrtheit ist.

Überschreitet der Polizist die Grenzen der Notwehr, so kann das Gericht von Strafe absehen oder die Strafe nach senem Ermessen mildern(§21 Abs. 2). Und er überschreitet die Grenzen der Notwehr aus Werwirrung, Furcht oder Schrecken, so wird er nicht bestrafen(§21 Abs. 3). §21 Abs. 2 und 3 erfassen die Situationen, in denen die Wahrnehmungen des Täters aufgrund der Affekte eingeschränkt sind, so dass es zu Fehlschätzung der Lage kommt oder der Täter sich überhaupt keine Gedanken macht und deshalb so handelt, weil es ihm gerade einfällt.

Unbewusster Notwehrexzess unterscheidet sich von der Putativnotwehr. Nimmt der Täter irrig das Vorliegen einer Notwehrsituation an, also einen gegenwärtigen rechtswidrigen Angriff, der weder bevorsteht noch bestaden hat, handelt es sich um eine so gennante Putativnotwehr. Der Irrtum über die tatsächlichen Voraussetzungen der Notwehr wird als Putativnotwehr bezeichnet. Nach der eingeschränkten Schuldtheorie, die von namhaften Stimmen im Schriftum vertreten wird, wird die Putativnotwehr zwar nicht als Tatbestandirrtum angesehen, wohl aber § 13 unmittelbar oder entsprechen angewendet wird, weil die Strukturähnlichkeit mit dem eigentlichen Tatbestandirrtum als ausschlaggebend ercheint.

Aber die Fahrlässichkeitsdilikte des geltenden Rechtes in erster Linie auf die Tatbestandsfahrlässichkeit und nicht auf die vermeidbar irrige Annahme rechtsfertigender Sachverhalte zugeschnitten sind. Und wer die Voraussetzungen eines Rechtsfertigungsgrundes annehme, wisse immerhin, dass er einen Tatbestand erfülle und damit etwas an sich Verbotenes tue. Diese Appelfunktion des Tatbestandsvorsatzes müsse ihn besonderes sorgfältiger Prüfung des Sachverhaltes veranlassen; versäume er diese, so sei das Unrecht seines Verhaltens schwer als das gewöhnlichen Tatbestandsirrtums. So die irrge Annahme rechtsfertigender Umstände soll als einen unmittelbar unter §16 zu submierenden Verbotsirrtum. Der Irrtum schliesst also nicht den Vorsatz, sondern im Falle seiner Unvermedbarkeit die Schuld aus; ist der Irrtum vermedbar, so kann die Vorsatzstrafe gemildert werden.

승계적 종범의 성립범위

이 용 식*

[대상판결] 대법원 1982. 11. 23. 선고 82도2024 판결

[사실관계]

A는 1980. 11. 13. 17:30경 중학생인 B를 자신의 아파트에 유인하여 양 손목과 발목을 노끈으로 묶고 입에는 반창고를 두 겹으로 붙인 다음, 양 손목을 묶은 노끈은 창틀에 박힌 시멘트못에, 양 발목을 묶은 노끈은 방문손잡이에 각각 잡아매고 얼굴에는 모포를 씌워 포박 감금한 후, B의 부모에게 전화를 걸어 "돈 400만원을 준비하라. 경찰에 신고하면 죽이겠다"라고 협박하였다. 감금이 계속되는 가운데 이틀 후인 15일 07:30경 A가 그 아파트에 들어갔을 때에는 이미 피해자가 탈진상태에 있어 드링크제를 먹여보려 해도 입에서 흘려버릴 뿐 마시지 못하기에 얼굴에 모포를 다시 덮어 씌워놓고 그대로 아파트에서 나와 버렸는데, 그 때 A는 B를 그대로 두면 죽을 것 같은 생각이 들어 병원에 옮기고 자수할 것인가, 그대로 두어 B가 죽으면 시체를 처리하고 범행을 계속할 것인가 아니면 스스로 자살할 것인가 등 두루 고민하다가, 결국 병원에 옮기고 자수할 용기가 생기지 않아 그대로 나와 학교에 갔다가 같은 날 14:00경에 돌아와 보니 이미 B는 죽어 있었다. 사정이 이렇게 되자 A는 자기를 따르는 여고생 C에게 그와 같은 사실을 말하고 B의 부모로부터 금품을 갈취하는데 도와달라고 부탁하자 C는 이를 승낙하고 B의 부모에게 수십 차례 협박전화와 협박편지를 하였다.

[소송의 경과]

원심판결은 A에게는 특정범죄가중처벌등에관한법률 제5조의2 제2항 제2호 위반죄를, C에게는 특정범죄가중처벌등에관한법률 제5조

* 서울대학교 법과대학 교수, 법학박사.

의2 제 2 항 제 1 호의 종범을 인정하였다. 이에 피고인측은 채증법칙위반, 심리미진으로 인한 사실오인이나 이유불비의 위법이 있고, 종범에 관한 법리오해나 법령적용을 그르친 위법이 있으며, 징역 단기 3년, 장기 5년의 선고형은 과중하다는 사유로 상고하였다. 그러나 대법원은 상고논지는 모두 이유 없다고 하여 피고인들의 상고를 모두 기각하고 원심판결을 확정하였다.

[대법원판결의 요지]

특정범죄가중처벌등에 관한 법률 제 5 조의2 제 2 항 제 1 호 소정의 죄는 형법 제287조의 미성년자 약취·유인행위와 약취 또는 유인한 미성년자의 부모 기타 그 미성년자의 안전을 염려하는 자의 우려를 이용하여 재물이나 재산상의 이익을 취득하거나 이를 요구하는 행위가 결합된 단순일죄의 범죄라고 봄이 상당하므로 비록 타인이 미성년자를 약취·유인한 행위에는 가담한 바 없다 하더라도 사후에 그 사실을 알면서 약취·유인한 미성년자를 부모 기타 그 미성년자의 안전을 염려하는 자의 우려를 이용하여 재물이나 재산상의 이익을 취득하거나 요구하는 타인의 행위에 가담하여 이를 방조한 때에는 단순히 재물 등 요구행위의 종범이 되는데 그치는 것이 아니라 결합범인 위 특정범죄가중처벌등에 관한 법률 제 5 조의2 제 2 항 제 1 호 위반죄의 종범에 해당한다.

〔연 구〕

Ⅰ. 문제제기

하나의 범행에 여러 사람이 참가하는 경우 그들의 기여행위가 시간적인 경과의 순서를 가지고 이루어지는 경우가 종종 있다. 여기에서 특히 선행행위자가 특정한 범죄의 실행에 착수하여 그 전부를 종료하지 아니한 때에 후행행위자가 그 사정을 알면서 범행에 개입하여 행위를 하는 경우가 문제된다. 이때 후행행위자가 행한 행위가 선행행위자의 남은 실행행위를 분담하는 경우가 승계적 공동정범의 문제이고, 실행행위 자체를 행하는 것이 아니라 그 이외의 행위로 선행행위자의 실행행위를 용이하게 하는 경우가 승계적 종범의 문제이다.

이 문제영역에서는 두 가지가 문제되는데, 1) 정범의 범행이 기수에 달한 이후에 이에 가담한 자에게도 방조의 성립을 인정할 것인가 하는 '방조의 성립가능시기'에 관한 문제(넓은 의미의 승계적 종범 문제)[1]와 2) 정범이 구성요건의 일부분을 이미 실현하였는데 그 이후에 비로소 방조가 이루어진 경우, 그 방조자에게 개입 이전까지를 포함한 전체범죄에 대한 종범을 인정할 것인가, 아니면 방조자가 실현에 기여한 구성요건부분에 대해서만 종범의 책임을 지울 것인가 하는 문제(좁은 의미의 승계적 종범 문제)가 그것이다.[2]

하지만 승계적 종범, 특히 후자의 관점에서 이를 다룬 우리 학계의 논의와 연구는 아쉽게도 거의 없다.[3] 이는 공범의 종속성에 근거하여 당연히 전체범죄에 대한 방조를 인정하고 있기 때문으로 보인다. 그리고 전자의 문제와 관련해서도 방조는 정범의 기수 이후 종료 전까지 가능하다고 언급하고 있을 뿐, 어디에서도 그 내용이나 논거를 찾아볼 수 없는 상황이다. 이러한 이론적 현실 속에서 여기서 다루려고 하는 [대상판결]은 승계적 종범에 관한 이론적 논의의 단초를 제공한다는 측면에서 의미가 있다고 생각된다.

따라서 이 글에서는 종범의 성립가능시기와 관련하여 기수 후 승계적 종범의 인정 여부(Ⅱ)와 승계적 종범의 성립범위에 관한 문제(Ⅲ)를 중심으로 우리나라와 독일의 이론적 논의상황을 정리해 보고, 각 견해들이 내세우는 논거들의 타당성을 고찰해 보려 한다. 그리고 이러한

1) 이를 승계적 종범의 문제영역에 포함시키지 않는 경우도 많다. 대표적으로 신동운, 형법총론, 제 2 판, 2006, 636면.

2) 물론 이러한 두 가지 문제영역은 정범과 종범의 시간적 관계, 즉 정범의 실행행위와 종범의 가공행위 사이의 시간적 관계에 대한 문제라는 시각에서 넓게 다루어질 수도 있으리라 생각된다.

3) 이에 대한 최초의 문제제기는 임웅, 형법총론, 개정판, 2002, 460면.

논의를 바탕으로 [대상판결]에 나타난 대법원의 논리를 비판적으로 평가(Ⅳ)해 보고자 한다. 마지막으로 이러한 승계적 종범에 대한 논의를 통해서 우리 형법 제32조 제1항 '타인의 범죄를 방조한 자'의 해석과 관련한 기존의 통념들을 제한적 시각에서 다시금 생각해 볼 수 있는 계기를 마련하고자 한다.

Ⅱ. 종범성립의 시간적 범위

1. 기수 후 승계적 종범의 인정 여부

방조행위는 시간적으로 정범의 행위시에 같이 이루어지는 경우가 대부분이다. 그러나 반드시 그러한 것은 아니다. 심지어는 정범의 범행실행 이전 즉 예비단계에서도 종범의 방조행위가 행해질 수 있다. 물론 이때 종범이 성립하려면 정범이 적어도 실행의 착수에 이르러야 할 것이 요구된다.[4] 방조범은 정범에 종속하여 성립된다는 공범종속성을 근거로 하기 때문이다. 이 점에 관하여는 학설상 견해의 다툼이 없다.[5] 판례도 마찬가지이다.

하지만 방조행위가 어느 시점까지 가능한가 하는 문제에 관하여, 의견의 대립이 있다.

(1) 종료시설 —기수 법익침해의 심화

통설은 정범이 기수에 이르렀다고 하더라도 종료되기 이전이라면 아직 종범의 성립이 가능하다고 한다. 그리하여 절도범이 기수에 이른 후 도주하는데 도품을 맡아주거나 추격을 막는 등 물건을 안전하게 확

4) 만약 이때 정범이 실행의 착수에 이르지 못하였다면 예비죄의 처벌규정이 있는 경우에 예비죄의 종범이 될 수 있는지 논란의 여지가 있다. 예비행위도 다종다양한 모습으로 나타나고 방조행위도 여러 가지 형태로 이루어질 수 있기 때문에, 예비죄의 방조범을 인정하면 가벌성의 범위가 지나치게 확대될 우려가 있다. 또한 교사범의 경우(제31조 제2항, 제3항)와 달리, 효과 없는 방조와 실패한 방조를 처벌하는 규정도 없다. 따라서 예비죄의 종범은 처벌되지 않는다고 할 것이다. 판례도 예비행위의 방조는 방조범이 될 수 없다고 본다(대판 1979.11.27, 79도2201; 1979.5.22, 79도552; 1978.2.28, 77도3406; 1976.5.25, 75도1549).

5) 다만 독일에서 정범이 기수의 결과에까지 이르러야 한다는 견해로는 Osnabrügge, Die Beihilfe und ihr Erfolg, 2002, S.232ff.

보하도록 도와주는 행위는 절도죄의 종범이 된다는 것이다. 정범인 절도가 기수에 이르렀으나 아직 종료되지 않았다는 것을 근거로 한다. 이 견해는 구성요건에 해당하는 법익침해의 결과가 발생함으로써 기수가 되고 방조의 가능성이 끝나는 것이 아니라, 정범의 종료시까지 방조는 가능하다고 하여 발생한 기수결과의 유지 확보시까지 종범이 가능하다는 입장인 것이다. 독일에서도 다수설의 위치를 차지하고 있다.[6] 그런데 범행이 종료되지 않았다는 것이 무엇을 의미하는지 반드시 명확하지는 아니하다. 이와 관련하여 절도범이 훔친 물건을 자신이 소유권자인 것처럼 사용할 수 있는 단계에 이르지 않았기 때문에 절도죄는 아직 종료되지 않았다는 지적이 있다.[7]

(2) 기수시설 —구성요건에 해당하는 법익침해의 발생

원칙적으로 정범의 구성요건에 해당하는 결과의 발생시까지 방조가 가능하다는 입장이다. 정범의 구성요건해당적 행위가 더 이상 불가능하며 구성요건해당적 결과의 발생도 더 이상 불가능한 시점에는 방조가 인정되지 않는다고 하며, 우리나라에서는 극소수설적 견해라고 할 수 있다.[8] 구성요건해당적 행위 및 구성요건해당적 결과발생이 여전히 가능한 시점에서만 방조행위가 가능하다고 보는 점에서 계속범 · 상태범 구별고찰설 혹은 개별적 고찰설이라고도 부를 수 있을 것이다. 독일에서 유력설의 위치를 차지하고 있다.[9]

6) 대표적으로는 Baumann/Weber/Mitsch, AT, 10. Aufl., 1995, § 31 Rn. 25; Blei, AT, 18. Aufl., 1983, § 80 Ⅰ; Bockelmann/Volk, AT, 4. Aufl., 1987, § 25 Ⅲ 2 b; Hau, Die Beendigung der Straftat und ihre rechtlichen Wirkungen, 1974, S. 119ff.; Jescheck/Weigend, AT, 5. Aufl., 1996, § 64 Ⅲ 2 b; Krey, AT Ⅱ, 2001, Rn. 306; Otto, AT, 6. Aufl., 2000, § 22 Rn. 68; S/S-Cramer/Heine, StGB, 26. Aufl., 2001, § 27 Rn. 17; Tröndle/Fischer, StGB, 51. Aufl., 2003, § 27 Rn. 4; Wessels/Beulke, AT, 33. Aufl., 2003, Rn. 583.

7) 신동운, 형법총론, 636면.

8) 박상기, 형법총론, 제5판, 2002, 461면; 김용욱, 형법연습강의, 1999, 654면.

9) 대표적으로는 Roxin, AT II, 2003, § 26 Rn. 259; LK-Roxin, 11. Aufl., 1993, § 27 Rn. 32ff.; Kühl, "Die Beendigung des vollendeten Delikts", FS-Roxin, 2001, S. 679f.; Kühl, AT, 4. Aufl., 2002, § 20 Rn. 233; Kühl, Die Beendigung des vorsätzlichen Begehungsdelikt, 1974, S. 80ff.; Lackner/Kühl, StGB, 24. Aufl., 2001, § 27 Rn. 3; Maurach/Gössel/Zipf, AT II, 7. Aufl., 1989, § 52 Rn. 13, § 50 Rn.

이러한 견해는 구성요건에 해당하는 법익침해의 발생을 넘어서—종료라는 개념을 매개로—방조의 성립가능 범위를 확장하는 것에 반대하는 것이다. 예를 들면 절도나 강도범을 위하여 기수 후에 재물을 안전하게 확보하도록 해 주는 행위는 물론 소유권이라는 법익에 대한 침해를 행하는 것이다. 그러나 그러한 행위는 더 이상 '절도의' 방조로서 평가될 수는 없다. 영득한 재물의 안전확보는 형법에 규정된 절취가 아니다. 소유권이라는 법익에 대한 침해를 심화시키는 것 자체는 형법이 이를 절도죄로 규정하고 있지 아니하다. 즉 재물의 안전확보로 법익침해를 심화시켰다는 것만으로 이를 절도죄 구성요건의 실현으로 보는 것은 죄형법정주의에 반하는 것이다.[10] 방조는 정범의 결과에 대하여 인과관계를 가진다는 것을 전제로 하기 때문에, 방조는 구성요건실현을 위하여 행하여지는 것이고 구성요건에 해당하는 결과야기에 기여하는 행위이어야 한다. 따라서 구성요건에 해당하는 결과의 발생까지만 방조가 가능하다.[11]

(3) 실행행위시설 —구성요건에 해당하는 행위

더 엄격하게 방조행위는 정범의 구성요건해당행위시까지만 가능하다는 견해가 있다.[12] 예컨대 사기죄의 기망행위나 공갈죄의 폭행·협박행위와 같이 결과발생과 분리된 정범의 구성요건행위의 종료시까지(종료미수)만 종범이 성립될 수 있다는 것이다.

정범은 '행위를 통해서' 구성요건의 실현을 지배하는 자인데, '구성요건에 해당하는 행위'를 지배하지 못하면, 결과를 야기하는 인과경과도 지배할 수 없다. 더욱이 종범은 이와 같은 정범의 행위지배를 매개

31; Samson, Strafrecht II, 4. Aufl., 1983, S. 235; Jakobs, AT, 2. Aufl., 1991, 22/41; SK-Hoyer, 7. Aufl., 2000, §27 Rn. 18; Joecks, StGB, 4. Aufl., 2003, §27 Rn. 9; MK-Joecks, 2003, §27 Rn. 17; Kindhäuser, StGB, 2002, §27 Rn. 21, §257 Rn. 23; Geppert, "Die Beihilfe", Jura 1999, 272.

10) 김용욱, 형법연습강의, 655면.

11) Kühl, AT, §20 Rn. 233.

12) Rudolphi, "Die zeitlichen Grenzen der sukzessiven Beihilfe", FS-Jescheck, 1985, S. 576.

로 결과발생에 기여하는 자이다. 따라서 종범의 기여행위와 구성요건적 불법실현 사이에 '정범에 의해 지배된 행위가 없다면' 방조는 성립될 수 없다는 것이다. 결국 결과와 분리된 '정범자의 행위'가 종료된 이후 즉 종료미수 이후에는 더 이상 방조가 가능하지 않게 된다.[13] 하지만 위와 같은 행위와 결과의 분리는 이루어지기 어렵다는 비판이 있다. 침해행위는 결과의 발생으로 비로소 끝이 나는 것이기 때문이다. 결과발생 이전에는 단지 침해시도행위일 뿐인 것이다.[14]

(4) 소 결

공범의 처벌근거에 비추어 보더라도, 정범의 행위종료와 종국적인 구성요건해당 결과발생 사이의 시간에도 방조를 인정하는 것이 타당하다고 생각된다.[15] 그러면 나아가 정범이 기수가 된 이후 종료되기 전까지에도 방조가 가능할 것인가? 이 문제에 대한 대답에 있어서 (i) 우선 계속범의 경우에는 기수 후 종료 전 사이에 종범의 성립이 가능하다는데 다툼이 없다. (ii) '범죄의' 구조 자체가 계속적인 이와 같은 계속범과 구별되는 것으로서, 구성요건이 자연적인 하나의 행위단일체를 이루는 여러 행위들에 의해 계속되는 경우인 계속적 행위범이 있다. 이 경우에도 범죄를 기수 이후에 확장하여 종료시까지 인정함에 문제가 없다.[16]

그렇다면 상태범의 대표적 사례인 절도죄의 경우는 어떠한가? 절도범의 재물의 안전확보행위는 '소유권이라는 법익를 침해하는 행위이므로' 절도죄는 아직 종료되지 않은 것이고 종범의 성립이 긍정될 수 있는지, 아니면 그와 같은 법익침해는 절도죄의 구성요건실현으로 파악할 수 없어 기수 이후에는 절도죄의 종범은 성립이 불가능한 것인지? 즉 이는 결국 종료개념의 본질이 무엇이며 그것이 법률상 어떠한 의미를 갖는가 하는 문제와 관련된다.

---

13) Rudolphi, FS-Jescheck, S. 574f.

14) LK-Roxin, § 27 Rn. 35.

15) Kühl, FS-Roxin, S. 673; Stratenwerth, AT, 4. Aufl., 2000, § 12 Rn. 132.

16) 따라서 이러한 경우에는 종료의 개념을 도입할 필요도 없다는 견해로는 Bilzilekis, "Über die strafrechtliche Bedeutung der Abgrenzung von Vollendung und Beendigung", ZStW 97 (1987), 724, 727.

2. 종료의 개념과 형법적 의미

형법 이론과 판례에서는 범행이 각 범죄의 구성요건요소들을 모두 충족함으로써 기수가 되기는 하지만, 그렇다고 하여 반드시 종료하는 것은 아니라는 것이 인정되어 왔다. 그리하여 범죄의 구성요건적·형식적 기수와 사실적·실질적 종료가 구별되고 있다. 이는 '범죄행위가 기수 후에도 존재한다'는 주장이며, 기수와 종료 사이의 시간단계에는 공범의 성립이 가능하다는 것이다. 하지만 기수 후 순전히 사실적인 범죄사태의 계속적 수행이 있다고 하여 그것이 곧바로 형법적으로 의미를 갖는다고 할 수는 없다.[17] 따라서 종료를 인정하여 범죄의 범위영역을 확장하는 것을 정당화하는 근거가 무엇인가 하는 문제가 제기된다.[18]

종료에서 문제가 되는 영역은 기수가 된 범죄가 '구성요건에 해당하지 아니하는 행위에 의하여' 그 사실상 내지 실질적인 종료에 이르게 되는 경우이다. 이때 기수 후의 행위는 그 자체로는 구성요건을 충족하지 아니하는 것이지만, 법익침해를 종국적으로 완수하는 행위이다. 그렇지만 범행을 사실상 내지 실질적으로 완성하는 행위라고 하는 것은 그 자체로는 아무런 법적 의미를 갖지 아니하며 구성요건실현에 포함될 수 없다. 이것이 종료이론의 딜레마이다. 그리하여 종료이론은 사실적인 차원을 넘어 각 범죄의 구성요건과 결부되지 않으면 안 된다는 법치국가적 과제를 갖고 있다.[19]

그렇다면 기수와 종료 사이의 방조가 처벌된다는 통설의 근거는 무엇인가? 종료시까지 법익의 침해가 더 심화되어지는 경우에 종범이 거기에 적어도 함께 기여했다는 데 근거를 두고 있다. 즉 통설의 입장은 종범이 발생시킨 결과를 실질적으로 고찰해 보자는 것이다.

---

17) 이러한 의미에서 종료를 범죄의 일반적 단계로 다루는 것은 적절하지 않다는 박상기, 형법총론, 461면은 타당하다. 같은 지적으로는 Jakobs, AT, 25/12; Bitzilekis, ZStW 99 (1987), 723ff.

18) Kühl, FS-Roxin, S. 666.

19) Küper, "Grenzfragen der Unfallflucht, V. Die Beendigung der Unfallflucht", JZ 1981, 252; Küper, "Sukzessive Tatbeteiligung vor und nach Raubvollendung", JuS 1986, 868.

그러나 각 범죄의 실질적 불법내용은 (결과를 기준으로) '법익의 침해'와 동일시되어서는 안 된다. 왜냐하면 법익침해라는 결과반가치만을 고려하면 행위반가치 특히 '행위태양'의 법치국가적 제한기능이 무시되고, 각 구성요건의 적용범위가 확장되기 때문이다. 절도죄를 예로 들면, 절도죄는 절취한 재물에 대한 안전확보와 같은 소유권에 대한 어떠한 침해에 대하여도 법익을 보호하는 것이 아니라, 단지 절취라는 형태로 이루어지는 침해에 대해서만 법익을 보호하는 것으로 보아야 한다. 이러한 행위태양의 요구는 기수 후의 단계라고 하여 포기될 수 있는 것이 아니다. 만약 그러한 것이 허용된다면 행태의존적 결과범을 종료단계에서는 단순결과범으로 만들고,[20] 그에 따라 구성요건적으로 규정되어 있지 않은 종료의 결과를 가벌적인 것(즉 절도)으로 만들어 버리기 때문이다. 이렇게 볼 때 법익침해를 더욱 완전하게 심화시킨다는 것 그 자체는 중요하지 않으며, 이미 기수가 된 것에 대하여는 형사죄책을 부과할 수 없다.[21] 기수 이후에 방조한 자에게 정범의 전체 불법결과를 귀속시킬 수 있는 근거를 찾아볼 수 없다는 의미이다.

3. 종료의 적용범위 제한과 그에 따른 방조성립의 제한

기수와 종료의 구별이 완전히 부당한 것은 아니지만, 그 적용범위를 제한하는 것이 타당하다고 생각된다. 그리하여 종료는 구성요건에 관련되는 한에서만 인정되어야 할 것이다. 따라서 방조행위도 정범의 구성요건에 해당하는 결과에 관련되지 않으면 안 된다. 이는 곧 방조의 성립가능한 시기를 제한하는 효과로 연결될 것이다. 따라서 방조행위도 정범의 구성요건에 해당하는 결과에 관련되지 않으면 안 된다. 형법 제32조 제1항에서 방조는 타인의 '범죄'에 대하여 행하여질 것을 요구하고 있다. 이 '범죄'에는 구성요건에 해당하는 사태가 진행되는 단계로서 "실행의 착수(미수개시)로부터 결과의 완전한 발생까지"만 포함된다. 이는 곧 방조의 성립가능한 시기를 제한하는 효과로 연결된다.

20) Kühl, FS-Roxin, S. 675.

21) Jakobs, AT, 22/40.

Ⅲ. 승계적 종범의 성립범위

1. 승계적 종범의 개념

넓은 의미에서는 정범이 실행에 착수한 이후에 개입하게 되면 승계적 방조라고 말할 수도 있을 것이다.[22] 그러나 승계적 종범이 특수한 문제로서 제기되는 경우는 정범이 구성요건의 일부(불법요소)를 완전히 실현한 후에 비로소 개입하여 정범이 나머지 구성요건요소들을 실현하는데 도움을 주는 특수한 경우를 말한다. 이러한 사례에서 종범은 나중에 개입했음에도 불구하고 정범이 실현한 전체범죄에 대하여 방조의 책임을 지는가 아니면 개입한 이후에 실현된 구성요건부분에 대하여만 종범이 되는가 하는 점이 문제된다.

2. 우리나라에서의 논의상황

(1) 적극설(전체범죄에 대한 방조인정설)

구성요건의 일부가 실현된 이후에 가담한 방조자에게 어느 범위에서 책임을 인정할 것인가 하는 문제에 관하여 학설은 별다른 언급은 없다. 단지 승계적 종범은 가능하다는 지적이 있을 뿐이다.[23] 따라서 구성요건의 일부가 종료된 이후에 종범이 개입한 특수한 경우의 문제에 대하여는 아직 입장을 표명하지 않은 것으로 볼 수 있다.

하지만 범죄의 형식적인 기수 후 실질적인 종료시까지 종범이 가능하다는 통설의 이러한 주장은 정범이 구성요건의 모든 부분을 실현한 이후에조차도 승계적 종범이 가능하다는 것이고, 정범을 도와주는 촉진행위는 실행의 어느 시점에서도 가능하다는 것을 의미한다. 또한 여기에서 승계적 종범의 책임범위 내지 전체를 승계한다는 명시적인 언급은 없지만, 통설의 논리에 따른다면 당연히 전체범죄에 대한 방조의 책임을 인정한다는 취지로 해석하는 것이 타당할 것이다.

---

22) 이러한 의미에서 앞에서 살펴본 정범의 기수 후 종료 전에 개입한 경우도 승계적 종범이라고 ―그 성립가능성 여부를 떠나서― 부를 수 있다.

23) 정성근/박광민, 형법총론, 2001, 580면.

(2) 소극설(개입 이후의 범죄에 대한 방조인정설)

후행행위자는 자신이 참가하기 이전에 실현된 구성요건 부분에는 기여한 바가 없으므로, 그 실현에 기여하지 않은 불법부분에 대하여 형사책임을 묻는 것은 타당하지 않다는 입장이다.[24] 구성요건적 불법의 일부분만에 관여한 자는 그 불법부분에 대하여 형사책임을 부담하는 것이지, 그 이상의 전체 구성요건적 불법에 대한 종범은 아닌 것이다. 따라서 구성요건의 일부분이 실현된 후에 범죄에 개입한 자는 그 나머지 구성요건부분이 가별적인 행위인 경우에 한하여 개입 후의 방조행위로 처벌될 수 있다. 그리하여 후개입자는 원칙적으로 다른 범죄에 해당할 것이다. 독일에서도 소수설이다.[25] [26]

(3) 수정긍정설(제한적 긍정설)

범죄의 단순일죄성을 주된 근거로 하고 또 정범의 선행 범죄사실에 대한 사후적인 인식 등을 이유로 승계적 종범을 원칙적으로 긍정한다. 다만 귀책범위와 관련하여 '개입 이후의 구성요건실현과 전형적으로 결합될 수 없는 부분을 제외한' 전체범죄에 대한 방조를 인정하려는 견해이다. 즉 '개입 이후의 구성요건실현에 전형적으로 필요한 부분'에 대하여는 그것이 방조행위 이전에 이미 종료되었더라도 승계적 방조가 인정된다는 것이다. 우리나라 판례의 입장이라고 볼 수 있다.

[대상판결]과 관련하여 살펴보면, C가 개입하기 이전에 정범에 의하여 이미 실현된 구성요건 부분들 중에서 살인부분만 제외되고 따라서 유괴 후 금품요구죄의 종범이 인정되었다. 대법원에 의하면 특가법

24) 임웅, 형법총론, 460면.

25) Sax, "Über Rechtsbegriffe", FS-Nottarp, 1961, S. 136f.; Herzberg, Täterschaft und Teilnahme, 1977, S. 153; Jakobs, AT, 22/40ff.; Köhler, AT, 1997, S. 536; Stratenwerth, AT, § 12 Rn. 135; Eser, Strafrecht II, 3. Aufl., 1980, Nr. 40 Rn. 20; Stein, Die strafrechtliche Beteiligungsformenlehre, 1988, S. 269f.; SK-Hoyer, § 27 Rn. 16ff.; MK-Joecks, § 27 Rn. 19; Radtke, "Ein Schlag mit Folgen", Jura 1997, 481. 그리고 Rudolphi, FS-Jescheck, S. 559ff., 572f., 576.

26) Rudolphi, FS-Jescheck, S. 559ff.에 의하면 종범은 구성요건에 해당하는 '행위'가 종료한 이후에는 가능하지 않다. 이 견해에 의하더라도 승계적 종범을 부정하는 결론에 이르게 된다.

제 5 조의2 제 2 항 제 1 호 위반죄는 형법 제287조의 미성년자 약취유인 행위와 약취·유인한 미성년자의 부모 기타 그 미성년자의 안전을 염려하는 자의 우려를 이용하여 재물이나 재산상의 이익을 취득하거나 이를 요구하는 행위가 결합된 단순일죄의 범죄이므로, 비록 미성년자를 약취·유인한 행위에는 가담하지 않았더라도 사후에 그 사실을 알면서 정범의 후행행위 즉 약취·유인한 미성년자의 부모 기타 그 미성년자의 안전을 염려하는 자의 우려를 이용하여 재물이나 재산상의 이익을 취득하거나 요구하는 타인의 행위에 가담하여 이를 방조한 때에는 단순히 재물 등 요구행위의 종범으로 그치는 것이 아니라 결합범인 특가법 제 5 조의2 제 2 항 제 1 호 위반죄의 종범에 해당한다는 것이다.[27)]

3. 학설의 논거

(1) 적극설(승계적 종범 긍정설)의 논거

1) 사후적인 인식

승계적 종범의 사례는 정범이 구성요건을 이미 일부 실현했다는 것을 인식하고서 정범의 후행행위를 방조한다는 것을 전제로 하여 논란이 되는 것이다.[28)] 그런데 방조의 고의와 관련하여 종범은 '정범이 실현하는 구성요건'을 인식하면 족하다.[29)] 그리하여 정범에 의하여 이미 실현된 구성요건부분을 사후에 인식하고 후행행위를 방조했다면 전체범죄에 대한 방조의 고의는 인정된다는 것이다.[30)] 하지만 이러한 주장은 심정형법적인 원용으로 보이기 때문에 이것만으로 충분히 설득력을 가질 수 있을지는 의문이다.

27) 배종대, 형법총론, 제 6 판, 2001, 496면에서는 검찰이 유괴 후 금품요구죄(제 1 호)로 기소하였기 때문에 대법원이 본죄(제 1 호)의 종범으로 판시하고 있다고 지적하고, 원칙대로 한다면 유괴살해죄(제 2 호)의 종범이 되어야 한다고 말한다.

28) 따라서 그에 대한 인식이 없는 경우에는 당연히 그 부분에 대한 방조가 인정될 수 없다.

29) 임웅, 형법총론, 461면; Roxin, AT Ⅱ, § 26 Rn. 273.

30) Vgl. Roxin, AT Ⅱ, § 26 Rn. 273.

2) 종 속 성

(가) 종속적 처벌의 원리　　독일에서 승계적 종범을 긍정하는 근거는 종속성의 원칙이다. 종속성의 원칙에 따르면 공범의 경우에는 공범 스스로 어떠한 불법부분을 실현했는가는 중요하지 않으며, 단지 정범이 어떠한 불법을 실현했는가 하는 점만이 중요하다고 한다. 이 정범이 실현한 불법이 —개입시점이 언제이든지 상관없이 관여하기만 하면— 불법전체에의 종속성에 의하여 공범에게도 귀속된다. 방조의 시기는 중요하지 않다.[31] 그리하여 공범이 비록 마지막 행위부분에만 영향을 미쳤더라도 정범의 전체행위에 대하여 처벌된다. 이러한 공범의 종속성이 이미 방조행위 이전에 실현된 구성요건부분의 귀속을 가능하게 해주고 있는 것이다. 그리하여 방조의 경우 정범의 범죄 일부분에 가담했다면 그것으로 전체범죄에 대한 방조로 충분하다는 것이다.[32]

(나) 공범의 가벌성 제한원리와 근거원리　　공범의 종속성은 가벌성을 제한하는 기능을 한다. 구성요건에 해당하고 위법한 정범의 행위가 인정되어야만 그에 종속하여 공범이 성립할 수 있기 때문이다.[33] 그러나 다른 한편에서 종속성은 공범의 가벌성을 근거지우는 데 기여하기도 한다. 스스로 구성요건을 실현하지 않은 자라고 하더라도 종속적 처벌이라는 귀속원리에 의하여 비록 다른 사람이 실현한 범죄이지만 그에 대해 '공범으로서' 형사책임을 지우는 것이 가능해지기 때문이다.

바로 이러한, 즉 다른 사람의 구성요건실현에 대하여 종속적으로 형사책임을 부담한다는 원칙이 승계적 종범을 인정하는 기초가 되고 있다. 예컨대 야간주거침입절도에서 주거침입이 종료한 후 절취만을 도운 방조자라고 하더라도 그는 '정범의' 야간주거침입죄 범행을 도운 것이다. 폭행·협박에 의해 반항이 이미 억압된 피해자로부터 후개입자가 정범의 재물탈취만을 도와준 경우에도 이를 강도에의 방조로 보는 것

31) LK-Roxin, §25 Rn. 196; Roxin, Täterschaft und Tatherrschaft, 7. Aufl., 2000, S. 290f.

32) LK-Roxin, §27 Rn. 17.

33) LK-Roxin, Vor §26 Rn. 5.

은, 종범이 '다른 사람에 의해 실현된' 범죄에 종속적으로 구속된다는 것을 전제한 것이다.

㈐ 종속하는 범죄의 범위—전체범죄 방조는 모든 구성요건실현에 미칠 필요는 없다고 한다. 적어도 구성요건해당 행위의 일부에 가담한 자도 타인 범죄의 실행 전체에 기여한 자이다. 예컨대 강도의 예비단계에서 물건의 탈취에 사용할 자동차를 빌려준 경우에 강도죄의 종범이 성립하는데, 이때 방조자는 전체범행의 단지 일부 개별행위인 절취를 촉진한 것에 지나지 않는다. 그런데 강도죄의 실행단계에서 절취만을 촉진한 경우에 이를 달리 보아야 할 이유가 없다는 것이다.[34) 이를 아주 일반화하여 말하면 전체의 일부분을 원조하면 이는 동시에 전체에 대한 가담이 된다는 것이다.

(2) 소극설(승계적 종범 부정설)의 논거

1) 종속하는 범죄의 범위—종속성원칙의 제한

승계적 종범을 긍정하는 견해는 종속성의 원칙에 근거하고 있다. 이와 같은 종속적 처벌을 근거로 승계적 종범은 기수 이후 종료 이전까지도 인정된다고 주장할 수 있는 것으로 보인다. 그리고 종속성에 근거하여 종범이 종속하는 정범범죄의 범위는 그다지 문제되지 않는 것으로 본다. 정범의 범행에 대한 일부의 방조는 곧 범행 전체에 대한 방조가 된다는 것이다. 즉 당연히 전체 범죄에 대한 종속을 전제하였던 것이다.[35)]

그러나 종속적 처벌의 원리를 근거로 승계적 종범을—기수시점까지는— 인정하는 것은 원칙적으로 가능하지만 그렇다고 하여 반드시 그래야만 하는 것은 아니다. 왜냐하면 종속성의 원칙은 공범의 성립을 '제한하는' 데 기여하는 것이지,[36)] 공범이 전혀 영향을 미칠 수 없었던

---

34) Roxin, AT II, §26 Rn. 263; LK-Roxin, §27 Rn. 35.

35) 정범의 범죄에 종속한다는 종속성을 형식적으로 적용함으로써, 방조의 경우에는 정범의 죄명과 공범의 죄명이 동일해야 한다는 죄명종속성이 인정되는 듯한 시사를 하고 있다(Vgl. Geppert, Jura, 273).

36) Kühl, AT, §20 Rn. 154; SK-Hoyer, Vor §26 Rn. 18. 또한 LK-Roxin, Vor §25 Rn. 5f.

불법부분을 귀속시킴으로써 가벌성을 '확장하는' 기능을 하는 것은 아니기 때문이다. 따라서 기수 이후에 가담한 종범에게 정범범행 전체에 대한 방조를 인정하는 것은 종속성의 원칙을 통해 지나치게 가벌성이 확장된 것으로 법치국가적으로 문제가 있다고 판단된다. 그러므로 종속성의 원칙은 공범의 행위에 의하여 인과관계가 있게 된 정범의 불법을 귀속시키는 경우에만 사용되어져야 한다.[37] 종속성의 원칙이 전체범죄에의 방조를 배제하지 않지만, 그렇다고 전체범죄에의 방조를 인정하기 위한 모든 요건이 존재한다는 것을 의미하지는 않는다.[38]

2) 인과관계의 결여

후행행위자가 개입할 시점에는 이미 일부 구성요건이 실현되어버려 그에 대하여는 어떠한 영향도 미칠 수 없었던 사실에 대하여 형법적 책임을 묻는 것은 일반적으로 인정되지 아니한다. 형사처벌을 하기 위해서는 최소한의 요건으로서 귀속되는 불법에 대한 인과관계가 요구된다. 그런데 과거사실에 대한 인과관계는 가능하지 않다.[39] 개입시에 정범이 이미 실현한 불법부분은 과거의 것인데, 이를 공범에게 귀속시킨다면 종속성의 원칙으로 인과관계를 대체하는 결과가 되어 버린다.[40] 그러므로 개입 전에 이미 실현된 불법부분에 대한 귀속을 인정할 수 없다.[41] 다시 말하면 정범에 의하여 실현된 구성요건이 두 가지 상이한 결과를 전제로 하는 경우에는, 방조범 역시(정범과 마찬가지로) 두 가지 결과 모두에 인과관계를 가져야 한다.[42] 강도죄의 경우 폭행·협박이 이미 종료된 후 영득행위를 확실하게 해준 때에는, 폭행에 의한 의사억압에 대한 인과관계가 없기 때문에 절도의 방조가 될 뿐이다.[43] 전체범

37) Schmoller, Sukzessive Beteiligung?, Kansai University Review of Law and Politics No. 23, 2002, S. 42.
38) Osnabrügge, Die Beihilfe, S. 232.
39) SK-Hoyer, § 25 Rn. 125.
40) Schmoller, Kansai Univ. Rev. No. 23, S. 42. 같은 취지로는 Osnabrügge, Die Beihilfe, S. 232.
41) Jakobs, AT, 22/40.
42) SK-Hoyer, § 27 Rn. 17.
43) Radtke, Jura 1997, 481.

죄에 대한 방조는 그 자신이 전체 범죄행위를 촉진했을 때에만 가능하다. 이미 실현된 부분에 대한 방조는 더 이상 가능하지 않다. 공범도 자기의 행위와 인과관계를 가지는 결과에 대해서만 형사책임을 부담하는 것이다.

(3) 수정긍정설(제한적 긍정설) 의 논거

1) 단순일죄성

판례의 보다 중요한 논거는 단순일죄성 즉 분할불가능성에 있다. 즉 승계적 종범의 책임이 미치는 정범범죄의 범위와 관련하여 그것이 단순일죄이기 때문에 원칙적으로 전체범죄에 대한 방조가 인정된다는 것이다. 판례가 내세우는 단순일죄성이라는 형식적 근거는 바로 공범종속성의 원칙을 형식적으로 이해한 결과이다. 종범의 경우 정범이 실현한 범죄 전체에 대하여 종속적으로 방조가 인정된다는 점을 달리 표현한 것이다. 단순일죄성을 근거로 후개입자에게 정범이 이미 실현한 범죄부분까지도 형사죄책을 부담케 하는 것은 결국 공범의 가벌성을 확장하여 후행행위자에게 심한 책임을 묻는 것으로 법치국가적으로 의문이 있기 때문이다.

2) 전형적 결합부분에의 제한

판례는—더 이상의 논거는 제시하지 않고서—살해부분을 뺀 정범의 나머지 전체범죄에 대한 방조를 인정한다. 이는 개입 후 구성요건실현과 전형적으로 결합될 수 없는 부분을 제외한 정범의 전체범죄에 대한 방조를 인정하겠다는 취지로 해석된다. [대상판결]에서 개입 후 정범의 공갈행위와 전형적으로 결합되는 결합부분은 미성년자약취유인부분이지 살해부분은 아니라고 판단하고 있는 것이다. 그러므로 특가법상 유괴살해죄의 종범이 아니라, 유괴 후 금품요구죄의 방조가 된다는 취지이다. 공갈행위를 함에 필요한 선행행위자의 범행부분은 약취유인행위이다. 이러한 약취유인행위를 하지 않으면 공갈행위는 용이하지 않다. 이에 반해 공갈을 함에 살해는 필요치 않다. 이 경우 오히려 살해하지 않았어야 공갈하기에 용이하다고 볼 수 있다. 그리하여 살해부분에 대한 승계적 방조는 부정하고 있다.

Ⅳ. [대상판결]에 대한 검토

1. 판례이론(수정긍정설 내지 제한적 긍정설)의 논거

(1) 승계를 인정하는 근거 —결합범의 의미와 단순일죄성

결합범은 단순히 말하면 본래 수죄인 범죄가 결합됨으로써 하나의 단일한 범죄가 된 것이다. 단일한 하나의 범죄이기 때문에 예컨대 강도죄의 경우 그 수단인 폭행·협박의 행위가 개시되면 그때 강도죄 전체와의 관계에서 실행의 착수가 있다고 인정된다. 수단이 되는 행위에 착수하면 결합범 전체의 착수가 있다고 인정되므로, 그 실행의 착수 이후에 후행행위자가 개입하여도 선행행위자의 행위에 대하여는 인과관계는 결여되는 것이다. 그럼에도 불구하고 판례가 승계적 종범을 인정하는 것은 결합범의 단순일죄성이라는 특질을 적극적으로 고려하여 왔기 때문일 것이다. 여기서 우리는 결합범의 단순일죄성이라는 것은 인과관계를 대체한 것임을 알 수 있다.[44] 즉 인과적 기여를 할 수 없는 부분에 대하여도 방조로서의 형사책임을 인정하기 위하여 단순일죄라는 논거를 제시하고 있는 것이다.

(2) 살해부분의 승계를 제외하는 논거 —인과관계의 결여

그런데 결합범 중에서 예컨대 유괴살해죄나 강도살인죄가 되면 갑자기 살해부분에 대한 승계는 인정되지 않는데, 살해부분의 승계를 부정하는 이유는 전혀 명시되고 있지 않다. 짐작컨대 전체범죄에 대한 승계적 방조를 부정하고 유괴 후 금품요구죄나 강도죄의 승계적 방조만을 인정하려는 견해는, 단순일죄성이라는 결과범의 특질을 더 이상 형식적으로 고려하지 않고, 과거의 행위에 대하여는 인과관계가 결여되기 때문이라는 실질적 논거—이는 승계적 종범 부정설의 주장—로 다시 돌아가고 있는 듯이 보인다. 즉 살해부분이 제외되는 이유는 '살해는 이미 종료되었고 따라서 살해를 용이하게 한 것은 아니므로' 유괴 후 금품요

44) Vgl. Schmoller, Kansai Univ. Rev. No. 23, S. 42.

구죄나 강도죄의 방조범이라는 것이다. 즉 사망의 결과가 이미 발생한 경우에는 그 부분에 대한 후개입자의 인과적 기여가 인정되지 않기 때문에, 살해부분에 대한 방조는 성립하지 아니한다는 의미라고 보인다.

결과적으로 살인부분에 대한 방조를 소극적으로 해석하는 것 자체는 지극히 타당하다고 생각되나, 승계적 종범을 원칙적으로 긍정하면서 이렇게 소극적으로 해석하는 것이 논리적으로 정합하다고 할 수 있는지는 의문이다. 그러한 논리에 충실하려면 유괴 후 금품요구죄의 방조나 강도죄의 방조라기보다는, 공갈미수의 방조나 절도죄의 방조가 되어야 할 것이다.

2. 대상판결에 대한 비판적 고찰

(1) 판례이론(수정긍정설)의 내재적 자기모순

이와 같이 [대상판결]에서 유괴부분에 대하여는 단순일죄성을 내세워 '인과관계의 결여'라는 논거를 무시하면서 승계를 긍정하고, 살해부분에 관하여는 '인과관계의 결여'라는 논거를 채용하여 승계를 부정하고 있는 것은 조화되기 어려운 자기모순을 드러내고 있다고 할 수 있다. 즉 인과관계의 결여를 근거로 내세운다면, 개입 이전에 살해부분을 포함하여 정범이 이미 실현한 구성요건부분에 대하여는 모두 인과관계가 인정되지 않는다고 해야 할 것이기 때문이다. 그리고 결합범에서 단순일죄성을 근거로 내세운다면, 개입 이전의 살해부분을 포함하여 정범의 전체범죄에 대하여 모두 결합범으로서 단순일죄가 인정된다고 해야 할 것이기 때문이다.

그렇다면 결합범에서 단순일죄를 근거로 승계적 종범을 원칙적으로 긍정하는 입장에 서면서도 또한 개입 이후의 구성요건실현과 전형적으로 결합되지 않는 부분을 제외하려는 수정긍정설은 이제 결합범 내에서 다른 이유를 찾아야 할 것이다. [대상판결]의 경우 유괴 후 금품요구죄와 유괴살해죄가 모두 결합범이라는 점에서는 이론이 없다. 그런데 양자 모두 결합범이면서 단순일죄라는 공통의 근거를 가지는데도 불구하고, 결과적으로 달리 된 것은 유괴살해죄라는 결합범의 성격파악에 차이가 있었던 데에 기인한다고 보여진다. 그렇다면 살해부분의 승계가 부정되는 이유를 조금 일반화시켜 예컨대 강도죄의 경우와 달리 강도살인죄는 강도와 살인이 결합되는 정도가 약한 경우라거나 혹은 전형적이 아니라고 말할 수 있는지, 그렇다면 결합범 중에서도 강한 결합범과 약한 결합범이 혹은 전형적 결합범과 비전형적 결합범이 있을 수 있는 것인지, 그러면 그 구별기준은 무엇인지 하는 또 다른 의문으로 연결된다.

(2) 공범의 처벌근거와 관련하여

승계적 종범의 문제가 반드시 공범의 처벌근거와 결합되어 논해지고 있지는 않다. 공범의 처벌근거를 종속적 법익침해(akzessorischer Rechtsgutsangriff)에 있다고 보는 입장(혼합적 야기설)에 의하면 종속성의 원칙만으로는 공범의 가벌성을 설명하는데 충분하지 않으며, 그와 더불어 공범의 행위가 구성요건에 의하여 보호되는 법익에 대한 침해가 되어야 한다고 본다.[45] 그리하여 법익침해는 정범의 측면에서만 고찰하는 것이 아니라, 공범의 측면에서도 판단되어야 한다. 그러므로 공범의 처벌근거에 관한 혼합적 야기설의 관점에서는 승계적 방조를 부정하는 것이 타당하지 않을까 생각된다.[46]

이러한 결론은 순수야기설의 경우에도 적용될 수 있을 것이다. 순수야기설에 의하면[47] 정범의 불법과 무관하게 공범은 오로지 자신의

45) 김일수, 한국형법 II, 개정판, 1997, 323면; 김일수/서보학, 새로 쓴 형법총론, 제9판, 2002, 628면; 손동권, 형법총론, 2001, 452면; 오영근, 형법총론, 2002, 663면. 독일에서는 Roxin, "Zum Strafgrund der Teilnahme", FS-Stree/Wessels, 1993, 365ff.; Roxin, AT Ⅱ, §26 Rn. 11; LK-Roxin, Vor §26 Rn. 1ff.; S/S-Cramer/Heine, Vor §25 Rn. 17a; Jakobs, AT, 22/9; SK-Hoyer, Vor §26 Rn. 17ff.; Gropp, AT, 2. Aufl., 2001, §10 Rn. 106; Kindhäuser, AT, 2. Aufl., 2002, S. 381ff.; Krey, AT Ⅱ, Rn. 206ff., 209; Otto, AT, §22 Rn. 2ff.; Stratenwerth, AT, §12 Rn. 121f.

46) 이러한 관점에서 보면 혼합적 야기설을 취하면서도 승계적 방조를 긍정하는 Roxin, AT II, §26 Rn. 11, Rn. 31, Rn. 263의 견해는 지나치게 공범의 종속성 측면을 강조하고, 공범의 독자적인 법익침해도 고려되어야 한다는 혼합적 야기설 본래의 주장을 오히려 무시하는 결과가 될 수도 있을 것이다.

47) Lüderssen, Zum Strafgrund der Teilnahme, 1967, S. 161ff.

구성요건적 결과야기에 대하여 형사책임을 지는 것이다. 일반적으로는 순수야기설이 가벌성의 확장을 가져오는 것이 사실이다.[48] 그런데 강도죄의 폭행·협박이 실현된 후에 비로소 개입하여 절취행위만을 도와준 경우에, 정범의 불법 여부와 관계없이 종범 자신의 법익침해는 소유권에 대한 것뿐이며, 종범이 고의로 야기한 것은 재물의 절취이다. 따라서 공범의 처벌근거에 관한 순수야기설의 입장에서도 정범의 전체범죄에 대한 승계적 방조를 부정하고, 자신이 개입한 이후에 관하여만 방조를 인정하는 것이 타당하다고 판단된다.

한편 종속적 야기설에 의하면 공범은 정범의 구성요건실현 결과를 종속적으로 야기하였다는 점에서 그 처벌의 근거를 찾는다. 정범의 불법이 전제되어야 하므로 가벌성을 제한하지만, 정범의 불법이 있으면 그에 종속하여 처벌이 가능하므로 가벌성을 근거지울 수도 있다. 그러므로 승계적 방조를 인정하는 것이 논리적으로 가능하다. 그러나 그것은 필요조건이지 충분조건은 아니다.[49] 즉 종속적 야기설의 입장에서도 정범의 구성요건실현 결과를 종속적으로 야기하였다고 하여 곧바로 공범이 성립하는 것은 아니다. 공범에게 법익침해를 인정할 수 없는 경우에는 당연히 공범의 성립을 부정한다. 정범에 의해 이미 실현된 구성요건부분은 그 이후에 개입한 종범에게 그의 법익침해로 인정할 수 없다. 그러므로 공범의 처벌근거에 관한 종속적 야기설의 입장에서도 승계적 종범을 부정하는 것이 타당하다고 생각된다.

전체적으로 공범의 처벌근거에 관한 야기설의 입장은 공범의 행위가 인과적 관여를 가지는 한도 내에서 형사책임을 인정하려는 것이라고 보여진다. 그러한 인과적 관여는 장래를 향하는 것이라고 하겠다. 따라서 인과관계는 소급하여 인정될 수 없고 개입 이후의 사태에 대해서만 인정될 것이다. 이러한 관점에서 바라본다면 승계적 종범은 부정되어야 할 것이다.

---

48) Vgl. Roxin, AT II, §26 Rn. 13.

49) Vgl. Roxin, AT II, §26 Rn. 13.

(3) 처벌의 불균형 문제

승계적 종범을 긍정하게 되면 이와 비교될 수 있는 다른 사례에서의 처리와 처벌의 불균형이 발생한다. (i) 후행자가 정범의 폭행 협박이 종료한 후 비로소 개입하여 절취에만 원조한 자에게 강도의 방조를 인정하려면, 정범이 처음부터 즉 폭행·협박을 할 때부터 이미 강도의 고의를 가지고 있었을 것을 전제로 한다. 이와 달리 처음에는 강도의 고의 없이 단지 화가 나서 폭행의 고의로 다른 사람을 때려 실신시킨 자가 비로소 의식을 잃고 있는 피해자로부터 재물을 절취할 의사가 생겨 이를 탈취한 경우에는 폭행죄와 절도죄가 성립한다는 것이 일반적인 견해이다. 이러한 경우 스스로 폭행을 한 정범자도 단지 절도죄가 될 뿐이다. 그가 강도를 행한 것은 아니다. 따라서 이를 도와준 자에게는 강도의 방조가 인정되지 아니한다. 이러한 두 가지 사례에서 후행개입자는 똑같은 상황에서 동일한 방조행위를 하였는데, 단지 정범의 주관적인 의사에 따라 강도방조가 되기도 하고 절도방조가 되기도 하여 불합리하다. 즉 피해자가 의식을 잃은 후 비로소 개입하여 절취를 도와준 자에게 강도죄의 방조를 인정하는 것은 처벌에 있어서 균형이 맞지 아니하다. (ii) 또한 강도의 고의로 폭행하여 피해자가 반항·억압된 이후 비로소 개입하여 그가 설사 정범으로 스스로 절취행위를 했다고 하더라도—승계적 공동정범을 부정하는 통설과 판례에 의하면—절도죄의 공동정범이 인정될 뿐인데, 동일한 상황에서 정범으로서가 아니라 정범보다 범행기여가 작은 종범으로서 절취행위를 조언하여 도와준데 그친 자에게—승계적 종범을 긍정하는 통설에 따라—강도죄의 종범을 인정한다는 것은 처벌의 균형이 맞지 아니하다. 즉 정범으로서 가담하는 경우가 더 중함에도 불구하고 가벼운 처벌을 받고, 종범으로서의 관여는 더 경함에도 불구하고 중하게 처벌되는 기이한 결과가 된다. 방조하는 행위로 가담하느니보다, 차라리 더 적극적으로 가담하여 공동정범으로서 관여하는 것이 오히려 형사처벌상 유리하다는 이상한 결과가 되어 버린다. 이로써 승계적 공동정범을 부정한 취지에 배치되는 결론이 도출될 수 있다는 것이다.[50] 그러므로 승계적 공동정범을 부정하는 입장에서[51]—공동정범과 방조범 처벌의 균형을 위하여—승계적 종범도 이를 부정하는 것이 타당할 것으로 생각된다.

V. 결 론

[대상판결]의 판결요지를 살펴보면, 대법원은 승계적 종범에 관하여 수정긍정설 내지 제한적 긍정설의 입장을 취하고 있는 것으로 판단된다. 즉 원칙적으로는 승계적 방조를 긍정하면서도, 개입 후 구성요건실현과 전형적으로 결합될 수 없는 부분은 제외한 정범의 전체범죄에 대한 방조를 인정하겠다는 취지로 해석된다. 따라서 대법원은 [대상판결]에서 개입 후 정범의 공갈행위와 전형적으로 결합되는 결합부분은 미성년자약취유인 부분이지 살해부분은 아니라고 판단하여 이를 제외하고 C에게 특정범죄가중처벌등에관한법률 제5조의2 제2항 제1호 위반죄의 종범을 인정하고 있다.

하지만 유괴부분에 대하여는 단순일죄성을 내세워 '인과관계의 결여'라는 논거를 무시하면서 승계를 긍정하고, 살해부분에 관하여는 '인과관계의 결여'라는 논거를 채용하여 승계를 부정하고 있는 것은 조화되기 어려운 자기모순을 드러내고 있다고 평가할 수 있다. 종범의 성립을 제한적으로 해석하기 위해 인과관계의 결여를 근거로 내세운다면, 개입 이전에 살해부분을 포함하여 정범이 이미 실현한 구성요건부분에 대하여는 모두 인과관계가 인정되지 않는다고 하는 것이 바람직하다.

또한 전술한 바와 같이 공범의 종속성을 근거로 이론구성을 하더

---

50) 배종대, 형법총론, 496면. 그리하여 승계적 종범을 긍정하는 통설에 따르면 오히려 공동정범으로 보아 승계를 부정하는 것이 형량이 낮아지므로, [대상판례]사안에서 C를 승계적 공동정범으로 보았어야 할 사안이라고 주장하며, 공갈미수의 공동정범으로 인정하고 있다.

51) 승계적 공동정범과 승계적 종범의 취급에 관해서는 i) 승계적 종범이 긍정되므로 승계적 공동정범도 인정해야 한다는 견해, ii) 승계적 종범은 긍정되지만 승계적 공동정범은 부정되어야 한다는 견해, iii) 승계적 공동정범이 부정되므로 승계적 종범도 부정되어야 한다는 견해, iv) 승계적 공동정범은 부정되지만 승계적 종범은 제한적으로 긍정된다는 견해 등이 대립한다.

라도 이는 종속성의 원칙이 공범의 성립을 '제한하는' 데 기여하는 것이지, 공범이 전혀 영향을 미칠 수 없었던 불법부분을 귀속시킴으로써 가벌성을 '확장하는' 기능을 하는 것은 아니라는 이유에서 문제가 있다고 생각된다.

따라서 방조범에 관해 규정하고 있는 형법 제32조 제1항의 '타인의 범죄'를 방조한 자를 "개입한 이후의 타인의 범죄에 대하여"라고 제한해석을 한다면, 승계적 종범의 성립을 부정하는 소극설이 타당하다고 판단된다. 즉 후행행위자는 자신이 참가하기 이전에 실현된 구성요건 부분에는 기여한 바가 없으므로, 개입 이후 가담행위가 구성요건 부분에 해당하는 가벌적인 행위인 경우에 한하여 개입 후의 방조행위로 처벌될 수 있다고 보는 것이 타당하다고 본다. 따라서 [대상판결]의 경우에 C에게는 공갈미수의 방조를 인정하는 것이 바람직하지 않을까 생각한다.

[주 제 어]
승계적 공동정범, 승계적 종범, 공범의 인과성, 공범의 종속성, 단일범죄의 불가분성

[Key words]
sukzessive Mittäterschaft, sukzessive Beihilfe, Kausalität der Teilnahme, Akzessorietät der Teilnahme, Unzerlegbarkeit der einheitlichen Tat

[Zusammenfassung]

Reichweite der sukzessiven Beihilfe

Lee, Yong-Sik*

Im Bereich der sukzessiven Beihilfe ist die Frage, ob der Beihilfe trotz ihres erst späteren Einschreitens eine Verantwortung für das gesamte Delikt angelastet wird oder ob sich eine Haftung auf den zeitlichlich mitgewirkten Teil beschränkt, den die Beihilfehandlung erst verwirklicht.

Die herrschende Meinung und die Rechtsprechung lassen den sukzessiven Mittäter nicht als Täter für das gesamte Delikt haften, während eine sukzessive Beihilfe mit Verantwortung für eine Teinahme am gesamten Delikt für möglich gehalten wird.

Man findet aber keine Begründung. Neulich lenht andere Auffassung die Verantwortung der sukzessiven Beihilfe für vor deren Einschreiten schon verwirklichten Teil ab. Aber findet man jedenfalls keine Begründung.

Im vorliegenden Urteil wählt die koreanische Rechtsprechung den einigermassen beschränkten Weg, der grundsätzlich auf die Haftung für das gesamte Teil beruht. Der gesamte Teil außerhalb den Todeserfolgsteil bzw. Verletzungsteil ist der sukzessiven Beihilfe zugerechnet. Das hat die Rechtsprechung damit begründet, dass das gesamte Teil unzerlegbar sei und der Teil des Todes- oder Verletzungserfolgs keine kausale Beziehung zur Beihilfe habe.

In der deutschen Lehre wird die sukzessiven Beihilfe mit der Akzessoietät begründet. Der Beihilfe wird kraft Akzessorietät das

* Professor, College of Law, Seoul National University, Dr. jur.

gesamte durch den Täter verwirklichet Unrecht zugerechnet. Die Akzessorietät sollte aber nicht genützt werden, um den Teilnehmer jenes fremde Unrecht zuzurechnen, zu dem er nicht kausal ist. Wenn die koreanische Rechtsprechung ihre richtige Argumentation durchsetzt, hat die sukzessive Beibilfe gar keine kausale Beziehung zur Tat, die der Täter vor dem Einschreiten der Beihilfe schon verwirklicht hat. Das gesamte Tatbestandsteil ist zerlegbar.

음란물에 대한 형사규제의 정당성 및 합리성 검토

주 승 희*

[대상판결] 대법원 2005. 7. 22. 선고 2003도2911 판결【청소년의 성보호에관한법률위반(변경된 죄명: 전기통신기본법위반)·전기통신기본법위반】

[사실관계]

중학교 미술교사인 피고인은 인터넷 개인홈페이지 공간에, 여성의 다리를 벌려 노출된 성기를 정면으로 세밀하게 묘사한 그림인 '그대 행복한가'(공소사실 제1항), 환자용 변기에 놓인 남성의 성기를 그린 '무제'(공소사실 제2항), 자신과 자신의 처가 전라로 함께 서서 정면으로 성기를 노출하여 촬영한 사진 '우리 부부'(공소사실 제3항), 청소년이 등장하여 성기가 발기된 채 양주먹을 불끈 쥐고 있는 그림인 '남자라면'(공소사실 제4항), 발기되어 있는 남성의 성기 및 그 성기에서 분출되는 정액을 화면 중앙에 세밀하게 그린 '남근주의'(공소사실 제5항), 여성의 음모, 팬티, 엉덩이 등이 노출된 하드코어 포르노물의 일부장면을 동영상으로 편집하고, 그 밑으로 '헉헉'이라는 글자가 오른쪽에서 왼쪽으로 진행되도록 구성한 동영상 '포르노나 볼까'(공소사실 제6항)를 게시하였는데, 검찰은 피고인의 행위가 전기통신역무를 이용해 음란한 영상을 공연히 전시한 행위에 해당한다고 보아 기소하였다.

[사건경과]

제1심 법원은 이 사건 그림 등이 i) 피고인이 호색적인 흥미를 돋우기 위한 것이 아니라, 오히려 성상품화에 반대한다는 제작의도를 강

* 한국형사정책연구원 부연구위원, 법학박사.

조하기 위한 것이라는 점, ii) '포르노나 볼까'(공소사실 제6항)는 언뜻 보면 포르노그라피를 연상하게 하는 동영상처럼 보이지만, 조금만 더 보면 누구나 포르노그라피가 아니라는 것을 어렵지 않게 알아차릴 수 있는 점, iii) 이 사건 그림 등의 전반적인 인상이 선정적으로는 보이지 않도록 제작되었다는 점, 나아가 iv) 이 사건 그림 등과 피고인의 홈페이지에 게시된 다른 미술작품 및 사진들과의 상관관계 및 전체적인 구성, 피고인의 홈페이지의 독특한 전개방식 등에서 성상품화를 반대하는 피고인의 제작의도가 쉽사리 파악되는 점에 비추어 보면, 이 사건 그림 등이 전체적으로 보았을 때 사회통념상 허용 범위를 벗어날 정도로 주로 호색적 흥미를 돋우기 위한 것이라거나, 공연히 성욕을 흥분 또는 자극시키고 또한 보통인이 정상적인 성적 수치심을 해하고 선량한 성적 도의 관념에 반하는 것이라고 인정하기 어렵다는 이유로 무죄를 선고하였다.[1] 제2심 법원 역시 제1심 법원과 마찬가지로 무죄를 선고하면서, i) '우리 부부' 사진(공소사실 제3항)은 사진과 미술에서 신체가 다루어진 역사 및 이에 대한 피고인의 견해를 '나체1'부터 '나체6'까지 전개되는 형식으로 표현한 '나체미학'이라는 범주의 마지막에 들어 있고, ii) 위 사진은 '나체1'부터 '나체6'까지를 모두 거쳐야만 볼 수 있도록 되어 있는 점, iii) '포르노나 볼까'(공소사실 제6항)는 여자의 음부, 둔부, 얼굴 등의 사진을 붙여놓고 빨리 움직이게 한 것이어서 자세히 보려고 할수록 아무런 내용도 파악할 수 없게 되어 있는 점, iv) '우리 부부' 사진(공소사실 제3항)은 광주비엔날레에 전시되고 5·18 자유공원 내에 상설적으로 전시될 만큼 예술성이 인정된 점 등의 사실을 무죄의 근거로 판결이유에 덧붙였다.[2]

그러나 대법원은 위의 공소사실 중에서, 제1항과 제3항 그리고 제5항을 음란물로 보아 유죄를 선고하며 파기환송하였고, 나머지에 대해서는 원심판결을 인용하여 음란성을 부인하였다.

---

1) 대전지법 2002. 12. 27. 2001고합54 판결.
2) 대전고법 2003. 5. 2. 2003노31 판결.

[대법원 판결요지]

[1] 구 전기통신기본법 제48조의2(2001. 1. 16. 법률 제6360호 부칙 제5조 제1항에 의하여 삭제, 현행 정보통신망이용촉진및정보보호등에관한법률 제65조 제1항 제2호 참조)에서 규정하고 있는 '음란'이라 함은, 일반 보통인의 성욕을 자극하여 성적 흥분을 유발하고 정상적인 성적 수치심을 해하여 성적 도의 관념에 반하는 것을 말하고, 표현물의 음란 여부를 판단함에 있어서는 당해 표현물의 성에 관한 노골적이고 상세한 묘사·서술의 정도와 그 수법, 묘사·서술이 그 표현물 전체에서 차지하는 비중, 거기에 표현된 사상 등과 묘사·서술의 관련성, 표현물의 구성이나 전개 또는 예술성·사상성 등에 의한 성적 자극의 완화 정도, 이들의 관점으로부터 당해 표현물을 전체로서 보았을 때 주로 그 표현물을 보는 사람들의 호색적 흥미를 돋우느냐의 여부 등 여러 점을 고려하여야 하며, 표현물 제작자의 주관적 의도가 아니라 그 사회의 평균인의 입장에서 그 시대의 건전한 사회 통념에 따라 객관적이고 규범적으로 평가하여야 한다.

[2] 예술성과 음란성은 차원을 달리하는 관념이고 어느 예술작품에 예술성이 있다고 하여 그 작품의 음란성이 당연히 부정되는 것은 아니라 할 것이며, 다만 그 작품의 예술적 가치, 주제와 성적 표현의 관련성 정도 등에 따라서는 그 음란성이 완화되어 결국은 처벌대상으로 삼을 수 없게 되는 경우가 있을 뿐이다.

[3] 미술교사가 자신의 인터넷 홈페이지에 게시한 자신의 미술작품, 사진 및 동영상의 일부에 대하여 음란성이 인정된다고 한 사례.

〔연 구〕

I. 서 론

2005년 대법원이 2년 7개월간의 심리 끝에 (무죄를 선고했던) 1심과 항소심을 뒤엎고 일부 유죄를 선고한 대상판결에 대해서 유독 '반사회적, 반문화적, 반교육적'이라는 비판의 목소리가 높은데,[3] 그 이유는 대상판례가 현행 음란물죄가 안고 있는 문제점들을 고스란히 드러내 보여주고 있기 때문으로 보인다.

먼저 현행법상 음란물죄를 통해 보호하고자 하는 '성적 수치심'이나 '성적 도의관념'이 과연 국가가 형벌이라는 수단을 가지고 보호해야 할 만큼 중대한 법익인지, 다시 말해서 음란물이 범죄시될 만큼 우리 사회에 유해한 것인지가 자명하지 않다(Ⅱ). 또한 현행법의 태도와 같이 성도덕을 보호법익으로 삼는 경우에 필연적으로 등장하게 되는 문제점이 있는데, 바로 이를 토대로 구성된 음란 개념이 매우 불명확하다는 것이다. 많은 예술작품들이 성과 몸을 소재로 하는 경우가 많다는 점에서 음란개념의 명확성은 예술의 자유 등 시민의 자유와 권리의 보장을 위한 중요한 조건이며, 따라서 어렵더라도 해결해야 할 숙제이다(Ⅲ). 한편 음란물의 사회적 유해성과 음란 개념의 명확성(또는 보다 명확한 개념으로의 재구성 가능성)에 긍정적 대답을 줄 수 있는 경우에라도, 여전히 그 규제 가능성 및 (형사정책적) 합리성에 의구심을 던지는 문제가 있다. 그것은 바로 음란물의 배포·판매를 용이하게 하지만 규제는 더욱 어렵게 만들고 있는, 인터넷 등 정보통신매체의 발달이다(Ⅳ).[4]

음란물을 규제하는 현행법 규정으로는 먼저 그 규제의 헌법적 근거를 마련해 주는 헌법 제21조 제4항을 들 수 있고, 음란성 판단의 기준이 되는 형법 제243조 및 동법 제244조가 대표적이다. 그 외 다양한 영역에서의 음란물을 규율하기 위해 특별법들이 마련되어 있지만,[5] 이

3) 대상판결이 나오자마자 문화연대, 전교조 등 문화·교육단체 주최로 김인규 사태 공동대책위원회가 구성되었고, '유죄교사 김인규와 죄 없는 친구들'전 등 대법원의 태도를 비판하는 각종 전시회와 학술 세미나가 열린 바 있다(인터넷한겨레 11월 18일자).

4) 정보통신윤리위원회가 작성한 '정보통신윤리관련 종합 통계'에 따르면 인터넷불법·청소년 유해정보 건수가 총 11만 6,030건으로 지난 2003년에 비해 46.62% 증가했고, 전체심의 건수 음란물 중 사이버 음란물의 비중은 2003년 62.52%에서 2004년 81.3%로 증가했다(한국형사정책연구원, 범죄·형사정책동향, 214면 이하).

5) 청소년보호법(제10조)과 전기통신기본법(제42조, 제66조 제1항 제12호), 정보통

들 법에서 상정하고 있는 음란물의 규율 목적이나 의미가 형법상의 것과 별다를 바 없으므로(이 점은 당해 사건의 항소심 법원도 판결문에서 명시하였음), 본 논문은 형법 제243조 이하의 음란물죄를 대상으로 삼아 그 규제가 정당한 것인지 또한 합리적인지를 위에서 제시한 문제점들을 중심으로 검토함으로써, 대상판결의 당부를 짚어보고자 한다.

Ⅱ. 음란물죄의 보호법익

1. 선량한 성풍속 또는 성적 수치심의 보호

(1) 학설 및 판례의 태도

형법 제243조 이하에 규정된 음란물죄의 보호법익에 대해 학설은 일치하여 '선량한 성풍속(또는 성적 도의 관념)'이라고 보고 있고,[6] 대상판결 역시 '성적 도의 관념'을 들고 있다.[7] 또한 '보통인의 정상적인 성적 수치심'의 보호를 들기도 하는데,[8] 대상판결에서는 '정상적인 성적 수치심을 해하여 성적 도의 관념에 반하는'이라는 표현을 사용하여, '성적 수치심'을 '성적 도의 관념'의 한 내용으로 파악하고 있음을 보여 준다. 그러나 '성적 수치심'은 '성행위의 비공연성'을 근거로 한다는 점에서 성도덕의 보호의 다른 표현에 불과한 것으로 보인다. 우리나라 학설이나 판례의 경우 명시적으로 '성행위의 비공연성'이라는 원칙을 밝힌 바 없지만, 음란개념(및 유해성)이 성행위의 비공연성을 전제로 하고 있는 일본의 판례와 거의 흡사한 점을 볼 때, 이를 따른 것으로 보인다.[9]

신망이용촉진및정보보호등에관한법률(제65조), 공연법(제5조, 제40조), 성폭력범죄의처벌및피해자보호등에관한법률(제14조), 전기통신사업법(제53조) 등이 있다.

6) 김일수/서보학, 형법각론, 2004, 630면; 박상기, 형법각론, 2004, 577면; 배종대, 형법각론, 2003, 699면; 이재상, 형법각론, 2004, 635면; 임웅, 형법각론, 2003, 720면; 김병운, "음란한 문서·도화의 개념과 판단기준", 형사재판의 제문제(제1권), 115면. 현행 형법이 음란물죄에서 성풍속을 주된 보호법익으로 삼고 있음은 음란물죄가 위치한 형법전 제22장의 제목이 '성풍속에 관한 죄'라는 점에서 확인된다.

7) 동일한 입장의 기타 판례로는 대판 1995.6.16, 94도24113; 1995.6.29, 94누2558; 헌재결 1998.4.30, 95헌가16 외 다수.

8) 배종대, 형법각론, 699면.

9) 日最裁 昭和 32.3.13(1957); 日最裁 昭和 44.10.15(1969). 자세한 내용은 김영환/이경재, 음란물의 법적규제 및 대책에 관한 연구, 104면 이하를 참조할 것. 우리나

기타 '성적 도의관념'이나 '일반인의 정상적인 성적 정서', '건전한 성도덕' 등등의 조금씩 다른 표현들이 있지만, 음란물 관련 모든 판결이 성도덕을 음란물죄의 보호법익으로 명시하고 있음은 분명하다.[10)]

이와 같이 음란물이 우리 사회의 선량한 성풍속, 다시 말해서 성도덕을 침해하기 때문에 규제해야 한다는 견해는 성을 은밀한 것으로 치부하고 성애의 표현을 금기시했던 유교주의적 전통윤리를 기반으로 한다는 점에서 보수주의적 입장이라고 말할 수 있을 것이다.[11)]

(2) 비 판

1) 형법에 의한 성도덕보호에 비판적인 사회학적 논의

다수 학설 및 대상판결과 같이 성도덕을 형법으로 지키고자 하는 보수주의적 태도에 대해서는 다양한 각도에서 비판이 지속적으로 제기되고 있다.[12)] 관련 사회학적 논의들을 살펴보면, 우선 성을 '억압'하는 전근대적 도덕규범을 타파하고 성을 '해방'시켜야 한다는 자유주의적 시각에서의 비판을 들 수 있다. 성에 대한 관심은 자연적이고 건전하며 바람직한 것이기 때문에 음란물에 대한 관심 역시 자연스럽고 정당하며 유익하기까지 하다는 가정에서 출발하여, 오히려 음란물을 '부낭하게 억압되어 온 인간본연의 모습이 예술로 승화된 것'으로 옹호한다.[13)]

라 판례와 차이가 있다면 우리나라 법원이 음란성의 개념을 구체화하려는 노력을 별로 하지 않았으며, 성적 수치심의 보호 이유 등에 관한 논증의무를 다하지 않았다는 것이다.

10) 기타 1970. 10. 30, 70도1879; 1975. 12. 9, 74도976; 1987. 12. 22, 87도2331; 1991. 9. 10, 91도1550; 1995. 2. 10, 94도2266; 1997. 12. 26, 97누11287의 판결들이 있다.

11) 이러한 보수주의적 입장은 성이 위험스럽고 파괴적이므로 도덕에 의해 통제되어야 한다는 신념에 바탕을 둔 것으로 '절대주의적 입장'으로 분류되기도 한다(제프리 윅스, 섹슈얼리티 성의 정치, 146면).

12) 이하의 설명은 필자의 석사학위논문의 관련내용을 간략히 요약·소개하는 것으로서 보다 구체적이고 상세한 설명은 주승희, "현행법상 음란물죄의 비판적 검토 및 합리적 규제방안 모색", 고려대학교 법학석사논문, 1999, 15면 이하를 참조할 것.

13) 김영환/이경재, 음란물의 법적규제 및 대책에 관한 연구, 42면 이하 참조; Selg, Herbert, Pornography, 50면. 성의 문제를 (억압으로부터의) 해방의 문제로 바라보는 이러한 자유주의적 시각의 사상적 기초에 대해서는 함재봉, "성해방과 정치해방: 프로이트에서 푸코까지", 사회비평 제13호, 1995; 황정미, "섹슈얼리티의 정치; 일상과 민주주의", 사회비평 제13호, 1995, 123면 이하.

이러한 자유주의적 입장 역시 보수주의적 시각과 마찬가지로 성에 대해 자연주의적이고 본질주의적인 시각을 전제로 한다는 점에서 이후의 사회학적 논의에서 비판의 대상이 되고 있다. 예를 들면, 성 해방 자체를 운운하는 것 그리고 이것을 정치적 해방과 연계시키는 것보다는 오히려 다양성과 공존할 수 있는 삶의 기술, 다양한 선택에 대처할 수 있는 윤리학이 우리에게 필요하다고 바라보는 푸코(M. Foucault)나,[14] 성적 선택의 자유를 보장하기 위하여 근본적 도덕성에 바탕을 둔 절대주의적 도덕에서 벗어나 다양한 취향의 인정에 바탕을 둔 다원주의적 윤리를 지향해야 한다고 주장하는 윅스(J. Weeks),[15] 다원주의적 성문화는 성찰적 기획으로서의 현대성이 사적 영역, 친교의 영역으로 확대되어 결국 사적 영역의 민주화(일상생활의 민주화)를 이루어야 한다는 기든스(A. Giddens)의 관점 등이 그것이다.[16] 성(문화)에 대해 다원주의적 태도를 취하는 견해들도 음란물을 본질적으로 유해한 것으로 평가하여 형법으로 규제하는 현행법의 태도에 대해서는 회의적이다.

음란물의 형법적 규제를 반대하는 주장은 일부 여성주의자들에게서도 나타난다.[17] 여성의 자율성 획득을 목표로 하는 '자유주의적 여성주의자'들은 검열이 역사적으로 여성의 사회적 지위를 향상시키고자 한 여성주의자들을 억압하는 수단으로 작용하였다는 점을 상기시키면서, 사상의 자유로운 시장이 민주주의 정부와 여성주의의 미래를 위한 최

14) 푸코가 조명한 '성과 주체성의 관계' 및 '성담론과 진리와의 관계'에 대해서는 푸코(이현역 역), 앎의 의지, 나남출판, 1997; 이진우, 성, 욕망 그리고 실존의 미학-미셸 푸코의 '성의 역사'를 중심으로, 감성의 철학, 297면 이하.

15) '성이란 이미 주어진 것이 아니라 타협과 투쟁 그리고 인간 주체의 산물이다'라고 선언한 바 있는 윅스는 성의 형태, 신념, 이데올로기, 행동들의 사회적 가변성을 널리 인정함으로써, 억압/해방의 이분법적인 견지에서 성을 이해하는 본질주의적 접근방법(즉 자유주의적 입장과 보수주의적 입장)을 부정적인 시각에서 평가하고 있다(제프리 윅스, 섹슈얼리티 성의 정치, 168면 이하).

16) 성에 대한 본질주의적 시각에 대한 비판은 기든스에게서는 제도적 성찰성(institutional reflexivity)의 확산이라는 측면에서 이루어지고 있다(기든스(배은경/황정미 공역), 현대사회의 성·사랑·에로티시즘, 새물결, 1996, 67면 이하 참조).

17) (법)여성주의의 다양한 이론들에 대하여는 주승희, "법여성주의 이론의 흐름과 형사법에의 투영, —성매매특별법을 중심으로—", 법철학연구 제 8 권 제 2 호, 2005, 275면 이하.

선의 보장책이라는 신념하에, 넓게는 표현의 자유를, 좁게는 음란물의 자유를 주장한다.[18)]

2) (형)법이론적 논의: 형법의 법익보호원칙과 탈도덕화

이처럼 개인의 자유를 중시하고, 국가(법)의 임무를 단지 개인의 자유로운 행동의 반경을 설정하여 그를 넘어서는 행동방식만을 통제하는 것으로 바라보는 사고는 형법의 이념에도 고스란히 반영되어, 형법이 사회에 유해하거나 개인의 생명, 신체, 재산과 같은 이익(법익)을 침해하는 행위만을 금지시킬 것을 요구한다.[19)] 형법에 의한 사회제도나 국가권력의 보호는 생명, 신체, 재산과 같은 개인의 자유와 이익(주관적 권리)을 보호하는 한에서만 부수적으로 보호되는 것으로 간주되며,[20)] 형이상학적 전통윤리나 종교윤리의 경우에도 그 자체가 보호대상이 되는 것이 아니라 이를 침해하는 것이 곧바로 개인의 주관적 권리의 침해로 이어질 때에만 형법의 보호영역에 들어올 수 있는 것이다.[21)]

그렇다면 현행 음란물죄가 보호법익으로 삼고 있는 성도덕이 개인의 어떤 주관적 권리를 보호하는지가 밝혀져야 하는데, 이는 여러모로 불분명하다. 판례는 '그 시대의 건전한 사회통념'이나 '선량한 사회풍속'을 지속적으로 내세우지만, 우선 현재 우리사회의 보편적 성도덕이 무엇인지 그 내용을 확인하기 어렵고, 국가가 국민에 대해 도덕적 후견권

18) E. Marshall, Sandra, Feminism, Pornography and the Civil Law, Recht und Moral, 384면.

19) 김일수, 형법총론, 37면 이하; 배종대, 형법총론, 1999, 6면; Hassemer, 'Strafrechtswissenschaft der Bundesrepublik', hrsg. von Dieter Simon, 1994, 259면 이하(배종대 · 이상돈 편역, "독일의 형법학", 형법정책, 26면 참조).

20) 일반적으로 '인격적 법익론'으로 일컬어진다. 자세한 내용은 김창군, 인격적 법익론, 법치국가와 형법, 1998, 94면; 배종대, 형법총론, 44면; 이상돈, 형법의 근대성과 대화이론, 32면; Hassemer, Grundlinien einer personalen Rechtsgutslehre, in: Arth. Kaufmann-Festschrift, 91면 참조할 것.

21) 물론 형이상학적 · 종교적 윤리 중에서도 사회유해성을 띤 규범의 경우(예를 들면 '살인하지 말라', '도둑질하지 말라'), 이미 (핵심)도덕의 영역에 들어온 것으로서 그러한 법규범의 타당성에 대해서는 사회구성원간에 공감대가 형성된 것으로 볼 수 있을 것이다. 이와 같이 (넓은 의미의) 도덕 개념을 윤리와 사회규범, (좁은 의미의) 도덕 (또는 핵심도덕)으로 유형화하고 법과 이들 개념과의 관계를 분석한 문헌으로는 이상돈, 법학입문, 187면 이하.

을 가지고 있지 않다고 볼 때,[22] 법원이 그 내용을 채울 권한이 있는지는 회의적이다. 더구나 경험적 입증의 어려움으로 인해 채울 능력도 없다는 점에서, 이 기준들은 아무런 내용 없는 빈 공식에 불과한 것으로 보인다.[23]

더 나아가 오늘날과 같이 윤리적 표상이 다원화된 사회에서는 (형)법이라는 강제수단을 동원하여 형이상학적·전통윤리적 성도덕을 지키고자 하는 국가권력이 그 윤리적 중립성을 유지해야 할 의무를 저버렸다는 점에서 오히려 부도덕하다는 비판을 받을 수도 있다.[24] 이는 국가권력의 음란물 통제가 "국가와 정부는(가) 다스려야 할 명분을 스스로 만들고 민중을 끝없이 다독거리며 계몽의 방식 축적을 통해 존립근거를 정당화해" 나가기 위한 수단이라고 혐의를 두는 경우,[25] 또는 국가기관의 눈에 '아름답지 못한' 노출을 '추한 노출'이라 하여 형벌의 철퇴를 가하는 것은 권력적인 잣대에서 벗어나는 심미적 취향에 대한 '폭력'으로 바라보는 경우,[26] 더욱 그러할 것이다. 결론적으로 현대 다원주의 사회에서 전통적 형이상학적 윤리는 시민들의 자율적 통찰에 의해 승인되고 준수될 사항이지 법규범이 될 수 없다는 점에서, 이를 내용으로 하고 있는 실정법률은 '시대착오적'이라는 비판을 면키 어렵다.[27]

이러한 점에서 보편적 법익으로서의 성도덕 및 '보통인의 정상적인 성적 수치심'보다는 '개인적 법익의 침해가능성이 인정되는 성적 수치심'의 얘기가 음란물규제와 관련하여 더 타당한 논거가 될 수 있다고 보인다. 그러나 이 역시 추상적인 성도덕의 보호를 위해 음란물의 생산 자체를 금지시키는 것이 아니라 생산은 허용하되 원치 않는 자에게 배

22) 김창군, "비범죄화정책에 관한 이론적 연구", 고려대학교 법과대학원 박사학위논문, 1992, 146면.

23) 같은 견해로는 임웅, 비범죄화의 이론, 1999, 91면; 조국, 형사법의 성편향, 2004, 267면 이하.

24) 같은 견해로는 임웅, "성범죄의 비범죄화론", 성균관법학 제 2 호, 1988, 70면; 김일수, 형법총론, 1999, 35면 이하.

25) 박종성, 포르노는 없다, 2003, 525면.

26) 이상돈, 욕망은 행복을 낯설게 한다, 연극과 인간, 2003, 159면 이하.

27) 이상돈, 법학입문, 2005, 191면, 199면; 법이론, 2005, 162면.

포하는 행위를 처벌함으로써 보호할 수 있다는 점에서, 생산 자체를 금지시키는 현행 음란물관련 형사법은 법익보호원칙을 외면한 것으로 판단된다.[28]

2. 여성의 인격권 보호

(1) 반포르노적 여성주의 이론[29]과 헌법재판소의 입장

일부 여성주의자들은 음란물의 법적 규제 목적이 선량한 성풍속 등의 성도덕이 아니라 여성의 보호에 있어야 한다고 주장한다. 즉 음란물의 내용에 남성지배·여성종속, 여성에 대한 폭력, 여성비하가 주류를 이루고 있으며,[30] 음란물이 여성을 상품화·객체화함으로써 여성의 지위를 저하시키고 여성의 인격권을 침해한다는 것이다.[31] 최근에는 음란물이 여성의 평등권을 침해하기 때문에 표현의 자유로 보장받을 수 없다는 주장도 제기되고 있다. 대표적인 여성주의자로 꼽히는 캐서린 매키넌의 주장으로, 여성을 채찍질하거나, 욕설을 퍼붓거나, 여성 스스로 강간을 즐긴다는 내용의 음란물은 법률적 보장의 범주 내의 표현(혹은 사상, 관점)이 아니라 그 자체가 차별행위라는 것이다.[32]

그리고 음란물의 형법적 규제가 헌법에 합치한다고 결정을 내린 바 있는 헌법재판소가 그 결정이유서에 "언론·출판의 자유가 보장된다고 해서 그로 인해 공동체의 존립 자체가 파괴되거나 공동체에 소속되어 있는 다른 구성원들의 인간성과 인격이 파괴되는 것을 허용하는

28) 같은 견해로는 이상돈, "여성주의와 형법: 성폭력범죄에 대한 형법정책을 중심으로", 인권과 정의(1997/11), 82면.

29) 반포르노적 여성주의 입장을 풍부히 소개한 문헌으로는 오정진, "포르노그라피에 관한 규범적 담론 연구", 서울대학교 법학박사학위논문, 2000.

30) Itzin, Catherine, Social Construction of Sexual Inequality, 65면 이하.

31) 심영희, 위험사회와 성폭력, 1998, 286면.

32) 캐서린 매키넌(신은철 역), 포르노에 도전한다, 개마고원, 1997, 23면 이하. 이러한 입장의 여성주의자들의 견해는 1983년 미국 미네아폴리스시의 반포르노그래피 법령에 반영된 바 있다. 동 법령의 위헌 여부 논의는 김영환/이경재, 음란물의 법적규제 및 대책에 관한 연구, 48면 이하; 장호순, 성평등과 표현의 자유—캐서린 맥키넌의 주장에 대하여—, 173면(신은철 역, 포르노에 도전한다, 부록); 주승희, 석사학위논문, 19면 참조.

것은 아니다 (…) 특히 주체이자 목적으로 존재하여야 할 인간을 물질적 쾌락이나 상업적 탐욕을 만족시키는 수단으로 전락시키는 표현이나 행위를 헌법이 보호하는 것이 아니다"라고 설시한 점에 비추어 볼 때,[33] 헌법재판소 역시 음란물의 (여성의) 인격권에 대한 침해를 인정하는 것으로 보인다.

(2) 비 판

현재 시중에서 유통되고 있는 음란물의 대부분이 남성소비자를 겨냥하여 만들어져 있고, 많은 음란물이 내용적으로 여성에 대한 부정적 이미지를 담고 있는 것으로 보인다.[34] 그러나 이런 현실을 인정하더라도 여성을 비인격적으로 묘사하거나, 열등한 존재로 묘사하는 것 자체가 일반적인 여성의 인격권(또는 평등권)을 직접적으로 침해한다고 볼 수 있는지 의문이다. 물론 여성에 대한 그릇된 이미지를 재생하여 전승시킴으로써 종국적으로는 헌법상의 여성의 인격권(또는 자율성)이나 평등권 보장을 위태화할 여지도 있으나, 이러한 위험성만으로 형법을 투입하는 것은 앞서 논한 법익보호원칙이 형법체계에서 수행하는 형법제한 기능을 현저하게 약화시킬 우려가 있다.

무엇보다도 평등권이 형법상 보호법익이 될 수 없음은 분명하다. 평등권은 개인의 국가에 대한 주관적 공권일 뿐이며 (특수한 경우를 제외하고는) 사인간에 주장할 수 없기 때문이다. 아들과 딸을 차별하는 부모나, 남성사원과 여성사원을 차별하는 사주 등 비합리적인 차별을 행하는 모든 사람을 처벌한다면 형법은 무한대로 확대될 것이며, 불합리한 이유 없이 사람을 차별하지 말라는 것은 오히려 윤리규범에 속하

33) 헌재결 1998. 4. 30, 95헌가16.

34) 예를 들면, 여성을 고통이나 굴욕감을 즐기는 성적 대상으로 표현한 것, 강간당하는 동안 쾌감을 느끼는 성적 대상으로 여성을 묘사한 것, 여성을 성적으로 복종당하며 성적인 노예의 모습으로 표현한 것, 여성을 타고난 창녀로 표현한 것, 여성의 성기가 물건이나 동물의 성기에 의해 관통된 것을 표현한 것 등. 이러한 포르노그래피의 내용 및 그 참여여성과 관련 범죄의 분석을 통해 포르노그래피의 여성유해성을 밝히고자 한 문헌으로는 안드레아 드워킨, 포르노그래피—여성을 소유한 남자들, 동문선, 1996.

는 것으로, 형법은 특정한 행위를 통해 법익이 '실제로' 위협되는 한에서 그러한 행위를 금지시킬 것을 위해 요청되어야 할 것이다.[35]

물론 인격권이 우리 법질서의 근본규범이라 할 수 있는 헌법 제10조 '인간의 존엄성 존중' 조항에서 도출되는 중요한 기본권이며, 형법 역시 이를 존중하고 보호해야 할 의무가 있음은 이론의 여지가 없지만, '추상적 법익으로서의 인간의 존엄성'이 구체적으로 어떤 내용을 갖는지 법관 역시 판단하기 어려운 문제이며,[36] 형법의 최후수단적 특성상 그 보호는 필요 최소한에 그쳐야 할 것이다. 특정 개인이나 한정된 집단이 아닌 여성일반에 대한 인격권의 침해를 형법이 보호하고자 한다면 형법은 무한대로 확대될 위험이 있고,[37] 더욱이 국가가 형법을 통해 여성의 성적 대상화나 상품화 등 불평등한 기존의 성문화를 평등한 성문화로 개선시켜 주기를 바란다면, 이는 시민사회의 자율적 문제해결능력을 포기하는 것이고, 생활세계의 자유로운 공론을 초토화시킬 수 있어 위험하기까지 하다.[38]

또한 음란물을 접하는 남성 중 대다수는 그것이 담고 있는 여성에 대한 부정적 이미지를 이미 사회의 다른 영역에서(드라마를 포함한 각종 TV프로그램, 신문·잡지 등 출판물, 심리학·철학 등 학술서, 문학서, 가정, 또래집단, 심지어 학교선생님) 전수받았을 것이기 때문에, 음란물 자체의 영향력, 즉 음란물이 여성의 인격권 및 평등권 보호를 위태화시킬 위험성은 그다지 크지 않을 것으로 추정해 볼 수 있다.

---

35) Hassemer, "Grundlinien einer personalen Rechtsgutslehre", in: Arth. Kaufmann-Festschrift, 85면 이하.(인격적 법익론의 개요, 형법정책, 1998, 342면 참조).

36) 동일한 관점에서의 문제제기는 Schick, Peter J., "Sittlichkeit-Sexualmoral-Strafrecht", 192면 이하.

37) 음란물에 의한 여성의 인격권 침해를 전제로, 이를 형법의 보호법익으로 삼을 수도 있다는 견해로는 Schröder, Friedrich-Christian, Pornographie, Jugendschutz und Kunstfreiheit, Heidelberg 1992, 38면.

38) 이상돈, "여성주의와 형법: 성폭력범죄에 대한 형법정책을 중심으로", 인권과 정의, 1997/11, 87면; 형법의 근대성과 대화이론, 1994, 75면 이하 참조. 이상돈은 법이 생활세계의 자율적 구조를 왜곡시킨다는 점에서 이를 법에 의한 '생활세계의 식민지화'라고 부른다(이상돈, 법학입문, 2005, 65면).

3. 강간 등 성범죄 위험으로부터의 보호

음란물규제를 찬성하는 여성주의자들의 또 다른 논거는 남성들이 음란물을 접하는 경우 성적 자극을 받게 되고, 이것은 강간 등 성범죄를 일으킬 위험성이 있으므로 유해하다는 것이다.[39] 특히 폭력적인 음란물을 장기적으로 접할 경우 '강간신화'[40]를 쉽게 수용하게 되고, 그 결과 여성들에게 폭력적이 되기 쉽다고 지적한다. 폭력적 성표현물과 단순 폭력물 모두 비폭력적인 성표현물에 비해서 강간신화에 유의미한 영향을 미친다고 하는 것은 여러 조사연구의 공통적인 결론이기도 하다.[41] 법원 역시 마광수 교수의 소설 '즐거운 사라'에 관한 판결문에서 '… 특히 근자에 이르러 성의 문란으로 인한 성도덕과 성풍속의 타락은 퇴폐, 향락 풍조를 조장하고 건전한 문화발전을 저해하며 <u>각종 성범죄 유발의 동기를 제공할 우려가 있으므로</u> 이로부터 사회공동체를 보호하여야 할 필요성을 더욱 크다 할 것인 바 …'라며 이를 긍정하는 양형이유를 밝힌 바 있다.[42]

그러나 성범죄유발 위험성을 이유로 음란물을 규제하기 위해서는 우선 그 유해성의 존재가 입증되어야 할 것이며, 그 입증의무는 입법자에게 있다고 보아야 할 것이다.[43] 만약 그러한 위험성의 존재를 경험적

39) 김영환/이경재, 음란물의 법적규제 및 대책에 관한 연구, 37면 이하; 정완, 사이버공간상 불법·유해정보의 합리적 규제방안, 한국형사정책연구원, 2005, 35면. 서구의 연구로는 Brownmiller, 1975; Dworkin, 1981, 1985; Machinnon, 1984; Morgan, 1980; Ratterman, 1982(이은경, 대중문화의 선정성이 청소년 성범죄에 미치는 영향, 40면 이하 참조).

40) 강간신화란 '강간, 강간피해자, 강간가해자에 대한 편견적이고, 스테레오타입화(고착화)되어 있고, 잘못된 믿음(Burt, M.R., "Cultural Myths and Supports for Rape", Journal of Personality and Social Psychology, 1980)'으로서, 남자가 금지된 행동을 하도록 허용하고, 사건 후에 이를 합리화·정당화하도록 허용한다. 예를 들면 i) 강간은 심각한 범죄가 아니다. ii) 여성은 강간당하기를 원한다. iii) 특정 여성만 강간당할 뿐 좋은 여자는 강간당하지 않는다 등이 있다(심영희, 위험사회와 성폭력, 나남출판, 1998, 353면 이하).

41) 이은경, 대중문화의 선정성이 청소년 성범죄에 미치는 영향, 42면 이하.

42) 서울지법 1992.12.28, 92고단10092.

43) 같은 견해로는 Kaiser, Günther, Kriminalisierung und Entkriminalisierung, in: Festschrift für Ulrich Klug, Köln, 1983, 580면.

으로 입증하지 못한다면 이를 이유로 하는 음란물의 규제, 즉 음란물의 판매·소비자의 음란물향유권의 제한은 정당화될 수 없을 것으로 보인다.[44] 왜냐하면 사회유해성으로부터 처벌의 필요성을 도출하는 법익사고는 입법자에게 어느 행동의 처벌의 필요성유무에 대한 입증책임을 부담시키며, 처벌의 필요성이 '의심스러울 때는 자유의 이익으로(in dubio pro libertate)' 비범죄화할 것을 요청하고 있기 때문이다.[45]

아직까지 우리나라에서는 이와 관련된 경험적 연구가 제대로 행해진 바 없다.[46] 성을 금기시하는 유교이념이 성과 관련된 과학적 연구를 저해하는 측면도 있겠지만,[47] 성의 체험 자체(성욕의 유발, 성범죄욕구 유발 등)가 본래적으로 주관적이고 개인적인 성격의 것이기 때문에, 어떠한 객관적이고 일반화된 결과의 도출에 대한 기대가 애당초 무리인 듯하다. 서구의 경우에 유해성의 입증만큼 무해성(오히려 교육적이며, 치료효과가 있고, 오락적인 기능 및 성적 즐거움을 증진시키는 등의 유익성까지)을 입증하는 연구결과도 상당수 있었음이 이를 뒷받침한다.[48] 결국 음란물이 성범죄를 유발할 위험이 있다는 것은 아직은 확인되지 않은 가정에 불과한 것이다.[49]

---

44) 같은 견해로는 Müller-Dietz, Heinz, Strafe und Staat, 41면.

45) 이상돈, 법이론, 92면 이하; Müller-Dietz, Heinz, Strafe und Staat, 43면. '의심스러울 때는 자유의 이익으로' 원칙이 실제로 의심스러운 상황에서 입법자에게 적절한 헌법적인 구속을 작동시키는 근본규범으로 여겨질 수 있느냐가 문제시될 수 있는데, 이 원칙은 서구의 경우 이미 오래 전부터 다음과 같은 상황 즉, 통제해야 하는 사회적 유해성이 충분하게 밝혀지지 않았거나 가능하지 않은 경우 입법자는 그의 개입의 필요성에 대해 입증할 수 없는 곳에서는 뒤로 물러서야 한다는 일종의 권능추정, 자유추정으로 발휘되어 왔다. 마치 형사소송절차에서 '의심스러울 경우 피고인의 이익으로(in dubio pro reo)' 진행시키는 것과 유사하다(Müller-Dietz, Heinz, Strafe und Staat, 41면 이하).

46) 음란물이 청소년에게 미치는 유해적 영향력에 대하여 제한적인 방법을 통한 경험적 연구만이 있었을 뿐이다(김준호/박해광, 음란물과 청소년 비행과의 관계에 관한 연구).

47) 우리사회연구학회, 현대사회와 여성, 정림사, 1999, 93면.

48) Alternativ-Entwurf eines Strafgesetzbuches, BT, Sexualdelikte, 1968, 41면(임웅, 비범죄화의 이론, 92면 재인용). 음란물과 성폭력간의 인과관계를 부정하는 국내문헌으로는 조국, 전게서, 279면 이하.

49) 인터넷 음란사이트 접촉의 영향에 대한 최근 연구 결과, 음란물을 접촉한 경우,

4. 청소년 보호

(1) 음란물의 청소년 유해성

음란물의 유해성 여부에 관하여 가장 폭넓은 합의가 도출되는 부분은 바로 음란물이 청소년에게 유해하다는 것이다. 그러나 구체적으로 어떻게 유해한지에 대한 경험적 연구가 많지 않은 현 상황에서는, 음란물관련 법규정과 학술연구에서 제시하고 있는 청소년유해성의 내용만을 간접적으로 확인해 볼 수 있을 뿐이다.

우선 청소년보호법 제10조는 i) 청소년에게 성적인 욕구를 자극하는 선정적인 것이거나 음란한 것, ii) 청소년에게 포악성이나 범죄의 충동을 일으킬 수 있는 것, iii) 성폭력을 포함한 각종 형태의 폭력행사와 약물의 남용을 자극하거나 미화하는 것, iv) 청소년의 건전한 인격과 시민의식의 형성을 저해하는 반사회적·비윤리적인 것, v) 기타 청소년의 정신적·신체적 건강에 명백히 해를 끼칠 우려가 있는 것을 청소년유해매체물로 지정하고 있다.

다음으로 한국형사정책연구원이 중고등학생을 대상으로 음란물의 영향력을 조사한 연구의 결과를 종합적으로 볼 때, 성표현 접촉이 청소년들에게 유해한 영향을 미친다는 관점을 기본적으로 지지하면서도, 성표현을 노골성이라는 하나의 수준에서 논의하고 또 대응할 수 없다는 점, 선정성보다는 폭력적 성표현, 특히 성폭력을 에로틱하게 표현하는 내용이 더욱 유해하다는 점이 제시하고 있다.[50] '음란물과 청소년 성비행'에 관한 다른 연구들의 결과도 위 연구원의 결과와 크게 다르지 않다.[51] 청소년 유해성과 관련된 음란물에는 단순한 성욕의 자극이나 성

'(음란)게시물을 본 대로 해 보고 싶다는 생각이 들었다'는 등의 행동강화가 일어난 경우가 그렇지 않은 경우에 비해 적고, 오히려 '게시물을 보고 불쾌한 생각이 들었다'는 등의 '혐오감'을 느낀 경우가 더욱 많은 것으로 나타났다(박형민, 인터넷 유해사이트의 실태와 대책에 관한 연구, 한국형사정책연구원, 2005, 134면 이하).

50) 김은경, 대중문화의 선전성이 청소년 성범죄에 미치는 영향, 15면 이하.

51) 정상적인 가정의 청소년들도 상당수가 음란물에 접촉하고 있으나 비행까지는 발전되지 않지만, 기능적으로 문제 있는 가정의 청소년들이 음란물을 접촉하게 되면 비행으로 발전될 가능성이 높다는 점에서 오히려 가정의 중요성을 환기시키고 있다(김준호/김혜원, "음란물과 청소년 성비행", 건전한 청소년 성문화 창출을 위한

폭력을 내용으로 하는 것도 포함된다는 점에서 형법상의 '음란' 개념보다 넓은 것으로 이해되기도 한다.[52)]

(2) 음란물 규제를 통한 청소년 보호의 한계

1) 음란물의 유해성 정도

음란물의 청소년유해성의 내용에 관한 연구결과들의 공통점은 단순한 음란물 접촉보다는 음란물을 통해 형성된 여성에 대한 왜곡된 가치가 결국 성비행에 영향을 줄 수 있다는 것인데, 앞서 말한 바와 같이 여성에 대한 왜곡된 인식은 음란물에서뿐만 아니라 TV, 잡지 등 각종 언론매체, 학교에 이르기까지 오랜 역사를 가진 여성비하적 사회·문화적 환경이 반영된 다양한 생활영역에서 발견된다는 점에서, 음란물 자체가 미치는 영향력은 그리 크지 않을 것으로 보인다.[53)]

2) 특정 성도덕 강화의 문제점

성비행에 대한 영향력 외에 음란물의 청소년 유해성으로 논해지는 것은 대부분 성도덕과 관련된 부분이다. 이와 관련해서는 성인에 대해서와 마찬가지로 오늘날과 같은 다원주의적 개방사회에서 일정한 합의의 도출이 더욱 어려울 것으로 보인다. 청소년기의 성경험이나 혼진성행위, 동성애, 간통, 혼음 등 기타 기존에 비윤리적인 것으로 유해성이 긍정되는 성행위들도 개인의 가치관이나 세계관에 따라 얼마든지 달리 평가될 여지가 있다. 따라서 어떤 성표현물(작품)이 청소년에게 어떤 유해한 영향을 미치는가에 대한 판단은 전통적이고 보수적인 성도덕관을 잣대로만 판단할 것이 아니라 다음과 같은 점을 고려해야 할 것으로 보인다.

첫째, 어느 성표현물이 청소년에게 어떠한 해악을 끼치느냐는 개개

서울시민 대토론회 발표자료집(성문화와 성폭력에 미치는 음란물의 영향), 한국성폭력상담소 1997. 10, 44면 이하).

52) 박용상, "표현의 자유와 음란규제 및 청소년보호", 헌법논총 제14집, 14면.

53) 기타 입시위주의 반교육적인 학교체계, 빈부격차로 인한 청소년들의 상대적 박탈감과 소외, 절대빈곤으로 인한 교육기회 자체의 박탈과 생활의 불안정 등이 더 심각한 청소년비행의 원인이라는 견해로는 이형근, "표현의 자유와 매체물에 대한 규제—청소년 보호법안 검토", 이달의 민변, 특집1: 표현의 자유와 법, 1996. 12, 12면.

의 청소년에 따라 다를 수 있으므로,[54] 아동·청소년을 포괄적으로 연구대상으로 삼아 그 영향력을 일반화시키는 데는 무리가 따른다(개인적 상대성). 둘째, 무엇이 청소년에게 유해한가 그리고 그 수용한계는 어디까지인가의 문제는 시대마다 다르며, 이러한 시간적 종속성은 에로티즘과 성관련 분야에서 더욱 특징적이다(시간적 상대성). 참고로 독일의 경우 1962년의 판결에서는 혼전성교를 명백히 반대하지 않았다는 이유로 청소년유해성을 긍정했지만 오늘날은 이러한 이유로 청소년유해성을 파악하지는 않는다.[55] 현재 우리나라 청소년들도 언론매체 등을 통해 성에 관한 지식을 이른 나이부터 습득하기 때문에 일정한 내용의 성표현물이 주는 충격은 과거보다 적으리라 예상된다. 셋째, '청소년유해성' 개념은 장소에 따라 다를 수 있다. 즉 국가의 위치 및 문화에 따라 다를 수 있고, 같은 국가라도 지역에 따라 다를 수 있다. 대도시와 농촌이 다를 수 있고, 특히 보수적인 색채가 강한 지역에서는 유해성의 폭이 더욱 넓으리라 본다(공간적 상대성).

3) 청소년의 자율성 존중

음란물의 유해성으로부터 아동·청소년을 보호해야 함은 바로 국가가 미성년의 국민들로 하여금 헌법이 지향하고 있는 인간상에 맞게 성장하도록 도와준다는 의미를 지닌다. 아동·청소년이 사회공동체 내에서 자신의 행동에 책임을 질 수 있는 책임 있는 인격체로 성장하기 위해서는 일정정도의 보호와 도움이 필요하기 때문이다.[56] 그렇다고 해서 아동·청소년을 권위적이고 후진적인 정치문화 속에서 여전히 타율적인 보호·규제의 대상으로만 취급해서는 안 될 것이다. 그들 역시 인간의 존엄과 가치 및 헌법상 보장된 모든 기본권의 주체이며, 단지 그들의 정신적·육체적 미성숙을 이유로 일정한도 내에서만 기본권행사

---

54) 즉 청소년의 가정환경, 사회환경, 교육, 성장배경, 연령, 발달정도 등이 해악의 정도에 영향을 미칠 수 있는 요소가 될 수 있다.

55) Vlachopoulos, Spyridon, Kunstfreiheit und Jugendschutz, 41면.

56) 김선택, "아동·청소년보호의 헌법적 기초—미성년 아동·청소년의 헌법적 지위와 부모의 양육권", 헌법논총 제 8 집, 1997, 84면 이하.

가 제한될 뿐이기에, 필요 이상의 제한은 아동·청소년의 인격적 주체성을 침해하는 것일 수 있다.

그런 점에서 1989년 유엔이 선포한 '아동·청소년권리에 관한 국제협약(A Convention on the Rights of the Child)'[57] 제12조 의견존중의 원칙(Respect for the child's opinion)은 아동이 자기에 영향을 미치는 모든 문제에 관하여 스스로의 견해를 자유로이 표명할 수 있는 권리를 보장한다는 점에서 의의를 가진다. 특히 이 원칙은 아동·청소년의 의견표명권의 보장에 있어서 그들의 연령과 성숙도에 따라 정당한 비중이 부여되어야 하는 것으로 해석되어야 할 것이며,[58] 성도덕의 형성이나 성문화의 향유에 있어서도 마찬가지이다.

4) 음란물과 청소년성비행간의 인과관계 입증의 결여

음란물의 청소년유해성의 입증, 즉 음란물과 청소년성비행간의 인과관계 존부에 대한 경험적 연구는 거의 이루어진 바 없다.[59] 관련 법령이나 연구들의 경우에도 '당연히' 상당한 인과관계가 있을 것으로 전제하고 진행된 것이지, 인과관계를 입증하는 작업은 아닌 것이다.[60] 사실 행동의 '동기'라는 심리적 요소가 작용하는 부분이기에 인과관계의 명백한 입증 자체가 처음부터 어려운 점도 있다. 특히 청소년유해성의

57) Commission of Human Rights in UN Economic and Social Control: 'The Sale of Children, Child Prostitution and Child Pornography', 1998(류은숙 역, 아동매매, 아동매춘 그리고 아동포르노, 유네스코포럼, 1998 가을, 90면 이하).

58) 김태천, "아동권리협약", 국제인권법 제1호, 1996, 187면.

59) 우리나라의 경우 공격적 표현물, 폭력물의 영향에 관해서만 약간의 실증적 연구가 있을 뿐이고, 성표현물 또는 선정성의 영향에 관해서는 아직 체계적으로 연구된 바가 없다. YMCA나 YWCA 등 각종 청소년 및 여성단체에서 대중매체의 선정성 문제를 모니터링한 조사결과들 및 이에 관련한 단편적인 글들이 있으나, 이러한 보고서들은 음란물의 영향력에 대한 과학적 접근이라기보다는, 오히려 '성적 표현물의 유해성'이라는 선험적 가정으로부터 출발하고 있어, 여전히 과학적·경험적 연구의 필요성이 절실하다(이은경, 대중문화의 선정성이 청소년 성범죄에 미치는 영향, 25면 각주 5) 참조).

60) 음란물과 청소년의 비행간의 인과관계의 입증은 대부분 미국의 심리학적인 연구에 의존하는 경우가 많은데, 미국의 문화가 선정적이고 대중적이며, 극도의 개인주의화로 인하여 사회구성원간에 정서적 공동의식이 매우 단절되어 있는 사회의 연구결과를 우리 사회에 그대로 적용하는 데 어려움이 있다(이형근, "표현의 자유와 매체물에 대한 규제 —'청소년 보호법안'검토", 11면).

문제를 윤리적 측면에서 평가하는 경우가 대부분이며, 이러한 윤리적 관점은 대중매체가 아동 및 청소년의 태도에 어떠한 영향을 미치는가에 대하여 확실한 과학적 인식을 결여하고 있기 마련이다.[61] 결국 인과관계에 대한 추정적인 가능성을 전제로 할 수밖에 없는데, 이 경우 단순한 '청소년보호의 이익'과 '표현의 자유'라는 이익의 충돌문제가 생기는 것이 아니라, '청소년을 보호할 가능성'과 '표현의 자유에 대한 현실적인 침해'의 비교형량이 남는 것이다.[62] 따라서 언제나 청소년의 보호에만 손을 들어줄 것이 아니라 개별사안에 따라 신중한 이익형량이 필요하리라 본다.

5. 소 결

음란물죄의 보호법익과 관련한 지금까지의 논의를 정리해 보면, 성도덕을 형법으로 보호하고자 하는 시도는 국가에 의한 윤리의 강제로서 지양되어야 할 것이다. 성도덕은 인간의 자기실현의 전제나 조건이 아니라 그 목표이므로 형법의 법익이 되기 어렵고,[63] 윤리는 법적 강제가 아닌 자율적 통찰에 의해서만 성장하는 것이기에 법은 이 영역에서의 부도덕을 감수해야 하리라 본다.[64] 오늘날과 같은 다원주의 사회에서 실질적 의미의 범죄는 다른 세계관이나 다른 도덕관을 가졌기 때문이 아니라, 어느 행위로 인해 사회적 공동생활 자체를 위한 여러 조건들이 참을 수 없을 정도로 침해된 경우에야 비로소 성립될 수 있기 때문이다.[65]

---

61) 이러한 과학적·경험적 입증의 결여는 관련 영역에서 가치상대주의 및 다원주의적 사고를 초래하기도 한다. 독일과 같이 가치상대주의 및 다원주의를 지향하는 사회에서는 어느 성표현물의 청소년유해적 성격이 극히 예외적이고 심각한 경우에만 일치하는 경향이 있다(Vlachopoulos, Kunstfreiheit und Jugendschutz, 41면).

62) 이형근, "표현의 자유와 매체물에 대한 규제 —'청소년 보호법안'검토", 이달의 민변, 특집1 표현의 자유와 법, 1996. 12, 11면.

63) Marx, Zur Definition des Begriffs "Rechtsgut", 1992, 84면 이하.

64) 동일한 관점에서 형법에 의한 윤리교육이 장기적으로는 오히려 시민들의 윤리적 역량을 떨어뜨릴 수 있다는 판단은 이상돈, 형법의 근대성과 대화이론, 18면.

65) Zipf, Heinz, Kriminalpolitik, 1980(김영환 외 2인 공역, 형사정책, 한국형사정책연

한편 음란물이 여성의 인격권(평등권)을 침해한다거나 강간신화를 조장함으로써 성범죄유발의 위험이 있다는 주장이 있지만, 음란물이 그 원인이 아니라 오랜 역사를 가진 여성비하적인 문화에서 비롯된 결과물일 뿐이며, 그 위험성이 실제로 입증되지 않은 현시점에서는 하나의 가정에 불과하고, 이러한 가정만으로 형사규제를 한다면 이는 형법의 법익보호사상에도 반하리라 본다. 형법이 아닌 올바른 성교육과 차별적인 성문화의 개선, 필요한 경우 행정규제 등이 근원적 해결책이 될 수 있다는 점에서 형법은 한걸음 물러서야 할 것이다. 이와 같은 법과 도덕의 분리, 다른 적절한 수단의 선택은 자유법치국가에서 형법이 사회통제의 최후수단이어야 한다는 보충성원칙에도 부합한다.

결론적으로 음란물규제가 유의미한 부분은 바로 원치 않는 성인(성적 수치심 보호)과 청소년이다. 그러나 청소년보호와 관련해서 앞서 지적한 요소들을 고려할 때, 다소 과도한 노출이 있거나 비윤리적 내용이라 평가받는 성표현물이라도 일정 연령 이상의 청소년이 접할 수 있는 길을 차단하는 것은 바람직하지 않다고 보인다. 청소년이 미성숙하다는 이유로 예술·문화를 향유할 자유를 원천적으로 봉쇄하기보다는, 청소년 자신의 판단이나 부모의 교육관에 따라 접할 수 있는 통로를 마련해 주는 것이 그들의 인격적 주체성을 존중하는 길이라 생각된다. 특히 오늘날과 같이 청소년들이 성인들과 같은 내용의 영상, 활자매체를 보고, 듣고, 읽으면서 성장하여 그 식견이나 정서적 발달이 과거 기성세대의 청소년기보다 매우 일찍 이루어진다는 점을 고려할 때 더욱 그러하다.[66] 여러 연구결과에서 나타나듯이 이미 많은 수의 청소년들이 초중학교시기에 음란물을 음성적으로 접하고 있으며,[67] 오늘날 인터넷의 발달로 더욱 그 접근이 용이해졌음을 고려할 때 과거와 같은 일률

구원, 1994, 177면).

66) 청소년의 성적 조숙경향을 참작하여 미성년자보호연령의 인하문제를 적극적으로 검토하자는 견해는 임웅, 비범죄화의 이론, 99면 이하.

67) 김준호/박해광, 음란물과 청소년 비행과의 관계에 관한 연구, 163면; 정완, 사이버공간상 불법·유해정보의 합리적 규제방안, 한국형사정책연구원, 2005, 31면 이하.

적인 금지는 규범과 현실간의 괴리를 더욱 넓힐 뿐이며, 청소년의 규범에 대한 신뢰의 약화도 함께 우려하지 않을 수 없다.[68]

Ⅲ. 음란 개념의 명확성 여부

앞서 살펴본 바와 같이 대다수의 학설 및 판례가 음란물죄의 보호법익을 선량한 성풍속 등의 성도덕으로 바라보고 있는 이상, '음란' 개념 역시 추상적으로 정의 내려질 수밖에 없을 것이다. 대상판결의 "일반 보통인의 성욕을 자극하여 성적 흥분을 유발하고 정상적인 성적 수치심을 해하여 성적 도의관념에 반하는 것"[69]과 같은 음란의 정의는, 구체적인 상황에서 어느 성표현물이 음란한가 여부를 확정하기 어려울 정도로 추상적이고 불명확하므로 법관의 자의적인 법적용을 막기 어렵다는 비판의 목소리가 높다.[70] 법치국가에서 형법의 법익보호 과제는 고도의 정형화된 모습으로 추구되어야 하며, 특히 명확성원칙은 시민의 자유이익의 보장이라는 법적 안정성의 확보 측면에서 큰 의미를 갖는다.[71] 음란물죄와 관련하여 이러한 정형화과제는 개인이 생산 또는 판매·구입하고자 하는 성표현물이 음란물에 포함되는가 여부를 스스로 인식할 수 있고 그로 인해 형사제재를 받게 될는지 여부를 예견할 수 있을 때 실현될 것이다.

---

68) 규범과 현실의 괴리를 적나라하게 꼬집은 글로는 박종성, 포르노는 없다, 2003. 참고로 오스트리아 음란물규제법은 원칙적으로 영리목적 음란물죄만을 처벌하지만, 16세 미만자에 대한 음란물의 경우 영리목적이 없어도 처벌하고 있고, 독일형법은 18세 미만자에 대한 음란물의 제공·양여·광고 등 행위를 처벌하고 있다.

69) 대판 1995. 6. 16, 94도2413; 대판 1997. 8. 27, 97도937; 대판 2000. 10. 27, 98도679; 대판 2005. 7. 22, 2003도2911 등 다수.

70) 김영환/이경재, 음란물의 법적규제 및 대책에 관한 연구, 한국형사정책연구원, 1992, 31면; 임웅, "성범죄의 비범죄화론", 성균관법학 제 2 호, 1988, 72면 이하.

71) 김일수, 형법총론, 39면; 배종대, 형법총론, 46면. 명확성원칙은 이론적으로 볼 때 법익보호원칙과 서로 제한하는 상호작용의 관계에 있기도 하다(이상돈, 형법의 근대성과 대화이론, 94면 이하).

1. 음란 개념 및 그 판단 기준

(1) 전체적 고찰방법 기준

대상판결의 판결요지에서 보듯이, 기존의 음란개념의 추상성과 불명확성을 극복하기 위해 법원은 "당해 표현물의 성에 관한 노골적이고 상세한 묘사·서술의 정도와 그 수법, 묘사·서술이 그 표현물 전체에서 차지하는 비중, 거기에 표현된 사상 등과 묘사·서술의 관련성, 표현물의 구성이나 전개 또는 예술성·사상성 등에 의한 성적 자극의 완화 정도, 이들의 관점으로부터 당해 표현물을 전체로서 보았을 때 주로 그 표현물을 보는 사람들의 호색적 흥미를 돋우느냐의 여부 등 여러 점을 고려하여야 하며, 표현물 제작자의 주관적 의도가 아니라 그 사회의 평균인의 입장에서 그 시대의 건전한 사회 통념에 따라 객관적이고 규범적으로 평가하여야 한다"고 판시하고 있다. 이는 해당 작품의 부분만이 아닌 전부를 기준으로 해서 출판(전시·상영) 장소나 독자(관중)의 부류와 같은 부수적 사정도 종합적으로 고려할 것을 요구하는 다수설과 맥을 같이하는 것으로 보인다(전체적 고찰 방법).72)

그러나 음란성의 유무를 판단함에 있어서 예술의 자유, 문학의 자유, 학문의 자유가 침해되지 않아야 한다는 점을 고려하여야 한다고 하면서도 동시에 세계적인 명화로 인정되고 있는 고야의 '나체의 마야'를 음란물로 평가하거나, 대상판결에서 일부 작품들이 음란물로 인정된 것을 볼 때, 전체적 고찰 방법 역시 자의적 법적용의 위험을 떨치기 어려운 것으로 보인다. 물론 문제가 된 작품들을 보고 성욕을 느끼거나 성적 수치심을 느끼는 사람이 있을 수 있다. 그렇다고 해서 이를

---

72) 한편 대법원은 '나체의 마야사건(대판 1970.10.30, 70도1879)'과 '사방지사건(대판 1990.10.16, 90도1485)'에서 '상대적 음란개념'을 따른 것으로 일반적으로 평석되고 있는데, 즉 음란성 판단에 있어서 동일한 내용의 물건이라도 그 외에 기타의 부수적 사정, 예를 들어 작가나 출판사의 의도, 판매 및 선전방법, 대상독자의 제한성 등을 고려하여 상대적으로 판단하여야 한다는 것이다. 이에 따르면 세계적인 명화나 명작으로 인정된 작품이더라도 용도에 따라서는 음란물이 될 수 있다. 상대적 음란개념은 전체적 고찰방법의 한 요소로 평가될 여지가 있으므로(장영민, "음란물죄에 관한 약간의 고찰", 고시연구, 95.2, 44면), 별도의 논의는 생략하기로 한다.

기준으로 음란성을 판단한다면 이 세상의 어느 것도 음란성의 의심에서 벗어나지 못할 것이다.[73] 판례나 학설의 주장처럼 모든 요소를 종합적으로 고려한다는 것은 사실 법적용의 자의성을 무한정하게 허용할 뿐이라는 점은, 대상판결에서 대법원이 하급심법원과 마찬가지로 피고인이 내세운 '작가적 의도'(예를 들면 '그대 행복한가'라는 문구를 통해 보통 사람을 철학적 사유로 이끌어 당혹스럽게 하겠다는 것)나 '홈페이지의 전체적인 구성, 독특한 전개방식', '오늘날 우리 사회의 다분히 개방된 성관념' 등을 고려・판단했음에도 상반된 결론을 도출함으로써 뒷받침해 주고 있다.

(2) 사회통념과 평균인 기준

전체적 고찰 방법이 안고 있는 자의적 법적용의 위험은 법원이 '사회평균인'의 입장에서 '그 시대의 건전한 사회 통념'에 따라 객관적이고 규범적으로 평가할 경우 감소되어야 할 것이지만, 앞서 보호법익에 관한 논의에서 살핀 바와 같이 사회통념의 구체적 내용은 그 기준이 되는 평균인이 확정되지 않는 한 공허한 기준에 머무르기 쉽다. 사회평균인의 확정에 있어서도, 현재 우리나라에서 다양한 음란물들이 널리 유통・소비되고 있음은 잘 알려진 사실인데, 이들 다수의 소비자를 평균인에서 배제시키는 기준이 무엇인지 의문이다. 특히 평균인을 확정하기 위해서는 성의 향유에 있어 정상과 비정상의 구별을 전제로 하기 십상인데, 오늘날과 같은 다원주의사회에서 이러한 구별이 허용가능한지도 의문이다. 결국 이들 모두는 법원의 가치충전적 해석을 필요로 하는 규범적 사항이며, 법원의 자의가 개입할 여지를 좁히지 못하는 것으로 보인다.

여기서 필자가 사회통념・평균인이라는 법언어의 불명확성 자체를 문제삼고자 하는 것은 아니다. 법언어의 다의성과 그로부터 나오는 형법의 불명확성은 형법의 현실관련성에서 비롯되는 불가피한 산물일 뿐

73) 배물성욕(fetishism)과 같은 극단적인 예를 들지 않더라도 성행위가 직・간접적으로 묘사된 거의 모든 고전작품들(심지어 성경(아가서)까지)과 나체사진이 실린 의학서, 성교육서 등이 음란물로 평가될 여지가 있다.

만 아니라, 사건을 심판할 때 개별적 정의를 지향할 수 있는 장점이 될 수도 있다는 점에서 곧바로 명확성원칙의 침해라고 단정지울 수는 없기 때문이다.[74] 오히려 음란물죄와 관련하여 정상적 성적 정서라는 애매하고 비합리적인 계기와 결합하였다는 점에서 명확성원칙의 침해위험이 높아진 것으로 볼 수 있다는 것을 지적하고 싶다.[75] 그런 점에서 대상판결에 대한 판례비평에 제기된 어느 시민단체의 다음과 같은 물음은 시사하는 바가 크다: "광주비엔날레 작품심사위원들과 5.18 자유공원 전시품 심사위원들, 그리고 광주비엔날레와 5.18 자유공원내 미술작품들을 돌아보며 김인규 교사의 '우리 부부'사진에서 별 성적 흥분이나 수치심을 느끼지 않고 오히려 예술가적 혼이나 실험정신을 감지했던 우리 사회의 일반보통인은 그럼 다 음란한 마음을 품은 음란의 동조자들이란 말인가."[76]

(3) 전문가의 의견 존중

음란성이 주로 문제시되는 영역은 소설이나 영화 등 예술 분야이다. 예술성과 음란성의 관계에 대해서는 논란이 많지만, 대법원은 양자의 양립 가능성을 인정하고 있고, 다만 예술성에 의해 음란성이 완화될 수 있음을 밝히고 있으며, 이 점은 대상판결의 판결요지 〔2〕에도 분명히 드러나 있다.[77] 예술성이 인정되는 작품을 음란물로 보아 생산 및 판매·방영을 금지하고 관련자를 형사처벌하는 경우 헌법상 보장된 예술의 자유를 심각하게 침해할 위험이 클 것이다. 그리고 그 칼자루를 쥔 법관의 대부분은 예술성 유무를 판단할 수 있는 안목이 그리 높지 않으리라 추측할 수 있는 현실에서 관련 전문가의 의견 청취가 적절한

74) 배종대, 형법총론, 68면 참조.

75) 동일한 관점에서의 비판으로는 임웅, 비범죄화의 이론, 91면.

76) 〔판결비평〕 광장에 나온 판결 2005-3, 4면.

77) "문학성 내지 예술성과 음란성은 차원을 달리하는 관념이므로 어느 문학작품이나 예술작품에 문학성 내지 예술성이 있다고 하여 그 작품의 음란성이 당연히 부정되는 것은 아니라 할 것이고, 다만 그 작품의 문학적·예술적 가치, 주제와 성적 표현의 관련성 정도 등에 따라서는 그 음란성이 완화되어 결국은 형법이 처벌대상으로 삼을 수 없게 되는 경우가 있을 수 있을 뿐이다"(대판 2000. 12. 27, 98도679; 대판 2002. 8. 23, 2002도2889; 대판 2005. 7. 22, 2003도2911).

해결책으로 보일 수도 있을 것이다.[78)]

그러나 시대적으로 새로운 양식의 예술은 '예술전문가'들 혹은 동료예술가들로부터도 인정받지 못하는 경우가 대부분이고,[79)] 특히 현대예술의 경우 새롭고 모험적인 것을 추구하는 경향이 매우 강하기 때문에 그 평가의 어려움 역시 매우 클 것이다.[80)] 무엇보다 예술비평가나 학자 등의 전문가들의 가치평가 역시 주관적이고, 중립성과 객관성이 결여되어 있으며 그들 상호간의 의견도 일치하지 않기 때문에, 이들 전문가들의 감정은 참고할 만한 견해가 될 수 있을 뿐 구속력 있는 기준은 될 수 없고,[81)] 실제 사법판단에 있어서도 종종 예술전문가들의 감정이 의심스러운 경우가 있다.[82)] 따라서 예술전문가들의 역할은 문학텍스트의 해석이나 예술의 새로운 형태·경향에 대하여 정보를 주는 일에 국한시켜야 할 것이지,[83)] 예술성의 유무나 정도를 심사하게 하는 것은 여전히 개인이 누리는 예술의 자유를 침해할 우려가 높고,[84)] 또한 국가

78) 이은영, 법여성학 강의, 2004, 232면; 조국, 형사법의 성편향, 274면.

79) 오늘날 위대한 예술로 평가받는 작품들도 당대에는 '음란'하다거나 '비기독교적'이라는 이유로 배척받았다. 예를 들면 미켈란젤로의 "다비드"상, 로댕의 "키스", 뒤러의 "아담과 이브" 등이다. 이 외에도 자신들의 작품 때문에 형사문제화된 예술가들은 베르톨트 브레히트, 막스 에른스트, 하인리히 하이네, 입센, 에리히 케스트너 등 이루 헤아릴 수 없을 정도로 많다(Erhardt, Kunstfreiheit und Strafrecht, 17면 이하 참조).

80) Vlachopoulos, Spyridon, Kunstfreiheit und Jugendschutz, 82면.

81) 장영수, "예술의 자유에 대한 헌법적 보장의 의의와 한계", 102면; Erhardt, Kunstfreiheit und Strafrecht, 80면; Vlachopoulos, Kunstfreiheit und Jugendschutz, 83면.

82) 마광수 교수의 '즐거운 사라' 사건의 항소심(서울형사지법 93노446)에서 검찰측과 피고인측에서 각각 추천한 감정인 두 명 모두 음란성을 부정하는 감정서를 제출하였는데, 재판부는 다시 다른 감정인들로 하여금 감정서를 제출케 하여 감정인 세 명 중 두 명은 음란성이 긍정된다는 취지로, 나머지 한 명은 음란성이 부정된다는 취지로 의견서를 제출한 바 있다.

83) Vlachopoulos, Spyridon, Kunstfreiheit und Jugendschutz, 83면.

84) 특히 그 논거가 정치적으로 중립적인 체하는 예술(또는 학문)의 옷을 입고 진리와 정의에 대한 추구에서 나온 것이 아니라 다른 목적(보수적 성향에 의한 성적 소수자의 박해)에서 나온 경우 더욱 그러하다. 이를 '위장된 이익정치(verkleidete Interessenpolitik)'로 특징지우고 비판적 시각에서 바라보는 견해로는 Schünemann, Bernd, "Kritische Anmerkungen zur geistigen Situation der deutschen Strafrechtswissenschaft", GA, 227면 이하.

가 예술전문가(혹은 전문가단체)를 공정하게 선정하는 일 자체도 어렵겠지만, 선정된 전문가가 자신의 취향에 맞지 않는다는 이유로 새로운 양식의 작품을 비예술로 판정한다면 이는 예술다원주의(Pluralität der Kunst)에도 부합하지 않을 것으로 본다.[85]

(4) 소 결

이처럼 음란성 개념의 추상성과 모호성을 극복하기 위해 제시되고 있는 여러 기준들 또한 구체적인 사안의 적용에 있어서는 객관성의 담보가 어렵기 때문에 음란개념의 불명확성을 제거하는 데 별 도움이 되지 않는 것으로 보인다. 형법이 음란성과 같은 가치충족을 필요로 하는 개념(규범적 개념)을 사용할 수는 있지만, 현행 형법에서와 같이 일반인이 그 내용을 확인하기 어려워 자기행위의 가벌성 여부를 미리 예견하기 어려운 정도로 불명확하다면 이는 형법규범으로서의 정당성 확보가 어려울 것이다. 이러한 음란개념의 불명확성은 본죄의 보호법익이 선량한 성풍속이라는 법률 외적인 규범영역, 즉 형법이 결별을 선언해야할 도덕(또는 사회윤리)이라는 점과 밀접한 관련을 갖는 것으로 보인다. 보호법익의 내용이 불확정한 상태에서는 이에 대한 침해 역시 불확정적일 수밖에 없는 것이고, 특히 오늘날과 같은 다원적인 사회에서 특정집단의 사회윤리를 기준으로 삼는다면 국민의 입장에서는 명확한 행동지침의 확보가 어렵기 때문이다.[86] 결국 현행 음란물죄는 그 보호법익의 설정과 불명확한 법언어로 인해 국민의 자유를 과도하게 침해할 위험이 높으며, 대상판결도 그와 같은 한계를 전혀 극복하고 있지 못한 것으로 판단된다.

Ⅳ. 음란물의 형사규제의 합리성 검토

1. 정보통신매체의 발달과 심화된 집행의 결손

현행 음란물죄의 존속을 어렵게 만드는 또 다른 큰 요인은 바로

85) Vlachopoulos, Spyridon, Kunstfreiheit und Jugendschutz, 84면.

86) 같은 견해로는 Zipf, Heinz, 형사정책, 162면 이하.

집행의 결손이다.[87] 오늘날 낙태죄나 마약범죄, 환경범죄 등 다양한 분야에서 집행의 결손이라는 문제가 만성적으로 나타나고 있지만, 음란물 규제와 관련해서는 매우 심각한 수준으로 보이는데, 이는 인쇄술이나 오늘날의 인터넷 등 각종 기술의 발달과도 큰 관련성을 갖는다.

음란물은 항상 새로운 매체를 적극 이용하는 경향이 있다. 인쇄술의 발달로 음란물은 책과 잡지의 형태로 대중화되었고,[88] 이어 발명된 사진술은 누드화를 확산시켰으며, 그 후 등장한 비디오 등 전자미디어는 더욱 빠른 속도로 더 많은 대상층에 음란물을 전달하는 매체로 이용되었다. 1990년대 들어서 개인용 컴퓨터와 CD복제술의 확산이 개인에 의한 음란물의 불법복제를 가능케 했고, 이후 등장한 인터넷 등 정보통신매체의 발달은 '정보의 바다'인 인터넷을 '음란물의 바다'로 만들기에 충분했다. 이제 음란물사이트를 적극적으로 찾아나서지 않더라도, 한 번의 클릭만으로 음란사이트로 연결해 주는 스팸메일이 하루에도 수십통씩 날아드는 현재의 상황 속에서, 누구라도 음란물 단속이 거의 이루어지고 있지 않거나 또는 실효성이 없다는 사실을 인식하지 않을 수 없을 것이다.[89] 대상판결에서처럼 가끔씩 행해지는 단속과 처벌은 일회적인 의미만을 갖게 하고, 그물망수사라는 오명을 씌우기도 한다.

---

87) 여기서 '집행의 결손(Vollzugsdeifizit)'이란 법률이 마땅히 그래야 할 만큼의 기능을 발휘하지 못한다는 점뿐만 아니라 그 적용이 매우 불균등하여 올바르지 못한 결과를 낳는다는 것을 의미한다(Hassmer, Winfried, Kennzeichen und Krisen des modernen Strafrechts, ZRP 1992, 378면 이하(이상돈(역), 현대형법의 위기, 형법정책, 1998, 202면)).

88) 현대적 의미에서의 음란물(법률적·예술적 범주로서의 포르노그래피)은 19세기에 들어서야 널리 쓰이기 시작했는데, 16세기에서 18세기에 종교적·정치적 권위를 비판하기 위한 수단으로 이용되었던 음란물이 인쇄문화의 전파에 힘입어 서서히 별개의 범주로 출현했다고 한다(Hunt, Lynn, 포르노그래피의 발명, 12면).

89) 특히 P2P 방식을 이용한 음란물 공유는 음란물규제에 결정타를 날린 것으로 볼 수 있을 것이다. P2P(peer to peer)는 다수의 컴퓨터(peer)들이 서로 직접 연결되어 동영상, 텍스트파일 등의 정보자원을 공유하는 시스템으로, 감시나 규제가 사실상 불가능하기 때문이다. P2P방식이용자의 규제에 대하여는 이천현, "P2P방식 이용자 및 제공자의 형사책임", 형사정책연구(2004/가을), 267면 이하를 참조할 것.

2. 상징형법으로서 갖는 음란물죄의 허구성

이러한 집행의 결손은 음란물죄가 갖는 '상징형법'의 성격을 잘 보여 주고 있다.[90] 매우 효과적인 법률이라도 상징성을 추구할 수 있기 때문에, 상징형법이라는 이유만으로 일방적인 비난의 대상이 될 수 없겠지만,[91] 규범의 외관(선언기능)과 실제(잠재기능)가 일치하지 않고, 잠재기능(latente Funktion)이 선언기능(manifeste Funktion)보다 클 때 비난받을 만한 것으로 평가할 수 있을 것이다.

음란물죄의 경우, 그 규제를 통해 선량한 성풍속의 보호라는 선언적 기능은 사실상 거의 달성되고 있지 않은 상태에서, 오히려 잠재적 기능(즉 검열을 통한 국가권력의 우위확인,[92] 약화된 정치적 위상의 반전, 특정계층의 이데올로기에 편승함으로써 얻는 정치적 이익 등)이 우선시되고 있지 않은지 의심스럽다.[93] 이 경우 형사사법에 대해 국민의 신뢰가 파괴되어 형법규범의 불안정화를 초래할 우려가 있다는 점에서, 비난을 피하기 어려운 것으로 판단된다.

3. 음란물의 형사규제가 갖는 비합리성, 비실용성 그리고 비효율성

형사처벌은 가장 가혹한 수단을 지니는 국가행위이기 때문에 합리

90) '상징형법'은 아무런 효과 없이 금지된 행위를 단순히 억압하고 줄이는 규범으로서 형사정책적 관점에서 볼 땐 비합리적인 법률이지만, 사회적·정치적으로는 일정한 기능을 갖고 있는 법률을 의미한다(배종대, "정치형법의 이론", 법학논집, 제26집, 고려대학교법학연구소, 1991, 243면 이하 참조).

91) 배종대, 정치형법의 이론, 247면 이하. 법률의 '상징성'이란 존재·부존재의 양자택일적인 개념이 아니라, 좀더 많거나 적음을 뜻하는 비교개념일 뿐이다. 예를 들어 살인죄에도 사람의 생명에 대한 주의를 상징적으로 강화하고자 하는 예방적 기대가 나타나 있다(Hassemer, Symbolisches Strafrecht und Rechtsgüterschutz, NStZ 1989, S. 556).

92) 우리나라에서의 검열의 성격과 역사에 대해서는 이상돈/이소영, 법문학, 54면 이하. 저자들은 문학을 검열하는 법이 문학을 얼마나 망가뜨리는지를 비판함으로써 법과 문학의 교류방식을 개선하고, 그것을 통해 더 나은 법의 형성에 기여하는 것을 법문학의 과제중 하나로 꼽는다(같은 책, 77면).

93) 검열이 갖는 정치적 성격에 대해서는 이상돈/이소영, 법문학, 52면 이하, 70면 이하; 박종성, 포르노는 없다, 2003.

성, 실용성, 효율성과 같은 실행원칙들이 적용된다.[94] '합리성'을 선험적 또는 개인윤리적으로만 용인될 수 있는 요청들을 형사정책의 영역에서 제거하는 것으로 이해할 때,[95] 현행형법상의 음란물죄는 우리 사회의 특정 계층의 성윤리를 보호한다는 점에서 비합리적인 것으로 평가할 수 있으리라 본다. 다음으로 '실용성'은 형사사법을 형성하는 모든 문제에 대해 실제적인 적용가능성이 하나의 결정적인 기준이 되며,[96] 같은 맥락에서 형법규범의 해석에서도 규범의 절차적인 관철가능성에 대한 고려가 함께 이루어져야 하는데, 앞서 검토한 바와 같이 현재 음란물단속이 제대로 이루어지지 않아 집행의 흠결이 크다는 점과 기존의 음란개념의 확장된 해석은 실용성의 결여를 의미한다 할 것이다. 마지막으로 '효율성'의 원칙이 추구하는 바는 법규범이 도달하고자 하는 목표를 단순하고 일상적인 방법으로 달성할 수 있도록 하는 것이다.[97] 또한 이를 위해서는 규범의 명확성이 절대적으로 필요하다. 규범의 인식가능성은 법적 불안정성에 의한 과도한 부담을 줄일 수 있으며, 이것이 바로 형법의 보장기능이라는 관점에서 중요한 것이다.[98] 음란개념의 불명확성은 이 점에서도 문제가 되는 것이다. 더 나아가 행위의 당벌성 또는 사회적 유해성이 미약한 범죄를 '경미범죄'라 볼 때,[99] 음란물죄와 같은 경미범죄를 비범죄화[100]하는 것은 형사사법제도의 부담을 덜어주고, 한정적인 인력과 수단을 좀 더 중한 범죄와 위험한 범죄자에게 집중시킬

94) Zipf, Heinz, 형사정책, 88면.
95) Zipf, Heinz, 형사정책, 89면; 김일수, "형법개정과 제재제도의 개선방향", 10면.
96) Zipf, Heinz, 형사정책, 89면 이하.
97) Zipf, Heinz, 형사정책, 90면.
98) Zipf, Heinz, 형사정책, 91면.
99) 임웅, 비범죄화의 이론, 법문사, 1999, 43면.
100) 비범죄화는 좁은 의미에서는 범죄화에 대칭하는 말로서 지금까지 형법에 범죄로 규정되어 있던 것을 폐지하여 범죄목록에서 삭제하는 것을 말하지만(배종대, 형사정책, 1999, 98면), 넓은 의미로는 '법정책상의 변화로 말미암아 국가형벌권 행사의 범위를 축소시킬 의도로 일정한 형사제재규정의 폐지 또는 부적용이 일어나거나 형사제재를 보다 가볍게 하려는 모든 시도'를 뜻한다(Council of Europe, Report of Decriminalisation, Strasbourg 1980(임웅, 비범죄화의 이론, 6면 재인용). 비범죄화는 다시 법률상의 비범죄화(De jure decriminalisation)와 사실상의 비범죄화(De facto decriminalisation)로 나뉘기도 한다(배종대, 형사정책, 1999, 99면 이하).

으로써 결국 형사사법의 효율(기능)을 제고할 수 있다는 측면에서 더욱 중요하리라 본다.

V. 결론 및 대안

결론적으로 선량한 성풍속의 보호를 목표로 삼고 있는 현행 음란물죄는 그 보호법익의 부적절성과 음란개념의 불명확성으로 인해 정당화되기 어렵고, 이를 기준으로 삼고 있는 대상 판결 역시 그와 같은 문제점을 고스란히 보여 주고 있다. 현행 음란물죄가 안고 있는 문제점을 극복하기 위해서는 무엇보다도 청소년 및 원치 않는 성인의 보호 등 실질적인 법익의 보호 및 개념의 명확성의 확보가 필요할 것이다. 그 구체적인 대안과 관련하여 다양한 의견이 있을 수 있는데, 본 판례평석이 아무런 구체적 대안도 없는 비판에 머무르지 않기 위해 필자의 미완의 견해나마 짧게 소개하자면 아래와 같다.

우선 보호법익과 관련하여서는, '사회유해성'의 관점에서 성욕을 자극하고 성적 수치심을 야기할 우려가 있는 성표현물이라 하더라도, 원칙적으로 생산·배포를 허용하되, 원치 않는 성인과 아동·청소년에 대한 배포만을 처벌할 것을 제안하는 바이다.[101] '원치 않는 성인에 대한 배포'는 성인의 '원하지 않는 성표현물에 노출되지 않을 자유'를 침해하는 것으로서, 근래 스팸메일규제와 관련하여 많이 논의되고 있는 '정보적 방어권(원치 않는 정보를 받지 않을 권리)'에 포함되어, 그 상위개념인 (정보)프라이버시권의 침해로 이해될 수 있을 것이다. 청소년보호의 경우, 음란물의 청소년유해성의 경험적 입증은 어렵지만, 청소년보호의 중요성을 고려할 때, 청소년에게 유해한 영향을 미칠 위험성이 있는 것만으로도 그 형법적 규제의 정당성이 도출될 수 있으리라고 본다.[102]

101) 장영민, "음란물죄에 관한 약간의 고찰", 51면. 이러한 관점이 서구의 몇몇 나라의 입법례와 판례에 널리 반영되어 있는데(김영환/이경재, 음란물의 법적규제 및 대책에 관한 연구, 169면 이하), 대표적으로는 청소년보호와 원치 않는 성인에 대한 보호를 목적으로 법을 개정한 독일형법을 들 수 있다(자세한 내용은 주승희, 석사학위논문, 68면 이하).

102) 같은 견해로는 Münchner Kommentar-Hörnle, Strafgesetzbuch(Bd. 2/2), §184,

물론 그 위험성의 판단 및 규제 범위에 있어서 기존의 전통적이고 보수적인 성도덕관을 잣대로 판단할 것이 아니라 개인적·시간적·공간적 상대성을 고려해야 하며, 청소년의 인격적 주체성을 고려할 때, 청소년 자신의 판단이나 부모의 교육관에 따라 음란물을 접할 수 있는 통로를 마련해 주는 것이 필요하다고 본다.

음란 개념의 재구성과 관련하여, 우선 헌법재판소 입장의 수용[103]과 포르노그래피용어로의 대체[104]를 생각해 볼 수 있을 것이다. 그러나 '인간성을 왜곡하는 노골적이고 적나라한 성표현으로서 오로지 성적 흥미에만 호소할 뿐 전체적으로 보아 하등의 문학적, 예술적, 과학적 또는 정치적 가치를 지니지 않은 것'이라는 헌법재판소의 정의는, 헌법재판소가 내세운 음란개념의 판단기준인 예술성의 유무나 정치성 유무를 심사하는 것이 매우 어려운 작업일 뿐만 아니라 자칫 법관의 주관적인 예술관이나 정치관, 외부의 어떠한 정치적 압력 등으로 자의가 개입할 우려가 높아 위험하기까지 하고, 이는 학문성의 판단에서도 마찬가지라는 점에서 받아들이기 어렵다. 대상판결의 경우에도 피고 미술교사는 자신이 올린 사진들은 평소 학생들에게 교육하는 내용과 상통한다는 점을 지적하고 있는 반면, 대법원은 학문성 여부에 대해 명시적으로 판단하지는 않았지만, 아마도 그러한 사진들이 비교육적이라고 판단했으리라 추측해 볼 수 있기 때문이다. 또한 '어떤 사회적 가치도 없이 인간을 단순히 동물적인 성욕의 대상으로 전락시키는 노골적인 성표현물'이라는 가치판단의 결과를 내재하고 있는 '포르노그래피'라는 용어의 경우, 기존에 음란물로 분류되었던 단순나체묘사 성표현물의 생산이 허용된다는 면에서는 탈윤리적 형법에로 진일보한 점이 인정되지만, '소프트코어'와 '하드코어'의 구분 잣대가 여전히 불명확하다는 단점이 있고, 같은 노골적 성표현물이라 하더라도 표현대상과 방법, 표현내용, 매체에 따라 상이한 영향력을 미칠 수 있으며, 따라서 법적 규제에 있어

Rd. 2, 2005.

103) 헌재결 1998. 4. 30, 95헌가16.

104) 김영환/이경재, 음란물의 법적규제 및 대책에 관한 연구, 144면.

서도 각각의 요소를 고려한 차별적인 접근이 요구되어지는데, 이 점을 간과한 것으로 보인다.[105)]

따라서 필자는 현행형법상의 '음란'이라는 용어를 그대로 사용하되, 음란성 여부의 판단기준을 선량한 성풍속(성도덕)에 두는 것이 아니라, 헌법적 가치 위반 여부를 기준으로 삼는 '헌법합치적 음란개념'을 제안하고 싶다. 즉 음란물을 '헌법적 가치에 반하는 내용의 성표현물이나 노골적 성표현물'을 총칭하는 것으로 파악하는 것이다. 구체적으로 '헌법적 가치에 반하는' 내용의 성표현물이란 대표적으로 인간의 존엄성을 보장하는 헌법 제10조에 반하는 것'을 의미한다. 예를 들어 강간 등 성폭력을 미화하는 내용의 성표현물은 인간의 존엄성의 발현형태인 인격권(구체적으로 성적 자기결정권)을 침해하는 것으로 음란물에 해당한다. 수간이나 아동성폭행을 미화하는 성표현물 등도 헌법가치에 반한다는 점에서 음란물에 해당할 것이다.

'헌법적 가치'라는 기준 역시 규범적 판단을 필요로 한다는 점에서 얼핏 보기에 대법원이 판단기준으로 삼고 있는 '선량한 성풍속'만큼 불명확해 보일 수 있다. 그러나 '헌법합치적 음란개념'은 기존의 음란개념과 달리 윤리성이나 예술성, 정치성, 학문성 등 다양하고 난해한 가치판단의 요소를 제거하였고, 절대적이고 본질적인 성윤리를 전제하는 것이 아니라, 사회의 존속과 발전이라는 사회구성원 대다수가 합의가능한 합리적인 목표를 기준으로 한다는 점에서 실질적이다. 특히 보수주의적(또는 절대적) 성윤리에는 반하는 행위태양이 헌법적 가치에 위반되지 않는 것으로 헌법합치성을 띨 수 있으므로 개념의 폭은 더 좁다. 예를 들어 혼외성관계를 미화하는 성표현물은 혼전순결을 지향하는 보수주의적 성윤리에 반하지만, 인간의 존엄에 반하는 것으로 볼 수 없다는 점에서 헌법합치적이다. 이러한 헌법합치적 음란개념은 헌법해석에 의존할 수밖에 없는 규범적 개념으로서 그 외연은 나라와 시대에 따라

105) 같은 견해로는 김준호/김은경, 음란물의 유해성과 그 규제실태에 관한 연구, 97면 각주 48. 양 개념에 대한 비판적 분석의 자세한 내용은 주승희, 석사학위논문, 78면 이하를 참조할 것.

달라질 것이다. 동성애나 근친혼에 대한 국내외적인 인식의 변화가 그 예이다.

헌법합치적 음란개념은 기존의 음란물죄로 규제되던 대부분의 성표현물의 생산·판매의 비범죄화를 전제하는 것이며, 기존의 음란개념의 정의와 달리 형사규제보다는 주로 행정규제·관리에 초점을 맞춘 것이다. 구체적으로 어떤 유형의 성표현물을, 어떤 방식으로 규제할 것인가에 대한 보다 심도 깊은 연구가 요구되어진다.

[주 제 어]
음란물(음란성), 청소년보호, 표현의 자유, 예술의 자유(예술성), 선량한 성풍속, 페미니즘, 인격권, 강간신화, 헌법합치적 음란개념

[Key words]
Pornography, obscenity, freedom of expression, feminism, sexual moralism, liberalism, sexual agression

[Abstract]

Towards a More Rational, Justifiable and Efficient Regulation of Pornography

— A Critical Note on the Supreme Court Decision 2003Do2911 Delivered on July 22, 2005 —

Ju, Seung-Hee[106)]

Recently the Korean Supreme Court reversed in part the decision of the appellate court, which founded a middle school teacher not guilty of creating and exposing schoolchildren to pornography.[107)]

The Supreme Court declared the four of his six works, which are suspected to pornography by the prosecutor, to be pornography, basing its opinion on Supreme Court precedents. Under Supreme Court precedent is pornography defined as 'sex expression, which is against the sexual moral concept by causing sexual excitement through stimulating an general ordinary person's sexual desire'. This concept is adopted by the absolutely prevailing opinion of the academic field.

This article criticizes such an analysis and application of pornography law by the court and the academic field mainly through the analysis of the definition of pornography.

First of all, the definition of pornography shows that the court and legal theories would attempt to protect sex moral concept. But this could run counter to the harm principle, which

106) Associate Research Fellow, Korean Institute of Criminal Justice Policy, Dr. jur.

107) 'Eumlanmul' in Korean is translated into 'indecency' by courts. But 'pornography' is used in this article because they are substantially the same but the latter is more comprehensible.

says that individuals' actions can be sanctioned by the state if they cause harm to others. Because the offence against sex moral concept itself causes no harm.

Dehumanization of women or incurrence of rape and other sex crimes also cannot justify the criminal regulation of pornography. It is against theory of minimal state intervention in the field of criminal law(it means 'ultima ratio Prinzip' in the german criminal law).

Moreover, the concept of pornography is excessively abstract and indefinite, which makes it difficult to prevent judges coming up with arbitrary decisions that would eventually infringe the freedom of people.

Besides, considering many other problems such as deficiency and difficulty of enforcement —esp. due to the development of information technology—, loss of people's confidence, and numerous other inefficiencies of law, the current regulation on pornography cannot be justified.

It would be rather more plausible to reconstruct the concept of pornography according to the freedom not to be exposed in unwanted sexual presentations or children's right to the sound growth.

If this new concept of pornography is brought in, most of sexual expression that used to be prohibited or regulated would be ceased to be punished. Then the focus of the studies would move onto more profound and concrete considerations on standards of regulation.

형법 제310조의 적용범위

권 오 걸*

[대상판결 1] 대법원 1995. 6. 30. 선고 95도1010 판결

형법 제307조 제1항의 명예훼손행위가 진실한 사실로서 오로지 공공의 이익에 관한 때에는 위법성이 조각되나 형법 제309조 제1항의 출판물 등에 의한 명예훼손행위는 그것이 오로지 공공의 이익을 위한 행위였다고 하더라도 위법성이 조각되지 않음은 형법 제310조의 규정에 비추어 명백하다.

[대상판결 2] 대법원 2004. 5. 14. 선고 2003도5370 판결

한편, 형법 제309조 제1항 소정의 '비방할 목적'이란 가해의 의사 내지 목적을 요하는 것으로서 공공의 이익을 위한 것과는 행위자의 주관적 의도의 방향에 있어 서로 상반되는 관계에 있다고 할 것이므로, 형법 제310조의 공공의 이익에 관한 때에는 처벌하지 아니한다는 규정은 비방할 목적이 있어야 하는 형법 제309조 제1항 소정의 행위에 대하여는 적용되지 아니하고, 그 목적을 필요로 하지 않는 형법 제307조 제1항의 행위에 한하여 적용되는 것이며, 반면에 적시한 사실이 공공의 이익에 관한 것인 경우에는 특별한 사정이 없는 한 비방 목적은 부인된다고 봄이 상당하므로 이와 같은 경우에는 형법 제307조 제1항 소정의 명예훼손죄의 성립 여부가 문제될 수 있고 이에 대하여는 다시 형법 제310조에 의한 위법성 조각 여부가 문제로 될 수 있다(대법원 1998. 10. 9. 선고 97도158 판결 참조). 위의 법리에 비추어 기록을 살펴보

* 경북대학교 법과대학 법학부 교수, 법학박사.

면, 피고인이 기사를 제보하게 된 경위와 그 제보 내용 등에 비추어 피고인에게 피해자를 비방할 목적이 있다고 인정되므로 위법성 조각에 관한 형법 제310조가 적용될 여지가 없다고 한 원심의 판단은 옳고, 거기에 명예훼손죄의 위법성조각사유에 관한 법리를 오해한 위법이 있다고 할 수 없다.

[대상판결 3] 대법원 2003. 12. 26. 선고 2003도6036 판결

출판물에 의한 명예훼손죄에 있어서 비방의 목적이 있다고 보기 어렵고, 나아가 형법 제307조 제1항의 명예훼손죄에 해당한다고 하더라도 형법 제310조에 의하여 위법성이 조각된다: **판결이유**— 기록에 의하면, 강원도 화천군은 1999. 3. 그린산업과 사이에 화천군 내 생활폐기물 수집, 운반업무의 위탁계약을 체결하면서 청소차 운전수 4명과 환경미화원 16명에 관하여 그린산업으로 하여금 고용을 승계하도록 하고, 3년간 고용과 기존 근로조건을 보장하도록 한 사실, 그린산업은 고용승계한 근로자들과 1년 단위의 근로계약을 체결하고 이를 갱신하여 왔는데 2001. 4. 이○○와 재계약을 체결하면서, "그린산업을 음해하거나 해가 될 수 있는 행위를 할 경우와 경영상의 손해를 입힐 경우"를 해고사유에 추가하려고 하였으나 이○○가 재계약을 거부한 후 2001. 5. 16. 이○○를 대표자로 하여 "한국노총 전국연합노동조합연맹 그린산업노동조합"의 설립신고를 하자 2001. 6. 16. 이○○에게 재계약거절의 의사표시를 하였고, 이에 이○○가 강원지방노동위원회에 부당해고 및 부당노동행위의 구제신청을 하였다가 2001. 7.경 그린산업과 사이에 합의가 성립하여 부당해고 및 부당노동행위의 구제신청을 취하하고, 그린산업과 사이에 다시 근로계약을 체결한 사실, 그 과정에서 그린산업이 근로자들의 임금으로부터 국민연금납부금 및 건강보험료를 과다 공제한 사실을 이○○ 등이 검찰에 고소하자 그린산업은 2001. 5. 3. 과다 공제한 금원을 근로자들에게 반환하였고, 그린산업은 위와 같은 사유로 인하여 춘천지방법원으로부터 벌금 300만 원의 약식명령을 받아 이를 납부한 사실, 위와 같은 사정에 비추어 화천군과 그린산업 사이에 체결된 청소대행 계약이 종료한 후 다시 재계약이 체결되면 그린산업에 고용승계된 근로자들의 고용계속 여부가 불투명하게 되고, 기존 근로조건의 유지도 곤란하게 될 것이 예상되자, 그린산업 노동조합은 2002.2.21. 한국노총 강원지역본부에 대하여 공문으로 그린산업의 위탁계약 재계약시에는 기존 근로조건을 보장받을 수 없으므로 노동조합이 법인을 설립하여 생활폐기물 수집, 운반업무의 위탁계약을 체결할 수 있도록 적극적인 조직지원을 해달라고 요청을 하게 된 사실, 한국노총 강원지역본부 의장인 이○○는 사무처장인 피고인에게 지시하여, 피고인으로 하여금 그린산업이 임금착취, 부당해고, 부당노동행위 등을 행하고 있고, 청소대행계약조건을 어기고 있어 그린산업이 화천군과 청소대행계약을 재계약하게 되면 그린산업 근로자들의 기존 근로조건을 유지할 수 없을 것이 명백하므로 인근 원주시의 경우와 같이 그린산업 근로자들이 설립할 새로운 위탁법인이 생활폐기물 수집, 운반업무를 대행할 수 있도록 해달라는 취지의 "사회적 문제 예방을 위한 정책건의서"를 작성하게 하여 같은 달 25. 강원도지사, 화천군수 및 화천군의회에 제출하게 한 사실, 그린산업의 노동조합장인 이○○가 강원도민일보 기자인 김○○에게 위 정책건의서의 내용에 관하여 7 제보를 하자 김○○이 같은 달 26. 피고인에게 전화하여 정책건의서의 내용에 관하여 문의한 후 위 정책건의서를 팩스로 전송받았고, 같은 달 27. 강원도민일보에 이 사건 기사가 게재되었는데, 그린산업은 같은 날 그린산업 소속 청소차량 운전수 및 환경미화원 18명에 대하여 재계약거절의 통지를 한 사실을 알 수 있다. 사정이 그러하다면 피고인이 한국노총 강원도지역본부 의장인 이○○의 지시에 의하여 화천군에서도 인근 원주시의 경우와 같이 화천군 소속이었던 청소차량 운전수 및 환경미화원들에 의하여 설립될 법인에게 생활폐기물 수집, 운반업무를 위탁하는 것이 바람직하다는 취지의 정책건의서를 작성하여 강원도지사, 화천군수 및 화천군의회에 제출하였고, 그린산업 노조위원장인 이○○로부터 제보를 받은 강원도민일보 기자인 김○○에게 정책건의를 하게 된 경위를 설명하면서 정책건의서를 김용식에게 팩스로 전송하여 주게 된 것이므로, 피고인이 김○○에게 정책건의를 하게 된 경위를 설명하고, 정책건의서를 팩스로 전송하게 된 것은 한국노총 강원지역본부의 사무처장으로서 그 업무를 수행하는 과정에서 그린산업 소속 근로자들이 기존의 근로조건을 유지할 수 없게 되거나 대량 실직을 하게 되어 화천군 내 생활폐기물 수집, 운반업무가 마비되는 등 사회적 문제가 야기될 수 있는 상황을 예방하기 위한 목적으로 이루어진 것이어서 공공의 이익에 관한 것이고, 피고인의 주관적 동기도 사회적 문제를 미연에 방지하기 위하여 위와 같은 사실을 화천군민들에게 알리려는 것으로 공공의 이익을 위한 것이었다고 봄이 상당하다.

[대상판결 4] 대법원 2005. 7. 15. 선고 2004도1388 판결

형법 제310조는 "형법 제307조 제1항의 행위가 진실한 사실로서 오로지 공공의 이익에 관한 때에는 처벌하지 않는다"고 규정하고 있으므로, 공연히 사실을 적시하여 사람의 명예를 훼손한 행위가 처벌되지 않기 위하여는 그 적시된 사실이 객관적으로 볼 때 공공의 이익에 관한 것으로서 행위자도 주관적으로 공공의 이익을 위하여 그 사실을 적시한 것이어야 될 뿐만 아니라, 그 적시된 사실이 진실한 것이거나 적어도 행위자가 그 사실을 진실한 것으로 믿었고, 또 그렇게 믿을 만한 상당한 이유가 있어야 한다: **판결이유**—원심이 적법하게 조사하여 채택한 여러 증거들을 기록에 비추어 살펴보면, 피고인은 1998. 10. 1.부터 2000. 9. 30.까지 위 아파트 (동수 생략) 대표로서 위 아파트 입주자대표회의 감사 및 총무이사로 일한 사람인데, 위 아파트 노인회가 위 아파트의 공유시설 일부를 무단으로 임대하여 수익을 얻는 등의 문제점을 바로잡고자 하는 과정에서 노인회측과 마찰을 빚어왔던 사실, 그러던 중 2000. 5. 19. 15:30경 노인회 소속인 피해자가 위 아파트의 관리사무소로 찾아와 총무이사인 피고인이 평소 부정을 일삼는다는 이유로 회

의록 열람을 요구한 일로 피고인과 시비를 벌이다가 두 사람 모두 상처를 입는 일이 발생한 사실(위 사건으로 피고인은 기소유예 처분을 받은 반면, 피해자는 징역형의 집행유예 판결을 선고받았다.), 그런데 피해자가 2000.6.경 피고인을 상해 혐의로 고소하면서 피고인이 총무이사로 재직하면서 전횡을 일삼고 비리 의혹이 많다는 내용이 담긴 탄원서에 입주민 385명의 서명을 받아 고소장과 함께 제출하였으나 수사 결과 피고인은 무혐의 처분을 받은 사실, 이에 피고인은 2000.12.10.경 피해자와 노인회 부회장인 공소외 2가 허위의 내용을 담은 위 탄원서를 작성하여 입주민들의 서명을 받음으로써 자신의 명예를 훼손하였다는 이유로 이들을 고소하였는데, 2001.2.10.경 부평경찰서로부터 위 두 사람의 혐의가 인정되어 기소의견으로 송치하였다는 민원사건처리결과통지서(수사기록 7면)를 수령하였고, 2001.3.7.경에는 인천지방검찰청으로부터 공소외 2에 대해서는 기소유예 처분을 한 반면 피해자에 대해서는 벌금 70만 원의 약식명령 청구를 하였다는 내용의 고소사건처분결과통지서(수사기록 9면)를 수령한 사실(그 후 피해자는 실제로 벌금 70만 원의 약식명령을 발령받았다.), 피고인은 피해자 등의 허위 고소로 말미암아 자신이 입주민들로부터 부정을 저질렀다는 오해를 받고 있다고 생각한 나머지 이를 해명하고 누명을 벗겠다는 뜻에서, 2001.2.26. 공소사실 2항 기재의 안내문(수사기록 6면)을 위 민원사건처리결과통지서와 함께 자신이 살고 있는 (동수 생략)전 세대의 우편함에 투입한 사실, 이어서 피고인은 2001.7.3. (동수 생략)대표로 재선출되어 동대표 회장 물망에 오르게 되었는데 위 아파트의 노인회와 일부 동대표들이 피고인의 부정·비리 의혹을 문제 삼아 반대할 움직임을 보이자 그 무렵 다시 공소사실 3항 기재의 우편물(수사기록 8면)을 작성한 다음, 위 고소사건처분결과통지서를 위 우편물에 덧붙여 위 아파트 동대표 15명과 노인회 회장 등에게 등기우편으로 발송한 사실을 인정할 수 있다. (3) 이러한 사실 관계를 앞서 본 법리에 비추어 살펴보면, 우선 위 각 문건에 기재된 내용은 피해자와 관계된 부분에 있어 대체로 객관적인 사실과 일치하고, 또한 그 적시된 사실이 위 아파트의 (동수 생략)대표로서 입주자 대표회의의 임원으로 활동한 피고인이 그 재임기간중 부정과 비리를 저질렀다는 의혹을 해명하는 것으로서 피고인은 피해자가 제기한 각종 의혹들이 근거 없는 것임을 입주민들에게 알려 입주민들 내부의 분열과 갈등이 확산되는 것을 방지하고자 하는 동기에서 위 각 문건을 배포했다고 볼 수 있을 뿐만 아니라, 피고인이 위 각 문건에 피해자가 명예훼손죄로 입건되고 나아가 약식명령까지 발령받게 되었다고 기재한 다음 그 증빙서류로 위 각 처분결과통지서를 첨부한 것은 어디까지나 피고인에게 부정과 비리 의혹이 있다는 피해자의 주장이 신빙성이 없다는 점을 설득력 있게 하기 위한 방편으로 볼 수 있으므로, 위 각 문건에 적시된 사실은 객관적으로 볼 때 공공의 이익에 관한 것이라고 볼 수 있고, 나아가 위 각 문건 중 공소사실 2항 기재 안내문은 피고인이 대표로 있던 (동수 생략)에 거주하면서도 위 탄원서에 서명한 13명을 포함하여 (동수 생략)주민들만을 대상으로 한 것이고, 공소사실 3항 기재 우편물은 피고인이 새로 (동수 생략)대표로 선출되었음에도 위와 같은 부정과 비리 의혹을 이유로 피고인을 반대하는 일부 동대표 및 노인회장 등에 대해서만 배포한 것으로서 모두 배포가 이루어진 상대방의 범위가 제한되어 있는 점, 그 표현방법도 위 안내문에는 '앞으로 두 사람은 민사상 위자료까지 부담하게 되어 매우 안타깝게 생각합니다'라는 부분 외에는 피고인의 개인적 감정을 표출하거나 또는 피해자를 비방하는 표현이 전혀 없고(사실 이 부분은 장래의 일로서 구체적 사실의 적시라고도 할 수 없어 보인다), 다만 위 우편물에는 '음해, 모략, 중상' 등 다소 감정적인 표현이 있기는 하나 그것만으로 피고인의 사익적 동기나 목적이 위 우편물 배포의 주된 동기라고는 보이지 않는 점, 그 밖에 피해자의 위 아파트 입주민들 사회에서의 지위, 위 각 문건의 배포로 인하여 훼손되거나 훼손될 수 있는 피해자의 명예의 침해 정도 등 제반 사정을 종합하여 볼 때, 피고인이 위 각 문건을 배포한 행위는 오로지 공공의 이익을 위하여 진실한 사실을 적시한 경우로서 형법 제

310조 소정의 위법성조각사유에 해당한다고 보아야 할 것이다.

[대상판결 5] 대법원 2003. 11. 28. 선고 2003도3972 판결

피고인이 방송국 홈페이지의 시청자 의견란에 작성·게시한 글 중 일부의 표현은 이미 방송된 프로그램에 나타난 기본적인 사실을 전제로 한 뒤, 그 사실관계나 이를 둘러싼 문제에 관한 자신의 판단과 나아가 이러한 경우에 피해자가 취한 태도와 주장한 내용이 합당한가 하는 점에 대하여 자신의 의견을 개진하고, 피해자에게 자신의 의견에 대한 반박이나 반론을 구하면서, 자신의 판단과 의견의 타당함을 강조하는 과정에서 부분적으로 그와 같은 표현을 사용한 것으로서 사회상규에 위배되지 않는다고 봄이 상당하다: **공소사실**, 피고인은 2002. 2. 21. 23:47경 강릉시 ○○동 77에 있는 ○○○호프집에서, 같은 날 MBC 방송 '우리시대'라는 프로그램에서 피해자(교사)를 대상으로 하여 방영한 '엄마의 외로운 싸움'을 시청한 직후 위 프로그램이 위 피해자의 입장에서 편파적으로 방송하였다는 이유로 그 곳에 설치된 컴퓨터를 이용하여 MBC 홈페이지(http://www.imbc.com)에 접속하여 위 '우리시대' 프로그램 시청자 의견란에 불특정 다수인이 볼 수 있도록 "오선생님 대단하십니다," "학교 선생님이 불법주차에 그렇게 소중한 자식을 두고 내리시다니 … 그렇게 소중한 자식을 범법행위의 변명의 방패로 쓰시다니 정말 대단하십니다. 한 가지 더 견인을 우려해 아이를 두고 내리신 건 아닌지 …"라는 글을 작성·게시함으로써 공연히 피해자를 모욕하였다는 것이다. **판결이유:** 이에 대하여 원심은, 피고인이 게시판에 올린 글을 전체적인 맥락에서 파악하면, '엄마의 외로운 싸움'이라는 프로그램을 시청한 후 그에 대한 느낌과 방송사 및 피해자와의 가치관이나 판단의 차이에 따른 자신의 의견을 개진하고 피해자에게 자신의 의견에 대한 반박이나 반론을 구하는 것으로, 그 의견의 표현에 있어 부분적으로 부적절하고 과도한 표현을 사용한 것에 불과하다 할 것이고 (글의 내용은 전체적인 문맥과 맥락 속에서 파악해야 하는 것이지 그 중 문제되는 일부만을 발췌하여 그 부분만으로 판단할 것은 아니다), 이로써 곧 사회통념상 피해자의 사회적 평가를 저하시키는 내용의 경멸적 판단을 표시한 것으로 인정하기 어렵다는 이유로, 무죄를 선고한 제 1 심판결을 유지하였다. 2. 모욕죄에서 말하는 모욕이란 사실을 적시하지 아니하고 사람의 사회적 평가를 저하시킬 만한 추상적 판단이나 경멸적 감정을 표현하는 것인바, 피고인이 게시한 글 중 특히, "그렇게 소중한 자식을 범법행위의 변명의 방패로 쓰시다니 정말 대단하십니다"는 등의 표현은 그 게시글 전체를 두고 보더라도, 교사인 피해자에 대한 사회적 평가를 훼손할 만한 모욕적 언사라고 할 것이다. 그러나 한편, 기록에 비추어 살펴보면, 우선, 피고인이 게시판에 글을 올리게 된 동기나 경위 및 그 배경에 관하여, 그 방송 프로그램을 시청한 후 그에 대한 느낌과 이를 방송한 방송사와 피해자와의 가치관이나 판단의 차이에 따른 자신의 의견을 개진하고, 피해자에게 자신의 의견에 대한 반박이나 반론을 구하는 것이라고 본 원심의 판단은 옳은 것으로 수긍이 가고, 나아가 그 글의 전체적인 내용도 "불법주차와 아이를 차에 두고 내린 어머니로서의 과실이라는 근본적인 원인제공을 피해자가 하였고, 그 방송된 내용은 개인적인 사정이다. 그럼에도 불구하고, 피해자는 자신의 잘못은 생각하지 않고, 견인업체 등의 잘못을 탓하며 자신의 범법행위를 변명하고 있다"는 취지로서, 그 전제한 객관적 사실관계는 이미 방송된 프로그램의 내용에 기초한 것이고, 이러한 의견 또는 판단 자체가 합당한 것인지 여부는 차치하고 전혀 터무니없는 것이라고까지 할 수 없으며, 그 방송 후에 충주시청 홈페이지와 MBC 홈페이지에 그 프로그램의 방영 취지나 피해자의 주장에 찬성하는 글과 함께 피고인의 글과 유사한 취지의 글이 적지 않게 게시된 점(피해자가 수사기관에 진정한 글만 해도 피고인의 것을 포함하여 모두 10개이다. 수사기록 9, 10면 참조)도 이를 뒷받침한다고 할 것이고, 특히, "그렇게 소중한 자식을 범법행위의 변명의 방패로 쓰시다니 정말 대단하십니다"라는 표현은 상당히 모욕적인 언사이기는 하나, 그 글 전체에서 차지하는 비중이 크다고는 할 수 없고, 그 글의 전체적인 내용에서 크게 벗어나 있는 표현이라고도 할 수 없다. 이러한 여러 사정에 비추어 보면, 이 사건 피고인의 표현은 이미 방송된 프로그램에 나타난 기본적인 사실을 전제로 한 뒤, 그 사실관계나 이를 둘러싼 견인업체와 피해자의 책임 문제에 관한 자신의 판단과 나아가 이러한 경우에 피해자가 충주시청의 홈페이지 등을 통하여 충주시장의 공개사과 등을 계속 요구하고, 방송에 출연하여 그러한 내용의 주장을 펴는 것이 합당한가 하는 점에 대하여 자신의 의견을 개진하고, 피해자에게 자신의 의견에 대한 반박이나 반론을 구하면서, 자신의 판단과 의견의 타당함을 강조하는 과정에서, 부분적으로 그와 같은 표현을 사용한 것으로서, 공소사실에 기재된 행위는 사회상규에 위배되지 않는다고 봄이 상당하다. 원심의 판단은 그 판결 이유를 이와 달리 하고 있으나, 이 사건 공소사실을 무죄로 판단한 결론은 옳은 것으로 수긍이 간다.

〔연　　구〕

Ⅰ. 검토의 대상

형법 제310조는 '제307조 제 1 항의 행위가 진실한 사실로서 오로지 공공의 이익에 관한 때에는 처벌하지 아니한다'라고 규정하여 명예훼손적 행위에 대한 특별한 위법성조각사유를 규정하고 있다. 동 조항은 타인의 명예훼손행위와 국민의 표현의 자유가 충돌되는 경우에라도 공익을 위한 표현의 자유가 더 중요하다는 법의 원칙을 위법성조각사유의 형태로서 구체화한 규정이라고 할 수 있다. 대상판결에 대하여는 제310조의 해석범위와 관련하여 다음과 같은 점을 검토하고자 한다.

첫째, 대상판결 1과 대상판결 2, 3에서 대법원의 입장은 논리적으로 일관되어 있는가이다. 즉 제310조는 오직 제307조에 대하여서만 적용된다고 판시하면서도, 제309조의 경우에도 비방의 목적이 없는 경우에는 제307조 제 1 항이 문제될 수 있고, 따라서 제310조의 적용도 검토될 수 있다고 판시하고 있는 대법원은 태도는 정당한가?

둘째, 만약 대법원의 태도가 피고인에게 유리한 입장이므로 이를 수용하는 경우에도 직접적으로 제307조 1항의 적용 여부가 문제된 경우가 아니라, 309조가 문제되는 사안에서 적시한 사실이 공공의 이익에 관한 것인 경우에는 특별한 사정이 없는 한 비방 목적은 부인된다고 봄이 상당하다는 태도는 과연 타당성이 있는 것인가? 또한 만약 행위자에게 공공의 이익을 위한다는 인식과 비방의 목적이 모두 있는 경우에는 어떻게 보아야 할 것인가?

셋째, 제310조와 관련한 착오의 문제는 어떻게 해결될 것인가?

넷째, 대법원이 제309조가 문제되는 사안에 대해서도 제310조가 적용 여부를 검토할 수 있다면, 구체적 사실의 적시가 없고 그 불법의 정도가 경한 모욕행위에 대해서도 310조가 적용될 여지는 없는가? 즉 대상판결(5)와 같이 모욕행위에 대하여 일반적 위법성조각사유인 사회상규의 관점에서의 위법성조각 여부를 검토하는 것에 앞서 특별위법성조각사유를 규정하고 있는 제310조의 해당 여부를 먼저 검토하는 것은 어떠한가 등이다.

Ⅱ. 형법 제310조

1. 의 의

형법은 적시한 사실이 진실인 경우에도 처벌하는 것을 원칙으로 한다. 그러나 만약 모든 진실한 사실의 적시를 처벌하다면 헌법상 보장되고 있는 표현의 자유와 사회정의의 추구는 사실상 불가능하다. 특히 사회적 약자의 진실한 주장을 모두 명예훼손으로 처벌한다면 이는 오직 강자의 이익에 봉사하는 형법에 불과하다. 따라서 진실한 사실을 적시한 경우에는 일정한 조건하에서 허용하는 것이 필요하다. 즉 개인의 명예의 보호와 표현 또는 비판의 자유와의 한계를 분명히 함으로써 허용되는 사실의 적시의 범위를 설정하여야 한다.[1] 이러한 허용의 범위

1) 표현의 자유로 얻어지는 이익과 인격권의 보호에 의하여 달성되는 이익을 형량하

를 정하고 있는 것이 바로 제310조라고 할 수 있다. 따라서 형법 제310조의 규정은 인격권으로서의 개인의 명예의 보호와 헌법 제21조에 의한 정당한 표현의 자유의 보장이라는 상충되는 두 법익의 조화를 꾀한 것이라고 보아야 한다.[2] 또한 형법이 개인의 명예를 보호하기 위한 처벌조항을 두면서 형법 제310조와 같은 특별한 면책조항을 둔 이유는 국민의 알권리와 다양한 사상, 의견의 교환을 보장하는 언론의 자유가 민주주의의 근간이 되는 핵심적인 기본권임에 비추어 개인의 명예 보호와 언론의 자유 보장이라는 두 가지의 기본적 권리를 비교·형량하여 개인에 대한 공정한 비판의 여지를 열어두기 위한 것에 있다.[3] 형법 제 310조는 진실한 사실이라는 객관적 조건과 공공의 이익에 관하여라는 주관적 조건이 충족되는 경우에는 비록 개인의 명예가 훼손되는 경우에도 그 위법성을 부인함으로써 가벌성의 한계를 설정하고 있다. 따라서 제310조는 형법보다 상위규범인 헌법의 정신이 직접적으로 투영된 규정으로서 궁극적으로는 인간존엄과 표현의 자유 그리고 실질적 정의를 구현하기 위한 조문이 아닐 수 없다.

2. 성립요건

(1) 형법 제310조가 적용되기 위하여는 제307조 1항의 행위가 진실한 사실로서 오로지 공공의 이익에 관한 것이어야 한다. 우선 제307조 제1항의 행위가 존재하여야 한다. 그러나 제307조에 해당하기 위해서는 진실한 사실을 적시하여야 하므로 사실상 제310조의 성립요건으로서 의미가 있는 것은 오로지 공공의 이익에 관한 것이어야 한다. 따라서 허위의 사실인 경우에는 공공의 이익을 위한 적시인 경우에도 제310조가 적용되지 않는다. 즉 제307조 2항의 경우에는 처음부터 제310조에 의한 심사가 불필요하다.[4] 따라서 사실의 진실성에 대한 심사가

여 규제의 폭과 방법을 정하여야 한다; 박상기, 형법각론(박영사, 2004), 185면.

2) 대법원 1993.6.22. 선고 92도3160 판결.

3) 대법원 2005.4.29. 선고 2003도2137 판결.

4) 대법원 1999.10.22. 선고 99도3213 판결; 대법원 2001.10.9. 선고 2001도3594 판

공공성에 대한 심사보다 앞서서 이루어져야 한다. 또한 적시된 사실이 진실한 것이거나 적어도 행위자가 그 사실을 진실한 것으로 믿었고, 또 그렇게 믿을 만한 상당한 이유가 있어야 하는 것인바, 여기에서 '진실한 사실'이란 그 내용 전체의 취지를 살펴볼 때[5] 중요한 부분이 객관적 사실과 합치되는 사실이라는 의미로서 세부에 있어 진실과 약간 차이가 나거나 다소 과장된 표현이 있더라도 무방하다.[6] 결국 판례는 제310조의 진실성은 주로 사실 그 자체의 진실성 여부를 검토하고 있는 것이 아니라 문제되는 사실의 허위성이 없으며 되고, 또한 전체적으로 허위성이 없으면 대상 사실의 진실성을 인정하고 있다.

(2) 적시된 사실의 공공성

적시된 사실이 '오로지 공공의 이익'에 관한 것이어야 한다.[7] 특별히 형법은 "오로지"라는 표현을 사용함으로써 개인의 명예를 보호하기 위해서 진실한 사실의 경우에도 원칙적으로 명예훼손죄가 성립하지만 예외적으로 그 위법성이 조각됨을 우회적으로 표현하고 있다. 즉 예외적 허용의 한계를 '오로지 공공의 이익'으로 규정하고 있는 것이다. '오로지 공공의 이익에 관한 때'라 함은 적시된 사실이 객관적으로 볼 때, 공공의 이익에 관한 것으로서 행위자도 주관적으로 공공의 이익을 위하

결; 대법원 2005. 6. 10. 선고 2005도2316 판결.

5) 대법원 1998. 10. 9. 선고 97도158 판결: 기록에 의하여 살펴보면, 피고인이 1995. 6. 15.경 실시된 서울특별시 개인택시운송사업조합(이하 이 사건 조합이라고 한다) 이사장 선거에 출마하여 경쟁 후보자였던 피해자와 당선 경쟁을 하면서 선거운동을 하던 중 조합원들에게 배포한 이 사건 인쇄물에서 적시한 사실은 '이 사건 조합의 전(前) 이사장이 대의원총회에서 불신임당하고 업무상의 비리로 인하여 구속된 사실', '피해자가 조합을 상대로 소송을 제기한 사실', '피해자가 전 이사장과 같은 친목회에 소속하여 있는 등 친밀한 관계를 유지하고 있었던 사실', '피고인이 합동유세를 공개 제의하였는데 피해자가 반응을 보이지 않다가 선거일에 임박해서야 반박한 사실' 등 그 중요한 부분이 객관적 사실과 합치하고, 그 문맥 중에 "탄생시킨 주역", "추종", "저의", "조합원을 기만하고 우롱하는 행위" 등의 다소 감정적이고 과격한 표현방법이 사용되었다 하여 그 적시한 사실이 전체적으로 보아 허위라고 보기 어렵다.

6) 대법원 2002. 9. 24. 선고 2002도3570 판결.

7) 적시된 사실이 공공의 이익에 관한 것이라는 의미는 '사실의 적시'가 공공의 이익에 관한 것이어야 한다; 오영근, 12/41; 임웅, 201면.

여 그 사실을 적시한 것이어야 한다.[8] 따라서 공공의 이익에 해당한다는 사실은 객관적 구성요건요소에 해당한다. 그리고 공공의 이익을 위한다는 인식 또는 목적은 행위자에 요구되는 주관적 정당화요소라고[9] 할 수 있다.[10] 따라서 행위자에게는 주관적으로 사실의 적시가 공공의 이익을 위한다는 목적이 있어야 한다.[11] 오로지 공공의 이익에 관한 것이어야 한다고 규정하고 있지만[12] 반드시 이를 유일한 동기로 하는 경우에 제한할 필요는 없다.[13] 통설과 판례는 '오로지'란 유일하다는 의미가 아니고 '주로'라는 의미로 해석한다.[14] 행위자의 주요한 동기 내지

8) 대법원 2004.10.15. 선고 2004도3912 판결.

9) 김일수/서보학, 형법각론(박영사, 2004), 195면; 이재상, 형법각론(박영사, 2004), 12/31; 임웅, 형법각론(법문사, 2005), 201면.

10) 한편 일본 최고재판소(1981).4.16 판결은 '공공의 이해에 관한 사실에 해당하는가 아닌가는 적시된 사실 자체의 내용·성질에 비추어 객관적으로 판단하여야 하고, 이를 적시함에 있어서의 표현방법이나 사실조사의 정도 등은 일본 형법 제230조의2의 이른바 공익목적의 유무의 인정 등에 관하여 고려하여야 할 것이고, 적시된 사실이 공공의 이해에 관한 사실에 해당하는가 아닌가의 판단을 좌우하는 것은 아니라고 해석함이 상당하다'라고 판시하였다. 그리고 이에 대하여 학설도 '일본 형법 제230조2의 면책의 3요건 가운데 공익목적의 존재의 인정에 있어 고려하여야 할 사항을 공공이해해당성의 판단에 끌어들이는 것은 양자의 이론적 구별을 애매하게 하는 것임과 동시에 면책의 여지를 부당하게 좁히는 것'이라고 해설한다(일본 최고재판소판례해설, 소화 56년도, 77-78면). 따라서 이는 우리 형법상 공공의 이익에 해당하는 사실은 구성요건요소이고, 행위자가 공공의 이익을 위한다는 의사는 주관적 정당화요소에 해당한다는 것과 유사하다고 볼 수 있다.

11) 박상기, 185면. 이에 대하여 공공의 이익을 위한다는 목적까지 필요한 것은 아니라는 견해는 오영근, 형법각론(박영사, 2005), 12/43.

12) 한편 공직선거법 제251조 단서에서는 "오로지"라는 단어가 없기 때문에 주된 동기가 사익을 위한 것이고 공익을 위한 것이 부수적인 경우의 판단이 문제로 된다; 강용현, 상대 후보자의 전과공개와 후보자비방죄의 위법성조각(공직선거및선거부정방지법 제251조), 대법원판례해설집 26호, 480면.

13) 김일수/서보학, 195면; 이재상, 12/29.

14) 대법원 1998.10.9. 선고 97도158 판결(그리고 원심이 확정한 사실관계와 기록에 의하면, 이 사건 조합은 구 자동차운수사업법(1997.12.13. 전면 개정에 의하여 여객자동차운수사업법으로 되었다)에 따라 서울특별시 일원에서 개인택시운송사업을 영위하는 사람들을 조합원으로 하여 택시운송사업의 공익성을 발휘하고 조합원 상호간의 공동복리와 친목도모를 목적으로 설립된 법인으로서 그 조합원수가 약 4만여 명에 이르고, 이 사건 조합의 이사장은 조합의 업무를 총괄하고 조합을 대표하는 자로서 조합원들이 직선에 의하여 선출하고 그 선거운동을 함에 있어 조합선거관리규정에 의하여 사실 근거가 있는 경우 후보자를 비판하는 내용의 인쇄물을 제작 배포할 수 있으며, 이 사건 조합의 제12대 이사장 선거에 있어서는 전(前) 이사

목적이 공공의 이익을 위한 것이라면 부수적으로 다른 사익적 목적이나 동기가 내포되어 있더라도 형법 제310조의 적용을 배제할 수 없다.[15] 나아가 '공공의 이익'에는 널리 국가·사회 기타 일반 다수인의 이익에 관한 것뿐만 아니라 특정한 사회집단이나 그 구성원 전체의 관심과 이익에 관한 것도 포함되는 것으로서, 적시된 사실이 공공의 이익에 관한 것인지 여부는 당해 적시 사실의 내용과 성질, 당해 사실의 공표가 이루어진 상대방의 범위, 그 표현의 방법 등 그 표현 자체에 관한 제반 사정을 감안함과 동시에 그 표현에 의하여 훼손되거나 훼손될 수 있는 명예의 침해 정도 등을 비교·고려하여 결정하여야 한다.[16] 또한 개인의 사적인 신상에 관한 사실이라고 하더라도 그가 관계하는 사회적 활동의 성질이나 이를 통하여 사회에 미치는 영향력의 정도 등의 여하에 따라서는 그 사회적 활동에 대한 비판 내지 평가의 한 자료가 될 수 있는 것이므로 개인의 사적인 신상에 관하여 적시된 사실도 그 적시의 주요한 동기가 공공의 이익을 위한 것이라면 위와 같은 의미에서 형법 제310조 소정의 공공의 이익에 관한 것으로 볼 수 있는 경우가 있다고 할 것이다.[17] 또한 적시된 사실이 공공의 이익에 관한 것인지 여부는 사실 자체의 내용과 성질에 비추어 객관적으로 판단하여야 하고, 적시된 사실이 공공의 이익에 관한 것인지 여부는 당해 명예훼손적 표현으로 인한 피해자가 공무원 내지 공적 인물과 같은 공인(公人)인지 아니면 사인(私人)에 불과한지 여부, 그 표현이 객관적으로 국민

장을 비롯한 조합 집행부의 업무상 비리 등의 문제가 큰 쟁점으로 되었던 사실을 알 수 있는바, 이와 같은 이 사건 조합의 목적과 성격, 이사장의 지위, 그 선출방법과 과정 및 피고인이 이 사건 인쇄물을 작성하게 된 경위와 그 배포 상대방 등 여러 가지 사정을 고려하여 보면, 피고인이 이 사건 인쇄물에서 적시한 사실은 피해자의 조합활동상의 전력에 관한 사실로서 조합원 전체의 관심과 이익에 관한 사항으로 공공의 이익에 관한 것이고, 피고인의 주관적 동기도 상대방 후보자의 조합이사장으로서의 자질과 전력에 관한 정보를 투표권자인 조합원들에게 제공한다는 측면에서 주로 공공의 이익을 위한 것이었다고 봄이 상당하다고 할 것이다).

15) 대법원 2002. 9. 24. 선고 2002도3570 판결; 대법원 1998. 10. 9. 선고 97도158 판결.

16) 대법원 2002. 9. 24. 선고 2002도3570 판결.

17) 대법원 1996. 4. 12. 선고 94도3309 판결.

이 알아야 할 공공성, 사회성을 갖춘 공적 관심 사안에 관한 것으로 사회의 여론형성 내지 공개토론에 기여하는 것인지 아니면 순수한 사적인 영역에 속하는 것인지 여부, 피해자가 그와 같은 명예훼손적 표현의 위험을 자초한 것인지 여부, 그리고 그 표현에 의하여 훼손되는 명예의 성격과 그 침해의 정도, 그 표현의 방법과 동기 등 제반 사정을 고려하여 판단하여야 할 것이고, 특히 공인의 공적 활동과 밀접한 관련이 있는 사안에 관하여 진실을 공표한 경우에는 원칙적으로 '공공의 이익'에 관한 것이라는 증명이 있는 것으로 보아야 할 것이며, 행위자의 주요한 동기 내지 목적이 공공의 이익을 위한 것인 이상 부수적으로 다른 개인적인 목적이나 동기가 내포되어 있더라도 형법 제310조의 적용을 배제할 수 없는 것이다.[18]

3. 효 과

형법 제310조에 해당하는 행위는 실체법적으로는 위법성이 조각된다(판례,[19] 통설). 따라서 행위자는 구성요건해당성은 있지만 위법성이 조각되어 범죄가 성립되지 아니하므로 판사는 무죄판결을 선고하여야 한다. 또한 상대방은 정당방위로서 대응할 수 없다. 결국 제310조는 위법성조각사유에 해당하는 규정이다. 다만 사실의 진실성과 공익성의 성격을 모두 주관적 정당화요소로 보는 견해가[20] 있다. 그러나 제310조는 이미 진실한 사실을 적시하여 제307조의 구성요건에 해당하는 자에게 객관적으로 공공의 이익에 해당하고 또는 행위자의 공공의 이익목적이라는 주관적 요소에 근거하여 그 위법성을 조각시키는 규정으로 해석하여야 한다. 따라서 공공의 이익을 위한다는 목적(의사)만이 주관적 정당화요소가 된다고 봄이 타당하다.[21]

---

18) 대법원 2005. 4. 29. 선고 2003도2137 판결; 대법원 1998. 10. 9. 선고 97도158 판결; 대법원 2003. 11. 13. 선고 2003도3606 판결; 헌법재판소 1999. 6. 24. 선고 97헌마265 전원재판부 결정 등 참조.

19) 대법원 2001. 10. 9. 선고 2001도3594 판결.

20) 이재상, 12/31.

21) 같은 견해: 오영근, 12/43.

또한 소송법적으로는 본조를 거증책임의 전환에 관한 규정으로 보아 거증책임이 피고인에게 전환된다는 견해(거증책임전환설[22]; 판례)와 거증책임은 형사소송법의 일반원칙에 따라 검사에게 있다는 견해가[23] 대립되고 있다.[24] 두 학설이 논쟁의 실익을 보여 주는 부분은 피고인이 적시된 사실을 진실이라고 믿었으나 그 사실의 진위가 밝혀지지 않는 경우이다. 거증책임전환을 부정하는 견해에 의하면 이 경우는 위법성조각사유의 전제사실의 착오의 법리에 따라 해결하면 되지만 거증책임전환을 긍정하는 견해에 따르면 이러한 경우에 피고인의 처벌을 긍정하게 된다.[25]

거증책임의 전환을 긍정하는 견해에서는 형법 제310조는 예외적으로 '의심스러울 때에는 피고인에게 불리하게'라는 기준을 제시한 것으로 보아야 한다고 한다. 또한 명예훼손죄가 피해자의 명예보호를 위하여 진실한 사실이 적시되는 경우에도 성립되는 범죄이며, 명예훼손죄에 있어서 적시된 사실의 진위를 증명하는 것이 형사재판의 실제에서 용이하지 않기 때문에 입증곤란을 구제할 필요가 크다는 점 등을[26] 이유로 제시한다. 판례[27]는 '공연히 사실을 적시하여 사람의 명예를 훼손한 행위가 형법 제310조의 규정에 따라서 위법성이 조각되어 처벌 대상이

---

22) 신동운, 형사소송법(법문사, 2005), 778면; 임동규, 형사소송법(법문사, 2000), 445면

23) 김일수/서보학, 196면; 박상기, 187면; 오영근, 12/44; 이재상, 12/32; 임웅, 201면.

24) 거증책임전환설은 일본형법의 해석론을 따른 것이 아닌가 하는 견해가 있다. 이에 따르면 「우리 형법 제310조에 해당하는 일본형법 제230조의 2 제 1 항은 "전조 제1항의 행위가 공공의 이해에 관한 사실에 관계되고 그 목적이 오로지 공익을 위하는 데 있다고 인정되는 때에는 사실의 진부를 판단하여 진실이라는 증명이 있으면 벌하지 아니한다"라고 규정하고 있다. 이 규정을 반대해석하면, '진실이라는 증명이 없으면 벌한다'가 되므로 거증책임의 전환규정으로 해석하는 것이 당연하다. 그러나 우리 형법은 '규정형식'이 다르므로, 형사소송법상 거증책임의 분배에 관한 일반원칙에 따라 검사에게 거증책임이 있다고 보아야 한다. 이러한 해석은 보도기관의 보도에 있어서 취재원을 보호하기 위하여 보도기자에게 인정되는 '취재원묵비의 관행'과도 합치된다」고 한다; 임웅, 202면.

25) 신동운, 형사소송법, 777면.

26) 신동운, 형사소송법, 778면.

27) 대법원 2004. 5. 28. 선고 2004도1497 판결.

되지 않기 위하여는 그것이 진실한 사실로서 오로지 공공의 이익에 관한 때에 해당된다는 점을 행위자가 증명하여야 하는 것이고, 법원이 적법하게 증거를 채택하여 조사한 다음 형법 제310조 소정의 위법성조각사유의 요건이 입증되지 않는다면 그 불이익은 피고인이 부담하는 것이다', '공연히 사실을 적시하여 사람의 명예를 훼손한 행위가 형법 제310조의 규정에 따라서 위법성이 조각되어 처벌대상이 되지 않기 위하여는 그것이 진실한 사실로서 오로지 공공의 이익에 관한 때에 해당된다는 점을 행위자가 증명하여야 하는 것이나, 그 증명은 유죄의 인정에 있어 요구되는 것과 같이 법관으로 하여금 의심할 여지가 없을 정도의 확신을 가지게 하는 증명력을 가진 엄격한 증거에 의하여야 하는 것은 아니므로,[28] 이때에는 전문증거에 대한 증거능력의 제한을 규정한 형사소송법 제310조의2는 적용될 여지가 없다[29]'라고 판시하고 있다.[30]

생각건대 후자의 견해가 타당하다고 생각한다. 왜냐하면 310조는 형법 즉 실체법에 존재하는 규정이며, 그 제목도 '위법성조각'이라고 표현되어 있으며, 형사소송법상의 거증책임에 대한 언급이 없으며, 피고인의 방어권 보장이라는 측면에서 볼 때에도 본조는 당연히 실체법적 효과만을 언급한 규정이므로 소송법적 효과는 당연히 형사소송법상의 일반원칙에 맡겨야 한다. 따라서 거증책임은 당연히 검사에게 있다. 즉 검사가 적시사실의 진실성과 공공성을 입증하여야 하고, 이를 입증하지 못한 경우에는 판사는 유죄의 증명이 없는 경우로서 무죄를 선고를 하여야 할 것이다.

---

28) 그러나 다수설은 위법성조각여부를 결정짓는 사실은 엄격한 증명의 대상으로 보고 있다: 이재상, 형사소송법, 37/8; 신양균, 형사소송법(법문사, 2004), 655면; 임상규, 형사소송법, 405면.

29) 대법원 1996.10.25. 선고 95도1473 판결.

30) 판례는 거증책임전환설을 취하면서도 합리적 의심을 불가능하게 할 정도까지 피고인이 입증할 책임은 없다고 하고 있으므로 이는 절충적 입장이라고 보는 견해는 오영근, 12/45.

4. 착오의 문제

제310조가 적용되기 위해서는 행위자는 진실한 사실이라는 것을 인식하고 공공의 이익이라는 목적으로 가지고 사실을 적시하여야 한다. 다만 제307조에 해당되기 위해서는 이미 진실한 사실에 대한 인식이 필요하므로 제310조에 따른 행위자의 주관적 측면은 공공의 이익이라는 점에 대한 인식이 있어야 한다. 따라서 허위임을 알면서 적시한 경우에는 비록 공공의 이익이라는 목적이 있더라도 310조가 적용되지 않고 제307조 2항으로 처벌된다. 문제는 허위임에도 불구하고 진실인 줄 알고 적시한 경우와 공익성이 없음에도 불구하고 있다고 오신한 경우이다.

(1) 이에 대하여 진실성과 공익성은 위법성조각사유의 요건이므로 이에 대한 인식의 결여는 위법성조각사유의 전제조건의 착오라고 하는 견해가 있다.[31] 그리고 이에 대하여 엄격책임설의 관점에서는 금지착오에 해당하여 명예훼손죄의 고의기수에 해당한다. 다만 회피가능성의 여부에 따라 책임정도가 감경 또는 배제될 뿐이라고 한다. 제한책임설 중 구성요건착오유추적용설에 의하면 행위자에게는 구성요건적 불법을 실현하려는 의사가 결여되어 행위반가치가 부정되기 때문에 사실의 착오에 관한 규정을 유추적용하여 고의가 조각되어 과실범 성립 여부만 문제된다. 법효과제한적 책임설에서는 위법성조각사유의 전제사실에 관한 착오에 빠진 자에게도 구성요건적 고의는 인정한다. 다만 행위자 법질서의 요구를 고의적으로 거부한 것이고 할 수 없기 때문에 책임고의는 인정되지 않게 되고, 결국 고의범이 되지 않고 과실범의 성립여부만이 남게 된다. 그러나 명예훼손죄는 과실범 처벌규정이 없으므로 결국 불가벌이 된다. 또한 제한적 책임설을 기초로 하면서 제한책임설에 의할 때 나타나는 처벌의 공백을 '성실한 검토의무'를 제310조의 성립에 필요한 '특별한 주관적 정당화요소'로 파악하는 '허용된 위험의 법리'에 의하여 보충하는 견해도[32] 있다. 이에 따르면 허용된 위험에[33] 있어서

31) 이재상, 12/31; 임웅, 202면.

32) 임웅, 202면.

33) 보도행위에 대하여는 보도기관에 종사하는 자(보도자)로 하여금 수반되는 위험

보도자가 보도행위에 수반되는 위험을 가능한 최소한도로 줄이기 위하여 사태에 대한 '검토의무'를 충실히 이행하였다면 행위반가치가 탈락한다고 보아 명예라고 하는 법익이 훼손된다고 하더라도 보도행위의 위법성이 부정됨에 반하여, 검토의무를 위반하면 행위반가치가 긍정되어 위법한 행위로 평가된다고 한다. 그리고 이 법리를 제310조에 관련시켜 보면 보도자는 자신의 보도행위가 공익을 위하여 필요하고도 적합한 수단인가를 주의깊게 검토할 의무와 '보도사실의 진실성'을 확인·조회할 의무를[34] 다하여야만 위법성이 조각되는 것으로 해석할 수 있다고 한다. 그러므로 제310조의 착오에 있어서 보도자가 성실한 검토의무·문의의무를 다하지 못하고 사실의 진실성을 경신하여 오보를 냈다면, 해석상 제310조의 성립요건이 갖추어지지 않은 까닭에 고의의 명예훼손죄(제307조 1항)의 형사책임을 지게 된다고 한다.[35) 36)]

(2) 또한 비슷한 견해로서[37] '다수설과 같이 단순한 정당화 사유에 대한 착오의 사례로 다루게 되면 결국 과실범의 성부(구성요건착오유추적용설)나 과실책임(법효과제한책임설I)만이 문제되어 불가벌이라는 결론이 된다. 그러나 경솔히 허위의 사실을 진실이라고 믿고 적시하여 다인의 명예를 훼손한 행위에 대하여 진실이라고 믿었다는 항변만으로 면죄부를 주는 것은 납득하기 어려운 결론이다. 이러한 결론은 그대로 수용하게 되면 언론과 보도의 자유는 최대한 보장될 수 있을지 모르나

을 불가피한 최소한도로 줄이도록 성실히 배려할 것을 요구하고, 이때에 불가피하게 발생하게 될지도 모르는 위험을 '허용된 위험'이라고 하여, 위험에 결부된 행위를 위법하지 않은 것으로 보고 있다: 임웅, 203면.

34) 보도기관에 종사하는 자는 취재권에 대응하여 취재의무를 부담하고 있으며, 그 내용으로서 개인의 명예를 훼손할 만한 사실을 보도할 경우에는 그 사실의 진위여부를 문의할 의무, 확인할 의무가 부가된다는 견해는 임웅, 203면.

35) 임웅, 203면.

36) 이와 유사한 견해로서 김일수/서보학, 197면(상당한 이유가 없거나 신중한 조사를 거치지 않은 채 경솔하게 허위의 사실을 진실로 오인하고 허위사실을 적시하여 명예를 훼손한 경우에는, 비록 허위사실에 의한 명예훼손죄의 고의는 없다고 하더라도 단순명예훼손죄의 고의는 인정될 수 있기 때문에 고의의 단순명예훼손죄로 의율해야 할 것으로 본다).

37) 김일수/서보학, 197면.

개인의 명예에 대한 침해는 우려할 만한 수준으로 증가하게 될 것이다. 따라서 상당한 이유가 없거나 신중한 조사를 거치지 않은 채 경솔하게 허위의 사실일 진실로 오인하고 허위사실을 적시하여 명예를 훼손한 경우에는 비록 허위사실에 의한 명예훼손죄의 고의는 없다고 할지라도 단순명예훼손죄의 고의는 인정될 수 있기 때문에 고의의 단순명예훼손죄로 의율해야 할 것으로 본다'라는 견해도 있다.

(3) 한편 진실성에 관한 착오와 공익성에 관한 착오로 나누어 설명하는 견해가 있다.[38] 이에 따르면 진실성에 관한 착오는 제307조 1항과 2항 중 어느 조문을 적용할 것인가의 선택의 문제로 귀결된다. 즉 내용이 진실이라고 믿고 명예훼손적인 사실을 적시하였나 허위인 경우에는 제15조 1항에 의하여 특별히 중한 죄가 되는 사실인 허위임을 인식하지 못한 것으로서 중한 죄인 제307조 2항이 적용되지 않고 제307조 1항에 해당되며, 결과적으로 제310조의 적용대상이 되므로 적시한 사실의 공공의 이익에 관한 것이지 여부만이 문제된다고 한다. 공익성에 관한 착오는 위법성조각사유의 전제조건에 관한 착오의 문제로서 책임고의가 조각되어 제307조 1항에 해당하지 않는다. 이 경우에는 과실범처벌규정도 없으므로 불가벌이라고 보는 것이 타당하다고 한다.

(4) 또한 진실성과 공익성을 구별하는 다른 견해도[39] 있다. 이에 따르면 진실성에 관한 착오는 위법성은 조각될 수 없고, 엄격책임설의 관점에서 정당한 이유가 있는 경우에는 책임이 조각되고, 오인에 정당한 이유가 없는 경우에는 고의범의 성립을 인정하는 것이 타당하다고 한다. 그러나 공공의 이익에 관한 착오에 대해서는 공익성은 평가적인 것이지만 형법적 평가에 관한 것이 아니므로 위법성조각사유의 요건(전제)사실의 착오로 다루어야 한다고 한다.

(5) 한편 착오란 객관적 요소를 인식하지 못한 것으로서 규범이 요구하는 고의를 충족시키지 못한 경우를 말하는 것이지, 주관적 요소에

---

38) 박상기, 187면.

39) 오영근, 12/49.

대한 착오란 논리적으로 성립하지 않는다는 관점에서 공익성이 있은 것을 없는 것으로 오인하거나 또는 공익성이 없는 것을 공익성이 있는 것으로 오인하는 경우란 논리상 타당하지 않다는 견해도 있다. 이에 따르면 "형법 제310조의 공익성 그 자체는 규범적 평가개념에 해당하는 것이다. 이러한 평가개념에 대해서는 부지라는 의미의 착오는 거의 있을 수 없고 일반인의 평가와 다른 행위자 개인의 평가가 있을 뿐이다. 공익성이 형법 제310조 '위법성조각'의 요소로 규정되었다고 하여 이에 관한 착오가 논리 필연적으로 위법성조각사유의 전제사실에 관한 착오가 되는 것은 아니다. 따라서 실제로 일반인에 의해 공익성이 없는 것으로 착오하였다면, 그 착오는 명예훼손죄(고의범)의 구성요건해당성과 위법성의 인정에는 아무런 영향을 끼칠 수 없고, 단지 포섭의 착오로서 책임조각의 여부에만 영향을 끼칠 수 있을 뿐이다. 반면에 일반인에 의해서도 공익성이 있는 것으로 평가된다면 처음부터 행위자는 착오한 것이 아니게 된다. 그리고 종국적으로 공익성이 있는 것으로 법관에 의해 평가받기 위하여 요구되는 행위자에게 공익의 목적이 있을 것이라는 주관적 정당화요소는 행위자 내면에 있는 객관적 존재의 문제이기 때문에 ―입증의 문제는 있을 수 있어도― 외부와 내부 사의의 착오의 문제는 처음부터 발생하지 않는다"고 한다.[40] 따라서 공익성이 없는 경우에는 비록 진실성에 대한 착오와 관계없이 제310조의 문제가 되지 않는다고 한다.

(6) 한편 판례(대상판결 4)는[41] "1) 형법 제310조는 '형법 제307조 제1항의 행위가 진실한 사실로서 오로지 공공의 이익에 관한 때에는 처벌하지 않는다'고 규정하고 있으므로, 공연히 사실을 적시하여 사람의 명예를 훼손한 행위가 처벌되지 않기 위하여는 그 적시된 사실이

40) 손동권, "형법 제310조의 실체면과 절차면", 형사판례연구(6), 1998, 217면.

41) 대상판결 4에 대하여 판례가 명예훼손죄의 위법성이 조각되자면 "진실한 것으로 믿을 만한 '상당한 이유'가 있는 경우"라고 한 것이나, 또는 확실한 자료나 근거에 비추어 피고인이 그렇게 믿을 만한 상당한 이유가 있었는지"라고 한 것은 바로 제310조의 특별한 주관적 정당화요소로서 사실의 진실 여부에 관한 성실한 검토의무·확인의무를 가리키는 것으로 이해된다는 견해도 있다; 임웅, 204면.

객관적으로 볼 때 공공의 이익에 관한 것으로서 행위자도 주관적으로 공공의 이익을 위하여 그 사실을 적시한 것이어야 될 뿐만 아니라, 그 적시된 사실이 진실한 것이거나 적어도 행위자가 그 사실을 진실한 것으로 믿었고, 또 그렇게 믿을 만한 상당한 이유가 있어야 한다"라고 판시하여 진실성과 공익성 모두를 위법성조각사유의 정당화요소로 보면서, 상당한 이유의 요건으로서 성실한 검토의무를 요구하고 있다고 볼 수 있다.

(7) 생각건대 우선 진실성은 제307조의 객관적 구성요건요소이므로, 이는 고의의 인식대상이 된다. 따라서 진실하지 않는 사실을 진실하다고 생각하는 경우에는 사실의 착오로서 제15조 1항에 의하여 특별히 중한 죄가 되는 사실인 허위임을 인식하지 못한 것으로서 중한 죄인 제307조 2항이 적용되지 않고 제307조 1항에 해당된다. 결국 제310조를 위법성조각규정으로 본다면 공익성이라는 위법성조각사유의 객관적 요소(객관적 정당화요소)와 공익성에 대한 인식이라는 주관적 정당화요소가 그 성립요건으로서 의미를 가진다. 즉 객관적으로 공익성이 있어야 하고 행위자도 그 공익성을 목적으로 하여야 한다. 따라서 제310조에서의 주관적 인식과 관련한 문제는 두 가지로 나누어 볼 수 있다. 하나는 공익성이 없음도 불구하고 행위자가 공익성이 있다고 생각하는 경우이며, 다른 하나는 공익성의 목적이 없는 경우이다. 따라서 전자는 위법성조각사유의 객관적 전제조건의 착오에 해당하며(예컨대 오상방위), 후자는 주관적 정당화요소가 결한 경우의 문제라고(예컨대 우연방위) 할 수 있다.

따라서 공익성은 제310조의 객관적 정당화요소에 해당하므로 공익성이 없음에도 불구하고 있다고 오신하는 경우는 위법성조각사유의 전제조건의 착오에 해당한다. 이 경우에는 엄격책임설에 의하여 해결하는 것이 타당하다. 행위자는 자신의 행위가 공익에 해당한다는 사실에 대한 착오에 빠진 것이 아니라 그 사실의 평가 즉 공익성 여부에 대하여 착오에 빠진 것으로서, 이 착오에 기인하여 자신의 행위가 제310조에 의하여 허용된다고 생각하는 경우이다. 따라서 이는 법률의 착오에 해당한다고 보아야 하며, 형법 제16조에 따라 진실성 여부에 대한 평가에 있어서 회피가능성이[42] 있었는지의 여부에 따서 그 책임이 조각 또는 배제된다고 보아야 할 것이다. 따라서 그리고 이 회피가능성의 판단에 있어서 언론기관에 종사하는 자의 경우에는 직무수행에 필요한 제반의무를 성실히 수행하였는지가 그 판단의 자료가 될 것이다.

Ⅲ. 제309조(출판물에 의한 명예훼손죄)와 제310조

1. 제309조(출판물에 의한 명예훼손죄)

(1) 본죄는 비방의 목적으로 출판물을 통하여 진실한 사실이나(제1항) 허위의 사실(제2항)을 적시함으로써 성립하는 범죄이다. 본죄는 제307조의 명예훼손죄에 비하여 초과 주관적 불법요소인 비방의 목적을 필요로 하는 목적범이라는 점에서 그리고 명예훼손의 수단이 신문. 잡지 또는 라디오 등과 같이 전파성이 강한 매체를[43] 통하여 이루어진다는 점에서 그 행위반가치가 상대적으로 높기 때문에 불법이 가중된 구성요건이라고 할 수 있다.[44] 따라서 형법 제309조 제1항 소정의

42) 회피가능성의 판단의 내용으로서의 주의의무를 판단함에 있어서는 행위자가 사물의 존부를 파악할 수 있는 정신적 인식능력과 옳고 그름에 대한 행위자 자신의 모든 법적 윤리적 가치관념을 총동원하여야 하고, 개인적인 역량을 최대한 성실하게 발휘하였는지 여부가 중요하다. 이와 같은 판단요청을 가리켜 일반적으로 양심적 심사의무 또는 양심적 긴장이라고 부른다. 또한 행위자는 모든 지적 인식능력을 사용하여도 범행에 대한 법적 허용성이 의심스러운 경우에는 전문지식을 갖춘 신뢰할 만한 곳에 그 행위의 허용여부를 문의하여야 하는 조회의무 내지 조사의무를 이행하여야 한다. 이때 행위자가 부담해야 할 조회의무의 범위와 정도는 행위자가 속한 생활영역, 직업과 지위 그리고 학력의 정도 등을 종합적으로 고려하여 결정하여야 한다. 따라서 자격 있는 법률전문가나 관계행정청에 상세히 문의하였고 그 답변을 신뢰한 경우에는 일반적으로 주의의무를 다한 경우로서 이는 피할 수 없는 착오로서 정당한 이유가 있는 경우에 해당한다.

43) 출판물에 대하여 갖고 있는 일반의 신뢰성 및 장기간의 보존가능성 때문에 법익침해의 정도가 크다; 박상기, 190면.

44) 한편 대부분의 견해는 출판물이 가지는 강한 전파성 때문에 출판물에 의하여 사실을 적시함으로써 본죄는 성립하고 별도로 공연성을 요구하지 않는다고 설명한다. 그러나 이는 잘못된 설명이라고 본다. 분명히 법문에는 '출판물에 의하여 제307조의 1항 또는 2항의 죄'를 범한 자라고 규정하고 있다. 그리고 제307조는 공연성을

출판물에 의한 명예훼손죄의 구성요건에 해당하기 위하여는 주관적 요건으로서 비방 목적 및 객관적 요건으로서 출판물 등의 방법에 의할 것을 모두 구비하여야 하고 그 중 하나라도 결한 때에는 위 죄는 성립하지 않는 것이다.[45] 또한 본죄는 간접정범에 의해서도 성립될 수 있다. 즉 정을 모르는 출판물 인쇄자나 비방의 목적이 없는 보도기관에게 사실을 적시하도록 하는 경우에는 간접정범에 의한 출판물명예훼손죄가 성립할 수 있다(다수설[46]). 판례(대법원 2002. 6. 28. 선고 2000도3045 판결[47])도 '출판물에 의한 명예훼손죄는 간접정범에 의하여 범하여질 수도 있으므로 타인을 비방할 목적으로 허위의 기사 재료를 그 정을 모르는 기자에게 제공하여 신문 등에 보도되게 한 경우에도 성립할 수 있으나 제보자가 기사의 취재·작성과 직접적인 연관이 없는 자에게 허위의 사실을 알렸을 뿐인 경우에는, 제보자가 피제보자에게 그 알리는 사실이 기사화되도록 특별히 부탁하였다거나 피제보자가 이를 기사화 할 것이 고도로 예상되는 등의 특별한 사정이 없는 한, 피제보자가 언론에 공개하거나 기자들에게 취재됨으로써 그 사실이 신문에 게재되어 일반 공중에게 배포되더라도 제보자에게 출판·배포된 기사에 관하여 출판물에 의한 명예훼손죄의 책임을 물을 수는 없다'라고 하여 간접정범에 의한 출판물에 의한 명예훼손의 가능성을 인정하였다.

(2) '비방의 목적'의 판단

본죄는 고의 이외에 초과주관적 불법요소로서 '비방의 목적'이 있어야 한다. 따라서 비방의 목적이 없는 경우에는 제307조가 검토되어야 한다. 비방의 목적은 가해의 의사 내지 목적을 요하는 것으로서 사람을

당연히 요구하고 있다. 따라서 307조와의 차이는 비방의 목적과 출판물을 이용한 점에 있으며, 공연성의 유무에 있는 것은 아니다.

45) 대법원 1998. 10. 9. 선고 97도158 판결.

46) 김일수/서보학, 201면; 이재상, 12/38; 임웅, 210면.

47) 의사가 의료기기 회사와의 분쟁을 정치적으로 해결하기 위하여 국회의원에게 허위의 사실을 제보하였을 뿐인데, 위 국회의원의 발표로 그 사실이 일간신문에 게재된 경우 출판물에 의한 명예훼손이 성립하지 아니한다고 한 사례.

비방할 목적이 있는지 여부는 당해 적시 사실의 내용과 성질, 당해 사실의 공표가 이루어진 상대방의 범위, 그 표현의 방법 등 그 표현 자체에 관한 제반 사정을 감안함과 동시에 그 표현에 의하여 훼손되거나 훼손될 수 있는 명예의 침해 정도 등을 비교, 고려하여 결정하여야 한다.[48] 그러나 대상판결 2에서 "여기서 '비방할 목적'이란 가해의 의사 내지 목적을 요하는 것으로서 공공의 이익을 위한 것과는 행위자의 주관적 의도의 방향에 있어 서로 상반되는 관계에 있다고 할 것이므로, 적시한 사실이 공공의 이익에 관한 것인 경우에는 특별한 사정이 없는 한 비방할 목적은 부인된다고 봄이 상당하다"라고 판시하였다.[49] 그러나 이러한 판례의 태도는 의문이다. 우선 비방의 목적으로 인한 행위와 제310조의 위법성조각을 위해 요구되는 '오로지 공공의 이익'을 위한

48) 대법원 2002. 6. 28. 선고 2000도3045 판결.

49) 대법원 2005. 4. 29. 선고 2003도2137 판결: 이 사건의 경우 기록에 의하면, 여기서 문제가 되는 명예훼손적 표현은 국립대학교의 교수가 자신의 연구실 내에서 제자인 여학생을 성추행을 하였다는 내용으로서 공인의 공적 활동과 밀접한 관련이 있는 내용인 사실, 이와 같이 학내에서 발생한 성폭력 문제는 국민이 알아야 할 공공성, 사회성을 갖춘 공적 관심사안으로서 사회의 여론형성에 기여하는 측면이 강하고 순수한 사적인 영역에 속하는 것이라 할 수 없으며, 특히 피고인들은 성폭력 및 가정폭력으로부터 여성을 보호하는 것을 설립 목적으로 하는 지역 민간단체의 대표들로서 사건 발생 이후 피해 여학생 등과의 상담을 거쳐 사건 내용을 파악하고 (대학명 생략)학생회 그리고 지역 여성단체들과 함께 비상대책위원회를 구성하여 수사기관과 학교 당국을 상대로 철저한 진상조사와 처벌 그리고 학내 성폭력의 근절을 위한 대책 마련을 촉구하는 활동을 벌이던 중 자신들의 활동내용을 알려 이를 지지하는 여론을 형성하기 위하여 자신들의 홈페이지의 인권란 또는 소식지의 인권소식란에 그 주장 내용을 담은 성명서를 옮겨 담거나 요약하여 게재하였을 뿐이고 위 피해자와 사이에 어떠한 개인적인 감정도 존재하지 아니하였던 사실, 피해자는 스스로 강제추행을 저질러 위와 같은 명예훼손적 표현의 위험을 자초한 사실, 그리고 그 표현 자체에 있어서도 피해자를 비하하는 등의 모욕적인 표현은 전혀 없고 객관적인 진실과 함께 자신들의 요구사항을 적시하고 있을 뿐인 사실을 알아볼 수 있는바, 이러한 피해자의 지위, 적시사실의 내용 및 성격, 표현의 방법, 동기 및 경위 등 제반 사정을 종합하여 볼 때 비록 성범죄에 관한 내용이어서 명예의 훼손정도가 심각하다는 점까지를 감안한다 할지라도 인터넷 홈페이지 또는 소식지에 위와 같은 내용을 게재한 행위는 학내 성폭력 사건의 철저한 진상조사와 처벌 그리고 학내 성폭력의 근절을 위한 대책마련을 촉구하기 위한 목적으로 공공의 이익을 위하여 한 것으로 봄이 상당하고, 달리 비방의 목적이 있다고 단정할 수는 없다고 할 것이다.

행위는 개념적으로 서로 달리 평가되어야 한다.[50)]

우선 그 형식적 지위에 있어서 '공공의 이익을 위한 목적'은 제310조의 주관요소로서 주관적 정당화요소임에 반하여, 비방의 목적은 309조 출판물에 의한 명예훼손죄에 있어서의 주관적 구성요건요소이다. 즉 전자는 위법성판단의 자료로서 공공의 이익이 없으면 위법성이 그대로 인정된다. 후자는 구성요건해당성 판단의 자료로서 비방의 목적이 없으면 구성요건해당성이 배제된다. 또한 경우에 따라서는 행위자에게 공공의 이익을 위한다는 인식과 비방의 목적이 모두 있는 경우에는 전체적으로 보아 어느 것에 중점이 있는가를 중심으로 결정할 수밖에 없다. 즉 비방의 목적에 중점이 있는 경우에는 부수적으로 공공의 이익을 위한다는 인식이 있다 하더라도 비방목적을 인정해야 하고, 공공의 이익을 위하는 데에 중점이 있는 경우에는 부수적으로 비방목적이 있다 하더라도 비방목적을 부인해야 한다.[51)] 결국 비방의 목적이 있는지를 검토하고, 비방의 목적이 없는 경우에는 제309조의 출판물명예훼손이 성립하지 아니하므로, 그 다음으로 제307조 1항의 해당 여부를 검토한 후에 비로소 공공의 이익 여부를 검토하여야 한다. 그럼에도 불구하고 비방의 목적이 없는 경우에는 공공의 이익 목적이 있다고 추정하는 대상판결(4)의 태도는 판단의 순서와 판단의 대상에 있어서 타당성이 적다고 하겠다.[52)]

50) 손동권, "형법 제310조의 실체면과 절차면", 형사판례연구 제 6 호(박영사, 1998), 215면.

51) 오영근, 12/66.

52) 판례(2004다35199)도 '공직자의 생활이나 공직 수행과 관련한 중요한 사항에 관하여 어떤 의혹을 가질 만한 충분하고도 합리적인 이유가 있고 그 사항의 공개가 공공의 이익을 위하여 필요하다고 인정되는 경우에 있어서도 그 언론보도의 내용이나 표현방식, 의혹사항의 내용이나 공익성의 정도, 공직자 또는 공직 사회의 사회적 평가를 저하시키는 정도, 취재과정이나 취재로부터 보도에 이르기까지의 사실확인을 위한 노력의 정도, 기타 주위의 여러 사정 등을 종합하여 판단할 때, 그 언론보도가 공직자 또는 공직 사회에 대한 감시·비판·견제라는 정당한 언론활동의 범위를 벗어나 악의적이거나 심히 경솔한 공격으로서 현저히 상당성을 잃은 것으로 평가되는 경우에는, 비록 공직자 또는 공직 사회에 대한 감시·비판·견제의 의도에서 비롯된 것이라고 하더라도 이러한 언론보도는 명예훼손이 되는 것으로 보지 않을 수 없다'라고 하여 비방의 목적이 없다고 하여 당연히 공공의 이익이 인정

따라서 비방의 목적과 공공의 이익목적은 서로 다른 평가요소임에도 불구하고 '사람을 비방할 목적이 있는지 여부는 당해 적시 사실의 내용과 성질, 당해 사실의 공표가 이루어진 상대방의 범위, 그 표현의 방법 등 그 표현 자체에 관한 제반 사정을 감안함과 동시에 그 표현에 의하여 훼손되거나 훼손될 수 있는 명예의 침해 정도 등을 비교, 고려하여 결정하여야 한다.[53]' 그리고 '적시된 사실이 공공의 이익에 관한 것인지 여부는 당해 적시 사실의 내용과 성질, 당해 사실의 공표가 이루어진 상대방의 범위, 그 표현의 방법 등 그 표현 자체에 관한 제반 사정을 감안함과 동시에 그 표현에 의하여 훼손되거나 훼손될 수 있는 명예의 침해 정도 등을 비교·고려하여 결정하여야 한다[54]'라고 하여 동일한 평가기준을 제시하고 있다.

2. 제309조와 제310조

출판물에 의한 명예훼손죄에 대해서도 제310조가 적용되는가가 문제된다.

(1) 제309조 2항의 경우

출판물에 의하여 허위사실을 적시한 경우에 즉 제309조 2항의 경우에는 당연히 제310조가 적용될 수 없다고 하는 것이 타당하다(통설, 판례[55]).

(2) 제309조 1항의 경우

제309조 1항의 경우에도 원칙적으로 제310조가 적용될 수 없다. 즉 제307조 1항은 단순 고의범임에 비하여, 제309조 1항은 비방의 목적을 필요로 하는 목적범이기 때문이다. 앞서 지적한 것처럼 비방의 목적과 공공의 이익은 그 내용과 판단의 과정이 다르므로 비방의 목적이 있다고 하여 바로 공공의 이익이 부인되거나, 또는 공공의 이익을 위한다는

되는 것은 아니라는 취지의 판시도 하고 있다.

53) 대법원 2002. 6. 28. 선고 2000도3045 판결.

54) 대법원 2002. 9. 24. 선고 2002도3570 판결.

55) 대법원 2005. 6. 10. 선고 2005도2316 판결.

의사가 있다고 하여 곧바로 비방의 목적이 부인되어서는 곤란하다고 본다. 그러나 출판물에 의해서 타인의 명예를 훼손한 경우에라는 그것이 진실한 사실이고 비방의 목적이 없는 경우에는 제307조 제1항의 명예훼손에 해당한다.[56] 그러므로 이 경우에는 제310조에 의한 위법성 조각여부가 검토될 수 있다. 대상판결도 (3)의 태도도 그 결론에 있어서는 타당하다고 본다. 제309조 1항은 '사람을 비방할 목적으로 … 제307조 제1항의 죄를 범한 자는 …'라고 규정하고 있다. 즉 출판물에 의하여 비방의 목적으로 제307조 1항의 죄를 범한 경우가 제309조 1항이다. 따라서 제307조와는 의사표현의 수단과 주관적 의사의 정도에 따라서 차이가 난다. 그러므로 비방의 목적은 없지만 출판물인 경우, 비방의 목적도 없고 출판물도 아닌 경우, 비방의 목적은 있지만 출판물이 아닌 경우는 모두 제307조 1항의 명예훼손죄에 해당한다. 따라서 제307조 1항에 해당되며, 이어서 공공의 이익 여부를 검토하여 제310조에 해당하는지를 판단하여야 한다.

대상판결(1)에서는 '형법 제307조 제1항의 명예훼손행위가 진실한 사실로서 오로지 공공의 이익에 관한 때에는 위법성이 조각되나 형법 제309조 제1항의 출판물 등에 의한 명예훼손행위는 그것이 오로지 공공의 이익을 위한 행위였다고 하더라도 위법성이 조각되지 않음은 형법 제310조의 규정에 비추어 명백하다'라고 하여 공공의 이익을 위한 의사가 확인되는 경우에도 제310조에 적용되지 않는다고 하여 제307조 1항과 제310조의 해석론상의 관계를 제대로 이해하지 못하고 있는 듯한 판시를 하고 있다. 그러나 대상판결(2)은 '형법 제310조의 공공의 이익에 관한 때에는 처벌하지 아니한다는 규정은 비방할 목적이 있어야 하는 형법 제309조 제1항 소정의 행위에 대하여는 적용되지 아니하고, 그 목적을 필요로 하지 않는 형법 제307조 제1항의 행위에 한하여 적용되는 것이며, 반면에 적시한 사실이 공공의 이익에 관한 것인

56) 제309조 1항은 ' 사람을 비방할 목적으로 … 제307조 제1항의 죄를 범한 자는 …' 라고 규정하고 있다. 즉 출판물에 의하여 비방의 목적으로 제307조 1항의 죄를 범한 경우가 제309조 1항이다.

경우에는 특별한 사정이 없는 한 비방 목적은 부인된다고 봄이 상당하므로 이와 같은 경우에는 형법 제307조 제1항 소정의 명예훼손죄의 성립 여부가 문제될 수 있고 이에 대하여는 다시 형법 제310조에 의한 위법성 조각 여부가 문제로 될 수 있다'고 하여 제309조의 경우에도 제310조가 적용될 여지가 있음을 밝히고 있다. 그리고 판례는 〈공공의 이익에 관한 사실 여부—비방의 목적 여부—제307조 1항 적용—제310조 적용〉의 순서로 위법성 조각 여부를 판단하고 있다.

그러나 앞서 지적한 것처럼 비방의 목적이 없는 경우에는 일단 제307조 1항의 명예훼손죄가 성립되므로, 다음으로 공공의 이익 여부를 검토하여 공공의 이익의사가 확인되면 제310조를 적용하여야 하는 것이 논리적으로 타당하다. 즉 비방의 목적을 검토한 후에, 그 다음으로 공공의 이익 여부를 검토하는 것이 타당하다. 그럼에도 불구하고 대법원은 공공의 이익을 먼저 확인함으로써 제310조의 적용의 범위를 축소하고 있다.

결론적으로 대상판결 1과 2, 3은 서로 모순이며, 대상판결 1은 해석론상의 타당성을 결여하였으며, 대상판결 2, 3은 제307조에서 제310조로 연결되는 판단의 과정에 있어서 그 타당성을 결여하고 있다.

Ⅳ. 모욕죄와 제310조

1. 모욕죄의 의의

모욕죄는 공연히 타인을 모욕함으로써 성립하는 범죄이다.[57] 형법이 모욕죄의 경우에도 공연성을 그 요건으로 하고 있는 것은 명예훼손죄와 마찬가지로 외부적으로 판단할 수 있는 명예일 것을 요구하고 있다고 할 수 있다. 따라서 이는 내적 명예나 명예감정이 모욕죄의 보호법익이 될 수 없으며, 명예훼손죄뿐만 아니라 모욕죄의 보호법익도 외적 명예라고 보아야 한다. 결국 사실의 적시 없이 타인의 외적 명예를

57) 한편 외국원수 또는 외교사절에 대한 모욕행위는 제107조 2항 또는 제108조 2항에 해당한다. 이 경우에는 공연성을 요건으로 하지 않는다.

침해하는 행위가 모욕죄이다.[58] 보호의 정도는 명예훼손죄와 마찬가지로 추상적 위험범에 속한다.[59] 본죄는 친고죄이다.

2. 모욕죄와 제310조

모욕죄에 대해서도 제310조가 적용될 수 있는가에 대하여 이를 긍정하는 견해, 부정하는 견해, 절충적 견해가 있다. 긍정설에서는[60] 정치. 학문 또는 예술분야의 비판 내지 논평에 있어서 어느 정도의 경멸적 판단이 포함되는 것이 일반적이며 그것이 공익성을 가질 때에는 위법성이 조각된다고 해석하는 것이 타당하다고 한다. 부정설[61]에서는 모욕에는 공익성은 있을 수 있어도 진실성은 있을 수 없으며, 실제 310조는 기타 사회상규에 반하지 아니하는 행위의 일례에 불과하므로 제310조를 적용할 것이 아니라 제20조(정당행위)의 사회상규의 문제로 해결하는 것이 타당하다고 한다. 절충설에서는[62] 모욕행위는 사실의 적시가 없고 공공의 이익을 위할 의사가 아니라 개인적인 경멸의 의사로 행해지는 것이기 때문에 원칙적으로 제310조는 모욕죄에는 적용되지 않지만, 공익을 위한 명예훼손행위 내지 공정한 평론이 진실한 사실의 적시와 더불어 불가피하고도 부수적으로 모욕적 평가까지 수반하는 경우에는 전체적으로 제310조를 적용하여 모욕행위 부분에 대해서도 위법성

58) 대법원 1987.5.12. 선고 87도739 판결: 명예훼손죄와 모욕죄의 보호법익은 다같이 사람의 가치에 대한 사회적 평가인 이른바 외부적 명예인 점에서는 차이가 없으나 다만 명예훼손은 사람의 사회적 평가를 저하시킬 만한 구체적 사실의 적시를 하여 명예를 침해함을 요하는 것으로서 구체적 사실이 아닌 단순한 추상적 판단이나 경멸적 감정의 표현으로서 사회적 평가를 저하시키는 모욕죄와 다르다. "늙은 화냥년의 간나, 너가 화냥질을 했잖아"라고 한 피고인의 발언내용은 그 자체가 피해자의 사회적 평가를 저하시킬 만한 구체적 사실의 적시라기보다는 피고인이 피해자의 도덕성에 관하여 경멸적인 감정표현을 과장되게 강조한 욕설에 불과한 것으로서 이를 막바로 명예훼손죄로 의율할 수는 없다.

59) 따라서 구성요건적 결과가 현실적으로 발생할 필요는 없고 발생의 일반적인 위험 내지 適性(적성)만 있으면 된다. 그러므로 이 죄에서는 대개 모욕이라는 거동으로써 타인의 명예가치는 무시되고, 동시에 기수가 된다: 김일수/서보학, 204면.

60) 이재상, 13/43.

61) 김일수/서보학, 205면: 정영일, 159면: 오영근, 12/50: 배종대, 52/11.

62) 임웅, 212면.

조각을 긍정해야 할 것이라고 본다. 판례는[63] 부정설의 입장에 있으며, 대상판결(5)에서는 '피고인이 방송국 홈페이지의 시청자 의견란에 작성·게시한 글 중 일부의 표현은 이미 방송된 프로그램에 나타난 기본적인 사실을 전제로 한 뒤, 그 사실관계나 이를 둘러싼 문제에 관한 자신의 판단과 나아가 이러한 경우에 피해자가 취한 태도와 주장한 내용이 합당한가 하는 점에 대하여 자신의 의견을 개진하고, 피해자에게 자신의 의견에 대한 반박이나 반론을 구하면서, 자신의 판단과 의견의 타당함을 강조하는 과정에서 부분적으로 그와 같은 표현을 사용한 것으로서 사회상규에 위배되지 않는다고 봄이 상당하다'라고 판시하여 사회상규의 관점에서 그 위법성조각을 판단하고 있다.

생각건대 모욕적인 언행의 경우도 비방의 목적이 아닌 공공의 이익을 위한 모욕행위도 존재하며, 제310조가 특별한 위법성조각사유이므로 일반적인 위법성조각사유 특히 정당행위의 여부를 검토하기 전에 제310조를 먼저 검토하는 것이 필요하다고 본다. 그리고 이러한 해석이 최근의 정치·사회에 대한 많은 비판적인 행위에 대하여 표현의 자유와 개인의 프라이버시의 보호를 조화시키는 해석론이라고 생각한다. 특히 최근 수많은 인터넷상의 자유게시판을 통하여 이루어지는 많은 모욕적 표현들은 순수하게 자신의 의견을 개진한 글로서 상대방의 의견에 대한 댓글의 형식이기 때문에 공공의 이익을 위한다는 의사에서 출발하는 경우가 많다. 따라서 일단 제310조에 의하여 공공의 이익의사를 검토하고, 공공의 이익 의사가 없는 경우에는 다시 한번 사회상규의 관점에서 그 허용 여부를 검토하는 것이 형법의 보충성의 원칙에고 합치된다고 본다.[64] 또한 모욕적인 경멸의 표현에 해당하는지 또는 구체적

63) 1959. 12. 23, 4291형상539.

64) 판례(대법원 1989. 2. 14. 선고 88도899 판결)는 명예훼손의 경우에는 이러한 절차로 그 위법성조각여부를 판단한다: '교회담임목사를 출교처분한다는 취지의 교단산하 재판위원회의 판결문은 성질상 교회나 교단 소속신자들 사이에서는 당연히 전파, 고지될 수 있는 것이므로 위 판결문을 복사하여 예배를 보러온 신도들에게 배포한 행위에 의하여 그 목사의 개인적인 명예가 훼손된다 하여도 그것은 진실한 사실로서 오로지 교단 또는 그 산하교회 소속신자들의 이익에 관한 때에 해당하거

사실의 적시에 해당하는지가 불분명한 경우가 많다. 그리고 경멸의 표현도 많은 경우에는 구체적 사실에 기초한 경멸의 표현이나 비유인 경우가 많다.

또한 대상판결(5)에서도 피고인의 행위는 그 방송 프로그램을 시청한 후 그에 대한 느낌과 이를 방송한 방송사와 피해자와의 가치관이나 판단의 차이에 따른 자신의 의견을 개진하고, 피해자에게 자신의 의견에 대한 반박이나 반론을 구하는 것이라고 본 원심의 판단은 옳은 것으로 수긍이 가고, 나아가 그 글의 전체적인 내용도 "불법주차와 아이를 차에 두고 내린 어머니로서의 과실이라는 근본적인 원인제공을 피해자가 하였고, 그 방송된 내용은 개인적인 사정이다. 그럼에도 불구하고, 피해자는 자신의 잘못은 생각하지 않고, 견인업체 등의 잘못을 탓하며 자신의 범법행위를 변명하고 있다"는 취지로서, 그 전제한 객관적 사실관계는 이미 방송된 프로그램의 내용에 기초한 것이며, 오히려 피해자(교사)의 행위를 비판함으로써 이러한 일이 재발되지 않도록 알리기 위함의 공익목적도 발견할 수 있다. 따라서 피고인의 행위는 사회상규에 해당되기도 하지만, 제310조의 범위에도 포함될 수 있는 행위라고 보여진다.

V. 결 론

이상에서 제310조의 적용범위와 관련한 제 문제들을 대법원 판례를 중심으로 살펴보았다. 이를 요약하는 것으로서 결론을 삼고자 한다.

1. 형법 제310조가 적용되기 위하여는 제307조 1항의 행위가 진실한 사실로서 오로지 공공의 이익에 관한 것이어야 한다. 우선 제307조의 행위가 존재하여야 한다. 그리고 적시된 사실이 진실하여야 하고, 공공의 이익에 관한 것이어야 한다. 그러나 307조에 해당하기 위해서는

나 적어도 사회상규에 위배되지 아니하는 행위에 해당하여 위법성이 없다'라고 하여 제310조에 의한 위법성조각여부를 검토한 후에 사회상규의 관점에서 다시 한번 더 위법성을 검토하여야 함을 밝히고 있다.

진실한 사실을 적시하여야 하므로 결국 제310조의 성립요건으로서 의미가 있는 것은 오로지 공공의 이익에 관한 것이어야 한다.

2. 진실성은 제307조의 객관적 구성요건요소이므로, 이는 고의의 인식대상이 된다. 따라서 진실하지 않는 사실을 진실하다고 생각하는 경우에는 사실의 착오로서 제15조 1항에 의하여 특별히 중한 죄가 되는 사실인 허위임을 인식하지 못한 것으로서 중한 죄인 제307조 2항이 적용되지 않고 제307조 1항에 해당된다. 결국 제310조를 위법성조각규정으로 본다면 공익성이라는 위법성 조각사유의 객관적 요소(객관적 정당화요소)와 공익성에 대한 인식이라는 주관적 정당화요소가 그 성립요건으로서 의미를 가진다. 즉 객관적으로 공익성이 있어야 하고 행위자도 그 공익성을 목적으로 하여야 한다. 따라서 310조에서의 주관적 인식과 관련한 문제는 두 가지로 나누어 볼 수 있다. 하나는 공익성이 없음도 불구하고 행위자가 공익성이 있다고 생각하는 경우이며, 다른 하나는 공익성의 목적이 없는 경우이다. 따라서 전자는 위법성조각사유의 객관적 전제조건의 착오에 해당하며(예컨대 오상방위), 후자는 주관적 정당화요소가 결한 경우의 문제라고(예컨대 우연방위) 할 수 있다. 따라서 공익성은 제310조의 객관적 정당화요소에 해당하므로 공익성이 없음에도 불구하고 있다고 오신하는 경우는 위법성조각사유의 전제조건의 착오에 해당한다. 이 경우에는 엄격책임설에 의하여 해결하는 것이 타당하다. 즉 제307조 1항의 행위자는 자신의 행위가 공익에 해당한다는 사실에 대한 착오에 빠진 것이 아니라 그 사실의 평가 즉 공익성 여부에 대하여 착오에 빠진 것으로서, 이 착오에 기인하여 자신의 행위가 제310조에 의하여 허용된다고 생각하는 경우이다. 따라서 이는 법률의 착오에 해당한다고 보아야 한다. 따라서 우리 형법 제16조에 따라 진실성 여부에 대한 평가에 있어서 회피가능성이 있었는지의 여부에 따서 그 책임이 조각 또는 배제된다고 보아야 할 것이다.

3. 우선 그 형식적 지위에 있어서 '공공의 이익을 위한 목적'은 제310조의 주관요소로서 주관적 정당화요소임에 반하여, 비방의 목적은 제309조 출판물에 의한 명예훼손죄에 있어서의 주관적 구성요건요소이다. 즉 전자는 위법성판단의 자료로서 공공의 이익이 없으면 위법성이 그대로 인정된다. 후자는 구성요건해당성 판단의 자료로서 비방의 목적이 없으면 구성요건해당성이 배제된다. 또한 경우에 따라서는 행위자에게 공공의 이익을 위한다는 인식과 비방의 목적이 모두 있는 경우에는 전체적으로 보아 어느 것에 중점이 있는가를 중심으로 결정할 수밖에 없다. 즉 비방의 목적에 중점이 있는 경우에는 부수적으로 공공의 이익을 위한다는 인식이 있다 하더라도 비방목적을 인정해야 하고, 공공의 이익을 위하는 데에 중점이 있는 경우에는 부수적으로 비방목적이 있다 하더라도 비방목적을 부인해야 한다.[65] 결국 비방의 목적이 있는지를 검토하고, 비방의 목적이 없는 경우에는 제309조의 출판물명예훼손이 성립하지 아니하므로, 그 다음으로 제307조 1항의 해당 여부를 검토한 후에 비로소 공공의 이익 여부를 검토하여야 한다. 그럼에도 불구하고 비방의 목적이 없는 경우에는 공공의 이익 목적이 있다고 추정하는 대상판결(4)의 태도는 판단의 순서와 판단의 대상에 있어서 타당성이 적다고 하겠다.

4. 판례는 〈공공의 이익에 관한 사실 여부—비방의 목적 여부—제307조 1항 적용—제310조 적용〉의 순서로 위법성 조각 여부를 판단하고 있다. 그러나 앞서 지적한 것처럼 비방의 목적이 없는 경우에는 일단 제307조 1항의 명예훼손죄가 성립되므로, 다음으로 공공의 이익 여부를 검토하여 공공의 이익의사가 확인되면 제310조를 적용하여야 하는 것이 논리적으로 타당하다. 그럼에도 불구하고 대법원은 공공의 이익을 먼저 확인함으로서 제310조의 적용의 범위를 축소하고 있다. 결론적으로 대상판결 1과 2, 3은 서로 모순이며, 대상판결 1은 해석론상

65) 오영근, 12/66.

의 타당성을 결여하였으며, 대상판결 2, 3은 제307조에서 제310조로 연결되는 판단의 과정에 있어서 그 타당성을 결여하고 있다.

5. 모욕적인 언행의 경우도 비방의 목적이 아닌 공공의 이익을 위한 모욕행위도 존재하며, 310조가 특별한 위법성조각사유이므로 일반적인 위법성조각사유 특히 정당행위의 여부를 검토하기 전에 310조를 먼저 검토하는 것이 필요하다고 본다. 그리고 이러한 해석이 최근의 정치·사회에 대한 많은 비판적인 행위에 대하여 표현의 자유와 개인의 프라이버시의 보호를 조화시키는 해석론이라고 생각한다. 특히 최근 수많은 인터넷상의 자유게시판을 통하여 이루어지는 많은 모욕적 행위들은 순수하게 자신의 의견을 개진한 글로서 상대방의 의견에 대한 댓글의 형식이기 때문에 공공의 이익을 위한다는 의사에서 출발하는 경우가 많다. 따라서 일단 제310조에 의하여 공공의 이익의사를 검토하고, 공공의 이익 의사가 없는 경우에는 다시 한번 사회상규의 관점에서 그 허용여부를 검토하는 것이 형법의 보충성의 원칙에도 합치된다고 본다.

[주 제 어]
형법 제310조, 명예훼손죄, 모욕죄, 공공의 이익, 비방의 목적

[Key words]
article 310, defamation, insult, public interest, intent to defame another person

[Abstract]

A Study on the application of the Criminal Code Article 310

Kwon, Oh-Geol*

Till now we have inquired into problems about application of the Criminal Code Article 310 centering around the Supreme Court's case.

To apply Article 310 to the case, the action of article 307① is to be true and a thing about only public interest.

As the truth is a objective structure factor of article 307①, it is an acknowledge object of Intent, therefore if one believe non-true factor as true factor, he falls into an error of factor, So his action conforms not to article 307② but article 307①.

And the aim of public interest is an subjective factor for justification of article 310, but the aim of maligning an innocent person is an subjective factor for justification of article 309.

So the former is factor for decision of unlawfulness, the latter is a factor for decision of structure.

After all without the former, the unlawfulness of the action is still recognized, without the latter the structure of the action is cut.

* Professor, College of Law, Kyungpook National University, Ph.D. in Law.

경영판단과 배임죄의 성부

박 미 숙*

[대상판례] 대법원 2005. 4. 29. 선고 2005도856 판결

[판결요지]

[1] 모회사(母會社)와 자회사(子會社)가 모회사의 대주주로부터 그가 소유한 다른 회사의 비상장주식을 매입한 사안에서, 거래의 목적, 계약체결의 경위 및 내용, 거래대금의 규모 및 회사의 재정상태 등 제반 사정에 비추어 그것이 회사의 입장에서 볼 때 경영상의 필요에 의한 정상적인 거래로서 허용될 수 있는 한계를 넘어 주로 주식을 매도하려는 대주주의 개인적인 이익을 위한 것에 불과하다는 이유로 그 대주주와 모회사 및 자회사의 임직원들에 대하여 업무상배임죄의 성립을 인정.

[2] 배임죄에 있어서 그 임무에 위배하는 행위라 함은 처리하는 사무의 내용, 성질 등 구체적 상황에 비추어 법률의 규정, 계약의 내용 혹은 신의칙상 당연히 할 것으로 기대되는 행위를 하지 않거나 당연히 하지 않아야 할 것으로 기대하는 행위를 함으로써 본인과 사이의 신임관계를 저버리는 일체의 행위를 포함하는바, 특정 회사의 이사 또는 주주 등 내부자가 주도적으로 자신이 보유중인 다른 회사의 주식을 특수관계에 있는 회사에 매도하는 경우에 있어서, 비록 사전에 이사회결의와 같은 내부적인 의사결정과정을 거쳤다 할지라도 그 거래의 목적, 계약체결의 경위 및 내용, 거래대금의 규모 및 회사의 재무상태 등 제반

* 한국형사정책연구원 연구위원, 법학박사.

사정에 비추어 그것이 회사의 입장에서 볼 때 경영상의 필요에 의한 정상적인 거래로서 허용될 수 있는 한계를 넘어 주로 주식을 매도하려는 내부자의 개인적인 이익을 위한 것에 불과하다면, 그와 같은 거래는 그 내부자에게 이익을 얻게 하고 회사에 손해를 가하는 행위로서 회사에 대한 배임행위에 해당한다고 보아야 할 것이다.

[3] 배임죄에서 재산상의 손해를 가한 때라 함은 총체적으로 보아 본인의 재산 상태에 손해를 가한 경우를 의미하므로 회사의 대표이사 등이 그 임무에 위배하여 회사로 하여금 다른 회사의 주식을 고가로 매수하게 한 경우 회사에 가한 손해액은 통상 그 주식의 매매대금과 적정가액으로서의 시가 사이의 차액 상당이라고 봄이 상당하며, 비상장주식을 거래한 경우에 있어서 그 시가는 그에 관한 객관적 교환가치가 적정하게 반영된 정상적인 거래의 실례가 있는 경우에는 그 거래가격을 시가로 보아 주식의 가액을 평가하여야 할 것이나, 만약 그러한 거래사례가 없는 경우에는 보편적으로 인정되는 여러 가지 평가방법들을 고려하되 그러한 평가방법을 규정한 관련 법규들은 각 그 제정 목적에 따라 서로 상이한 기준을 적용하고 있음을 감안할 때 어느 한 가지 평가방법(예컨대, 상속세및증여세법시행령 제54조의 평가방법)이 항상 적용되어야 한다고 단정할 수는 없고, 거래 당시 당해 비상장법인 및 거래당사자의 상황, 당해 업종의 특성 등을 종합적으로 고려하여 합리적으로 판단하여야 할 것이며, 한편 비상장주식의 실거래가격이 시가와 근사하거나 적정한 가격으로 볼 수 있는 범위 내에 속하는 것으로 보여 실거래가격과의 차액 상당의 손해가 있다고 할 수 없는 경우에 있어서도, 그 거래의 주된 목적이 비상장주식을 매도하려는 매도인의 자금조달에 있고 회사가 그 규모 및 재정 상태에 비추어 과도한 대출을 일으켜 그 목적달성에 이용된 것에 불과하다고 보이는 등의 특별한 사정이 있는 경우라면 그와 같이 비상장주식을 현금화함으로써 매도인에게 유동성을 증가시키는 재산상의 이익을 취득하게 하고 반대로 회사에 그에 상응하는 재산상의 손해로서 그 가액을 산정할 수 없는 손해

를 가한 것으로 볼 수 있다.

[사건경과]

(1) 원심은 피고인 1, 피고인 2, 피고인 4, 피고인 5가 원심 공동피고인과 공모하여, ① 피고인 2가 2001. 7.경 주식회사 삼보컴퓨터(이하 '삼보컴퓨터'라고만 한다)로부터 피해자 1 주식회사의 최대주주 지분을 약 310억 원에 매수하기로 하였으나 잔대금 240억 원이 부족하자 피해자 1 주식회사로 하여금 외부차입을 일으켜서 피고인 2, 원심 공동피고인형제들이 소유하고 있는 비상장회사인 주식회사 새롬방송(이하 '새롬방송'이라고만 한다) 주식 약 51%를 240억 원에 매수토록 하여 그 대금으로 한빛아이앤비 주식잔대금을 지급하기로 공모하고, 이러한 경우 피해자 1 주식회사의 대표이사인 피고인 1, 주주 겸 이사인 피고인 2, 기획팀장인 피고인 4, 재무팀장인 피고인 5로서는 별개 법인인 피해자 1 주식회사의 입장에서 피고인 2, 원심 공동피고인의 매수제의에 응할지 여부, 응한다면 매수할 주식의 수, 매수가격, 매수시기, 새롬방송 주식을 취득할 경우의 문제점과 구체적 운용계획 등에 대하여 면밀히 검토하여야 하고, 나아가 비상장주식인 새롬방송 주식은 유동성이 적으므로 피해자 1 주식회사가 특별한 이유 없이 거액의 외부차입을 일으켜 유동성이 적은 주식을 매수하는 경우 매수금액 상당의 현금유동성을 포기하는 결과가 될 수 있어 그에 상응하는 정도의 손해가 발생할 수도 있으므로 피고인 2 등과 사이에 매매가격에 대한 실질적인 흥정과정을 거치는 등의 조치를 취하여 피해자 1 주식회사가 정상적으로 운영되고 그 매수로 인해 손해를 입지 않도록 하여야 할 업무상 임무가 있음에도 이에 위배하고, 원심 공동피고인은 이에 적극 가담하여, 주식평가기관인 공소외 1 회계법인에게 위 피고인들이 원하는 가격에 새롬방송 주식이 평가될 수 있도록 청탁하여 허위감정을 받아 주당 평가금액을 19,849원(20% 할증한 금액)으로 계산하여 과대평가한 후, 2001. 9. 26. 원심공동피고인소유의 새롬방송 주식 504,578주, 피고

인 2소유의 새롬방송 주식 514,763주, 기타 가족 등의 차명으로 보유한 새롬방송 주식 등 합계 1,133,571주에 대해 주당 19,849원으로 계산하고, 원심 공동피고인 등의 차명으로 보유한 새롬방송 주식 90,708주에 대하여 주당 16,541원으로 계산하여 피해자 1 주식회사로 하여금 합계 24,000,651,807원에 매수하게 함으로써 피해자 2, 원심 공동피고인으로 하여금 동액 상당의 현금유동성 취득으로 인한 이익과 함께 적정한 거래가격보다 고평가된 가액에 그 주식을 매도함에 따른 액수 미상의 재산상 이익을 취하게 하고, 피해자 1 주식회사에게 동액 상당의 현금유동성 포기로 인한 손해와 함께 적정한 거래가격보다 고평가된 가액에 그 주식을 매수함에 따른 액수 미상의 재산상 손해를 가하고, ② 원심 공동피고인이 위와 같이 매각하고도 남아 있는 원심 공동피고인소유의 새롬방송 주식 460,000주를 80억 원에 사 달라고 강력히 요구하였으나, 피해자 1 주식회사에서는 더 이상 추가구입할 자금 여력이 없자 피해자 1 주식회사의 자회사인 피해자 2 주식회사로 하여금 전혀 구입할 이유가 없는 새롬방송 잔여 주식 460,000주를 주당 17,391원으로 계산하여 과대평가한 후 외부차입을 일으켜 매수하게 하기로 공모하고, 이러한 경우 피해자 2 주식회사의 대표이사인 피고인 1, 이사로서 실질적 사주인 피고인 2, 기획 업무를 주관하던 피고인 4, 자금 관련 업무를 주관하던 피고인 5로서는 당시 새롬방송은 이미 피해자 2 주식회사의 모회사인 피해자 1 주식회사가 지배하고 있어 추가로 새롬방송 주식을 인수할 필요가 없었기 때문에 별개 법인인 피해자 2 주식회사입장에서 원심 공동피고인의 매수제의에 응할지 여부, 응한다면 매수할 주식의 수, 매수가격, 매수시기, 새롬방송 주식을 취득할 경우의 문제점과 구체적 운용계획 등에 대하여 면밀히 검토하여야 하고, 나아가 비상장주식인 새롬방송 주식은 유동성이 적으므로 피해자 2 주식회사의 특별한 이유 없이 외부차입을 일으켜 유동성이 적은 주식을 매수하는 경우 매수금액 상당의 현금유동성을 포기하는 결과가 될 수 있어 그에 상응하는 정도의 손해가 발생할 수도 있으므로 매매가격에 대한 실질적인 흥정 과정을 거치는 등의 조치를 취하고 평가기관에 의한 공정한 평가를 받도록 하는 등 피해자 2 주식회사가 정상적으로 운영되고 그 매수로 인해 손해를 입지 않도록 하여야 할 업무상 임무가 있음에도 이에 위배하고, 원심 공동피고인은 이에 적극 가담하여, 이사회 결의조차 거치지 아니하고, 2002. 4. 8. 원심공동피고인명의의 새롬방송 주식 440,000주를 피해자 2 주식회사로 하여금 7,652,180,000원에 매수하게 하고, 2002. 4. 10. 원심 공동피고인이 공소외 2 명의를 빌려 소유한 새롬방송 주식 20,000주를 피해자 2 주식회사로 하여금 347,820,000원에 매수하게 하여 합계 금 80억 원에 매수하게 함으로써 원심공동피고인으로 하여금 동액 상당의 현금유동성 취득으로 인한 이익과 함께 적정한 거래가격보다 고평가된 가액에 그 주식을 매도함에 따른 액수 미상의 재산상 이익을 취하게 하고, 피해자 2 주식회사에게 동액 상당의 현금유동성 포기로 인한 손해와 함께 적정한 거래가격보다 고평가된 가액에 그 주식을 매수함에 따른 액수 미상의 재산상 손해를 가하였다고 판단하였다.

원심이 채용한 증거들을 위와 같은 법리 및 기록에 비추어 살펴보면, 위 피고인들의 주장과 같이 피해자 1 주식회사가 복수유선사업자(MSO)로 발전하기 위하여 새롬방송과 같은 소규모 유선방송사의 주식을 매입하여 회사를 인수할 경영상 필요성이 인정될 수 있다고 하더라도 판시 기재와 같은 경위로 새롬방송은 이미 피고인 2, 원심 공동피고인형제가 지배주식을 보유한 사실상의 계열회사로서 굳이 피해자 1 주식회사가 새롬방송의 <u>주식을 취득하여 자회사로 만들어야 할 경영상의 필요성이 뚜렷하지 아니한 점, 새롬방송의 주식 매입 여부가 실질적으로 피고인 2에 의하여 결정되었고 그 계약체결과정에 있어서 피고인 2의 자금조달 필요에 맞추어 그 매매대금액 및 매매대금의 지급시기까지 일방적으로 결정되었으며 피해자 1 주식회사의 입장에서는 계약체결 여부 및 계약조건의 결정에 대한 별다른 검토가 없었던 점, 그 과정에서 자신들이 원하는 금액으로 회계법인에 평가를 의뢰하여 자신</u>

들이 원하는 금액에 그대로 맞춘 평가보고서를 받아 정당한 거래인 듯한 외관을 갖추었고, 피해자 1 주식회사로서도 자금이 부족하여 자본금 규모나 연간 매출 규모를 뛰어 넘는 거액의 외부차입을 일으키면서까지 매입한 점 등을 알아볼 수 있고, 더욱이 피해자 2 주식회사의 경우에는 당초 피해자 1 주식회사는 위와 같이 새롬방송의 지분 51%를 매입할 때에 원심 공동피고인의 잔여지분 19%도 추후 매입해 주기로 약정하였는데 피해자 1 주식회사가 자금사정 등으로 그 약속을 이행하기 어렵게 되자 위 피고인들은 자금사정이 나은 자회사인 피해자 2 주식회사로 하여금 이를 매입하도록 하였고 이에 모회사인 피해자 1 주식회사가 이미 과반수의 지분을 확보한 상태임에도 새롬방송의 주식 19%를 추가로 인수한 것일 뿐만 아니라, 이사회의 의결도 거치지 아니하였으며, 매입 여부 및 그 거래가격 등을 실질적으로 피고인 2와 원심 공동피고인 2가 결정하고, 피해자 1 주식회사와 마찬가지로 자본금 및 매출 규모에 비하여 거액의 대출을 일으켜 매입대금을 조달한 다음 이를 매입한 사정을 알아볼 수 있는바, 그렇다면 위 피고인들이 피해자 1 주식회사 및 피해자 2 주식회사로 하여금 각 240억 원 및 80억 원 상당의 새롬방송의 주식을 매입하도록 한 행위는 경영상의 판단에 따른 정상적인 행위라고 볼 수 없어 피해자 1 주식회사 및 피해자 2 주식회사에 대한 관계에서 그 임무에 위배되는 배임행위에 해당하고 위 피고인들에게 그 점에 대한 인식 또한 있었다고 봄이 상당하다 할 것이므로, 같은 취지의 원심 판단은 정당하고, 거기에 상고이유의 주장과 같이 채증법칙을 위반하여 사실을 오인하는 등의 위법이 없다.

(2) 원심판결 이유에 의하면, 원심은 위와 같은 새롬방송의 주식거래가 임무위배행위에 해당한다고 설시한 다음 한편으로는 "비상장주식의 가치 산정방법의 다양성, 유선방송의 특수성 등을 고려하면 이 사건에서 새롬방송의 적정가치를 산정할 만한 입증이 없어 당시 주식매입가격이 적정 가치를 초과한다는 점을 인정할 증거가 없다"고 하면서도 다른 한편으로 "비록 구체적으로 액수를 산정할 수 없더라도 그 거

래가액은 형법상 용인될 수 있는 범위를 벗어나 과대평가되었다"고 판단하였는바 이는 이유모순이자 논리비약의 오류를 범한 것으로 보일 뿐만 아니라, 원심이 채용한 증거들을 비상장주식의 적정가격 산정방법에 관한 위 법리 및 기록에 비추어 살펴보면, 2000년도의 사례이기는 하나 주식회사 엘지홈쇼핑에서 새롬방송의 유상증자시 주당 15,000원에 100,000주를 인수한 사례가 있고, 2000. 6.경 주식회사 씨제이삼구홈쇼핑에서 피고인 2 형제들의 주식 50,000주를 주당 15,000원에 매수한 사례가 있으며, 그 이후 2001년도의 매출액이나 순이익의 측면에서 2000년도와 비교할 때 새롬방송의 경영상태가 악화되었다거나 동종업종의 형편이 악화되었다는 사정은 찾아볼 수 없고 오히려 새롬방송은 2001. 초 동일 권역 내의 경쟁업체 2곳을 인수하여 독점 체제를 구축하여 가입자를 안정적으로 확보할 수 있게 된 사정이 있었고, 삼성증권 주식회사가 새롬방송 발행의 무보증전환사채를 인수함에 있어서 그 전환가격을 결정할 목적으로 한셋투자자문 주식회사에 그 적정전환가격의 평가를 의뢰하였는데 2001. 8. 24. 작성된 그 평가 결과에 의하면 주당자산가치와 주당수익가치가 각 912원 및 6,513원이고 이를 1:1.5의 비율로 가중평균한 주당 본질가치가 4,273원에 불과하나 장래의 수익가치를 판단하는 방법으로 널리 사용되는 미래현금흐름할인 방식(Discounted Cash Flow Method)으로 계산한 주당 가치는 33,525원에 달하여 위 주당 본질가치와 미래현금흐름할인법에 의한 주당 가치를 1:1.5로 가중평균한 주당 내재가치를 21,824원으로 평가한 다음 결국 액면가액 5,000원인 주식 1주당 21,824원을 적정 전환가액으로 평가하였고, 그 이후 2001. 10. 9. 삼성증권 주식회사는 액면가액이 5,000원인 주식 1주당 전환가격이 25,000원이고 사채이율이 7.14%인 새롬방송의 전환사채 90억 원 상당을 인수한 사실, 피해자 1 주식회사가 2001. 6. 19.경 인근 지역의 피해자 2 주식회사 주식 약 60%를 매수함에 있어서 자본금이나 가입자 수 측면에서 새롬방송보다 규모가 작았음에도 주당 2만 원씩에 매입한 사실, 그리고 유선방송사업의 경우 초기에 방송장비 및 방송망 설치 등의 대규모 시설투자가 필요한 반면 그 이후에는 인건비 등의 비용 이외에는 추가비용이 크게 필요하지 않고 일정 수 이상의 가입자가 확보되면 월 사용료 상당의 수입이 안정적으로 확보된다는 특색이 있기 때문에 순자산가치의 비중은 일반 기업보다 떨어지고 그 대신 가입자의 수, 전송망의 용량, 지역 내 독점 여부 등을 기초로 한 미래의 수익률이 기업가치 내지 주식가치를 평가함에 있어서 중요한 평가요소이며 따라서 순자산가치 대비 수십 배 이상의 가액으로 주식이 거래되는 예도 드물지 않았던 사정을 알아 볼 수 있고, 거기에 회사를 지배할 수 있는 지배주식이 거래되는 경우에는 그 주식의 시가에 경영권 프리미엄이 가산된 금액으로 거래되는 것이 일반적이라는 사정까지를 보태어 보면, 피해자 1 주식회사의 매입가격인 주당 19,849원(20% 미할증시 16,541원) 또는 피해자 2 주식회사의 매입가격인 주당 17,391원은 **오히려 적정가격 범위 내의 금액이라고 볼 여지가 충분하므로, 이 사건에서 실거래가액과 적정거래가액과의 차액 상당의 손해는 인정되기 어렵다 할 것이다**. 그러나 이 사건 주식거래의 **주된 목적이 피고인 2의 피해자 1 주식회사주식매수대금 240억 원을 조달하려는 데에 있었고** 피해자 1 주식회사 및 피해자 2 주식회사의 **내부적 의사결정과정도 형식적이었을 뿐** 사실상 피고인 2, 원심 공동피고인이 거래 여부 및 계약내용을 결정하였고, 이에 따라 당시 피해자 1 주식회사는 자본금이 193억 원, 전년도(2000년도) 매출액이 약 111억 원이었으며 피해자 2 주식회사의 경우 자본금이 150억 원, 전년도(2000년도) 매출액이 약 48억 원이었음에도 각 240억 원 및 80억 원이라는 거액의 자금을 일시에 외부에서 조달하였던 점, 그리고 그 밖에 원심이 판시한 바와 같은 이 사건 주식 거래에 이르게 된 제반 사정을 종합해 보면, 위 피고인들은 매도인인 피고인 2, 원심 공동피고인에게 비상장주식을 현금화함으로써 **유동성을 증가시키는 재산상의 이익을 취득하게 하고 반대로 피해자 1 주식회사나 피해자 2 주식회사에 그에 상응하는 재산상 손해를 가한 것으로 볼 수 있다**고 할 것이다. 그렇다면 이 부분 원심의 판단은 그 이유의 설시에 있어서 다소 미흡한 점이 있으나, 위 피고인들이 새롬방송의 주식매매와 관련한 임무 위배행위로 인하여 피해자 1 주식회사 및 피해자 2 주식회사에게 액수를 산정할 수 없는 재산상 손해를 가한 것으로 본 결론에 있어서는 정당하고, 거기에 판결 결과에 영향을 미친 이유모순, 재산상 손해에 관한 법리오해, 채증법칙 위반으로 인한 사실오인 등의 위법이 있다고 할 수 없다. 상고이유의 주장은 받아들일 수 없다.

Ⅰ. 문제의식과 연구대상판례의 문제점

1. 문제의식

지금까지 경영실패는 경영자가 개인적인 범죄를 저지르지 않는 한 형법의 관할영역 밖에 놓여 있는 것으로 인식되어 왔다. 회사의 경영진의 자의적인 경영행위로 인하여 주주들이나 회사의 채권자들이 손해를 입는 경우가 많아지고 있고, 회사의 부도 등 부실경영을 초래하거나 나아가 크게는 국민경제에 대하여 큰 부담을 끼치는 사태가 발생하고 있는 상황임에도 불구하고, 이들 불법행위에 대하여는 사실상 형사처벌되는 예가 거의 없어 온 실정이다.

이들 경영자의 불법적인 경영활동에 대하여 단순히 윤리적인 측면에서의 비난보다는 형사책임을 물어야 한다는 논의가 일각에서 계속 제기되어 왔는데, 이러한 논의가 소위 '경영판단행위의 배임죄 성부'의 문제이다.

주식회사의 이사나 경영진의 업무관련행위를 형법적인 규율대상으로 할 것인가 하는 문제는 쉽게 판단하기 어렵다. 이는 경영진의 업무관련행위가 회사의 정상적인 경영행위의 범위에 포섭되는 행위인가에 대한 민·상법적 판단이 우선되어야 하고, 설사 회사의 부실경영이 문제되어 손해배상이 인정된다고 하더라도, 이와 별개로 형사책임을 인정하여 대표이사나 이사 등을 처벌하는 것 또한 쉽지 않기 때문이다. 소위 경영진의 불법행위라고 하는 것이 상법상 인정되는 정당한 권한 행사인지 아니면 개인의 이익을 위한 부정한 행위인지 여부는 행위의 태양이나, 고의 여부 등과 관련하여 쉽게 판단하기 어려운 것은 사실이다. 이는 잘못된 경영판단에 대한 형사상 책임을 물을 수 있는 명백한 기준이 제대로 확립되지 못한데서 기인하는 문제이기도 하다.

예컨대 경영행위는 많든 적든 위험이 내포되어 있는 경우가 많고 이는 모험거래의 성격을 띠게 될 수도 있다. 모험거래란 일정한 거래가 본인에게 미칠 손익에 대한 전망이 불투명함에도 불구하고 본인의 재산으로 사무를 처리하는 경우이다. 모험거래는 그 불법성이 명확하지 않지만, 모험거래의 일반적인 특징은 그 거래를 감행하는 경영자가 행위시점에서 제거할 수 없는 커다란 불확실성에 처한다는 점이다. 모험거래의 경우 경영자가 회사를 위한다는 인식을 갖고 있는 경우가 많고, 따라서 이들 모험거래는 비윤리적일 수는 있어도 불법이라고 말하기는 어려워 형법상 배임죄의 고의를 인정하기도 어렵다.[1] 예컨대 거래가 통상의 거래의 관행을 벗어나지 아니하고, 또 본인의 추정적 승낙이 있다고 인정되는 경우에는 배임행위가 될 수 없다고 보아야 할 것이다. 왜냐하면 장래의 손해의 가능성이나 위험이 이익의 기대에 의하여 제거된다고 보아야 하기 때문이다.[2]

여기서 사법상의 거래관계로부터 발생하는 이사의 책임이나 회사법상의 경영책임 등에 대하여 형사법상 과연 독자적으로 규율해야 할 것인가의 문제와 규율한다면 어떠한 기준 하에서 이를 규율해야 하는가 하는 문제가 제기된다.

2. 연구대상판례의 의의와 문제점

본 연구대상판례의 사안은 회사의 대표이사가 특별한 경영상의 필요도 없이 무리하게 자기 자신과 특수관계에 있는 회사의 주식을 매입한 사례이다. 이에 대하여 대법원은 경영상의 필요에 의한 정상적인

1) 이상돈, 윤리경영과 형법, 2005, 47-48면.
2) 이재상, 형법각론, 2004, 417-418면.

거래로서 허용될 수 있는 한계를 넘어 주식을 매도하려는 대주주의 개인적인 이익을 위한 것에 불과하므로 그 대주주와 모회사 및 자회사의 임직원들에 대하여 업무상 배임죄의 성립을 인정하고 있다. 즉 경영상의 판단이라는 이유만으로는 배임죄의 죄책을 면하기 어렵다는 것이다. 본 연구대상판례에 의하면 기본적으로는 경영판단의 개념을 수용하고 있고, 피고인들의 행위를 경영판단에 따른 정상적인 행위라고 볼 수 없다고 하면서, 고의의 인정 여부를 거래의 목적과 의사결정과정의 형식성 등에 비추어 판단하고, 임무에 위배되는 행위라는 데 대한 인식과, 재산상의 이익취득과 재산상 손해발생이 있고, 이로써 액수를 산정할 수 없는 재산상 손해를 가한 것이 인정된다고 한다.

여기서 우선 경영판단을 이유로 하여 형법상 업무상 배임죄 성부가 문제될 수 있는지, 즉 경영판단이 배임죄 성부의 중요한 기준이 될 수 있는가 하는 점이 문제된다. 그 다음으로 본 판례의 경우 경영판단행위에 대한 업무상 배임죄의 성립을 위한 요건으로서 고의, 손해발생, 이사회의 결의, 유동성의 문제 등이 거론되고 있다.

이하에서는 회사의 경영권강화를 위하여 행한 이사의 주식거래가 업무상 배임죄에 해당하는지 여부와 업무상 배임죄의 성립을 긍정하기 위한 요건에 대하여 살펴보기로 한다.

Ⅱ. 경영판단에 대한 형법적 규율

우리나라에서는 1997년 IMF 외환위기를 거치면서 기업경영자의 책임이 부각되고 상법상 대표소송의 요건완화와 증권집단소송제 도입 등으로 일반 주주들의 임원에 대한 손해배상 청구소송이 가능해짐에 따라 기업경영자들의 경영판단기준을 확립하고 경영상의 과실에 대한 합리적 책임범위를 결정하기 위한 수단으로서 경영판단의 문제가 논의되고 있다.[3] 이하에서는 '경영판단의 원칙'의 의의를 살펴보고 판례와 학설에서의 경영판단에 대한 논의 현황과 우리법제에의 적용가능성에

3) 법률신문, 2006. 11. 13.

대하여 살펴봄으로써 이를 형법적 규율의 준거로 사용할 수 있는가 하는 점에 대하여 검토해 보기로 한다.

1. 경영판단원칙의 의의

경영판단원칙은 회사의 대표이사 등이 업무상 배임죄로 기소되는 경우에 통상 항변으로 제기되는 원칙으로서,[4] 이는 기업경영에서 경영자가 행하는 경영판단의 면책기준으로 미국 판례법으로 정착되어온 이론이다. 원래 경영판단의 원칙이란 미국 각주의 판례법에 의해 발전되어 확립된 회사법상의 원칙이다. 경영자가 선의와 상당한 주의로 자신의 권한범위 내에서 행한 거래의 경우에는 그로 인해 회사에 손해가 발생하였어도 그에 대한 책임을 경영자에게 귀속시킬 수 없다는 원칙을 말한다.[5] 이 원칙은 합리적 경영행위를 존중하고 설사 이로 인해 회사 본인에게 부실한 결과를 초래하였더라도 사법심사의 대상에서 제외된다는 것을 의미한다. 이는 동시에 합리적 경영행위의 자율성을 존중하고 이에 대한 법통제의 배제를 의미한다. 미국법상 경영판단원칙의 중요성은 경영판단이 적정한 절차에 따라 이루어진 이상 그 경영판단의 결과와 실질적인 내용에 대하여는 사법적 심사의 대상으로 하지 않는다는 점이다.

기업의 경영활동은 많든 적든 위험부담을 안게 된다. 그리하여 결과의 좋고 나쁨에 따라 경영활동이 임무에 적합한 행위인가라는 등의 법적 책임을 논하는 것은 사실상 불가능하다. 이사의 올바르고 신의성실원칙에 따른 합리적인 경영판단은 이로 인하여 설사 그 결과가 예상치 못한 방향으로 나온다 하더라도 그 책임을 묻는 것은 기업활동의 본질을 잘못 이해하는 것으로서 기업활동을 위축시키고 경제활동의 자

---

4) 이에 대한 자세한 소개는 구회근, "업무상 배임죄와 경영판단원칙", 법조 제590호, 2005/11, 55면 이하 참조.

5) 강희갑, "경영판단의 원칙에 관한 미국법의 최근동향", 상사법연구 제15권 제2호; 노명선, "회사범죄에 관한 연구—주식회사 임·직원의 형사책임을 중심으로", 법조 제48권 제10호, 1999/10, 155면.

율성을 침해할 우려가 있다. 나아가 기업활동의 잘못 여부에 대하여는 사실 법적인 판단이 쉽지 않다는 점도 경영활동에 대한 법의 개입을 매우 어렵게 한다. 여기서 경제활동의 자율성 보장이라는 시장경제원칙과 법원의 판단능력의 한계를 근거로 하여 나온 원칙이 경영판단원칙이다. 즉 경영판단원칙은 이사가 권한 내의 경영사항에 관하여 합리적인 정보에 근거하여 이해관계 없이 그리고 성실하게 회사에 최선의 이익이라고 생각되는 방법으로 판단하고 수행한 행위는 결과적으로 회사에 손해를 입히더라도 사기, 위법, 이익충돌이 없는 한 법원은 그 이사의 경영판단과 행위에 간섭하지 않는다는 원칙이다. 합리적 경영행위에 대하여는 책임귀속을 부정함으로써 법의 통제영역밖에 있게 된다.

2. 경영판단과 배임죄 성부

경영판단원칙의 도입에 대하여는 이를 긍정하는 입장이 민사법학계의 지배적인 견해로 보인다.[6] 형사사건에서는 회사의 대표이사 등이 업무상 배임죄로 기소된 사안에서는 경영판단에 따라 공소사실과 같은 행위를 하였다는 취지의 항변이 제기되고 있다. 경영판단의 항변이 제기되는 사안에서 대법원은 경영판단원칙이 업무상 배임죄 성립 여부에 영향을 미치고 있음을 명확히 하고 있다.[7]

(1) 대법원의 입장

경영판단원칙이 최근 들어와 대법원에서 업무상 배임죄의 성립과 관련하여 주요한 기준으로 자리잡고 있는 것 같다.[8] 경영판단원칙을

---

6) 석종현, "경영판단에 대한 사법적 심사의 한계, 토지공법연구", 제15집, 2002/4; 박명서, 경영판단의 원칙, 기업법연구 제17집, 2004/6; 오성근, "경영판단원칙의 적용기준의 법리에 관한 검토", 기업법연구 제20권 제1호, 2006/3; "경영판단과 위험선호적 의사결정", 인권과 정의 제357호, 2006/5; 조용기, "경영판단의 원칙에 대한 연구", 민족법학논집 제1집, 2001/9; 원동욱, "경영판단의 원칙의 적용범위", 상사판례연구, 제20집 제1권, 2007 등 참조.

7) 최승재, "경영판단의 항변과 기업경영진의 배임죄의 성부", 법률신문 제3308호, 2004/10/21, 15면.

8) 개인의 불법행위가 민사상 충실의무에 위반하는 경우에는 상법 제622조 제1항에 의하여 특별배임죄가 성립한다. 경영판단이 문제되는 사안은 통상적인 경영활동

근거로 하여 배임죄 성립을 인정하거나, 그 반대로 배임죄 적용에 신중한 입장을 보이는 판례 그리고 경영판단행위라는 주장에 대하여 일정한 정형화된 구성요건을 제시하여 이에 해당하는 경우에 고의가 있다고 사실상 추정하는 입장 등이 있다.

1) 경영상의 판단을 이유로 한 배임죄 성립 긍정

종래 대법원은 경영상의 판단을 이유로 하여 경영행위가 배임죄의 성립에서 자유로울 수 없다는 입장을 취했다.[9] 즉 타인으로 하여금 이익을 얻게 하고, 손해를 끼칠 고의가 있는 경우에 이는 회사에 대하여 배임행위가 되고, 그것이 경영상의 판단이라는 이유만으로 배임죄의 죄책을 면할 수 없다는 것이다.

2) 경영상의 판단을 이유로 한 배임죄 배제

경영판단을 이유로 배임죄 적용에 대하여 신중하여야 한다고 보는 판례의 논거는 다음과 같다. 즉 '경영상의 판단과 관련하여 기업의 경영자에게 배임의 고의가 있었는지 여부를 판단함에 있어서도 일반적인 업무상 배임죄에 있어서 고의의 입증 방법과 마찬가지의 법리가 적용되어야 함은 물론이지만, 기업의 경영에는 원천적으로 위험이 내재하여 있어서 경영자가 아무런 개인적인 이익을 취할 의도 없이 선의에 기하여 가능한 범위 내에서 수집된 정보를 바탕으로 기업의 이익에 합치된다는 믿음을 가지고 신중하게 결정을 내렸다 하더라도 그 예측이 빗나가 기업에 손해가 발생하는 경우가 있을 수 있는바, 이러한 경우에까지 고의에 관한 해석기준을 완화하여 업무상 배임죄의 형사책임을 묻고자 한다면 이는 죄형법정주의의 원칙에 위배되는 것임은 물론이고 정책적인 차원에서 볼 때에도 영업이익의 원천인 기업가 정신을 위축시키는 결과를 낳게 되어 당해 기업뿐만 아니라 사회적으로도 큰 손실이 될 것이므로, 현행 형법상의 배임죄가 위태범이라는 법리를 부인할

을 하였지만, 결과적으로는 손해가 발생한 경우이다.

9) 대법원 1999.6.25. 선고 99도1141 판결; 2000.3.14. 선고 99도4923 판결; 2000.5.26. 선고 99도2781 판결; 2004.7.9. 선고 2004도810 판결; 2004.6.10. 선고 2004도1463 판결.

수 없다 할지라도, 문제된 경영상의 판단에 이르게 된 경위와 동기, 판단대상인 사업의 내용, 기업이 처한 경제적 상황, 손실발생의 개연성과 이익획득의 개연성 등 제반 사정에 비추어 자기 또는 제 3 자가 재산상 이익을 취득한다는 인식과 본인에게 손해를 가한다는 인식(미필적 인식을 포함)하의 의도적 행위임이 인정되는 경우에 한하여 배임죄의 고의를 인정하는 엄격한 해석기준은 유지되어야 할 것이고, 그러한 인식이 없는데 단순히 본인에게 손해가 발생하였다는 결과만으로 책임을 묻거나 주의의무를 소홀히 한 과실이 있다는 이유로 책임을 물을 수는 없다'는 것이다. 이에 따라서 보증보험회사의 경영자가 경영상의 판단에 따라 보증보험회사의 영업으로 행한 보증보험계약의 인수가 임무위배행위에 해당한다거나 배임의 고의가 있었다고 단정하기 어렵다는 것이다.[10] 만일 이 경우에까지 업무상 배임죄의 형사책임을 묻고자 한다면 죄형법정주의 원칙에 위배되는 것임은 물론이고 기업가 정신을 위축시켜 사회적으로도 큰 손실이 될 것이라는 것이다.[11]

유사한 경우로서 '일반적으로 업무상 배임죄의 고의는 업무상 타인의 사무를 처리하는 자가 본인에게 재산상의 손해를 가한다는 의사와 자기 또는 제 3 자의 재산상의 이득의 의사가 임무에 위배된다는 인식과 결합하여 성립되는 것이며, 이와 같은 업무상 배임죄의 주관적 요소로 되는 사실은 피고인이 본인의 이익을 위하여 문제가 된 행위를 하였다고 주장하면서 범의를 부인하고 있는 경우에는 사물의 성질상 고의와 상당한 관련성이 있는 간접사실을 증명하는 방법에 의하여 입증할 수밖에 없고, 무엇이 상당한 관련성이 있는 간접사실에 해당할

10) 대법원 2004.7.22. 선고 2002도4229 판결; 그 외 대법원 1987.3.10. 선고 81도2026 판결; 2004.6.24. 선고 2004도520; 2004.10.28. 선고 2002도3131 판결 등이 있다.

11) 위 대법원 2004.7.22. 선고 2002도4229 판결: 피고인은 대한보증보험 사장에 재직중이던 지난 93년부터 95년 사이 한세산업 등 7개 업체와 삼미종합특수강에 각각 69억 원과 78억 원의 지급보증을, 심씨는 96년 11월 한보철강에 399억 원의 지급보증을 각각 서도록 지시했다가 이들 회사가 부도를 내자 회사에 손실을 끼친 혐의로 불구속 기소됐으며 2심에서 각각 징역 2년 6월에 집행유예 4년씩을 선고받았다.

것인가는 정상적인 경험칙에 바탕을 두고 치밀한 관찰력이나 분석력에 의하여 사실의 연결상태를 합리적으로 판단하는 방법에 의하여야 할 것이고, 기업의 경영에는 원천적으로 위험이 내재하여 있어서 경영자가 아무런 개인적인 이익을 취할 의도 없이 선의에 기하여 가능한 범위 내에서 수집된 정보를 바탕으로 기업의 이익에 합치된다는 믿음을 가지고 신중하게 결정을 내렸다 하더라도 그 예측이 빗나가 기업에 손해가 발생하는 경우가 있을 수 있으므로 경영상의 판단과 관련하여 기업의 경영자에게 배임의 고의가 있었는지 여부를 판단함에 있어서는 기업 경영에 있어 경영상 판단의 특성이 고려되어야 한다'[12]고 하여 배임죄의 성립을 부정하고 있다.[13]

대법원은 이러한 판례를 통하여 경영상의 판단과 관련하여 기업의 경영자의 경영판단의 항변을 받아들여 배임죄의 성립에 보다 엄격한 입장을 취하고 있는 것으로 이해된다. 경영판단을 이유로 하여 배임죄의 성립을 부정하는 입장에 의하면 기업경영에는 위험이 존재하기 때문에 경영상 판단의 결과로 손실이 발생했다 하더라도 경영자에게 배임죄 적용은 엄격한 기준에 따라 이뤄져야 한다.[14]

3) 판례의 입장 검토

이상의 대법원 판례를 보면 경영판단을 이유로 하여서는 배임이 부정되지 아니한다거나, 아니면 경영판단의 원칙을 근거로 하여 배임죄의 성립을 인정하는 것은 신중해야 한다는 표현을 사용함으로써, 경영판단은 배임죄 성립의 근거요건이기도 한 한편으로 한계요건으로 작용하고 있다. 즉, 경영판단원칙은 기업경영활동에 대한 민상법상 책임의 제한장치에서 형사책임의 귀속 여부를 판단하는 기준으로 사용되고 있는 것으로 보인다. 그런데 대법원은 미국법상의 그것과는 달리 경영판단원칙의 실질적 내용까지 판단하여 고의 여부를 판단하고 있는 것

12) 대법원 2004.10.28. 선고 2002도3131 판결.

13) 이상의 두 판례에 대한 평석은 이규훈, "업무상배임죄와 경영판단", 형사판례연구 13, 2005, 304면 이하 참조.

14) 최승재, 15면. 같은 취지: 이규훈, 344-345면 참조.

으로 보인다. 예컨대 경영판단의 실질적 내용까지 고려하여 주의의무 위반 여부, 배임의 고의 여부를 판단하고 있다.

연구대상판례도 경영판단을 인정하면서도 거래의 목적, 계약체결의 경위 및 내용, 거래대금의 규모 및 회사의 재무상태 등 제반 사정에 비추어 허용되는 범위를 넘어선 경우, 이익취득을 위한 가해의 목적 등을 판단하여 경영판단의 실질적 내용까지 판단하고 있다. 이사가 행한 경영상의 결정행위가 적법한 행위인지 여부는 경영판단의 실질적 내용까지 고려하여 결정할 수밖에 없다는 의미에서는 이해될 수 있다.[15] 다만 여전히 경영판단행위에 대하여 형법적 평가가 가능하도록 행위를 유형화하는 등 그 기준을 제시할 것인가, 아니면 제시할 수 있는가 하는 문제는 남는다.

(2) 학설의 입장

지금까지 기업경영행위에 대하여 형법의 개입 여부는 결국 형법상 배임죄의 성부문제로 다루어 왔으며, 특별히 경영판단행위라고 하여 행한 형법적 평가는 그다지 많지 않다.

이런 상황에서 학설상으로는 기업경영에 있어서 배임죄 성립 여부에 대한 판단은 신중해야 한다는 입장이 우위를 점하고 있는 것으로 보인다.[16] 이러한 입장은 경영행위에의 형법의 개입은 경영주체의 경영행위의 특성과 구조를 무시하거나, 오히려 기업의 창의적 도전정신을 억제하여 결국 국가경제의 손해를 가져온다고 주장한다. 형법이 경제질서에 개입할 수 있는 원칙은 용납할 수 없을 정도의 경제질서의 혼란극복을 위해 사법 등 다른 법률에 의해 해결될 수 없을 때 국한되어야 한다는 주장[17]도 마찬가지의 의미이다.[18]

한편 학설상으로 이런 원칙적 입장에서 한걸음 더 나아가 판례에

15) 구회근, 104면.

16) 이상돈, 29면 이하.

17) 허일태, "배임죄에서의 행위주체와 손해의 개념", 비교형사법연구 제6권 제2호, 2004, 139-140면.

18) 오영근, "신용위험공유자에 대한 대출과 배임죄", 형사정책연구 제15권 제2호, 2004/여름, 117면.

의해 경영판단행위의 유형화가 충분히 이루어지지 못하고 있다고 하면서 이를 형법적 평가의 대상으로 하기 위해서는 경영판단행위의 유형화가 필요하다는 점을 강조하고 나아가 이를 위한 시도[19]가 행해지고 있다. 구체적인 유형화의 기준으로서 법령이나 정관, 내규 등에 위반하여 처리해야 할 사무의 성질이나 내용에 비추어 통상적인 업무집행의 범위를 벗어난 경우라고 하거나,[20] 경영판단을 근거로 한 배임죄 성립의 가능성을 사전에 차단하기 위한 이론을 제시하는 입장[21] 등이 있다. 그리고 불가벌인 경영상 판단을 징표하는 요소를 유형화하여 이를 충실의무위반, 독립성, 법령이나 사회상규에 위반된 위법한 행위로서 용인될 수 없는 경우 및 기타 등의 요소를 제시하고 있기도 한다.[22]

3. 경영판단원칙의 형법적 구성요건화의 가능성

기업의 경영활동에 대하여 배임죄 성부를 인정할 것인가는 특히 개인의 사적 자치를 보장하는 법규정에 대한 형법의 개입가능성의 한계를 설정한다는 문제와 직접 관련되고, 따라서 경영판단행위에 대한 배임죄의 성부는 배임죄에 대한 해석범위와도 밀접한 관련을 갖는다.[23] 지금까지 살펴본 바에 의하면 경영판단원칙을 형법에 도입하여 소위 범죄구성요건화가 가능한지 하는 점에 대한 논의에서도 결국 경영판단원칙의 구체적 의미와 형법상 구성요건적 유형화를 통해서가 아니라 형법상 배임죄의 구성요건적 해석을 통하여 해결하지 않을 수 없게 된다.[24]

---

19) 이상돈, 48면 이하; 이규훈, 345면 이하; 안경옥, "경영판단행위에 대한 배임죄처벌의 가능성", 김일수교수화갑기념논문집, 2006, 422면.

20) 안경옥, 422면.

21) 이상돈, 67면: 여기서 본인동의의 이론과 경영판단원칙을 근거로 한 경영행위의 자율성에 대한 법의 존중 등은 중요한 기준이 된다.

22) 이규훈, 346면 이하.

23) 이러한 취지의 논지는 허일태, 140면.

24) 예컨대 안경옥, 422면 "… 기본적으로 모험거래는 항상 예견할 수 있고, 업무집행의 결정이나 수행에 있어서 위험부담은 당연히 따르기 때문에 회사의 대표이사가 처리한 업무가 통상적인 업무의 범위를 벗어나 배임행위인가의 여부는 대표이

경영판단의 원칙이 회사법에서 발전되어 온 이론으로서 배임죄의 성부를 판단하기 위한 기준으로 사용하기 위해서는 형법독자적인 규율이 필요하다.

실무상으로 경영판단원칙이 형법의 업무상 배임죄의 판단을 위한 기준으로서 적용되기 위해서는 몇 가지 전제조건이 필요하다. 즉 첫째, 충분한 정보를 가지고 이루어진 경영판단이어야 하고, 이를 위해 이사는 끊임없이 필요한 정보의 수집을 위한 시스템을 갖추고 있어야 한다. 따라서 단순히 감에 의한 결정이 아닌 합리적 근거에 의한 판단이어야 한다. 둘째, 회사의 이익을 위해 최선을 다하여야 한다. 따라서 신의성실의무 위반인 경우 즉 회사의 이익보다 자신이나 제 3 자의 이익을 도모하는 경영판단에는 적용되지 않는다. 셋째, 법령에 위반한 경영판단, 사회적 책임과 관련되는 부분, 임무의 포기 등 부작위에는 적용되지 않는다.[25)]

그러나 경영판단원칙의 도입의 전제조건 또한 그 의미가 명확하지 않으며, 경영실패는 형법적 구성요건 개념으로서 정형화되지 못한 것으로 보인다. 경영판단의 여부는 결국 경영행위의 결과에 따라서 판단될 가능성이 매우 크다. 결국 경영진이 경영전략적 판단을 잘못 내림으로써 의도했던 목표를 달성하지 못하여, 결과적으로 회사의 정상적인 운영이 어렵게 되거나 회사와 주주 또는 채권자 등이 재산상의 손해를 입게 되는 상황을 의미[26)]하게 된다. 그 어느 의미 하나도 정형화되기 어려울 만큼 개념 자체가 매우 광범위하고 불명확하다는 것을 알 수 있다. 경영판단을 근거로 하여 배임죄의 성립을 인정하고자 하는 것은 배임죄를 비윤리적 경영행위를 처벌하는 포괄구성요건화하는 것

사의 업무집행에 관한 회사법규정이나 정관 기타 회사의 업무내용 등을 고려하여 결정하지 않으면 안 된다", 즉, "처리해야 할 사무의 성질이나 내용에 비추어 통상적인 업무집행의 범위를 벗어난 경우에만 임무위배행위·배임행위가 되며, 통상적인 업무범위 내의 행위는 설사 타인이나 회사에 손해의 결과를 발생시킨다 하더라도 배임죄로 처벌할 수 없을 것이다."

25) 사법연수원, 경제범죄론, 2002, 216-217면.

26) 이상돈, 30면.

으로서 지양되어야 한다는 주장[27]은 이런 의미에서 이해된다.

4. 경영판단행위의 도입을 위한 전제

경영판단원칙은 회사법상의 원칙으로서 발전되어 온 것이다. 현재 대법원은 형법의 업무상 배임죄의 성부를 판단함에 있어서 경영판단원칙을 적극 원용하고 있어 경영판단원칙의 형법에의 도입을 둘러싼 실체법적 소송법적 의의를 찾아내야 할 것이다.

형법이 기업경제활동에 대하여까지 전면적으로 개입하는 것은 타당하지 않다. 이는 기업경영활동의 특성과 구조, 나아가 형법의 보충성 및 최후수단성이나 단편성 등에 비추어 요청되는 원칙이다. 그러나 모든 기업경영활동에 대하여 민사법상의 원리에 의한 해결에 맡겨두는 것도 타당하지 않다. 경영판단원칙을 전면적으로 도입할 경우 이사가 경영판단에 이르게 된 절차적 요건만을 갖추면 법관이 관여할 수 없게 되어 일반인의 불법행위에 비하여 이사가 상대적으로 더 보호받을 수 있게 된다. 나아가 절차적 요건만을 갖추고 있다고 하여 이사의 책임을 부정하면 그야말로 법원의 판단이 경직될 우려가 있다. 뿐만 아니라 경영판단원칙을 존중하는 이면에는 이사의 결정에 대한 전적인 신뢰가 자리잡고 있다는 점이다. 이 경우에 이사의 경영판단에 대한 지나친 과보호가 문제될 여지가 있다. 특히 우리나라의 경우 기업경영이 여전히 몇몇 대주주를 중심으로 하는 체제하에서 합리적이지 못한 상황에서 경영판단원칙에 따라서 경영활동을 하기를 기대하기 어려운 측면도 없지 않다.[28] 이런 상황에서 경영판단원칙을 도입하게 되면 오히려 법원의 판단의 어려움은 더욱 가중되며, 경제범죄영역에 대한 법원의 판단을 극히 제한할 우려가 있다.

생각건대 경영판단원칙을 수용하되, 이사에게 지나친 책임이 지워질 경우에 그 한계원리로 작용할 수 있도록 함이 타당하다. 형벌권발

---

27) 이상돈, 67면.

28) 사법연수원, 경제범죄론, 217-218면 참조.

동이 요청되는 중대한 법익침해요건을 명확히 할 필요가 있다. 불법적인 경영행위에 대하여 배임죄에 의한 처벌이 가능하기 위해서는 형법의 죄형법정주의 요청과 형법의 최후보충성의 원칙 등이 지켜져야 하며, 이에 따라서 추상적인 구성요건을 명확히 하고, 그 한계를 설정해주어야 한다. 특히 배임죄의 본질과 관련하여 배임죄에 대한 주체와 처벌의 범위를 어디까지 하느냐 하는 문제는 매우 중요한 의미를 갖는다. 배임죄는 전형적인 재산범죄로서 '타인의 사무를 처리하는 배임행위자'의 '임무위배행위를 통한 재산상 손해야기'를 요건으로 한다. 즉 배임죄의 성립을 위해서는 구체적인 임무위배행위와 손해가 있어야 한다.

Ⅲ. 형법상 배임죄 해석을 통한 경영판단행위의 가벌성 여부

1. 배임죄에 있어서의 임무위배행위

배임죄에 있어서의 임무위배행위의 근거는 회사와의 신임관계로 보는 것이 통설[29]의 입장이다. 판례 또한 배임죄의 타인의 사무를 처리하는 자란 타인과의 대내관계에서 신의성실의 원칙에 비추어 그 사무를 처리할 신임관계가 존재하는 것을 말하며, 타인의 사무를 처리하는 근거는 법령, 계약 또는 법률행위에 제한되지 않으며, 신의칙, 즉 사실상의 신임관계가 인정되면 족하다고 한다.[30] 즉 배임죄에 있어서 임무위배행위라 함은 처리하는 사무의 내용, 성질 등 구체적 상황에 비추어 법령의 규정, 계약의 내용 또는 신의칙상 당연히 하여야 할 것으로 기대되는 행위를 하지 않거나 당연히 하지 않아야 할 것으로 기대되는 행위를 함으로써 본인과의 신임관계를 저버리는 일체의 행위를 의미한다.

임무위배행위를 신의칙에 의한 신임관계에서 찾게 되면 사실상의 경영진, 예컨대 배후이사, 무권대행자, 명예회장 등의 표현이사 등에게도

29) 안경옥, "사실상의 신임관계에 기초한 배임죄 처벌의 한계", 형사판례연구 제9권, 2001, 285면.

30) 대법원 1976.5.11. 선고 75도2245 판결; 1995.12.22. 선고 95도3013 판결; 2004.7.9. 선고 2004도810 판결.

신의칙에 의한 신임관계를 인정함으로써 배임죄의 인정여지가 넓혀지게 된다.[31] 이로써 배임죄의 구성요건이 지나치게 확대되거나,[32] 민사의 형사화를 촉진하게 된다[33]는 문제점이 있다. 구성요건상으로도 불법과 합법의 영역을 명확하게 확정해 주지 못한다는 점에서 형법의 형식적 합리성 즉 예측가능성을 심각하게 훼손시킨다는 비판도 같은 맥락으로 이해된다.[34] 사실상의 신임관계위반으로 이해될 때에는 사회생활상 발생하게 되는 사소한 배신행위까지도 형벌의 개입을 자초하게 된다.[35]

배임죄의 본질을 사실상의 신임관계위반으로 파악하게 될 경우에 이러한 문제점들이 남아 있게 되므로 결국은 사실상의 신임관계로 파악하게 될 경우에도 그 구성요건을 엄격히 해석하게 되는 순환논리에 빠지게 된다.[36]

배임죄의 본질을 사실상의 신임관계로 보는 입장에 대하여 사무처리의무위반에서 찾는 입장이 대립하고 있다. 즉 업무에 위배하는 행위는 배신행위가 아니라 배임행위이며, 임무 자체에 배신이라는 의미는 없다고 한다.[37] 다만 사무처리의무위반의 경우에도 법률상의 의무에 한하는지, 아니면 사실상 맡은 임무를 포함하는지가 명백하지 않다는 점이 문제된다. 이는 형법의 배임죄의 문언을 어떻게 이해할 것인가 하는 점이다. 학설상으로는 '타인의 사무를 처리하는 자의 맡은 임무(형법 제355조 제2항)'의 해석문제로 해결하고자 한다. 그리하여 배임죄에 있어서 임무에 위배되는 행위는 형법상 보호하고자 하는 법익을 침해하는 행위이고, 이 경우 그 임무에 위배되는 행위는 반드시 법률행위에 국한할 필요가 없다[38]고 한다. 즉 법률상의 의무뿐만 아니라 신임관계에서

31) 이상돈, 49면.
32) 이재상, 411면; 허일태, 152면.
33) 허일태, 138면.
34) 이상돈, 49면.
35) 허일태, 142면.
36) 이재상, 411면.
37) 허일태, 142면.
38) 허일태, 143면.

현실적으로 맡은 임무도 포함된다는 것이다. 이에 따르면 타인의 채무를 부담하는 자의 단순한 채무불이행의 경우에 본인을 위한 사무처리 의무위반으로 볼 여지는 없게 된다고 한다.[39]

연구대상판례에서도 배임죄의 본질을 '본인과 사이의 신임관계를 저버리는 일체의 행위를 포함하는바'라고 하여 기본적으로는 배임죄의 임무위배행위에 대하여 사실상의 신임관계에 기초한 행위임을 분명히 하고 있다.

2. 업무의 타인성

배임죄의 주체는 타인의 사무를 처리하는 자이다. 여기서 타인의 사무를 타인을 위한 사무로 확대 이해할 것인가 하는 점은 배임죄의 주체와 관련하여 중요한 의미를 갖는다.

학설상으로 타인의 사무와 타인을 위한 사무를 엄격히 구분하지 않고 사용하고 있는 것 같다. 물론 반드시 타인을 위한 사무로 사용하는 것도 아니다. 여기서 배임죄의 타인의 사무를 처리하는 자를 타인을 위한 사무를 처리하는 자로 이해할 것인가, 구분의 실익은 무엇인가 하는 점이다. 학설 및 판례는 타인의 사무를 타인을 위한 사무에까지 확대 이해함으로써 타인의 사무를 제한하려고 하는 입장을 취하고 있다. 즉 모든 계약에는 상대방의 재산상의 이익을 보호해야 할 신의칙상의 의무가 포함된다고 하는 원칙적 입장에서 이 의무가 계약관계의 본질적 의무는 아니지만, 본인의 재산보호가 신임관계의 전형적·본질적 내용이 되는 주된 의무가 되어야 한다고 한다거나,[40] 양자간의 신임관계에 기초를 둔 타인의 재산보호 내지 관리의무가 있음을 그 본질적 내용으로 하는 경우[41]로 보는 입장 등이 이에 해당한다.

타인을 위한 사무처리로까지 포함되는 것으로 이해하게 되면 배임

---

39) 허일태, 143면.

40) 이재상, 414면.

41) 대법원 1987. 4. 28. 선고 86도2490 판결; 1990. 5. 8. 선고 89도1524 판결.

죄의 적용범위가 확대된다는 문제점이 있다[42]는 점에서 업무의 타인성은 제한적으로 해석되어야 할 것이다.

3. 이사회의 결의와 업무상 배임죄

주주총회의 결의나 상법상 유효하지 않더라도 주주총회에서의 의결을 이유로 하여 업무상 배임죄의 구성요건해당성이 없다는 주장이 제기되고 있다. 이에 따르면 1인회사의 경우처럼 회사의 법인격과 주주개인은 동일시되므로 회사는 주주의 소유재산이므로 주주의 손해가 없으면 회사의 손해도 없는 것으로 보게 된다.

판례 및 학설은 이사회의 결의와 관련하여서도 배임죄의 성립을 긍정하거나 또는 부정하는 등의 상반된 입장을 보여 주고 있다. 즉 비윤리적 경영행위라 할지라도 본인의 동의가 있었다면 배임죄의 구성요건에 해당하지 않는다[43]는 입장과, 대주주들의 승낙이나 심지어 주주총회의 의결이 있었다고 하여 배임죄의 적용이 배제되는 것은 아니라는 입장으로 나누어지고 있다.[44]

본 연구대상판례에서는 특정 회사의 이사 또는 주주 등 내부자가 주도적으로 자신이 보유중인 다른 회사의 주식을 특수관계에 있는 회사에 매도하는 경우에 있어서, **비록 사전에 이사회결의와 같은 내부적인 의사결정과정을 거쳤다 할지라도** 그 거래의 목적, 계약체결의 경위 및 내용, 거래대금의 규모 및 회사의 재무상태 등 제반 사정에 비추어 그것이 회사의 입장에서 볼 때 경영상의 필요에 의한 정상적인 거래로서 허용될 수 있는 한계를 넘어 주로 주식을 매도하려는 내부자의 개인적인 이익을 위한 것에 불과하다면, 그와 같은 거래는 그 내부자에게 이익을 얻게 하고 회사에 손해를 가하는 행위로서 회사에 대한 배

---

42) 허일태, 145면.

43) 대법원 1983. 11. 8. 선고 83도2309 판결; 배종대, 형법각론, 2003, 517면; 이재상, 418면; 임웅, 형법각론, 2004, 449면.

44) 대법원 1989. 10. 13. 선고 89도1012 판결; 2000. 5. 26. 선고 99도2781 판결; 2000. 11. 24. 선고 99도822 판결.

임행위에 해당한다고 판시하고 있다.

적어도 주주총회의 결의나 비록 상법상으로는 유효하지 않더라도 법령, 정관에 위배되지 않는 총주주 또는 다수 주주의 동의가 존재하는 경우에는 경영자의 경영판단과 위험거래행위는 구성요건해당성을 충족하지 않는다고 보아야 한다.[45] 위에서 말한 바와 같이 모험거래의 경우에 통상의 거래의 관행을 벗어나지 아니하고, 또 본인의 추정적 승낙이 있다고 인정되는 경우에는 배임행위가 될 수 없다고 보아야 할 것이라는 입장은 이런 의미에서 이해된다.

문제는 이사회의 결의가 있는 경우에는 배임죄의 적용을 전면적으로 부인할 것인가 하는 점이다. 이사들은 형식적으로뿐만 아니라 실질적으로도 본인이 아니라 타인의 임무를 처리하는 자라고 보아야 한다.[46] 따라서 이사회의 결의가 있는 경우든 대주주들의 승낙이나 주주총회의 의결이 있었다고 하여 배임죄의 적용이 배제되는 것은 아니다. 본인인 회사에 손해를 발생시킨 경우에 배임의 범의를 배제할 수는 없다.[47] 대법원 판례도 '주식회사와 주주는 별개의 인격으로서 동일인이라고 볼 수 없으므로, 회사의 임원이 그 임무에 위배되는 행위로 재산상 이익을 취득하거나 제 3 자로 하여금 이를 취득하게 하여 회사에 손해를 가한 때에는 이로써 배임죄가 성립하고, 그 임무위배행위에 대하여 사실상 대주주의 양해를 얻었다고 하여 본인인 회사에 손해가 없다거나 또는 배임의 범의가 없다고도 볼 수 없다', '주식회사의 경영을 책임지는 이사는 이사회의 결의가 있더라도 그 결의 내용이 주주 또는 회사 채권자를 해하는 불법한 목적이 있는 경우에는 이에 맹종할 것이 아니라 회사를 위하여 성실한 직무수행을 할 의무가 있으므로, 이사가 임무에 위배하여 주주 또는 회사 채권자에게 손해가 될 행위를 하였다면, 회사 이사회의 결의가 있었다고 하여 그 배임행위가 정당화될 수

45) 이상돈, "경영실패와 경영진의 형사책임", 법조 제560호, 2003/5, 97면; 윤리경영과 형법, 68면.

46) 이상돈, 앞의 책, 67면.

47) 이상돈, 앞의 논문, 97면; 앞의 책, 68-69면.

없다'[48]고 하는 것은 이러한 의미로 이해된다.

결국 이사회의 결의 자체가 결정적인 것이 아니라 이사회의 결의와 더불어 이러한 결의가 적어도 상법상으로는 유효하지 않더라도 법령, 정관 등에 위배되지 않아야 한다.[49]

한편 이사회의 결의를 통하여 행한 행위가 법령이나 정관 등에 위배된 경우에는 경영행위에 대하여 이사회의 구성원도 공동으로 책임을 지는가 하는 문제는 남아 있다. 경영진이 그 이사회에 참석하여 찬성하였지만, 그 행위의 집행에 참여하지 않았다면 실행의 분담이 없으므로 배임죄의 교사 또는 방조의 책임을 질 수 없다고 해야 한다.[50] 이에 반하여 대법원은 공동정범의 책임을 확장하고 있다.[51]

4. 재산상 손해와 손해발생의 위험

(1) 재산상 손해의 개념

회사의 이사 또는 경영자의 경영판단 등의 행위에 대하여 배임죄로 처벌하기 위해서는 배임행위 이외에도 본인에게 재산상의 손해가 발생하여야 한다. 문제는 이러한 손해발생과 경영행위와의 인과관계를 밝히는 것이 쉽지 않다는 점이다.

배임죄의 손해에는 현실적인 손해뿐만 아니라, 손해발생의 위험도 포함된다고 보는 것이 대법원의 일관된 입장이다.[52] 그 이유는 배임죄에 있어서 재산상 손해의 유무에 대한 판단은 본인의 전 재산상태와의 관계에서 법률적 판단에 의하지 아니하고 경제적 관점에서 파악하여야 하며, 따라서 법률적 판단에 의하여 당해 배임행위가 무효라 하더라도 경제적 관점에서 파악하여 배임행위로 인하여 본인에게 현실적인 손해를 가하였거나 재산상 실해발생의 위험을 초래한 경우에는 재산상의

48) 대법원 2000. 5. 26. 선고 99도2781 판결.
49) 이상돈, 논문, 68면.
50) 이상돈, 책, 55면.
51) 대법원 2002 .7. 26 선고 2001도4947 판결.
52) 대법원 2000. 3. 14. 선고 99도4023 판결.

손해를 가한 때에 해당되기 때문이라고 한다.

이처럼 대법원이 배임죄의 구성요건으로서 손해발생 개념을 법률적 관점이 아닌 경제적 관점에서 실해발생의 위험을 초래하는 경우로까지 확장[53]하는 것은 손해발생과 경영활동의 인과관계를 밝히는 어려움을 타개하기 위한 하나의 방편으로 이해된다.

손해발생과 손해발생의 위험을 초래한 경우를 동일시하는 것은 손해발생의 위험성이 손해의 발생과 동일한 정도의 현실적 위험성을 가진 경우도 손해를 가한 때의 의미로 이해된다는 점에서는 타당하다. 그러나 대법원의 입장에 의하면 배임죄와 관련하여 단순히 손해발생의 위험성이 초래되기만 해도 손해를 가한 때로 새기고 있다는 점에서 손해의 개념이 무한히 확대될 우려가 있고 이는 죄형법정주의에 반한다고 하겠다.[54] 그리고 이러한 대법원의 입장에 의하면 배임죄의 기수시기를 앞당겨 '침해범의 위태화'가 있는 경우 바로 배임죄는 기수가 된다.[55] 이는 배임행위만 있으면 가해 여부에 대한 구체적 판단 없이 곧바로 배임죄를 인정하게 되는 문제점을 남긴다.[56] 이 경우 채권회수가 곤란해질 위험, 대가지급의 약정, 일정한 용도에 사용될 예정인 자금의 감소, 유동성의 장애 등의 상황이 손해발생의 위험이 있는 것으로 이해되어 이 경우 배임죄의 성립이 인정된다.

이러한 판례의 입장은 배임죄의 본질을 배신설이나 사실상의 신임관계 위배로 보고 있기 때문에 배임죄의 성립을 매우 완화하고 있으며, 더 나아가 손해의 개념까지도 손해의 발생위험까지로 포함함으로써 배임죄의 성립범위를 매우 확대하는 결과를 낳고 있다.[57]

학설상으로 재산상 손해의 의미는 재산가치의 감소를 의미하며, 이러한 재산가치의 감소가 있었는가는 객관적·개별적으로 산정하는

53) 이상돈, 책, 50면.
54) 허일태, 139면.
55) 안경옥, 423면.
56) 안경옥, 424면; 대법원 1999. 3. 12. 선고 98도4704 판결.
57) 허일태, 151면.

손해산정의 원칙을 따른다고 보고 있다.[58] 재산가치의 감소는 경제적 관점에서 판단하며, 여기에는 기존재산의 감소이든 장래 취득할 이익의 상실 내지 재산증식의 기회일실이든 상관없다.[59] 즉 배임행위의 전후를 총체적으로 비교하여 배임행위 이후의 본인의 전체재산가액이 배임행위 이후의 본인의 전체재산가액보다 감소된 경우 재산상의 손해가 발생한 것으로 본다.

문제는 사기죄에 있어서와 같이 재산상의 손해는 반드시 현실적으로 손해를 가한 경우뿐만 아니라, 가치의 감소라고 볼 수 있는 재산상의 위험이 발생한 경우도 포함하는 것인가 하는 점이다. 다시 말하면 배임죄의 손해를 가한 때를 현실적으로 손해가 발생한 때에 한할 것인가 하는 점이다. 이를 긍정하는 입장은 배임죄가 위험범이 아닌 침해범이고, 배임죄의 미수는 처벌되지 않는 등을 이유로 손해발생의 위험을 배임죄에 있어서의 손해를 가한 때에 포함하지 않는 것으로 본다.[60] 이에 대하여 손해를 가한 때를 손해발생의 위험도 포함한다는 입장[61]이 대립하고 있다. 전자의 경우에도 손해의 발생은 손해발생의 위험초래와 결코 동일시할 수는 없지만, 손해발생의 위험이 손해발생과 동등한 정도의 위험을 초래하였다면 이는 손해발생으로 파악해도 된다고 하는 입장도 전개되고 있다.[62] 이러한 입장에서도 손해발생과 동등한 정도의 위험이라든가, 손해와 동등한 구체적인 위험의 발생 등의 의미가 무엇인지, 어느 범위까지인지는 결국 구체적인 사례를 통해서 검증해야 하는 또 다른 문제를 남겨두고 있는 것으로 보인다.

본 연구판례에서 재산상 불법이득의 취득은 유동성을 증대시키는 재산상 이익의 취득으로 표현되고 있으므로 유동성 증대와 관련하여 논의해 보기로 한다.

---

58) 이재상, 418면; 오영근, 형법각론, 2003, 618면.

59) 김일수/서보학, 형법각론, 2003, 471면.

60) 김일수/서보학, 475면; 허일태, 151-152면; 이정원, 형법각론, 2003, 470면; 오영근, 형법각론, 616면.

61) 이재상, 419면; 배종대, 518면

62) 허일태, 152면; 안경옥, 425면.

(2) 유동성과 손해발생

위에서 살펴본 바와 같이 배임죄에 있어서의 손해를 가한 때를 손해발생의 위험이 있는 경우도 포함된다고 하는 입장에 의하면 손해발생이 있을 것과 손해액이 구체적으로 확정될 것을 요하지 않는다. 그리고 가해 여부에 대한 구체적 판단 없이 유동성의 장애 등의 상황이 손해발생의 위험이 있는 것으로 이해되어 이 경우 배임죄의 성립이 인정된다.

본 연구대상판례에서도 실해발생의 위험을 초래한 것으로 드는 것이 유동성의 장애이다. 본 사안에서 대법원은 '비상장주식의 실거래가격이 시가와 근사하거나 적정한 가격으로 볼 수 있는 범위 내에 속하는 것으로 보여 실거래가격과의 차액 상당의 손해가 있다고 할 수 없는 경우에 있어서도, 그 거래의 주된 목적이 비상장주식을 매도하려는 매도인의 자금조달에 있고 회사가 그 규모 및 재정상태에 비추어 과도한 대출을 일으켜 그 목적달성에 이용된 것에 불과하다고 보이는 등의 특별한 사정이 있는 경우라면, 그와 같이 비상장주식을 현금화함으로써 매도인에게 유동성을 증가시키는 재산상의 이익을 취득하게 하고, 반대로 회사에 그에 상응하는 재산상의 손해로서 그 가액을 산정할 수 없는 손해를 가한 것으로 볼 수 있다'고 한다.

특기할 만한 점은 대법원은 원칙적으로는 '오히려 적정가격 범위 내의 금액이라고 볼 여지가 충분하므로 이 사건에서 실거래가액과 적정거래가액과의 차액 상당의 손해는 인정되기 어렵다'고 판시하고 있다는 점이다. 그럼에도 불구하고 한편으로는 유동성을 증가시키는 재산상의 이익을 취득하게 하고, 반대로 피해자 주식회사들에 대하여 그에 상응하는 재산상 손해를 가한 것으로 볼 수 있다고 하여 업무상 배임죄의 손해발생을 인정하고 있다. 즉 '유동성을 증대시키는 재산상 이익의 취득'과 그 반대의 손해발생이라는 표현이 업무상 배임죄의 성립요건으로서의 손해발생 내지 손해발생의 위험과 같은 의미로 사용되고 있다.

생각건대 유동성의 장애를 이유로 손해를 인정하게 되는 것은, 비합리적인 경영행위로 회사에 손해가 발생하였다는 사후결과를 중시하여 배임죄의 성립을 인정하는 것과 다름없게 된다. 이는 형법상 업무상 배임죄에 있어서 구성요건의 명확성 원칙에 반한다. 그리고 이러한 대법원의 입장은 업무상 배임죄 성립을 긍정함에 있어서 전형적인 윤리적 사고에 기울어진 것이 아닌가 하는 비판의 우려도 있다. 왜냐하면 유동성의 장애는 업무상 배임죄의 성립을 인정할 뚜렷한 기준을 제시해 주지 못하고 있기 때문이다.

(3) 피해액 산정

업무상 배임죄가 성립하기 위하여 단지 피해자 주식회사에 손해가 발생하였다는 것만으로는 부족하고, 피고인이 스스로 재산상의 이익을 취득하거나 제 3 자로 하여금 재산상의 이익을 취득하도록 하여야 한다. 문제는 업무상 배임죄가 성립하기 위해 피해액이 특정되어야 하는가 하는 점이다. 판례나 다수 학설에 의하면 손해발생의 위험을 초래한 때라고 보기 때문에 굳이 피해액이 특정되어야 할 필요는 없다. 현실적 손해를 요한다고 하는 입장에서도 피해액의 특정을 요하는 것은 아니다. 판례 또한 배임죄의 재산상 손해를 현실적 손해뿐만 아니라, 손해발생의 위험도 포함된다고 보며, 재산상의 손해액이나 이득액의 구체적인 산정방법에 대하여는 명백히 언급하고 있지 않다.[63]

배임죄의 성립에 있어서 재산상의 손해를 가한 경우를 총체적으로 본인의 재산상태에 손해를 가한 경우라고 본다는 것은 배임행위의 전후의 재산관계를 고려하여야 한다는 의미로 이해함이 타당하다.[64] 즉 배임죄의 성립을 위해서는 손해의 발생 여부와 손해액의 산정은 배임행위의 전후를 총체적으로 비교하여야 하며, 배임행위 이후의 본인의 전체재산가액이 배임행위 이후의 본인의 전체재산가액보다 감소된 경우에 재산상 손해가 발생하였다고 할 수 있다.

본 연구대상판례는 거래된 문제의 비상장주식의 적정가치와 실제

63) 오영근, 앞의 논문, 129면 이하에서 배임죄에 있어서 이득액 산정의 구체적인 기준을 제시하고 있다.

64) 오영근, 앞의 논문, 129면 이하.

가치에 크게 차이가 있는 것은 아니라고 하면서도 구체적으로는 액수를 산정할 수 없더라도 그 거래가액은 형법상 용인될 수 있는 범위를 벗어나 과대평가되었다고 판단하여 업무상 배임죄의 성립을 긍정하고 있다. 즉 피해액을 정확히 산정할 수 없고 또 문제의 비상장주식의 적정가치와 실제가치에 차이가 있는 것은 아니라고 하면서도 거래가액이 형법상 용인될 수 있는 범위를 벗어나 과대평가되었다고 하여 재산상 손해개념을 인정하고 있다. 이는 배임죄의 본질을 사실상 추상적 위태범으로 이해하는 것과 같은 의미로 이해된다.

Ⅳ. 연구대상판례에의 적용과 과제

본 연구대상판례는 "경영상의 필요에 따른"이라는 표현을 통해 경영판단의 원칙을 수용하면서도, 다른 한편으로는 그 허용범위를 넘어선 행위를 거래의 목적, 계약체결의 경위 및 내용, 거래대금의 규모 및 회사의 재무상태 등 제반 사정 등을 고려하여 판단하고, 또 개인적 이익을 취득할 목적이라는 것을 제시함으로써 배임죄 성립에 필요한 손해발생 측면 이외에 회사에 가해를 끼칠 목적으로 행해진 행위를 처단하고자 하는 입장을 보여 준 것으로 보인다. 이 점에서는 기본적으로는 경영판단영역을 존중하고자 하는 입장에 서 있으면서도, 다른 한편으로는 배임의 고의의 성립을 위해 엄격한 기준을 제시하고 있는 것으로 이해된다.

그리고 본 연구대상판례는 '경영상의 판단' 또는 '경영상의 필요'에 의한 '정상적인 거래의 허용범위를 넘어서'라고 하는 표현을 사용하면서 배임죄의 성립을 인정하고 있지만, 경영상의 판단 또는 경영상의 필요에 의한 정상적인 거래가 무엇인지를 제시하고 있지는 않다. 또한 여전히 경영판단행위의 여부는 경영행위의 실질적 내용을 고려하여 결정할 수밖에 없다.

마지막으로 연구대상판례는 배임죄의 본질을 신임관계위반에서 찾는 통설적인 입장을 그대로 유지하고 있다. 그러나 현실적인 손해의 발생이 아니라 실해발생의 위험으로서의 손해개념에 터잡고 있다는 점, 그리고 개인의 이익취득을 위하여 재산적 손실을 끼친 경우라고 하면서도 그 피해액을 산정할 수 없다고 하는 점, 유동성의 증가를 재산상의 이익취득과 손해발생 개념에 포함시키고 있음은 의문이다. 배임죄 성립에 있어서 손해발생의 개념을 명확히 하여야 하고, 비상장주식의 실제가치와 거래가치가 차이가 없는 경우에도 단순히 유동성의 증가를 이유로 한 손해발생과 불법이익취득의 고의를 인정할 경우에는 이에 대하여도 좀 더 명확한 논거제시가 필요할 것으로 보인다.

[주 제 어]
경영판단의 원칙, 배임죄, 업무상 배임죄, 이사의 책임, 재산상손해

[Key words]
Business Judgment, Breach of Trust, Occupational Breach of Trust, Liability of Directors, Loss of assets

[Abstract]

The Business Judgment Rule and the Breach of Trust in Office

Park, Mi-Suk*

This study focuses on the criminal liability of decisions made by the board of directors based upon reasonable information and rationality. The Business Judgment Rule is a principle regulating many types of actions that turn out poorly from standpoint of the corporation. The Business Judgment has evolved from the case law of the legal system in the U.S., and has been recently discussed in Korea whether the discretionary action made by the board of directorsis a liability of theirs. The controversy results from the fact that in many cases, business decisions made by executives were for the benefit of their own profits.

From this point of view, this study analyzes the scope of criminal liability of the executive's business decisions that caused losses to his own firm. This case basically presents a standard for the criminal liability of the business judgment based on the U.S. Rule. However, in some points, such as concept of the intention in breach of trust, estimation of the amount of asset loss, the action taken for their own business etc., this case stands vague grounds.

* Research Fellow, Korean Institute of Criminal Justice Policy, Ph.D. in Law.

배임행위의 거래상대방의 형사책임

신　양　균*

[대상판결] 대법원 2005. 10. 28. 선고 2005도4915 판결

[판결요지]

거래상대방의 대향적 행위의 존재를 필요로 하는 유형의 배임죄에 있어서 거래상대방으로서는 기본적으로 배임행위의 실행행위자와는 별개의 이해관계를 가지고 반대편에서 독자적으로 거래에 임한다는 점을 감안할 때, 거래상대방이 배임행위를 교사하거나 그 배임행위의 전 과정에 관여하는 등으로 배임행위에 적극가담함으로써 그 실행행위자와의 계약이 반사회적 법률행위에 해당하여 무효로 되는 경우 배임죄의 교사범 또는 공동정범이 될 수 있음은 별론으로 하고, 관여의 정도가 거기에까지 이르지 아니하여 법질서 전체적인 관점에서 살펴볼 때 사회적 상당성을 갖춘 경우에 있어서는 비록 정범의 행위가 배임행위에 해당한다는 점을 알고 거래에 임하였다는 사정이 있어 외견상 방조행위로 평가될 수 있는 행위가 있었다 할지라도 범죄를 구성할 정도의 위법성은 없다고 봄이 상당하다 할 것이다(대법원 1975. 6. 10. 선고 74도2455 판결 참조).

위와 같은 법리에 비추어 살피건대, 원심이 인정한 바와 같이 피고인 1 등은 상속세 납부자금 마련을 주된 목적으로 하는 주식매매계약이라는 개인적 거래에 수반하여 독립된 법인 소유의 이 사건 부동산을 피고인 2에게 담보로 제공하였고 피고인 2는 이러한 사정을 알면서 이

* 전북대학교 법과대학 교수, 법학박사.

사건 가등기의 설정을 요구하고 그 등기를 경료한 것에 불과하다면, 거래상대방의 지위에 있는 피고인 2에게 배임행위의 교사범 또는 공동정범의 책임뿐만 아니라 방조범의 책임도 물을 수 없다 할 것이다.

[사실관계[1]]

주식회사 ○○극장 창업주이자 1인 주주가 사망하자 피고인 1과 그의 동생 박효건을 포함한 창업주의 자녀들이 주식을 나누어 상속하였으나, 실제로는 피고인 1과 박효건이 그 나머지 주식을 사실상 양수하여 처분권을 가진 상태에서 번갈아 가면서 대표이사를 역임하였다. 한편 ○○극장은 상속세 납부, 채무변제를 위한 약속어음 할인을 통한 대출 등을 위해 극장 소유의 부동산에 대해 근저당권 설정등기를 해주었다.

피고인들은 제일극장 건물을 헐고 상가를 신축하려고 했지만 금융사정이 어려워지면서 극심한 자금압박에 시달리자 ○○극장을 처분하기로 하고 △△극장 대표인 피고인 3과 주식매각의 방법으로(3만주 200억 원) 계약을 체결하였다. 그러나 매수인인 피고인 2 등이 계약을 해제하려고 하자 매매대금을 150억 원으로 감액하였으며, 부동산에 대하여 담보권을 설정하기로 한 계약 당시의 약정에 따라 피고인 2 등이 매매계약이 해제될 경우 매도인들에 대하여 가지게 될 매매대금반환채권에 대한 담보를 요구하자, 임시주주총회를 거쳐 매매계약이 해제될 경우 피고인 2 등에 대해 부담하게 될 매매대금반환채무를 담보하기 위하여 제일극장 소유의 위 부동산에 대하여 소유권이전청구권 가등기를 경료하여 줄 것을 결의하였다.

그 후 피고인 2 등은 수회에 걸쳐 주식매매대금 100억 원을 지급하고 제일극장 주식 15,000주를 받았으며, 일부 주식에 질권이 설정되어 있었고 위 부동산에 이미 근저당이 설정되어 극장경영이 어렵게 될

1) 대법원 판결에서는 사실관계가 명확히 드러나지 않아 원심판결(부산고등법원 2005. 6. 22. 선고 2004노889 판결)의 판결이유에 나타난 사실관계를 기초로 간단하게 정리한 것이다.

것을 예상하여 전세금 30억 원으로 하는 전세권설정등기와 소유권이전청구권가등기를 경료하였다. 그 후 피고인 2는 매도인들에게 35억 원을 추가로 지급하고 ○○극장이 부도가 나자 나머지 대금 15억 원 가량의 지급을 유보한 채 위 약정에 따라 제일극장의 이사로 취임하고 그 무렵 제일극장의 운영권을 넘겨받아 극장영업을 계속하다가 이 사건 부동산 중 건물에 관하여 부산극장 앞으로 소유권이전등기를 마치고 지하 1층, 지상 5층 규모의 건물로 증축하였다.

[공소사실의 요지]

공소외 주식회사(이하 '공소외 회사'라 한다)의 1인 주주이자 실질적인 대표이사인 피고인 1, 원심공동피고인 박효건(이하 '피고인 1 등'이라 한다)은 상속세 납부자금을 마련하기 위하여 1998. 5. 6.경 피고인 2 등에게 위 공소외 회사의 주식 전부를 매매대금 150억 원에 매도하기로 하는 주식매매계약을 체결한 후 공모하여, 위 주식매매계약이 해제될 경우 피고인 1 등이 부담하게 될 매매대금반환채무를 담보하기 위하여 위 공소외 회사의 유일한 재산인 부산 (상세 주소 생략) 대 1,391.6㎡, (상세 주소 생략) 대 101.6㎡와 그 지상 5층 건물(이하 '이 사건 부동산'이라 한다)에 관하여 1998. 1. 28.경 피고인 2 등 명의로 소유권이전청구권 가등기를 마침으로써 위 부동산 시가 81억 원 상당의 재산상 이득을 취득하고 피해자 공소외 회사에게 동액 상당의 손해를 가하였다.

〔연 구〕

Ⅰ. 문제의 제기

대상판결은 배임죄와 관련된 다양한 논점들을 포함하고 있다. 즉 ① 주식회사의 대표이사가 이사회 또는 주주총회의 결의를 거쳤다 하더라도 그 결의내용이 주주 또는 회사 채권자를 해하는 불법한 목적이 있는 경우 그 결의내용에 따른 배임행위가 배임죄에 해당하는지 여부, ② 1인 회사의 주주가 자신의 개인채무를 담보하기 위하여 회사 소유의 부동산에 대하여 근저당권설정등기를 마쳐 주어 배임죄가 성립한 다음, 그 부동산에 대하여 새로운 담보권을 설정해 주는 행위가 회사 및 채권자의 재산상 이익을 침해하는 행위로서 별도로 배임죄가 성립하는지 여부 그리고 ③ 1인 회사의 주주가 개인적 거래에 수반하여 법인 소유의 부동산을 담보로 제공한다는 사정을 거래상대방이 알면서 가등기의 설정을 요구하고 그 가등기를 경료받은 경우, 배임적 거래행위의 상대방의 형사책임 등이 그것이다.

그러나 ①의 논점에 대해서는 이미 판례의 입장이 확립되어 있다고 할 수 있고[2] 학설도 판례의 입장에 대해 특별한 이론이 없으며, ②의 논점도 동일한 부동산에 대해 새로운 법익침해가 있는 경우에 별도의 배임죄가 성립하는가 여부가 문제로 되지만, 회사뿐만 아니라 근저당권을 가진 채권자에 대한 법익침해가 인정되는 이상 별도의 배임죄 성립이 가능하다고 볼 수 있다. 따라서 여기서는 ③의 논점, 즉 배임적 거래행위 상대방의 죄책, 즉 (업무상) 배임죄의 성부에 대해 살펴보기로 한다. 이와 관련하여 다시 크게 세 가지 문제를 나누어 살펴볼 필요가 있다. 참고로 일본의 경우, 1990년 거품경제가 파탄에 이른 후 은행이나 신용회사에서 불량채권의 처리 문제가 대두되면서 은행 등으로부터 불량융자를 받은 측의 형사책임에 대한 문제가 업무상 배임죄의 성부와 관련하여 다양하게 논의되고 있으며,[3] 이러한 논의는 최근 은행의 부동산 관련 대출이 증가하는 현실에서 부동산 가격이 급락할 경우에 예상되는 문제와 같은 선상에 있다고 할 수 있으므로 현실적으로 중요한 의미를 가지고 있다.[4]

2) 대법원 1989. 10. 13. 선고, 89도1012 판결; 대법원 1990. 6. 8. 선고 89도1417 판결; 대법원 2000. 5. 26. 선고 99도2781 판결 참조.

3) 이에 관한 최근의 문헌으로는, 内田幸隆, "背任罪の共犯 ―不良融資における借り手の刑事責任―", 季刊 企業と法創造(早稲田大學COE《企業法制と法創造》總合研究所), 紀要5号, 2006, 27면 이하 참조.

4) 그러나 배임죄와 관련하여 이 점은 학계의 별 관심을 끌고 있지 못하다. 최근 배

(1) 배임죄가 「타인의 사무를 처리하는 자」를 행위주체로 하는 진정신분범이라는 점에 대해서는 이론이 없다. 따라서 이러한 신분 없는 자에 대해서는 배임죄가 성립할 수 없지만, 타인의 사무를 처리하는 자의 배임행위에 가담한 자의 경우(대상판결에서 배임적 거래행위의 상대방)에는 형법 제33조에 따라 공범의 형태로 배임죄의 주체가 될 수 있다. 그런데 형법 제33조는 공동정범도 그 적용대상에 포함시키고 있어 결국 타인의 사무를 처리하지 않는 자라도 범행지배가 긍정되는 이상 배임죄의 공동정범을 긍정할 수 있게 된다. 그러나 배임죄는 타인의 사무를 처리하는 자라는 신분 있는 자가 배임행위를 한 점에 불법의 본질이 있으므로 이러한 신분이 없는 자가 결과적으로 본인에게 재산상 손해를 가하는 데 기여를 했다 하더라도 그 행위 자체를 배임행위라고 할 수 있는지 검토해 볼 필요가 있다. 이 문제는 신분 없는 자에게도 제33조에 따라 제한 없이 공동정범의 성립을 인정할 것인가 하는 총론적 문제와 관련된다.

(2) 배임죄의 경우 타인의 사무를 처리하는 자가 공동으로 배임행위를 한 때에는 일반적인 공동정범 이론에 따라 공동정범을 인정할 수 있지만, 이러한 신분이 없는 자가 가담한 경우에도 동일한 요건 아래 행위지배만 긍정되면 배임죄의 성립을 인정할 수 있는 것인지 생각해 볼 필요가 있다. 그리고 행위지배를 통해 정범성을 긍정한다 하더라도 신분 없는 자의 경우에 행위지배가 구체적으로 어떤 의미를 가지는지, 바꾸어 말하면 실행의 분담이라는 객관적 요건이나 의사의 연락이라는 주관적 요건을 어떻게 이해해야 하는지를 검토할 필요가 있다.

(3) 배임적 거래행위의 상대방의 행위가 공동정범에 해당하지 않는 경우 협의의 공범, 특히 방조범이 인정될 여지가 없는가를 검토해 보아야 한다. 행위지배의 결여는 정범의 성립을 부정할 근거가 될 뿐이지

임죄에 대한 학계의 논의사항으로 제안되어 있는 것은, 배임죄의 본질로서 신뢰관계의 위반 문제, 타인의 사무를 처리하는 자의 범위, 횡령죄와의 관계, 죄수 문제 등이다. 원혜욱, "배임죄의 개정방안—배임죄의 본질에 대한 논쟁을 중심으로", 형사법연구 제22호(2004 겨울), 808면.

교사나 방조범의 성립가능성은 여전히 남아 있기 때문이다. 특히 배임적 거래행위의 상대방은 특히 일상적 거래활동을 통해 배임행위를 용이하게 한 것이기 때문에 그 자체가 공동정범에 해당하지 않는다면 방조범으로서의 처벌까지 부정해야 할 필요도 있다. 이런 관점에서 중립적 행위에 의한 방조의 문제가 문제될 수 있다.

아래에서는 위 세 가지 논점에 대해 차례로 살펴보기로 한다.

Ⅱ. 논점의 개별적 검토

1. 제33조 본문의 적용대상

형법 제33조는 「신분관계로 인하여 성립될 범죄에 가공한 행위는 신분관계가 없는 자에게도 전 3 조의 규정을 적용한다」고 규정함으로써 (진정)신분범의 경우 신분 없는 자가 신분범에 가담한 경우에 협의의 공범뿐만 아니라 공동정범도 성립한다고 명시하고 있다.[5] 그러나 특히 진정신분범의 경우 신분의 존재가 정범적격을 이룬다는 점을 감안하면 이러한 신분 없는 자에 대해 공동정범을 긍정하는 것은 문제가 없지 않다. 뿐만 아니라 공동정범은 의사의 연락에 기한 실행의 분담이라는 형태로 전체 범행을 지배하는 범죄이므로 진정신분범의 경우에 정범에 대해 요구되는 구성적 신분을 구비하지 않는 한 단순히 실행의 분담이라는 객관적 요소만 가지고 공동정범의 본질적 표지인 행위지배를 긍정하기 어려운 측면이 있다.[6]

그러나 현행법의 명문규정에도 불구하고 제33조 본문의 적용대상에서 공동정범을 제외하는 것은 타당하다고 보기 어렵고, 입법자가 진

5) 이 점에서 일본 형법 제65조가 「범인의 신분에 의해 구성되어야 할 범죄행위에 가공한 때는 신분 없는 자라도 공범으로 한다」고 규정한 점과 구별된다. 실제 일본 형법의 입법이유를 보면 위 규정은 신분 없는 자의 경우 신분범의 공동정범으로는 되지 않는다는 취지로 볼 수 있으나(倉富勇三郎ほか編・松尾浩也增補解題, 增補刑法沿革綜覽, 1990, 944면 이하 참조), 현재에는 이에 관해 학설의 다툼이 있다.

6) 이런 취지에서 공동정범의 경우에 제33조 본문의 적용을 해석상 배제하는 견해로는, 이정원, 형법총론, 409면. 한편 입법론으로서 공동정범을 제외해야 한다는 견해로는, 배종대, 형법총론, 147/5; 이재상, 형법총론, §36/22; 임웅, 형법총론, 478면 참조.

정신분범의 경우 신분 없는 자의 공범이 가능한가 여부에 대한 논란을 입법을 통해 해결하면서 명시적으로 공동정범을 포함시킨 것은 공동정범이 단독정범과는 성격을 달리한다는 점을 고려한 것이라고 보아야 한다. 이런 점에서 제33조 본문은 신분 없는 자라도 공동정범이라는 형태의 정범은 될 수 있다는 점을 명시한 특별규정으로 보아야 할 것이다.[7] 한편 일부 학설에서는 진정신분범 가운데 의무범에 해당하는 경우, 즉 구성적 신분이 결과와 관련된 것이 아니라 행위자와 관련된 것인 경우에 대해서는 개별 행위자에게 특유한 신분상의 의무위반이 없는 한 정범성을 취득할 수 없으므로 비신분자가 타인의 신분을 차용하여 신분범의 공동정범이 될 수 없다고 한다.[8] 그러나 신분 없는 자의 경우에 공동정범의 성립을 제한적으로 긍정하는 논리로서 의무범이라는 개념을 제안하는 것 역시 제33조 본문에 대한 해석론으로서는 무리가 따른다고 하지 않을 수 없다.

결국 현행법 하에서는 신분 없는 자라도 신분범의 범행에 가담함으로써 일응 신분범의 공동정범이 될 수 있다고 보지 않을 수 없다. 다만 업무상 타인의 사무를 처리하는 자의 배임행위에 이와 같은 신분이 없는 자가 가담한 경우에는 부진정신분범에 해당하므로 공동정범이 성립하더라도 형법 제33조 단서에 따라 단순배임죄로 처벌하게 될 것이다.[9]

---

7) 김종원, "공범과 신분", 법정 76/1, 51면; 남흥우, "공범과 신분", 사법행정 66/9, 12면; 이재상, 형법총론, §36/12. 다만 신분자에게는 특별한 의무(Sonderpflicht)가 부과되고 이러한 의무가 그 범죄의 불법내용에서 불가결한 요소라고 보면 비신분자가 신분범에 가공하였다고 해서 신분범의 공동정범이 된다거나 그와 똑같이 처벌된다고 보는 것은 여전히 문제가 있다. 따라서 입법론으로는 제33조 본문의 적용대상에서 공동정범(제30조)을 삭제하거나 적어도 비신분자의 형을 감경하도록 하는 것(독일형법 제28조 1항 참조)이 타당할 것이다.

8) 김일수/서보학, 새로쓴 형법총론, 660면. 그러나 부동산 이중매매에 의한 배임의 경우 (타인의 사무를 처리하는 자가 아니므로 신분이 없는) 악의의 후매자에 대해 배임죄의 공범(공동정범을 인정한 판례를 원용함)을 인정함으로써 논리적 일관성에 의심을 주고 있다. 김일수/서보학, 새로쓴 형법각론, 484-485면.

9) 대법원 1986.10.28. 선고 86도1517 판결; 청주지법 1986.11.21. 86노234 제1형사부판결.

2. 공동정범의 성부

배임죄의 경우에도 행위 주체가 모두 신분이 있는 경우, 즉 「타인의 사무를 처리하는 자」라는 신분을 가진 자들이 함께 공모하여 배임행위를 한 때에는 일반이론에 따라 공동정범의 성립 여부를 판단하면 된다. 판례도, 농협의 지점, 여신과장 그리고 여신계장이 공모하여 부정대출을 한 사안에 대하여, "2인 이상이 범죄에 공동 가공하는 공범관계에서 공모는 법률상 어떤 정형을 요구하는 것이 아니고 2인 이상이 공모하여 어느 범죄에 공동 가공하여 그 범죄를 실현하려는 의사의 결합만 있으면 되는 것으로서, 비록 전체의 모의과정이 없었다고 하더라도 수인 사이에 순차적으로 또는 암묵적으로 상통하여 그 의사의 결합이 이루어지면 공모관계가 성립하고, 이러한 공모가 이루어진 이상 실행행위에 직접 관여하지 아니한 자라도 다른 공모자의 행위에 대하여 공동정범으로서의 형사책임을 진다"고 판시함으로써 배임죄의 경우 공모공동정범의 성립까지 긍정하고 있다.[10]

그러나 신분 없는 자의 경우에도 신분 있는 자의 경우와 동일한 논리에 따라 공동정범의 성립을 인정할 수 있는가에 대해서는 설명방식에 약간의 차이를 보이고 있다. 먼저 학설과 판례의 입장을 간단히 살펴보기로 한다.

(1) 학 설

학설은 배임행위의 거래상대방과 같이 신분 없는 자의 경우에도 배임죄의 공동정범을 동일하게 인정할 수 있는가에 대해 명확한 언급을 하고 있지 않다.[11] 다만 부동산 이중매매의 경우 악의의 매수자에

10) 대법원 1999. 4. 23. 선고 99도636 판결; 대법원 2000. 3. 14. 선고 99도4923 판결; 대법원 2002. 6. 28. 선고 2000도3716 판결. 같은 취지로는, 대법원 2003. 1. 24. 선고 2002도6103 판결; 대법원 2004. 6. 24. 선고 2004도520 판결.

11) 예외적으로 "배임죄의 공동정범이 성립하기 위해서는 실행행위자의 행위가 피해자인 본인에 대한 배임행위에 해당한다는 것을 알면서도 소극적으로 그 배임행위에 편승하여 이익을 취득한 것만으로는 부족하고 실행행위자의 배임행위를 교사하거나 또는 배임행위의 전 과정에 관여하는 등으로 배임행위에 적극 가담할 것을 필요로 한다"고 언급함으로써 —명시적으로 제한하고 있지는 않지만— 일반적으로 신분 없는 자의 경우에 공동정범은 적극가담한 자에 한한다고 지적한 경우가 있다.

대한 형사책임이라는 특수한 경우를 중심으로 이 문제를 간단히 언급하고 있고, 대부분의 경우에는 신분 없는 자의 공동정범이라는 관점보다는 직접 배임행위를 하지 않은 자에 대해 어떤 요건 아래 공동정범을 인정할 것인가를 간단히 언급하고 있을 뿐이다.

다수설은 판례와 마찬가지로 이중매매를 적극적으로 교사 또는 가담하는 사실이 있는 때에 한하여 배임죄의 공범이 된다고 한다.[12] 다만 다수설의 견해를 조금 더 세분하여 악의의 매수인이 매도인과 적극적으로 공모하고 매수한 경우에만 공동정범이 성립한다고 지적하기도 한다.[13]

한편 소수설에 따르면, —악의의 매수인에 대해서만 공동정범이 성립한다는 다수설이나 판례와는 달리— 손해의 의사가 필요한 것은 아니므로 매도인과 공모하여 매수한 이상 배임죄의 공범으로 처벌하는 것이 타당하다는 지적도 있다.[14]

(2) 판례의 경향

판례는 종래 주로 부동산 이중매매와 관련하여 배임행위의 거래상대방의 책임 문제를 다루어 왔다.

초기의 판례는 "부동산을 타인이 매수한 사실을 알면서 그 매수인을 배제하고 이를 취득할 목적으로 그 매도인과 공모하여 이중으로 매수하여 그 소유권이전등기를 경료하였다면 피고인은 매도인의 배임범죄행위에 가공하였다 할 것이므로 본법 제33조와 제30조에 의하여 배임죄의 공모관계가 성립된다"고 판시함으로써, 주관적 측면에서 이중매매 사실을 알면서 매수하는 것만으로 부족하고 이익을 취득하거나 타인에게 손해를 줄 목적으로 공모한 사실이 인정되는 경우 공동정범이

오영근, 형법각론, 599면.

12) 김일수/서보학, 형법각론, 485면; 박상기, 형법각론, 411면; 임웅, 형법각론, 455면; 정성근/박광민, 형법각론, 469면; 정영일, 형법각론, 339면. 배종대 교수도 기본적으로 같은 입장을 취하면서(형법각론, 80/17), 다만 매도인이 악의가 있는 경우는 사기죄의 공동정범이 되고, 매도인이 후매자와 상관없이 선매자에게 등기 이전의 의사가 없었던 경우는 그에 대한 배임죄만이 문제될 뿐이라고 한다.

13) 손동권, 형법각론, §25/38.

14) 이재상, 형법각론, §21/35.

긍정된다고 판시하였다.[15)]

그러나 그 이후 판례는 "이미 타인에게 매도되었으나 소유권이전등기가 경료되지 아니하고 있는 부동산을 이중으로 매수 기타 양수하는 자에 대하여 배임죄의 죄책을 묻기 위하여는 이중으로 양수하는 자가 단지 그 부동산이 이미 타인에게 매도되었음을 알고 이중으로 양수하는 것만으로는 부족하고 먼저 매수한 자를 해할 목적으로 양도를 교사하거나 기타 방법으로 양도행위에 적극가담한 경우에 한하여 양도인의 배임행위에 대한 공범이 성립된다"고 판시함으로써, 가해목적이 있는 경우를 포함하여 양도행위에 적극가담한 경우에 한하여 양도인의 배임행위에 대한 공범이 성립된다는 태도를 취하였다.[16)]

최근의 판례는 자금을 지원하는 것이 법령이나 당해 회사의 업무처리규정에 위배된다는 사실을 알면서 청탁이나 친분관계 등을 이용하여 신탁회사로부터 자금지원을 받은 사안에 대하여 "업무상배임죄의 실행으로 인하여 이익을 얻게 되는 수익자 또는 그와 밀접한 관련이 있는 제3자를 배임의 실행행위자와 공동정범으로 인정하기 위해서는 실행행위자의 행위가 피해자인 본인에 대한 배임행위에 해당한다는 것을 알면서도 소극적으로 그 배임행위에 편승하여 이익을 취득한 것만으로는 부족하고, 실행행위자의 배임행위를 교사하거나 또는 배임행위의 전 과정에 관여하는 등으로 배임행위에 적극 가담할 것을 필요로 한다"고 판시함으로써, 이중매매의 경우뿐만 아니라 부당대출을 비롯한 배임죄 일반에 대해 동일한 기준을 수용하고 있다.[17)] 최근에도 회사가

---

15) 대법원 1966.1.31. 선고 65도1095 판결.

16) 대법원 1975.6.10. 선고 74도2455 제3부판결. 대법원 1983.7.12. 선고 82도180 판결도 같은 취지에서 "점포의 임차인이 임대인이 그 점포를 타에 매도한 사실을 알고 있으면서 점포의 임대차 계약 당시" 타인에게 점포를 매도할 경우 우선적으로 임차인에게 매도한다"는 특약을 구실로 임차인이 매매대금을 일방적으로 결정하여 공탁하고 임대인과 공모하여 임차인 명의로 소유권이전등기를 경료하였다면 임대인의 배임행위에 적극가담한 것으로서 배임죄의 공동정범에 해당한다"고 판시하였다.

17) 대법원 1999.7.23. 선고 99도1911 판결. 같은 취지로는, 대법원 2001.1.11. 선고 2001도5790 판결; 대법원 2003.10.30. 선고 2003도4382 판결; 대법원 2005.3.11.

개인의 채무변제를 위해 회사의 지분을 양도함으로써 배임행위을 한 회사 경영자로부터 자신의 채권회수를 위하여 그의 적극적인 제의를 받아들여 지분을 인수한 사안에서 그 거래 상대방에 대하여, “거래상대방의 대향적 행위의 존재를 필요로 하는 유형의 배임죄에 있어서 거래상대방으로서는 기본적으로 배임행위의 실행행위자와는 별개의 이해관계를 가지고 반대편에서 독자적으로 거래에 임한다는 점을 감안할 때, 거래상대방을 배임의 실행행위자와 공동정범으로 인정하기 위하여는 실행행위자의 행위가 피해자 본인에 대한 배임행위에 해당한다는 것을 알면서도 소극적으로 그 배임행위에 편승하여 이익을 취득한 것만으로는 부족하고, 실행행위자의 배임행위를 교사하거나 또는 배임행위의 전 과정에 관여하는 등으로 배임행위에 적극 가담할 것을 필요로 한다”고 판시함으로써 공동정범의 성립을 부정하였다.[18)]

(3) 검 토

결국 학설과 판례는 배임행위의 거래상대방에 대해 공동정범의 성립을 긍정하면서 그 기준으로서 신분 없는 거래상대방이 배임행위에 적극 가담한 경우에 한하여 공동정범의 성립을 긍정하고 있다고 할 수 있다.

그러나 신분 없는 거래상대방이 피해자를 기망하는 등 적극가담한 경우에 별도로 사기죄가 성립하는 것은 별도로 하고, 이러한 적극가담이라는 요소가—신분 없는 자에게 공동정범을 인정하기 위한 일반적 기준으로서—행위지배를 긍정하는데 충분한 것인지 검토할 필요가 있으며 구체적으로 어떤 경우에 거래상대방이 배임행위에 적극가담했다고 할 수 있는지 일반적인 기준을 제시해야 할 것이다.

일반적으로 공동정범의 본질은 분업적 역할분담에 의한 기능적 행위지배에 있으므로 공동정범은 공동의사에 의한 기능적 행위지배가 있어야 한다.[19)] 따라서 배임죄의 경우에도 거래상대방에 대해서 공동정범

선고 2004도4142 판결; 대법원 2005. 8. 25. 선고 2005도4287 판결; 대법원 2005. 10. 28. 선고 2005도4915 판결.

18) 대법원 2006. 10. 26. 선고 2006도5147 판결.

19) 대법원 1989. 4. 11. 선고 88도1247 판결 이래 판례의 일관된 입장이다. 최근의 판

의 성립을 긍정하기 위해서는 적어도 그 상대방이 공동가공의 의사와 기능적 행위지배를 하고 있어야 한다. 즉 거래의 상대방이 배임사실을 단순히 알고 있는 것만으로는 부족하고 타인의 사무를 처리하는 자가 임무에 위배한다는 사실과 이로 인해 타인에게 손해가 가하고 자신이 일정한 이익을 취득한다는 사실 등을 인식하고 있어야 하며, ―임무에 위배하는 행위를 할 지위에 있지는 않지만― 임무에 위배하는 행위를 하도록 관여함으로써 본인에게 재산상의 손해를 발생케 하고 자기 또는 타인이 이익을 취득하게 했어야 한다. 특히 객관적 측면과 관련하여 자신의 관여가 통상의 사무처리를 임무에 위배하는 것으로 일탈하게 만드는 것이어야 하며, 사무처리자와 공동으로 임무에 반하는 사무처리를 하게 했다고 평가할 수 있는 경우에 한하여 공동정범의 성립이 가능하다고 보아야 할 것이다.

결국 적극가담이란 주관적 측면에서 배임행위에 공동으로 가공한다는 의사를 전제로 하면서 객관적 측면에서 공동으로 임무위배행위를 한 것으로 평가할 수 있는 경우를 의미한다고 보아야 할 것이다.

(4) 대상판결의 경우

대상판결에서 배임행위의 거래상대방이라 할 수 있는 주식매수인인 피고인 2 등은 주식매매계약이 해제될 경우 주식매매대금채권에 대한 담보를 요구하였고 이로 인해 매도인이 회사 소유의 부동산에 대해 소유권이전등기청구권 가등기를 해 줌으로써 배임행위를 한 점이 인정된다. 그러나 피고인 2 등은 구체적으로 회사 소유의 부동산에 대한 가등기를 특정하여 요구한 것이 아니고 담보 요구 역시 자신의 채권확보를 위한 것이므로 객관적 측면에서 피고인 1과 공동가공한 사실을 인정하기 어렵다. 또한 주관적 측면에서도 비록 배임행위에 대한 인식이 있었다 하더라도 배임행위를 한 자와 의사연락 하에 본인에게 재산상의 손해를 가하고 이익을 취득한다는 의사를 가지고 있었다고 보기도 어렵다. 따라서 판례가 "위와 같은 법리에 비추어 살피건대, 원심이 인

례로는, 대법원 2006. 6. 15. 선고 2005도3777 판결 참조.

정한 바와 같이 피고인 1 등은 상속세 납부자금 마련을 주된 목적으로 하는 주식매매계약이라는 개인적 거래에 수반하여 독립된 법인 소유의 이 사건 부동산을 피고인 2에게 담보로 제공하였고 피고인 2는 이러한 사정을 알면서 이 사건 가등기의 설정을 요구하고 그 등기를 경료한 것에 불과하다면, 거래상대방의 지위에 있는 피고인 2에게 배임행위의 … 공동정범의 책임 … 물을 수 없다"고 판시한 것은 정당하다고 할 수 있다.

3. 방조범의 성부에 대한 보충적 검토

(1) 학설의 논의상황

배임행위의 거래상대방의 형사책임과 관련하여 학설은 공동정범 내지 교사범의 성부에 대해서만 간단히 언급하고 있을 뿐 공동정범이 성립하지 않는 경우에 방조범으로 처벌될 수 있는가 하는 문제에 대해서는 거의 언급하고 있지 않다. 다만 악의로 부동산을 이중으로 양수받은 매수인의 책임과 관련하여, 배임행위에 적극가담한 경우에 배임죄의 공동정범이나 공범이 된다는 지적과 함께 단순히 이중매매라는 사실을 안 것만으로는 형법상 책임을 지지 않는다는 설명[20]은 거래상대방의 경우에 방조범의 성립가능성을 배제한 것으로 볼 여지를 제공하고 있다. 일부 학자는 이 점을 보다 명확히 하여 "단순히 소극적으로 이중매매의 사실을 알면서 매수하는 것만으로는 공범(방조범)이 인정되기는 어렵다. 배임죄의 요소가 되는 사무처리의 당사자가 아닌 제 3 자가 단순히 사적 거래행위에 응하는 것까지 형사처벌하는 것은 타당하지 않기 때문이라고 한다. 따라서 악의의 매수인이 매도인에게 이중매매할 것을 적극적으로 교사하거나(이 경우는 교사범), 그와 적극적으로 공모하고 매수한 경우(이 경우는 공동정범)에만 공범이 인정되어야 할 것이다"라고 지적하고 있다.[21] 그러나 또 다른 견해는—제33조 본문은 공동정범의 경우

20) 정영일, 형법각론, 331면.
21) 손동권, 형법각론, §25/38.

에 적용이 배제된다는 전제 하에서— "범인과 후매수인이 공동정범의 형식으로 2중매매를 한 경우에도 후매수인은 본죄의 방조범에 불과하게 된다"고 지적함으로써 방조범의 성립가능성을 긍정한다.[22)]

(2) 판례의 태도

배임행위의 거래상대방의 책임과 관련하여 공동정범이나 교사범의 성립이 부정되는 경우에 이와는 별도로 업무상 배임죄의 방조범이 성립할 수 있는가에 대해 종래 판례가 명백한 입장을 밝힌 경우는 찾아보기 어렵다. 다만 1970년대 판례 가운데 이미 타인에게 매도되었으나 소유권이전등기만 경료하지 않은 사정을 알면서 매도인으로부터 이 부동산을 분재받기로 법정화해를 한 후 자기 앞으로 소유권이전등기를 마친 양수인의 행위에 대하여 대법원이 "이와 같은 정도로서는 범죄를 구성할 정도의 위법성이 없다고 해석함이 우리 민법의 해석에 있어서도 이와 같은 경우에 이중매수자는 완전한 권리를 취득한다고 해석하고 있는 점과도 서로 일치하는 법리라고 해석된다"고 판시한 것[23)]은 방조범의 성립가능성을 배제한 것처럼 보인다.[24)]

이에 비하여 일반적인 경우로서 타인의 사무를 처리하는 자들 가운데 일부가 직접 배임행위를 하지 않고 이를 용이하게 해 준 경우나 그러한 신분 없는 자로서 배임(횡령)행위 자체를 도와 준 때에는 배임죄의 방조범이 성립한다는 점에 의문이 없다. 예컨대 은행지점장이 정범인 부하직원들의 범행을 인식하면서도 그들의 은행에 대한 배임행위를 방치한 사안에서 은행지점장에 대해 배임죄의 방조범을 인정한 판례(대법원 1984.11.27. 선고 84도1906 판결)나 부동산소개업자로서 부동산의 등기명의수탁자가 그 명의신탁자의 승낙 없이 이를 제3자에게 매각하여 불법영득하려고 하는 점을 알면서도 그 범행을 도와주기 위

22) 이정원, 형법각론, 476면. 독일의 경우에도 배임행위로 이익을 얻은 외부인의 공범은 일반규칙에 따라 판단된다는 지적이 보인다. Tröndle/Fischer, StGB, 53. Aufl. 2006, § 266, Rn. 80; LK-Schünemann, § 266, Rn. 163 mwN.

23) 대법원 1975.6.10. 선고 74도2455 제3부 판결.

24) 실제로 연구대상판례도 방조범의 성립가능성을 배제하면서 이 판례를 원용하고 있다.

하여 수탁자에게 매수할 자를 소개하여 주는 등의 방법으로 그 횡령행위를 용이하게 한 부동산소개업자의 행위가 횡령죄의 방조범에 해당한다는 판례(대법원 1988. 3. 22. 선고 87도2585 판결)가 여기에 해당한다.

결국 판례는 거래상대방에 대해서는 적어도 일반적으로 배임행위를 용이하게 하는 자와 법적으로 다르게 평가하려는 태도를 취한 것으로 볼 수 있다. 이 점을 명시한 것이 연구대상판결이라고 할 수 있다. 즉 "거래상대방의 대향적 행위의 존재를 필요로 하는 유형의 배임죄에 있어서 거래상대방으로서는 기본적으로 배임행위의 실행행위자와는 별개의 이해관계를 가지고 반대편에서 독자적으로 거래에 임한다는 점을 감안할 때, 거래상대방이 배임행위를 교사하거나 그 배임행위의 전 과정에 관여하는 등으로 배임행위에 적극가담함으로써 그 실행행위자와의 계약이 반사회적 법률행위에 해당하여 무효로 되는 경우 배임죄의 교사범 또는 공동정범이 될 수 있음은 별론으로 하고, 관여의 정도가 거기에까지 이르지 아니하여 법질서 전체적인 관점에서 살펴볼 때 사회적 상당성을 갖춘 경우에 있어서는 비록 정범의 행위가 배임행위에 해당한다는 점을 알고 거래에 임하였다는 사정이 있어 외견상 방조행위로 평가될 수 있는 행위가 있었다 할지라도 범죄를 구성할 정도의 위법성은 없다고 봄이 상당하다"고 판시함으로써 1975년 판결의 기본입장을 다시 확인하고 있다.[25)]

(3) 검토 —중립적 행위에 의한 방조의 문제

배임행위의 거래상대방의 경우 배임행위를 용이하게 한 경우라 하더라도 그것만으로는 방조범의 성립가능성을 부정하는 것이 일반적인 경향인 것처럼 보인다. 특히 부동산 이중매매나 비전형담보의 형태로 이루어지는 부동산 가등기 등과 관련하여 후매수인이나 가등기를 경료받은 사람의 경우에 자신의 소유권이나 채권을 담보하기 위해 상대방

25) 본 사건의 원심판결에서는 "피고인 연제민은 위와 같은 사정을 알면서 이 사건 가등기를 경료받아 위 배임행위를 용이하게 하였다고 할 것이므로 그 방조범에 해당한다고 할 것"이라고 판시함으로써 방조범의 성립을 긍정하였다. 부산고등법원 2005. 6. 22. 선고 2004노889 판결.

의 배임행위를 알면서 이를 용인하는 경우가 일상적이라는 점을 감안하면 방조범의 성립을 부정하는 것은 설득력이 있다고 할 수 있다.

그러나 학설은 사무처리의 당사자가 아닌 제3자가 단순히 사적 거래행위에 응하는 것까지 형사처벌하는 것은 타당하지 않다고만 언급할 뿐 외견상 방조행위가 인정됨에도 불구하고 이를 처벌하지 않는 것인 범죄체계상 왜 타당하지 않은지에 대한 근거를 명백히 제시하고 있지 않다. 한편 판례는 무엇보다 배임행위 자체가 거래상대방의 대향적 행위의 존재를 요구하고 있다는 점에서 출발하고 있고, 그러한 대향적 행위는 통상 거래상대방이 배임행위자와 대립적인 이해관계를 가지고 배임행위를 용이하게 하는 것이므로 통상의 방조행위와는 성격을 달리한다고 평가하는 것으로 보인다.[26)]

이와 같이 특정한 행위의 경우에 외견상 방조행위처럼 보이는 경우임에도 불구하고 방조범의 성립을 부정해야 한다는 이론을 「중립적 행위에 의한 방조」(Beihilfe durch neutrales Verhalten)의 문제라고 부른다. 즉 일상적인 생활상의 거래처럼 외형상 전혀 무해한(unverfänglich) 것처럼 보이는 행동이 개별 사건에서 범죄행위의 수행을 가능하게 하거나 용이하게 한 경우에 가벌적 방조가 될 수 있는지 그리고 이 점을

---

26) 이러한 「대향적 행위」라는 표현은 당사자 일방만 처벌되는 대향범의 사례에서 판례가 취하고 있는 것과 동일한 결론을 연상시킨다. 즉 자기자본의 100분의 25를 초과하는 신용 공여에 관한 종합금융회사에관한법률위반을 통한 대출을 받는 상대방에게 공범이 성립하는가를 다룬 판례에서 대법원은 "대출 등의 한도 위반에 관한 구 상호신용금고법위반의 점은 대출을 하는 자와 대출을 받는 자의 대향적 행위의 존재를 필요로 하는 대립적 범죄로서, 일정한 경우 대출을 한 자를 처벌함으로써 그와 같은 대출의 발생을 방지하려는 데 목적이 있고, 위 각 조문의 규정형식상 대출을 한 자만을 처벌하고, 따로 대출받은 자에 대하여 처벌규정이 없는 점에 비추어, 대출받은 자의 행위에 대하여는 상대방의 대출행위에 대한 형법총칙의 공범규정은 적용되지 않는다"고 판시함으로써 방조범의 성립을 부정하고 있다(대법원 2002. 7. 22. 선고 2002도1696 판결). 배임죄의 경우에도 타인의 사무를 처리하는 자만이 행위주체가 될 수 있다면, 그런 신분을 가지지 않은 거래상대방은 거기에 가담하더라도 방조범이 성립하지 않는다는 논리가 가능할 것이다. 그러나 대향적 행위를 내용으로 하는 경우에 업무상 배임죄를 대향범이라고 볼 수는 없으므로 방조범 성립을 부정하기 위해 또 다른 논거가 필요하고, 이 점에 대해서는 이어서 살펴보기로 한다.

긍정한다면 어디까지 가능한지에 대해 논의를 말하는데, 이러한 중립적 행위의 경우에 방조범의 성립을 부정하는 근거에 대해서는 다양한 논리들이 제시되어 왔다. 그러나 대부분의 학자들은 구성요건 차원에서 직업적 상당성, 객관적 귀속, 주관적 요소의 강화, 범죄적 의미관련(deliktischer Sinnbezug)의 기준 등을 통해 일정한 방조행위를 처벌대상에서 제외하려고 한다.[27]

그러나 방조행위가 범죄와는 무관한 것처럼 보이는 일상적 거래행위 내지 중립적 행위를 통해 이루어진 경우에 가벌성에 대한 제약은 행위 자체로부터 나타나는 것이 아니라 오히려 방조의 일반적 성립요건에서 찾아야 한다. 그 가운데 가장 중요한 역할을 하는 것이 방조행위와 정범의 실행행위의 관련이라고 할 수 있다. 특히 규범적으로 법익에 대한 간접적 침해로서 종범의 행위가 정범을 촉진한 것으로 평가할 수 있는지 여부가 문제된다.

따라서 배임행위의 거래상대방도 자신의 권리를 보호하기 위해 배임행위를 인식하고 이익을 취득했다 하더라도 결과적으로 도움을 준 것일 뿐 도움을 줌으로써 간접적으로 법익을 침해한 것이 아니라 자신의 권리실현을 한 데 그치는 것이므로 방조에 해당하지 않는다고 보아야 한다. 또한 이러한 사안에서는, 방조범의 성립에 필요한 이중의 고의와 관련하여, 정범의 배임행위에 대한 인식이 존재한다 하더라도 정범을 방조한다는 인식이 부정될 수도 있을 것이다.

(4) 대상판결의 경우

판례는 대상판결에서 방조범의 성립을 부정하는 논거로서, 정범의 행위가 배임행위에 해당한다는 점을 알고 거래에 임하는 정도의 행위는 법질서 전체적인 관점에서 살펴볼 때 사회적 상당성을 갖춘 것으로서 위법성이 없다는 점을 들고 있다. 이러한 판례의 태도는 크게 두 가지 점을 고려한 것으로 보인다. 첫째는 판례가 일반적으로 방조행위의

27) 중립적 방조에 관한 독일의 학설과 문제점 등에 대한 상세한 설명은, 신양균, "중립적 행위에 의한 방조", 형사법연구 제26호, 2006, 8-20면 참조.

태양에 대해 아무런 제한을 두고 있지 않다는 점이다. 즉 판례는 "형법상 방조행위는 정범이 범행을 한다는 정을 알면서 그 실행행위를 용이하게 하는 직접, 간접의 모든 행위를 가리키는 것"이라고 판시함으로써[28] (객관적) 구성요건 단계에서 방조범의 성립을 제한할 만한 여과장치를 가지고 있지 못하며, 이 점은 판례가 방조행위와 정범의 범죄실현 사이에 인과관계를 명시적으로 요구하고 있지 않은 점에서도 드러난다. 따라서 방조범의 성립을 제한하는 길은 고의나 위법성의 단계로 미룰 수밖에 없는 것이다. 그러나 방조행위에 대한 규범적 평가와 객관적 귀속론의 발전 등을 고려하면 방조범의 성립범위에 대한 제한을 굳이 위법성 단계까지 미룰 필요가 있는지 의문이다.

둘째로 부차적인 문제이긴 하지만, 판례는 Beling과 Liszt식의 고전적 범죄체계론에 입각하여 법질서 전체의 관점에서 평가에 관한 문제는 위법성의 단계에서 논의해야 한다는 사고를 전제로 하고 있는 데에서 출발한 것으로 보인다. 이 점은 대상판결에서 거래상대방이 정범의 행위가 배임행위에 해당한다는 점을 알고 거래에 임하는 것을 사회적 상당성을 갖춘 것이라고 봄으로써 형법 제20조가 규정한 "사회상규에 위배되지 아니하는 행위"와 같은 차원의 문제로 파악하는 데에서 잘 나타나 있다. 그러나 불법구성요건의 개념을 전제로 하는 한, 거래의 상대방으로서 일상적 거래를 하는 과정에서 배임행위를 돕는 결과로 된 경우 이를 처벌대상에서 제외하는 것은 거래활동의 자유라는 일반적 행위자유를 보장하는 것으로서 구성요건 차원에서 허용된 위험 내지 법적으로 중요하지 않은 위험의 창출로 평가하는 것이 타당하다. 따라서 (판례가 전제하고 있는 것처럼) 거래상대방의 행위를 배임죄의 방조행위로 보더라도 단순히 배임행위에 해당한다는 점을 알고 거래에 임하는 행위에 대해서는 객관적 귀속을 부정하는 것이 타당하다고 할 수 있다.

---

28) 대법원 1977. 9. 28. 선고 76도4133 판결 이래 판례의 일관된 입장이다. 최근 판례로는 대법원 2005. 4. 29. 선고 2003도6056 판결; 대법원 2006. 4. 28. 선고 2003도4128 판결 참조.

Ⅲ. 맺 음 말

사회생활에서 다양한 대향적 거래가 이루어지고 이러한 대향적 거래가 원활히 이루어지도록 하기 위해 거래 일방이 상대방에 대해 소위 비전형담보를 요구하는 경우가 많아지고 있다. 이러한 요구를 받은 상대방의 입장에서는 회사나 자신을 위해 거래를 성사시키기 위해 회사자산을 임의로 담보로 제공하는 경우가 적지 않다. 또한 지나친 이익추구를 위해 모험적인 거래를 하는 경우도 점차 빈번해지고 있다. 이런 상황에서 배임행위가 이루어질 가능성은 그만큼 높아지고 이런 배임적 거래에 관여한 제3자에 대해 형법이 어느 정도까지 관여할 것인가는 현실적으로 중요한 문제가 되고 있다.

일차적으로는 배임행위의 거래상대방에 대해 어느 범위에서 공동정범을 인정할 것인가 하는 구체적 기준을 정하는 것이 중요한 문제이지만, 공동정범이 성립하지 않는 경우라 하더라도 방조범의 성립을 일반적으로 부정할 것인가는 좀 더 검토를 요하는 문제이다. 이런 관점에서 일반적 배제를 위한 논의의 단초를 제공하는 것이 중립적 행위에 의한 방조의 문제라고 할 수 있다. 아직 우리나라에서는 활발한 논의가 없지만, 위와 같은 현실적 문제의 해결에 중요한 기능을 한다는 점을 고려하면 이에 대한 본격적인 논의가 요청된다 할 것이다.

[주 제 어]
위험한 거래, 배임, 거래의 상대방, 공동정범, 중립적 방조, 사회적 상당성

[Key words]
risk business transaction, breach of trust, counter partner of business transaction, appliance, neutral assistance, social adequateness

[Abstract]

Criminal Liability of Counter Partner of an Act in Breach of Corporational Trust

Shin, Yang-Kyun*

In our society, in which a great variety of risk business transaction are carried, the parties concerned require often untypical mortgage to the contraries to make such transaction easy and effective. According to this requirement, the contraries, members of corporation, should offer assets of their companies as an mortgage arbitrarily. Members, who dare to carry out risk transaction for excessively profitable business, are very likely to commit breach of corporational trust. Accordingly it comes to be very important issue, to what extent criminal law should intervene in attitude of counter partner involved in those cases.

If members conducting affairs of business commit jointly breach of trust, they can be punished as accomplice each all, but it is disputable, whether counter partner without status as members can be punished as an accomplice under the same condition, namely the Act Control('Tatherrschaft' in german). Under the precondition of answering this question affirmatively, it becomes an issue to put meaning of the Act Control into shape. Related to what the Act Control means, its constituents, mainly division of execution as an objective condition, mutual connection of intention, should be analysed on after another.

If counter partner without status as members can not be punished as accomplice because of lacking the necessary condition,

* Professor, College of Law, Chonbuk National University, Ph.D. in Law.

another problem becomes to be posed, whether his conduct leave no room for being punished especially as assistance. Because he assists the principal, member of company, in a way of daily deal activity('alltaegliches Verhalten' in german), he can be probably not punished as assistance of trust breach.

The decision concerned(supreme court 2005. 10. 8. adjudged 2005do4915 sentence) declared 'not guilty' because of lack of illegality based on social adequateness. Despite of proper conclusion, I doubt whether the restriction of the extent of assistance should be made at the second level of illegality, because the first level of elements of constitung the case("Tatbestandsmaessigkeit" in german) can restrict the extent of assistance, by means of normative restriction or objective imputation.

긴급체포의 전(前)단계로 남용되는 불법적 임의수사에 대한 통제

조 국*

[대상판결 1] 대법원 2006. 9. 8. 선고 2006도148 판결
[대상판결 2] 대법원 2006. 7. 6. 선고 2005도6810 판결

Ⅰ. 사실관계 및 쟁점

[대상판결 1]

위증교사, 위조증거사용죄로 기소된 피고인 변호사 甲에 대하여 무죄가 선고되자 당시 공판검사는 이에 불복하여 항소한 후 위 무죄가 선고된 공소사실에 대한 보완수사를 한다며 甲의 변호사사무실 사무장이던 피고인 乙에게 검사실로 출석하라고 요구하였다. 乙이 자진출석하자 검사는 참고인 조사를 하지 아니한 채 곧바로 위증 및 위증교사 혐의로 피의자신문조서를 받기 시작하였고, 이에 乙은 인적사항만을 진술한 후 검사의 승낙 하에 甲에게 전화를 하여 자신을 데리고 나가달라고 요청하였다. 더 이상의 조사가 이루어지지 아니하는 사이 甲이 찾아와 수사에 협조하지 않겠다는 의사를 밝히고 乙에게 여기서 나가라고 지시하고 이에 乙이 검사실을 나가려 하자 검사는 乙에게 "지금부터 긴급체포하겠다"고 말하면서 乙의 퇴거를 제지하려 하였고, 甲은 乙에게 계속 나가라고 지시하면서 乙을 검사와 검찰계장을 몸으로 밀어 이를 제지하여 수사업무를 방해함과 동시에 검사에게 좌측팔꿈치 좌상

* 서울대학교 법과대학 교수, 법학박사.

등을 가하였다.

이 사건은 자진출석한 참고인에 대하여 피의자신문을 행하려는 수사기관의 기도를 참고인이 거부하고 바로 퇴거하려고 시도하자 수사기관이 이를 실력을 제지하고, 이에 참고인이 저항한 사건이다. 대상판결은 자진출석한 참고인에 대한 검사의 긴급체포는 형사소송법 제200조의3 제1항의 요건을 충족하지 못하였으므로 적법한 공무집행이 아니라 불법한 긴급체포이며, 따라서 피고인의 상해행위는 정당방위에 해당하여 위법성이 조각된다고 판시하였다.

[대상판결 2]

경찰관들이 피고인을 절도혐의로 긴급체포할 의사로 피고인의 집 부근에서 약 10시간 동안 잠복근무를 한 끝에 새벽에 집으로 귀가하는 피고인을 발견하고 4명이 한꺼번에 차에서 내려 피고인에게 다가가 피고인을 둘러싼 형태로 경찰관들의 차가 주차되어 있는 곳으로 데리고 갔다. 이에 피고인이 혐의사실을 완강히 부인하고 공소외 타인의 진술 외의 보강증거가 없었기에 경찰관들은 피고인에게 임의동행을 요청하여 경찰서로 데리고 갔는데, 경찰관들은 피고인에게 동행 요구에 대해 거부할 수 있다는 것을 사전 고지하지 않았다. 경찰관들은 피고인을 경찰서에 동행한 후 대질신문을 진행하였고 임의동행이 이루어진 6시간 상당이 경과한 후 피고인에게 범죄사실의 요지, 긴급체포의 이유, 변호인선임권 등을 고지하고 긴급체포하였다. 이후 피고인은 관리가 소홀한 틈을 이용하여 경찰서를 빠져나가 도주하였다.

원심인 춘천지방법원은 (1) 피고인에 대한 임의동행은 경찰관들의 심리적 압박 하에서 이루어진 것으로 임의성을 결여하였으므로 그 실질은 체포에 해당하며, 당시 영장을 발부받지도 않은 채 체포의 이유와 변호인선임권 등을 고지하는 등 긴급체포에 필요한 절차적 요건도 준수하지 않은 이상 위 강제연행은 불법체포에 해당한다, (2) 임의동행 이후 경찰서에서 이루어진 긴급체포도 형사소송법의 요건을 충족시키지 못하기에 불법이다, (3) 따라서 피고인은 불법체포된 자로서 형법 제145조 제1항 소정의 '법률에 의하여 체포 또는 구금된 자'가 아니므로 도주죄의 주체가 될 수 없다 라고 판시하였다(춘천지방법원 2005.8.26. 선고 2005노429 판결). 그리고 대법원은 평석대상판결에서 이와 같은 원심의 사실인정과 판단과정에 아무 잘못이 없음을 확인하면서, 임의동행의 적법성의 기준을 명확하게 제시하였다.

Ⅱ. [대상판결 1]: 참고인에 대한 긴급체포의 적법성

1. 참고인조사와 긴급체포의 의의와 요건

형사소송법상 참고인조사는 수사기관이 수사에 필요한 때 가능하다(제221조). 그런데 참고인조사는 피의자가 아니며, 참고인조사를 거부하더라도 과태료 부과나 구인 등의 제재를 가할 수 없다는 점에서 참고인조사가 '임의수사'임은 명백하다.[1] 참고인에 대한 조사는 참고인 자신에 대한 조사가 아니라 타인에 대한 조사이므로 참고인에게 진술거부권을 고지할 필요는 없으나, 참고인은 수사에 대한 협조자에 불과하므로 언제든지 진술을 거부할 수 있고 조사장소에서 퇴거할 수 있음은 물론이다.[2]

한편 긴급체포는 ① 피의자가 사형·무기 또는 장기 3년 이상의 징역이나 금고에 해당하는 죄를 범하였다고 의심할 만한 상당한 이유가 있고, ② 통상체포보다 엄격한 사유, 도주 또는 증거인멸의 우려라는 구속사유가 있어야 하며, ③ 긴급을 요하여 지방법원판사의 체포영장을 받을 수 없을 것 등을 요건으로 하고 있다(제200조의3 제1항). 학

1) 단, 국가보안법 위반사건의 참고인의 경우 검사 또는 사법경찰관으로부터 출석요구를 받고 정당한 이유 없이 2회 이상 출석요구에 불응한 때에는 관할법원판사의 구속영장을 받아 구인할 수 있다(국가보안법 제18조). 참고인강제구인제도를 확장·도입하자는 주장으로는 정웅석, 실체적 진실발견을 위한 제도적 고찰—참고인강제구인제도의 도입을 중심으로(2000년 법무부 용역과제).

2) 배종대/이상돈, 형사소송법(제7판, 2006), 235-236면; 신동운, 형사소송법(제3판, 2006), 131면; 신양균, 형사소송법(제2판, 2004), 136면; 이재상, 형사소송법(제6판, 2002), 212면; 임동규, 형사소송법(제3판, 2004), 170면; 정웅석, 형사소송법(제2판, 2005), 167면.

계 일부에는 체포는 구속과 구별된다는 이유로 긴급체포의 '상당한 이유' 요건을 완화하려는 입장을 제기하기도 하지만,[3] 형사소송법상 체포와 구속의 요건 모두 '상당한 이유'라는 동일한 개념을 사용하고 있다는 점, 특히 긴급체포의 경우 그 요건에 도주 또는 증거인멸의 우려라는 구속사유를 포괄하고 있다는 점을 고려하자면, 긴급체포에서 요구되는 범죄혐의의 '상당성'은 구속의 경우와 같은 수준의 상당성, 즉 무죄의 추정을 깨뜨릴 정도의 충분한 객관적·합리적 혐의, 죄를 범하였음을 인정할 수 있는 고도의 개연성을 의미한다.[4]

긴급체포의 요건이 충족되었는지 여부는 "사후에 밝혀진 사정을 기초로 판단하는 것이 아니라 체포 **당시**의 상황을 기초로 판단하여야" 하고, 이에 관한 검사나 사법경찰관 등 수사주체의 판단에는 상당한 재량의 여지가 있으나, "긴급체포 당시의 상황으로 보아서도 그 요건의 충족 여부에 관한 검사나 사법경찰관의 판단이 경험칙에 비추어 현저히 합리성을 잃은 경우"에는 그 체포는 위법한 체포이다.[5] 그리고 위법한 긴급체포에 따라 작성된 검사작성 피의자신문조서의 증거능력은 부정된다.[6]

현행법상 검사가 행한 긴급체포에 대해서는 아무런 사후 승인절차가 없고, 사법경찰관이 행한 긴급체포의 경우는 사후 즉시 검사의 승인만 받게 되어 있는바 구속영장을 청구할 수 있는 48시간 동안은 법원의 어떠한 통제로부터 자유로운 무영장체포가 수사기관에게 보장되어 있다. 즉, 긴급체포가 피의자의 구속으로 이어지지 않는 이상, 긴급체포 후 '48시간+판사의 구속영장발부의 결정기간' 동안에는 피의자의 신체의 자유는 수사기관에게 완전히 맡겨져 버리고 만 것이다. 이러한 점에서 긴급체포는 예외적으로 허용되어야 함에도 불구하고, 수사실무에서

3) 임동규, 172면; 정웅석, 192면.

4) 배종대/이상돈, 257면; 신동운, 149면; 신양균, 145면; 이재상, 217면.

5) 대법원 2002. 6. 11. 선고 2000도5701 판결(강조는 인용자). 이 판결에 대한 평석으로는 조국, "불법한 긴급체포 또는 약속을 원인으로 한 증거배제", 이재상 교수 화갑기념논문집 제 2 권(2002. 12)을 참조하라.

6) Id.

는 피의자가 출석요구 등 수사절차에 응할 수 있는 상황임에도 긴급체포를 행하는 일이 빈번하게 일어나고 있다. 평석대상판결 1은 이러한 긴급체포의 남용을 통제하는 선도적 판결이다.

2. 자진출석 피의자에 대한 긴급체포의 적법성

한편 평석대상판결이 다루고 있는 수사기관에 자진출석한 피의자에 대하여도 긴급체포가 가능할 수 있는가의 문제에 대한 본격적 논의는 이루어지지 않고 있는 상태이다. 자진출석한 피의자의 경우 도망의 염려가 없고 또한 출석 전 또는 출석 직후에 체포영장을 발부받을 시간적 여유가 있으므로 원칙적으로 긴급체포가 허용된다고 보기는 어렵다.

그런데 자진출석한 피의자를 조사를 진행하다가 장기 3년 이상의 범죄에 해당하고, 죄를 범하였다고 볼 상당한 이유가 밝혀졌는데 피의자를 퇴거시키고 난 후 수사기관이 영장을 청구할 경우에는 피의자가 도주하거나 증거를 인멸할 우려가 생기는 상황이 발생할 수 있다. 긴급체포의 요건의 충족 여부는 "체포 당시의 상황"에 따라 이루지는 것이기에 이러한 경우 긴급체포가 가능하다고 보아야 한다. 만약 이것이 허용되지 않는다면 피의자에 대하여 구속영장을 청구하고 영장발부시까지 신병을 확보할 수가 없는 문제가 발생하기 때문이다.[7)]

예컨대, 대법원 1998.7.6. 선고 98도785 판결의 경우, 피고인이 고소한 피의사건에 대하여 고소인 자격으로 피고소인과 **대질조사를 받고 나서** 조서에 무인하기를 거부하자 수사검사가 무고혐의가 인정된다면서 무고죄로 인지하여 조사를 하겠다고 하였고, 이에 피고인이 조사를 받지 않겠다고 하면서 가방을 들고 일어나 집으로 돌아가려고 하자, 검사는 범죄사실의 요지, 체포의 이유와 변호인 선임권, 변명할 기회를 준 후에 피고인을 긴급체포하였다. 이 사건에서 대법원은 피의자가 출석하게 된 경위, 출석횟수, 출석불응 사실, 조사기간, 수사상황 등 제반

7) 최교일, "긴급체포에 관한 고찰—자진출석 피의자에 대한 긴급체포를 중심으로—", 저스티스 통권 제51호(1999.3), 104-105면.

사정을 고려하여 조사과정에서 중범죄의 혐의가 인정됨에 따라 체포를 우려하여 귀가를 요구하는 것과 같이 도망 및 증거인멸의 우려가 현저한 경우에는 긴급체포할 수 있다고 파악하고, 검사의 행위는 긴급체포의 요건을 갖춘 정당한 공무집행에 해당한다고 판시하였다.[8)]

3. 판결 분석

이상의 논의를 전제로 하여 대상판결을 분석하기로 하자. 첫째, 긴급체포를 하려면 피의자에 대한 범죄혐의를 의심할 만한 '상당한 이유'가 있어야 한다. 이 사건의 경우 피고인 사무장 乙은 참고인 조사를 받는 줄 알고 검찰청에 자진출석하였는데 예상과는 달리 갑자기 피의자로 조사한다고 하므로 임의수사에 의한 협조를 거부하였고, 자신에 대한 위증 및 위증교사 혐의에 대하여 **조사를 시작하기도 전에** 귀가를 요구하였다. 이 경우 검사가 변호사 甲이 위증교사를 범하였고 乙은 甲의 사무장으로서 위증교사의 공범일 것이라는 '주관적 혐의'를 가지고 있었음은 사실이겠으나, 위증교사로 기소된 甲에 대하여 이미 무죄가 선고되었고, 긴급체포 당시 乙에 대한 조사 자체가 이루어지지도 아니하였으므로 乙의 범죄혐의를 의심할 만한 상당한 이유가 존재한다고 보기는 힘들다.

상술한 피의자는 임의출석의 형식에 의하여 수사기관에 자진 출석한 후 조사를 받았고 그 과정에서 긴급체포의 요건이 충족되는 상황이 발생한 98도785 판결과는 달리, 평석대상판결의 경우 참고인이 조사를 받기 전에 퇴거를 요구하였다. 따라서 긴급체포를 위한 '상당한 이유'가 존재한다고 보기 어렵다.

둘째, 乙은 수사기관에 소환에 응하여 수사기관에 자진출석하였고, 변호사 사무실 사무장이라는 안정적 직장에 근무하고 있었다는 점, 그리고 甲에게 이미 무죄가 선고되었으므로 乙이 자신의 행위가 유죄판결을 받을 것으로 생각하고 있을 것으로는 보기 힘들다는 점 등을 고

8) 대법원 1998.7.6. 선고 98도785 판결.

려할 때 乙이 조사를 거부하면서 퇴거를 요구하였다는 사정만으로 도주 우려가 있다고 볼 수는 없다.

그리고 乙은 이미 甲의 위증교사 사건에서 참고인으로 조사를 받을 당시 위증교사한 사실이 없다고 진술하였고, 甲은 위증교사죄에 대하여 무죄를 선고받았다는 점, 또한 검사가 乙을 긴급체포한 이후에 별다른 조사 없이 혐의를 부인하는 내용의 피의자신문조서만을 받은 채 기소하였다는 점 등을 고려해 보면 乙이 증거를 인멸할 우려가 있었다고도 보기 힘들다.

셋째, 설사 검사가 乙을 소환하기 이전에 위 범죄혐의를 의심할 만한 상당한 이유가 있었다고 하더라도, 이 경우에는 애초에 통상의 체포영장을 발부받아 조사하거나, 乙을 피의자신분으로 소환하고 소환에 불응하면 통상의 체포영장을 발부받아 조사했어야 하므로 참고인조사의 형식을 빌려 영장주의의 요청을 회피하고 피의자신병을 확보하는 것은 허용되지 않는다. 긴급체포에서 긴급을 요한다고 함은 "피의자를 우연히 발견한 경우 등과 같이 체포영장을 받을 시간적 여유가 없는 때"(형소법 200조의3 제1항 후단)를 말하는바, 당해 사안은 이러한 경우에 해당된다고 보기 힘들기 때문이다.

따라서 검사가 피고인 乙의 긴급체포는 적법한 공무집행이 아니며 오히려 불법체포·감금죄(형법 제124조)에 해당하며, 임의출석한 乙과 그의 사용인인 甲이 검사에 대하여 이를 거부하는 방법으로써 폭행을 하였다고 하여 공무집행방해죄가 성립하는 것은 아니다. 형법 제136조가 규정하는 공무집행방해죄는 공무원의 직무집행이 적법한 경우에 한하여 성립하는 것이고, 검사나 사법경찰관이 긴급체포의 요건을 갖추지 못하였음에도 실력으로 수사기관에 자진출석한 자를 체포하는 것에 대하여 자진출석한 자가 이를 거부하는 방법으로 검사나 사법경찰관에 대하여 폭행을 하였다고 하여 공무집행방해죄가 성립하는 것은 아니기 때문이다.[9]

---

9) 대법원 1994.10.25. 선고 94도2283 판결; 대법원 2000.7.4. 선고 99도4341 판결

Ⅲ. [대상판결 2]: 임의동행의 적법성 요건

1. 임의동행의 의의와 성격

형사소송법 제199조 제1항은 '임의수사의 원칙'을 천명하고 있는 바, 수사관이 수사과정에서 당사자의 동의를 받는 형식으로 피의자를 수사관서 등에 동행할 수 있다. 그리고 형사소송법 제200조 제1항에 의하여 검사 또는 사법경찰관은 피의자에 대하여 임의적 출석을 요구하여 진술을 들을 수 있다. 한편 경찰관직무집행법에 따라 경찰관은 '거동불심자'에 대하여 정지시켜 질문할 수 있으며(제3조 제1항), 이 '거동불심자'에게 질문을 하는 것이 "당해인에게 불리하거나 교통의 방해가 된다고 인정되는 때에는 질문하기 위하여" 부근의 경찰관서로 동행을 요청할 수 있다(제3조 제2항).

형사소송법 제200조 제1항의 피의자신문의 경우 피의자는 출석의무가 없고 진술거부권이 있다는 점에서 임의수사이며, 경찰관직무집행법상의 임의동행의 경우도 질문상대방이 그 의사에 반하여 답변을 강요당하지 않으며 동행요구를 언제든지 거절할 수 있으므로 임의수사임은 틀림없다(경찰관직무집행법 제3조 제2항 단서, 제7항).

형사소송법 제199조 제1항에 의거한 임의동행도 강제수사라는 학계의 소수설이 있지만,[10] 학계의 다수설은 이를 임의수사로 파악하고 그 과정을 실질적으로 심사하는 입장을 취하고 있다.[11] 신병부터 확보하여 수사를 행하는 수사실무를 영장주의와 강제수사법정주의의 원칙에 따라 비판하며 이를 강제수사로 위치지우는 소수설의 문제의식에는 공감하지만, 다수설에 입각하더라도 적법한 임의동행의 요건을 엄격하게 심사하면 동일한 결론에 이를 수 있다고 본다. 평석대상판결 2는 임의동행의 적법성에 대한 철저한 심사의 모범을 보여 준 판례이다.

등 참조.

10) 신동운, 114면; 신양균, 126면.

11) 배종대/이상돈, 220-221면; 이재상, 204면; 임동규, 163면; 정웅석, 171면.

2. 판결분석

(1) 임의동행과 체포의 구별기준과 적법한 임의동행의 요건 제시

대법원은 임의동행에서의 임의성은 동행의 시간과 장소, 동행의 방법과 동행거부의사의 유무, 동행 이후의 조사방법과 퇴거의사의 유무 등을 종합하여 객관적인 상황을 기준으로 판단해야 한다고 판시하고 있다.[12] 대상판결은 여기서 한 걸음 더 나아가 구체적 기준을 제시하고 있다. 즉, 동행을 요구받은 "상대방의 신체의 자유가 현실적으로 제한되어 **실질적으로** 체포와 유사한 상태에 놓이게" 되었는가 여부이다.

대법원은 이 사건에서 경찰관 4명이 한꺼번에 차에서 내려 피고인에게 다가가 피의사실을 부인하는 피고인을 동행한 점, 경찰관들이 동행을 요구할 당시 피고인에게 그 요구를 거부할 수 있음을 말해주지 않은 점, 피고인이 경찰서에서 화장실에 갈 때도 경찰관 1명이 따라와 감시했다는 점 등을 주목하면서, "비록 사법경찰관이 피고인을 동행할 당시에 물리력을 행사한 바가 없고, 피고인이 명시적으로 거부의사를 표명한 적이 없다고 하더라도, 사법경찰관이 피고인을 수사관서까지 동행한 것은 위에서 본 적법요건이 갖추어지지 아니한 채 사법경찰관의 동행 요구를 거절할 수 없는 심리적 압박 아래 행하여진 사실상의 강제연행, 즉 불법 체포에 해당한다"라고 판시하였다.

이러한 대법원의 입장은 미국 연방대법원의 입장과 동일하다. 수정헌법 제4조의 규율을 받는 '체포'와 그렇지 않은 'Terry 판결'[13] 상의 '정지'가 어느 선에서 구별되는가 하는 문제에 대하여 미국 연방대법원은 "합리적 인간"(reasonable person)이 생각하여 자신이 그 자리를 떠날 수 없겠구나 라고 믿는 상황이라면 이는 '정지'의 정도를 넘어서는 것이어서 수정 헌법 제4조의 규율을 받아야 한다고 판시한 바 있다[이른바 "합리적 인간/떠날 자유" 심사("reasonable person/ freedom to leave" test)].[14] 그러한 상황의 몇 가지 예를 다음과 같이 예시하였다.

---

12) 대법원 1993. 11. 23. 선고 93다35155 판결.

13) Terry v. Ohio, 392 U.S. 1 (1968).

14) U.S. v. Mendenhall, 446 U.S. 544, 545, 554, 560 (1980).

(1) 위압감을 주는 다수 경찰관의 존재, (2) 경찰관에 의한 무기의 현출(顯出), (3) 혐의자에 대한 일정한 육체적 접촉, (4) 경찰관의 요청이 강제될 수도 있을지도 모른다는 점을 드러내는 언어 또는 음조(音調)의 사용 등이다.[15)]

1983년 'Florida v. Royer 판결'[16)]도 같은 취지로 이해될 수 있다. 이 사건에서 피의자는 가명으로 끊은 뉴욕시 행 편도 비행기표와 가명으로 된 이름표를 단 가방을 소지하고 있다가 마약운반책의 혐의를 받고 경찰관에 의해 정지되었다. 경찰관은 피의자의 비행기표와 운전면허증을 돌려주지 않은 채 광장 옆 조사실로 동행을 요청하였고, 피의자의 동의 없이 피의자의 가방을 찾아서 조사실로 들고 갔다. 그 방 안에서 경찰관의 요청으로 피의자의 가방이 개봉되자 마리화나가 발견되었고, 이어 피의자는 체포되었다. 연방대법원은 경찰관이 피의자의 비행기표, 운전면허증, 가방을 돌려주지 않고 가지고 있었다는 점, 피의자가 원한다면 비행기를 탈 수 있다는 점은 고지받지 않았다는 점, 피의자가 자신이 구금되고 있다고 합리적으로 믿고 있었다는 점 등을 거론하면서, 바로 이러한 일이 시작되는 그 순간 피의자의 동의는 "증발"해 버리는 것이고, "실제적인 측면에서"(as a practical matter) 피의자는 체포된 것이라도 판시하였던 것이다.[17)]

그리고 대법원은 임의동행이 적법할 수 있는 요건을 제시한다. 즉, "수사관이 동행에 앞서 피의자에게 동행을 거부할 수 있음을 알려 주었거나 동행한 피의자가 언제든지 자유로이 동행과정에서 이탈 또는 동행장소로부터 퇴거할 수 있었음이 인정되는 등 오로지 피의자의 자발적인 의사에 의하여 수사관서 등에의 동행이 이루어졌음이 객관적인 사정에 의하여 명백하게 입증된 경우에 한하여, 그 적법성이 인정되는 것으로 봄이 상당하다." 요컨대 경찰관이 물리력을 사용하지 않았다거나 피고인이 동행거부의사를 밝히지 않았다고 하더라도 이 점을 근거

15) Id. at 554.
16) Florida v. Royer, 460 U.S. 491 (1983).
17) Id. at 529.

로 임의동행의 임의성을 단정할 수는 없으며, 그 임의성을 확실히 입증하는 적극적인 상황이 존재해야 한다는 것이다.

(2) 임의동행시 동행거부의 자유를 고지할 의무의 부활

그런데 여기서 대법원이 임의동행시 경찰관이 대상자에게 동행거부의 자유를 고지할 것을 임의동행의 임의성 판단에 있어 핵심적 기준으로 제시하였다는 점을 주목할 필요가 있다.

노태우 정부 아래에서 1990년 10월 13일 "범죄와의 전쟁"이 선포된 이후 1991년 3월 8일 경찰관직무집행법이 개정되면서, 임의동행시 동행거부의 자유와 동행 후 퇴거의 자유를 경찰관이 사전에 고지해야 하는 의무규정(제3조 4항 후단)이 삭제되고, 임의동행시의 시간적 제한을 3시간에서 6시간으로 연장된 바 있다(제3조 6항).

그러나 노상에서의 '정지'와는 달리 경찰관서로의 '동행'은 그것이 형식적으로는 피동행인의 동의에 기초하여 이루어졌다 하더라도, 시민의 프라이버시에 대한 침해의 가능성이 매우 높고 또한 동행인에게 미치는 영향이 체포에 못지않다. 피의자신문 전에 진술거부권이 의무적으로 고지되어야 하는 것과 동일한 맥락에서, 임의동행이 진정 임의적이 되려면 피동행자가 자신에게 동행을 거부할 자유가 있음을 알고서도 동행을 해야 한다. 미국의 경우 1979년 'Dunaway v. New York 판결'[18]은 노상에서의 정지와는 달리 경찰관서로의 동행의 경우는 프라이버시에 대한 침해가 더욱 심각해지며, 설사 공식적으로 '체포'가 이루어지지 않았더라도 수정 헌법 제4조의 통제 하에 들어간다고 판시한 바 있다.

그런데 대법원은 대상판결을 통하여 임의동행시 동행거부의 자유를 고지할 의무를 부활시켰다. 대법원은 "아직 정식의 체포·구속단계 이전이라는 이유로 상대방에게 헌법 및 형사소송법이 체포·구속된 피의자에게 부여하는 각종의 권리보장 장치가 제공되지 않는" 것은 형사소송법의 원리에 반하는 결과를 초래할 가능성이 크다고 본 것이다. 이

18) 442 U.S. 200 (1979).

는 헌법적 권리 보호를 위한 '사법적극주의'의 모범이라고 평가할 수 있다.

(3) 임의동행 이후의 긴급체포의 불법성

한편 대상판결 2는 사법경찰관이 임의동행 후 6시간 상당이 경과한 이후에 행해진 긴급체포의 경우 동행의 형식 아래 행해진 불법체포에 기하여 사후적으로 취해진 것에 불과하므로 위법하다고 판시하였다.

원심판결이 지적하였듯이, 피고인에 대한 불법한 임의동행 이후 6시간 상당이 경과하고 나서야 비로소 범죄사실의 요지와 긴급체포의 이유 및 변호인선임권 등을 고지하면서 긴급체포의 절차를 밟은 것은 체포 당시에 준수하였어야 할 절차를 뒤늦게 밟는 형식을 취한 것에 불과하고, 그 임의동행의 위법의 정도는 사소한 절차상의 흠을 넘어 중대한 하자가 있으며, 이러한 위법성은 사후적으로 취해진 긴급체포에도 그대로 승계된다. 임의동행 자체가 불법할 경우 사법경찰관이 경찰관직무집행법 제3조 6항의 요구를 고려하여 6시간을 초과하지 않은 채 긴급체포의 절차를 밟았다고 하여 그 긴급체포가 적법해지는 것은 아니다.

그리고 이 사안에서 피고인은 임의동행의 형식으로 체포된 후 범행을 부인하고 있었는데 만약 당시의 사정만으로 긴급체포의 요건이 갖추어졌다면 사법경찰관은 바로 적법한 절차를 밟아 검사 또는 법원의 판단을 받았어야 함에도 불구하고 그러하지 않았다. 이후 검사는 절도혐의에 대한 보강증거가 부족하다는 이유로 불구속 수사지휘를 했고, 피고인은 수사기관의 조사에 순순히 응해 왔다는 점 등을 고려하자면 임의동행 이후 이루어진 긴급체포가 형사소송법이 요구하는 적법성을 갖추었다고 볼 수는 없다 할 것이다.

Ⅳ. 맺음말—임의수사를 긴급체포의 전(前)단계로 활용하려는 수사실무에 대한 통제 강화

현행법상 긴급체포는 '사후체포영장'을 통하여 그 정당성이 추인될 필요가 없는바, 현재로는 긴급체포 범죄의 중대성, 신병확보의 필요성 및 긴급성 등의 요건을 엄격하게 해석하는 것이 긴급체포의 남용을 막는 유일한 길이다. 긴급체포에서 범죄혐의의 상당성, 체포의 필요성과 긴급성을 엄격하고 세밀하게 해석하고 있는 대상판결 1은 임의수사를 긴급체포의 전(前)단계로 활용하는 수사실무에 제동을 건 중요한 판결로서 향후 수사실무에 중대한 변화를 가져올 것이다. 이 판결을 계기로 체포영장이 발부되지 않는 참고인이나 고소인에게 임의출석을 요청한 후 출석하면 피의자신문을 개시하고 이를 거부하면 바로 긴급체포하는 관행은 사라져 갈 것으로 예상한다.

한편 민주화 이후에도 임의동행의 형식을 빌려 신병확보 기간을 늘리고 수사를 진행하는 실무는 사라지지 않고 있다. 대상판결 2는 임의동행의 적법성은 피의자의 형식적 동의 여부에 의한 것이 아니라, 피의자의 신체의 자유가 현실적으로 제한되었는가 여부에 따라 판단해야 한다는 점, 그리고 정식의 체포·구속단계 이전이라는 이유로 헌법 및 형사소송법이 체포·구속된 피의자에게 부여하는 권리가 약화되지 않도록 수사관이 동행에 앞서 피의자에게 동행을 거부할 수 있음을 알려주거나 동행한 피의자가 언제든지 자유로이 동행과정에서 이탈 또는 동행장소로부터 퇴거할 수 있도록 보장해 주어야 함을 명백히 밝힌 획기적 판결이다.

[주 제 어]
임의수사, 임의동행, 긴급체포, 불법체포

[Key words]
voluntary accompaniment, emergency arrest, illegal arrest

[Abstract]

An Analysis of the Two Supreme Court Decisions to Deter the Investigative Authorities' Tactics to Use "Investigation on Voluntariness" as a Tool for Illegal Warrantless "Emergency Arrest"

Cho, Kuk*

The Korean Constitution and the Korean Criminal Procedure Code provide the emergency arrest exception for the warrant requirements. The investigative authorities can arrest suspects without an arrest warrant issued by a judge if there is "probable cause" to believe that a suspect has committed a felony and if there is concern to believe that the suspect may destroy evidence or attempt to escape. In the case of an emergency arrest, the Criminal Procedure Code does not require that an arrest warrant be filed within 48 hours but it only requires that a detention be filed, therefore, the warrantless arrest without any judicial control is legitimatized for at least 48 hours. As a result, the investigative authorities tend not to pursue the arrest on the warrant, but depend on the emergency arrest because it is free of any warrant requirement and gives them much time to interrogate the suspect without any judicial control.

In addition, the investigative authorities have developed two kinds of convenient systems to avoid the warrant requirement. The first is "voluntary accompaniment," which is the Korean version of the U.S. Terry stop system. The second is "investigation of relevant persons" who voluntarily appear before the

* Professor, College of Law, Seoul National University, J.S.D.

authorities following the authorities' request to come to the police station although they are not a suspect. Since these two systems are not officially a compulsory measure, the constitutional restrictions for an arrest warrant do not attach. In particular, the authorities often proceed these two systems first, try to acquire informations from citizens, then arrest citizens if they are not cooperative.

This Article is to review two Korean Supreme Court decisions to deter these two investigative authorities' tactics. The Decisions of July, 6, 2006 provides strict requirements of permissible "emergency arrest" of the "relevant persons" who voluntarily appear before the authorities. The Decisions of September, 8, 2006 stablished that if the individuals who are asked to voluntarily accompany the officer to the police station are not given the "freedom to leave" at any time, as a practical matter, the "voluntary accompaniment" is an illegal arrest.

마약투약사범에 대한 공소사실 특정

남 성 민*

[연구대상판결] 대법원 2005. 12. 9. 선고 2005도7465 판결[1] (제3부 주심대법관 김영란)

[공소사실]

"피고인[2]은 마약류취급자가 아님에도 불구하고, 2004. 11. 14.경부터 2005. 2. 4.경까지 사이에 군산시 이하 불상지에서 향정신성의약품인 메스암페타민(속칭 '필로폰') 약 0.05g 내지 0.1g을 1회용 주사기에 넣고 생수에 희석한 뒤 왼쪽 팔뚝에 주사하거나 맥주 등 음료에 타서 마시는 방법으로 투약하였다."

[재판의 경과]

제 1 심 — 공소기각 판결

전주지방법원 군산지원은 2005. 7. 14. 선고 2005고단457 판결에서 "피고인으로부터 2005. 4. 13. 채취한 길이 3.2~5.1㎝의 모발에서 필로폰 양성반응이 나왔다는 감정결과만[3]에 기초하여 모발의 성장주기가 월 1㎝라는 점을 근거로 모발채취일로부터 5개월 전인 2004. 11. 14.경부터 2개월 전인 2005. 2. 4.경 사이를 투약시기로 추정하고, 피고인의 주거지 등을 고려하여 투약지를 군산시 이하 번지 불상지로, 투약방법은 메스암페타민 투약자들이 일반적인 투약방법으로 특정한 것은 막연한 기재

---

* 서울중앙지방법원 판사.

1) 공 2006. 1. 15.(242), 150.

2) 군산시에 거주하는 47세의 남자로 부동산중개업소 종업원임.

3) 피고인은 위 감정결과에 기초하여 2005. 5. 2. 구속되었다.

에 불과하여 공소사실을 특정한 것이라고 볼 수 없다"고 판시하였다.

항소심 — 검사항소기각 판결

전주지방법원은 2005.9.16. 선고 2005노1012 판결에서 "위 공소사실은 그 범행일시를 피고인의 모발감정 결과를 근거로 메스암페타민 투약이 가능한 2개월 20일이라는 장기간으로 하고 있어 피고인으로 하여금 방어권 행사에 과도한 부담을 지울 뿐만 아니라, 피고인이 투약한 메스암페타민의 분량이나 투약방법 또한 막연히 피고인의 종전 전과에 나타난 투약량과 투약 방법을 근거로 한 것에 불과하여 공소사실이 특정되었다고 할 수 없다"고 판시하였다.

검사의 상소 요지

마약범죄의 특성을 고려할 때, 피고인의 모발에 대하여 감정을 실시한 결과 모발에서 메스암페타민을 투약한 사실이 판명되었음에도 피고인이 그 투약사실을 부인하고 있는 경우, 검사로서는 그 투약의 시기 및 장소를 구체적으로 밝힐 증거를 확보하기가 용이하지 아니한 점을 고려할 때, 검사가 기소 당시의 증거에 의하여 가능한 한 범행의 시일과 장소를 특정한 것이라면, 범죄의 시일을 일정 범위의 기간 내로 기재하였다 하더라도 공소사실이 특정되었다고 보아야 한다.

상고심 — 상고기각 판결

[대법원 판결 이유]

형사소송법 제254조 제4항이 "공소사실의 기재는 범죄의 시일, 장소와 방법을 명시하여 사실을 특정할 수 있도록 하여야 한다."라고 규정한 취지는, 심판의 대상을 한정함으로써 심판의 능률과 신속을 꾀함과 동시에 방어의 범위를 특정하여 피고인의 방어권 행사를 쉽게 해주기 위한 것이므로, 검사로서는 위 세 가지 특정요소를 종합하여 다른 사실과의 식별이 가능하도록 범죄 구성요건에 해당하는 구체적 사실을 기재하여야 한다.

공소사실에 기재된 범행일시는 피고인의 모발을 대상으로 실험을 한 결과 필로폰 양성반응이 나왔다는 감정 결과만에 기초하여 그 정도 길이의 모발에서 필로폰이 검출된 경우 그 투약 가능한 기간을 역으로 추산한 것이고, 투약량이나 투약방법 역시 마약복용자들의 일반적인 통례이거나 피고인의 종전 전과에 나타난 투약량과 투약방법을 근거로 한 것에 불과하며, 그 투약의 장소마저 위와 같이 기재한 것만으로는 형사소송법 제254조 제 4 항의 요건에 맞는 구체적 사실의 기재라고 볼 수 없으므로, 이 사건 공소는 그 공소사실이 특정되었다고 할 수 없다.

〔연 구〕[4]

I. 문제 제기

검사가 상소하면서 들고 있는 항소 및 상고 이유는 마약투약사범에 대하여 일정한 범위를 정하여 시일과 장소를 특정한 것을 허용한 대법원 1994. 12. 9. 선고 94도1680 판결[5]의 이유를 그대로 인용한 것이다. 대법원은 위 판결에서 피고인이 마약 투약사실을 부인할 때, "공소범죄의 성격에 비추어 그 개괄적 표시가 부득이 하며 또한 그에 대한 피고인의 방어권행사에 지장이 없다고 보이는 경우에는" 투약 "시일은 '**언제부터** 1993. 8. 16. 사이(이 기간은 이 사건 피고인의 모발감정에서 메스암페타민이 검출될 가능성이 있는 메스암페타민 투약기간의 범위임)', 장소는 '인천[6] **또는** 불상지에서(강조는 필자가 함)'라고 표시하였어야 할 것"이라고 공소사실의 특정 방법을 구체적으로 판시하였다.

위 대법원 판결에 따라 이 사건 공소사실을 언뜻 보면 형사소송법(이하 '법'이라고만 표시한다) 제254조 제 4 항이 공소사실 특정을 위해

4) 이 글은 서울중앙지방법원 마약전담 재판부와 무관하고, 필자의 개인적인 견해임을 미리 밝혀둔다.

5) 공 1995. 1. 15.(984), 531. 이 판결에 대한 평석으로는 심희기, "공소사실의 특정정도와 특정성이 완화되는 예외요건", 고시연구 29권 4호(2002), 162면 이하; 손기호, "마약류 투약사범과 공소사실의 특정", 형사판례연구 5호, 박영사(1997), 266면 이하; 최철환, "공소사실의 특정", 형사판례연구 4호, 박영사(1996), 356면 이하 등 참조.

6) 피고인은 서울에서 살지만 인천에서 대마초를 흡연하다가 검거되었다.

요구하는 ① 범죄의 시일을 "2004. 11. 14.경부터 2005. 2. 4.경까지"로, ② 장소를 "군산시 이하 번지 불상지"로, ③ 방법을 "필로폰 0.05g 내지 0.1g을 1회용 주사기에 넣고 생수에 희석한 뒤 왼쪽 팔뚝에 주사하거나 맥주 등 음료에 타서 마시는" 것으로 명시하여 공소사실을 일응 구체적으로 특정한 것으로 보인다. 그럼에도 불구하고 연구대상판결은 이 사건 공소사실이 특정되지 않았다고 보았다.

연구대상판결은 공교롭게도 위 94도1680 판결이 선고된 지 정확히 11년 후에 선고되었다. 이 글은 그 사이에 나타난 대법원 판례들을 중심으로 마약투약사범에 대한 공소사실 특정에 관하여 어떤 변화가 있었는지를 파악해 보고, 피고인이 부인하고 있는 경우 모발감정만에 의한 공소사실의 특정 문제에 대해 살펴보기로 한다. 이를 위해 먼저 Ⅱ.에서는 공소사실 특정이 형사소송절차에서 어떠한 의미를 갖는지에 대한 이해를 돕기 위해 공소사실 특정의 의의 및 기능 등에 대한 일반론적인 논의를 우선 살펴본다. Ⅲ.에서는 마약투약사범에 대한 공소사실 특정이 문제되는 이유인 마약투약범죄의 특성을 살펴본 다음 마약투약사범의 공소사실 특정과 관련한 최근 10여 년간의 대법원 판례의 동향을 살펴본다. 다음으로 Ⅳ.에서는 투약사실을 부인하는 경우의 모발감정만에 기초한 공소사실의 특정 문제를 논의한 후 Ⅴ.에서 기소 이후 마약투약사범의 공소사실 특정과 관련한 법원의 조치를 살펴보고 마지막으로 Ⅵ.에서 결론을 갈음하여 대상판결의 의의를 논하기로 한다.

Ⅱ. 공소사실 특정의 일반론

1. 공소사실 특정의 의의

공소사실 특정이란 피고인이 어떤 범죄사실로 공소 제기되었는가를 법원과 피고인이 알 수 있도록 공소장에 범죄사실을 구체적으로 기재하는 것을 말한다. 공소사실의 특정은 어떤 범죄의 구성요건적 행위만을 기재하는 것이 아니라 검사가 피고인이 행하였다고 주장하는 범죄사실이 피고인의 다른 행위 또는 제3자의 행위와 어떻게 다르다는 것을 식별할 수 있도록 하여야 한다. 즉, 공소사실은 피고인의 행위가 개별 처벌조항에 해당한다는 추상적인 법적 주장이 아니라 구체적인 사실의 주장이므로, 단순히 "피고인이 피해자를 살해하였다"는 공소사실은 구체적인 일시, 장소, 방법의 기재가 없어 공소사실이 특정되었다고 보기 어렵다.[7] 바로 이 점에서 구성요건적 행위에 해당하는 범행방법 외에도 그 범행의 일시와 장소가 공소사실 특정의 요소가 된다.

2. 공소사실 특정의 취지(기능)

공소사실을 특정하게 한 이유에 대해 대법원 판례는 "피고인의 방어 범위를 특정시켜 방어권 행사를 쉽게 하려는 데"에 있다고 하여 피고인의 방어권만을 언급한 것도 있고,[8] 그 외에도 법원의 심판의 대상을 한정하기 위한 것이라고 판시한 판례도 있다.[9] 판례가 "방어권 행사"만을 공소사실 특정의 취지로 언급하였더라도 심판의 대상을 한정함으로써 심판의 능률과 신속을 도모하고자 하는 데 공소사실 특정의 취지가 있다는 데에는 이론을 찾을 수 없다. 또한 공소사실은 엄격한 증명의 대상이고 공소사실의 특정은 공소제기의 유효요건이며 이에 대한 입증 책임도 원칙적으로 검사가 부담한다는 면에서 공소사실의 특정은 피고인의 방어권과 법원의 심판 범위만을 명확히 하는 것이 아니라, 검사의 효율적인 공소유지를 위해서도 반드시 필요하다.[10]

공소사실 특정의 위 기능 사이의 관계에 대해 공소사실이 다른 범죄사실과 구별될 수 있도록 식별기능을 갖는 것을 공소사실 특정의 본질로 하고, 피고인의 방어권 보장 기능은 부수적인 것에 불과하다는 견

---

7) 金山薫, "覚せい剤使用罪における訴因の特定", 河上和雄 先生 古稀祝賀論文集, 青林出版(2004), 343면.

8) 대법원 2006.3.9. 선고 2005도8675 판결; 2005.11.10. 선고 2004도1164 판결; 2005.9.15. 선고 2005도4440 판결 등 참조.

9) 본 연구대상 판결 외 대법원 2000.10.27. 선고 2000도3082 판결; 2001.4.27. 선고 2001도506 판결; 2002.7.26. 선고 99도5192 판결; 2003.5.16. 선고 2003도1399 판결 등 참조.

10) 조광훈, "형사소송절차에서 석명권 행사에 관한 고찰", 형사정책연구소식 통권 제87호(2005.1), 10-11면.

해와 피고인의 방어권 보장 기능을 식별기능과 별개의 독립된 기능으로 보는 견해가 있다.[11] 식별기능만 충족되어도 공소사실을 특정한 것으로 보는 대표적 일본 사례로 白山丸 사건이 있다. 일본 최고재판소는 검사의 증거수집의 곤란성을 이유로 피고인의 밀출국(密出國) 공소사실의 범죄일시를 6년간으로 보고, 구체적인 장소, 방법을 기재하지 않아도 공소사실이 특정되었다고 판시하였다.[12] 그렇지만 식별기능만 갖추어도 공소사실이 특정되었다고 보는 것은 범죄의 특성 등 특수한 사정을 전제로 하는 것이므로 공소사실의 특정은 심판의 대상을 확정하는 식별기능과 별도로 당사자주의 하에서 피고인의 방어권 행사를 보장하는 기능을 독립적으로 갖는다고 보는 것이 더 타당하다. 범죄일시나 장소는 범죄의 특별구성요건인 경우[13]를 제외하고는 구성요건적 행위는 아니지만 이들은 피고인이 자신의 알리바이를 주장할 수 있는 중요한 대상이므로 범행일시를 일정 범위의 기간으로 하거나 범죄장소를 포괄적으로 기재할 경우에는 피고인의 방어권은 약화될 수밖에 없다. 공소사실을 특정하여 법원의 심판대상을 한정하는 것은 당해 심리절차의 신속, 효율을 꾀할 수 있음은 물론이거니와 그 재판의 효력이 미치는 범위와도 밀접한 연관을 갖게 되므로 공소사실은 피고인의 방어권 행사를 보장할 수 있도록 특정되어야 한다.

3. 공소사실 특정과 당사자주의

당사자주의는 검사와 피고인이 서로 당사자로서 대심적 구조를 취하여 공소사실에 대해 상호공방을 함으로써 실체적 진실발견을 하려는 소송구조를 말한다. 당사자주의에서 법원은 제 3 자로서 심판자 역할을 하고, 검사와 피고인이 당사자로서 절차를 진행하게 된다.[14] 우리 형사소송법은 검사가 단독으로 공소제기 여부를 결정하며(법 제246조), 공

11) 金山薰, 전게논문, 343면.

12) 日本 最高裁判所 昭和 37. 11. 28. 刑集 16卷 11號, 1633면.

13) 예를 들어 야간의 폭력행위 등과 같은 경우에는 '일시'도 구성요건요소가 된다.

14) 寺崎嘉博, "當事者主義と訴因制度", 法學敎室 245號(2001. 2), 24면.

소제기 시 공소장만을 법원에 제출하고(공소장 일본주의, 법 제254조 제1항), 공소사실을 특정하는 방법으로 심판대상을 한정하여 이를 증명할 책임이 있으며, 법원의 허가나 피고인의 동의 없이 공소를 취소할 수도 있어(법 제255조) 당사자주의를 기본적 소송구조로 하여 직권주의적 요소를 더하고 있다.

공소사실의 특정은 당사자주의의 소송구조 근간이 되는 제도로 공판중심주의・구두주의・직접주의 실현의 전제이다.[15] 따라서 이를 어느 정도까지 구체적으로 할 것이냐의 문제는 적정한 형벌권 행사를 위한 검사의 입증 책임 및 피고인의 방어권 행사의 보장 정도에 영향을 미치게 된다. 공소사실 특정의 정도를 느슨하게 할수록 당사자주의의 형사소송구조 하에서 검사의 지위가 강화되고, 공소사실 특정을 구체적으로 요구할수록 피고인의 방어권 행사가 더 보장되게 된다. 공소사실의 특정은 적정한 형벌권 행사와 피고인의 방어권 보장이라는 상충하는 이해관계를 적절히 조절할 수 있는 수준에서 결정되어야 하는 것이고 어느 한쪽에 치우치지 않아야 한다. 대법원 판례가 일관되게 피고인이 혐의를 부인하면 다른 입증이 어렵다는 일부 범죄의 특성을 고려하여 공소사실 특정 요소의 일부를 불명확하게 하는 것을 허용하면서도 그것이 피고인의 방어권 보장에 장애가 돼서는 안 된다는 입장[16]은 당사자주의에서 공소사실 특정의 한계를 잘 나타내고 있다.

4. 공소사실 특정의 정도

(1) 일 반 론

공소사실의 기재는 범죄의 시일, 장소와 방법을 명시하여 사실을 특정할 수 있도록 하여야 한다(법 제254조 제4항). 공소사실은 구성요건적 행위사실과 대체로 일치할 것이지만, 범죄의 일시와 장소는 공

---

15) 福井厚, "起訴狀一本主義と訴因の特定・明示", 法學セミナ 44卷 12號(1999.12), 29, 30면.

16) 대법원 2005.5.13. 선고 2005도1765 판결; 2003.6.27. 선고 2003도866 판결(이상 공보불게재); 2000.11.24. 선고 2000도2119 판결 등 참조.

소사실의 특정을 위한 요인이지 범죄사실의 기본적 요소는 아니다. 따라서 범죄의 시일은 이중기소나 시효에 저촉되지 않는 정도로, 장소는 토지관할을 가늠할 수 있는 정도로 기재하면 되는 것이고, 이와 같은 요소들에 의하여 공소사실의 특정을 요구하는 법의 취지는 피고인의 방어권 행사를 쉽게 해 주기 위한 데에 있는 것이므로, 공소사실은 이러한 요소를 종합하여 구성요건 해당사실을 다른 사실과 식별할 수 있는 정도로 기재하면 족하다.[17] 범죄 일시, 장소, 수단 등이 특정되어 있는 이상 단지 피해자가 성명미상으로 표시되어도 공소사실은 특정된다.[18]

다만, 공소장에 범죄의 시일, 장소 등이 구체적으로 적시되지 않았더라도 위의 정도에 반하지 아니하고 더구나 공소범죄의 성격에 비추어 그 개괄적 표시가 부득이하며 또한 그에 대한 피고인의 방어권 행사에 지장이 없다고 보이는 경우에는 그 공소내용이 특정되었다고 볼 수 있다.[19]

(2) 공소사실 특정 요소별 구체적 사례 검토

공소사실을 특정하기 위해서는 범죄의 일시, 장소 및 방법을 특정하여야 한다. 이하 위 세 가지 요소의 특정 정도를 대법원 판례에 나타난 사례를 통해 살펴본다.

1) 범죄일시의 특정

[특정되었다고 본 사안]

① 살인 사건의 범죄일시

살인 사건의 공소사실 "범행 시간을 2003.11.30. 20:00경부터 그 다음날 11:20경까지 사이(밑줄은 필자 강조: 이하 같음)로 기재"한 것은 이중기소나 시효에 저촉되지 아니하고, "위와 같은 범행 일시의 기재가 이 사건 공소사실을 다른 사실과 식별할 수 없는 정도이거나 피고인의

17) 대법원 1994.12.9. 선고 94도1680 판결.

18) 대법원 1999.4.23. 선고 99도82 판결.

19) 대법원 1994.12.9. 선고 94도1680 판결; 1991.10.25. 선고 91도2085 판결; 1989.12.12. 선고 89도2020 판결 등 참조.

방어권을 부당하게 침해하는 것으로서 '공소사실이 특정되지 못한 경우'에 해당한다고 볼 수는 없다"고 판시한 사안.[20]

② 성폭력범죄의 범죄일시

"범행일시에 관하여 '2003.7. 하순 저녁 무렵'으로 기재되어 있으나 이는 '피해자들이 2003.7.23.경 여름방학을 한 이후 2003.7.27. 할머니 집으로 가기 이전'을 전제한 것으로서 피고인 또한 이에 따라 방어권을 행사하여 왔고, 나머지 그 범행장소와 범행방법 등이 모두 구체적으로 기재되어 있어 다른 범죄사실과의 구별이 가능하고, 이로 인하여 피고인의 방어의 범위가 한정되지 아니하여 방어권 행사에 지장을 초래하였다고 볼 수도 없으므로" 위 공소사실은 특정되어 있다고 본 사안.[21]

③ 미성년자 의제 강제추행치상죄의 범죄일시

"공소장에 범행의 일시를 '1996년 월일불상 11:30경'으로 기재하였더라도 피해자의 일부 진술과 다른 증거들을 기초로 범행의 일자는 1996년 초경부터 피해사실이 드러난 1996.7.15. 사이의 날로, 범행시각은 11:30경으로 가능한 한 특정하여 공소를 제기하였음을 알 수 있는 한편, 공소장에 범행의 장소와 방법 등이 구체적으로 기재되어 있는 점과 이 사건 범죄의 성격을 고려하면, 범죄의 시일을 위와 같이 기재하였다고 하더라도 그 공소사실은 특정되어 있다고 보아야 할 것"이라고 판시하면서 원심의 공소기각판결을 파기한 사안.[22]

④ 부정수표단속법위반죄의 범죄일시

부정수표 발행을 내용으로 하는 "부정수표단속법위반의 경우에는 수표의 발행일자, 제시일자, 액면, 부도사유 등을 구체적으로 기재하여 사실을 특정하면 족하다 할 것이고 그 밖에 수표의 발행일자가 정정되었을 경우 그 정정한 구체적인 날짜는 필요적 기재사항은 아니라 할 것이므로 구체적으로 정정한 날짜의 기재가 없어도 공소사실이 특정되

20) 대법원 2006.3.9. 선고 2005도8675 판결.

21) 대법원 2005.7.29. 선고 2005도2003 판결.

22) 대법원 1997.8.22. 선고 97도1211 판결.

었다"고 판시한 사안.[23])

[특정되지 않았다고 본 사안]

○ 방문판매 등에 관한 법률 위반죄의 범죄일시

"2001. 1.경부터 2003. 1.경까지 서울 송파구 방이동 62-8 ○○빌딩 지하에서 회사의 다단계 판매원들로 하여금 다단계 판매원이 되고자 하는 사람들에게 좋은 직장을 소개하여 주겠다고 거짓말로 꾀어 회사로 오게 한 후, 본인의 의사에 반하여 위 부근 여관에서 약 1주일간 합숙을 하면서 판매 교육을 받게 하는 등 다단계 판매원이 되고자 하는 자에게 본인의 의사에 반하여 교육·합숙 등을 강요하였다"는 방문판매 등에 관한 법률 위반의 공소사실에 대하여, "이 사건 공소사실은 공소사실 기재 자체에 비추어 볼 때 특별한 사정이 없는 한 각 행위별로 각 방문판매등에관한법률위반죄의 1죄가 성립함에도 그 일시를 특정하지 아니하였을 뿐 아니라, 행위의 상대방에 대하여 같은 시기에 단일한 행위로 범행이 행해졌는지, 같은 시기에 별개의 행위로 범행이 행해졌는지, 시기를 달리하여 범행이 행해졌는지 여부도 알 수 없게 되어 있으므로, 구성요건 해당 사실을 다른 사실과 식별할 수 있는 정도로 기재하였다고 볼 수 없을 뿐 아니라, 어떤 행위에 대하여 구 방문판매등에관한법률(2002. 3. 30. 법률 제6688호로 전문 개정되어 2002. 7. 1. 시행되기 전의 것)을 적용하고, 어떤 행위에 대하여 전문 개정된 방문판매등에관한법률을 적용하여야 하는지도 확정할 수 없게 되어 있고, 죄수를 정할 수도 없으므로" 공소사실이 특정되지 않았다고 판시한 사안.[24])

2) 범죄장소의 특정

○ 유가증권위조죄의 장소

"1991. 4. 일자 및 장소 미상지에서 임의로 수표번호 마가 01167701호의 수표용지에 금액을 40,000,000원, 발행일자 1991. 6. 10.이라고 기재하고 미리 준비한 거성산업 대표 장○○의 명판을 발행인으로 찍어 위

23) 대법원 1984. 6. 12. 선고 83도2122 판결.

24) 대법원 2004. 6. 11. 선고 2003도7911 판결.

수표를 위조하였다"는 공소사실에 대하여 유가증권위조 여부가 문제로 되는 이 사건에서 위조유가증권들이 모두 현존하고 있는 이상 그 범죄 일시와 장소, 방법 등은 범죄의 동일성 인정과 이중기소방지, 시효저촉 여부, 토지관할을 가늠할 수 있는 범위에서 그 유가증권위조 사실을 뒷받침할 수 있는 정도로만 기재되어 있으면 충분하므로, 이 점에서 위 공소사실이 특정되었다고 판시한 사안.[25]

3) **범죄방법의 특정**

[특정되었다고 본 사안]

○ 불공정거래행위의 증권거래위반죄의 범죄방법

주식을 대량으로 매집하여 그 시세를 조종하려는 목적으로 여러 차례에 걸쳐 통정 및 가장매매행위, 고가매수주문 및 허수매수주문행위 등의 불공정거래행위를 반복한 경우, 위 각 행위는 모두 포괄하여 증권거래법 소정의 불공정거래행위금지 위반의 일죄를 구성한다. 따라서 포괄일죄를 이루는 시세조종 등 불공정거래행위에 관한 이 사건 증권거래법위반 공소사실은 그 전체 범행의 시기와 종기, 범행방법, 범행횟수와 거래 주식수 등이 명시되면 충분하다. 이로써 거래의 주체였던 피고인으로서는 그 누구보다도 이러한 거래내역을 잘 알고 있었다고 할 것이므로, 비록 불공정거래행위의 유형별로 해당 거래일자와 거래 주식수 등을 일일이 특정하지 않았다고 하더라도 심판의 대상이 불분명해진다거나 피고인에게 방어의 어려움을 초래한다고 볼 수는 없다 할 것이어서 공소사실이 특정되었다고 판시한 사안.[26]

[특정되지 않았다고 본 사안]

① 증거위조죄의 경우

"피고인이 원심공동피고인 갑과 공모하여 1987. 9. 20. 14:00경 경남 창녕읍 교동 280 ○○○○사 사무실에서 같은 날 09:00경 발생된 교통사고 피의사건과 아무런 관련이 없는 경남 1바1229호 택시를 이용하여

25) 대법원 1996. 4. 26. 선고 96도435 판결.

26) 대법원 2005. 11. 10. 선고 2004도1164 판결.

그것이 범죄사실과 관계가 있는 것처럼 꾸며 증거를 위조하였다"는 공소사실에 대해 증거를 어떻게 위조하였다는 것인지에 대한 내용이 없어 범행방법이 특정되지 않아 공소제기가 무효라며 이를 유죄로 한 원심을 파기한 사안.[27]

② 관세포탈 및 무면허수입의 특정범죄가중처벌 등에 관한 법률 위반죄의 경우

"피고인이 공소외 1외 3명과 공모하여 부산세관장의 수입면허를 받지 아니하고 1983. 4. 6. 19:00경 부산해운대구 우 2동 1135 소재 주식회사 ○○○○의 보세장치장에 장치되어 있던 골프크럽 360셋트와 골프그립 70개 및 골프샤프트 70개 등 도합 원가 65,352,210원 상당을 함부로 동 장치장으로부터 반출하여서 이를 무면허수입하고 동시에 사위의 방법으로 동 물품에 대한 소정의 관세 32,676,105원과 방위세 1,633,804원을 포탈한 것"이라는 관세포탈에 대한 특정범죄가중처벌등에 관한 법률위반의 공소사실에 대하여 "피고인이 이 사건 소정관세 등을 포탈함에 있어서 이용한 사위 기타 부정한 방법이 어떠한 내용의 것인가를 구체적으로 공소장에 명시하여야 그 구성요건 사실이 특정될 수 있을 것임에도 불구하고 만연히 '사위의 방법으로 … 포탈한 것이다'라고 추상적 구성요건을 기재"한 것은 구체적인 범죄방법의 기재가 없고, 보세장치장에 장치된 물건을 수입면허를 받지 아니하였다는 것이 곧바로 사위의 방법이라고 단정할 수도 없다고 하여 범행수법에 대한 기재가 특정되어 있지 아니하여 공소제기가 무효라고 판시하면서 이를 유죄로 인정한 원심을 파기한 사안.[28]

4) 검　토

이상의 판례들을 종합하여 보면 공소사실 특정을 위한 세 가지 요소를 각각 분리하여 특정 여부를 인정하는 것은 아님을 알 수 있다. 공소사실 특정을 위한 범행 일시, 장소 및 방법의 세 가지 요소 중 일부

27) 대법원 1990. 3. 13. 선고 89도1688 판결.

28) 대법원 1984. 5. 22. 선고 84도471 판결.

가 다소 명확하지 않더라도 그와 함께 적시된 다른 사항들을 종합하여 공소사실을 다른 범죄사실과 구분할 수 있고, 피고인의 방어권 행사에 지장이 없는 정도라면 그 공소사실이 특정되었다고 할 수 있다.[29] 판례의 입장은 공소사실이 구체적인 상황의 맥락 속에서 특정될 수 있으면 충분하다는 것으로 해석된다.[30] 다만, 앞서 본 판례들에 의하면 "기망(欺罔)", "사위(詐僞)", "위조(僞造)"와 같은 구성요건적 행위를 나타내기 위한 경우에는 공소사실 특정 요소 중에서 범행방법을, 실체적 경합범의 공소사실을 특정하기 위해서는 "범행일시"를 주된 요소로 고려하고 있는 반면 "범행장소"는 공소사실 특정 여부를 판단하는 데 크게 작용하지 않는 것으로 보인다.

(3) 범죄유형별 공소사실의 특정 정도

1) 포괄일죄의 공소사실 특정 정도

여러 개의 구성요건적 행위가 충족되더라도 이를 한 개의 죄로 보는 것이 포괄일죄로 그 공소시효 역시 최종 행위완료일부터 기산되는 점 등을 고려하면 죄의 일부를 구성하는 개개 행위에 대해 구체적으로 특정하지 않더라도 그 전체 범행의 시기와 종기, 범행방법, 범행횟수 또는 피해(거래)액의 합계나 상대방을 명시하면 어느 정도 개괄적으로 표시하여도 공소사실이 특정되었다고 보는 것이 대법원의 일관된 판례이다.[31]

2) 경합범의 공소사실 특정 정도

경합범은 각 범죄행위마다 1개의 죄가 성립하므로 각 범죄행위의 일시, 장소 및 방법을 명시하여 다른 사실과 구별이 가능하도록 공소사실을 기재하여야 한다. 특히 범행의 상대방이 복수일 경우에는 그 상대방(피해자)과 범행방법을 구체적으로 기재하여 몇 개의 죄가 기소된 것

---

29) 대법원 1997. 8. 22. 선고 97도1211 판결(폭행죄의 피해자를 성명미상으로 표시한 사안); 1990. 6. 26. 선고 90도833 판결(포괄일죄인 상습사기죄의 피해자들의 성명을 명시하지 아니한 사안).

30) 배종대/이상돈 공저, 형사소송법(제16판), 홍문사(2004), 375, 376면.

31) 대법원 2005. 11. 10. 선고 2004도1164 판결; 2002. 9. 27. 선고 2002도3194 판결; 1998. 5. 29. 선고 97도1126 판결; 1997. 9. 12. 선고 97도1706 판결; 1992. 9. 25. 선고 92도1671 판결 등 참조.

인지를 분명하게 하여야 한다.[32)]

특히 실무상 매 성교시마다 1개의 죄가 성립되는 간통죄의 경우가 문제되는데, 대법원은 1975.6.24. 선고 75도346 판결로 "1972.5. 중순경부터 1974.4.3.경까지 사이에 부산시 동구 수정 4동 984 및 위 셋방 등지에서 회수불상 간음하여 간통하였다"는 공소사실에 대해 구체적인 범죄일시의 기재가 없어 위 공소제기는 무효라고 한 이래로 대법원 2005.6.24. 선고 2005도1014 판결로 "2000.11.부터 2002.2.까지 매월 각 일자불상 20:00경 충남 당진군 송악면 한진리 소재 상호불상 여관에서 각 1회 성교하여 각 간통 및 상간하였다"는 공소사실에 대해 "범행일시를 성관계를 가졌다고 추측되는 전체 기간을 한 달 단위로 균분하는 방식으로, 범행장소를 상간자별로 나누어 획일적으로 기재하는 방식으로 기재한 위 공소사실은 특정되었다고 볼 수 없다"고 일관되게 판시하고 있다.

3) 교사 또는 방조범의 공소사실 특정 정도

교사범과 방조범은 공범으로 정범에 종속된다. 따라서 방조범의 공소사실을 기재함에 있어서는 그 전제가 되는 정범의 범죄구성을 충족하는 구체적 사실을 기재하여야 한다.[33)] 교사범의 공소사실 역시 교사내용뿐만 아니라 정범의 실행행위까지도 구체적으로 기재하여야 하며, 정범의 실행행위를 누락하거나 구체적인 기재가 없는 경우에는 공소사실이 특정되지 않은 것이다.[34)]

---

32) 대법원 1997.8.22. 선고 95도984 판결(직무유기교사죄는 피교사자인 공무원별로 1개의 죄가 성립되는 것이므로 피교사자인 공무원별로 사실을 특정할 수 있도록 공소사실을 기재하여야 할 것임에도 단순히 "전기협 회원들에 대하여 불법파업을 하여 직무유기할 것을 결의하게 하고, 전기협 회원 6,500여 명이 이에 따라 같은 해 6.23. 04:00경부터 불법파업에 돌입하게 하여 직무유기를 교사하였다"는 공소사실은 피교사자인 공무원들의 숫자조차 특정되어 있지 않아 도대체 몇 개의 직무유기교사죄를 공소제기한 것인지, 그리고 유기한 직무의 내용 및 유기행위의 태양이 어떠한지 알 수가 없어 공소사실이 특정되지 않았다고 판시하면서 위 공소사실을 유죄로 인정한 원심을 파기한 사안).

33) 대법원 2001.12.28. 선고 2001도5158 판결; 同旨: 1988.4.27. 선고 88도251 판결.

34) 정홍화, "교사범에 대한 공소사실 기재 검토", 사법연수원논문집 제1집(2004), 295면.

Ⅲ. 마약투약사범에 대한 공소사실의 특정

1. 마약투약사범의 특성

대법원 판례는 "공소장에 기재된 범죄의 시일, 장소, 방법 등이 구체적으로 적시되지 아니한 경우라 하더라도 범죄의 시일, 장소, 방법의 기재를 필요로 한 정도에 반하지 아니하고 더구나 공소범죄의 성격에 비추어 위 세 가지 요소의 개괄적 표시가 부득이한" 경우에는 그 같은 공소내용은 공소제기절차위반으로 무효라고 할 수 없다고 판시하고 있다.[35] 판례가 공소범죄의 성격상 공소사실의 개괄적 표시를 허용하는 것으로 포괄일죄를 그 대표적으로 들 수 있다.[36] 대법원은 마약투약사범에 대해서도 범죄의 특성상 개괄적 표시가 가능하다고 판시하고 있다.[37] 이에 마약사범의 범죄특성을 살펴본다.

(1) 범행의 은밀성

마약투약사범은 자신만의 공간에서 자신을 범죄행위의 대상으로 한다. 이처럼 마약투약은 은밀하게 행해지므로 목격자 등 제 3 자가 없는 경우가 많다. 실무상 마약투약사범에 대한 수사개시는, 수사기록상 인적사항을 파악할 수 없는 제 3 자의 정보제공으로 이루어지는 경우가 대부분인데, 그 내용도 직접 목격하였다는 것이 아니라 피고인이 마약을 투약한다는 막연한 내용이다.

(2) 증거확보의 어려움

마약투약사범은 자신의 약물투약사실을 부인하는 경우가 일반적이어서 마약투약사범에 대한 가장 믿을 만한 증거는 요(尿)감정결과이다. 문제는 체내 마약성분이 투약 후 30분부터 요 등으로 배출되기 시작하

35) 대법원 2003. 1. 24. 선고 2002도6103 판결.

36) 대법원 2002. 10. 11. 선고 2002도2939 판결(횡령죄의 포괄일죄). 그 밖에도 범죄단체구성의 폭력행위등 처벌에 관한 법률 위반죄에 대해서도 범죄 일시나 장소가 구체적으로 기재되지 않아도 공소사실이 특정된 것으로 보고 있다(대법원 1995. 3. 17. 선고 95도13 판결; 1991. 10. 25. 선고 91도2085 판결 등 참조).

37) 대법원 1989. 12. 12. 선고 89도2020 판결; 1997. 10. 14. 선고 97도1826 판결 등 참조

여 통상 2~3일(상습투약자의 경우에도 10일)만에 체외로 모두 배출되므로 투약시기부터 이미 상당한 기일이 지난 후에는 이를 입증할 증거를 확보하기가 어렵다는 것이다. 우리 대법원이 일정한 일시의 범위를 기재하여도 공소사실이 특정된 것으로 보는 판례도[38] 마약투약사범의 입증상의 곤란함을 주로 고려한 것으로 보인다.

(3) 마약사범의 특성과 공소사실 특정의 완화 여부

마약투약범죄에 대한 공소사실 특정의 정도가 완화되는 논거로 마약투약행위의 은밀성으로 인한 증거 수집의 곤란성을 들고 있다. 피고인이 투약사실을 부인하는 경우에 모발감정에 의한 공소사실이 특정되지 않았다고 보아 이를 처벌할 수 없게 된다면 피고인이 자백하는 경우에만 처벌할 수 있게 되어 국가형벌권의 행사라는 관점에서 마약투약사범에 대한 공소사실을 엄격하게 특정하게 하는 것이 타당하지 않다는 것을 그 전제로 한다.

판례가 범죄의 성격상 공소사실의 개략적인 표시가 가능하다고 보는 구체적 사례를 보면 사기, 절도, 무면허 의료행위 등의 포괄일죄나 범죄단체구성과 같이 일정 기간 동안 단일한 범죄로 평가할 수 있는 여러 가지 구성요건적 행위를 그 내용으로 한다. 즉, 이러한 범죄의 공소사실은 필연적으로 범죄행위가 일어난 시기와 종기가 있으며, 그 기간 동안 행해진 범죄행위들을 일죄로 평가하여야 하므로 개괄적인 표시가 불가피한 경우들이다. 그런데 마약투약행위는 그 행위마다 한 개의 죄가 성립하는 것으로, 범죄 자체가 일정한 기간을 필요로 한다거나 여러 개의 행위로 구성된 것이 아니다. 포괄일죄와 같이 범죄 자체의 특성에서 기인되는 것이 아니라 입증의 곤란함을 이유로 공소사실 특정의 정도를 완화하는 것은 곧 입증의 정도를 완화하는 것이다. 따라서 마약투약사범에 대한 입증의 어려움을 이유로 공소사실 특정의 정도를 완화하는 것이 타당한지 의문이다.

38) 상동.

2. 마약투약사범에 대한 공소사실 특정에 대한 판례 동향

2000년 이전의 판례들은 대체로 1994년에 선고된 94도1680 판결의 취지에 따라 마약투약사범의 특성상 투약일시, 장소 또는 방법을 정확히 기재하지 않더라도 공소사실이 특정되었다는 견해를 취해 왔다. 그렇지만 2000년 이후 계속하여 마약사범에 대한 공소사실의 특정을 엄격히 해석하는 경향을 보이는데 이를 자세히 살펴본다.

(1) 2000년 이전의 개괄적인 공소사실을 특정되었다고 본 판례

① 대법원 1989. 12. 12. 선고 89도2020 판결

"피고인 1이 1988. 1. 초순 일자 불상경부터 같은 해 12. 하순 일자 불상경까지 사이에 1회용 주사기로써 암페타민을 팔에 주사하는 방법으로 수십 회에 걸쳐 향정신성의약품을 투입하였다는 점과 피고인 2가 1988. 7. 중순 일자 불상경부터 1989. 2. 중순 일자 불상경까지 사이에 1회용 주사기로써 암페타민을 팔에 주사하는 방법으로 모두 4회에 걸쳐 향정신성의약품을 투약하였다는 점 및 피고인 3이 1988. 6. 중순 일자불상경부터 1989. 2. 일자 불상경까지 사이에 수회에 걸쳐 향정신성의약품인 메스암페타민을 투약하였다"는 공소사실에 대하여 피고인 1. 및 3.에 대한 공소사실은 경합범의 공소사실에 대한 구체적 기재가 없어 무효라는 원심의 판단을 수긍하면서도 피고인 2.에 대한 공소사실은 범죄의 성격상 공소사실의 개괄적 표시가 부득이하며 피고인의 방어권 행사에도 지장이 없다고 보인다는 이유로 공소사실이 특정되었다며 이와 반대로 판단한 원심을 파기한 사안.

② 대법원 1997. 10. 14. 선고 97도1826 판결

"피고인이 그 투약사실을 부인하는 경우, 검사로서는 그 투약의 시기, 장소 및 투약의 방법을 구체적으로 밝힐 증거를 확보하기가 용이하지 않은 점을 고려할 때 검사가 범행의 일시를 모발감정에서 메스암페타민이 검출될 수 있는 메스암페타민 투약기간의 범위 내의 일정 시기로, 장소를 대전 또는 불상지로, 방법 및 투약량을 불상으로 각 기재하였더라도 범죄의 특성상 공소사실이 특정되었다고 보는" 것이 "대법원

의 확립된 견해"라고 판시한 사안.

③ 대법원 1998. 2. 24. 선고 97도1376 판결

"피고인이 1996. 6. 13. 07:00경 충북 음성읍 소재 피고인의 집 안방에서 원심 공동피고인 이○○과 함께 메스암페타민 약 0.03g을 1회용 주사기로 다리에 투약하고, 같은 달 15. 21:00경 충북 음성군 대소면 소재 원심 공동피고인의 집 안방에서 원심 공동피고인과 함께 메스암페타민 약 0.03g을 위와 같은 방법으로 투약하였다"는 1심 공소사실에 대하여 피고인이 이를 부인하고, 제1심은 "주사기로 투약하였다는 피고인의 다리에 주사바늘자국이 남아 있지 않는 점, 원심 공동피고인이 이전에도 제3자에게 메스암페타민을 넣은 커피를 제공하여 투약시킨 적이 있는 점 등"을 들어 무죄를 선고하자 검사가 항소심에서 모발감정결과에 기초하여 공소사실을 "1996. 1.~6.경 사이 충북지역에서 메스암페타민 g 미상을 불상의 방법으로 1회 투약하고"로 변경신청하였으나 항소심은 이를 불허하였다. 대법원은 기본적 사실관계가 동일하므로 공소장 변경이 가능하고 이와 같이 변경될 공소사실이 특정되었다고 판시한 사안.

④ 대법원 1999. 9. 3. 선고 99도2666 판결

"1998. 9. 초순경 서울시내 불상지에서 불상의 방법으로 메스암페타민을 투약하였다"는 공소사실을 "이중기소나 시효 토지관할의 구분이 가능할 정도로 특정하였다"고 판시한 사안.[39]

(2) 2000년 이후의 대법원 판례의 동향

마약투약사범에 대한 개괄적인 공소사실에 대한 대법원의 1994년 94도1680 판결에 따라 하급심들도 모발감정 결과만에 기초한 공소사실이 특정된 것을 전제로 유죄를 선고하였다. 나아가 대법원은 1997년 마약투약사범에 대한 이러한 공소사실의 기재가 특정되었다는 것이 "확립된 견해"라고 판시하기에 이른다. 그런데, 대법원은 1999년 "피고인은 1996. 7. 내지 10. 일자 불상경 장소 불상에서 불상의 방법으로 메스

39) 본 사안에서는 소변검사에서 메스암페타민이 검출되었다.

암페타민 불상량을 투약하였다"는 공소사실에 대해 "불상" 부분을 제외하면 위 공소사실은 "피고인은 1996.7.에서 1996.10. 사이에 메스암페타민을 투약하였다"라는 것에 불과하여 공소사실이 특정되지 않았다며 이를 유죄로 본 원심을 파기한 이래[40] 연구대상 판결에 이르기까지 이전과 달리 개괄적인 공소사실을 특정되지 않았다고 보는 판례가 많이 나오고 있다. 이를 구체적으로 살펴본다.

① 대법원 2000.10.27. 선고 2000도3082 판결

"피고인이 1999년 5월 중순경부터 같은 해 11월 19일경까지 사이에 부산 이하 불상지에서 향정신성의약품인 메스암페타민 약 0.03g을 1회용 주사기를 이용하여 팔 등의 혈관에 주사하거나 음료수 등에 타 마시는 방법으로 이를 투약하였다"는 공소사실의 경우, "그 투약량은 메스암페타민 투약자들이 보통 1회에 투약하는 최소한의 단위로 알려진 것이고, 그 투약방법 역시 어느 것이나 메스암페타민 투약자들이 일반적으로 사용하는 방법에 지나지 않는 것을 막연히 기재한 것에 불과할뿐더러 그 투약의 일시와 장소마저 위와 같은 정도로 기재한 것만으로는 … 공소사실이 특정되었다고 할 수 없다"며 이를 유죄로 인정한 원심을 파기한 사안.

② 대법원 2000.11.24. 선고 2000도2119 판결[41]

"피고인이 1999.4. 일자 불상경부터 1999.10. 일자 불상경까지 사이에 의왕시 이하 불상지에서 불상의 방법으로 향정신성의약품인 메스암페타민 불상량을 사용하였다"는 공소사실에 대하여, 메스암페타민이 "어느 부위에서 검출된 것인지, 실험의 경과는 어떠하였으며, 검출된 양은 어느 정도인지에 관한 아무런 구체적인 내용 없이 단지 길이 4~7㎝인 피고인의 모발을 대상으로 가스 크로마토그라피/질량분석법에 의한 실험을 한 결과 메스암페타민 양성반응이 나왔다는 국립

40) 대법원 1999.6.11. 선고 98도3293 판결.

41) 이 판결에 대한 평석으로는 정원태, "모발감정결과만에 기한 향정신성의약품관리법위반죄의 기소와 공소사실의 특정 정도", 대법원판례해설 통권 제35호(2000), 960면 이하 참조.

과학수사연구소의 감정 결과만에 기초하여 위 정도 길이의 모발에서 메스암페타민이 검출된 경우 그 사용가능한 기간을 체포시로부터 역으로 추산한 다음 그 전 기간을 범행일시로 하고, 위 기간중의 피고인의 행적에 대하여도 별다른 조사를 하지 아니한 채 피고인의 주거지인 의왕시를 범행장소로 한" 위 공소사실이 특정되지 않았다고 판시한 사안.

③ 대법원 2001. 4. 27. 선고 2001도506 판결

"피고인이 2000년 1월경부터 같은 해 5월경까지 사이에 시흥시 이하 불상지에서 분량 불상의 메스암페타민을 불상의 방법으로 투약하였다"는 공소사실이 특정되지 않았다고 판시하여 이를 유죄로 인정한 원심을 파기한 사안.

④ 대법원 2002. 9. 27. 선고 2002도3194 판결

"피고인은 2000. 11. 2.경부터 2001. 7. 2.경까지 사이에 인천 이하 불상지에서 향정신성의약품인 메스암페타민 불상량을 불상의 방법으로 수 회 투약하였다"는 공소사실이 특정되지 않았다고 판시한 사안.

(3) 대법원 판례 흐름 검토

이상의 대법원 판례들을 보면 초기에는 피고인이 투약사실을 부인하는 경우 모발감정에 기한 공소사실의 특정을 다소 넓게 인정해 오다가 최근에는 이를 좁게 보고 있다. 2000년 이후의 대법원 판결 이유를 보면 그 이전 판례에서 개략적인 공소사실 특정의 가장 주된 이유가 되었던 "공소범죄의 특성"이라는 표현이 사라진 점에 비추어 이 글 첫머리에 본 공소사실 특정의 두 가지 기능(식별기능과 피고인의 방어권 행사 보장) 중에서 후자에 무게를 두고 있다고 보인다. 즉, 검사가 특정일의 투약행위로 기소하면서도 마약투약행위의 일시를 수개월 동안으로 기재한다면 피고인이 수개월 동안의 알리바이를 입증하는 방어권 행사에 상당한 지장이 있다는 점을 고려한 것이다.

2000년 이전의 마약투약사범의 공소사실 특정에 대한 대법원 판결들은 "증거에 의하여 공소사실을 특정하여야 한다"는 점에서는 법리적

으로 여전히 유효하지만,[42] 마약투약사범에 대한 공소사실을 다소 넓게 인정해 온 초기 대법원의 판례는 대법원 98도3293 판결에 의해 사실상 변경되었다고 할 수 있다.[43] 이를 반영하여 하급심 판결도 모발감정결과만에 의하여 마약투약사범에 대한 공소사실을 기재한 경우 그 공소사실이 특정되지 않았다고 보아 공소기각판결을 선고하고 있다.[44]

Ⅳ. 모발감정에 따른 공소사실의 특정

1. 모발감정의 연혁 및 원리

모발분석은 1954년부터 마약복용 여부를 판단하기 위한 테스트로 사용되기 시작하여 많은 과학자들이 그 분석기술을 개발하였다. Baumgartner 등이 1970년대에 방사성동위원소 면역검정절차(RIAH: radioimmunoassay of hair)를 개발하여 마약성분뿐만 아니라 마약 잔존량까지 분석하게 됨으로써 본격적으로 약물사용범죄에 모발감정이 이용되었다.[45] 우리나라는 1993년 말부터 국립과학수사연구소에서 메스암페타민에 대한 모발감정을 실시해 오고 있다.[46]

모발감정은 약물성분이 모발에 축적된다는 것을 전제로 한다.[47] 즉, 체내 흡수된 약물이 혈액 속으로 들어가는데, 혈액 속의 마약성분

42) 2000년 이후 범행일시를 일정 범위로 두고, 범행 장소를 피고인의 주거지, 범행 방법을 불상으로 기재한 마약투약사범의 공소사실에 대해 증거에 의해 특정가능하다는 이유로 공소사실이 특정되었다고 본 대법원 판결로는 2005.5.13. 선고 2005도1765 판결과 2003.6.27. 선고 2003도866 판결(각 공보 불게재)이 있다.

43) 정원태, 전게논문, 994면.

44) 서울중앙지방법원 2006.5.24. 선고 2005고단6978 판결(범행일시를 3개월로 기재한 사안); 2005.10.26. 선고 2005고단2314 판결(범행일시를 5개월로 기재한 사안); 2005.7.6. 선고 2005고단682 판결(범행일시를 2개월로 기재한 사안)(이상 3판결 모두 각 검사의 항소 및 상고기각으로 확정); 2005.5.18. 선고 2004고단8602 판결(범행일시를 1년으로 기재한 사안, 항소기각 확정)등 참조.

45) 박상열, "마약사용자의 모발분석과 그 증거법적 함의—미국의 경우", 비교형사법연구 4권 2호(2002.12), 405면.

46) 인문교, "모발에 의한 마약류 감정", 법조 44권 3호(1995.3), 208면.

47) 그렇지만, 마약이 모발에 흡수되는 메커니즘에 대해서는 몇 가지 이론은 있지만 아직 정확하게 밝혀진 것은 아니라고 한다. 상세한 것은 박상열, 전게논문, 409-411면 참조.

이 혈액순환작용으로 모세혈관(毛細血管)을 통해 체외로 나감이 없이 모발에 고정된 채로 남아 있게 되는 원리를 이용한다.[48] 모발감정은 감정대상 모발에 마약성분이 존재하면 그것이 특정 약품성분에 반응하는지를 방사성 동위원소 면역검정법 테스트를 통해 판별한다. 그 시험에서 양성반응이 나타나면 이를 다시 기체 크로마토그래피-질량분석(gas chromatography/mass spectrometry; 통상 "GC/MS"로 불림) 테스트를 통해 구체적인 마약성분 및 그 양을 결정한다(2단계 테스트).[49] 요감정에 의한 마약성분의 검출은 그 정확성에도 불구하고, 검출가능기간이 2~3일, 길어도 10일 정도에 지나지 않음에 반하여 모발감정에 의한 분석은 마약투약일부터 상당한 기간이 지나도 가능하고, 시료채취 과정의 절차적 문제점도 작다는 장점이 있다.[50] 그렇지만, 이 GC/MS 테스트는 정확한 분석이 가능한 반면 민감(sensitive)하여 외부 요인에 의해 잘못된 반응을 보이거나 개인의 건강상태 등에 따라 다른 결과를 보이는 것이 단점으로 지적된다.[51]

2. 모발감정의 증거능력 및 증거력

(1) 모발감정의 증거능력

모발감정을 통한 마약성분의 검출은 수사의 과학화에 따라 등장한 증거이다. 과학의 발달로 새로운 증거방법이 계속 등장하고 있지만 그 중에는 아직 실험적인 단계에 있는 것도 있어 그 과학적 원리와 방법의 정확성이 인정된 때에야 비로소 형사재판의 증거로 허용될 수 있을 것이다. 우리 대법원이 1979년, 과학적 증거의 하나인 거짓말탐지기의

48) 三井誠, "毛髮鑑定", 法學敎室 204號(1997. 9), 125면.

49) GC/MC 테스트는 화합물(mixture or compound)를 구성성분별로 분리하여 이를 비활성 튜브에 옮긴 후 그 물질의 화학구조, 분자질량 등에 대한 양적 및 질적인 정보를 제공하는 방법으로 Cremer가 1951년에 개발하였다. John T. Richter, Note, "State v. Schroeder: South Dakota Performs Legal Alchemy and Transmutes 'Use' into 'Possession' ", 50 S.D. L. Rev. 404, 417면.

50) 三井誠, 전게논문, 125면.

51) John T. Richter, 전게논문, 417면.

검사 결과에 대하여 이른바 '군산 P양조장 여고생변사사건'[52]에서 처음으로 거짓말탐지기 검사결과의 증거능력을 부인한 이래로 지금까지 일관되게 증거능력을 인정해 오지 않고 있는 것도[53] 거짓말탐지의 과학적 원리와 방법의 정확성의 요건이 충족되지 않았다고 보고 있기 때문이다. 이러한 견지에서 마약성분을 검출한 모발감정의 증거능력에 대해서 그 모발감정분석의 사용 초기에는 모발감정에 대한 신뢰성 여부가 검증될 때까지 모발감정 결과를 제한적으로 이용하는 것이 바람직하다는 신중한 접근이 이루어졌다.[54] 즉, 일반적으로 과학적 증거는 그 전제가 되는 전문적 지식이나 기술을 이해하는 것이 아니라 그 결과만을 중시할 위험이 있고, 그 전문적 기술 자체가 충분히 확립되었다고 할 수 없다는 점에서 신중한 접근을 할 필요가 있었기 때문이다.[55]

미국 연방식품의약청(FDA)도 1990. 5. 31. "약물남용 탐지를 위한 RIA 모발분석[RIA Analysis of Hair to Detect the Presence of Drugs of Abuse(CPG 7124.06)]"이라는 정책 안내책자를 발간하였다. FDA는 그 책자에서 RIA 분석법은 안전성과 효과에 대한 과학적 증거가 부족하다며 그러한 분석키트의 상용화 전에 승인을 받을 것을 요구하였다.[56] 이에 기해 FDA는 방사성 동위원소 면역검정법(RIAH)을 개발한

52) 대법원 1979. 5. 22. 79도547 판결(거짓말탐지기 검사결과를 유죄의 증거로 채택한 1심 및 원심을 파기한 사안).

53) 대법원 2005. 5. 26. 선고 2005도130 판결[공 2005. 7. 1.(229), 1088]; 대법원 1986. 11. 25. 선고 85도2208 판결 등 참조. 대법원은 위 각 판결에서 거짓말탐지기의 증거능력이 인정되기 위해서는 ① 거짓말을 하면 반드시 일정한 심리상태의 변동이 일어나고, ② 그 심리상태의 변동은 반드시 일정한 생리적 반응을 일으키며, ③ 그 생리적 반응에 의하여 피검사자의 말이 거짓인지 아닌지가 정확히 판정될 수 있는 등 세 가지 전제요건이 충족되어야 하고, ④ 특히 마지막 생리적 반응에 대한 거짓 여부 판정은 거짓말탐지기가 검사에 동의한 피검사자의 생리적 반응을 정확히 측정할 수 있는 장치이어야 하고, ⑤ 질문사항의 작성과 검사의 기술 및 방법이 합리적이어야 하며, ⑥ 검사자가 탐지기의 측정내용을 객관성 있고 정확하게 판독할 능력을 갖추어 그 정확성을 확보할 수 있어야 한다고 판시하였다.

54) 杉森研二, "毛髮鑑定の證據能力・證明力", 判例タイムズ 46巻 28號(95. 11), 27면.

55) 인문교, 전게논문, 216면.

56) David G. Evans, Drug Testing Law, Technology and Practice, 1 Drug Testing Law Tech.&Prac. §5:13 (Westlaw Database).

Baumgartner 등이 설립한 Psychemedics 사가 1995. 7. 어린이를 대상으로 한 마약탐지 패킷을 마케팅하자, FDA는 승인 없이 이를 판매할 경우 과태료를 부과하겠다고 경고하기도 하였다.[57] 그러나 FDA의 위 책자 발간 이후에 모발감정에 대한 약 88개의 논문이 관련 학술지에 게재되고, 각 분석기법에 대한 활발하고 충분한 논의가 이루어졌다. FDA는 이러한 과학적 발전에 기초하여 위 CPG 7124.06 정책 전체를 철회하였다.[58]

미국에서 마약분석을 위한 모발감정의 증거능력에 대해서는 과거 10여 년이 넘는 기간 동안 모발에서 마약성분을 탐지하고 이를 정량화하는 기술이 상당히 발전하였고, 이제 과학계에서는 모발분석을 통해 마약성분을 탐지할 수 있다는 것에 대해서는 이론이 없는 상태이다.[59]

우리나라에서 마약성분 검출을 위한 모발감정이 1993년 말경부터 시작되었음에도 대법원은 1994년 모발감정결과의 증거능력을 인정하였다.[60] 이는 이미 세계적으로 모발감정에 대한 과학적 원리와 정확성이 과학계에서 일반적으로 승인되었다는 것을 반영한 결과이지만 형사재판에 새롭게 등장한 과학적 증거에 대한 증거능력을 인정하는 최초의 판결이었다는 점을 고려하면 증거능력에 대한 언급이 있었더라면 하는 아쉬움이 있다. 미국에서도 1982년부터 코카인 사용 여부를 알아보기 위하여 모발감정이 증거로 채택되었는데, 뉴욕동부 연방지방법원이 1990년 보호관찰(probation) 취소를 위해 보호관찰대상자가 마약을 복용하였는지 문제된 사안에서 방사성 동위원소 면역검정법(RIAH)이 코카인 사용 여부를 알아보기 위한 분석과학 분야에서 그 허용성 및 신뢰성이 입증되었다는 이유로 코카인이 검출된 모발감정결과에 증거능력을 부여한 것을[61] 대표로 다양한 재판[62]에서 모발감정결과의 증거능

57) 박상열, 전게논문, 413면.

58) David G. Evans, 전게서 § 5:13.

59) 박상열, 전게논문, 408면.

60) 대법원 1994. 12. 9. 선고 94도1680 판결.

61) *U.S. v. Medina*, 749 F. Supp. 59, 31 Fed.R.Evid.Serv. 793 (E.D.N.Y. 1990).

62) *In re Adoption of Baby Boy L*, 596 N.Y.S.2d 997(Fam. Ct. 1993)(입양동의를 취

력을 인정하고 있다.

따라서 모발감정의 증거능력이 문제되는 것은 그 과학적 원리와 정확성보다는 감정절차와 관련된 것이라고 할 수 있다. 즉, 마약분석을 위한 모발감정이 그 과학적 원리와 정확성이 인정되었다 하더라도 공소사실에 대한 증거능력이 부여되기 위해서는 그 모발이 피고인의 것이라는 점이 전제되어야 한다. 대법원은 1996년, 살인사건의 유력한 증거로, 피고인의 집에서 발견된 테이프에 붙은 것이라고 수사기관이 주장하는 머리카락이 피해자의 그것과 동일하다는 국립과학수사연구소의 감정결과에 대해서 "국립과학수사연구소에 보내진 머리카락이 테이프에 붙어 있던 그 머리카락이었는지"에 대해 의문을 표시하며 이를 증거로 채택하여 유죄를 선고한 원심을 채증법칙 위반으로 파기하였다.[63] 대법원의 위 판시 사항은 마약성분 검출을 위한 모발감정에도 그대로 적용된다고 할 수 있다. 비영리 민간기구인 Hair Research Society도 1997년 최초의 국제적 합의에서 모발감정결과를 사용하기 위해서는 적절한 모발채취와 채취한 모발이 감정대상이 되었다는 점이 전제되어야 한다고 하였다.[64] 피고인이 모발의 동일성이나 모발감정의 구체적 과정에 대해 다툴 경우에는 유죄의 입증 책임이 검사에게 있는 이상 검사가 감정대상 모발이 피고인의 것이었다는 점과 그 모발에 대한 감정과정의 상당성 및 정확성을 입증하여야 하여야 한다. 이를 증명하기 위해서는 피고인으로부터 모발을 채취한 수사관, 이를 감정인에게 송부한 사람 및 감정인이 이를 받아 검사하였다는 각 연결고리(chain of custody)를 입증하면 될 것이다. 예를 들면, 모발을 채취한 수사관은 이에 고유식별번호를 붙여 감정의뢰를 보내고, 감정인은 모발에 대한 감정결과를 식별번호로 특정하여 제출하여 양자의 동일성을 확인하는 방

소한 생부의 마약복용여부가 쟁점인 사안); U.S. v. Bush, 44 M.J. 646 (A.F.C.C.A. 1996)(FBI가 실시한 모발감정결과를 증거로 인정한 군사재판 항소심 사안).

63) 대법원 1996. 7. 26. 선고 96도1144 판결.

64) David G. Evans, 전게서 § 5:13.

법으로 입증할 수 있다. 모발의 채취,[65] 감정의뢰 및 감정대상 모발이 일치한다는 점이 입증된 이상 감정의뢰를 하는 과정에서 피고인의 모발과 다른 사람의 모발이 바뀔 수 있거나 감정과정에서 모발이 바뀔 수 있다는 막연한 가능성만으로는 증거능력 인정을 막을 수는 없다.[66] 대법원이 94도1680 판결에서 모발감정결과의 증명력에 대하여 판시하면서 "실험물인 모발이 바뀌었다거나, 착오나 오류가 있었다는 등의 구체적인 사정이 없을 것"을 그 전제로 하고 있는 것도 감정대상 모발이 피고인으로부터 채취한 것이라는 점이 인정되어야 증거능력을 가진다는 뜻으로 해석하여야 한다.

(2) 모발감정의 증명력

대법원 94도1680 판결은 모발감정의 증명력과 관련하여 모발감정결과 메스암페타민이 검출되었다면 "실험물인 모발이 바뀌었다거나, 착오나 오류가 있었다는 등의 구체적인 사정이 없는 한, 피고인으로부터 채취한 모발에서 메스암페타민 성분이 검출되었다고 인정하여야 하고, 따라서 논리와 경험의 법칙상 피고인은 감정의 대상이 된 모발을 채취하기 이전 언젠가에 메스암페타민을 투약한 사실이 있다고 인정하여야 할 것이다"고 모발감정의 증명력에 대하여 최초로 판시하였다.

그렇지만, 마약성분 검출을 위한 모발감정은 인체실험이 불가능하므로, ① 어느 정도의 약물섭취가 있어야 검출되는지(즉, 1회의 사용으로도 검출되는지), ② 약물농도나 약물분포에 땀 등 외부오염에 영향은 어떠한지 등 약물과 모발에 관계에 대해 해명되지 않은 부분이 많기 때문에 이처럼 모발감정은 신용성에 일정한 한계를 가지고 있다.[67] 일

65) 우리의 수사실무상 보통 피의자의 동의 하에 그로부터 모발을 채취한다. 모발 채취에 압수·수색영장이 있어야 되는지에 대해서는 이 글의 연구범위를 벗어나므로 자세한 고찰은 하지 않는다. 다만, 미 연방 제3항소법원은 상사가 마약복용테스트를 위해 부하 순찰대원의 머리카락을 자르게 한 것과 관련하여 피부 속에 있는 모근을 해치지 않고 외부로 드러난 머리카락을 자르는 것은 수정 헌법 제4조상의 수색(search)에 해당되지 않는다고 판시한 사례가 있다. *Coddington v. Evanko*, 112 Fed. Appx. 835 (3rd Cir. 1982).

66) 대법원 1994. 12. 9. 선고 94도1680 판결.

67) 三井誠, 전게논문, 126면.

본에서도 모발감정은 구체적인 투약행위나 개개 투약행위의 특정에 사용되는 것이 아니라 상습성이 문제되는 경우 피고인의 투약경력을 증명하기 위해 사용되고, 검찰실무도 피의자의 투약 진술을 얻을 수 없고, 구체적인 사용행위를 입증할 증거도 없는 경우에는 기소를 하지 않는다고 한다.[68] 일본 실무상 모발감정은 요감정결과의 보강 또는 탄핵증거 및 정황증거로 주로 사용된다.[69]

마약성분이 검출된 모발감정결과는 피고인의 체내에 마약성분이 존재한다는 사실만에 대한 직접적인 증명력을 가질 뿐 투약 시기나 마약투약죄의 경우에도 필요한 투약행위에 대한 고의라는 증명대상에 대해서는 증거력이 있는지는 별개의 문제라고 본다. 대법원 판례도 마약투약일시를 일정한 범위로 기재한 공소사실을 특정한 것이라고 보면서도 증거에 의하여 마약을 투약한 사실이 있는지를 심리하여야 한다고 판시하고 있다.[70] 모발감정결과의 증명력을 제한적으로 해석하여 피고인의 모발에서 마약성분이 검출되었다는 사실만으로 피고인이 마약을 투약했다고 단정짓기 어렵다는 이유로 무죄를 선고한 하급심[71]도 있다.

3. 모발감정 결과에 따른 마약투약사범의 공소사실 특정 문제

마약투약사범에 대한 공소사실 특정이 문제되는 것은 피고인이 투약행위를 부인하고, 그 소변검사 결과 마약음성반응이 나왔는데 나중에 모발감정결과 마약성분이 검출되었을 경우에 문제가 된다. 모발감정 결과만을 가지고 마약투약사범의 공소사실을 특정하는 경우에는 투약일시를 모발감정결과에 기초하여 마약성분이 검출 가능한 기간으로 일정한 범위를 잡을 수밖에 없게 되고 투약횟수도 특정할 수 없게 된다. 이

68) 金山薰, 전게논문, 345, 346면.

69) 東京地裁 平成 4.11.30. 判決 判時 1452號 51면(요감정 결과가 다투어지자 모발감정이 보강증거로 사용된 사안), 千葉地裁 平成 6.5.11. 判タ 855號 294면(피고인의 정범성에 대한 정황증거로 모발감정이 사용된 사안).

70) 대법원 2005.5.13. 선고 2005도1765 판결.

71) 서울중앙지방법원 2006.10.19. 선고 2006노1929 판결(1심도 무죄를 선고하였음, 대법원 2007.1.25. 선고 2006도7817 상고기각판결).

러한 공소사실 특정이 법원의 심판범위의 특정 및 피고인의 방어권 보장과 관련하여 어떤 문제점이 있는지 살펴본다.

(1) 법원의 심판범위와 관련된 문제점

마약투약행위는 그 행위마다 별개의 죄가 성립하는 경합범이다. 모발 전체에서 마약성분이 검출되었다면 피고인의 여러 차례에 걸쳐서 마약을 투약했을 가능성이 크기 때문에 검사가 공소사실에 투약횟수도 기재하지 아니한 채 일정한 범위의 기간을 범죄일시로 지정한 경우에는 법원은 피고인의 어떤 행위를 심판의 대상으로 삼아야 하는가의 문제가 발생한다.

이에 대하여 ① 일정 기간 내에 적어도 1회의 투약행위에 대한 기소라는 최저일회설, ② 최종 투약행위에 대한 기소라는 최종일회설, ③ 특정 기간 내에 1회의 투약행위에 대한 기소라는 단순일회설이 일본에서 논의되었다.[72] 일본 실무에서는 최종일회설의 견지에서 공판에서 법원의 석명권 행사로 일정 기간 내의 최후 투약행위에 대한 기소로 공소사실을 특정하고 있다. 어떤 견해를 취하는지에 따라 일사부재리의 효력이 다르게 나타나는데, 최저일회설의 경우에는 추후 복수의 사용행위가 밝혀지더라도 일사부재리의 효력이 미침에 반하여 나머지 경우에는 별도로 처벌할 수 있게 된다.

그런데 위와 같은 논의도 요감정에 기초하여 며칠 동안이라는 짧은 기간만을 범죄일시로 기재한 공소사실의 특정 여부에 관한 것으로[73] 이를 몇 달이라는 장기간으로 정해지는 모발감정에 기초한 마약투약행위의 범죄일시 특정에도 그대로 적용할 수 있는지에 대해서는 의문이다. 즉, 모발감정의 원리에 비추어 보면 소변검사에서 마약성분이 검출되지 않고 모발감정에서만 마약성분이 검출된 경우 검출된 부분과 검출량[74]에 비추어 통상 계속적인 체내 마약투입이 있었다고 추

72) 자세한 논의 및 검토는 金山薫, 전게논문, 347-354면 참조.

73) 정원태, 전게논문, 990-991면.

74) 가스 크라마토그래피/질량 분석 방법은 나노그램 단위로 마약성분을 측정할 수 있다고 한다.

정되는 사안에서 상당한 기간을 범행일시로 특정하면서도 투약횟수를 기재하지 않는다면 법원이 어떤 투약행위에 대해 심판하였는지에 대해서 특정하기 어렵다고 볼 것이다.[75] 특히, 감정대상 모발 전체에서 마약성분이 검출되었다고 하더라도 모발성장속도에 의해 추산되는 전 기간을 범행일시로 한 것은 단순히 피고인의 방어권 보장 측면에서뿐만 아니라 법원의 그 기간 중 어떤 투약행위를 심판의 대상으로 하는지가 불명확하기 때문에 공소사실의 특정을 엄격하게 인정하여야 한다.

(2) 피고인의 방어권 보장과 관련된 문제점

범죄의 특성상 공소사실의 개괄적인 표시가 불가피하더라도 피고인의 방어권 행사에 지장이 없을 것을 그 한계로 하여야 한다. 요검사에 따른 투약행위의 일시는 불과 며칠임에 반하여 모발감정결과에 의한 투약행위 일시는 몇 개월 동안으로 기재한다. 이는 모발에서 검출되는 마약성분의 양에 의한 것이 아니라 모발의 성장속도에 근거한 것으로 1회 투약한 마약이 체외로 배출되는 기간을 고려한 요감정결과에 의한 투약일시의 특정과 근본적인 차이가 발생한다.

요검사결과에 의해 통상 며칠간으로 지정되는 투약행위의 일시는 1회 투약을 전제로 피고인의 방어권 행사에 큰 지장이 있다고 할 수 없다. 그러나 수개월 동안으로 지정되는 경우에는 공소 제기된 범죄사실이 몇 회인지도 불분명할뿐더러 그 기간 동안 전체에 대해 피고인이 방어권을 행사하는 데에는 상당한 지장이 있음을 부인할 수 없다.

마약투약범죄의 특성상 피고인이 자신의 투약 여부를 잘 알고 있으므로 공소사실을 방어하는 데 큰 지장이 없다는 지적도 있을 수 있다. 그러나 공소사실은 법정에서 증거에 의하여 합리적 의심이 없을 정도로 입증이 되어야 하고, 그 입증책임은 검사에게 있다. 모발감정을 공소사실의 유일한 증거로 할 경우에는 피고인의 마약투약행위를 입증하는 형사재판은 모발감정결과의 증거능력 인정 여부만을 인정할 것인

75) 정원태, 전게논문, 991면.

지에 대한 재판이 되고, 피고인이 모발감정결과의 증거능력이나 증명력을 탄핵하는 데 한계가 있다는 점에서 사실상 수사기관 감정인에 의한 감정재판(鑑定裁判)이 될 우려가 있다. 결국 모발감정결과에 의해 마약투약행위의 공소사실의 일시를 수개월로, 일정한 기간을 두어 지정하는 것을 폭넓게 허용하게 되면 이는 국가형벌권의 행사와 피고인의 방어권 행사의 적정한 균형을 깨뜨리는 결과가 된다.

Ⅴ. 공소사실 불특정시의 처리

1. 공소사실 불특정의 추완 가능 여부

공소사실이 특정되지 않은 경우에 검사가 사후보정을 통해 이를 추완할 수 있는지가 문제된다. 먼저 추완부정설은 공소사실의 특정은 공소제기의 유효조건에 속하므로 일반적인 소송조건들과 마찬가지로 공소제기의 시점을 기준으로 결정하여야 하기 때문에 공소사실이 특정되지 아니한 경우에는 공소제기의 절차가 법률에 위반하여 무효인 때에 해당하므로 검사가 사후에 공소장을 보정하는 방법으로 이를 추완할 수 없다고 한다.[76] 과거 일본의 하급심판례도 '소인'의 특정은 절대적인 것이고, 그것이 특정되지 아니한 경우에는 무효로서 추완으로 유효하게 될 수 없다는 입장을 취하였다.[77]

그렇지만 대다수 학설과 대법원 판례는 공소사실의 불특정 정도에 따라 공소장변경을 통한 사후보완이 가능하다고 본다(예외적 인정설). 즉, 공소사실이 처음부터 특정되지 아니한 경우에는 추완부정설의 논거와 같이 추완을 인정할 수 없다고 본다. 다만, 공소사실로서 구체적인 범죄구성요건사실이 표시되어 있지만 그 특정된 내용이 부분적으로 불명확한 경우에는 피고인 보호와 소송경제의 요청을 조화하기 위하여 예외적으로 추완을 인정할 수 있다고 본다.[78]

76) 이은모, "약물사용죄와 공소사실의 특정", 형사판례연구 8권(2000), 393, 394면.
77) 차용석/백형구 대표편집, 주석 형사소송법(Ⅱ), 한국사법행정학회(1998), 418면.
78) 신동운, 형사소송법(제 3 판), 법문사(2005), 335면; 배종대/이상돈 공저, 형사소송법(제16판), 376면; 임동규, 형사소송법(제 4 판), 법문사(2006), 288면.

공소사실을 특정하기 위해서는 공소장 변경이 아닌 공소장 보정의 방법으로 한다. 공소장 변경은 특정된 공소사실을 그 동일성을 해치지 않는 범위 내에서 이를 변경하는 절차이기 때문이다.[79] 대법원 판례도 공소사실 일시의 변경은 공소사실 특정을 위한 것으로 범죄사실의 기본적인 구성요소가 아님을 들어 원칙적으로 공소장 변경을 요하지 않는다고 판시하였다.[80] 공소장 보정은 불명확한 공소사실을 명확하게 하는 것으로 법원의 석명권 행사에 대하여 검사가 보정하거나 또는 검사 스스로 하는 것이므로 공소장 변경과 같이 법원의 허가를 필요로 하는 것은 아니다. 다만, 심판의 대상을 명확하게 하고, 피고인의 방어권 행사를 위하여 보정된 공소장을 법원에 서면제출하고, 그 부본을 피고인에게 송달 또는 교부함이 상당하다.[81]

2. 공소사실 특정을 위한 법원의 석명권 행사 또는 공소장 변경 요구

형사소송규칙 제141조는 "재판장은 소송관계를 명료하게 하기 위하여 … 사실상과 법률상의 사항에 관하여 석명을 구하거나 입증을 촉구할 수 있다"고 하여 석명권 행사를 재량적으로 행사할 수 있는 것처럼 규정하고 있다. 그렇지만 대법원은 "인건비 금 3,000,000원을 지급받기로 하고 닭 사육을 위탁받아 약 14,000수의 닭을 사육하고 있던 피해자에게, 사실은 피해자로부터 위 사육한 닭을 인도받더라도 위 인건비를 지불할 의사가 전혀 없음에도 불구하고, '위 닭을 피고인에게 넘겨주면 매도한 후 인건비와 병아리 대금을 책임지고 지불할 테니 닭을 넘겨 달라'고 거짓말하여, 이에 속은 피해자로부터 위 사육한 닭 약 14,000수, 시가 금 7,700,000원 상당을 인도받아 위 인건비 금 3,000,000

79) 金山薰, 전게논문, 354면.

80) 대법원 1982. 12. 28. 선고 82도2156 판결. 다만, 범죄의 시일이 그 간격이 길고 범죄의 성부에 중대한 관계가 있는 경우에는 피고인의 방어에 실질적 불이익을 가져다 줄 염려가 있으므로 이러한 경우에는 공소장변경의 절차를 밟아야 한다.

81) 신동운, 전게서, 335면.

원을 편취하였다"라는 공소사실에 대하여 "피고인이 피해자로부터 닭 약 14,000수, 시가 금 7,700,000원 상당을 편취하였다는 것인지, 아니면 인건비 금 3,000,000원을 편취하였다는 것인지를 명백히 하여 이를 특정한 다음 이에 따라 사기죄의 성립 여부를 따져보아야 할 것임에도 불구하고" 불명확한 공소사실을 그대로 유죄로 인정한 것은 위와 같은 석명을 다하지 못하여 심리미진의 위법이 있다고 판시한 바 있다.[82] 대법원의 위 판시에 따르면 공소사실 기재 자체로 모순되거나 불명확한 부분이 있음에도 법원이 석명권을 행사하여 이를 보정하지 않으면 심리미진의 위법이 있다고 볼 여지가 크다.

한편, 법 제298조 제 2 항은 "법원은 심리의 경과에 비추어 상당하다고 인정하는 때에는 공소사실 또는 적용법조의 추가 또는 변경을 요구하여야 한다"고 규정하여 일응 법원에게 공소사실 변경요구의무가 있는 것처럼 보인다. 그러나 우리 대법원은 수개의 사기죄 공소사실에서 각 사기죄별로 피해액과 피해자를 특정하여야 함에도 "피해자별로 각각의 편취 범행에 따른 피해액을 기재한 것이 아니라 지역별로 피해액의 합계액만 기재하고 피해자의 숫자조차 특정되지 아니한 것은 피해자나 그 피해액을 알 수 없어 공소사실이 특정되었다고 볼 수 없다는 이유"로 공소를 기각한 원심 판결에 위법이 없다고 판시하였다.[83] 대법원은 위 판결을 비롯하여 "법원이 검사에게 공소장의 변경을 요구할 것인지의 여부는 법원의 재량에 속하는 것이므로 법원이 검사에게 공소장의 변경을 요구하지 아니하였다고 하여 위법이라고 할 수는 없다"고 일관되게 판시하고 있다.[84] 법원이 "상당하다고 인정하는 때"에 공소장 변경의 요구를 하라는 것이므로 어떤 것을 상당하다고 인정할지는 법원의 재량에 맡겨지기 때문이다.

법원의 석명권 행사와 공소장 변경 요구에 대한 대법원의 판례들

82) 대법원 1996. 3. 26. 선고 95도2025 판결.
83) 대법원 2004. 7. 22. 선고 2004도2390 판결.
84) 同旨: 대법원 1996. 7. 26. 선고 96도1144 판결; 1999. 12. 24. 선고 99도3003 판결; 2004. 4. 27. 선고 2003도6569 판결 등 참조.

을 종합하면, 공소사실의 불특정의 정도에 따라 법원이 취해야 할 조치가 달라진다고 할 수 있다.[85] 즉, 공소사실이 특정되지 아니하였을지라도 그 정도가 불명확한 기재 또는 부분적으로 특정되지 않은 정도에 그쳐 법원이 심리과정에서 제반 증거에 의해 이를 명확하게 하거나 특정할 수 있는 경우에는 석명권을 행사하여 이를 바로잡을 수 있고, 석명권 행사를 하지 않는다면 심리미진의 위법이 있다. 그렇지만 공소사실이 특정되지 아니한 정도가 심리과정에서도 보정할 수 없는 상태라면 공소사실 특정을 위한 추완이 허용되지 않으며 석명권을 행사하지 않거나 공소장 변경을 요구하지 않은 것에 아무런 심리미진의 위법이 없다.

3. 연구대상판결 공소사실의 추완 가능 여부

"2004. 11. 14.경부터 2005. 2. 4.경까지 사이에 군산시 이하 불상지에서 향정신성의약품인 메스암페타민(속칭 '필로폰') 약 0.05g 내지 0.1g을 1회용 주사기에 넣고 생수에 희석한 뒤 왼쪽 팔뚝에 주사하거나 맥주 등 음료에 타서 마시는 방법으로 투약하였다"는 연구대상판결의 공소사실의 특정 정도 및 추완 여부를 살펴본다.

공소사실은 검사가 제출한 증거에 의하여 특정할 수 있는 것이라는 견지에서 범죄일시는 마약감정결과를 바탕으로 마약성분이 모발에서 검출될 수 있는 기간을 역산하여 일정 범위의 기간을 기재한 것이므로 이는 증거에 의해서 특정되었다고 볼 여지는 있다. 그렇지만 공소사실의 특정은 공소사실의 다른 범죄사실과의 구별 및 피고인의 방어권 행사를 보장하려는 데 그 의의가 있다는 점을 고려하면 모발감정결과만으로 범행일시를 2개월 20일이라는 상당히 장기간으로 지정한 것은 피고인의 방어권 행사에 상당한 지장을 주는 것이어서 이를 특정되었다고 보기 어렵다. 한편, 위 마약감정결과가 위 공소사실의 범죄 장소와 방법의 특정을 위한 증거로는 될 수 없고, 대법원 94도1680 판결

85) 이은모, 전게논문, 393면.

내용과 같이 피고인의 팔에 주사자국이 나있다는 점에 대해서나 피고인이 3개월 동안의 행적을 입증할 만한 증거가 없는 상태에서 피고인의 주거지나 일반적인 마약투약방법만을 기재한 것은 범죄 장소 및 방법에 대한 특정이 되어 있다고 볼 수 없다. 따라서 위 공소사실은 검사가 제출한 모든 증거에 의해서나 공소사실 특정 요소를 종합해 보더라도 공소사실이 특정되었다고 보기 어려워 법원의 석명권 행사를 명확하게 될 사안이 아니라고 보이므로 공소장 보정에 의하여 이를 추완할 수 없다고 생각한다.

Ⅵ. 결론—연구대상판결의 의의

피고인이 모발감정결과의 증거능력을 탄핵하는 데 한계가 있으므로 그 증거능력 여부에 대해 다투어지는 경우에는 검사가, 모발감정이 피고인의 모발에 대해 행해졌다는 점을 명확히 밝혀야 한다. 한편, 모발감정이 가지는 여러 가지 한계—즉 실제 마약투약량과 검출된 마약대사물량의 상관관계가 밝혀지지 않고, 마약성분 검출량에 따른 투약시기를 특정할 수 없는 점 등—로 인해 다른 증거 없이 단순히 모발감정결과만을 기초로 공소사실을 기재하는 경우에는 피고인의 방어권 행사 보장의 측면에서 이를 특정되었다고 보기 어렵다. 검사가 공소사실을 합리적 의심이 없을 정도로 입증하여야 하므로 마약투약범죄가 입증이 어렵다는 것만으로는 모발감정결과만에 기초하여 공소사실의 특정 정도를 완화할 수 있는 이유가 되기에 부족하다고 생각한다.

연구대상판결은 2000년 이후 모발감정결과에 기하여 마약투약행위의 공소사실의 기재를 특정되지 않았다고 보는 대법원의 견해를 다시 한 번 확인해 주고 있다. 더 나아가 외견상 공소사실이 특정된 것으로 보이더라도 그것이 모발감정결과를 기초로 투약가능 기간을 범죄일시로 하고, 마약복용자들의 통상적으로 사용하는 투약방법이나 투약량을 기재하는 것은 추측에 의한 공소사실의 기재에 불과한 것으로 투약방법과 투약량을 사실상 기재하지 아니한 것과 동일시하였다. 이로써 연구대상판결은 모발감정결과에 기초한 마약투약사범에 대한 공소사실의 특정을 엄격히 봄으로써 공판중심주의의 전제가 되는 당사자주의에 입각하여 피고인의 방어권 행사를 더 보장한 데 의의가 있다.

대법원의 94도1680 판결 이후 모발감정에 의한 마약투약사범에 대한 공소사실 특정에 관한 심도 있는 연구들이 있었다. 이 글은 깊은 연구보다는 그와 관련된 문제점을 다시 한 번 점검하고, 위 대법원 판결 이후 10여 년 동안 나타난 판례들을 중심으로, 마약투약사범에 대한 공소사실 특정 여부에 대한 대법원 판단의 흐름을 정리한 것에 그친 것이다. 대법원은 기소 당시 증거에 의해 공소사실을 특정할 수 있는 여지를 여전히 남겨 두고 있으므로 향후 마약투약범죄와 관련한 모발감정의 증거능력이나 증명력에 대해서는 활발한 논의를 기대해 본다.

[주 제 어]

공소사실특정, 마약투약사범, 모발감정, 증거능력, 공소기각

[Key words]

admissibility of evidence, count specification, dismissal, drug abuse, hair analysis

[Abstract]

Count Specification on Drug Abuse Crime

Nam, Sung-Min*

Counts in the prosecution should be specified by crime time, place and method. It is required not only for defendants to protect their procedural rights but also for courts to limit the scope of the trials. Moreover, count specification is helpful for prosecutors to prove that defendants are guilty.

Drug abuse is usually committed secretly at a private place. It has few evidences, in case a suspect denies his/her drug abuse charge. About a decade ago, the Supreme Court of Korea tended to rule that the defendant charged for drug abuse was guilty with only hair analysis that revealed a drug component at the dependant's hair. However the Court has dismissed the drug abuse case that had hair analysis as single evidence since 2000. The Court's 2005Do7465 decision delivered Dec. 9, 2005 confirmed the recent Court's holdings that the drug abuse count based only on hair analysis didn't meet the requirement of count specification.

This article reviews most Court's decisions related to count specification, examines hair analysis and focuses on the drug abuse indictment mainly based on hair analysis. I totally agree with the recent Court's view for following reasons. First, although hair analysis is admissible, it has still limitations as evidence; it doesn't prove when or how the dependant consumed drugs. In addition, it doesn't show the correlation between used drug

* Judge, Seoul Central District Court.

amount and detected drug amount. Second, when a dependant denies hair analysis, a prosecutor is responsible for showing the custody of chains in the hair analysis. Third, considering the function of the count specification—protecting dependants' procedural rights—the drug abuse count relied only on the hair analysis is deemed not specified.

위법수집 증거물의 증거능력

안 성 수*

[대상판결] 대법원 1994. 2. 8. 선고 93도3318 판결

Ⅰ. 사실관계

피고인은 미국 영주권 소지자로서 미국 하와이주 호놀룰루시 카피올라니 블루버드 807의 1441 알라모아나 빌딩에서 톱 인터내셔날 상사 상호로 관광비디오 촬영 점포를 운영하는 자인바,

피고인은

(1) 공소외 성명불상(호놀룰루시 거주 한국교포, 미국명; dean)과 공동하여,

가. 1993. 4. 중순 일자 불상경 호놀룰루시 카피올라니 블루버드 소재 '이화정' 한국식당 뒤편 주차장에서 제임스 김의 주도하에 대만으로부터 공급된 히로뽕 1킬로그램을 이승철로부터 미화 현찰 9만 5천불에 외상 매입하고, 그 후 같은 시 노스베레타니아 스트리트 60 호놀롤루 타워(아) 2907호에 있는 자신의 아파트에서 1온스(28.3495그램)짜리로 35개 가량을 만들어 그 무렵 5개 정도는 판매용 샘플로 소비하고, 나머지 30개를 같은 시에 거주하는 현지 하와이인들을 상대로 1개당 4,000불씩에 총 12만불에 판매하고 그 12만불 중 9만 5천불을 위 외상 매입시로부터 1주일 후인 같은 달 하순 일자 불상경 같은 시 와이키키내 마하라자 디스코클럽에서 이승철을 만나 그 대금조로 건네주고, 나머지 2만 5천불 중 경비로 나간 5천불을 제한 2만불을 위 성명불상과 각 1만불씩 나누어 갖고,

나. 같은 해 5. 중순 일자 불상경 같은 시 와이키키내 쿠이오스트리트 소재 미라마 호텔 주차장에서, 이승철로부터 제임스 김 주도하에 대만으로부터 공급된 히로뽕 1킬로그램을 위와 같이 미화 9만 5천불에 외상 매입하고, 그

---

* 인천지방검찰청 검사.

후 위와 같은 방법으로 판매하여 미화 현찰 12만불을 만든 후, 위 외상 매입시로부터 1주일 후인 같은 달 하순일자 불상경 위 마하라자 디스코클럽에서 위 이승철을 만나 그 중 9만 5천불을 그 대금조로 건네주고, 나머지 2만 5천불은 위와 같은 방법으로 처분하고,

다. 같은 달 6. 중순 일자 불상경 위 미라마 호텔 주차장에서 위 이승철로부터 위 1의 라(1)항과 같이 위 제임스 김 주도하에 대만으로부터 공급된 히로뽕 1킬로그램을 위와 같이 미화 현찰 9만 5천불에 외상 매입하고, 그 후 위와 같은 방법으로 판매하여 미화현찰 12만불을 만든 후, 위 외상 매입시로부터 1주일 후인 같은 달 하순 일자 불상경 위 마하라자 디스코클럽에서 위 이승철을 만나 그 중 9만 5천불을 그 대금조로 건네주고, 나머지 2만 5천불은 위와 같은 방법으로 처분하고,

(2) 향정신성의약품 취급자가 아님에도 1993. 3. 12. 호놀룰루시 카피올라니 블루버드 725 임페리얼라자(아) 2401호 피고인의 주거지내 자신의 사무실로 쓰는 방안의 책장위 깡통안에 향정신성의약품인 히로뽕 170그램을 보관·소지하고, 코케인 10그램을 보관·소지하고,

(3) 1992. 10. 7. 10:30경 미국 하와이주 호놀룰루를 대한항공 051편으로 출발하여 같은 달 8. 16:30경 김포 국제공항에 입국하면서 향정신성의약품인 히로뽕 액체 약 13씨씨(히로뽕 고체 완제품으로는 약 2그램)를 안약병에 넣고 안약인 것처럼 위장하여 소지한 채 김포공항 세관 검색대를 통관하여 이를 밀수입하고,

(4) 같은 달 9. 17:00경 서울 용산구 동부이촌동 한강외인아파트 피동 301호 소재 위 제임스 김의 집에서, 위와 같이 밀수입한 액체 중 히로뽕 0.5씨씨를 은박지 위에 올려놓고 라이터 불로 밑부분을 가열하여 약 0.03그램을 고체상태로 만든 후 계속 라이터불로 가열하여 그 히로뽕이 타면서 나오는 연기를 각 번갈아가며 흡입하여 이를 투약한 것이다.[1)]

Ⅱ 소송의 경과

1. 제 1 심 법원

1심법원은 피고인에게 유죄를 인정하여 징역 10년을 선고하였다. 그리고 피고인으로부터 메스암페타민 결정체 170그램(증 제34호), 코케

1) 피고인에 대하여서는 이 이외에 이와 같은 종류의 범죄사실이 더 많으나, 같은 종류로서 굳이 나열할 필요는 없고, 지면 관계상 전부 열거할 실익도 없다고 판단하여 기재를 생략하였다.

인 10그램(증 제35호), 1회용 주사기 2개(증 제36호; 이상 93압제1532호의 각 압수물들), 대마초 0.5그램(증 제1호), 사용한 주사기 각 2개(증 제2, 3호), 사용하지 않은 주사기 11개(증 제4호), 고무줄 1개(증 제5호), 증류수 9개(증 제6호), 1회용 알콜 부착포 9개(증 제7호), 테스트 킷 2개(증 제8호), 메스암페타민 2.25그램(증 제11호), 반포화 메스암페타민 0.5그램 및 유리, 플라스틱 용기 각 1개(증 제12호), 메스암페타민 0.82 그램 및 용기(증 제13호), 메스암페타민 보관기 1개(증 제20호), 링게르수액 주사세트 4개(증 제21호; 이상 93압제1411호 압수물)를 몰수하였다. 피고인은 양형이 과중하다는 주장과 함께 검찰에서의 자백이 고문 또는 회유에 의한 자백으로 증거능력이 없다고 주장하는 한편, 이 사건 수사는 함정수사에 의한 것이라고 하면서 항소하였다.

2. 2심법원

2심법원은 피고인의 허위자백 항변 및 함정수사 항변을 인정하지 않았고, 다만 피고인이 초범이라는 점을 감안하여 징역 7년을 선고했다. 이에 대하여 피고인은 대법원에 상고하였다. 피고인은 검찰에서의 진술이 임의성이 없는 것이라는 취지로 상고했다.

3. 대 법 원

대법원은 피고인의 상고를 기각했다. 대법원은 이유에서 먼저 "영장주의에 위반하여 압수한 증거물의 증거능력에 관하여는 압수절차가 위법이라고 하더라도 물건 자체의 성질, 형상에 변경을 가져오는 것은 아니므로 그 형상 등에 관한 증거가치에는 변함이 없다고 할 것이다"라고 설시했다.

그리고 원심이 제1심판결이 들고 있는 증거를 종합하여 피고인이 향정신성의약품인 메스암페타민(히로뽕)을 매입, 판매, 교부, 수수, 소지, 투약하고 마약인 코케인을 보관, 소지한 사실을 인정하고 있는 것을 정당하다고 보고 사실인정을 함에 있어 증거로 채택한 압수물인 메스암페타민 결정체 170g(증 제34호)과 코케인 10g(증 제35호)이 조작된 것이라거나 피고인의 검찰에서의 진술이 임의성이 없다고 의심할 만한 사유가 있다고 인정할 수 없으며, 또 거기에 소론과 같이 보강증거 없이 피고인의 자백만으로 위 범죄사실을 유죄로 인정한 위법이 있다 할 수 없다고 판결했다.

[참고판례 1] 대법원 1977. 4. 26. 선고 77도210 판결

[사실관계]

피고인 1, 2는 공모하여, 1976. 2. 28. 새벽 1시경 같은 동리에 있는 자동차 부속품공장 공장장인 피해자 1의 집에서 위 피해자 1과 그 처와 장녀 피해자 2, 차녀 피해자 3의 머리를 각 망치(증 8호)로 쳐서 살해하고, 4세된 그 장남 피해자 4의 배와 목을 눌러 살해한 후 위 범행을 은폐하기 위하여 동가에 방화하여 소훼하였다.

[재판경과]

1심 및 항소심은 1. 검사작성의 피고인등에 대한 각 피의자 신문조서(피고인 1에 대한 1회 신문조서 제외) 2. 국립과학수사연구소의 감정서 의뢰 기재 3. 압수된 망치(증 8호) 4. 의복(증 9, 10호) 5. 그 외 1심판결 이유에 적시된 증거자료 등에 의하여 유죄를 선고하였다.

대법원은 "피고인이 수사기관에서 한 자백이 고문에 의한 허위자백이라는 주장을 가볍게 신빙력 있는 것으로 보기 어려우나 피고인이 범행을 한 뚜렷한 동기가 없고 범인이라는 혐의를 받을 수사의 단서도 없으며 피고인의 자백진술이 객관적 합리성이 결여되고 범행현장과 객관적 상황과 중요한 부분이 부합되지 않는 등의 특별 사정이 있는 경우 피고인이 수사기관에서 자백하게 된 연유가 피고인의 주장대로 고문이 아니라 할지라도 다소의 폭행 또는 기타의 방법으로 자백을 강요하여 임의로 진술한 것이 아니라고 의심할 사유가 있다 할 것이다"라고 판시하면서 유죄증거로 설시되었던 피해자의 혈흔이 묻은 압수된 망치(증 제8호)와 국방색 작업복, 야전잠바(증 9, 10호)를 유죄의 증거로 할 수 없다고 하는 이유로 "임의성 없는 자백을 기초로 하여 획득한 증거물의 증거능력이 없으나 증거능력이 설사 있다고 하더라도 다음과 같은 사유에 의하여 증명력이 없어 증거로 할 수 없다"는 취지의 판시를 한 바 있다.

[참고판례 2] 대법원 1997. 9. 30. 선고 97도1230 판결

[사실관계]

피고인은 간통죄로 기소되었는데, 증거물로 피고인의 나체사진이 제출되었다. 나체사진은 상간자가 촬영하여 고소인인 상간자의 처가 경찰서에 낸 것이었다. 나체사진은 피고인이 누드배우와 같은 자세를 취하고 있거나, 알몸으로 침대 위에 누워 두 다리를 벌리고 음부를 드러내는 등 간통사실 입증에 유력한 증거였다.

[재판경과]

1심은 사진 등을 증거로 유죄를 인정하고, 피고인에게 징역 6월에 집행유예 1년의 판결을 선고했으나, 항소심은 "국가기관이 아닌 사인에 의한 사진촬영이라 하더라도 상대방의 명시한 의사에 반한 임의성 없는 촬영의 경우나 상대방이 범죄행위에 사용된다는 사실을 모르는 상태에서 촬영된 경우와 같이 헌법상 보장된 인격권이나 초상권 등의 기본권을 중대하게 침해하는 경우에는 증거능력이 부인되는 것인데, 상간자가 피고인으로부터 금원을 갈취하기 위한 목적으로 사진을 촬영한 것이고, 피고인이 이를 모르고 촬영에 이용당한 것이므로 이 사건 사진의 촬영은 임의성이 배제된 상태에서 이루어진 것이고, 인격의 불가침의 핵심적인 부분을 침해한 것으로서 증거능력이 부정되어야 하고, 나아가 국가기관이 이를 형사소송 절차에서 증거로 사용하는 것은 피고인의 인격권, 초상권을 다시 한번 중대하게 침해하는 것이므로 이 점에서도 증거능력이 없다"라고 판시하면서 무죄를 선고했다.

대법원은 "모든 국민의 인간으로서의 존엄과 가치를 보장하는 것은 국가기관의 기본적인 의무에 속하는 것이고, 이는 형사절차에서도 당연히 구현되어야 하는 것이기는 하나 그렇다고 하여 국민의 사생활 영역에 관계된 모든 증거의 제출이 곧바로 금지되는 것으로 볼 수는 없고, 법원으로서는 효과적인 형사소추 및 형사소송에서의 진실발견이라는 공익과 개인의 사생활의 보호이익을 비교형량하여 그 허용 여부를 결정하고, 적절한 증거조사의 방법을 선택함으로써 국민의 인간으로서의 존엄성에 대한 침해를 피할 수 있다고 보아야 할 것이므로, 피고인의 동의하에 촬영된 나체사진의 존재만으로 피고인의 인격권과 초상권을 침해하는 것으로 볼 수 없고, 가사 사진을 촬영한 제3자가 그 사진을 이용하여 피고인을 공갈할 의도였다고 하더라도 사진의 촬영이 임의성이 배제된 상태에서 이루어진 것이라고 할 수는 없으며, 그 사진은 범죄현장의 사진으로서 피고인에 대한 형사소추를 위하여 반드시 필요한 증거로 보이므로, 공익의 실현을 위하여는 그 사진을 범죄의 증거로 제출하는 것이 허용되어야 하고, 이로 말미암아 피고인의 사생활의 비밀을 침해하는 결과를 초래한다 하더라도 이는 피고인이 수인하여야 할 기본권의 제한에 해당된다"라고 하면서 파기환송했다.

4. 문제의 제기

우리 대법원은 압수물의 경우 형상 등에 관한 증거가치에는 변함이 없다는 이유로 증거능력을 인정하고 있다. 다만 앞에서 본 바와 같이 판결 이유에서 임의성 없는 자백을 기초로 하여 취득한 증거물의 증거능력은 배제할 수 있다는 내용의 대법원 판례가 있고, 위법수집 증거물의 증거능력에 대한 논의도 활발하게 진행되고 있어 향후 대법원 판례 태도가 주목된다.

한편 대법원은 수사기관이 취득한 증거물인 경우 수사활동의 위법성을 증거배제의 전제조건으로 보고 있다.[2] 그러나 사인이 취득한 증거물에 대하여서는 앞에서 본 바와 같이 위법성을 전제조건으로 하지 않고, 사생활 보호와 공익 보호의 이익을 비교형량하여 증거를 배제할 수 있다고 한다.

한편 개정 형사소송법은 "적법한 절차에 의하지 아니하고 수집한 증거는 증거로 할 수 없다"는 규정을 도입하려 하고 있다.

선진 각국에서도 위법수집 증거물의 증거능력을 배제하는 원칙은 인정되고 있다. 그러나 증거물은 진술과는 달리 범죄를 입증함에 있어 증거가치가 매우 높고 또한 상당한 증명력을 가지고 있기 때문에 신중한 태도를 취할 수밖에 없다.

위법하게 수집된 증거물에 대하여 어떠한 원칙에 따라 어떤 범위로 배제하는지에 대하여서는 각 나라마다 다른 입장을 취하고 있다. 이하 영미 등 각국에서의 위법수집증거 배제법칙 등을 간략하게 살펴보고, 대상 판례에 대하여 검토해 보기로 한다.

---

2) 대법원 1999.12.7. 선고 98도3329 판결. 대법원은 "수사, 즉 범죄혐의의 유무를 명백히 하여 공소를 제기·유지할 것인가의 여부를 결정하기 위하여 범인을 발견·확보하고 증거를 수집·보전하는 수사기관의 활동은 수사 목적을 달성함에 필요한 경우에 한하여 사회통념상 상당하다고 인정되는 방법 등에 의하여 수행되어야 하는 것인바, 무인장비에 의한 제한속도 위반차량 단속은 이러한 수사활동의 일환으로서 도로에서의 위험을 방지하고 교통의 안전과 원활한 소통을 확보하기 위하여 도로교통법령에 따라 정해진 제한속도를 위반하여 차량을 주행하는 범죄가 현재 행하여지고 있고, 그 범죄의 성질·태양으로 보아 긴급하게 증거보전을 할 필요가 있는 상태에서 일반적으로 허용되는 한도를 넘지 않는 상당한 방법에 의한 것이라고 판단되므로, 이를 통하여 운전 차량의 차량번호 등을 촬영한 사진을 두고 위법하게 수집된 증거로서 증거능력이 없다고 말할 수 없다"고 판시하였다.

대법원 1987.6.23. 선고 87도705 판결. 대법원은 "누구든지 자기의 얼굴 기타 모습을 함부로 촬영당하지 않을 자유를 가지나 이러한 자유도 국가권력의 행사로부터 무제한으로 보호되는 것은 아니고 국가의 안전보장·질서유지·공공복리를 위하여 필요한 경우에는 상당한 제한이 따르는 것이고, 수사기관이 범죄를 수사함에 있어 현재 범행이 행하여지고 있거나 행하여진 직후이고, 증거보전의 필요성 및 긴급성이 있으며, 일반적으로 허용되는 상당한 방법에 의하여 촬영을 한 경우라면 위 촬영이 영장 없이 이루어졌다 하여 이를 위법하다고 단정할 수 없다"고 판시하여 위법성을 증거배제의 전제조건으로 하고 있다.

Ⅲ. 각국의 위법수집증거 배제법칙

1. 미 국

(1) 연 혁

위법한 방법으로 수집된 증거를 사용하는 것을 금지하는 위법수집 증거 배제는 연방 차원에서는 Boyd 사건[3]에서 처음 등장하였으며, 1914년의 Weeks 사건[4] 이후 위법수집 증거는 모든 연방형사소송 절차에서 증거능력이 부정되었다. 1920년의 Silverthorne 사건[5]에서 이 법칙이 더욱 명료하게 되었다.

주에서는 1961년의 Mapp v. Ohio 사건[6] 이후로 위법수집 증거의 증거능력을 배제하게 되었다.

(2) 독수의 과실이론(Fruit of poisonous tree doctrine)

독수의 과실이론은 위법하게 수집된 증거에 의하여 발견된 제 2 차 증거도 역시 증거로 할 수 없다는 이론이다. 이 이론에 대하여서는 다음과 같은 예외가 인정되고 있다.

---

3) Boyd v. U.S., 116 U.S. 616 (1886).

4) Weeks v. U.S., 34 S.Ct 341 (1914). 이 사건에서는 연방 수사관이 영장이나 피고인의 동의 등 아무런 정당한 근거 없이 피고인의 집에 들어가 증거물을 찾은 다음 사무실에 있던 피고인을 체포하였고, 불법 도박죄로 동인을 기소하였다. 연방 대법원은 증거물은 피고인에게 돌려주어야 하는 것이고, 따라서 이러한 증거물을 재판에 사용하는 것은 잘못이라고 판시하였다.

5) Silverthorne Lumber Company v. U.S., 251 U.S. 385 (1920). 이 사건에서는 연방 수사관은 아무런 적법한 권한 없이 회사의 사무실에 들어가 책과 서류 등을 압수·수색하여 연방 검찰청으로 가지고 갔다. 그리고 불법적으로 압수한 책과 서류를 복사한 다음 돌려주었다. 연방 수사관은 원본인 책과 서류를 제출하라는 제출명령(Subpoena)을 발부받아 원본을 제출하라고 요구했으나, 피고인이 거부하자 동인을 법정모욕죄로 기소하였다. 이 사건에서 연방 대법원은 수사관이 금지된 행위를 하여 그 목적 달성에 필요한 어떠한 이득을 얻는 것은 허용되지 않는다고 하였다.

6) Mapp v. Ohio, 367 U.S. 643 (1961). 이 사건에서는 경찰이 피고인의 동의나 법원의 영장 등 아무런 정당한 근거 없이 피고인의 집에 강제적으로 들어갔다. 경찰관은 도피범이 피고인의 집에 숨어 있다고 의심해서 피고인의 집에 들어가 도피범을 찾았으나 찾지 못하자 서랍과 상자 등을 뒤져서 음란물을 발견한 후 피고인을 음란물 소지죄로 기소하였다. 연방 대법원은 위헌적인 압수나 수색으로 취득한 증거물은 형사재판에서 증거로 할 수 없다고 판결하였다. 동지 U.S. v. Leon, 468 U.S. 897 (1984).

1) **불가피한 발견의 예외**(inevitable discovery exception)

수사관이 불법한 행위로 취득한 증거라도 그 불법행위와는 별도로 다른 경찰관이 합법적으로 증거를 수집하였을 것임이 증명되는 경우에는 증거로 허용된다.

예를 들면, 살인사건을 수사하던 경찰관이 피의자를 체포한 후 피의자의 동의 없이, 그리고 변호인의 피의자에 대하여 신문을 하지 말아 달라는 요구에도 불구하고, 변호인의 입회가 없는 상황에서 피의자를 신문함으로써 피의자의 권리를 침해하고 신문한 결과, 시체의 소재를 알게 된 때에도 피의자의 진술 자체는 증거로 할 수 없지만, 경찰 수색팀이 이미 시체의 소재를 찾고 있던 중이어서 조만간 시체가 발견되었을 것임이 증명된 때에는 시체나 옷, 시체에 대한 부검 결과 등은 증거로 할 수 있다.[7)]

2) **독립된 정보원의 예외**(independent source exception)

위법한 압수·수색으로 획득한 증거물이지만, 위법한 압수·수색과 관련 없는 다른 독립된 정당한 정보에 기초하여 같은 내용의 증거물을 확보할 수 있었음을 입증한 경우에는 그 증거물은 증거로 할 수 있다.

불법적으로 용의자를 체포한 후 촬영한 사진을 피해자에게 보여주어 범인이라는 진술을 확보한 뒤에 피의자를 기소한 경우, 위 사진 자체는 증거로 할 수 없지만, 법정에서 피고인의 얼굴을 보고 범인이라고 진술한 피해자의 증언은 독립된 정보원의 예외에 해당하여 증거로 할 수 있다.[8)]

3) **오염순화의 예외**(The Purged Taint Exception)

최초의 위법한 수사행위와 최후의 증거의 발견 사이에 충분한 다른 사정이 개입되어 있어서 더 이상 위법수집증거 배제법칙이 실현하고자 하는 위법수사 억제효과(deterrence)나 사법의 공정성(judicial fairness) 달성에 영향이 없을 때에는, 비록 위법수사가 없었더라면 그

---

7) Nix v Williams, 467 U.S. 431 (1984).

8) U.S. v. Crews, 445 U.S. 463 (1980).

증거를 발견할 수 없었다고 하더라도 발견된 증거의 증거능력이 인정된다.

경찰관이 갑 범죄에 대하여 수사를 하면서 위법행위를 하여 전혀 다른 범죄인의 범죄에 대한 증거를 발견한 경우에도 그 증거는 경찰관이 불법적 수사를 하여 증거를 얻어내려고 의도하였던 갑 범죄에 대한 것이 아니라서 이를 증거로 할 수 있다. 경찰관이 불법으로 용의자를 체포한 현장에 돌아와서 공범을 찾으려고 수색하던 중에, 전혀 다른 범죄에 대한 단서가 되는 신문을 오려 둔 쪽지를 발견하고, 이를 토대로 수사를 하여 증거를 발견한 경우에도 오염순화의 예외에 따라 위 증거의 증거능력이 있다.[9] 불법적 수사로 인하여 증인의 존재를 알게 되어 증인의 증언을 획득한 경우의 증언도 대개 증거능력이 있다. 증거물과 달리 증인의 증언은 자발성이 있는 경우가 많고, 따라서 대개 오염이 순화된다고 보기 때문이다.

4) 미란다 원칙과 독수의 과실이론

미란다 원칙을 침해해서 얻은 자백을 근거로 해서 얻은 증거물에 대하여 독수의 과실이론을 적용하지는 않는 것이 연방법원의 입장이다. New York v. Quarles 사건[10]에서는 미란다 원칙을 고지하지 않고 피의자로부터 총의 위치에 관한 진술을 얻은 다음 그 총을 압수한 경우 증거능력을 인정하였다.

(3) 배제 주장적격

미 연방대법원은 위법수집증거의 증거능력 배제를 주장할 당사자적격(Standing)이 있고, 또한 피고인이 사생활보호를 합리적으로 기대하고 있어야(Reasonable expectation of Privacy) 증거배제를 주장할 수 있다고 한다.

1) 제 3 자에 대한 위법수사

제 3 자에 대하여 위법한 방법으로 수사가 행해진 경우에는 그로

9) Gregory v. U.S., 231 F.2d 258 (1956).

10) New York v. Quarles, 467 U.S. 649 (1984).

인하여 얻은 증거를 피고인에 대하여 사용할 수 있다. 미 연방대법원은 제 3 자에 대하여 위법한 수사를 한 결과로 얻은 증거를 배제하는 것에도 위법수사 억제 효과가 있을지 모르지만, 억제효과를 광범위하게 확대 적용하여 증거를 사용하지 못하도록 하는 것은 진실을 밝히는 데 도움이 되는 가능한 모든 증거를 법원에 현출하여 피고인으로 하여금 유죄 혹은 무죄를 판결을 받게 함으로써 얻는 공공의 이익을 훼손하는 것을 정당화하기에는 부족하다고 판단하였다.[11]

2) 합리적 혹은 합법적 사생활보호의 기대

피고인은 증거물에 대하여 합법적 혹은 합리적 사생활보호의 기대가 있어야 한다. 그런데 증거물에 대한 압수수색에 있어서 누구에게 사생활보호에 대한 합법적 기대가 있느냐는 중요한 쟁점이다. 피고인이 아닌 타인에게 합법적 기대가 있다고 하더라도 피고인에게 합법적 기대가 없는 이상 피고인은 증거배제의 주장적격이 없기 때문이다.

장소나 물건에 대한 소유권이 있다고 해서 당연히 위 기대가 있는 것이 아니다. 예를 들면 경찰관의 도착이 임박한 시점에 피의자가 마약의 일종인 LSD를 일행인 친구의 주머니에 숨겨놓은 경우, 피의자는 다른 사람이 친구의 주머니를 뒤져보는 것을 막을 권리가 없고, 수사관이 친구의 지갑을 뒤질 가능성이 있다고 피의자 스스로도 기대하고 있었기 때문에, 비록 위 LSD가 피의자의 소유물이라고 하더라도 사생활보호에 대한 합법적 기대가 없다.[12]

피의자가 타인이 운전하고 있는 자동차의 장갑 보관함이나, 좌석 밑에 총기를 숨겨 둔 경우, 피의자가 위 자동차에 타고 있다고 하더라도, 그와 같은 장소에는 합법적인 사생활보호에 대한 기대가 미치지 않는다고 한다.[13]

공범 갑이 타고 있던 승용차를 압수수색한 결과 마약을 발견한 경우, 다른 공범 을이 공범 갑과 공범이라는 이유만으로 사생활보호에 대

11) Alderman v. U.S., 394 U.S. 165 (1969).

12) Rawlings v. Kentucky, 448 U.S. 98 (1980).

13) Rakas v. Illinois., 439 U.S. 128.

한 합법적 기대가 있다고 할 수는 없다.[14)]

(4) 위법수집증거 배제법칙이 적용되지 않는 경우

1) 사인이 위법하게 증거를 수집한 경우

위법수집증거 배제법칙은 사인이 위법한 방법으로 증거를 수집하고, 수사관이 위법행위를 권유하거나 위법행위에 관여하지 않은 경우에는 적용되지 않는다.

2) 피고인의 권리가 침해되지 않은 경우

앞서 본 바와 같이 위법한 수사활동으로 피고인의 권리가 침해되지 않은 경우에는 피고인은 위법수사를 주장할 당사자 적격(Standing)이 없어 증거능력이 배제되어야 한다고 주장할 수 없다.

3) 피고인이 포기한 물건인 경우

피고인이 더 이상의 사생활보호에 대한 기대를 버린 것이 그의 행위나 말로써 확인되는 경우에는 그러한 증거물은 증거로 사용할 수 있다.

예를 들면, 경찰관의 추적을 받고 있는 피고인이 자발적으로 마약을 버린 경우에는 더 이상의 합법적 사생활보호에 대한 기대를 포기한 것이므로 불법하게 수집되었다고 하더라도 마약은 증거능력이 있다.[15)]

4) 부수적 사용의 허용(Collateral use exception)

위법수집증거라도 피고인의 증언이 거짓임을 입증하기 위한 탄핵증거로 사용할 수 있다.[16)] 예를 들면 피고인이 증언대에 선 경우 검사가 피고인에게 마약을 소지하고 있었냐고 신문하자 피고인이 이를 부인하면 검사는 위법하게 수집한 마약을 피고인의 증언을 탄핵하기 위한 증거로 사용할 수 있다.[17)]

대배심 수사절차에 있어서 증인은 불법 도청 등 위법한 수사에 근

14) U.S. v. Padilla, 508 U.S. 77 (1993).
15) Michigan v. Chesternut, 486 U.S. 567 (1988).
16) Harris v. N.Y., 401 U.S. 222 (1971), U.S. v. Havens, 446 U.S. 620 (1980).
17) Walder v. U.S. 347 U.S. 62 (1954).

거하여 얻은 증거를 기초로 한 대배심원의 질문사항에 대하여 그것이 위법한 수사에 기초한 것이라는 이유로 증언을 거부할 수 없다.[18)]

형사재판이 아닌 민사재판이나 행정재판에 있어서도 위법수집증거의 증거능력은 인정된다.[19)]

5) 선의의 예외(Good Faith exception)

위법하게 수집된 증거라 할지라도 그 위법이 경찰관에 의하여 범해지지 않았거나 경찰에 의하여 범해진 경우에도 경찰관이 정직하고 합리적인 신뢰에 따라 위법이 아니라고 믿고 수집한 경우에는 증거로 허용된다.

체포영장을 발부받은 경찰관이 피의자를 체포하러 피의자의 집에 갔는데, 피의자와 인상착의가 거의 동일한 사람이 나와 자신이 피의자가 아니라고 부인한 경우 경찰관이 그 사람을 피의자로 믿고 체포하면서 압수·수색을 한 결과 증거물을 발견한 경우에도 선의의 예외 이론에 따라 증거능력이 인정된다.[20)]

6) 위증 및 다른 새 범죄에 있어서의 사용 등

위법한 방법으로 취득한 증거물을 당해 사건에서 검찰의 입증 증거로 사용하지 못한 경우에도 수개월 후 대배심 수사과정에서 피의자가 다른 공범의 범죄에 관련이 있는지에 대하여 진술하면서 관련이 없다고 허위진술하여 사법방해죄로 기소된 사건의 재판에서는 피고인을 상대로 증거물을 사용할 수 있다.[21)]

위증 사건 외의 다른 새로운 사건에 있어서도 같은데, 이는 불법적인 압수수색이 있었고, 피의자가 그와 같은 사실을 알게 된 후에 피의자가 범한 새로운 범죄에 대하여 전에 불법한 압수수색이 있었다는 이유만으로 증거물을 사용하지 못하게 된다면, 피의자에게 향후 어떤 범죄를 저지르더라도 위 증거물은 언제나 증거능력이 없게 된다는 면죄

18) U.S. c. Calandra, 414 U.S. 338 (1974).
19) U.S. v. Janis, 428 U.S. 433 (1976).
20) Hill v. California, 91 S.Ct. 1106 (1971).
21) U.S v. Raftery, 534 F. 2d 854 (1976).

부를 주는 결과를 초래하게 되므로 부당하다는 것이 이유이다.[22)]

7) **원심판결 파기 사유의 제한** (Harmless error rule)

배제되어야 할 위법수집증거가 증거로 사용되었다는 것만으로는 항소심에서 원심을 파기할 수 없다. 오직 항소심 판사가 합리적 의심이 없을 정도로 위법수집증거가 배심원의 결정에 영향을 미쳤다는 것을 인정할 때만 원심판결을 파기할 수 있다.[23)]

2. 영　　국

PACE 제78조

PACE 제78조 제 1 항은 불공정한 증거의 배제(Exclusion of unfair evidence)라는 제목하에 "법원은 모든 재판과정에서 증거가 획득된 상황을 포함한 모든 정황을 고려하여, 증거의 증거능력을 인정하면 재판절차의 공정성에 부정적 영향을 미치게 되어 증거의 증거능력을 배제하여야만 한다고 판단하는 경우에는 검찰이 제출한 증거의 증거능력을 인정하지 않을 수 있다"고 규정[24)]하고 있다.

영국 법원은 증거물에 대하여서는 신빙성에 의심이 없다는 것을 감안하여 증거를 배제하지 않는 것이 주류이다.[25)]

아피셀라[26)] 사건에서는 동의 없이 채취한 연쇄 강간 피의자의 정액에 대하여 증거능력을 인정하였다. 이 사건 강간 피해자들은 특이한 상태의 임질에 걸렸다. 교도소 의사는 순수하게 치료의 목적으로 피고

---

22) U.S. v Turk, 526 F. 2d 654 (1976).

23) Chapman v. California, 386 U.S. 18 (1979).

24) 원문. "(1) In any proceeding the court may refuse to allow evidence on which the prosecution proposes to rely to be given if it appears to the court that, having regard to all the circumstances, including the circumstances in which the evidence was obtained, the admission of the evidence would have such an adverse effect on the fairness of the proceedings that the court ought not to admit it."

25) Susan Nash/Andrew L.-t Choo, "What is the matter with section 78," Crim. L.R. 1999. Dec, 929-940, p. 933, David Ormerod, "The evolution of the discretionary exclusion of evidence," Crim. L. R. 2004, Oct, 767-788, p. 780.

26) R. v. Apicella, [1985] 82 Cr. App. R. 295.

인의 정액을 채취하였고, 같은 목적으로 수사관에게 제출하였다. 수사기관에서 피고인의 정액을 검사한 결과 피고인의 임질증상은 피해자들의 것과 같은 것이었다. 피고인은 교도소 의사로부터 정액 제출을 요구받았을 때 제출을 거부할 수는 없는 것으로 오인하여 정액을 제출하였고, 수사관은 피고인이 수사관에게 제출하는 것에 동의하고 자발적으로 정액을 제출한 것으로 잘못 알고, 의사로부터 이를 넘겨받아 증거로 제출하였던 것이다.

폭스 사건[27]은 교통사고가 발생한 후 경찰관이 피고인의 집에 불법적으로 들어가서 피고인에게 호흡측정을 요구했는데, 피고인이 이를 거절하자, 피고인을 체포하여 경찰서로 데리고 가서 호흡측정을 한 경우이다. 측정 결과 피고인이 허용치를 초과한 혈중알콜 농도의 상태에서 음주운전을 한 것으로 밝혀져 음주측정거부죄와 음주운전의 죄로 기소되었다. 법원은 경찰이 피고인의 집에 불법적으로 들어가 음주측정을 요구한 것은 위법하다는 이유로 음주측정거부에 대하여는 무죄를 선고하였으나, 경찰관이 선의로 행동을 하였다는 이유로 호흡측정 결과물의 증거능력을 인정하여 음주운전 부분은 유죄를 선고하였다. 이 사건에서 프레저(Fraser) 판사는 법원의 임무는 피고인이 죄가 있는지를 판단하는 것이지 경찰이 권한을 초월하는 것을 억제하는 것은 아니라고 하였다.

쿠크[28] 사건에서 영국 항소법원은 불법하게 수집되었다고 하더라도 피고인의 머리에서 모근과 표피 일부를 채취하여 실시한 DNA 감정결과는 증거능력이 있다고 하였다. 이 감정결과는 피고인이 피해자와 성교한 것을 입증함에 있어 결정적인 증거였다. 항소 법원은 "증거를 수집함에 있어 어떤 위법도 이 증거의 정확성이나 신빙성에 영향을 끼치지 않는다. 이런 증거는 예를 들면, 신빙성이 쟁점이 되어 진실성이 다투어지는 자백과는 다른 것이다"[29]라고 하여 진술과 증거물을 구별

27) Fox v. Chief Constable of Gwent, [1986] 1 A. C. 281, HL.
28) R. v. Cooke, [1995] 1 Cr.. App. R. 318.
29) 원문 "Any illegality involved in the way in which the evidence was obtained

하였다.

칸(술탄)[30] 사건에서는 비밀 대화 전자감시 장치(aural surveillance device)에 의하여 얻은 대화내용의 증거능력을 인정하였다. 이 사건은 소유자의 동의 없이 대화 감청장치를 집 밖에 설치하고, 대화 내용을 녹음한 결과 피의자인 파키스탄인 칸이 대량의 헤로인을 밀수하는 것을 인정하는 내용의 녹음 테이프를 수집한 사안이다. 이 사건에서 영국 대법원은 "사생활이 침해되었다는 이유로 많은 양의 헤로인을 불법 밀수한 사실을 자백한 피고인을 석방하는 것은 영국법상 매우 이상한 것이다[31]"라고 지적하였다.

초크리[32] 사건에서는 경찰관은 갑을 신용카드를 절취하여 물건을 구입한 범죄사실로 체포하였다가 석방하였다. 경찰관이 갑의 위 범죄사실에 대하여 체포를 한 것에 대해서는 합리적 근거(reasonable ground)가 있었다. 경찰관은 갑을 석방하면서 갑의 집에 녹음 장치를 비밀리에 설치하였다. 그 녹음 내용에 따르면 갑과 을이 강도죄를 공모한 것이 명백히 인정되어 갑과 을은 공모사실을 부인할 수 없는 상황이었다. 그 후 갑과 을은 강도를 공모한 혐의로 기소되었다. 갑과 을은 강도공모죄의 공소사실에 대하여 유죄인정 답변(guilty plea)을 하였다. 경찰관은 법원으로부터 피의자의 집에 감청장치를 설치할 허가를 얻었는데 피의자 몰래 감청장치를 설치하고, 집 열쇠도 복제한 다음 2회에 걸쳐 피의자의 집 안으로 들어가 몰래 감청장치의 전지를 교환하였다. 이 사건에서 항소법원은 피의자의 체포가 불법이라고 할지라도 녹음 테이프의 증거능력을 배제하지 않은 원심법원의 결정은 타당하다고 하였다.

---

would not have in any way cast doubt upon the accuracy or strength of the evidence. In this way evidence of this kind differs from, for example, a disputed confession, where the truth of the confession may well itself be in issue."

30) R. v. Khan (Sultan), [1996] 3 All E. R. 289.

31) 위 판결 302면. 원문 "It would be a strange reflection on our law if a man who has admitted his participation in the illegal importation of a large quantity of heroin should have his conviction set aside on the grounds that his privacy has been invaded."

32) R. v. Chalkley, [1998] 2 All E. R. 155.

영국 법원은 신빙성을 증거배제 결정에 있어 가장 중요한 기준으로 보고 있다.[33] 따라서 신빙성이 있는 증거는 비록 위법성이 있다고 하더라도 가급적 증거능력을 인정할 수 있다고 보는 것이 법원의 태도라고 할 수 있다.

즉 영국법원은 함정수사에 의하여 얻은 증거[34]와 같이 제한된 경우에 한하여 예외적으로 증거능력을 배제하고 있다. 위 78조의 규정은 법원으로 하여금 단지 위법한 수사관의 행위로 인하여 재판절차의 공정성에 부정적 영향이 있었는지 여부만 고려하도록 하는 것이 아니라 그와 같은 부정적 영향 때문에 증거를 배제하는 것이 정의에 합당한지를 판단하도록 요구하고 있기 때문이다.[35]

따라서 불공정한 방법으로 증거를 취득하였다고 하더라도 그 증거가 믿을 만한 것이라면 증거능력을 인정할 수 있다고 보고 있다. 재판에 있어서의 정의의 의미를 판결의 정확성을 뜻하는 것[36]으로 보아 위법한 방법으로 취득한 증거물인 경우에는 예를 들면 DNA의 증거능력을 인정[37]한 사례와 같이 증거능력을 인정함으로써 판결의 신빙성과 정확성을 강조하는 태도를 보인다.

3. 캐 나 다

1982년 이전의 캐나다 헌법은 주요 부분이 영국에 의하여 제정된 것이어서 캐나다 판례법과 영국 판례법은 크게 다르지 않았다. 따라서 영국과 같이 증거의 증거능력도 관련성(relevance)과 신빙성(reliability)이 있으면 인정되었다.

---

33) David Ormerod, 앞의 논문, 779면. 원문 "the courts have since the early 1990's wedded themselves increasingly firmly to the reliability principle … In practice, the application of the section in an unlimited range of circumstances.

34) R. v. Smurthwaite, [1998] 94 Cr. App. R. 437.

35) R. v. Dunford, (1990) 91 Cr. App. R. 150.

36) 영국인들은 정의실현이라는 개념을 사실관계를 기초로 하여 볼 때 죄 있는 사람이 유죄판결을 받는 것으로 생각한다. "Justice being done means factually guilty people being convicted."

37) R. v. Cooke, (1995) 1 Cr. App. R. 318.

캐나다 헌법 第24조 제1항은 "이 헌장에 의하여 보장된 권리와 자유를 침해받거나 인정받지 못한 자는 관할권을 가지는 법원에 법원이 그 때의 사정에 적합하고, 적정하다고 판단한 구제를 신청할 수 있다[38]"라고 규정하고 있다. 같은 조 제2항은 "법원은 제1항의 절차에서, 이 헌장에 의하여 보장된 권리나 자유를 침해하거나 부정하는 방법으로 증거를 취득한 경우에는, 모든 사정을 고려하여 볼 때, 그 증거의 증거능력을 인정하는 것이 사법정의의 불명예가 되는 것이 입증된 경우에는 그 증거의 증거능력을 배제하여야 한다[39]"라고 규정하고 있다.

어떤 경우가 사법정의에 불명예가 되는 것인지에 대하여 캐나다 대법원은 3가지 요소를 고려하고 있다.[40]

1) 재판의 공정성

먼저 그 증거가 재판의 공정성을 해하는지 여부이다. 헌법 규정을 침해하여 얻은 것이라도 증거물(real evidence)은 범죄사실을 입증하는 정도에 있어서 가치가 크고, 증거물의 존재 자체는 그 증거를 수집하는 방법과는 무관하기 때문에 사실상 증거능력을 배제하기 어렵다. 특히 증거물이 다른 적법한 절차에 의하여 수집될 수 있었던 경우에는 재판의 공정성을 해하는 것이라고 보기 어렵다.

2) 침해의 심각성

두 번째는 헌법 규정 침해의 심각성이다. 의도적이고 고의적이며, 극악한 수단으로 증거를 수집한 것이거나, 다른 합법적인 방법으로 증거를 수집할 수 있음에도 이러한 방법을 이용하지 않은 경우에는 증거능력이 배제될 가능성이 크다. 이와 반대로 기술적이거나 실수에 의한

38) 원문 "Anyone whose rights or freedom, as guaranteed by this Charter, have been infringed or denied may apply to a court of competent jurisdiction to obtain such remedy as the court considers appropriate and just in the circumstances."

39) 원문 "Where, in proceedings under subsection (1), a court concludes that evidence was obtained in a manner that infringed or denied any rights or freedoms guaranteed by this Charter, the evidence shall be excluded if it is established that, having regard to all the circumstances, the admission of it in the proceedings would bring the administration of justice in to disrepute."

40) R. v. Collins, [1987] 1 S.C.R. 265.

경우 혹은 긴급한 사정에 의한 헌법 규정 위반인 경우에는 증거능력이 인정될 가능성이 크다.

3) 사법정의에의 영향력

세 번째는 증거능력을 배제하는 것이 사법정의에 끼칠 영향이다. 증거의 가치뿐만 아니라 범죄의 심각성도 고려한다. 범죄가 중하면 중할수록 증거를 사용하면 유죄가 될 피의자를 증거를 배제하여 무죄가 되게 함으로써 사법신뢰를 해치는 정도가 크기 때문에 증거능력을 인정할 가능성은 증가한다.

4. 일 본

일본 헌법 및 형사소송법에는 위법수집증거 배제법칙에 대한 명문의 규정이 없다. 이에 관한 학설과 판례를 살펴본다.

(1) 학 설

증거물에 대하여서는 허용설과 배제설, 상대적 배제설이 대립하고 있다.

1) 허 용 설

허용설은 ① 특히 증거물의 경우에는 수집절차에 있어 위법이 있다고 하더라도 증거물 자체의 증거가치에는 영향이 없기 때문에 위법한 행위를 한 자에 대하여 책임을 추궁하는 외에 증거능력을 부정할 필요가 없고, ② 증거능력을 부정하면 형사소송의 최대 목적인 진실발견에 가장 좋은 증거물을 사용할 수 없게 되며, ③ 증거능력을 배제하면 국가는 위법한 수사를 하였다는 잘못 외에 진범을 놓아주는 또 다른 과오를 범하게 되고, ④ 배제설도 당사자의 동의가 있으면 위법수집증거의 증거능력을 인정하는데 이렇게 되면 사법의 염결성을 보장하지 못하며, ⑤ 사법의 염결성을 보장하기 위해서는 위법하게 압수한 압수물을 다시 압수하는 것이 허용되지 않아야 하는데, 허용되고 있으며, ⑥ 소지가 금지된 물건인 경우에도 위법수집 증거라고 하여 피압수자에게 돌려주게 되면, 법질서를 파괴하는 것이 되고, ⑦ 형사소송법이 자백에 관하여서는 배제 규정을 두고 있는 반면, 증거물에 관하여서는 배제규정을 두지 않은 것은 증거물에 관하여 위법수집증거 배제법칙을 채택하지 않겠다는 의사를 표시한 것이며, ⑧ 수사관이 고의로 위법수사를 하여 범인을 구해 주는 등 악용될 우려가 있다는 이유로 증거물의 증거능력을 배제하는 것에 부정적 견해를 표시한다.[41)]

2) 배 제 설

배제설은 ① 진실발견도 기본적인 인권을 완전하게 보장하면서, 적정 절차에 따라 하여야만 하고, ② 위법수집 증거물의 증거능력을 인정하는 것은 위법한 수사절차의 결과물을 이용하는 것이 되어 사법의 염결성을 해하는 것이고, ③ 위법한 수사를 억제하기 위해서는 그러한 방법으로 취득한 증거의 증거능력을 부정하는 것이 가장 효과적이라고 한다.

3) 상대적 배제설

현재는 순수한 형태의 허용설이나 배제설은 없고, 위법의 정도에 따라 배제 여부를 결정하고자 하는 견해가 일반적이다.[42)] 이에는 ① 당해 피고인에 대한 증거취득 절차에, 그 이후의 소송절차 전체를 전부 부당한 것으로 하는 정도의 실질을 가지는 위법이 있는 경우 그 결과로 수집한 증거를 이용하여 피고인을 처벌하는 것이 기본적인 정의 관념에 반하게 된다고 인정되는 경우에 증거능력을 부정하는 견해와 ② 개개의 사안마다 예를 들면, 절차위반의 정도, 절차위반이 발생한 상황, 절차위반의 의미, 빈발성, 절차위반과 해당 증거수집과의 인과관계 정도, 증거의 중요성, 사건의 중요성 등을 고려하고, 증거배제의 결과 발생하는 불이익과 증거를 배제함으로써 얻게 되는 이익 사이에 적정한 균형이 유지되도록 형량한 결과 증거배제의 필요성이 긍정되는 경우에 증거능력을 부정하는 견해가 있다.

41) 石丸俊彦/仙波厚/川上拓一/服部悟, [新版]刑事訴訟の 實務(上), 新日本法規出版株式會社(2005), 244면.

42) 松本時夫/土本武司, 註解 刑事訴訟法(제 3 판), 弘文堂(2003), 655면.

(2) 판　　례

일본 최고재판소는 텐노사 각성제 사건[43]에서 "① 증거물 압수 절차에서 일본 헌법 제35조 및 이를 이어받은 일본 형사소송법 제218조 제1항 등이 기대하는 영장주의 정신을 몰각하는 중대한 위법이 있고, ② 이것을 증거로 허용하는 것이 장래에 있어서 위법한 수사의 억제의 견지에서 보아 상당하지 않다고 인정되는 경우에는 그 증거능력을 부정하는 것이 가능하다"[44]고 판결함으로써 위법수집증거 배제법칙을 구체화하였다. 그러나 일본 최고재판소는 이 사건에서 결론적으로 경찰관의 행위가 위법하지만, 압수절차의 위법은 중대한 것이라고 말할 수 없고, 위법수사 억제의 견지에서 보더라도 증거로서 허용하는 것이 상당하지 않다고 인정되는 경우가 아니라고 보아 각성제의 증거능력을 인정하였다.[45] 일본 최고재판소는 증거능력을 배제하기 위한 위법은 단지 영장주의에 반하는 것이 아니라 영장주의 정신을 몰각하는 것과 같은 중대한 위법으로서, 위법의 정도를 매우 높은 것으로 보는 데 특색이 있다.

실제로는 영장이 발부되었는지 여부가 제1의 판정기준이다. 영장이 발부된 사안에 있어서는 수사관이 영장을 편취하였다고 할 수 있는 사정이 없는 한, 중대한 위법은 없다고 하는 방향으로 결정된다.

---

43) 最高裁, 1978. 9. 7. 刑集 32권 6호, 1672면

44) 이 위법수사억제라는 두 번째 요건은 중대한 위법이라는 첫번째 요건과 논리적으로 분리될 수 없고, 중대한 위법이 있으면 위법수사 억제의 필요성이 있는 것이 통상적이기 때문에 별도의 요건이 아니라 배제법칙의 근거를 제시한 것에 불과하다는 견해가 있는 반면, 특별히 억제효를 강조할 필요가 있는 경우를 억제효에 중점을 두는 형태로 배제법칙이 적용되는 경우를 고려한 것이라는 견해도 있다. 石丸俊彦/仙波厚/川上拓一/服部悟, 앞의 책, 249면.

45) 이 사건에서 경찰관의 소지품 검사로서 허용되는 한도를 넘어 상대방의 승낙 없이 그의 상의 좌측 내의 주머니에 손을 집어넣어 증거물을 꺼낸 경찰관의 위법은 작은 것에 불과하다고 하며 압수된 각성제의 증거능력을 인정하였다. 직무질문의 요건이 존재하고, 또 소지품 검사의 필요성과 긴급성이 인정되는 상황하에서 동의 여부를 확인하는 것이 요구되지만, 동의 여부가 명백하지 않은 자에 대하여 영장주의 규정을 위반하려는 의도가 없고, 다른 강제 행위도 없이 소지품 검사를 한 경우에는 그로 인한 증거물의 증거능력이 있다고 한 것이다. 신동운 역, 입문 일본형사수속법, 법문사(2003), 293면.

이에 반하여 영장이 발부되지 않은 경우에 대하여는 절차위반의 정도(범죄혐의의 유무 및 그 정도), 절차위반이 벌어진 상황(긴급성과 필요성의 유무 및 정도), 절차위반의 의미, 빈발성, 절차위반과 해당 증거수집과의 인과관계 정도(다른 합법적 수단에 의한 수집가능성), 수사관의 의도(영장주의에 관한 규정을 위반하려는 의도가 있었지 여부), 증거의 중요성, 사안의 중대성 등이 고려된다.

그리하여 일본 최고재판소는 각성제 사용사범 소변감정서 사건 등 대부분의 사건에 있어 위법수집 증거물의 증거능력을 인정하고 있다.[46)]

일본 최고재판소가 증거능력을 부정한 판례가 있다. 체포시에 체포장을 제시하지도 않고, 체포장의 긴급집행도 되지 않은 절차적 위법이 있고, 거기에 머물지 않고, 그 위법을 호도하기 위하여, 체포장에 허위사항을 기재하고, 허위내용의 수사보고서를 작성하며, 공판정에서도 사실에 반하는 증언을 한 사안이다.[47)]

이와 같은 경찰관의 태도를 종합적으로 고려하면 영장주의를 위반하고, 몰각하는 중대한 위법이 있으며, 그와 같은 위법한 체포에 밀접한 관련이 있는 증거를 허용하는 것은 장래에 있어 위법수사억제의 견지에서도 상당하지 않다고 인정되므로 증거능력을 부정하는 것이 가능하다고 보았다. 이 사건 절도 피의사건으로 체포된 피의자로부터 체포당일에 채취된 소변에 관한 감정서는 영장주의를 침탈하고, 몰각하는 중대한 위법이 있다고 평가되는 체포와 밀접한 관련을 가진 증거이기 때문에 감성서도 같은 평가를 하는 것이 가능하여 증거능력을 부정하였다.

그러나 이 사건에서도 압수수색 영장을 사전에 발부받았고, 이에 의하여 압수한 각성제와 그 감정서는 앞에서 본 소변채취 및 그 감정

46) 最高決, 1979.4.6. 裁集刑 214권, 301면; 最高裁, 1986.4.25. 刑集 40권 3호, 215면; 最高決, 1994.9.16. 刑集 48권 제6호 420면; 最高決, 2002.5.26. 判例時報 1829권 154면; 最高決, 1995.5.30. 刑集, 49권 5호 703면; 最高裁, 1988.9.16. 刑集 42권 7호 1051면; 最高裁, 1986.3.12. 판례 타임즈 609호 47면; 最高決, 1988.3.17. 刑集 42권 제3호 403면; 最高決, 1996.10.29. 刑集 50권 9호 683면.

47) 最高裁, 2002.2.14. 刑集 57권 2호 121면.

서와 밀접한 관련이 없는 것으로서 증거능력이 있다고 판단하였다.

5. 독일에서의 증거사용 금지[48)]

독일에서의 증거배제는 증거수집금지(Beweisverhebungsverbote) 및 증거사용금지(Beweisverwertungsverbote)를 내용으로 한다. 이 중 위법수집증거 배제법칙은 증거사용금지에 해당한다.

증거사용금지는 헌법원칙에 의한 것과 법률의 규정에 의한 것이 있다.

(1) 헌법원칙에 의한 증거사용금지

1) 원 칙

헌법원칙에 따른 증거사용금지는 헌법상 법치국가의 원칙(Rechtsstaatprinszip)과 비례성의 원칙(Verhältnismassigkeit)을 기초로 한다.

법치국가의 원칙은 헌법이 보장하고 있는 피고인의 사생활보호라는 권리를 침해한 경우 증거를 배제하는 것을 말한다. 이에 따라 수사는 강압이나 기망에 의하여서는 안 되고, 수사에 상당한 정도로 장애가 되지 않는 한 압수수색 영장에는 피의사실 및 찾고자 하는 증거물이 특정되어 있어야 한다.

비례성의 원칙은 사안에 따라 피고인의 사생활 보호라는 이익과 증거 및 사건의 중요성을 비교하여 증거능력 여부를 결정하는 것을 말한다. 이에 따라 수사관의 수사행위는 범죄의 중요성, 범죄혐의의 정도, 피고인의 헌법적 권리에 대한 고려를 통하여 개개의 사안에 따라 적정한 범위가 결정된다. 연방 헌법재판소는 최소 침해의 원칙을 사용하기도 하는데 이는 덜 침해적 수사행위가 가능한 경우에는 그보다 더 큰 침해적 수사행위는 허용되지 않는다는 것을 말한다.[49)]

---

48) 이 부분에 대해서는 Craig M. Bradley, "The exclusionary rule in Germany", 96 Harv. L. Rev. 1032 (1983)를 참조·정리하였다.

49) BVerfG, 16, 194 (1963). 이 사건에서 연방헌법재판소는 피의자의 정신이상 여부를 판단하기 위하여 척수 용액을 추출하는 것은, 비록 형사소송법 제81조의 a에 의하여 가능하도록 되어 있다고 하더라도, 피고인이 범한 범죄가 경한 것이라는 점에 비추어 비례성의 원칙에 위반된 과도한 것이라고 하였다.

독일에서의 증거 사용금지는 주된 논거를 위법수사억제에 두고 있지는 않다. 따라서 수사관이 단지 형사소송절차의 규정을 위반한 것만으로는 바로 증거능력이 부정되지는 않는다. 법원은 헌법에 보장된 피고인의 권리 보호와 효과적인 법집행이라는 두 개의 요소를 비교하여 증거능력의 유무를 결정하는 것이다.[50]

2) **독일법원의 2단계 이론**

독일 법원은 증거배제에 관하여 2단계 이론을 취하고 있다. 즉 먼저 법치국가의 원칙에 위반되는지를 심사하여 이에 위반된다고 판단한 경우에는 사법절차의 염결성(Reinheit des Verfahrens)을 보호하기 위하여 필요한 경우 증거능력을 부정한다.

위 원칙에 따라 증거능력이 부정되지 않을 때는 다음으로 비례성의 원칙에 따라 여러 요소를 고려하여 증거능력 인정 여부를 결정한다. 이 경우 법원이 만일 개인의 사생활보호의 이익이 증거를 사용할 경우의 공익보다 더 크다고 판단하면 비록 적법한 절차에 따라 증거가 수집되었다고 하더라도 증거능력은 배제된다.

독일 연방대법원은 일기장 사건 판결[51]에서 비교형량의 원칙을 적용하여 피고인의 일기장을 증거로 사용하는 것은 독일헌법 제1조 및 제2조에서 보호하는 개인의 사생활의 권리를 침해하는 것으로서 금지된다고 판결하였다. 이 사건은 피고인의 집에 숨겨져 있던 일기장을 피고인의 애인의 처가 경찰에 제출하여 법원에 증거로 제출된 것이며, 피고인은 위증으로 기소된 사안이었다. 이 사건에서 독일 연방 대법원은 단지 피고인의 권리가 침해되었다는 것만으로 바로 증거능력이 부정되

독일 형사소송법 제81조의 a (1)항은 "소송절차상 중요한 사실 확인을 위하여 피의자에 대한 신체검사를 명할 수 있다. 혈액표본의 채취 기타 신체적 침해가 이러한 목적을 위하여 이루어진 경우, 이들 침해가 의사에 의하여 의학적 기술법칙에 따라 검사목적을 위하여 수행되고, 피의자의 건강손상이 우려되지 않는 때는 피의자의 승낙 없이도 이를 허용한다"라고 규정되어 있다.

50) 따라서 미국과 같이 위법수사억제를 주된 근거로 하여 수사관이 위법하게 증거를 수집하면 그것을 이유로 바로 증거능력의 배제사유로 보되, 그에 대한 광범위한 예외를 인정하는 것과는 비교된다.

51) BGHst, 19, 325 (1964).

는 것은 아니며, 본건에서는 기소된 죄가 위증죄라는 경죄임에 반하여 피고인의 침해된 사생활이 중하기 때문에 일기장의 증거능력이 부정되는 것이며, 기소범죄가 중죄인 경우에는 국가이익이 개인의 사생활보호의 이익보다 더 크기 때문에 증거의 증거능력이 부정되지 않을 수도 있다고 하였다.[52]

3) 독일연방헌법재판소의 3단계 이론

개인의 사생활 영역에 대한 침해로 인하여 증거능력을 배제하기 위한 기준에 대하여 독일 연방헌법재판소가 3단계 이론(Dreistufen-theorie)을 제시한 사건이 있다.[53] 이 사건에서는 결혼한 부부가 피고인에게 부동산과 사업자산을 판매하였는데 부부는 탈세를 위하여 실제 가격보다 낮게 계약서를 작성하기로 피고인과 합의하였다. 피고인은 부부에게 실제 가격과 계약서의 허위 가격의 차액인 7만 도이치 마르크를 현금으로 지불했다. 부부는 피고인 모르게 피고인과의 탈세에 관한 대화를 녹음하여 자발적으로 경찰관에게 제출했다. 독일 연방헌법재판소는 비례성의 원칙을 적용함에 있어 증거사용금지에 관한 개인의 사생활 보호 영역을 3단계로 나누었다.

먼저 1단계는 가장 기본적인 개인의 권리인 핵심영역(Kernbereich)인데 이는 모든 공권력에 대하여 우월하고 침해될 수 없는 개인의 존엄에 관한 권리를 침해한 것으로서 사안이 아무리 중하더라도 반드시 증거능력이 부정된다고 하였다.

다음 2단계로 오직 공공의 이익이 우월한 경우에만 침해될 수 있는 사적영역(Privatbereich)이 있는데 이때에는 자동적으로 증거능력이 배제되는 것이 아니라 이익형량(Abwägung)의 원칙에 따라 결정된다고 하면서 이 사건에서 녹음 테이프는 사적영역에 해당하는 것인데, 공공의 이익이 피고인의 사생활 보호의 이익을 충분히 능가하지는 않는다고 하면서 증거능력을 배제하였다. 다만 탈세사건이 아니라 폭력사건과

52) 사적인 대화를 녹음한 녹음 테이프 판결도 동일한 취지임. BVerfG, 34, 238 (1973).

53) BVerfG, 34, 238 (1973).

같은 다른 중한 사건이었더라면 이러한 결론은 달라질 수 있다고 판시하였다.

3단계는 제출된 증거에 의하여 피고인의 개인적인 성격이 노출되지 않는 경우로서 이러한 증거는 언제나 사용할 수 있다고 하였다. 피고인의 사생활보호의 이익이 침해되지 않기 때문에 비례성의 원칙에 의하여 증거능력이 항상 인정되는 것이다. 이 사건에서는 여러 사람이 있는 장소가 아닌 단지 부부와 피고인 3명만이 있는 자리에서의 대화이었기 때문에 이 3단계 영역에 해당하지는 않는다고 하였다.

다른 사례는 독일 연방헌법재판소의 마약치료소 수색 사건이다. 이 사건에서 경찰은 피의자나 범죄사실 및 압수하고자 하는 물건을 특정하지 아니한 채 상담원이 마약을 불법으로 판매하고 있다는 혐의만으로 마약치료소를 일반적으로 압수수색하여 환자들의 치료기록을 압수하였다.[54] 독일 연방헌법재판소는 압수와 수색을 분리하여 수색영장에서 피의자 및 피의사실과 수색하고자 하는 증거를 특정하지 않은 위법이 있는 경우에는 이것만을 이유로 증거물의 증거능력을 부정하지는 않는 반면, 압수절차에서 강압이나, 기망과 같이 헌법위반 행위가 있었던 경우에는 그 증거능력을 부정하였는데, 이것은 수색이 아닌 압수가 증거물 취득의 실제적 방법이기 때문이라고 하였다. 즉 위헌적인 압수는 곧바로 증거능력이 부정되는 반면, 위헌적인 수색과 단지 형사소송법을 위반한 경우에는 그것만으로 바로 증거능력이 부정되지는 않는다고 하였다.[55] 연방헌법재판소는 이 사건에서 압수에 법치국가의 원칙에

54) BVerfG, 44, 353 (1977). 독일연방헌법재판소는 압수물의 성격이 사적 영역에 속하는 환자의 기록이라는 점에 비추어 수색뿐만 아니라 압수절차에도 헌법위반이 있는 것이라고 하면서 증거능력을 부정하였다. 그러나 만일 압수물이 마약인 경우에는 다른 결론을 내릴 것이라는 것을 암시하였다.

55) Craig M. Bradley, 앞의 논문, 1041면. 한편, 미국에서는 사인에 의하여 위법하게 수집된 증거인 경우에 증거능력이 인정되는 반면, 독일에서는 사인에 의하여 위법하게 수집된 증거라도 하더라도 증거능력이 배제될 수 있다고 하면서 그 증거를 누가 획득했는지는 문제되지 않고, 취득자를 불문하고, 그 증거를 법정에서 사용할 수 있는지가 쟁점이 된다고 한다.

그리고 수사관이 위법하게 수집한 증거물인 경우 사안이 중하더라도 미국에서는

반하는 강압이나 기망은 없었다고 하였다. 그리고 비례성의 원칙에 의하여 3단계 이론을 적용하여 환자들의 병력 기록을 사적영역(Privatbereich)에 해당하는 것이라고 하였다. 피고인을 처벌하는 사회적 이익과 인간의 인격발전이라는 개인의 이익을 비교형량하면서 마약 중독 및 다른 병을 치료하는 것에 대하여 사회도 커다란 이익을 가진다고 보고, 병력기록부의 증거능력을 부정하였다. 물론 이 사건이 중한 죄에 대한 것이었다면 그 결론이 달라졌을 수도 있다는 점도 지적하였다.

(2) 법률에 의한 증거사용금지

독일 형사소송법에는 증거사용금지에 대한 일반적인 규정은 없다. 그러나 독일형사소송법 제136조의 a 등 개별적 규정에 의하여 증거사용이 금지되고 있다.

1) 독일 형사소송법 제136조[56)]

독일 연방대법원이 미국의 미란다 원칙과 유사한 규정인 독일 형사소송법 제136조의 위반에 대하여서는 증거사용을 금지하지 않은 판례가 있다.[57)] 이 사건에서 교통사고 사망사건의 피의자가 턱의 부상으

예외사유에 해당하지 않는 한 증거로서 사용할 수 없게 되는 반면, 독일에서는 사안의 중요성과 침해된 개인의 사생활에 대한 이익을 비교 형량하여 개별적으로 결정한다고 한다. 그러므로 독일의 증거사용 금지는 수사관에 대한 위법수사 억제를 주된 목적으로 하지 않고, 어떤 경우에 증거로 사용할 수 없는지에 대한 명확한 기준을 제시할 수 없게 되어 경찰에 대하여 향후 하지 말아야 할 위법수사의 내용과 기준을 제시하는 기능이 약하다고 한다. 그러나 이와 같은 이익 형량의 방법을 통하여 범죄자를 처벌하는데서 오는 공익과 조화되는 한도 내에서 개인의 사생활의 이익을 최대한으로 보장할 수 있게 된다고 지적한다. 앞의 논문, 1045면.

56) 그 조항의 내용은 다음과 같다. "(1) 최초의 신문을 시작함에 있어 피의자에게는 그가 어떤 행위의 책임을 지게 될 것이고, 어떤 형법 규정적용을 고려하고 있다는 점을 고지해 주어야 한다. 법률에 따라 고발에 관하여 진술할 자유 또는 사안에 관하여 진술하지 않고 신문 전에도 언제든지 자신이 선임할 변호인에게 질문할 자유가 있다는 사실을 피의자에게 환기시켜 주어야 한다. 또 피의자가 자신의 죄책을 면하기 위한 개별 증거조사를 신청할 수 있다는 사실도 알려주어야 한다. 서면에 의한 진술이 적절하다면 이 또한 가능하다는 점을 피의자에게 알려주어야 한다. (2) 신문에 있어서는 피의자에 대하여 자신에게 주어진 혐의의 근거를 제거하고 자신에게 유리한 사실을 주장할 수 있는 기회를 부여하여야 한다. (3) 피의자에 대한 최초의 신문과 동시에 그의 인적사항에 관한 수사를 하여야 한다."

57) BGHSt, 22, 129 (1968).

로 말을 할 수 없는 상황에 있었는데 사고 다음날 경찰관이 병원에 찾아가서 신문을 하였고, 피의자는 자백하는 취지의 조서에 서명을 하였다. 그런데 경찰관은 피의자를 신문하면서 136조의 권리를 피의자에게 고지하지 않았다. 독일 연방대법원은 입법자가 136조 a의 절대적 증거사용금지와 같은 효력을 136조 위반의 경우에도 적용하려 의도한 것은 아니라고 해석하면서 136조의 위반인 경우 증거로 사용할 수 있다고 하였다.

그러나 독일 연방대법원은 판사가 독일 형사소송법 제243조 제4항에 규정되어 있는 피고인의 법정에서의 진술거부권을 고지하지 않은 경우에는 그 진술을 증거로 사용할 수 없다고 판결하였다. 재판 이전의 절차에서의 피의자에 대한 고지의무 위반과 공판정에서 판사의 피고인에 대한 고지의무 위반을 구분하여 전자에서는 피의자의 진술을 증거로 사용할 수 있음에 반하여 후자의 경우에는 증거로 사용할 수 없다고 판결한 것이다. 다만 피고인은 자신이 진술을 하지 않을 생각이었고, 자신이 진술을 거부할 수 있는 권리가 있다는 것을 알지 못하여 진술을 하게 되었다는 것을 입증하여야 할 책임이 있다.[58]

2) 독일형사소송법 제136조의 a[59]

제136조의 a는 피고인은 소송주체(Prozesssubjekt)라는 원칙에 근거한 것으로서 허용되지 않는 침해를 예시적으로 규정한 것이다. 이 조항은 형사소송절차에서 진실발견이 절대적 가치는 아니고, 오직 법치국가

58) BGHSt, 25, 325 (1974).

59) 독일 형사소송법 제136조 a의 내용은 다음과 같다. "(1) 가혹행위, 혹사, 신체침해, 투약, 학대, 기망 또는 최면에 의하여 피의자의 의사결정 및 의사활동의 자유를 침해해서는 안 된다. 형사절차법이 허용하는 경우에 한하여 강제수단을 허용한다. 형사절차법에서 허용하지 않는 처분을 수반한 협박 및 법률로 규정하고 있지 않은 이익의 약속을 금지한다. (2) 피의자의 기억력이나 통찰력을 침해하는 처분은 허용되지 않는다. (3) 제1항 및 제2항에서의 금지는 피의자의 승낙과 관계없이 유효하다. 이들 금지에 위반하여 얻어진 진술은 피의자가 이용에 동의하더라도 이용해서는 안 된다." 이 규정은 법원에 대한 것인데, 독일 형사소송법 제163조a의 (3)항과 (4)항에서 각각 검사 및 경찰관의 피의자신문에 위 136조의a를 준용하도록 규정하고 있다.

적으로 형성된 절차 안에서만 추구되어야만 한다는 기본원칙을 제시한다. 이 조항은 형사소송의 모든 단계에서 적용된다. 또한 이 조항은 통역인이 법에 어긋난 이익을 받기로 약정하고, 수사관과 명시적으로 결탁하여 행동을 한 경우에도 적용된다.[60]

이러한 구체적 조항에 위반한 경우에는 이익형량의 원칙이 적용되지 않고, 자동적으로 증거로 사용하는 것이 금지된다. 그러나 이 조항이 적용되는 범위에 대하여 독일 법원은 상당히 제한적으로 해석하고 있다.

136조의 a가 적용된 경우는 다음과 같다.

독일 연방대법원은 새벽 5시에 체포되어 30시간 잠을 자지 못한 상태에서의 자백,[61] 피의자가 살해한 자신의 3살짜리 아들의 시체를 보여 주어 얻어낸 자백[62]의 증거사용을 금지하였다. 이 조항에 따라 거짓말 탐지기는 피의자의 자유의사를 침해한다는 이유로 거짓말 탐지기 실시 결과의 증거사용이 금지[63]되었고, 이 조항을 위반하여 증인으로부터 얻은 증거를 피고인에 대하여 사용되는 것도 금지한다. 그러나 피고인이나 증인이 136조의 a에 위반되지 않는 상태에서 그리고 그러한 상태의 영향으로부터 단절된 채로 136조의 a에 위반하여 사용할 수 없는 진술과 같은 내용의 진술을 다시 반복하여 한 경우에는 2번째의 진술은 증거로 사용할 수 있다.[64]

독일 법원에서는 미국에서의 독수의 과실이론과 같은 원격작용효과(Fernwirkungseffect)는 위 136조의 a 위반의 경우 인정하지 않고 있으며, 따라서 이 조항에 위법하게 얻은 증거로부터 얻은 증거는 이를 사용할 수도 있다. 그리고 수사관이 아닌 제 3 자가 136조의 a를 위반하여 얻은 진술이나 자백은 증거능력이 있다. 의심스러울 때는 피고인의

60) Gerd Pfeiffer, StPO Kommentar 5. Auflage(2005) Verlag C.H. Beck München, 361면.

61) BGHSt, 13, 60 (1959).

62) BGHSt, 15, 187 (1960).

63) BGHSt, 5, 333 (1954).

64) BGHSt, 22, 129 (1968).

이익으로라는 원칙은 136조의 a 조항에 적용되지 않는다.[65]

Ⅳ. 검 토

1. 각국의 입법례와 우리나라의 비교 정리

(1) 위법성 존재 요부

독일은 증거 배제를 위하여 위법성을 요건으로 하는 경우도 있지만 이익형량의 기준에 따르는 경우에는 위법성을 요건으로 하지 않는다. 적법·불법 여부를 불문하고, 핵심영역을 침해한 경우에는 증거능력을 배제하며, 사적 영역을 침해한 경우에는 이익형량에 따라 사익보호의 필요성이 공익 보호의 필요성보다 큰 경우에는 증거를 배제하고, 사적영역과 관계 없는 경우에는 증거능력을 인정한다. 증거수집 주체가 사인인지 수사관인지를 구별하지 않는다.

이에 반하여 미국, 영국, 캐나다, 일본 등에서는 위법성을 요건으로 하고, 판례상 증거수집주체가 사인인 경우에는 위법수집증거 배제법칙이 적용되지 않는다.

우리 대법원은 수사관이 증거수집 주체인 경우에는 위법성을 요건으로 하고, 사인이 주체인 경우에는 위법성을 요건으로 하지 않고, 이익형량에 따르는 것으로 보인다.

(2) 자동적인 증거배제와 예외인정 여부, 혹은 판사의 재량인정

미국에서는 수사관의 증거수집절차상 위법이 인정되면 판사의 재량이 인정되지 않고, 자동적으로 증거능력을 배제한다. 그러나 배제법칙 적용에 관하여는 앞에서 본 바와 같이 상당한 범위의 예외이론과 탄핵증거로 사용가능 등과 같은 제한이 있다.

영국, 캐나다, 일본, 독일에서는 위법성이 있다고 하더라도 사안의 중대성 등을 감안하여 판사의 재량에 따라 증거를 배제하지 않을 수 있다.

우리 대법원은 증거물인 경우에는 증거가치의 변화가 없다는 이유

65) BGHSt, 16, 164 (1961).

로 증거능력을 인정하고 있다.

(3) 배제결정의 기준

미국은 원칙적으로 위법성만을 기준으로 하고 있다. 영국은 위법성 외에 증거의 증거능력을 인정하면 재판절차의 공정성에 부정적 영향을 미치게 되어 증거의 증거능력을 배제하여야만 할 것을 요건으로 하고 있다. 캐나다는 위법성 외에 사법정의에 불명예가 될 것을 요건으로 하고 있다. 일본 최고재판소는 절차위반의 정도(범죄혐의의 유무 및 그 정도), 절차위반이 벌어진 상황(긴급성과 필요성의 유무 및 정도), 절차위반의 의미, 빈발성, 절차위반과 해당 증거수집과의 인과관계 정도(다른 합법적 수단에 의한 수집가능성), 수사관의 의도(영장주의에 관한 규정을 위반하려는 의도가 있었지 여부), 증거의 중요성, 사안의 중대성 등을 기준으로 한다.

우리 대법원 판례는 적어도 진술 등에 있어서는 사안의 중대성 등 기타 사정을 기준으로 하지는 않고, 위반한 규정이 무엇인지만을 기준으로 하여 증거배제를 판단하고 있다.

2. 증거물에 있어 위법수집증거 배제법칙의 인정 여부

대법원은 증거물의 증거가치에 변동이 없다는 이유로 전자의 견해를 취하고 있다고 보인다. 그러나 임의성 없는 자백에 기초한 증거물은 증거능력이 없다고 설시한 판례도 있고, 증거물인 경우에도 위법하게 수집된 경우라면 증거능력을 배제하여야 한다고 주장하는 것이 국내의 통설이기 때문에 위와 같은 대법원의 입장은 변경될 가능성도 있다고 본다.

위법수집증거물의 증거능력을 인정할 것인지에 대하여서는 2가지 극단적 견해가 있을 수 있다.

비록 위법하게 수집한 증거라도 이를 배제하면 유죄인 자를 석방하게 되는 부당한 결과가 발생할 수 있으므로 모든 관련성 있는 증거는 비록 위법한 방법으로 수집되었다고 하더라도 증거로 사용할 수 있다는 견해이다. 이 견해에 따르면 이로 인하여 발생하게 될 부작용은 형사재판, 민사소송, 징계절차에 의하여 억제하면 된다고 한다.

이에 반하여 위법하게 수집된 증거는 항상 배제되어야 한다는 견해이다. 이 견해에 따르면 위법하게 수집된 증거를 사용하지 못하게 됨으로써 진범을 처벌하지 못하게 되는 등의 부정의는 개인의 자유를 보호하고, 향후 수사관의 불법적 수사를 억제하며, 사법의 염결성 보장을 위하여 희생되어야 하는 불가피한 것으로 본다.

위법수집증거라는 이유로 신빙성 있는 증거의 증거능력을 배제하게 되면 피고인을 처벌하는 데 필요한 결정적인 증거를 사용할 수 없게 되어, 피고인에게는 반사적 이익을 주고, 진범을 석방함으로써 국민으로부터는 비난을 받게 될 수 있다. 위법한 방법으로 수집되었다는 이유로 신빙성 있는 증거물을 사용하지 못하게 함으로써 범인을 놓아 주는 사법제도는 사법의 염결성보다 더 중요한 사법에 대한 신뢰성을 떨어뜨리는 결과를 낳을 수 있다.

법은 보호할 가치가 있는 권리를 보호하여야 하고, 위법한 수사를 하지 못하도록 하기 위하여 증거물을 사용할 수 없게 하는 것은 불가피한 상황에 불과하고, 이러한 상황은 최소한에 머물러야 한다. 법은 죄 없는 자에 대하여는 무죄판결을 선고하는 것을 목표로 하지만 그에 못지않게 죄 있는 자에 대하여 유죄판결을 선고하고, 적정한 형을 부과하여 집행하는 것을 목적으로 한다.

사법의 염결성의 보장을 위해선 먼저 수사기관이나 법정에서의 피의자·피고인의 거짓말에 대한 처벌, 피고인이나 가족의 증거인멸 등에 관한 사법방해죄 신설 등을 마련하는 것이 급선무이다. 사법의 염결성은 수사기관에 의해서만 훼손되는 것이 아니다. 증거능력을 배제하는 등 증거를 수집하는 방법에 대한 통제가 강화되고, 준수해야 할 절차규정이 많아지게 되면 될수록, 수사기관의 증거 확보를 위한 사법비용은 증가한다. 이런 상황에서도 피의자 등은 여전히 아무런 제재도 받지 않고, 증거를 훼손하거나 왜곡하는 등의 행위를 할 수 있는 제도를 운영한다면, 그러한 형사사법제도는 문제점을 낳을 것이다.

결국 증거물에 대하여 위법수집증거 배제법칙을 적용할 것인가에 대해서는 신중한 태도를 취해야 하며, 만일 이를 도입한다고 하더라도 사법신뢰 훼손, 사법정의 실패와 사법의 염결성 등을 충분히 고려하여 극히 제한적으로 배제하여야 한다고 본다.

앞에서 본 바와 같이 선진 각국에서는 위법수집증거 배제법칙을 채택하고 있으나, 구체적 사건에서 실제로 위법수집 증거의 증거능력을 배제하는 경우는 제한적이다.

3. 위법수집증거 배제의 판단기준

피의자의 진술에 대한 대법원 판례와 국내 통설에 따르면 배제판단 기준으로 침해된 규정이 무엇인지만을 삼고 있다고 보인다.

그러나 위반되는 절차규정만을 기준으로 하면 그 위반행위의 동기, 경위, 태양, 조항 위반이 미치는 영향 등을 고려하지 못하게 되어 구체적 타당성을 고려하지 못하는 문제점이 발생하게 된다.

예를 들면, 진술거부권을 불고지한 경우에 있어서도 수사관이 고의로 고지하지 않은 경우, 실수로 간과한 경우, 신문 시작과정에서 고지하지 않고 신문중에 고지한 경우, 수사관은 고지하지 않았지만 입회하고 있던 변호인이 피의자에게 알려주어서 피의자의 방어권 행사에 아무런 문제가 없었던 경우, 변호인이 입회하고 그의 조력을 받는 등 진술거부권 행사결정에 있어 불고지가 아무런 영향을 주지 않는 경우, 피의자가 수사관이거나 변호사이어서 제반 권리를 이미 충분히 알고 있는 사람인 경우 등 다양한 경우가 있을 수 있는데 이러한 점을 감안하지 않고 오직 수사관이 진술거부권을 불고지했다는 이유만으로 증거를 배제하여야 한다는 것은 타당하지 못하다. 변호인과의 접견거부권의 제한도, 변호인 수십명이 계속하여 접견신청을 하여 수사에 방해가 되는 경우, 필요 최소한의 제한을 가하고, 또한 위 제한에 의하여 피의자의 방어권 행사에 아무런 지장이 없었던 경우에도 증거능력을 배제하는 것은 타당하지 못하다.

따라서 위반된 조항만이 아니라 위반되는 행위의 태양, 위법성의 정도, 위반행위가 행해진 경위, 그와 같은 행위를 하게 된 동기 등의 구체적인 상황, 증거배제의 영향, 사회적 반응, 억제효 등을 고려하여 판단하는 것이 타당하다.

4. 사인의 위법수집 증거물의 증거능력

대법원은 사인이 수집한 증거물의 증거능력에 관하여는 위법성을 전제로 하지 않고, 공익과 사익의 이익형량에 따라 결정한다고 하였다.

이는 기본적으로 독일의 증거사용금지 이론에 입각한 것으로 보인다. 그러나 독일의 증거사용금지는 사인인지 수사기관인지를 구별하지 않고, 수집방법이 적법한지 불법한지를 구별하지 않는다. 단지 증거로 사용됨으로써 침해되는 개인의 권리와 공익을 비교 형량하여 증거로 사용하지 않는 것이 증거로 사용하는 것보다 이익이 큰 한정적인 경우에 증거로 사용하는 것을 금지하는 것이다. 따라서 수집방법에 위법이 있으므로 사법의 염결성을 보장하고, 위법수사를 억제하기 위하여 증거로 사용하는 것을 금지하여야 한다는 일반적인 위법수집증거 배제법칙과는 논의의 각도가 다르다.

그런데 만일 사인이 위법한 행위를 했다는 이유로 증거를 사용하지 못하게 할 경우에는 다음과 같은 독특한 문제점이 발생하게 된다. 먼저, 사인이 위법한 행위를 함으로 말미암아 장차 그와는 무관한 수사기관이 증거를 사용하지 못하게 됨으로써 국가 사법기능의 사인의 행위에 의하여 좌우되는 결과가 발생된다. 예를 들면 다음과 같은 경우를 가정하자. 살인범이 집에 살인도구인 칼을 숨겨 두었다. 칼은 유일한 증거였다. 피해자의 유족은 어떤 경위로 살인범을 알게 되었고, 너무 화가 나서 피해자의 집에 침입하여 칼을 찾았다. 그때쯤 경찰도 살인범의 주거를 압수수색하기 위하여 압수수색영장을 발부받아 집행을 하려던 중이었다. 이 경우에 피해자의 위법행위로 말미암아 칼을 증거로 사용할 수 없다고 하면 결국 사인인 피해자의 우발적인 행위에 의하여 살인범을 처벌할 수 없는 지경에 이르게 된다. 범인을 처벌하여 사회질서를 유지해야 하는 공익성이 강한 사법작용이 사인에 의하여 좌우되는 지경에 이르러서는 안 된다.

다음으로 범죄자가 위법한 증거수집을 유인하여 면책의 수단으로 악용할 우려가 있다. 사인의 위법한 행위가 있으면 장차 증거물로 사용할 수 없다는 것을 알게 된다면, 범죄자로서는 이를 이용하고 싶은 강력한 유혹을 느끼게 된다. 인멸하거나 멸실시킬 수 없는 증거에 대하여 적당한 사람을 통하여 증거를 위법하게 수집하도록 하고, 위법성을 입증하는 경우에는 증거를 사용할 수 없게 되므로 피의자를 처벌할 수 없게 되는 경우가 많게 된다. 그런데 우리 형법상 피의자에 대하여서는 증거인멸 행위를 처벌할 수 없고, 증거인멸죄에는 친족간의 특례도 적용되기 때문에 현 법체제하에서는 위와 같은 행위를 처단하기도 어렵다. 위와 같은 위법행위가 피의자의 유도로 인한 경우에는 증거로 사용할 수 있도록 하게 하는 경우에도 피의자의 유도로 인한 것인지를 실제로 수사기관이 입증하는 것은 쉽지 않을뿐더러 상당한 사법비용 부담으로 귀결된다.

위법수집증거 배제는 기본적으로 수사기관이 위법행위를 억제하는 데에 목적이 있는 것이고, 사인의 위법행위, 즉 사인이 위법한 방법으로 증거를 수집하는 행위는 그 증거를 사용하지 못하도록 하는 것이 아닌 다른 방법으로 통제하여야 한다.

V. 결 론

대법원은 증거물의 증거능력에 대하여 압수절차에 위법이 있다고 하더라도 증거가치에 변함이 없다는 이유로 증거능력을 인정하고 있다. 이는 피고인 등의 증거인멸 행위, 거짓진술행위에 대하여 아무런 법적인 제재를 가할 수 없는 현실에 비추어 증거가치 있는 증거를 사용할 수 있도록 한다는 취지에 있어 실무적 입장에서 타당성이 있다. 그러나 수사기관의 위법한 수사를 억제하고, 사법의 염결성을 보장하기 위하여서는 원칙상 증거능력을 배제할 수 있도록 하는 것으로 방향전환을 검토할 필요가 있다. 이미 대법원 판례 중에는 임의성 없는 자백을 기초로 한 증거물은 증거능력이 없다고 판시한 것도 있다. 다만 위법수집증거를 배제할 경우에는 이와 아울러 피의자나 피고인의 증거인멸, 허위진술 등에 의한 사법의 염결성 침해행위에 대한 처벌규정도 마련될 필요가 있다.

증거물은 신빙성 등 증거가치가 높기 때문에 이를 배제할 경우에는 정확한 재판이라는 목적을 달성하기 어려워진다. 그러므로 실제 사건에 있어서 배제를 결정함에 있어서는 신중을 요한다. 증거를 배제하는 경우에 있어서는 단지 수사기관이 규정을 위배했다는 점뿐만 아니라, 그 경위, 동기, 증거의 가치, 사안의 중대성, 반복가능성, 사법정의에 미칠 영향 등을 종합적으로 고려하여 판단해야 한다. 만일 규정위반만을 기준으로 증거를 배제할 경우에는 미국과 같은 정도의 예외나 제한을 인정해야 한다.

사인이 위법하게 취득한 증거물인 경우에는 사법작용이 사인의 행위에 의하여 좌우되거나, 악용의 가능성이 크기 때문에 증거배제를 해서는 안 된다. 수사기관인지 사인인지, 적법하게 수집되었는지 혹은 위법하게 수집되었는지를 묻지 않고, 증거를 사용하는 것보다 사용하지 않는 것이 더 이익이 크게 되는 경우에는 이익형량의 원칙에 따라 증거의 사용을 제한하는 것이 독일의 이론인데, 법원이 사법적극주의 입장에서 판단하는 것이고, 행정작용에 개입하거나, 사인의 행위에 따른 증거능력 배제를 허용하게 되는 문제점을 가지므로 이 이론의 수용 여부는 상당히 신중히 검토해야 한다.

[주 제 어]

위법수집증거 배제, 증거사용 금지, 독수의 과실이론, 증거물, 배제기준

[Key words]

Exclusionary rule, Beweisverwertungsverbote, fruit of poisonous tree, real evidence, the standard of exclusion

[Abstract]

The Exclusionary Rule about the Real Evidence

An, Seong-Su*

The Supreme Court admits the real evidence in spite of the unlawfulness during the process of acquiring it. The reason of the theory is that truth-worthiness of the real evidence has not been changed by the fault of the investigation in gathering the evidence. Considering the lack of the Destruction of Justice statutes, the Supreme Court strikes the balances between the public interest and the protection of the private by admitting the real evidence on all occasions.

The reformed Criminal procedure law is going to introduce the exclusionary rule. The §302-2 stipulates that "The evidence which is not gathered by lawful process should be excluded." Comparing with other developed countries exclusionary rule, it is too broad.

For instance, PACE act §78 (1) in England says that "In any proceeding the court may refuse to allow evidence on which the prosecution proposes to rely to be given if it appears to the court that, having regard to all the circumstances, including the circumstances in which the evidence was obtained, the admission of the evidence would have such an adverse effect on the fairness of the proceedings that the court ought not to admit it." In Canada, the constitution §24 ② provides that "Where, in proceedings under subsection (1), a court concludes that evidence was obtained in a manner that infringed or denied any rights or

* Public Prosecutor, Incheon District Prosecutors' Office.

freedoms guaranteed by this Charter, the evidence shall be excluded if it is established that, having regard to all the circumstances, the admission of it in the proceedings would bring the administration of justice in to disrepute."

Even in the U.S., there are lots of exceptions to the exclusionary rule. The good faith theory, the harmless error rule, the standing, the restrictive application in Miranda rule violation. The collateral use are the examples.

The German's Beweisverwertungsverbote is the theory concerned about balancing test of the interest to protect the privacy. Thus basically it doesn't matter the manner of gathering the evidence. So it stats from quite different angle.

When it comes to our exclusionary rule, we must be prudent when we apply the rules to the real case. We don't have to exclude the real evidence solely because it is not obtained according to the process of law. We should take into account the motive of the police, the seriousness of the case, the deterrence effects, the influence on the administration of justice, the value of the evidence.

If the evidence is procured by private party, it should not be excluded. The criminal justice system don't have to depend on third party's action. Also there is the possibility that the third party or dependant will abuse the rule. There will be no remarkable deterrent effect, even if we remove the evidence on account of the private party's illegal behavior.

공판중심주의와 참고인진술조서

최 병 각*

[대상판결] 대법원 2006. 12. 8. 선고 2005도9730 판결

1. 사실관계

공소사실에 따르면, 유흥주점 업주들인 피고인들이 2002. 7. 하순 내지 8. 초순 보도방 업주인 구○환을 통하여 김○아 또는 채○숙을 불러 접객행위를 하게 한 다음 부근 숙박업소에서 화대 명목으로 22만 원을 받고 성행위를 하도록 하여 윤락행위를 직접 알선하였다는 것이다.

그러나 피고인들은 평소 보도방 소속 접객원들을 불러 접객행위를 하도록 한 사실은 있지만 윤락행위를 알선한 사실은 없고, 특히 공소사실 일시경 김○아, 채○숙을 피고인들 운영 유흥주점에 접객원으로 부른 사실이 있는지조차 분명하지 않다고 주장하였다.

검사가 제출한 증거들 중 김○아, 채○숙이 공소사실 일시경 피고인들 운영 유흥주점에 접객원으로 불려 간 사실을 뒷받침할 만한 증거는 김○아, 채○숙이 수사기관에서 한 진술이 사실상 유일한 증거인데, 위 각 진술은 2002. 8. 5. 김○아, 채○숙이 여의주 보도방에 대하여 압수수색 영장을 집행하던 경찰에 의하여 느닷없이 임의동행 형식으로 경찰서에 출석한 상태에서 단순히 기억에만 의존하여 약 보름 동안의 행적에 관하여 개괄적으로 언급한 것으로, 그 내용 중 일부 유흥주점 방문 시기는 서로 일치하지 않을 뿐 아니라, 방문 업소의 위치나 구체적으로 윤락행위를 알선한 자에 대하여는 다소 추상적으로 언급하고 있을 뿐이다. 그 외 수사기관에서 김○아, 채○숙이 지적한 유흥주점, 윤락행위 알선자 및 윤락행위가 이루어진 숙박업소를 확인하는 등의 방법으로 김○아, 채○숙의 진술의 신빙성이나 증명력을 보강할 만한 증거자료를 수집한 바는 없다.

---

* 동아대학교 법과대학 교수, 법학박사.

피고인들은 재판 과정에서 줄곧 김○아, 채○숙이 수사기관에서 한 진술의 모호성을 지적하며 두 사람의 법정 출석과 피고인들에 의한 반대신문 기회 보장을 강력히 요구하였지만, 소재불명 등으로 인하여 결국 두 사람의 법정 출석 및 반대신문은 성사되지 못하였고, 피고인들은 재판의 장기화에 따라 9회 또는 10회 공판기일에 가서야 부득이 수사기관이 작성한 조서를 증거로 함에 동의하기에 이르렀다.

2. 사건의 경과

제1심 법원(대전지방법원 2004. 7. 13. 선고 2003고단1522 판결)은 김○아에 대한 경찰진술조서 사본의 일부 진술기재는 선뜻 믿기 어렵고, 채○숙에 대한 경찰진술조서 사본의 진술기재에는 유흥주점 업주가 윤락행위에 어떻게 관여하였는지에 대하여는 아무런 진술을 하지 아니하고 있고, 통화사실확인자료회신의 기재 등 다른 증거들을 종합하여도 공소사실을 인정하기에는 부족하다고 판단하였다. 즉, 피고인들이 그 시기가 언제이든지 구자환을 통하여 접객원을 소개받은 사실은 분명히 있었다고 보일 뿐 아니라 상당 수의 유흥주점에서 이윤을 추구하기 위하여 손님들이 원하는 경우 거절하지 아니하고 윤락행위를 알선하고 있는 점 등을 고려할 때 피고인들이 공소사실 기재와 같은 범행을 저질렀을 수 있다는 의심이 들지 않는 것은 아니나, 피고인들이 위 공소사실 기재 범행을 저질렀다고 확신하도록 하기에 충분한 증거가 제출되지 아니한 이상 막연한 의심만을 가지고 유죄를 단정할 수는 없다고 판단하여 피고인들에게 각 무죄를 선고하였다. 이에 검사가 항소하였다.

항소심 법원(대전지방법원 2005. 11. 18. 선고 2004노1916 판결)은 김○아, 채○숙에 대한 경찰진술조서 사본의 진술기재는 신빙성이 있다고 보고, 보도방 업주 구○환의 진술과 보도방 운전기사 이○선의 진술 및 통화사실확인자료회신 등을 종합적으로 평가하면 공소사실을 인정하기 충분하다고 판단하였다. 즉, 제1심이 피고인들에 대한 이 사건 공소사실을 모두 무죄로 판단한 것에는 판결에 영향을 미친 사실오인의 잘못이 있다고 판단하여 제1심판결을 파기하고, 변론을 거쳐 피고인들을 각 벌금 200만 원에 처하는 유죄판결을 하였다. 이에 피고인들이 상고하였다.

3. 판결요지

우리 형사소송법이 채택하고 있는 공판중심주의는 형사사건의 실체에 대한 유죄·무죄의 심증 형성은 법정에서의 심리에 의하여야 한다는 원칙으로, 법관의 면전에서 직접 조사한 증거만을 재판의 기초로 삼을 수 있고 증명 대상이 되는 사실과 가장 가까운 원본 증거를 재판의 기초로 삼아야 하며 원본 증거의 대체물 사용은 원칙적으로 허용되어서는 안 된다는 실질적 직접심리주의를 주요 원리로 삼고 있다.

수사기관이 원진술자의 진술을 기재한 조서는 원본 증거인 원진술자의 진술을 대체하는 증거 방법으로, 원진술자의 진술을 처음부터 끝까지 그대로 기재한 것이 아니라 그 중 공소사실과 관련된 주요 부분의 취지를 요약하여 정리한 것이어서 본질적으로 원진술자의 진술을 있는 그대로 전달하지 못한다는 한계를 가지고 있고, 경우에 따라 조서 작성자의 선입관이나 오해로 인하여 원진술자의 진술 취지와 다른 내용으로 작성될 가능성도 배제하기 어렵다. 또, 조서에 기재된 원진술자의 진술 내용의 신빙성을 판단하는 데 불가결한 요소가 되는 진술 당시 원진술자의 모습이나 태도, 진술의 뉘앙스 등을 법관이 직접 관찰할 수 없다는 점에서 조서에 기재된 원진술자의 진술 내용은 그 신빙성 평가에 있어 근본적인 한계가 있을 수밖에 없다. 결국, 수사기관이 원진술자의 진술을 기재한 조서는 원본 증거인 원진술자의 진술에 비하여 본질적으로 낮은 정도의 증명력을 가질 수밖에 없다는 한계를 지니는 것이고, 특히 원진술자의 법정 출석 및 반대신문이 이루어지지 못한 경우에는 그 진술이 기재된 조서는 법관의 올바른 심증 형성의 기초가 될 만한 진정한 증거가치를 가진 것으로 인정받을 수 없는 것이 원칙이라 할 것이다.

따라서, 피고인이 공소사실 및 이를 뒷받침하는 수사기관이 원진술자의 진술을 기재한 조서 내용을 부인하였음에도 불구하고 원진술자의 법정 출석과 피고인에 의한 반대신문이 이루어지지 못하였다면, 그 조서에 기재된 진술이 직접 경험한 사실을 구체적인 경위와 정황의 세세한 부분까지 정확하고 상세하게 묘사하고 있어 구태여 반대신문을 거치지 않더라도 진술의 정확한 취지를 명확히 인식할 수 있고 그 내용이 경험칙에 부합하는 등 신빙성에 의문이 없어 조서의 형식과 내용에 비추어 강한 증명력을 인정할 만한 특별한 사정이 있거나, 그 조서에 기재된 진술의 신빙성과 증명력을 뒷받침할 만한 다른 유력한 증거가 따로 존재하는 등의 예외적인 경우가 아닌 이상, 그 조서는 진정한 증거가치를 가진 것으로 인정받을 수 없는 것이어서 이를 주된 증거로 하여 공소사실을 인정하는 것은 원칙적으로 허용될 수 없다 할 것이다. 이는, 원진술자의 사망이나 질병 등으로 인하여 원진술자의 법정 출석 및 반대신문이 이루어지지 못한 경우는 물론 수사기관의 조서를 증거로 함에 피고인이 동의한 경우에도 마찬가지이다.

결국, 수사기관이 김○아, 채○숙의 진술을 기재한 조서는 법관의 올바른 심증 형성의 기초가 될 만한 진정한 증거가치를 가진 것으로 인정받을 수 없는 것이어서, 이를 사실상 유일한 증거로 하여 이 사건 공소사실을 인정하는 것은 허용될 수 없다 할 것이다. 이와 달리, 수사기관이 김○아, 채○숙의 진술을 기재한 조서를 사실상 유일한 증거로 삼아, 그 증명력을 배척한 제1심을 뒤집고, 공소사실을 인정한 원심에는 수사기관이 작성한 조서의 증명력에 관한 판단을 그르친 채증법칙 위반의 위법이 있어, 그대로 유지될 수 없다 할 것이다. 그러므로 원심판결을 파기하고, 이 사건을 원심법원에 환송하기로 하여 관여 대법관의 일치된 의견으로 판결한다.

〔연　　구〕

I. 들어가는 말

사법개혁을 둘러싼 논의에 있어서 가장 큰 화두는 공판중심주의이다.[1)] 그러나 공판중심주의가 도대체 무엇을 뜻하는가도 분명하지 않고, 더욱이 공판중심주의의 강화를 내세운 구체적인 방안들이 과연 개혁의 올바른 방향을 지향하고는 있는가를 두고 논란이 그치지 않는다. 다만 공판중심주의에 있어 결국 증거법이 문제임은 확실하다.[2)] 특히 전문증거[3)]의 증거능력과 증명력에 대한 판단이 핵심이다.

우리 현행 형사소송법은 제310조의2에서 전문증거의 증거능력을 원칙적으로 부정하면서도 제311조부터 제316조까지 일정한 요건을 전제로 전문증거의 증거능력을 예외적으로 인정하고 있다. 또한 제318조에서 전문서류에 대하여 당사자의 동의가 있으면 증거능력을 인정한다. 다만 제317조를 두어 원진술의 임의성과 서류작성의 임의성이 없으면 전문증거의 증거능력을 부정하고 있다. 그러나 형사소송법은 제308조에서 자유심증주의를 규정하여 전문증거라도 그 증명력은 법관의 자유판단에 맡기고 있을 뿐이다.

사실 공판중심주의는 이른바 조서재판을 극복하자는 취지에 바탕하고 있다.[4)] 대체증거로 현출된 전문증거보다 원본증거인 공판정에서의 진술을 사실인정의 기초자료로 삼아야 한다는 것이다. 이는 전문증거의 증거능력과 증명력을 될 수 있으면 제한하는 것이 바람직하다는 논리

---

1) 신동운, "향후 형사법 개정의 방향: 형사소송법의 개정을 중심으로", 서울대학교 법학 제46권 제 1 호, 2005, 129면.

2) 신동운, "사법개혁추진과 형사증거법의 개정", 서울대학교 법학 제47권 제 1 호, 2006, 108면.

3) 전문증거는 사실인정의 증거자료가 되는 원진술을 내용으로 하는 증거방법인 진술증거를 의미하며, 전문서류와 전문진술로 나눌 수 있다. 원본증거란 피고인이나 증인이 자신의 체험사실을 직접 법원에 진술하는 공판정 진술 그 자체를 말한다. 따라서 전문증거는 대체증거일 뿐 원본증거와는 구별된다.

4) 조서재판 해체의 계기를 시민의 재판참여에서 찾는 견해는 심희기, "일제강점기 조서재판의 실태", 형사법연구 제25호, 2006, 331-354면.

로 이어진다.

그 동안 우리 대법원은 수사단계에서 작성된 전문서류의 증거능력을 인정함에 있어 그 법적 요건을 엄격히 적용하는 방향으로 움직여 왔다. 이러한 경향은 사법개혁의 추진과 함께 최근들어 좀더 뚜렷해지고 있다. 대상판결은 전문증거의 하나인 수사기관 작성의 참고인진술조서에 대하여 설혹 증거능력이 인정된다고 하더라도 원진술자의 공판정 출석과 반대신문이 없으면 그 조서에 기재된 진술의 증명력을 제한적으로 인정할 수밖에 없다고 판시함으로써 공판중심주의를 강조하고 있다.

이 글에서는 대상판결의 논리가 증거능력의 문제를 증명력의 문제로 너무 쉽게 바꾸어서 문제해결에 나선 것이 아닌가 하는 의문에서 출발한다. 무릇 증거능력이 없는 증거는 처음부터 증거조사의 대상에서 제외해야 한다. 또한 증거능력이 없는 증거를 사실인정의 자료로 사용할 수 없음은 물론이다. 대상판결에서 대법원이 수사기관이 작성한 참조인진술조서의 증명력을 문제삼은 것은 제1심에서 늦게나마 피고인의 증거동의가 있었기 때문에 그 조서의 증거능력을 인정할 수밖에 없었다는 사정에 기인한다. 그럼에도 전문증거가 사실인정의 자료로 들어오는 제1차 관문, 즉 입법자가 구체적으로 명시한 증거능력 요건을 충실히 지키지 못하였다는 비판을 면하기는 어렵다.

다만 대법원은 제2차 관문인 증명력 판단의 장에서 입법자가 허용한 자유심증주의에 대한 나름의 내재적 한계를 설정하고 있다. 그러나 전문증거의 증명력이 낮다는 판단의 근거로 제시하고 있는 사항은 바로 전문증거의 증거능력을 원칙적으로 배제하는 근본적인 이유이다. 그리고 전문서류는 신빙성에 근본적인 한계가 있다고 하면서도 공소사실을 인정하는 주된 증거로서의 증명력을 인정할 수 있는 예외사유로 제시한 것이 과연 공판중심주의의 논리적 귀결인지가 명쾌하지 않다. 아래에서는 공판중심주의의 관점에서 현행 형사소송법의 증거법제를 살펴본 다음, 대상판결의 사안을 중심으로 참고인진술조서의 증거능력과 증명력을 차례로 분석하기로 한다.

Ⅱ. 공판중심주의와 증거법제

1. 공판중심주의

대상판결에 따르면, 우리 형사소송법이 채택하고 있는 공판중심주의는 형사사건의 실체에 대한 유죄·무죄의 심증 형성은 법정에서의 심리에 의하여야 한다는 원칙으로서[5] 첫째, 법관의 면전에서 직접 조사한 증거만을 재판의 기초로 삼을 수 있다는 형식적 직접심리주의와 둘째, 증명 대상이 되는 사실과 가장 가까운 원본 증거를 재판의 기초로 삼아야 하며 원본 증거의 대체물 사용은 원칙적으로 허용되어서는 안 된다는 실질적 직접심리주의[6]를 주요 원리로 삼고 있다.

공판중심주의의 헌법적 기초는 공정한 재판을 받을 권리와 신속한 공개재판을 받을 권리이며,[7] 재판절차의 합헌성을 보장하고 공정한 재판이 이루어지기 위해서는 사건의 실체해명이 공개된 법정에서 공평한 법관을 통해 피고인의 방어권을 보장하면서 이루어져야 한다는 것이 공판중심주의의 본질적 내용이고,[8] 그 핵심은 공개주의, 구두주의, 직접주의, 집중심리 후 즉일선고라고 한다.[9]

여기에서 전문증거의 증거능력에 대하여 원칙적 부정과 예외적 인정을 규정하고 있는 우리 형사소송법이 과연 어떠한 맥락에서 입법되었으며,[10] 실무에서 어떻게 해석·적용되고 있는가 문제이다. 특히 공

---

5) 공판중심주의는 공소장일본주의의 이론적 근거로 논의되었다. 이재상, 형사소송법, 제 6 판, 박영사, 2002, 349면; 신동운, 형사소송법, 제 3 판, 법문사, 2005, 342면.

6) 전문증거배제의 법칙이 직접주의와 표리일체의 관계에 있다는 견해는 이재상, 349면. 실체적 직접주의는 통상의 전문법칙보다 그 적용범위가 넓다는 견해는 신동운, 342면.

7) 헌재결 1996. 12. 26, 94헌바1.

8) 신양균, "바람직한 형사재판의 방향: 공판중심주의의 재정립과 관련하여", 형사재판, 어떻게 바뀌어야 하는가, 대법원/한국형사법학회, 공개토론회(2003. 11. 24) 결과보고서, 14면.

9) 차동언, "한국형사사법의 미래를 생각하며", 대검찰청, 형사소송법 개정안 공청회: 국민을 위한 바람직한 형사사법절차의 모색, 2005. 5. 31, 20면.

10) 신동운, "제정형사소송법의 성립경위", 형사법연구 제22호, 2004, 159-221면.

판중심주의와는 어떠한 관련을 가지는가 살펴볼 필요가 있다.[11)]

2. 증거법제

우리 형사소송법은 제310조의2에서 전문증거의 증거능력을 원칙적으로 부정하고 있는 반면, 제311조부터 제316조까지 전문증거의 증거능력을 예외적으로 인정하고 있다. 제310조의2의 규정을 전문법칙만을 규정한 것으로 보는 견해(일원설)[12)]와 직접심리주의까지 규정한 것으로 보는 견해(이원설)[13)]가 대립하고 있다. 그러나 예외인정의 기준(요건)은 신용성의 정황적 보장과 전문증거의 필요성이라 한다.[14)]

우리 형사소송법이 대체증거인 전문증거의 증거능력에 대하여 어떻게 규정하고 있는가를 그 생성시기를 기준으로 살펴보기로 한다.

먼저, <u>피고인의 진술을 내용으로 하는 전문증거</u>의 증거능력은 다음과 같다. 첫째, 피고인이 작성한 진술서는 제313조 제1항 본문과 단서에 따라 자필이고 진정성립과 특신상태가 인정되어야 한다. 여기에서 피고인이 수사단계에서 작성·제출한 자술서에 대하여는 수사기관이 작성한 피의자신문조서와 동일한 요건(내용인정)을 갖추어야 증거능력을 인정한다.[15)]

둘째, 제3자가 피고인의 진술을 기재한 서류는 제313조 제1항 본문과 단서에 따라 피고인의 서명날인이 있고, 진정성립과 특신상태가 인정되어야 한다.

---

11) 공판중심주의의 실현을 위하여 현행 형사소송법 제310조의2 내지 제317조의 규정을 삭제하고 구술증거 우선의 원칙을 선언하고 증거조사의 필요성과 신빙성을 기준으로 예외를 개별적으로 인정하도록 하자는 주장은 신양균, "공판절차의 개선입법", 형사법연구 제22호, 2004, 285면.

12) 이재상, 503면; 임동규, 형사소송법, 제4판, 2004, 473면.

13) 신동운, 785-791면; 배종대/이상돈, 형사소송법, 제7판, 홍문사, 600-602면.

14) 이재상, 508면; 임동규, 474-475면; 신동운, 791-793면; 배종대/이상돈, 603-604면.

15) 대판 1982.9.14, 82도1479; 1983.7.26, 82도385; 1992.4.14, 92도442(사경작성 공동피고인에 대한 피의자신문조서는 피고인이 내용을 부인하면 증거능력이 없고, 검사작성 공동피고인에 대한 피의자신문조서는 원진술자인 공동피고인이 성립 및 임의성을 인정하면 증거능력이 있다).

셋째, 사경이 피고인의 진술을 기재한 서류인 피의자신문조서는 제312조 제 2 항에 따라 피고인이 내용인정을 하여야 한다. 여기에서 사경의 조사 당시 피고인의 진술을 들었다는 제 3 자의 증언,[16] 피고인을 조사한 사경의 증언,[17] 검사가 피고인을 조사한 사경을 대상으로 조사·작성한 참고인진술조서,[18] 사경 면전에서 피의자가 작성한 진술서[19] 등의 우회적 방법으로 사경 작성 피의자신문조서에 기재된 진술과 동일한 내용을 담은 증거의 증거능력은 인정되지 않는다.[20]

넷째, 검사가 피고인의 진술을 기재한 서류인 피의자신문조서는 제312조 제 1 항[21] 본문과 단서에 따라 진정성립과 특신상태가 인정되어야 한다. 여기에서 진정성립은 조서에 기재된 서명·날인·간인이 진술자의 것이라는 형식적인 진정성립과 조서에 기재된 내용이 진술자가 진술한 그대로 기재되었다는 실질적인 진정성립을 뜻하며, 형식적 진정성립이 인정된다고 하여 실질적 진정성립이 추정되지는 않는다.[22] 이러한 진정성립은 원진술자의 공판정에서의 확인진술만으로 인정되고,[23] 진정성립이 인정되지 않으면 특신상태만으로 증거능력을 인정할 수 없다.[24]

다섯째, 법관 면전에서의 피고인의 진술(제286조의 이익사실진술, 제

16) 대판 1983. 7. 26, 82도385.

17) 대판 1979. 5. 8, 79도493.

18) 대판 1994. 9. 27, 94도1905.

19) 대판 1982. 9. 14, 82도1479.

20) 이를 위법수사에 대한 예방장치라는 관점에서 옹호하는 견해는 신동운, 822-823면.

21) 서보학, "형사소송법 제312조 제 1 항의 위헌성과 형사소송법적 문제점", 형사법연구 제22호, 2004, 290-311면.

22) 대판 2004. 12. 16, 2002도537. 동 판결에 대하여 하태훈, "검사작성의 피의자신문조서와 참고인조서의 증거능력", 형사판례연구 제14집, 2006, 212-237면; 이완규, "조서의 증거능력과 진정성립의 개념", 형사판례연구 제14집, 2006, 238-293면 참조. 한편 검사작성 참고인진술조서의 진정성립에 관하여는 대판 1990. 10. 16, 90도1474.

23) 피고인이 진정성립을 부인하는 경우에 무인에 대한 감정이나 서명에 대한 필적감정 등의 방법으로 조서의 진정성립을 입증하는 것은 허용되지 않는다. 법원실무제요: 형사, 509면.

24) 대판 2007. 1. 25, 2006도7342.

287조의 피고인신문, 제303조의 최후진술)을 기재한 서류인 공판준비·공판조서는 제311조 제1문에 따라 당연히 증거능력이 인정된다. 여기에서 법관 면전의 진술이라 하더라도 증거보전(제184조),[25] 제1회 공판기일 전 증인신문(제221조의2), 영장실질심사(제201조의2), 체포·구속적부심사(제214조의2) 등의 절차에서 이루어진 피고인의 진술에 대하여는 제311조를 적용할 수 없다.[26] 그리고 다른 사건의 공판조서에 피고인의 진술이 기재된 경우에도 제315조 제3호의 적용[27]은 별론하되 제311조 제1문을 적용할 수 없다.[28]

여섯째, 피고인의 진술을 내용으로 제3자가 공판정에서 전문진술을 하는 경우 제316조 제1항에 따라 특신상태가 인정되어야 한다. 이를 표로 나타내면 다음과 같다.

〈표 1〉 피고인의 진술이 원진술인 전문증거

종 류	적용법조	증거능력 인정요건
피고인 작성 진술서	제313조 제1항	자필+진정성립+특신상태
제3자 작성 피고인진술기재서류	제313조 제1항	서명날인+진정성립+특신상태
사경 작성 피의자신문조서	제312조 제2항	내용인정
검사 작성 피의자신문조서	제312조 제1항	진정성립+특신상태
법관 면전 공판준비·공판조서	제311조	당연
제3자 공판정 전문진술	제316조 제1항	특신상태

다음으로, 피고인 아닌 자(증인)의 진술을 내용으로 하는 전문증거의 증거능력은 다음과 같다. 첫째, 피고인 아닌 자가 작성한 진술서는

25) 대법원 1984.5.15. 84도508 판결에 따르면 증거보전절차에서 피고인이 당사자로 참가하여 자신의 범행사실을 시인하는 전제하에서 증인에게 반대신문을 한 내용이 증인신문조서에 기재된 경우 그 진술기재에 관한 한 형사소송법 제311조에서 말하는 증인신문조서가 아니기 때문에 증거능력을 인정할 수 없다.

26) 신동운, 801면. 그러나 2004.1.16. 2003도5693 판결에 따르면 법원 또는 합의부원, 검사, 변호인, 청구인이 구속된 피의자를 심문하고 그에 대한 피의자의 진술 등을 기재한 구속적부심문조서는 제311조의 문서에는 해당하지 않으나 제315조 제3호에 의하여 당연히 그 증거능력이 인정된다.

27) 대판 1966.7.12, 66도617; 1964.4.28, 64도135.

28) 신동운, 795면.

第313조 제 1 항 본문에 따라 자필이고, 진정성립이 인정되어야 한다.

둘째, 피고인 아닌 자의 진술을 다른 제 3 자가 기재한 서류는 제313조 제 1 항 본문에 따라 서명날인이 있고, 진정성립이 인정되어야 한다.

셋째, 피고인 아닌 자의 진술을 사경이 기재한 서류인 사경작성 참고인진술조서는 제313조 제 1 항 본문에 따라 서명날인이 있고,[29] 진정성립이 인정되어야 한다. 여기에서 사경이 피고인과 공범관계[30]에 있는 자를 상대로 피의자신문조서를 작성한 경우 제313조 제 1 항 본문이 아니라 제312조 제 2 항이 적용되어 피고인이 내용인정을 해야 한다.[31]

넷째, 피고인 아닌 자의 진술을 검사가 기재한 서류인 검사작성 참고인진술조서는 제312조 제 1 항에 따라 진정성립이 인정되어야 한다. 여기에서 검사작성 공동피고인에 대한 피의자신문조서는 검사작성 참고인진술조서와 동일한 요건(진정성립)을 갖추어야 증거능력을 인정한다.[32]

다섯째, 피고인 아닌 자가 증거보전(제184조), 제 1 회 공판기일 전 증인신문(제221조의2), 공판준비・공판기일 증인신문(제273조, 제294조, 제294조의2, 제295조) 등의 절차에서 법관 면전에서 증인으로 한 진술을 기재한 조서는 제311조 제 1 문과 제 2 문에 따라 당연히 증거능력이 인정된다.

여섯째, 피고인 아닌 자의 진술을 내용으로 다른 제 3 자가 공판정에서 전문진술을 하는 경우 제316조 제 2 항에 따라 원진술자의 진술불능과 특신상태가 인정되어야 한다. 여기에서 피고인 아닌 자의 진술을 내용으로 피고인이 공판정에서 전문진술을 하는 경우에는 제310조의2

29) 대법원 1997. 4. 11. 96도2865 판결에서 피해자가 화상으로 서명을 할 수 없자 그 동생이 대신 서명날인한 사경작성 참고인진술조서에 대하여 제313조 제 1 항 소정의 형식적 요건을 결여한 서류로서 증거능력을 부정하였다.

30) 공범의 범위는 공동정범, 필요적 공범, 협의의 공범에 제한되고, 본범과 장물범, 본범과 사후종범은 포함되지 않는다는 견해는 임동규, "형사증거법상 '공범인 공동피고인'의 범위", 형사판례연구 제14집, 294-306면.

31) 대판 1986. 11. 11, 86도1783; 2004. 7. 15, 2003도7185.

32) 대판 1995. 5. 12, 95도484. 신동운, 803면.

에 따라 증거능력이 부인된다. 이를 표로 나타내면 다음과 같다.

〈표 2〉 피고인 아닌 자(증인)의 진술이 원진술인 전문증거

종 류	적용법조	증거능력 인정요건
증인 작성 진술서	제313조 제1항	자필+진정성립
제3자 작성 증인진술기재서류	제313조 제1항	서명날인+진정성립
사경 작성 참고인진술조서	제313조 제1항	서명날인+진정성립
검사 작성 참고인진술조서	제312조 제1항	진정성립
법관 면전 증인신문조서	제311조	당연
제3자 공판정 전문진술	제316조 제2항	원진술자 진술불능+특신상태

나아가 전문서류의 증거능력을 인정함에 있어 공판준비·공판기일에서 원진술자의 진술에 의한 진정성립이 요건임에도 원진술자가 사망, 질병, 외국거주 기타 사유로 인하여 진술불능인 경우에는 제314조에 따라 특신상태가 인정되면 증거능력이 인정된다. 여기에서 피고인의 진술을 원진술로 하는 전문서류의 경우 첫째, 궐석재판이 금지되어 피고인이 진술불능인 상태에서 공판절차가 진행되는 일은 없고, 둘째, 피고인 사망은 공소기각결정(제328조 제1항 제1호), 피고인 질병은 공판절차정지(제306조 제2항), 피고인 불출석은 증거동의 의제(제318조 제2항, 제277조, 제277조의2, 제330조, 제365조 제2항)의 사유가 될 수 있고, 셋째, 피고인에 의한 반대신문을 예상할 수 없기 때문에 원진술자인 피고인의 진술불능을 이유로 제314조를 적용하여 증거능력을 인정할 수 없다.[33] 더욱이 피고인이 법정에서 실질적 진정성립을 부인하면서 그 실질적 진술내용에 대해 진술을 거부하는 경우 제314조를 적용하여 증거능력을 인정할 수는 없을 것이다.[34]

이와 같이 전문서류의 증거능력을 인정하는 데 요구되는 진정성립,

33) 신동운, 812면, 823-824면, 835면. 한편, 대법원 2004. 7. 15. 2003도7185 판결에서 공동피의자에 대한 사경작성 피의자신문조서와 공동피의자의 자술서에 대하여 제312조 제2항을 적용한바, 공동피의자의 법정진술에 의하여 진정성립이 인정되더라도 피고인이 내용인정을 하지 않으면 증거능력이 부정되고, 제314조도 적용되지 않는다고 하였다.

34) 제주의 소리 2007. 1. 8.(공무원 선거개입 재판) 참조.

내용인정, 특신상태, 진술불능 등의 요건이 갖추어지지 않아서 증거능력이 부정되는 경우에도 제315조에 따라 특신정황에 의한 작성이 인정되거나 제318조에 따라 당사자의 증거동의가 있으면 증거능력이 인정된다.[35)]

그러나 우리 형사소송법은 제318조의2에서 전문증거 가운데 제312조 내지 제316조의 규정에 의하여 증거능력이 인정되지 않는 서류나 진술이라도 공판준비·공판기일에서의 피고인 또는 피고인 아닌 자의 진술의 증명력을 다투기 위한 증거인 탄핵증거로서의 증거능력을 인정하고 있다. 탄핵증거는 범죄사실의 존재를 증명하는 유죄증거로 사용할 수 없고,[36)] 오직 진술의 증명력을 다투기 위한 증거로만 사용해야 한다.[37)] 증거능력이 없는 전문증거가 탄핵증거로 제출되면 자칫 진술의 증명력을 다투는 정도를 넘어서 범죄사실의 존부 자체에 관한 법관의 심증에 영향을 미칠 수 있고,[38)] 바로 이 때문에 탄핵증거에 대한 증거조사 자체를 매우 신중히 결정해야 한다.[39)]

아울러 우리 형사소송법은 제308조에서 자유심증주의를 규정하여 전문증거라도 그 증명력은 법관의 자유판단에 맡기고 있다.

한편, 형사절차에서 증거능력과 증명력에 관한 법원의 판단에 대하여 피고인은 다음과 같은 방법으로 관여할 수 있다. 피고인은 증거결정에 대하여 사전의 의견진술(규칙 제314조)을 통해 진정성립, 내용인정, 임의성, 증거동의 여부를 밝혀 증거능력 인정에 영향을 미치고,

35) 대법원 1990. 10. 26. 90도1229 판결에서 사경 면전에서 작성한 진술서에 대하여 피고인이 내용인정을 하지 않더라도 증거동의가 있으면 증거능력이 인정된다고 하였다. 동 판결이 제312조 제2항에 우선하여 제308조를 적용한 것은 위법수사 방지의 입법취지에 비추어 부당하다는 견해는 신동운, 판례분석 형사소송법, 법문사, 2005, 251면.

36) 대판 1985. 5. 14, 85도441.

37) 대판 1969. 9. 23, 69도1028; 1976. 2. 10, 75도3433.

38) 신동운, 894면.

39) 대판 1978. 10. 31, 78도2292(출석 증인의 증언의 신빙성을 수사단계 참고인진술에 비추어 배척하였다); 1998. 2. 27, 97도1770(법정에서 탄핵증거로서의 증거조사는 필요하기 때문에 적어도 증거제출은 있어야 탄핵증거로 사용할 수 있다).

사후의 이의신청(제296조, 규칙 제135조)을 통해 증거능력 인정 여부를 다툰다. 또한 피고인은 증거조사결과에 대하여 의견진술(제293조)을 통해 증거능력 및 증명력 판단에 영향을 미칠 수 있다. 뿐만 아니라 상소(제361조의5, 제383조)를 통하여 증거능력과 증명력에 대한 법원의 판단에 불복할 수 있다.[40] 아래에서는 공판중심주의의 이념과 현행 형사소송법의 증거법제에 비추어 대상판결의 논리를 비판적으로 분석하기로 한다.

Ⅲ. 대상판결의 분석

1. 참고인진술조서의 증거능력

앞에서 살펴본 바와 같이 우리 형사소송법에 따르면, 수사기관이 작성한 참고인진술조서는 원진술자인 참고인이 공판준비·공판기일에 증인으로 출석하여 그 진정성립을 인정하거나(제312조 제1항, 제313조 제1항), 당사자인 검사와 피고인의 증거동의가 있어야(제318조) 증거능력이 인정된다. 물론 이 경우 증거능력이 문제되는 것은 조서 자체가 아니라 조서에 기재된 내용인 참고인진술이다.[41] 또한 원진술의 임의성과 서류작성의 임의성이 증거능력 인정의 절대적 필수요건임은 두말의 여지가 없다(제317조).[42]

대상판결의 사안에서 검사가 공소사실을 입증하기 위하여 사경작성의 참고인진술조서를 제출하였다. 그러나 피고인들은 그 참고인진술조서에 대하여 증거동의를 하지 않고, 오히려 참고인의 법정 출석과 참고인에 대한 반대신문의 기회를 보장할 것을 강력히 요구하였다. 그럼에도 소재불명 등으로 인하여 참고인의 법정출석과 그에 대한 반대신

40) 최병각, "증거능력이 없는 증거에 의한 사실인정과 무해한 오류", 형사판례연구 제8집, 476-501면.

41) 이완규, 형사소송법특강: 이념과 현실의 균형을 위한 모색, 법문사, 2006, 255-256면.

42) 전문증거에 대하여 증거동의가 있으면 임의성 조사 없이 증거능력을 부여할 수 있지만, 임의성이 부정되면 탄핵증거로도 사용할 수 없다. 신동운, 852면, 898면.

문은 이루어지지 못하였다.[43] 이러한 사정으로 재판이 장기화되었고, 피고인들은 9회 또는 10회 공판기일에 가서야 부득이 문제의 참고인진술조서를 증거로 함에 동의하였다.

피고인이 검사가 신청한 증거방법이나 법원이 직권으로 채택한 증거방법에 대하여 증거동의를 거부하면, 달리 일정한 요건이 갖추어져 증거능력이 인정되지 않는 한, 아예 증거조사를 할 수 없는 것이 원칙이다. 그럼에도 형사실무에서는 증거결정을 변론종결시까지 보류할 수 있다고 하고,[44] 증거동의도 증거조사가 이루어진 다음에 행하더라도 유효하다고 한다.[45]

뿐만 아니라 실무에서는 증인의 소재탐지촉탁에도 불구하고 증인의 소재를 알 수 없는 경우 쉽사리 형사소송법 제314조[46]를 적용하여 그 증인의 진술조서에 대하여 증거능력을 부여하고 있다.[47] 이러한 실무운영은 법원이 수사기관의 일방적인 조사결과를 여과 없이 받아들이는 결과가 되어 곧바로 재판에 대한 불신으로 이어질 우려가 있고, 원진술자의 소재불명이나 진술불능이 있으면 당연히 증거능력이 부여된다는 관념 때문에 검찰측 증인의 송달불능은 피고인측의 탄핵기회를

43) 실무에서 법원은 증인소환장이 송달불능되면 검사에게 주소보정명령을 하는 이외에 경찰에 대하여 직접 소재탐지촉탁을 하는데, 실제 경찰에서는 소재탐지 업무를 매우 소홀히 취급하고 있으며, 심지어 증인의 주소지에 직접 나가보지도 아니한 채 전화로만 확인한 후 소재탐지불능 회보를 하는 경우도 적지 아니하다고 한다. 오기두, "피의자신문조서 등의 증거능력", 10-11면.

44) 법원행정처, 법원실무제요: 형사, 제 2 판, 1998, 540면.

45) 신동운, 883면.

46) 헌법재판소는 1998. 9. 30. 97헌바51 결정에서 직접주의와 전문법칙의 예외를 규정한 형사소송법 제314조는 공정한 공개재판을 받을 권리와 무죄추정을 받을 권리를 본질적으로 침해하거나 형해화했다고 할 수 없고 적법절차에도 합치되므로 헌법에 위반되지 아니한다고 판시했는데, 반대의견으로 무죄추정을 받는 피고인의 법정진술보다 우선하여 검사작성의 피고인이 된 피의자에 대한 피의자신문조서를 믿게 하는 것이나 다름이 없고, 그것은 곧 법관에 의한 공정한 재판을 받을 권리의 한 보장으로서의 공판중심주의에 현저히 반하고, 수사 및 소추의 주체인 검사로 하여금 특히 수사단계에서의 자백의 확보에 주력하게 함으로써 현실적으로 인권침해의 가능성을 높이는 것이 되기 때문에 입법재량의 한계를 넘어 위헌이라는 주장이 있었다.

47) 98도1923; 2000도1765.

박탈하는 결과가 되어 유죄입증에 있어서 오히려 유리한 것처럼 여겨지고 있다고 한다.48)

생각건대 전문증거의 증거능력이 확인되지 아니하면 아예 증거조사에서 배척해야 함에도 일단 증거조사부터 한 다음 나중에 증거능력을 따져 사실인정의 자료로 삼을지 여부를 결정하는 방식은 직접심리주의 내지 공판중심주의를 통하여 추구하는 바를 외면하는 결과가 될 수 있다고 하겠다. 특히 공판중심주의가 집중심리주의의 실현을 전제로 할 때에 제대로 구현될 수 있다는 점에 비추어, 사안에서 드러나듯 공판기일을 계속 미룸으로써 참고인의 법정 불출석에 아무런 책임도 없는 피고인들에게 사실상 증거동의를 압박하는 처사는 소송절차에 관한 법령위반으로 판결에 영향을 미친 경우에 해당한다고 하겠다. 항소법원은 판결에 영향을 미친 사유에 대하여는 항소이유서에 포함되지 아니한 경우에도 직권으로 심판할 수 있고(제364조 제 2 항), 상고법원도 판결에 영향을 미친 법령위반의 경우에는 상고이유서에 포함되지 아니한 때에도 직권으로 심판할 수 있다(제384조). 결국 대법원은 채증법칙위반에 의한 사실오인이 아니라 소송절차에 관한 법령위반을 우선적으로 지적했어야 한다고 하겠다. 왜냐하면 증거능력의 문제로 일찍이 해결했어야 할 사안을 증명력의 문제로 변경시켜 억지로 해결하고자 하는 것은 바람직스럽지 못하기 때문이다. 전문증거의 증명력을 제한하는 것이 간접적으로 공판중심주의의 구현에 기여함은 사실이다. 그러나 증거능력과 증명력이 엄연히 준별되고 있고,49) 반대신문의 기회보장이 증거능력의 문제인 반면 반대신문의 실제효과는 증명력의 문제이다.50) 따라서

48) 오기두, "피의자신문조서 등의 증거능력", 11면.

49) 증거가 엄격한 증명의 자료로 사용될 수 있는 법률상의 자격인 증거능력은 입법자에 의하여 형식적·객관적으로 결정되는 반면, 문제되고 있는 사실을 증명할 수 있는 증거의 실질적 가치, 즉 신용성을 말하는 증명력은 법관의 주관적 판단대상이 된다. 신동운, 756면.

50) 대법원 2001. 9. 14. 2001도1550 판결에서 검사작성의 참고인진술조서에 대하여 원진술자가 공판기일에서 진정성립을 인정하면 증거능력이 인정되고, 원진술자가 공판기일에서 조서내용과 다른 진술을 하거나 변호인 또는 피고인의 반대신문에 대하여 아무런 답변을 하지 아니하였다 하여 곧 증거능력을 부정할 사유가 되지 아

대상판결의 사안과 같이 반대신문의 기회조차 없었다면 증거능력을 부정하는 것이 공판중심주의를 실현하는 정도라고 하겠다.

2. 참고인진술조서의 증명력

대상판결은 수사기관이 작성한 참고인진술조서는 비록 증거능력이 인정되더라도 원진술자의 공판정 출석과 피고인에 의한 반대신문이 이루어지지 못하면 진정한 증거가치, 즉 공소사실을 인정하는 증명력을 제대로 인정받지 못한다고 판시하고 있다.

주지하는바, 우리 형사소송법은 제308조에서 "증거의 증명력은 법관의 자유판단에 의한다"고 규정하여 자유심증주의를 원칙으로 하고 있고, 자백과 관련하여 제310조에서 "피고인의 자백이 그 피고인에게 불이익한 유일의 증거인 때에는 이를 유죄의 증거로 하지 못한다"고 함으로써 자백보강법칙을 통하여 자유심증주의를 제한할 뿐, 참고인진술에 대하여는 명문규정에 의한 입법적 제한을 두고 있지 않다. 그러나 증거의 증명력에 대한 법관의 자유심증은 합리적 이성에 바탕을 두어야지 恣意로 할 수는 없다. 이러한 맥락에서 논리칙과 경험칙에 어긋난 증명력 판단은 자유심증주의의 한계를 벗어난 것으로 허용되지 않으며, 이로 인한 사실오인의 위법을 통상 채증법칙위반이라 한다.[51)]

그동안 증거서류의 증명력과 관련하여 공판조서에 기재된 내용이 공판정 외에서 작성된 조서의 기재내용보다 증명력이 더 강한 것은 아니라는 판결[52)]과 피고인의 공판정에서의 진술이 증거서류에 기재된 내용에 비하여 우월한 증명력을 가지는 것도 아니라는 견해[53)]가 있었다.

그러나 최근 들어 대법원은 실질적 직접심리주의를 강조하면서 증

니하지만, 증인이 반대신문에 대하여 답변을 하지 아니함으로써 진술내용의 모순이나 불합리를 드러내는 것이 사실상 불가능하였다면 그 사유가 피고인이나 변호인에게 책임 있는 것이 아닌 한 그 진술증거는 법관의 올바른 심증형성의 기초가 될 만한 진정한 증거가치를 가진다고 보기 어렵다고 판시하였다.

51) 신동운, 1118면.

52) 대판 1986. 9. 23, 86도1547.

53) 신동운, 930면.

인의 모습과 태도를 직접 관찰한 제1심이 증인의 진술에 대하여 그 신빙성을 인정할 수 없다고 판단하였음에도 불구하고 증인신문조서를 포함한 기록만을 자료로 삼아 신빙성 유무를 판단하는 항소심은 예외적인 경우가 아니면 제1심의 판단을 함부로 뒤집어서는 아니 된다고 판시하면서 제1심 증인이 한 진술의 신빙성에 대한 판단을 함에 있어 공판중심주의와 직접심리주의에 어긋남으로써 채증법칙을 위반한 위법이 있다는 이유로 항소심 판결을 파기하였다.[54] 이는 원본증거의 증명력이 대체증거의 증명력보다 원칙적으로 우월하다는 것이다.

대상판결의 사안에서 참고인진술조서의 진술기재의 신빙성에 관하여 제1심과 항소심의 판단이 서로 달랐는데,[55] 대법원이 실질적 직접심리주의에 입각하여 참고인이 증인으로 공판정에 출석하여 진술하지 않으면 참고인진술조서의 기재내용에 대하여 이를 사실상 유일한 증거로 하여 공소사실을 인정할 만큼의 증명력을 인정할 수 없다고 판시하면서 제1심의 증명력 판단에 동조하고 있다. 이로써 대체증거인 전문증거의 증명력이 원본증거의 증명력에 비하여 열등할 뿐만 아니라 그 자체로서도 증명력이 매우 제한적으로만 인정될 수밖에 없다는 새로운 법리를 제시하였다. 아래에서는 대법원이 제시한 법리를 좀더 명확하게 분석하기로 한다.

대상판결에서 대법원은 수사기관이 원진술자의 진술을 기재한 조서는 원본 증거인 원진술자의 진술을 대체하는 증거 방법이라고 하면서, 첫째, 원진술자의 진술을 처음부터 끝까지 그대로 기재한 것이 아니라 그 중 공소사실과 관련된 주요 부분의 취지를 요약하여 정리한 것이어서 본질적으로 원진술자의 진술을 있는 그대로 전달하지 못한다는 한계를 가지고 있다는 점, 둘째, 경우에 따라 조서 작성자의 선입관이나 오해로 인하여 원진술자의 진술 취지와 다른 내용으로 작성될 가능성도 배제하기 어렵다는 점, 셋째, 조서에 기재된 원진술자의 진술

54) 대판 2006. 11. 24, 2006도4994.

55) 그러나 제1심과 항소심이 모두 동일한 대체증거의 증명력을 문제삼고 있다.

내용의 신빙성을 판단하는 데 불가결한 요소가 되는 진술 당시 원진술자의 모습이나 태도, 진술의 뉘앙스 등을 법관이 직접 관찰할 수 없다는 점을 지적하고 있다. 이 때문에 조서에 기재된 원진술자의 진술 내용은 그 신빙성 평가에 있어 근본적인 한계가 있을 수밖에 없다고 한다. 다시 말해서 수사기관이 원진술자의 진술을 기재한 조서는 원본 증거인 원진술자의 진술에 비하여 본질적으로 낮은 정도의 증명력을 가질 수밖에 없다는 한계를 지닌다는 것이다. 나아가 특히 원진술자의 법정 출석 및 반대신문이 이루어지지 못한 경우에는 그 진술이 기재된 조서는 법관의 올바른 심증 형성의 기초가 될 만한 진정한 증거가치를 가진 것으로 인정받을 수 없는 것이 원칙이라고 한다.

그러나 생각건대 대상판결이 지적하는 세 가지 사항들과 이에 따른 낮은 신빙성 내지 증명력은 바로 전문증거의 증거능력을 부인하는 실질적인 이유라고 하겠다. 전문증거의 증거능력을 원칙적으로 부정하는 이유를 전문증거의 증거능력이 예외적으로 인정된 경우에 그 증명력을 판단하는 기준으로 삼는다고 하여 굳이 부당한 것은 아니다. 그럼에도 새삼 끄집어내어 재활용하는 것이 꼭 필요한 것은 아니라 하겠다.

대상판결의 사안에서 피고인이 공소사실 및 이를 뒷받침하는 수사기관이 원진술자의 진술을 기재한 조서 내용을 부인하였음에도 불구하고 원진술자의 법정 출석과 피고인에 의한 반대신문이 이루어지지 못하였다. 여기에서 실제 사안에서와 반대로 원진술자의 법정 출석과 피고인에 대한 반대신문이 이루어진 경우라면 참고인진술조서의 기재내용인 진술의 증명력은 별다른 제한을 받지 않는다는 결론을 내릴 수 있는가 문제될 수 있다. 다시 말해서 수사기관에게 참고인으로 한 진술이든 법관 면전에서 증인의 자격으로 반대신문을 받으면서 한 진술이든 각 진술의 증명력 판단은 법관의 자유심증에 맡길 뿐 따로 우열이 없는 것인지, 아니면 전자에 비하여 후자가 더 높은 정도의 증명력을 가진다는 것인지 분명하지 않다. 이는 특히 양자의 진술이 모순되는 경

우 어떤 진술을 사실인정의 자료로 삼을 것인가를 결정할 때 중요한 의미를 가진다.[56]

우리 형사소송법은 제184조의 증거보전절차를 마련하고 있는바, "미리 그 증거를 보전하지 아니하면 그 증거를 사용하기 곤란한 사정"에 증인이 앞으로 전의 진술과 다른 진술을 할 염려가 있는 때도 포함된다.[57] 증거보전절차에서 증인이 진술한 내용이 증인신문조서에 기재되면 법관의 조서로서 절대적 증거능력이 인정되고(제311조 제2문), 요지고지의 방식으로 증거조사가 이루어진다(제292조 제1항). 그런데 그 증인이 공판정에 출석하여 종전의 진술내용을 번복하는 진술을 했을 경우 원본증거인 공판정 진술이 대체증거인 조서기재 진술보다 반드시 상대적으로 우월한 증명력을 가진다는 주장은 증거보전절차를 둔 입법취지에 어긋난다. 뿐만 아니라 이와 같은 증명력 판단은 논리칙이나 경험칙에도 위반하는 오류이다. 결국, 원본증거인가 대체증거인가라는 형식적 기준에 의하여 전자가 후자에 비하여 무조건 높은 증명력을 가진다는 논리는 타당하지 않다고 하겠다. 이러한 맥락에서 수사단계 참고인 진술에 비하여 공판정에서의 증인 진술이 반드시 높은 증명력을 가지는 것은 아니라 하겠다.

그럼에도 대상판결은 첫째, 수사기관의 참고인진술조서에 기재된 진술이 직접 경험한 사실을 구체적인 경위와 정황의 세세한 부분까지 정확하고 상세하게 묘사하고 있어 구태여 반대신문을 거치지 않더라도 진술의 정확한 취지를 명확히 인식할 수 있고 그 내용이 경험칙에 부합하는 등 신빙성에 의문이 없어 조서의 형식과 내용에 비추어 강한 증명력을 인정할 만한 특별한 사정이 있는 경우나 둘째, 수사기관의 참고인진술조서에 기재된 진술의 신빙성과 증명력을 뒷받침할 만한 다른 유력한 증거가 따로 존재하는 경우와 같은 예외적인 사유가 없다면 그 조서, 보다 정확히는 그 기재내용인 참고인진술은 "진정한 증거가치"를

56) 미국과 독일의 해결방식에 대한 소개는 이완규, 형사소송법특강, 346-370면 참조.
57) 헌재결 1996. 12. 26, 94헌바1; 신동운, 242면.

가진 것으로 인정받을 수 없다고 판시하면서, 이를 주된 증거로 하여 공소사실을 인정하는 것은 원칙적으로 허용될 수 없다는 결론을 내리고 있다. 아울러 대상판결은 이러한 법리는 원진술자의 사망이나 질병 등으로 인하여 원진술자의 법정 출석 및 반대신문이 이루어지지 못한 경우나 수사기관의 참고인진술조서에 대하여 피고인이 증거동의를 한 경우에도 마찬가지임을 확인하고 있다.

생각건대 수사기관이 원진술자의 진술을 기재한 조서에 대하여 조서의 형식과 내용에 비추어 조서에 기재된 진술에 강한 증명력을 인정할 만한 예외적인 경우에만 진정한 증거가치를 인정받아 이를 주된 증거로 공소사실을 인정할 수 있다는 논리는 특별히 문제될 것이 없다. 오히려 대체증거의 증명력 판단에 매우 엄격한 기준을 내세움으로써 우회적으로 공판정에서 원본증거를 제출하여 사건의 실체를 다툴 것을 강조한다는 점이 돋보인다고 하겠다.

그러나 수사기관이 원진술자의 진술을 기재한 조서에 대하여 원본증거인 원진술자의 진술에 비하여 본질적으로 낮은 정도의 증명력을 가질 수밖에 없다는 한계를 지닌다는 것을 전제로 조서에 기재된 진술의 신빙성과 증명력을 뒷받침할 만한 다른 유력한 증거가 따로 존재해야만 그 조서는 진정한 증거가치를 인정받고, 이를 주된 증거로 공소사실을 인정할 수 있다는 논리는 아무래도 문제될 소지가 적지 않다. 이러한 논리는 적어도 공판정에서의 증언과는 구별되는 참고인진술, 즉 수사단계의 증언에 대하여 자백과 마찬가지로 보강증거가 필요하다는 취지에 다름 아니다. 여기에서 입법자가 명시적으로 도입하지 아니한 자유심증주의의 제한원리를 사법부에서 법해석을 통하여 새롭게 설정할 수 있는가는 크게 문제되지 않을 것이다. 오히려 문제는 과연 공판중심주의 내지 실질적 직접심리주의에서 출발하여 이를테면 "증언보강법칙"을 도출할 수 있는가 하는 것이다.

그러나 생각건대 수사기관이 피의자를 신문하는 것이나 참고인을 조사하는 것이나 신문방식과 조서작성방법에 있어 실질적으로 큰 차이가 없다. 그리고 피의자신문이든 참고인조사이든 수사과정에 인권침해나 위법 내지 탈법의 가능성이 있음을 전적으로 부정할 수 없다. 또한 자백과 마찬가지로 증언에도 허위개입의 여지가 분명히 존재한다. 아울러 진술증거에 지나치게 의존한다는 점에서 증언에 편중하는 수사나 재판도 자백위주의 수사나 재판에 버금가는 폐단을 야기할 수 있다. 이러한 맥락에서 참고인진술조서에 기재된 진술의 증명력에 엄격한 기준을 적용하고 보강증거까지 요구하는 것이 수사기관에게 엄청난 부담을 부당하게 지우는 것은 아니라 하겠다. 특히 대상판결에서 제시된 증언보강법칙은 궁극적으로 피고인의 반대신문권을 보다 철저히 보장해야 한다는 요청에 적극적으로 기여할 수 있을 것이다. 다만, 우리 형사소송법이 수사기관의 참고인진술조서에 대하여 달리 그 증명력을 따로 제한하지 않고 있음에 비추어 대상판결이 밝힌 새로운 법리는 애써 전문법칙 또는 직접심리주의의 예외를 마련한 입법취지를 너무 지나치게 옭죄는 결과를 가져올 수 있다는 비판이 가능하다. 게다가 가뜩이나 참고인이 수사에 응하지 않아도 달리 강제할 방법이 없을 뿐만 아니라 증인의 허위진술이나 진술번복의 우려로 수사 및 소추에 어려움이 적지 않다는 현실에 비추어 그 적용에는 신중을 기해야 할 것이다.

Ⅳ. 맺 음 말

수사기관이 범죄혐의가 있는 자나 범죄관련사실을 아는 자를 수사하여 그 진술을 서면에 기록한 것을 재판에서 증거로 제출한 경우 법원이 이를 기초로 사실인정을 하고 유무죄를 판단하려면 서면에 기재된 진술이 증거능력과 증명력을 갖추고 있음을 먼저 확인해야 한다. 우리 현행 증거법제는 증거능력에 대하여 자백배제법칙과 전문법칙을 마련하고 있고, 증명력과 관련하여 자유심증주의와 자백보강법칙을 두고 있다. 그러나 증거법제 자체의 체계와 내용이 복잡하기도 하지만, 실무에서 서로 다른 이해관계가 충돌하면서 증거법제의 해석·적용에 있어 논란이 끊이지 않고 있다. 더욱이 사법개혁 내지 공판중심주의를 내세운 증거법제의 개정문제를 둘러싸고는 엄청난 마찰이 불거지고 있다. 대상판결에서 대법원은 참고인진술조서가 증거동의에 의하여 증거능력이 인정되어도 원진술자의 공판정 출석과 그에 대한 반대신문이 없이는 증명력을 제대로 인정받을 수 없다고 판시함으로써 조서재판의 비난을 벗고 공판중심주의로 나아가고자 하는 법원의 입장에 충실하고 있다.

앞에서 살핀 바와 같이 우리 형사소송법은 전문서류의 작성주체에 따라 증거능력의 인정요건을 달리 규정하고 있는바, 수사기관이 작성한 조서의 경우 내용인정(제312조 제2항)이나 진정성립(제312조 제1항, 제313조 제1항)이 주로 문제된다. 그러나 수사기관의 조서는 진술의 임의성만 부정되지 않으면 증거동의를 통하여 증거능력이 인정될 수 있고, 나아가 증거능력이 없어도 탄핵증거로는 얼마든지 사용될 수 있다. 게다가 수사기관의 조서에는 유무죄의 입증과 관련된 사실에 대한 진술만이 아니라 양형판단에 관한 사실의 진술까지 뒤섞여 기재되는 것이 통례이고, 조서에 대한 증거조사는 요지고지의 방식에 의하여 한꺼번에 이루어진다. 이러한 맥락에서 수사기관의 조서의 증거능력과 증명력에 대하여 아무리 엄격한 기준을 설정하여도 실제 재판에서 증거능력문제가 증명력문제에 앞서서 검토되지도 않고, 더욱이 탄핵증거의 자격요건(증거능력)에 대하여 별다른 제한도 없거니와 유무죄절차와 양형절차가 구분되지도 아니한 점에 비추어 그 실질적인 의미는 크다고 할 수 없겠다.

대상판결의 사안에서 대법원이 원진술자의 불출석을 이유로 참고인진술조서의 증명력을 제대로 인정하지 아니한 것은 분명 공판중심주의의 구현을 위한 또 하나의 한걸음이지만, 형사절차에서 피고인의 반대신문권이 가지는 진정한 의미와 공판중심주의의 실현에 있어서의 법원의 역할과 책무에 초점을 맞추어 증거능력의 차원에서 문제를 해결하지 못한 아쉬움이 있다. 증거법제의 개정과 배심제의 도입이 추진되고 있는 현 상황을 고려하면 조바심마저 불러일으킨다. 아울러 대법원이 대상판결을 통하여 자유심증주의에 대한 자율적 제한이라고 할 수 있는 증언보강법칙을 제시한 것이 앞으로 재판과 수사의 실무에 어떠한 영향을 가져올지도 지켜 보아야 할 것이다.

[주 제 어]
전문법칙, 참고인진술조서, 반대신문권, 증거능력, 신빙성

[Key words]
Hearsay Rule, Recorded Statement of Witnesses, Confrontation Right, Admissibility, Credibility

[Abstract]

Admissibility and Credibility of Recorded Statements of Witnesses

Choi, Byung-Gak*

The hearsay rule was introduced into the Criminal Procedure Law by the Act No. 705, Sep. 1, 1961 in Korea. Any document which contains statements in place of the statements made at the preparatory hearing or at the public trial shall not be admitted as evidence of guilt except as provided by a few articles of the Criminal Procedure Law(§310-2). The investigation report which contains statements of witnesses prepared by the public prosecutors or by the judicial police officers may be introduced into evidence if the genuineness thereof is established by the person who made original statements at the preparatory hearing or at the public trial(§312 (1), §313 (1)). If the witnesses are unable to be present or to testify at the preparatory hearing or at the public trial because of death, sickness, residing abroad or other reasons, the recorded statements of witnesses are not excluded by the hearsay rule(§314). And the probative value of evidence shall be left to the discretion of the judges(§308).

Recently the innovative reformation of trial has been the hottest issue and the Criminal Procedure Law is amended by the Act No. Apr. 30, 2007. During that turmoil the Supreme Court ruled that even though the admissibility of recorded statements of witnesses is accepted on the basis of agreement between adversarial parties(§318), the credibility of those statements is

* Professor, College of Law, Dong-A University, Ph.D. in Law.

extremely restricted in the case the confrontation right of the defendant is limited. The witness-investigation report may have probative values when the recorded statements are so accurate that they are self-evident or if other evidences collaborate the reliability of the recorded statements.

사법경찰관작성 피의자신문조서와 탄핵증거

이 완 규*

[대상판결] 대법원 1998. 2. 27. 선고 97도1770 판결
[참조판결] 대법원 2005. 8. 19. 선고 2005도2617 판결

[공소사실]

피고인은, 1995. 9. 16.경 피고인 경영의 회사 사무실에서, 같은 달 3. 침투한 북한 조선노동당 사회문화부 소속 대남공작원 갑을 만나 그로부터, 북에서 온 조선노동당 연락원이라는 등의 말을 듣고 공작원의 신분과 피고인을 찾아온 목적을 알게 되었고, 같은 해 9. 20.경 다시 위 공작원을 만나 같이 일하자고 하는 제의를 받았으나 이를 거절한 일이 있는 등 갑이 반국가단체인 북한 공산집단의 구성원으로서 북한에서 남파된 간첩으로 피고인을 포섭하려 한다는 정을 알면서도 이를 수사기관 또는 정보기관에 고지하지 아니하였다.

[1심의 경과]

피고인은 수사단계에서부터 공판정에 이르기까지 갑을 만난 사실 자체를 완강히 부인하고 피고인이 갑을 만났다고 하는 일시에 자신은 다른 장소에 있었다는 알리바이를 주장하면서 이를 입증할 만한 여러 증거를 제시하였다.

공소사실에 부합하는 증거로는 공소사실 기재와 같이 피고인을 만난 일이 있다는 공작원 갑의 진술이 있고, 갑의 진술을 뒷받침하는 증거로는 갑과 같이 남파된 다른 공작원이 작성한 수첩의 기재 등이 있었다.

* 광주지방검찰청 부부장검사, 법학박사.

1심은 피고인의 알리바이 주장 및 갑이 피고인을 사무실에서 만났다는 일시에 사무실에 있었다는 직원 A의 피고인의 알리바이 주장에 부합하는 진술 등에 비추어 공작원 갑의 진술을 믿을 수 없다고 하고 나머지 증거로는 공소사실에 대한 증거로 되기에 부족하다는 이유로 피고인에 대하여 무죄를 선고하였다.

[2심의 경과]

검사가 이에 대하여 항소하면서 제1심이 무죄로 한 이유에 대하여 증거를 보강하여 피고인의 알리바이를 부정할 만한 증거 등을 제시하였고, 이에 따라 2심은 공작원 갑의 진술이 신빙성이 있고, 오히려 피고인이 제시한 증거들이 신빙성이 없다고 하여 제1심판결을 파기하고, 유죄를 선고하였다.

이때 2심은 공작원 갑의 진술이 신빙성이 있고, 피고인의 진술이 신빙성이 없다고 판단하면서 특히 피고인의 법정에서의 일부 진술(피고인 사무실 직원의 수, 피고인의 운전면허 취소 여부, 호출기의 호출번호 등)과 모순되는 내용이 기재되어 있는 사법경찰리 작성의 피고인에 대한 피의자신문조서와 경찰에서 피고인이 작성한 자술서를 피고인이 내용을 부인하였음에도 피고인의 법정에서의 일부 진술을 탄핵하기 위한 증거로 사용하였다.

이에 피고인이 상고하면서 증거능력이 없는 사법경찰관작성 피의자신문조서와 피고인의 자술서를 탄핵증거로 사용한 것은 위법하다고 주장하였다.

[대법원 판결요지]

사법경찰리 작성의 피고인에 대한 피의자신문조서와 피고인이 작성한 자술서들은 모두 검사가 유죄의 자료로 제출한 증거들로서 피고인이 각 그 내용을 부인하는 이상 증거능력이 없으나 그러한 증거라 하더라도 그것이 임의로 작성된 것이 아니라고 의심할 만한 사정이 없는 한 피고인의 법정에서의 진술을 탄핵하기 위한 반대증거로 사용할 수 있다.

〔평　　석〕

I. 서

1. 탄핵증거의 의의

형사소송법 제318조의2는 "제312조 내지 제316조의 규정에 의하여 증거로 할 수 없는 서류나 진술이라도 공판준비 또는 공판기일에서의 피고인 또는 피고인 아닌 자의 진술의 증명력을 다투기 위하여는 이를 증거로 할 수 있다"고 규정하고 있다. 이때 진술의 증명력을 다투기 위한 증거를 가리켜 탄핵증거(彈劾證據)라고 한다.

한편, 법 제310조의2는 전문증거를 정의하면서 원칙적으로 증거능력을 부인하고, 예외적으로 제311조 내지 제316조의 경우만 증거능력을 인정한다. 여기서 증거능력이라 함은 증거가 엄격한 증명, 즉 공소사실과 같이 형벌권의 존부와 그 범위에 관한 사실을 증명하는 경우의 자료로 사용할 수 있는 자격이라고 파악하는 것이 일반적이다.[1)]

따라서 제318조의2는 제312조 내지 제316조의 요건을 충족하지 못하여 증거능력이 인정되지 않는 전문증거라고 하더라도 법관 면전에서 행해지는 진술의 증명력을 다투기 위하여 탄핵증거로 사용될 수 있음을 밝히고 있다. 이는 법관이 그 진술의 증명력을 판단하는 데 합리성을 제고하도록 하기 위한 것일 뿐이고 범죄사실의 존재를 증명하는 데 사용되지 아니하므로 증거능력 있는 증거만을 사용하도록 하는 엄격한 증명의 법리에 저촉되지 않는다.

---

1) 배종대/이상돈, 형사소송법 제 4 판(2002), 511면; 이재상, 형사소송법 제 6 판(2002), 450면.

2. 탄핵증거와 관련한 국내의 논의의 논점 및 판례의 의의

탄핵증거와 관련하여 국내에서 논해지는 주요 논점으로는 ① 탄핵증거로서 사용할 수 있는 증거의 범위에 대한 논의, ② 탄핵의 대상으로 피고인의 진술이 포함되는지의 논의, ③ 피고인의 진술이 포함된다고 할 때에도 사법경찰관작성 피의자신문조서를 탄핵증거로 사용할 수 있는가, ④ 진술기재서면의 경우 진정성립이 필요한가 등을 들 수 있다.

이 사건 판례는 이 중 ②, ③에 대한 적극설의 해석을 보여 주고 있는데 그 해석도 ①, ④번의 논점과 관련이 있으므로 이 네 가지 논점을 중심으로 판례를 논하여 보기로 한다.

Ⅱ. 탄핵증거와 전문법칙

1. 탄핵증거의 법리와 전문증거의 법리

(1) 탄핵증거의 법리

1) 탄핵과 탄핵증거

탄핵이란 진술자의 신빙성을 낮추는 사실을 입증함으로써 진술의 신빙성을 다투어[2] 사실판단자인 법관이나 배심원이 진술을 믿을 것인지의 판단에 있어 영향을 주려는 것이다.

탄핵의 방법은 여러 가지가 있는데 진술자의 편견이나 사건과의 이해관계, 진술자의 진실성과 관련된 성격, 진술의 모순점, 진술자의 인식에 있어서의 결함, 관찰능력상의 문제, 정신적 결함 등을 보이는 것 등이 흔히 행해진다.[3]

우선 탄핵을 위하여는 먼저 주로 반대신문이 이용되는데 이를 통하여서도 앞에서 든 여러 가지를 보여 줄 수 있다. 예컨대 증인이 피고인과 내연관계라는 점을 들어서 신빙성이 없다는 것을 보여 주기 위하여 증인에게 반대신문으로 증인이 피고인과 친구관계인 점을 묻고 이에 따라 증인이 내연관계라는 점을 인정하면 되는 것이다.

---

2) Bryan A. Garner, Black's Law Dictionary 8. Ed., Thomson/West, 2004, 768면.

3) Park/Leonard/Goldberg, Evidence Law 2. Ed., Thomson/West, 2004, 466면.

그런데 만약 증인이 반대신문에서 이와 같이 탄핵의 방법으로 보여 주려는 것에 대해 부인한다면 다른 입증수단을 이용하여 그러한 사실이 있음을 입증하여야 할 것이다. 이것이 탄핵증거이다. 즉, 탄핵증거란 탄핵의 목적을 위하여 위와 같은 여러 가지 방법의 입증수단으로 사용되는 증거이며 이에는 직접증언도 있고, 전문증언도 있을 수 있다. 예컨대, 증인 X가 피고인과 사업상의 이해관계를 가지고 있다는 점을 들어 탄핵을 하기 위하여 증인 X와 피고인과의 관계를 잘 아는 사람을 탄핵증인으로 증언하게 하여 사업상 관계에 대하여 증언하게 하면 이는 직접 증언으로서의 탄핵증거가 된다.

한편, 증인 X가 공판정에서 한 진술과 다른 진술을 공판정 외에서 한 사실을 입증하여 전후 모순되는 진술을 하고 있으니 믿을 수 없다고 주장하기 위하여 증인 X가 공판정 외에서 한 진술을 들은 사람을 탄핵증인으로 증언하게 하면 이는 전문증언이 탄핵증거로 사용되는 것이다.

탄핵증거는 어떠한 증거를 탄핵의 목적으로 사용될 때에 사용하는 말이며, 만약 그 증거를 공소사실 등 엄격한 증명을 요하는 사실을 입증하기 위한 증거로 사용하는 경우는 탄핵증거라고 하지 않는다. 즉 탄핵증거와 공소사실을 입증하는 증거가 증거 자체로 구별이 되는 것이 아니고 어떤 증거를 탄핵의 용도로 사용하느냐, 공소사실 등을 입증하는 증거로 사용하느냐에 따라 구별되는 개념인 것이다.

탄핵증거라는 말을 사용하는 의의는 증거를 탄핵용으로 사용할 때에는 공소사실 등을 입증하려 할 때 요구되는 자격, 즉 증거능력을 갖추지 않아도 된다는 점에 있다. 그리하여 예컨대 성격증거는 그 성격과 관련된 어떠한 행위를 하였다는 것을 입증하기 위한 증거로는 허용되지 않는 것이 원칙이지만[4] 증인의 신빙성을 탄핵하기 위하여는 허용된다.[5] 또한 증인이 공판정 진술과 모순되는 진술을 공판정 외에서 한 경우, 예컨대 공판정 외에서 사고 당시 신호등이 녹색이었다고 하였는데

4) 미국 연방증거법 제404조의a.

5) 미국 연방증거법 제608조.

공판정에서는 빨간색이었다고 증언할 때 녹색이었다고 한 공판정외 진술은 이를 진술내용 자체, 즉 교통사고시 녹색등이었다는 것을 입증하기 위한 목적으로 사용될 때는 전문증거로서 원칙적으로 증거능력이 없어 허용되지 않지만 증인이 그러한 모순되는 진술을 한 것을 입증하여 증인의 공판정 진술인 적색등이었다는 증언을 탄핵하기 위한 목적으로는 허용된다는 것이다.

2) 배심제 및 증거능력 개념과의 관계

증인에 대해 그 신빙성을 탄핵하는 것은 영미법계나 대륙법계나 다 허용되는 것이고 차이가 없다.

그러나 어떤 증거가 탄핵증거이냐 본증이냐를 따지는 것은 탄핵의 목적으로 사용하든 공소사실 등을 입증하기 위한 증거로 사용하든 증거능력에 차이가 없는 대륙법계에서는 큰 의미를 가지지 않는다. 직업법관 위주의 대륙법계에서는 위법수집증거 등 별개의 법리에 따라 아예 증거로 사용하지 못하는 증거가 아닌 한 모든 증거를 사용할 수 있는 것이 원칙이고 그 증거를 공소사실을 입증하는 증거로 사용하든, 탄핵용으로 사용하든 그것은 증명력의 문제로서 법원의 자유심증에 따르면 되기 때문이다.

그렇지만 배심제를 전제로 하여 증거능력에 제한을 가하는 영미법계에서 탄핵증거와 본증은 증거능력에 있어 차이가 있으므로 큰 의미를 가진다.

사실판단의 전권을 배심원이 행사하는 배심제도를 중심으로 발전한 영미법계에서는 배심원들이 부적절한 증거에 의하여 부당한 심증을 형성하는 것을 방지하기 위하여 직업법관이 미리 배심원이 증거로 사용하여도 좋은지 여부를 가려서 부적절한 경우는 아예 증거로 사용하지 못하도록, 즉 아예 배심원들 앞에 현출되지 못하게[6] 하였기 때문에 문제가 되는 것이다. 이렇게 증거능력을 제한하는 경우라도 탄핵의 목

6) 그래서 영미법계에서 증거능력에 해당하는 용어는 admissibility인데 이는 법정에서 현출되는 것이 허용된다는 의미이다.

적으로는 배심원들 앞에 현출될 수 있도록 한다는 것이 탄핵증거를 구분하는 이유인 것이다. 그러면 탄핵증거로 현출되어 그 증거를 본 배심원들이 이를 공소사실 등을 인정하는 증거로 사용할 수도 있지 않을까. 그럴 가능성을 배제할 수는 없으나 다만, 영미법계에서는 이를 방지하기 위하여 직업법관인 재판장이 배심원들의 평의 전에 배심원 지시설명(jury instruction)에서 배심원들에게 그 증거는 탄핵용이니 공소사실 자체를 인정하는 데 사용하여서는 안 된다는 것을 설명하게 된다.

(2) 탄핵증거와 전문증거

1) 전문증거의 의의

미국법상 전문증거(hearsay)는 「공판정 외에서 행해진 진술」(out-of-court statement)을 기본개념으로 하고 있다. 그런데 미국법상 hearsay는 먼저 이와 같이 「공판정 외에서 행해진 진술」이라는 의미도 있지만 그러한 「공판정 외에서 행해진 진술을 내용으로 하는 것」도 hearsay의 개념에 포함된다.[7]

여기서 「공판정 외에서 행해진 진술」과 「그 진술을 내용으로 하는 것」은 차원이 다르므로 미국법상 전문증거에서 이 두 가지 개념이 한꺼번에 같은 용어로 사용되는 점을 주의할 필요가 있다. 실무상 수사단계에서 행해진 진술이 공판정에서 번복될 때 수사단계에서 행해진 진술내용을 근거로 하여 유·무죄 판단을 하여야 할 경우가 있다. 이때 수사단계에서 어떤 진술이 행해졌는지를 공판정에 현출시키려면 수사단계에서 행해진 진술을 공판정으로 전달하는 것이 필요하다. 그 전달방법은 먼저 수사단계에서 행해진 진술을 들은 사람이 공판정에서 들은 내용대로 증언하는 방법, 원진술자 스스로가 수사단계에서는 그러한 진술을 한 일이 있음을 인정하면서 진술하는 방법, 수사단계에서의 진술을 기재한 서면, 녹음테이프, 영상녹화물 등을 들 수 있다. 그리고 실제로 공판정에서 제시되는 것은 이와 같이 수사단계에서 행해진 진술을 전달하는 방법들이며 이것들이 증거로 제출되기 때문에 전문증거라

7) Park/Leonard/Goldberg, 앞의 책, 257-267면.

고 할 때는 공판정외에서 행해진 진술 그 자체보다는 그 진술을 전달하는 수단들이 주된 문제영역이 되는 것이다.[8)]

그렇지만 어떻든 미국법상 공판정에서 예를 들어 A가 수사단계에서 행한 진술을 들은 갑이 A의 진술을 들은 내용을 증언할 때 피고인의 변호인이 "이것은 전문증거(hearsay)입니다"라고 이의를 제기한다면 이는 A가 수사단계에서 행한 진술 자체가 공판외 진술로서 hearsay라는 의미와 함께 따라서 그것은 전달하는 갑의 증언도 전문증거로서 허용되어서는 안 된다는 의미가 있는 것이다.

따라서 미국법상 전문법칙의 특징은 어떤 「공판정 외의 진술」을 hearsay로 파악한다면 그 진술을 내용으로 하여 전달하는 것은 어떤 형식을 취하든 모두 hearsay로서 전문법칙의 적용을 받는다는 것이다.

또한 이렇게 파악할 때 hearsay의 법적 의미는 그 용어의 어원적 의미와 다르다는 점을 주의할 필요가 있다. 즉 hearsay가 "원진술자의 진술을 다른 사람이 듣고, 그 진술을 들은 다른 사람이 원진술자의 진술을 들은 내용을 전달하는 진술"이 전형적인 것이고 이 개념을 떠올리게 하지만 법적인 의미에서의 전문증거는 공판정 외에서 행해진 진술을 중심개념으로 한다. 따라서 다른 사람이 듣고 전달하는 경우뿐만 아니라 원진술자가 스스로 진술을 하는 경우에도 그 원진술자가 공판정외에서 하였던 진술을 내용으로 하는 공판정 진술은 전문증거에 포함된다는 것이다.[9)]

예컨대 K가 공판정 외에서 "교통사고 현장에서 녹색등을 보았다" 라고 말한 일이 있다고 하자. 이렇게 K가 공판정 외에서 한 진술을 내

---

8) 그러니까 이들 수단은 「공판정 외에서의 XX라는 진술」이 있었음을 입증하는 증거이고 이들 수단에 의해 XX라는 공판정외 진술이 있었음이 입증되면 비로소 그 XX라는 진술을 공소사실을 인정하는 증거로 사용할 것인가 즉 증명력의 문제로 나가는 것이다.

9) Park/Leonard/Goldberg, 앞의 책, 267면 「The mere fact that a person is on the witness stand does not automatically mean that that person's out of court statements become admissible」, 「The hearsay rule applies even when the witness and the declarant are the same person」.

용으로 하는 것은 K 이외의 제3자가 K가 공판정 외에서 하는 말을 듣고 전달을 하는 것이든,[10] K가 증인으로 출석하여 공판정 외에서 "녹색등을 보았다"라고 말을 한 일이 있다고 인정하는 경우든[11] 모두 전문증거이다. 또한 그 진술을 기록한 기록물인 서면도 전문증거이다.

그런데 전문증거는 이와 같이 공판정외 진술이라는 것 이외에 「그 진술내용의 사실 여부를 입증하기 위한 것」(substantive evidence of the truth of the matter stated)이라는 점이 추가된다.[12] 즉 앞의 예에서 K가 공판정 외에서 "교통사고 현장에서 녹색등을 보았다"라고 했던 말을 교통사고시에 녹색등이었다는 사실을 입증하기 위하여 사용할 때에 전문증거에 해당한다는 것이다. 따라서 K의 이 진술을 만약 K가 공판정에서 사고 당시 신호등이 적색이었다고 증언할 때 그 공판정 증언의 증명력을 다투기 위하여 사용하고자 할 때에는 A의 이 공판정외 진술은 전문증거가 아닌 것이다(not hearsay).[13]

2) 전문법칙과 탄핵증거

탄핵증거의 법리와 전문증거의 법리는 이와 같이 차원이 다르나 전문증거가 탄핵증거로 사용될 수 있는 경우가 있고, 그런 경우에 전문증거와 탄핵증거가 교차된다.

탄핵을 위한 사실들의 예를 들어보면, 탄핵증거는 탄핵을 위한 각종 사실들을 입증하기 위한 증거이며 이런 증거는 전문증거가 아닌 경우도 많다. 원진술자가 공판정 외에서 모순되는 진술을 한 일이 있다든가, 증인의 증언에 반대되는 사실(예컨대, 증인 갑이 A라는 장소에서 사고현장을 목격하였다고 증언을 하는데 A라는 장소에 있었던 다른 증인을이 나와서 그 장소에 증인 갑이 없었다고 증언하는 경우), 증인의 성격, 이해관계, 평판, 전과 등이 제시될 수 있고 이 사실들을 입증하는 증거

10) 이것은 전문증언으로서의 전문진술이다.

11) 필자는 최근의 형사소송법 개정논의에서 이러한 증거방법을 "공판정에서의 「인정진술」"이라는 용어로 표현하여 제시한 바 있다.

12) Park/Leonard/Goldberg, 앞의 책, 257-258면, 392면.

13) Park/Leonard/Goldberg, 앞의 책, 268면.

로서는 여러 가지가 있을 수 있다. 물론 그 중에 전문증거도 가능할 것이다.

그러면 전문증거가 탄핵의 용도로 사용될 때에 전문법칙의 적용을 받는가의 문제가 있는데 이는 전문증거의 본래의 개념으로 돌아가 판단하면 된다. 즉 전문증거는 ① 공판정외 진술인 전문진술이 ② 진술내용인 사실을 입증하기 위한 용도로 사용될 때 이를 전문법칙이 적용되는 전문증거라 한다. 그리고 미국법상의 전문법칙이 적용되는 전문증거 개념의 두 번째 요소인 진술내용인 사실에는 공소사실 자체에 한정되지 않으므로 탄핵의 방법으로 주장하는 사실도 포함되는 것이다.

그러므로 예컨대 증인이 피고인과 사업상 긴밀한 관계에 있다는 사실로 증인의 신빙성을 탄핵하고자 할 경우에는 사업상 긴밀한 관계에 있다는 사실을 입증하여야 하는데 이 사실을 공판정외 진술로 입증하고자 하면 이는 전문법칙의 적용을 받을 것이다.[14]

따라서 예컨대 증인 K가 경영하는 회사의 직원 B가 증인으로 나와 피고인과 K가 사업상 긴밀한 관계에 있다는 사실을 증언하는 경우는 B의 직접증언이 K의 증언에 대한 탄핵증거이다. 그런데 "K가 피고인과 사업상 긴밀한 관계에 있다는 사실에 대한 B의 진술"을 내용으로 하는 서면진술서나 또 다른 제 3 자의 증언은 "K가 피고인과 사업상 긴밀한 관계에 있다는 사실"을 입증하기 위한 공판정외 진술이므로 이는 탄핵용도로 사용하는 것이기는 하지만 「진술내용인 사실」을 입증하기 위한 전문증거로서 전문법칙의 적용을 받는 것이다.

2. 전문법칙과 형사소송법 제318조의2의 의미

전문증거를 탄핵증거로서 사용할 수 있다는 것을 규정한 형사소송법 제318조의2에 대하여 우리나라에서는 이것이 전문법칙의 예외를 규

14) 이는 증인의 공판정외 자기모순진술을 그 모순진술의 내용대로의 사실이 있었음을 입증하기 위한 것(앞의 예에서 교통사고시 녹색등이었다는 사실)이 아니고 단지 증인이 공판정 외에서 공판정 진술과 다른 진술을 한 일이 있으므로 공판정 진술의 신빙성이 없다는 것을 주장하기 위한 용도로 사용하는 경우와 구별되는 것이다.

정한 것인가 아니면 전문법칙의 적용이 없는 경우인가에 대한 논의가 있다.

이에 대하여는 제318조의2에 의한 탄핵증거는 원진술의 내용이 되는 사실 자체를 증명하려고 하는 것이 아니라 피고인 또는 피고인 아닌 자의 진술의 증명력을 다투려고 하는 것으로서 신용성의 정황적 보장과 필요성의 요건을 요구하지 않는다는 점에서 신용성의 정황적 보장과 필요성을 요건으로 하는 전문법칙의 예외법리에 따르는 것이 아니므로 전문법칙의 적용이 없는 경우라고 하는 것이 통설이다.[15)]

전문증거는 공판정 외의 진술로서 그 진술내용 자체의 진실여부를 입증하기 위하여 제출되는 것을 말하고 단지 공판정 진술의 증명력을 다투기 위한 목적으로 제출되는 경우는 전문증거 자체가 아니다.[16)] 따라서 통설의 결론은 맞으나 그 이유로서 굳이 신용성의 정황적 보장이나 필요성을 요건으로 하지 않는다는 것을 들 필요가 없다.

한편, 탄핵증거라는 제목의 제318조의2는 탄핵증거로 사용할 수 있는 증거 중에서 전문의 진술, 즉 공판정 외의 진술인 경우를 규정하는 것일 뿐이고, 그 외의 전문의 진술이 아닌 증거도 탄핵증거로서 사용할 수 있는 것이다. 제318조의2가 필요한 것은 형사소송법이 영미법계의 전문법칙이론을 도입하여 제310조의2에 따라 제311조 내지 제316조의 예외사유에 해당하지 않는 한 전문증거는 원칙적으로 증거능력이 없는 것으로 규정하고 있기 때문에 그런 예외에 해당하지 않아 공소사실 등을 입증하기 위한 증거로서는 사용되지 못하는 경우에도 탄핵용으로는 사용할 수 있다는 것을 명확히 할 필요가 있기 때문이다. 즉, 이는 전문증거로서 증거능력이 없게 되는 경우를 위한 특별한 조문이다.

15) 배종대/이상돈, 형사소송법 제 4 판(2002), 629면; 신동운, 형사소송법 제 3 판(2005) 892면; 신양균, 형사소송법(1999), 730면; 이재상, 앞의 책, 558면; 임동규, 형사소송법 제 4 판(2006), 541-542면.

16) Park/Leonard/Goldberg, Evidence Law 2. Ed,, Thomson/West, 2004, 268면.

3. 전문증거를 탄핵증거로 사용할 수 있는 범위

(1) 문제의 의의

앞에서 본 바와 같이 탄핵용으로 사용할 수 있는 증거의 범위에는 증인의 신빙성을 탄핵하는 그 목적에 적절한 수단인 한 특별한 제한이 없다.[17)]

그런데 우리나라에서는 일본에서의 논의에 영향을 받아 탄핵증거의 허용범위 또는 사용범위라는 쟁점이 논의되고 있는데[18)] 그 내용은 "전문증거로 증거능력이 없게 된 증거를 어떠한 범위까지 탄핵증거로 사용할 수 있는가"라는 것이다.

(2) 학　설

1) **한 정 설**

이 견해는 피고인 또는 피고인 아닌 자가 종전에 행한 진술 가운데 공판정에서 행한 진술과 일치하지 않는 것, 즉 자기모순의 종전진술만을 탄핵증거로 사용할 수 있다는 주장이다.[19)]

이 주장은 특히 전문법칙에 의해 증거능력이 부정되는 제3자의 진술을 이용하여 원진술자의 진술의 신빙성을 다툴 수 없다는 것을 강조한다. 이는 자기모순의 진술로 증명력을 감쇄하는 경우와 타인의 진술에 의해 증명력을 다투는 경우는 질적으로 차이가 있다는 것을 근거로 한다. 후자의 경우는 타인의 진술을 신용할 수 있어야 공판정에서의 진술의 증명력이 감쇄될 수 있는 것이므로 후자를 탄핵증거로 사용한다면 전문법칙에 반한다는 것이다.

---

17) Park/Leonard/Goldberg, 앞의 책, 466면 (In determining the propriety of offering any evidence to impeach a witness, it is crucial to identify not only that the evidence tends to impeach, but the precise way and ways by which it does so.

18) 일본에서는 이에 대해 한정설(平野龍一, 田中和夫 등), 비한정설(青柳文雄 등), 절충설(平場安治, 江家義男 등), 이원설(田宮 裕) 등이 나뉘며 학설의 내용은 우리나라의 각 학설과 동일하다. 田宮裕, 刑事訴訟法 新版, 有斐閣, 2004, 394-395면.

19) 백형구, 조해 형사소송법(2002), 803면; 신양균, 앞의 책, 549면; 이재상, 앞의 책, 565면; 정영석/이형국, 형사소송법 전정판(1996), 374면.

2) **비한정설**

이 견해는 자기모순의 진술에 한하지 않고 또 범죄사실에 관한 것 인지의 여부에 관계없이 증명력을 다투기 위한 증거라면 제한 없이 전문증거를 사용할 수 있다는 견해이다.[20] 물론 제 3 자의 진술도 탄핵증거로 허용된다.

비한정설은 형사소송법 제318조의2가 진술의 증명력을 다투기 위한 전문증거의 사용범위에 아무런 제한을 두고 있지 않다는 점과 전문법칙은 범죄사실을 인정하는 증거에 관하여서만 고려하면 충분하며, 탄핵을 위한 목적으로 사용하는 경우에는 고려하지 않아도 된다는 것을 근거로 한다.

3) **절 충 설**

이 견해는 자기모순의 진술 이외에 진술자의 성격, 이해관계, 전과사실, 평판 등과 같이 진술자의 신빙성에 관한 사실을 입증하는 증거도 탄핵증거로 사용될 수 있다고 본다.[21] 진술자의 성격, 이해관계, 전과사실, 평판 등은 범죄사실 자체가 아니라 진술자의 신용성에 관한 부차적 사실이며, 이를 가리켜 보조사실(補助事實)이라고 한다.

절충설은 자기모순의 진술 이외에 진술자에 관한 보조사실까지도 탄핵증거의 허용범위에 포함시키되, 범죄사실 자체에 관련된 주요사실이나 간접사실의 증거는 탄핵증거에 포함시키지 않는 점에서 한정설과 비한정설을 절충한 것이다. 이는 원래 전문증거에 증거능력을 부인하는 것은 전문증거를 범죄사실에 관한 주요사실과 간접사실의 증명자료로 사용할 수 없도록 하는 것이므로 진술자의 신빙성에 관한 보조사실의 입증은 증거능력 없는 전문증거에 의하더라도 무방하다는 것이다.

4) **이 원 설**

이 견해는 탄핵증거의 사용범위를 검사의 경우와 피고인의 경우로

---

20) 박승진 외, 주석 형사소송법(제 3 권)(1998), 한국 사법행정학회, 522면(박승진 집필부분).

21) 신동운, 앞의 책, 897면; 신현주, 형사소송법 신정 2 판(2002), 619면; 임동규, 앞의 책, 543면; 정웅석, 형사소송법 제 3 판(2006), 1043-1044면.

나누어 검사는 자기모순의 진술만을 탄핵증거로 사용할 수 있지만 피고인은 제한 없이 모든 증거를 사용할 수 있다고 한다.[22)]

피고인의 입장에서 보면 증거능력의 유무를 가리지 않고 모든 증거를 자신의 무죄입증의 자료로 사용할 수 있다는 것을 전제로 따라서 피고인이 검찰측 진술증거의 증명력을 다투기 위하여 사용하는 탄핵증거에는 제한이 없다고 한다. 이에 반하여 검사는 범죄수사를 위하여 강력한 조직과 권한을 보유하고 있으므로 엄격한 증명의 법리에 따라서 범죄사실을 증명해야 하며 피고인 측 진술증거의 증명력을 다툰다는 명목하에 증거능력 없는 증거를 제출하는 일은 삼가지 않으면 안 된다고 하면서 검사는 자기모순의 진술만을 탄핵증거로 사용할 수 있다고 한다.

(3) 학설의 검토

1) 각 학설들에 대한 반대견해로부터의 비판

먼저 한정설에 대하여는 탄핵증거가 탄핵을 위한 증거, 즉 진술자의 신빙성을 다투는 증거라는 의미를 가진다고 볼 때 신빙성을 좌우하는 사유를 반드시 자기모순의 진술로 한정할 필요가 없으며, 형사소송법 제318의2는 '제312조 내지 제316조의 규정에 의하여 증거로 할 수 없는 서류나 진술'이라고 규정함으로써 전문법칙이 적용되는 증거를 탄핵증거의 대상으로 삼고 있음을 명시하고 있다는 점에서 형소법의 문언적 해석에도 반한다고 비판된다.[23)]

다음으로 비한정설에 대하여는 탄핵증거의 사용범위를 범죄사실에 관한 주요사실 및 간접사실의 증거에까지 확대하여 진술의 증명력을 다툰다는 명목으로 전문증거가 무제한하게 제출되는 것을 방지할 수 없게 된다고 지적된다.[24)]

또한, 절충설에 대하여는 범죄사실에 관한 전문증거를 탄핵증거의 범위에서 제외한 것은 타당하나 보조사실의 증명에는 엄격한 증명을

22) 배종대/이상돈, 앞의 책, 632면.
23) 신동운, 앞의 책, 896면.
24) 신동운, 앞의 책, 896-897면; 이재상, 앞의 책, 564면.

요하지 않는다는 것을 전제로 하고 있다는 점에 문제가 있다고 지적된다.[25] 즉, 범죄사실을 인정하기 위한 보조사실도 엄격한 증명의 대상이 되며 따라서 보조사실을 입증하기 위한 증거로 전문증거는 허용되지 않는다는 것이다.

끝으로 이원설에 대하여는 탄핵증거의 범위에 있어 검사와 피고인을 구별하여야 하는 근거가 법조문에도 없을뿐더러 이론적으로도 박약하며, 직권에 의한 증거조서의 경우 어느 범위까지 탄핵증거를 허용하여야 하는가에 대한 기준을 제시할 수 없다고 비판된다.[26]

2) **검 토**

먼저 탄핵증거의 사용범위에 관하여 검사와 피고인을 구별하는 것은 입법례도 없을 뿐 아니라 이론적 근거도 박약하다고 할 것이다.

다음으로 한정설과 비한정설 그리고 절충설을 살펴보기 전에 우리나라에서의 이러한 학설상 다툼 속에 들어 있는 탄핵증거와 전문증거 그리고 전문법칙과 관련된 논점상의 혼란을 해결하여야 하겠다. 즉 이 논의들에는 탄핵증거로서 어떠한 증거들이 허용되는가의 논점과 전문증거 중에서 어떠한 증거를 탄핵증거로 사용할 수 있는가의 논점이 혼재되어 있다.

먼저, 탄핵증거로 어떠한 증거를 사용할 수 있는가의 논점에서 보면 탄핵증거의 법리는 진술의 신빙성을 다투기 위한 목적에 합당한 것이면 그 수단에 제한이 없는 것이다. 다만, 탄핵의 목적에 합당하냐가 문제되므로 이에 따라 제한될 것이다. 그러므로 탄핵증거의 허용범위를 자기모순진술에만 한정한다든가 보조사실에 관한 증거에만 한정한다든가 하는 것은 미국법상 탄핵의 방법으로서 다른 증인의 증언을 통한 반박(contradiction through another witness)이 허용되는 점[27]을 감안하

25) 이재상, 앞의 책, 564-565면.

26) 신동운, 앞의 책, 896면; 이재상, 앞의 책, 565면.

27) Park/Leonard/Goldberg, 앞의 책, 466면, 이는 자기모순의 진술을 보이는 것(showing that witness made a prior inconsistent statement)과 구별된다. 즉, 증인 K가 교통사고 현장에서 녹색등을 보았다고 증언을 하였는데 증인 Y가 적색등이었다고 증언한다면 이 증언으로 K의 증언은 반박의 방법으로 탄핵되는 것이다(Y의

면 탄핵증거이론에 대한 적절한 이해가 아니다. 그러므로 탄핵증거로서 어떤 증거를 사용할 수 있는가의 관점에서 보면 비한정설이 타당한 것이다. 다만 비한정설에 대한 주된 비판내용이 되는 것으로 범죄사실에 관한 주요사실에 관한 증거가 탄핵증거로 사용된다는 점은 그것이 탄핵의 목적에 합당한가로 제한되게 될 것이다.

그런데 이와 관점을 달리하는 것으로서 전문증거를 어떠한 범위에서 탄핵증거로 사용할 것인가라는 논점은 이와 별개의 차원이다. 이 점은 또한 증거능력과 관련하여 미국법상의 전문증거개념과 한국의 이론상의 미묘한 차이 때문에도 혼란이 생긴다. 우선 미국에서 증거능력(admissibility)이라 함은 주장하는 사실을 입증하고자 하는 증거로 허용되는 것인데 여기서 허용된다는 것은 특히 공판정에서 현출되어 배심원들에게 보여지는 것이 허용된다는 것을 의미한다. 그런데 이렇게 허용되는 증거는 그 목적에 따라서 주장하는 사실 자체의 입증을 위하여 허용되는 경우와 탄핵을 위하여 허용되는 경우가 있다. 그리고 전문증거에 대하여도 증거능력이 논해지는 것은 전문증거의 진술내용 자체의 진실 여부를 위한 증거로 허용되는 것과 탄핵을 위한 증거로 허용되는 것의 두 차원이 있는 것이다.

그런데 우리나라에서는 증거능력이라 하면 공소사실 등 엄격한 증명의 대상이 되는 사실을 입증할 증거가 될 수 있는 자격이라고 하고 있고 따라서 전문증거의 증거능력이라고 할 때에도 전문증거가 이와 같은 엄격한 증명의 대상이 되는 사실에 대한 증거로 사용될 능력이라고 해석한다. 즉, 입증하여야 할 사실 자체를 엄격한 증명의 대상과 그 이외의 것으로 구별한다. 이렇게 되면 엄격한 증명의 대상이 아닌 사실의 경우는 전문증거도 아무런 제한 없이 증거로 사용될 수 있다는 논리가 가능한 것이고 절충설은 이러한 논리에 근거하여 진술자의 성격, 평판, 이해관계, 전과사실 등 신빙성에 관한 사실은 보조사실로서 엄격

증언이 교통사고 당시 적색등이었는지를 인정하기 위한 증거로 사용되는가는 별개의 문제이다).

한 증명의 대상이 아니므로 증거능력이 없는 전문증거로 입증이 가능하다고 한다.[28)]

그러나 이러한 설명은 미국법상의 전문법칙의 원리에 비추어 보면 적절한 것이 아니다. 전문법칙은 전문증거가 그 진술의 내용인 사실의 진실 여부를 입증하고자 할 때 적용되는 것이고, 그 사실은 보조사실이라고 하여 예외가 되는 것은 아니기 때문이다. 그러므로 전문증거에 관한 한 보조사실을 입증하기 위한 경우에도 전문법칙이 적용되므로 전문법칙의 예외사유에 해당되지 않는 한 증거사용이 허용되지 않는 것이다.[29)]

따라서 자기모순의 진술과 같이 그 진술을 진술내용의 진실 여부가 아니고 원진술자가 서로 다른 모순되는 진술을 하고 있다는 점을 입증하기 위한 경우는 아예 전문법칙의 적용대상인 전문증거의 개념에 포함되지 않으므로 탄핵증거로 당연히 허용되지만, 그 이외에 증인을 탄핵하기 위하여 일정한 사실, 예컨대 증인이 피고인과 이해관계에 있는 사람이라는 사실을 전문증거로 입증하려 한다면 그 때에는 당연히 전문법칙이 적용된다고 할 것이며 전문법칙에 따른 증거능력을 갖추어야 허용된다고 할 것이다.

---

28) 그런데 절충설을 주장하는 사람 중에 신동운 교수는 보조사실도 엄격한 증명의 대상이라는 비판에 대하여 이를 인정하면서도 다만, 보조사실이 엄격한 증명의 대상이긴 하지만 일단 증거능력이 있는 증거에 의해 보조사실을 증명하여 들어갈 때 전문법칙에 의해 증거능력이 없는 전문증거를 들어 증거능력 있는 증거의 증명력을 다투는 것은 충분히 허용될 여지가 있다고 한다. 그러나 이는 논점을 정확히 파악한 것이 아니다. 여기서 문제는 예컨대 증인의 신빙성을 탄핵하기 위하여 보조사실인 이해관계 등을 입증하려 할 때 전문증거를 사용할 수 있는가인데 신동운 교수의 설명은 이 경우 그런 보조사실을 일단 증거능력 있는 증거에 의해 증명해 들어갈 때 전문증거에 의해 그 증거능력 있는 증거의 증명력을 다투는 것을 허용할 여지가 있다는 식의 설명이기 때문이다.

29) 다만, 이재상 교수는 절충설을 비판하면서 「범죄사실을 인정하기 위한 보조사실」은 엄격한 증명의 대상이므로 전문증거는 허용되지 않는다고 하고 있는데(이재상, 앞의 책, 565면) 그런 논리라면 증인의 신빙성을 탄핵하기 위한 이해관계 등의 사실은 범죄사실을 인정하기 위한 사실이 아니므로 엄격한 증명의 대상이 아니라고 할 우려가 있다. 그 점에서 보조사실, 그리고 전문법칙이 적용되는 입증대상 등에 대하여 개념상 정리가 필요하다고 할 것이다.

그러므로 여기서의 논점인 「전문법칙에 의한 증거능력 없는 전문증거 중에 탄핵증거로 하며 허용되는 범위」에 대한 결론은 자기모순의 진술만이 허용된다는 제한설이 타당하다. 다만 그 논거는 자기모순진술을 탄핵증거로 사용하는 경우는 전문법칙이 적용되지 않는 경우이므로 이때는 「전문법칙에 의한 증거능력이 없는 전문증거」가 아니라는 점에 있다고 하여야 할 것이다.

이러한 결론을 예를 들어 설명하여 보자.

예컨대 피고인 갑이 절도죄로 기소되었는데 피고인이 알리바이를 주장하면서 범행 당일 자신과 함께 있었다는 증인 A를 내세워 증언하게 하였다. 이때 검사가 피고인과 증인 A가 내연관계에 있다는 점을 주장하여 증언의 신빙성을 탄핵하려 할 때 이를 위해 피고인과 증인 A의 내연관계 사실을 알고 있는 다른 증인 B를 증언하게 할 수 있다. 이 때 B의 증언은 내연관계를 알고 있는 사람의 직접증언이므로 아무런 문제가 없다. 그러나 B가 직접 증언하지 않고 B가 작성한 사실확인서라는 서면을 제출하는 경우는 그 사실확인서는 전문증거이므로 전문법칙이 적용된다는 것이다. 따라서 피고인이 부동의하면 제313조 제1항에 따라 진정성립이 인정되어야 할 것이다. 이에 대해 절충설의 입장에 있는 임동규 판사는 이 경우 사실확인서가 증거능력이 없어도 증인의 증언을 탄핵하기 위하여 증거로 사용할 수 있다고 한다.[30] 그러나 여기서는 증인의 신빙성을 감쇄시키기 위하여 내연관계라는 하나의 사실을 입증하려는 것이고 따라서 일단 내연관계라는 사실 자체가 인정되는 것이 탄핵을 위한 전제가 될 것인데 증거능력이 없는 사실확인서로서는 내연관계의 존재 자체를 인정하는데 신용성을 보장할 수 없기 때문에 이를 탄핵의 증거로 사용하는 것은 부당한 것이다.

30) 임동규, 앞의 책, 543면.

Ⅲ. 피고인 진술이 탄핵의 대상인지 여부

1. 논점의 의의

탄핵이란 진술의 신빙성을 다투어 배심원이나 사실심 법원이 그 진술을 믿을지 여부에 대해 영향을 미치려는 것이므로 증인의 진술이든 피고인의 진술이든 이를 구별할 필요는 없을 것이다. 형사소송법 제318조의2도 명문으로 「피고인 또는 피고인 아닌 자의 진술」의 증명력을 다투기 위한 증거라고 하여 피고인의 진술도 탄핵의 대상이 된다고 규정하고 있다.

그런데 이러한 명문에도 불구하고 우리나라에서는 피고인의 진술은 탄핵의 대상이 아니라는 주장이 있고 이에 따라 이 점에 대해 긍정설과 부정설이 나뉘어 있다. 이러한 주장이 제기되는 원인, 타당성 등을 살펴보기로 한다.

2. 학설, 판례

(1) 긍 정 설

피고인의 진술도 탄핵의 대상이 된다는 견해로서 형사소송법 제318조의2가 명문으로 규정하고 있는 점, 공판정에서 행한 피고인의 진술은 증거능력이 인정되므로 피고인 진술의 증명력을 다툴 필요성이 인정된다는 점 등이 근거로 제시된다.[31] 판례는 긍정설의 입장이다.[32]

그런데 긍정설 중에서는 입법론적으로는 피고인의 진술을 탄핵의 대상으로 하는 것은 문제가 있으므로 재검토를 요한다고 하는 견해가 다수이다.[33] 그 이유로는 피고인의 진술을 탄핵하는 상황을 수사기관에

31) 신동운, 앞의 책, 900면; 신양균, 앞의 책, 550면; 이재상, 앞의 책, 567면; 임동규, 앞의 책, 546면

32) 이 사건 판례도 긍정설을 전제로 하고 있다.

33) 신동운, 앞의 책, 900면; 신양균, 앞의 책, 550면; 이재상, 앞의 책, 567면; 임동규, 앞의 책, 546면; 김동윤, "피고인이 내용을 부인하여 증거능력이 없는 사법경찰리 작성의 피의자신문조서등을 탄핵증거로 사용하기 위한 요건", 법원 판례해설 제30호(1998), 법원도서관, 635면.

서 피고인이 자백하였다가 공판정에서 부인하는 경우를 상정하면서 증거능력이 없는 수사기관의 자백으로 공판정에서 부인진술의 증명력을 탄핵할 수 있게 되므로 이렇게 되면 자백편중의 수사관행을 조장할 우려가 있다는 것이다. 또한 증인적격이 인정되지 않는 피고인에 관하여 당사자로서 한 법정에서의 진술을 증인과 마찬가지로 탄핵하도록 규정한 것이 타당한 것인지 의문이 있다고 하기도 한다.[34)]

(2) 부 정 설

피고인의 진술은 탄핵의 대상이 아니라는 견해이다. 그 이유는 첫째, 피고인이 공판정 외에서 부인하였다가 공판정에서 자백한 경우는 검사는 공판정 자백의 증명력을 다툴 필요가 없고, 둘째, 피고인이 수사기관에서 자백하였다고 공판정에서 부인하는 경우에 공판정의 부인진술의 증명력을 증거능력 없는 공판정외 자백으로 탄핵하는 것은 자백편중의 수사관행을 부추길 우려가 있다는 것이다.[35)]

3. 검 토

(1) 부정설의 문제점

먼저 부정설의 문제점은 피고인의 진술을 탄핵하는 경우의 복잡다기한 실제상황을 너무 단순하게만 생각하고 있는 점에 있다. 이 견해는 피고인의 진술을 자백과 부인으로 2분화하여 이해한다. 그러나 실제로 행해지는 피고인의 진술은 범죄사실 자체에 대한 자백이나 부인진술이외에 그 진술에 이르기까지 신빙성을 판단하기 위한 수많은 진술들이 있다.

이 사건의 경우를 예를 들어보아도 피고인이 공소사실 기재일에 남파공작원을 만났는지라는 쟁점에 관하여 피고인이 그 자체를 부인하고 있지만 그 사실 자체와 관련하여 피고인의 진술의 신빙성을 판단하

34) 김동윤, 앞의 논문, 635면.

35) 배종대/이상돈, 앞의 책, 634면; 백형구, 앞의 책, 804면; 신양균, 형사소송법 제2판(2004), 794면(신양균 교수는 2판에서 견해를 변경하였다); 정웅석, 앞의 책, 1047면.

기 위한 여러 진술들이 있다. 예컨대 그 당시 피고인은 어디에 있었는지, 그리고 증인인 공작원이 피고인을 만날 당시의 사무실의 상황을 말한 것이 있는데 피고인이 이를 반박하면서 진술한 관련 진술 등이 있다. 이러한 피고인의 진술들의 세부적 사항들의 신빙성을 탄핵하는 것, 예컨대 피고인이 A라는 장소에 공소사실 기재일시에 있었다고 주장하는데 당시 그 장소에 있던 사람을 증인으로 신청하여 피고인이 그 장소에 없었다는 것을 입증하여 탄핵한다든가, 피고인이 말한 사무실 상황이 사실과 다른 점을 입증한다든가 하는 것은 피고인의 부인진술 자체의 신빙성에 영향을 미치고 따라서 이로써 법원의 심증형성에 영향을 미치게 될 것인데 이를 부당하다고 할 수는 없는 것이다. 그리고 또한 이러한 방식의 탄핵이 자백편중의 수사를 초래할 우려로 곧바로 연결되는 것도 아니다.

결국 부정설을 주장하는 사람들이나 또는 긍정설 중에서도 입법론으로 부정설의 방향으로 가야 한다고 주장하는 사람들은 공판정에서의 피고인의 진술의 실제상황을 토대로 이론 구성한 것이 아니고 머릿속에서 그려지는 상상의 개념으로서 자백과 부인이라는 2분적 개념을 토대로 구성한 이론이라고 할 것인바 타당성이 없다고 할 것이다.

(2) 증거능력 없는 자백으로서 공판정 부인진술을 탄핵하는 문제

그런데 부정설이 상정하고 있는 경우, 즉 피고인의 많은 진술 중에서 범죄사실 자체에 대한 자백과 부인에 해당하는 그 부분에 대한 문제 제기는 다음과 같은 점에서 의미가 아주 없는 것은 아니므로 이를 검토해 보기로 한다.

1) 임의성이 없거나 위법수사의 경우

먼저, 피고인의 수사단계에서의 자백이 임의성이 없다거나 위법한 수사에 의한 경우는 그러한 진술을 어떠한 방식으로든 증거로 사용하는 것은 부정설에서 말하는 위법수사 또는 자백편중의 수사를 초래할 우려가 있으므로 부정하는 것이 적절하다고 본다. 그리고 탄핵증거 규정인 제318조의2는 제312조 내지 제316조의 규정만을 나열하고 있으므

로 임의성과 위법수사에 의한 증거능력 제한은 제318조의2와 별도로 판단하여야 할 것이기 때문이다.

2) **전문법칙에 의해 증거능력이 없는 경우**

그런데 임의성 문제나 위법수사의 결과물이 아닌 것으로서의 수사단계에서의 자백은 차원이 다르므로 다른 관점에서 검토할 필요가 있는데 이는 특히, 우리나라에서는 외국과 달리 수사단계에서의 피고인의 자백에 대하여 일정한 경우 증거능력을 제한하고 있기 때문에 발생한다.

먼저 입법례로 볼 때 미국, 독일 등에서는 피고인의 수사단계에서의 자백 진술은 범죄사실 등을 입증하기 위한 증거능력이 있으므로[36] 피고인이 공판정에서 부인한다고 하여도 그 자백을 본증으로 사용하면 되고 따라서 이는 본증으로서의 수사단계 자백과 공판정 부인 중에서 어느 것을 믿느냐의 문제가 될 뿐 수사단계 자백을 공판정 부인에 대한 탄핵증거로 사용하느냐의 문제는 발생하지 않는다. 그러므로 미국에서 피고인의 경우 공판정 진술과 모순되는 진술을 탄핵증거로 사용할 것인지는 증거능력이 있는 피고인의 자백 또는 불이익한 사실의 승인(admission)을 제외한 나머지 부분이 될 것이다.

그러면 우리나라에서 피고인의 수사단계 자백으로서 증거능력이 없는 것은 어떤 것이 있을까. 대표적인 것으로 사법경찰관작성 피의자신문조서상의 자백진술로서 피고인이 내용부인하여 증거능력이 없게 된 것을 상정할 수 있고, 검사작성 피의자신문조서의 경우는 피고인이 진정성립을 부인하였거나, 진정성립이 인정되더라도 제312조 제1항 단서의 특신정황이 인정되지 않아 증거능력이 없게 된 경우를 상정할 수 있다.

이 경우 중에서 사법경찰관 작성 피의자신문조서상의 자백진술문제가 바로 피고인의 진술이 탄핵대상이냐를 논하게 되는 근본적인 쟁

36) 영미법상의 전통적인 증거이론은 피고인의 공판정외 자백진술은 전문증거의 예외로 취급하였고, 미국 연방증거법은 아예 이를 전문증거가 아니라고 하고 있다. 미국 연방증거법 제801조 (d) (1).

점이다. 이것과 진정성립의 문제는 다음 장에서 구체적으로 논하기로 하고, 일단 검사작성 피의자신문조서로서 특신정황이 인정되지 않아 증거능력이 인정되지 않는 경우를 검토해 보기로 한다.

특신상태의 의미에 대하여는 여러 가지 논의가 있으나 전문법칙의 이론에 의하면 이는 전문법칙의 일반적 예외기준으로서의 신용성의 정황적 보장이며 그 판단기준은 진술이 행해진 모든 사정을 참작하여(under all circumstances) 판단하는 것이다. 즉 전문증거에 대하여 그것으로 범죄사실이 인정되는 정도의 신빙성은 아니어도 적어도 일단은 범죄사실을 인정하는 증거로서 다른 증거들과 함께 고려의 대상으로 될 정도의 신용성을 인정하는 것이다.

그러므로 특신상태가 없다고 하여 증거능력을 배제하는 경우에 이를 범죄사실 등을 인정할 자료가 아니고 피고인의 진술 자체의 신빙성만을 다투는 증거로 사용하는 것은 부인할 이유가 없다고 하겠다. 다만, 이에 더 나아가 특신상태도 인정이 안 될 뿐만 아니라 아예 진술의 임의성조차 인정할 수 없는 경우에는 증거로 사용할 수 없다고 할 것이나 이는 제318조의2에 관한 문제는 아니다.

Ⅳ. 사법경찰관작성 피의자신문조서의 탄핵증거 사용 여부

1. 논의의 의의

이 쟁점은 사법경찰관작성 피의자신문조서의 증거능력에 관하여 피고인이 내용부인하면 증거로 할 수 없게 하고 있는 우리나라의 독특한 증거규정으로 인하여 발생하는 것으로 앞에서 본 피고인의 진술을 탄핵대상으로 할 것인가와는 다른 차원의 문제이다.

왜냐하면 사법경찰관작성 피의자신문조서의 증거능력 제한은 전문법칙의 일반 이론과 같이 「신용성」을 구체적 사건에 따라 판단하는 방식이 아니고 내용 자체를 피고인이 부인하면 신용성을 구체적으로 따질 필요 없이 증거로 할 수 없기 때문에 영미법의 전문법칙이론으로는 포섭할 수 없는 특징이 있기 때문이다. 따라서 내용부인하면 증거로 사용할 수 없게 하였는데 그 부인되는 내용을 탄핵증거로라도 사용하게 하는 것이 타당한가라는 한국적 논의상황이 전개되는 것이다.

2. 학설, 판례

(1) 긍 정 설

제318조의2의 법문상 피고인의 진술도 탄핵의 대상으로 되어 있고 제312조 제2항을 제외하지는 않고 있으므로 내용을 부인한 사법경찰관작성 피의자신문조서도 탄핵증거로 사용할 수 있다는 견해이다.[37] 판례도 같은 견해이며 대상판례가 같은 취지이다. 다만, 이 견해를 취하면서 입법론적으로는 타당하지 않다고 하는 견해가 있다.[38]

(2) 부 정 설

피고인의 진술이 탄핵의 대상이 아니라고 하는 견해는 당연한 논리로서 내용부인한 사법경찰관작성 피의자신문조서는 탄핵증거로 할 수 없다고 한다.[39]

그런데 신동운 교수는 피고인의 진술도 탄핵대상이라는 견해를 취하면서도 사법경찰관작성 피의자신문조서만은 내용부인한 경우 탄핵증거로 사용할 수 없다고 한다. 제312조 제2항은 전문법칙의 예외규정이라는 차원을 넘어 위법수사의 방지장치라는 별도의 기능을 수행하고 있다는 것을 근거로 한다.[40]

3. 피의자신문조서상의 자백내용의 탄핵증거 사용 여부 검토

(1) 조서의 증거능력과 진술의 증거능력

1) 논의의 의의

피의자신문조서상의 여러 가지 진술 중에서 특히 범죄사실 자체의

37) 이재상, 앞의 책, 567면; 임동규, 앞의 책, 546면; 신양균, 형사소송법(1999), 550면; 김동윤, 앞의 논문, 634-635면.

38) 이재상, 앞의 책, 567면; 임동규, 앞의 책, 546면; 김동윤, 앞의 논문, 635면.

39) 배종대/이상돈, 앞의 책, 634-635면; 백형구, 앞의 책, 804면; 신양균, 형사소송법 제2판(2004), 794면; 정웅석, 앞의 책, 1047면.

40) 신동운, 앞의 책, 900면.

자백에 해당하는 부분을 탄핵증거로 할 것인가는 사법경찰관작성 피의자신문조서의 증거능력과 관련하여 피고인이 내용부인하면 증거능력을 부정하도록 한 제312조 제2항을 어떻게 해석할 것인가로부터 논의를 출발해야 한다. 탄핵이라고 하는 것은 그 진술을 본증으로 할 수 없을 때 행해지는 것이므로 이 규정이 조서의 증거능력부인을 넘어 아예 그 진술 자체의 증거능력을 배제한 것인가가 문제된다.

따라서 피의자신문조서 중 자백부분을 탄핵증거로 사용할 것인가라는 논점을 검토하기 위하여는 형사소송법의 전문증거에 관한 규정에 대하여 전문증거로서의 조서의 증거능력과 전문진술의 증거능력의 관계를 어떻게 볼 것인가가 먼저 검토되어야 한다.

만약에 독일 형사소송법과 같이 조서는 증거로 할 수 없지만 그 조서에 담긴 진술은 구두의 진술 형태로 현출되면 증거로 할 수 있다고 한다면 피의자신문조서를 탄핵증거로 사용한다는 논점은 발생하지 않을 것이다. 즉 이 체제는 진술을 조서로서 입증하는 방법 자체를 부정하기 때문이다.

반면에 조서의 증거능력 규정을 통하여 그 조서에 담긴 진술 자체의 증거능력을 부정하는 것으로 해석하면 어떤 방식으로든 그 진술이 증거가 될 수 없으므로 조서를 탄핵증거로 사용할 것인가의 문제가 발생하는 것이다.

이에 따라 사법경찰관작성 피의자신문조서의 증거능력을 제한하고 있는 우리나라 형사소송법 규정을 어떻게 해석하는가에 따라 결론이 달라질 것이다.

2) 조서의 증거능력과 조서 내용인 진술의 증거능력

그러면 조서의 증거능력이라고 할 때 그 증거능력은 무엇을 의미할까. 증거능력의 개념에 비추어 보면 조서가 엄격한 증명의 자료로 될 수 있는 법률상의 자격을 말할 것이다.

그런데 여기서 「증명의 자료」가 되는 것은 무엇일까. 그것은 조서 자체가 아니라 조서에 담겨 있는 진술내용일 것이다. 따라서 앞에서 본

증거의 개념의 단계 구별에 대응하여 보면 조서가 증거 즉, 증명의 자료로서 사용되기 위하여는 2가지의 단계가 필요하다.

먼저 증거방법으로 조서의 존재 자체가 인정되어야 할 것이다. 이것이 영미법계 증거법상의 증거의 진정성의 입증(authentication)의 단계이다. 특히 영미법계의 당사자주의 하에서는 공소기관도 당사자이므로 그가 제출하는 증거도 피고인이 제출하는 증거와 마찬가지로 증거제출자가 주장하는 바로 그 증거 자체라는 점이 입증되는 것이 그것을 증거로 사용하기 위한 전제조건이다. 그리고 이는 수사기관이 작성한 조서라도 마찬가지다. 예컨대 절도사건에서 압수된 물건이 증거로 제출될 때 그 압수물이 바로 그 절취 피해품이라는 것, 갑과 을간에 체결된 계약서를 증거로 제출할 때 갑과 을간에 계약서가 작성되었고 제출된 서면이 바로 그 계약서라는 것, 그리고 조서와 같은 진술서면인 경우에는 그 서면이 실제로 작성되었고 작성된 바로 그것이라는 것, 증인이 어떤 사람과 통화한 내용을 증언할 때 그러한 통화 자체, 즉 증인과 어떤 사람 사이에 어떤 일시에 통화한 일이 있었다는 것 등이 진정성 문제이다.[41]

다음으로, 조서가 조서 자체로서 인정을 받은 다음에는 그 조서에 기재되어 있는 내용대로의 진술(statement)이 실제로 있었다는 것이 증명되어야 할 것이다. 물론 조서의 존재와 그 작성과정의 진정성이 입증되면 그러한 조서의 존재로서 그 내용의 진술이 있었다는 것이 대부분 인정될 수 있을 것이다.

이와 같이 증거로 되는 것은 조서가 아니고 조서에 담긴 진술내용인 증거자료인 것이다. 나아가 이렇게 조서에 담긴 진술내용이 증거가 된다고 하여도 조서의 진술기재(조서에 진술된 내용으로 기재된 것) 그 자체가 증거로 된다고 할 수는 없고 증거로 되는 것은 조서의 진술기재에 의해 입증되어 인정되는 본래 있었던 「진술」 그 자체이다.

그런데 현실의 세계에서는 조서의 작성상의 진정성은 인정될지라

41) Park/Leonard/Goldberg, 앞의 책, 559면, 영미법상 진정성 개념에 관하여 자세한 내용은 이 책 559-600면 참조

도 그 조서의 진술기재와 실제 있었던 진술이 다른 경우가 있을 수 있다. 즉 심한 경우는 수사기관이 마음대로 기재하고 서명날인을 받는 경우와 같이 아예 진술 자체가 없는데 있는 것처럼 기재되어 있을 수 있고,[42] 수사담당자의 예단이나 편견 등으로 인한 논리에 따라 진술자가 진술한 취지와는 다르게 기재될 수도 있는 것이다.

이러한 상황의 가능성이 있음에도 조서가 작성상의 진정성만 인정되면 무조건 그 진술기재대로 실제로 「진술」이 있었던 것으로 확정된다면 불합리한 경우가 있을 수 있다. 바로 이 점에 대한 문제의식이 우리나라에서 조서의 실질적 진정성립이라는 개념을 구상하게 된 원인이라고 생각되는데 그 취지는 이해하나 이론 구성에 문제가 있다. 다만, 이에 대한 상론은 다음으로 미루기로 한다.

(2) 조서의 증거능력 규정과 진술의 증거능력에 대한 해석

1) 문제의 소재

앞에서 설명한 바와 같이 수사단계에서의 진술의 증거능력이라고 말을 할 때 그 진술이란 수사단계에서 이루어진 진술 그 자체를 말한다. 그리고 조서는 그러한 진술이 있었음을 입증하는 수단 중의 하나에 불과하다.

그런데 우리나라의 전문증거에 관한 규정들은 조서의 증거능력을 위주로 규정하고 있어서 그 조서의 증거능력에 대한 규정과 진술 그 자체에 대한 증거능력과의 관계가 문제될 수 있다.

2) 두 가지의 해석 가능성

㈎ 조서와 진술을 분리하여 해석하는 견해 　　먼저 조서 규정을

42) 이것이 일제시대에 있었다는 백지조서의 행태이다. 제정 형사소송법안 제1회 독회에서 법제사법위원장 김정실 의원은 이에 대해 「종래에 있어서는 수사기관에서 작성한 조서에는 원진술자는 다만 그 말미에 서명 날인하였으므로 왜정시대로부터 불미한 사례가 비일비재하였습니다. 그렇기 때문에 본인에게 사건의 내용을 하등 신문함이 없이 말미용지에다 무인 혹은 날인만 받고 진술내용은 기재자가 적당히 기재하는 폐단이 상금도 전무하다고 단언하기 어려운 실정입니다. 그렇기 때문에 수정안은 조서에다가 간인을 시킴으로써 이러한 폐단을 일소하려는 것입니다」라고 언급한다. 대검찰청, 형사소송법 제정·개정 자료집, 1997, 376면.

조서만의 증거능력에 대한 규정으로 보고 진술 자체의 증거능력은 별개의 문제로 해석할 수 있는 가능성이 있다. 이에 의하면 조서의 증거능력은 부인되어도 그 안에 있는 진술의 증거능력이 부인되는 것은 아니므로 조서 이외의 다른 방법으로 그 진술 자체를 입증하면 되는 것이다. 이는 독일의 직접주의적 접근방법이다.

예컨대, 사법경찰관작성의 피의자신문조서에 대하여 피고인이 내용부인하여 피의자신문조서의 증거능력은 없게 되었더라도 이와 별도로 제316조에 의하여 수사한 사법경찰관이 피의자가 수사단계에서 행한 「진술」 그 자체를 증언함으로써 입증하면 그 진술내용을 공소사실을 인정하는 자료, 즉 증거로 사용할 수 있는 것이다.

이 견해는 전문법칙에 관한 제310조의2의 문언과 피고인의 진술의 전문증언에 관한 제316조의 문언과 제정형사소송법 이래 증거법의 기반이 되고 있는 직접주의적 요소를 근거로 한다.[43)]

특히 제316조 제1항은 명문으로 피고인의 진술을 내용으로 하는 증인의 증언의 증거능력을 인정하고 있으며 이 조문상의 증인으로 수사단계에서 그러한 진술을 한 것을 들은 수사담당자나 제3자를 제외하지 않고 있기 때문에 당연히 사법경찰관도 증인으로 나와 피의자가 행한 진술내용을 증언하면 그 증언으로서 입증된 피의자의 진술내용은 증거로 할 수 있다는 것이다.

(나) 조서와 진술을 묶어서 해석하는 견해 　　이에 대하여 조서의 증거능력에 관한 규정 그 자체를 그 실질이 되는 「진술」 자체의 증거능력 규정으로 해석할 가능성이 있다. 이렇게 해석하면 조서의 증거능력이 부인되면 같은 조건하에서 진술 그 자체의 증거능력도 부인되게 되므로 조서 이외의 다른 어떠한 방법으로 「진술」 그 자체가 있었음을 입증하여도 모두 증거로 할 수 없다. 판례와 통설이 이 견해를 취하고 있다.[44)]

43) 이완규, "피고인의 경찰진술을 내용으로 하는 수사경찰관 증언의 증거능력", 저스티스 제78호(2004), 154-159면.

44) 신동운, 앞의 책, 843면; 이재상, 앞의 책, 535면

특히 이 견해는 사법경찰관의 피의자신문조서에 관한 제312조 제2항과 관련하여 주로 논의되는데 사법경찰관의 피의자신문조서에 대하여 피고인이 내용부인하여 조서의 증거능력이 부인되면, 수사경찰관이 피의자신문조서에 기재되었던 진술내용을 증인으로 나와 증언하더라도 이를 증거로 할 수 없다고 한다.

판례는 1961년 개정법에서 제316조 제1항이 신설된 후 한 동안 제316조 제1항에 따라 피고인의 진술이 신빙할 수 있는 상태하에서 행하여졌는지를 기준으로 판단하는 태도를 취하여 그 증언을 증거로 사용할 수 있다고 하여[45] 조서와 진술을 분리하는 해석을 하다가 1973년의 73도2123 판결 및 1976년의 76도32 판결을 거치면서 제312조 제2항에 따라 신빙할 수 있는 상태 여부를 묻지 않고 피고인이 내용을 부인하면 증거로 할 수 없다고 하여 조서와 진술을 합일적으로 해석하게 되었다.[46]

(3) 소 결

사견으로는 조서와 진술을 분리하는 해석이 타당하다고 생각하며 따라서 이렇게 조서의 증거능력이 부인되는 경우에도 조서의 내용인 진술을 조사자 증언 등으로 입증하여 증거로 할 수 있도록 한다면 자

---

45) 대법원 1967. 6. 13. 선고 67도608 판결, 「피고인이 경찰에서 순순히 범행을 자백하였다는 조사 참여 경찰관의 증언은 전문증거라 할 것이나 피고인의 위 자백진술은 다른 특별한 사정이 엿보이지 아니하는 본 건에서는 본조 제1항에서 말하는 특히 신빙할 수 있는 상태하에서 행하여진 것으로 볼 것이니 위 증언을 증거로 채택한 것은 적법하다」.

46) 대법원 1973. 3. 12. 선고 73도2123 판결에서는 「피고인이 인정하지 아니하는 경찰의 피의자신문조서는 형사소송법 제312조 제2항에 의하여 증거능력이 없다고 하면서 그 조서기재내용을 들었다고 하는 증인의 증언을 취신한다는 것은 모순」이라고 하면서 「그 증언을 믿지 아니한 조치를 정당하다」고 하여 증거능력은 인정되지만 믿지 않은 것이 정당하다는 식의 설시를 하지만 믿지 않는 이유가 제312조 제2항 때문이라면 이미 증언이 증거로 사용될 가능성은 이 판례에서 이미 배제되었다고 볼 수 있다.

이후 대법원 1976. 3. 9. 선고 76도32 사건에서는 '증인이 수사기관에서 이 사건을 조사한 사람인만큼 수사기관에서의 진술을 피고인이 부인하는 이상 동 증인의 위와 같은 증언은 범죄사실에 대한 증거력이 없다'고 하여 아예 증거능력을 부인하는 데까지 나아갔고 이는 현재까지 유지되고 있다.

백이 기재된 피의자신문조서를 공판정에서의 피고인의 부인진술의 탄핵을 위하여 사용한다는 식의 문제는 발생하지 않을 것이다. 조서를 탄핵을 위하여 사용하는 것이 아니라 그 기재내용을 조사자 증언 등을 통해 입증하면 아예 본증으로 사용할 수 있기 때문이다. 그리하여 조서의 내용대로의 진술이 있었음을 조서 이외의 방법, 예컨대 조사한 사법경찰관이 법정에서 증언하는 방법으로 입증할 때 조서의 존재는 그 증언의 신빙성을 보조하는 자료로서의 의미를 가질 수 있을 것이다.(※ 본 논문이 쓰여진 후 형사소송법이 개정되었는데 그 중 제316조 제1항이 개정되어 사법경찰관의 증언이 증거로 사용될 수 있도록 명문화되었다. 따라서 개정법하에서는 이와 같이 해석해야 할 것이다.)

다만, 이와 같이 조서와 진술을 분리하여 해석하는 경우에도 사법경찰관작성 피의자신문조서의 경우는 전문법칙이나 직접주의의 일반이론과는 다른 관점, 즉 경찰 수사에 있어 위법수사나 자백편중 수사를 방지하고자 하는 우리나라의 특별한 형사정책적 관점이 있다고 하는 입장에 서면 제312조 제2항에는 특별한 의미가 부여되고 이에 따라 사법경찰관작성 피의자신문조서만은 조서규정이 진술에까지 효력이 미치는 것으로 해석할 수 있을 것이다. 이렇게 해석하면 사법경찰관 앞에서의 진술의 경우는 조서와 진술을 합일적으로 해석하는 경우와 같이 조서의 증거능력이 부정되는 조건, 즉 내용부인으로 수사경찰관의 증언이나 피고인의 인정진술 등의 증거능력이 모두 부인되게 될 것이다. 따라서 사법경찰관작성 피의자신문조서의 경우는 탄핵증거 사용 여부가 문제될 수 있을 것이다.

물론 조서와 진술의 합일적 해석을 하는 판례나 통설에 의하면 당연히 증거능력이 없는 피의자신문조서를 탄핵증거로 사용할 것인가가 문제될 것이다.

4. 사법경찰관작성 피의자신문조서에 기재된 자백진술

사법경찰관작성 피의자신문조서의 증거능력제한은 검사작성 피의자신문조서와 구별되는 특징이 있으며 이 규정을 어떻게 해석하는가에 따라 결론이 다를 수 있다.

신동운 교수는 이를 위법수사를 방지하기 위한 장치로서 전문법칙과 별개의 차원의 규정으로 해석하면서, 그리고 피고인의 진술에 대한 탄핵대상 부정설은 자백편중 수사의 방지를 위한 취지에 중점을 두고 탄핵증거로 사용하는 것을 부정한다.

그러나 사견으로는 사법경찰관작성 피의자신문조서의 증거능력 제한이 위법수사나 자백편중 수사를 방지하고자 한 입법취지에는 동의하나 그렇다고 하여도 탄핵증거로 사용하는 것 자체를 부정할 이유는 없다고 본다.

내용부인하는 피의자신문조서의 경우 범죄사실을 인정하기 위한 증거로 사용할 정도의 신용성을 인정할 수는 없다는 것이므로 그렇다고 하여도 적극적으로 범죄사실 등을 인정하는 증거가 아니고 소극적으로 탄핵용으로만 사용할 수 있게 하는 것은 그로 인한 폐단이 비교적 적을 것이어서 무방할 것으로 본다.[47] (※ 본 논문이 쓰여진 후 형사소송법이 개정되어 자백이 기재된 사법경찰관의 피의자 신문조서에 대하여 내용부인하여도 제316조 제1항에 따라 사법경찰관이 그 내용을 증언하면 그 증언의 증거능력이 인정되어 결과적으로 조서의 내용인 자백이 증언이라는 방법을 통하여 본증으로 사용될 수 있게 되었다. 따라서 종래에 논의되던 이 논점 즉, 사법경찰관의 피의자 신문조서의 자백을 부인하는 피고인의 진술에 대한 탄핵증거로 사용할 수 있는가는 의미가 없게 되었다. 오히려 이제는 그 조서는 사법경찰관 증언의 신빙성을 보조하는 자료로의 의미를 갖게 되었다. 다만, 조서에 기재된 자백 이외에 여러 가지 구체적 상황에 대한 진술은 피고인이 공판정에서 이와 다른 진술을 할 때에는 이를 탄핵함으로써 결과적으로 피고인의 전체적 진술의 신빙성을 좌우하는 증거로 사용할 수 있을 것이므로 사법경찰관의 피의자신문조서를 탄핵증거로 사용할 수 있는가라는 문제 자체는 여전히 논할 의미가 있다고 하겠다.)

47) 같은 취지: 김동윤, 앞의 논문, 634면.

V. 조서의 진정성립과 탄핵증거 문제

1. 논의의 의의

형사소송법은 조서의 증거능력의 전제로서 진정성립을 요구하고 있는데 탄핵증거로 사용함에 있어서도 일단 진정성립은 인정되어야 하는가가 문제될 수 있다. 이는 탄핵증거 여부가 주로 문제되는 사법경찰관작성 피의자신문조서뿐만 아니라 검사작성 피의자신문조서의 경우도 문제될 수 있다. 제318조의2는 「제312조 내지 제316조 규정에 의하여 증거로 할 수 없는 서류나 진술」이라고 하여 아무런 제한이 없는 것으로 해석될 여지가 있는데 특히 조서의 진정성립이란 조서가 조서 자체로서 의미 있는 것인가의 문제이므로 비록 탄핵용이라고 하여도 조서 자체로서 의미도 없는 것을 증거로 할 수 있는가가 문제된다.

2. 학설, 판례

(1) 진정성립 불요설

탄핵증거로 사용하는 경우는 진정성립이 인정될 필요가 없으며 특히 형식적 진정성립인 서명, 날인도 필요 없다는 견해[48]로 판례도 이 견해를 취하고 있다.[49]

(2) 진정성립(서명, 날인) 필요설

진정성립이 인정되지 않는 서류는 진술내용의 정확성(즉 진술한 대로 기재되어 있는지 여부)를 확인할 수 없어 진술내용의 진실성과 진술내용의 정확성의 2중의 오류가능성이 있으므로 탄핵증거로도 허용할 수 없다는 견해이다. 그러데 이 견해는 탄핵증거로서의 진정성립에 관하여는 서명, 날인의 진정만을 논할 뿐 실질적 진정성립 여부에 대하여는 언급이 없다.[50]

---

48) 임동규, 앞의 책, 544면.

49) 대법원 1972.1.31. 선고 71도2060 판결; 1994.11.11. 선고 94도1159 판결.

50) 배종대/이상돈, 앞의 책, 665면; 이재상, 앞의 책, 568면. 김동윤, "피고인이 내용을 부인하여 증거능력이 없는 사법경찰리 작성의 피의자신문조서등을 탄핵증거로

3. 검 토

(1) 진정성립 불요설의 문제점

탄핵증거도 탄핵을 위해 일정한 사실을 주장하고 그 사실의 존재를 입증하기 위한 자료이므로 일단 입증자료로 제출되는 서면 등의 증거방법으로서의 존재 자체, 즉 증거제출자가 주장하는 바로 그 증거 자체라는 점이 인정되어야 할 것이다. 즉 영미법계 증거법상 이러한 의미로 요구되는 증거의 진정성의 입증(authentification)은 본증이든 탄핵증거이든 어떤 용도로 사용되는가를 묻지 않고 증거로 제출되지 위한 전제조건인 것이다.

예컨대 피고인과 증인 A가 내연관계에 있다는 사실을 주장하여 증인의 신빙성을 탄핵하려 한다고 하자. 이때 탄핵의 전제는 내연관계가 있다는 사실을 인정하는 것일 것이다. 만약 제 3 자인 B가 작성하였다는 사실확인서가 제출되는데 그 사실확인서에 서명날인도 없다면 그 사실확인서가 실제로 B가 작성한 문서인지 어떻게 인정하고 이를 근거로 내연관계가 있다는 사실을 인정하겠는가. 그리고 B는 도대체 피고인이나 증인 A와 무슨 관계에 있어 내연관계에 있다는 사실을 증언할 수 있으며 그 말을 어떻게 믿겠는가.

그러므로 탄핵증거로 제출되는 서면도 그것이 탄핵을 위해 주장되는 어떤 사실을 인정하기 위한 자격을 가지려면 기본적 요건으로서의 진정성립, 특히 서명, 날인 등은 갖추어야 할 것이다. 물론 서명, 날인은 진정성립을 인정하는 방법 중의 하나이므로 만약 서면이 자필이라면 그것이 실제로 자필이라는 것을 다른 방법으로 입증할 수 있으면 될 것이다.

(2) 진정성립은 원진술자의 진술에 의하여만 인정할 것인지

형사소송법상 전문증거로서의 서류 등은 원진술자의 공판정 진술에 의하여 진정성립을 인정하는 것이 원칙인바 탄핵증거로 사용하는 경우에도 진정성립이 필요하다는 견해를 취하면 탄핵증거로 사용하는

사용하기 위한 요건", 법원 판례해설 제30호(1998), 법원도서관, 631면.

경우에도 원진술자의 진술에 의하여만 인정할 것인지 문제될 수 있다.

그러나 형사소송법이 서류 등에 대하여 원진술자의 진술에 의한 진정성립 인정을 요구하는 것은 직접주의적 관점에서 원진술자가 법정에서 진술함이 없이 곧바로 서면으로 대체하는 것을 방지하고자 하는 수단으로 도입된 것으로 보이는바 본증으로 사용되는 것이 아님에도 불구하고 탄핵증거에까지 이와 같은 엄격한 요건을 요구할 필요는 없을 것으로 본다. 따라서 탄핵증거로 제출되는 서면의 진정성립은 여러 가지 방법으로 증명하면 될 것으로 본다.

(3) 실질적 진정성립의 문제

현재 조서등의 진정성립의 개념에 관하여 서명, 날인 등의 성립의 진정을 의미하는 형식적 진정성립과 조서의 진술기재와 실제의 진술의 일치를 의미하는 실질적 진정성립의 개념을 사용하면서 진정성립이란 형식적 진정성립과 실질적 진정성립을 포함하는 개념이라고 하는 것이 통설, 판례이다.

그런데 탄핵증거에 진정성립을 요구하는 견해에서는 주로 서명, 날인의 존재만을 언급할 뿐 이때에도 실질적 진정성립이 요구되는지는 논해지지 않고 있다. 그러나 공판정 진술을 탄핵자료로 사용하려면 실제로 그 진술이 있었는지를 문제삼는 것이 타당하다고 본다.

이 사건 대상판례의 사건의 예를 들어보면 피고인에 대한 사법경찰리작성 피의자신문조서상에 기재되어 있는 피고인의 진술 중에서 공판정 진술과 모순되는 진술들, 즉 공작원이 찾아왔었다고 하는 당시의 사무실의 근무자의 수, 운전면허 취소 여부, 호출기 번호 등에 관한 진술 등을 공판정 진술에 대한 탄핵자료로 사용하려면 적어도 조서에 기재되어 있는 진술들을 피고인이 실제로 하였었다는 것이 전제되어야 할 것이다.

만약 피고인이 그런 말을 한 사실 자체가 없는데도 불구하고 그 조서의 기재내용을 그대로 인정하여 피고인의 공판정 진술에 대한 탄핵자료로 삼는 것은 부당하기 때문이다.

그러면 피고인이 조서상의 기재내용대로의 진술을 한 일이 있다는 것은 어떻게 인정할까. 조서의 진정성립을 원진술자의 진술에 의하여 인정한다는 규정에 따라 원진술자가 실질적 진정성립을 부인한다면 조서의 기내내용대로 진술한 일이 없다고 하고 탄핵증거로 사용하지 못한다고 해야 할까.

여기서도 진정성립을 원진술자의 진술에 의하여만 인정하도록 한 형사소송법 규정과 실질적 진정성립 개념이 가져오는 이상한 결과에 대한 의문이 제기되는 것이다.

그렇지만 조서의 존재, 특히 진술자의 서명, 날인이 있는 조서의 존재는 원진술자가 그러한 진술을 하였다는 사실을 입증하는 중요한 수단인데 증거로 사용함에 있어서도 조서내용과 원진술의 일치를 원진술자의 진술에만 의존하게 하는 것은 합리적이라 할 수 없을 것이다. 즉 조서 자체가 원진술이 있었음을 입증하는 수단인데 원진술이 있었음을 원진술자가 인정하여야만 조서에 원진술대로 기재되어 있음을 인정한다는 것은 이해하기 어렵다.

그리고 이와 같은 부당성은 탄핵증거로 사용하는 경우뿐만 아니라 본증으로 사용하는 경우도 마찬가지라고 할 것이나 탄핵증거의 경우는 증언의 신빙성을 다투는 경우이므로 훨씬 더하다고 할 것이다.

그러나 그렇다고 하여 진정성립의 인정을 본증의 경우와 탄핵증거의 경우를 나누어 본증으로 사용하는 경우는 실질적 진정성립이 포함되는 것이고 탄핵증거의 경우는 포함되지 않는다고 하는 것도 쉽게 납득하기 어렵다.

사견으로는 따라서 진정성립은 본증이든 탄핵증거이든 통일적으로 형식적 진정성립으로 보아야 하며 그렇게 형식적 진정성립이 인정된 조서의 진술기재와 실제의 진술이 합치하는가의 문제는 진정성립의 개념에 포함시켜 파악할 것이 아니고 별도로 검토하여야 할 문제라고 본다. 즉 「피의자 또는 피의자 이외의 자의 진술을 기재한 조서」라고 할 때 「진술」이라는 개념에 중심을 두어 예컨대 피의자 A에 대한 피의자신문조서가 서명, 날인 등 형식적 진정성립은 인정되나 그 진술기재내용에 대하여 다툼이 있고 그 다툼의 과정 속에서 법원이 판단할 때 진술기재가 실제 진술과 다르다고 인정할 때에는 그 조서는 「존재하지 않는 진술」을 기재한 조서, 즉 무(無)를 기재한 조서이므로 「진술을 기재한 조서」라고 할 수 없는 것으로 보면 되는 것이다. 이렇게 파악하면 진술기재와 실제진술의 일치문제는 원진술자의 진술에만 의존하는 종래의 이론에서 벗어나 원진술자의 진술뿐만 아니라 기타 여러 가지 방법으로 증명할 수 있게 될 것이다. 그리고 이러한 논리는 본증으로 사용하든[51] 탄핵증거로 사용하든 마찬가지라 할 것이다.

따라서 탄핵증거로 사용하고자 하는 사법경찰관작성 피의자신문조서에 대하여 서명, 날인 등 형식적 진정성립이 인정된다면 비록 피고인이 그 조서내용대로 진술한 사실이 없다고 주장하더라도 그 주장(즉 그러한 진술이 없었다는 주장)에 대한 반증과 동시에 공판정 진술(조서기재내용과 다른 모순진술)의 신빙성에 대한 탄핵증거로서 피의자신문조서를 사용할 수 있다고 할 것이다. 만약 법원이 그 조서의 기재내용대로의 진술 자체가 없었다고 판단한다면 피고인의 진술의 신빙성 여부는 문제되지 않을 것이고, 그 조서의 기재내용대로의 진술을 한 일이 있었다고 판단한다면 비로소 피고인이 전후에 모순되는 진술을 한 것이므로 신빙성 여부를 문제삼을 수 있을 것이다.

(※ 본 논문이 쓰여진 후 형사소송법이 개정되었다. 현행법에 대한 판례의 해석상 실질적 진정성립 개념이 그 진정성립을 원진술자의 진술로만 인정하고 있는 이유로 발생하는 위와 같은 문제점을 해결하기 위하여 개정법은 실질적 진정성립을 원진술자의 진술 이외에도 '기타 객관적 방법'으로 증명할 수 있도록 하였다. 그렇지만 진술 자체가 있었다는 것을 입증하기

51) 따라서 예컨대 검사작성 피의자신문조서를 본증으로 사용하려 할 때 진정성립은 서명, 날인 등 형식적 진정성립이며 조서의 진술기재와 실제진술의 일치문제는 원진술자의 진술과 기타 여러 가지 방법의 증명과정을 거쳐 법원이 판단할 문제로서 진술기재와 실제진술이 일치할 때에는 비로소 「진술」을 기재한 조서로서 증거로 사용할 수 있는 것이고, 실제진술과 불일치할 때는 그 조서는 「無」를 기재한 조서이므로 증거로 사용할 수 없는 것이 될 것이다. 이에 관한 상론은 다음 기회로 미루기로 한다.

위하여 조서를 사용하고자 하는 것인데 진술이 있었던 것이 증명되어야 조서를 증거로 할 수 있다는 이상한 구조는 여전히 남아 있다. 따라서 개정법하의 해석에 있어서도 탄핵증거로 사용하는 경우에는 형식적 진정성립만 입증되면 실질적 진정성립 여부는 법원이 자유로이 판단하여 원증언의 신빙성 판단에 고려하면 되는 것으로 이해해야 할 것이다.)

Ⅵ. 판례에 대한 평가

이상 검토한 논점들에 비추어 보면 대상 판례가 피고인이 내용부인하더라도 그 진술의 임의성이 인정된다면 사법경찰관작성 피의자신문조서도 제318조의2 규정에 의해 피고인의 진술에 대한 탄핵증거로는 사용할 수 있다고 한 것은 타당하다.

반면에 대상판례에서는 언급되지 않았지만 이미 판례의 입장으로 되어 있는바 탄핵증거로 사용하는 경우는 진정성립, 특히 서명, 날인의 형식적 진정성립조차도 필요로 되지 않는다는 이론은 찬성하기 어렵다. 이 부분은 변경되어야 할 것으로 본다.

한편, 대상판례와 같은 증거능력 없는 조서의 탄핵증거의 사용과 관련하여 그 전제논의로서의 탄핵증거의 허용범위, 피고인진술의 탄핵대상 여부 등 논점에 대하여도 좀더 논의의 정리가 이루어져야 한다고 본다.

[주 제 어]
증거능력, 사법경찰관작성 피의자신문조서, 탄핵, 종전의 모순진술, 진정성립

[Key words]
The admissiblity of the evidence, defendant's statements protocol of the police, impeachment, prior inconsistent statement, authentication

[Abstract]

The Admissibility of the Defendant's Statements Protocol of the Police for Impeachment

Lee, Wan-Kyu*

On the evidence for the impeachment, in literature, four problems are in discussion. At first, whether a hearsay evidence is admissible for impeachment, although it is not admissible in view of the hearsay rule. Second, whether the oral evidence of the defendant in trial is impeachable, and whether the defendant's pre-trial statements protocol of the police is admissible for impeaching the oral evidence of the defendant in trial. At last, whether the authentication is required for the admissibility of the hearsay written statement for impeachment.

For first problem, though a hearsay evidence is not admissible according to the hearsay rule, it is admissible for impeachment. The hearsay rule is operated only where out-of-court statement is produced for asserting the truth of the statement. Because impeachment is not asserting the truth of the pre-trial statement, but swaying the crediblity of the oral evidence in trial, hearsay rule is not operated when the evidence is produced for impeachment. For second problem, the oral evidence of the defendant in trial can be impeached for the appropriate way of truth-finding. In practice, the prior inconsistent statement of the defendant can be often used for impeaching the oral evidence of the defendant in trial. § 312 ② of the Korean Criminal Procedure Act provides that the defendant's pre-trial statements protocol is

* Public Prosecutor, Gwangju District Prosecutors' Office, Ph.D. in Law.

not admissible when the defendant or the counsel of the defendant denies the truth of the statements. Because of the provision, some say that the defendant's pre-trial statements protocol is not admissible for impeachment when the defendant or the counsel of the defendant denies the truth of the statements. But the Court admits the defendant's pre-trial statements protocol although the defendant or the counsel of the defendant denies the truth of the statements, and it is with me on that. For the last problem, the majority in literature and the Court are with the opinion that the authentication is not required for the admissibility of the hearsay written statements for impeachment. In this point I cannot agree with the Court. The requirement of the authentication is essential for producing all the evidences. It is a different rule from the hearsay rule. In my opinion, It could be said that the majority and the Court confuse the difference. It should be said that a hearsay written statements cannot be used for impeachment when it is not authenticated.

피의자의 진술을 내용으로 하는 사법경찰관의 진술의 증거능력

금 태 섭*

Ⅰ. 대상판결 — 대법원 2005. 11. 25. 선고 2005도5831 판결

1. 사실관계

피고인은 2003년경 유부녀로서 언어장애를 가지고 있는 피해자를 알게 되어 내연관계로 지내왔다. 2004. 11. 4. 17:31경 피고인은 피해자에게 전화하여 만나자고 하였으나 거절당하였다. 피고인은 같은 날 18:51 다시 피해자에게 전화하여 불러 낸 후 22:40경 자신의 차에 태워 산길로 데려갔다. 피해자는 다음날 04:00경 그곳에서 머리에 근접하여 발사된 엽총에 의한 총상을 입고 사망하였다.

사망현장에서 약 40미터 떨어진 절의 주지는 04:00경 산 쪽에서 사람이 악쓰는 것 같은 소리를 듣고 산 쪽을 바라보았는데 그 직후 2~3회의 총소리를 듣고 약 10초 후 사람을 살려달라고 외치는 소리를 들었다. 그로부터 40~50분 후인 04:40경 목격자인 W1은 같은 교회 신도인 W2, W3과 함께 새벽기도를 가다가 산 쪽에서 내려오는 피고인을 목격하였는데 피고인은 W1에게 "내가 사람을 죽였어요, 신고를 해주소."라고 말하였고 W1이 깜짝 놀라 왜 사람을 죽였느냐, 어디서 죽였느냐고 묻자 각각 "글쎄요", "산이요."라고 대답했다. W1이 피고인을 만난 직후 역시 같은 교회 신도인 W4도 피고인을 만났는데 피고인은 W4에게 "아주머니 내가 사람을 죽였어요, 전화 좀 씁시다."라고 말하였다. 당시 피고인은 좌측 이마가 찢어지고 코피를 흘리며 손과 옷에 피가 묻어 있는 상태였다.

경찰관인 P는 04:50경 신고를 받고 05:15경 사건현장에 도착하였는데 당시 피고인은 이미 다른 경찰관 2명과 함께 현장에 도착해 순찰차 조수석 뒷

* 서울중앙지방검찰청 검사.

자리에 앉아 있었다. P는 현장을 둘러본 다음 피고인의 옆 좌석에 승차하여 누가 피해자를 죽였느냐고 물어 "제가 죽였습니다"라는 대답을 들었다. 다시 피고인에게 왜 죽였느냐고 묻자 피고인은 "내연관계이며 2년간 사귀었다", "사람을 죽였으니 괴로웠는데 죄 값을 남자답게 받겠다"고 말하고 담배를 달라고 하여 피웠다. P는 피고인에게 엽총의 소재를 물었으나 피고인은 모른다고 답변하였다. 당시 피고인은 취한 상태였고 옷에 대소변을 본 상태였다.

피고인은 사건 다음날인 2004. 11. 6.부터 본격적인 피의자신문이 이루어지자 일관하여 피해자를 살해한 사실이 없다고 부인하였을 뿐만 아니라 처음에는 사람을 죽였다고 말한 기억이 없다고 진술하다가 경찰 2회 피의자신문과정에서는 "내가 파출소 경찰관들에게 그렇게 말한 것이 기억나는데 그것은 제가 ○○○을 죽여서 그런 것이 아니고, 산에서 사람을 불러도 대답이 없어서 사람을 죽였다고 말을 한 것 같습니다"라고 말하였고, 다시 검찰 피의자신문 과정에서는 "본인이 '도와주세요, 도와주세요, 사람이 죽어갑니다'라고 외치면서 산속에서 내려오고 있었는데 그냥 아줌마들이 지나쳐 버린 것 같았습니다. 그래서 제가 아줌마들에게 '사람을 죽였다'라고 말을 한 것 같고 그래야 아줌마들이 경찰에 신고를 해 줄 것으로 생각을 하였던 것 같습니다", "그러나 본인이 경찰관에게 그렇게 말한 부분은 기억이 나지 않습니다"라고 진술하였다. 공판과정에서는 "이 사건 발생 이후 산을 내려와 지나가던 사람들에게 '사람이 죽어간다'고 소리를 쳤음에도 불구하고 지나가던 사람들이 아무런 조치를 취해 주지 않고 그냥 가버리는 것을 보고, 자신이 사람을 죽였다고 하면 신고해 줄 것 같은 생각이 들어 지나가던 여자들에게 '내가 사람을 죽였다'라고 말하였다"라고 진술하였다.

이와 별도로 피고인은 이 사건의 진상에 관하여 다음과 같이 주장하였다. 2004. 11. 4. 22:30경 현장인 산길에 도착하여 승합차 안에서 다음날 04:00까지 피해자와 이야기를 나누고 있었는데 누군가가 승합차 운전석 쪽 창문을 통하여 안을 들여다보았고 갑자기 총성이 2번 들리더니 운전석 창문이 깨어졌다. 피고인이 운전석 문을 열고 내려보니 불상의 남자 2명이 있었으며 그 중 누군가가 피고인의 다리를 걸어 넘어뜨렸는데 피해자가 조수석에서 내려 그 남자들에게 '왜 이래요'라고 소리치다가 갑자기 피고인의 머리 쪽으로 쓰러졌다. 그때 뛰어가는 소리가 들려 뒤쪽을 돌아보니 불상의 남자 3명이 산 쪽으로 도망가고 있었고 쓰러진 피해자를 만져보니 피를 흘리고 있어 '살려달라'고 외친 후 차안에 있던 휴대폰으로 신고하려고 승합차의 운전석 문을 열었으나 잠겨 있어 곧바로 산을 내려와서 지나가던 사람들에게 '사람이 죽어간다'고 소리를 쳤음에도 불구하고 사람들이 아무런 조치를 취해 주지 않는 것을 보고 자신이 사람을 죽였다고 하면 신고해 줄 것 같은 생각이 들어 지나가던 여자들에게 '내가 사람을 죽였다'라고 말하였다.

현장에서 발견된 승합차의 문은 잠겨 있었는데 차량 내부에는 피고인의 핸드폰이 있었고, 내부 여러 곳(화장지 2점 포함)에서 피고인의 혈흔이 발견되었으며 피고인 혹은 피고인 처남 이외에 다른 사람의 지문은 발견되지 않았다. 경찰은 이 사건 직후부터 수개월간 수백 명의 경찰관 및 금속탐지기를 동원하여 일대를 수색하였으나 엽총을 발견하지 못하였고 주민들로부터 엽총을 발견하였다는 신고도 들어오지 않았다.

피고인은 살인죄로 기소되었고 1심에서 징역 15년, 항소심에서 무기징역을 선고받았으나 대법원에서 무죄 취지로 파기하였고 파기환송 이후 무죄판결을 선고받았다.

2. 판결요지

피고인 아닌 자의 공판기일에서의 진술이 피고인의 진술을 내용으로 하는 것인 때에는 형사소송법 제316조 제1항의 규정에 따라 피고인의 진술이 특히 신빙할 수 있는 상태 하에서 행하여진 때에는 이를 증거로 할 수 있고, 그 전문진술이 기재된 조서는 형사소송법 제312조 내지 제314조의 규정에 의하여 증거능력이 인정되어야 할 뿐만 아니라 형사소송법 제316조 제1항의 규정에 따른 위와 같은 조건을 갖추고 있는 때에 한하여 증거능력이 있다(대법원 2004.4.27. 선고 2004도482 판결, 2001.10.9. 선고 2001도3106 판결, 2000.9.8. 선고 99도4818 판결 등 참조). 다만 피고인을 검거한 경찰관의 검거 당시 또는 조사 당시 피고인이 범행사실을 순순히 자백하였다는 취지의 법정증언이나 위 경찰관의 진술을 기재한 서류는, 피고인이 그 경찰관 앞에서의 진술과는 달리 범행을 부인하는 이상 형사소송법 제312조 제2항의 취지에 비추어 증거능력이 없다고 보아야 한다(대법원 1984.2.28. 선고 83도3223, 83감도538 판결 등).

기록에 의하면 P는 이 사건 발생 당시 근무책임 간부인 경찰관으로서 살인 사건이 발생하였다는 신고를 받고, 먼저 출동한 경찰관들에 이어서 이 사건 현장에 도착하였는데, 먼저 도착한 경찰관들로부터 피고인이 유력한 용의자인데 횡설수설한다는 보고를 받고, 순찰차에 타고 있던 피고인의 옆자리로 다가가 피고인에게 범인과 범행 이유에 관하여 물어 피고인으로부터 자신이 범행을 하였다는 진술을 받아 낸 다음, 이러한 과정과 피고인의 진술 내용을 적은 검거경위서를 작성하였고 제 1 심 법정에서 같은 내용의 진술을 한 사실을 알 수 있다. 경찰관인 P가 피고인으로부터 범행사실을 들은 경위가 이러하다면, 앞서 본 법리에 비추어 볼 때 P의 제 1 심 법정에서의 진술과 P가 작성한 검거경위서는 피고인의 유죄를 인정하는 증거로 사용할 수 없다고 보아야 한다. 그럼에도 불구하고 원심이 P의 증언과 위 서류를 증거로 채택·조사하여 유죄의 근거로 삼은 것은 피고인의 진술을 내용으로 하는 전문증거의 증거능력에 관한 법리를 오해한 위법이 있다고 할 것이다.

Ⅱ. 문제의 제기

피의자의 진술을 내용으로 하는 수사경찰관의 진술의 증거능력에 대하여 판례는 초기에 형사소송법 제316조 제 1 항에 따라 피고인의 진술이 신빙할 수 있는 상황에서 행하여졌는지 여부에 따라 판단하여야 한다는 태도를 취하기도 하였으나,[1] 이후 피고인이 법정에서 그 내용을 부인하면 증거로 할 수 없다고 정리한 후 그러한 태도를 고수하고 있다. 더 나아가 수사경찰관의 진술이 아닌 경우에도 경찰 조사과정에서 피의자가 자백하는 것을 들었다는 제 3 자의 진술도 형사소송법 제312조 제 2 항의 취지에 비추어 증거능력을 인정할 수 없다고 하고 있다.[2] 대상판결은 이러한 일련의 판례에 충실한 것이라고 할 수 있다.

---

1) 대법원 1967. 6. 13. 선고 67도608 판결. "피고인이 경찰에서 순순히 범행을 자백하였다는 조사 참여 경찰관의 증언은 전문증거라 할 것이나 피고인의 위 자백진술은 다른 특별한 사정이 엿보이지 아니하는 본건에서는 본조 제 1 항에서 말하는 특히 신빙할 수 있는 상태하에서 행하여진 것으로 위 증언을 증거로 채택한 것은 적법하다."

2) 대법원 2001. 3. 27. 선고 2000도4383 판결. "수사경찰관이 피해자와의 대질신문을 위하여 피고인을 피해자와 동석시킨 자리에서 피해자가 피고인으로부터 자신의 범행을 자백하는 취지의 진술을 들었다는 취지의 진술의 경우, 피고인이 법정에서 그 진술의 내용을 부인하고 있는 이상 형사소송법 제312조 제 2 항의 규정과 그 취지에 비추어 볼 때 그 증거능력을 인정할 수 없다."

이러한 판례의 태도에 대해서는 피고인의 방어권 보장을 근거로 한 긍정적인 입장이 있을 수 있다. 즉 '비록 판례를 통하여 피의자신문시 변호인의 참석이 보장되고, 수사실무에서 피의자신문과정의 녹화가 사실상 이루어지는 등 피의자신문과정의 가시화가 상당히 진전되었지만 아직도 대부분의 피의자신문이 폐쇄적 상황에서 이루어지는 현실에서 피의자신문을 담당한 사법경찰관을 증인으로 하여도 피고인의 반대신문권은 방어방법으로서 사실상 의미가 극히 제한된다고 볼 때 동일한 강압적 상황이라 하더라도 피의자가 신문과정에서 서명, 날인 및 간인을 거부함으로써 자신에서 불리한 수사과정에서의 진술이 공판절차에 증거로 현출되는 것을 방해하는 것이 현실적인 방법이 될 수 있다는 점(날인이나 간인이 없는 조서의 증거능력을 부정한 대법원 1999. 4. 13. 선고 99도237 판결 등 참조) 등을 고려할 때 수사과정에서 피의자로부터 획득된 자백 등 진술이 조서를 통해서 공판과정에서 현출되는 것을 반드시 부정적으로 이해할 만한 것은 아니'라는 것이다.[3)]

그러나 피고인의 진술을 내용으로 하는 증거방법이 조서인 경우와 사법경찰관의 증언인 경우에는 실무상 반대신문을 통한 방어의 효용성에 큰 차이가 있다. 이러한 점을 간과한 채 조서에 관한 형사소송법의 규정을 이유로 사법경찰관의 증언의 증거능력도 조서와 같이 취급하는 것은 의문이다. 이 글에서는 실제로 이 사건에서 있었던 경찰관의 진술, 특히 증언의 주요 내용과 그 증언 과정에서의 반대신문을 통한 방어 과정을 살펴보고, 이와 거의 같은 내용인 다른 진술증거에 대한 취급과 비교해 봄으로써 판결의 타당성을 검토해 보고자 한다. 또한 이 사건에서 P가 피고인의 진술을 청취한 것이 일반적인 조사—사건이 발생한 때로부터 상당기간 이후에 경찰관서 등에서 실시되는 정규적인 조사—가 아니었다는 점에 착안하여 이러한 과정에서 청취한 피의자의 진술을 내용으로 하는 증거에 대한 특별한 취급 필요성에 대해서도 살

---

3) 권창국, "피의자의 진술을 내용으로 하는 사법경찰관 법정증언의 증거능력", 법률신문 2006. 7. 20.자.

펴보고자 한다.

Ⅲ. 이 사건에 있어서 경찰관의 진술 내용

1. 검거보고서

대상판결이 증거능력을 부인한 P 작성의 검거보고서는 P가 사건현장에 가게 된 경위, 피고인과의 대화내용 및 그 정황, 이 사건의 수사경찰관으로서 P의 의견이 기재된 A4용지 한 장 반 분량의 서류이다. 일반적인 피의자신문조서와의 대비를 위하여 그 내용을 전재하면 아래와 같다.

검거경위서

소속 : 광주 ○○경찰서

계급 : 경위

성명 : ○○○

상기자는 2003. 8. 1일자로 ○○경찰서 ○○지구대로 발령받아 현지 한 자로서 2004. 11. 5. 05:05 광주광역시 ○○구 ○○동 ○○교회 뒤 야산에서 발생한 살인사건(피해자 ○○○) 용의자 ○○○ 검거 경위에 대하여 아래와 같이 보고합니다.

당시 근무책임자로서 사건 신고를 보고 받고 현장에 당일 05:15경 3번째로 현장에 도착하였으며, 현장은 숲속 등산로 큰길에서 50미터 북쪽 상거지점이었으며, 용의자가 평소 가지고 다녔던 봉고 차량의 바로 옆에 피해자가 불상 총기의 총에 머리부분을 맞아 숨져 있었으나 시간상으로 오래되지 않아 흐른 피에서 김이 나고 있었으며 이미 경사 ○○○ 외 1명이 검거하여 112 순찰차에 승차시켜 조수석 뒷좌석에 용의자가 변을 옷에다 싸 신문지를 밑에 깔고 현장에 자동차 라이트를 켠 상태에서 앉아 있었고 현장에 도착하여 사망을 확인하고 원인이 총기에 의한 살인임도 확인한 다음 위 ○○○직원이 용의자를 현장에 동행한 경위를 듣고, 용의자가 처음에는 죽였다고 진술하였으나 횡설수설하면서 부인한다고 하여 본인이 순찰차량에 앉아있던 용의자 옆에 승차하여 "누가 죽였냐?" 하니까 분명하게 "제가 죽였습니다"라고 했으며

"왜 죽였냐?"고 하니까 "내연관계며 2년 동안 사귀었다"고 말하고 "너는 아내가 있으며, 죽은 여자도 남편이 있느냐?"고 하니까 "남편이 있는 걸로 알고 있다", "왜 죽였냐?"고 물으니 "내연관계로 괴롭다" 하고 "총은 어디 있냐"고 물으니 "모른다", "사람을 죽였으니 괴로웠는데 죄값은 남자답게 받겠다"고 하면서 초조 불안해 하며 손을 떨고 담배를 달라고 하여 담배를 주었고 "그럼 기왕 사람을 죽였으니 안심하고 죄값을 받아라" 하니까 "그러겠소" 하여 출동한 위 직원으로 하여금 ○○지구대로 용의자와 함께 차량으로 이동하여 살인사건 발생 및 검거 보고를 하도록 조치하였으며,

용의자가 범인이라고 즉감한 사안

첫째 인적이 전혀 없는 곳을 본인 차량으로 이동하여 범행을 저지른 후 신고하고 경찰관에게 검거되어 현장을 안내한 점

둘째 용의자가 분명히 죽였다라고 말하고 온 몸을 죄의식에서 떨며 긴장했던 점이며 사용한 총기에 대하여는 본인만이 알 수 있는 장소에 은닉 또는 투기하였을 가능성이 많은 것으로 사료되기에 검거경위서를 작성합니다.

2004. 11. 9. 위 보고자 ○○○

일반적인 피의자신문조서는 작성자인 검사 또는 경찰관이 아닌 피의자가 경험한 사실에 관한 피의자의 진술을 내용으로 하는 데 반하여 위 검거보고서에는 현장상황, 피의자의 태도 등 경찰관이 직접 경험한 사실은 물론 사안의 실체 등에 관한 경찰관의 의견까지 기재되어 있다.

2. 증언내용

P는 이 사건이 있은 후 약 5개월 가까이 경과한 2005. 3. 24. 1심 법정에서 검찰측 증인으로 출석하여 증언을 하게 된다. 검사의 주신문을 통하여 P는 검거경위서의 진정성립을 인정하고 검거경위서에 기재된 내용—경찰 근무경력, 출동경위, 현장상황, 피고인과의 대화에 대해 재차 진술을 한다. 이에 대해 재판장과 변호인이 보충신문 및 반대신문을 통하여 증언의 신빙성 등을 조사하게 된다. 실무상 이루어지는 경찰

관의 증언에 대한 조사 과정 및 피의자신문조서와의 차이를 분명하기 위하여 주신문 이후에 이루어진 신문과정을 전재하면 아래와 같다.

재판장 판사
증인에게
문 증인은 수사경험이 많은가요.
답 증인은 형사반장도 하고, 수사계장도 하였습니다. 파출소장도 여러 군데서 하였습니다.
문 언제 경찰관이 되었는가요.
답 1976. 5. 29. 임명받았습니다.
문 평소에 범인들을 많이 조사해 보았지요.
답 예, 그렇습니다.
문 증인의 직업적인 경험으로 보아서 피고인이 했던 이야기가 진실되어 보이던가요.
답 그때 주위의 사정을 봐서 범인이 아니라고 하면 현장을 알 수가 없고, 증인이 파출소장이다 허심탄회하게 마음을 터놓고 이야기하자고 하였을 때 피고인이 범인이 아니었다면 분명히 내가 범인도 아닌데 왜 나를 추궁하느냐 이러이러한 방면에 있어서 수사를 해달라고 이야기했을 것입니다. 그러나 모든 정황을 합리적으로 판단했을 때 증인은 사실적인 것으로 받아들이는 상황이었습니다.
문 피고인의 말투나 표정, 행동으로 보아서도 피고인이 한 말이 맞다는 생각이 들던가요.
답 예, 그렇습니다.
문 피고인이 괴롭다는 이야기를 한 적이 있는가요.
답 괴로운 표정을 많이 지었고, 담배도 하나 달라고 하여서 주었습니다.
문 그런데 왜 총은 모른다고 했을까요.
답 증인이 총은 어디에 두었냐고 물었을 때 그 점에 대해서는 이야기를 안 해서 "야, 장난하지 말라"고 이야기 했습니다.
문 장난하지 말라는 이야기는 무슨 말인가요.
답 다 아는 사실에 대해서 거짓말을 하느냐, 장난하지 말라는 그런 의미입니다.

문 피고인이 "사람을 죽였으니 괴로웠는데, 죄 값은 남자답게 받겠다"고 하였는가요.

답 예, 그렇습니다. 모든 것을 제가 받겠다고 이야기하였습니다.

문 자백하고 나니까 시원하다는 식으로 이야기하였는가요.

답 예, 그렇습니다.

피고인의 변호인
증인에게

문 증인은 피고인의 자백을 받아낸 것처럼 말씀하였는데, 맞는가요.

답 자백을 받아내려고 의도적으로 한 것은 아닙니다.

문 ○○○(다른 경찰관)으로부터 증인이 오기 전에는 피고인이 횡설수설 부인하고 있다고 들었지요.

답 "사람을 죽였다고 하는데 횡설수설하는 면이 있다"고 하였습니다.

문 검거 경위서에 '부인을 하고 있어서 증인이 가서 순찰차 내에서 만났다'고 되어 있고, 증인이 방금 말씀하신 대로 이야기를 통해서 접견했더니 "내가 죽였다, 남자답게 죄 값을 받겠다"고 하였지요.

답 예, 그렇습니다.

문 일반적으로 자백하는 피고인이 자기가 사용한 범행도구를 감추는 경우가 있는가요.

답 예, 많습니다.

문 그 당시 피고인의 상태가 정확히 어땠는가요.

답 피고인 상태는 취기가 있었습니다.

문 어느 정도 취기였나요.

답 많이 취해서 인사불성의 정도는 아니었고, 술이 상당히 취한 상태였습니다. 땀이 많이 나서 온몸이 축축하고 불안하고 흥분된 상태였습니다.

문 피고인은 자기가 똥을 싼 것도 인식하지 못할 정도의 상태였지요.

답 아닙니다. 신문지를 깔았고 자기가 똥 쌌다는 사실을 알았습니다.

재판장 판사

피고인에게

문 출동한 경찰관에게 "내가 죽였다"라고 이야기한 적이 없는가요, 아니면 기억나지 않는가요.

답 기억나지 않습니다.

증인에게

문 피고인은 범행현장에서 내려와 교회를 지나서 계속 내려오던 중이었던 것 같은데, 피고인을 범인으로 체포한 것은 어느 지점인가요.

답 직원에게 듣기로는 현장으로부터 50미터 밑에서 검거를 했고, 현장이 어디냐고 하니까 산속 현장으로 들어간 것입니다.

문 왜 피고인이 범인이라고 생각하고 잡은 것인가요.

답 살인사건이 났다고 하니까 출동한 경찰관은 오감을 이용하여 어떤 사람이 범인인가를 주위 사정을 합리적으로 판단했을 때 그 시간대에는 교회신자 외에는 통행하는 사람이 전혀 없었습니다. 그렇기 때문에 피고인이 범인이라고 지목하여서 검거한 것입니다.

문 그 경찰관은 피고인으로부터 들은 이야기가 없는가요.

답 피고인으로부터 자기가 사람을 죽였다는 이야기를 들었다고 하였습니다. 증인이 인간적인 것을 표시하고 싶어서 옆에 앉아 밀착해서 체온을 느끼고, 피고인이 당황하고 흥분해서 떠는 상황을 전부 다 느끼고, 고해성사를 하는 식으로 네가 그랬겠다, 현장에 도착했을 때 피해자는 미인도 아니었고, 옷차림도 굉장히 남루하고, 신발도 플라스틱 슬리퍼를 신어서 증인은 청부살인, 다른 내용으로 얽힌 살인을 생각했는데, 피고인과 증인과 대화가 딱 일치가 된다는 것을 직감했습니다.

일반적으로 피의자신문조서에 자백하는 내용이 기재되어 있는데 피고인이 법정에서 공소사실을 부인하는 경우 피의자신문조서의 작성자인 경찰관이나 검사가 증인으로 신문받는 경우는 거의 없다. 실무상 피고인신문에서 피고인이 검사의 주신문에 대하여 부인하는 답변을 한 이후에 변호인의 반대신문이나 혹은 재판장의 보충신문을 통하여 피의자신문조서에 자백이 기재된 경위—실제로 자백을 하였는지 여부, 만일 자백을 한 것이 사실이라면 법정에서의 진술과 달리 수사기관에서 자백을 하게 된 경위 등—에 대해 피고인의 진술을 듣게 된다. 이 사건에서는 위에서 본 것과 같이 피고인의 자백을 들은 경찰관이 직접 증인으로 출석하여—만일 피의자신문조서를 작성하는 단계에서까지 피고인이 자백하였다면 그 조서의 작성자가 증인으로 출석한 것이다— 그 당시의 상황에 대해 진술하고 신문을 통해 검증을 받았다.

Ⅳ. 판결의 분석 및 검토

1. 판례의 논거

대상판결은 '피고인을 검거한 경찰관의 검거 당시 또는 조사 당시 피고인이 범행사실을 순순히 자백하였다는 취지의 법정증언이나 위 경찰관의 진술을 기재한 서류는, 피고인이 그 경찰관 앞에서의 진술과는 달리 범행을 부인하는 이상 형사소송법 제312조 제 2 항의 취지에 비추어 증거능력이 없다고 보아야 한다'고 설시하고 있을 뿐 왜 법정에서의 증언을 조서와 같이 취급해야 하는지 명확히 밝히고 있지 않다. 다만 이와 관련하여 기존의 판례들을 살펴보면 '형사소송법 제312조 제 2 항은 검사 이외의 수사기관의 피의자신문은 이른바 신용성의 정황적 보장이 박약하다고 보아 피의자신문에 있어서 진정성립 및 임의성이 인정되더라도 공판 또는 그 준비절차에 있어 원진술자인 피고인이나 변호인이 그 내용을 인정하지 않는 한 증거능력을 부정하는 취지로 입법된 것으로, 그 입법 취지와 법조의 문언에 비추어 볼 때 피의자였던 피고인에 대한 검사 이외의 수사기관 작성의 피의자신문조서에만 적용되는 것이 아니고, 피의자였던 피고인의 검사 이외의 수사기관 앞에서의 진술 자체를 그 적용대상으로 하고 있는 것으로 보아야 할 것이어서 전문자의 진술이 검사 이외의 수사기관 앞에서의 피의자의 진술을 내용으로 하고 있는 경우에 피고인이 그 진술의 내용을 부인하고 있는 이상 그 진술의 내용이 피의자신문조서에 기재된 것인지 또는 전문자가 수사경찰관이 아닌 피해자 등 제 3 자에 해당하는지 여부 등에 관계

없이 증거능력이 없다고 보아야 할 것이다'[4]라고 하고 있다. '피고인이 인정 아니하는 경찰의 피의자 신문조서는 형사소송법 제312조 제2항에 의하여 증거능력이 없다고 하면서 그 조서기재 내용을 들었다는 증인의 증언을 취신하는 것은 모순이기 때문'[5]이라는 것이다. 따라서 경찰에서의 피의자의 진술은 피고인이 그 내용을 부인하는 이상 어떠한 형태로든지 증거로 사용될 수 없게 된다.

2. 학설의 입장 및 검토

위와 같은 판례의 태도에 대하여는 학설은 대체로 찬성하는 입장을 취하고 있다. 판례의 해석이 형사소송법 제312조 제2항과 제316조 제1항의 문리해석에 반한다는 비판의 여지가 있으나 피고인 또는 피의자에게 유리한 방향으로는 입법목적 내지 입법취지에 반하지 않는 한 확대해석 또는 축소해석도 가능하다고 하면서 판례의 목적론적 해석에 찬성하는 입장[6]이나, 형사소송법 제312조 제2항이 단순히 전문법칙의 예외라는 측면을 넘어서 위법수사의 방지장치라는 의미를 가진다는 점에 비추어 볼 때 피고인을 신문한 사법경찰관이 그 진술내용을 법정에서 진술하거나, 제3자로 하여금 피의자의 진술내용을 듣게 하여 그 제3자로 하여금 법정에서 진술하게 하는 것은 제316조 제1항의 적용대상이 될 수 없다는 견해[7]가 이에 해당한다.

그러나 자백의 증거로서의 가치와 검사 이외의 수사기관에서의 피의자신문 과정의 개선 상황 등을 고려하여 위와 같은 관점에 대한 비판적인 시각도 있다. 이에는 두 가지 입장이 있을 수 있다. 첫 번째 입장은 증거방법에 관계없이 경찰 조사과정에서의 피의자 진술에 대하여 증거능력을 인정해 주어야 한다는 것이다. 즉 피의자신문조서의 형태로

4) 대법원 2001.3.27. 선고 2000도4383 판결.
5) 대법원 1974.3.12. 선고 73도2123 판결.
6) 백형구, 형사소송법연습(박영사, 1984), 334-340면; 이완규, "사법경찰관 증언의 증거능력", 형사법의 제문제, 494면에서 재인용.
7) 신동운, 형사소송법(법문사, 2005), 843면.

제출되건 수사경찰관의 증언을 통하여 현출되건 검사 작성의 피의자신문조서와 같이 일정한 조건을 충족한 경우에는 경찰에서 이루어진 피의자의 진술에 대해서도 내용 부인 여부에 관계없이 증거능력을 인정해 주어야 한다는 것이다. 이러한 견해는 경찰 수사 관행의 개선을 고려할 때 충분히 경청할 가치가 있지만 형사소송법 제312조 제2항이 존재하는 한 그대로 채택할 수는 없고 단지 입법론으로서의 의미가 있을 뿐이다. 두 번째 입장은 피의자신문조서가 아닌 수사경찰관의 법정증언의 형태로 피의자의 경찰진술이 법정에 현출된 경우에는 그 증거능력을 인정해야 한다는 것이다.[8] 이러한 견해는 증거방법에 따라 취급을 달리하자는 것으로서 형사소송법 제312조 제2항의 문리해석에 배치되지 않는다. 다만 이러한 견해가 설득력을 갖기 위해서는 위에서 본 것과 같은 판례의 논리—피고인이 인정하지 않는 경찰 피의자신문조서는 형사소송법 제312조 제2항에 의하여 증거능력이 없다고 하면서 그 조서기재 내용을 들었다는 증인의 증언을 취신하는 것은 모순이라는 논리—를 깰 수 있어야 한다. 바꾸어 말하면 피의자신문조서라는 증거방법을 통하여 현출되는 피의자의 진술과 사법경찰관(혹은 제3자)의 증언이라는 증거방법을 통하여 현출되는 피의자의 진술 사이에 질적인 차이가 있고 그러한 차이로 인하여 그 증거능력을 인정하더라도 실체적 진실발견이나 피고인의 방어권 보장이라는 형사소송의 목적에 모순되지 않는다는 것이 입증될 수 있어야 하는 것이다. 이를 위해서는 피의자신문조서에 기재되는 내용과 수사경찰관의 증언에 의해 현출되는 내용의 차이, 각각의 경우에 진실성을 담보하기 위한 장치—특히 반대신문을 통한 신뢰성의 검증—을 살필 필요가 있고 그 밖에 범죄 직후에 이루어진 피의자의 진술을 내용으로 하는 사법경찰관의 진술에 대하여는 그 특성을 검토할 필요가 있다.

---

8) 이완규, 앞의 논문이 이러한 입장을 취하고 있다.

3. 피의자신문조서와 수사경찰관의 증언의 내용의 차이

위에서 본 판례나 학설은 피의자신문조서와 피의자를 조사한 경찰관의 증언에 담기는 내용에 큰 차이가 없다는 전제하에서 논리를 전개하고 있다. 즉 똑같은 내용이 단지 어떠한 증거방법을 통하여 현출되는지에 따라 증거능력의 유무가 달라지는 것은 모순이고 특히 형사소송법 제312조 제 2 항이 위법수사를 방지하고 피고인의 방어권을 보장하기 위해 만들어진 장치라는 점을 감안할 때 사법경찰관의 증언에 대해 증거능력을 인정해 주는 것은 이러한 제한을 우회할 수 있는 길을 열어주게 된다는 것이다. 그러나 이러한 입장은 실무상 조서에 담길 수 있는 내용과 증언에 의하여 현출될 수 있는 내용 사이의 차이를 간과한 것으로 보인다. 법정에서 재판장의 소송지휘 아래 이루어지는 증인신문과 달리 규문적 구조를 취할 수밖에 없는 피의자신문에는 증인신문에 포함되기 어려운 내용이 포함될 수 있다. 통상 문제될 수 있는 것으로는 동일한 내용의 유도성 질문을 반복함으로써 실질적으로 피의자가 아닌 수사경찰관의 진술이나 의견이 조서의 내용이 되는 경우, 피의사실을 부인하는 피의자의 태도 등을 부정적으로 묘사함으로써 신뢰성에 타격을 주는 경우 등을 들 수 있다. 조서에 담겨야 할 내용이나 증거법에 대한 지식이 부족한 경찰관이 실질적으로 자신의 진술이나 의견을 피의자신문조서의 형태로 포장하여 작성하는 것은 찾아보기 어려운 사례가 아니다. 이 사건을 토대로 흔히 볼 수 있는 형태를 예시하면 아래와 같다.

문　피의자를 살해한 것은 누군가요.

답　창문을 통하여 승합차 안을 들여다보던 불상의 남자 3명입니다.

문　어떤 방법으로 살해하였나요.

답　엽총으로 머리를 쏘아 살해했습니다.

문　새벽 4시 경에 사람들이 산에 가는 것은 통상 있기 어려운 일인데 남자 3명이 승합차를 들여다보았다는 것인가요.

답　예, 그렇습니다.

문 더군다나 새벽에 엽총을 들고 다녔다는 것인데 왜 그 사람들이 절 주변에서 엽총을 들고 다녔을까요.

답 모르겠습니다.

문 사실은 피의자가 피해자를 살해하고도 불상의 남자 3명이 죽였다고 거짓말하는 것이 아닌가요.

답 (이때 피의자는 얼굴을 붉히며 묵묵부답하다)

위에서 피의자의 진술은 실질적으로 불상의 남자 3명이 엽총으로 피해자를 살해하였다는 것이다. 새벽 4시경에 사람들이 산에 가거나 엽총을 들고 절 근처에 가는 일이 드물다는 것은 조사한 경찰관의 의견일 뿐 피의자가 경험한 일에 대한 진술이 아니다. 그러나 이미 질문에 대한 답변이 이루어진 후에도 피의자가 실질적으로 답변하지 않거나 답변할 수 없는 질문을 반복함으로써 조사자의 의견이 피의자신문조서를 통하여 제출되는 것은 흔한 일이다. 물론 신문과정에서 피의자의 진술의 모순점을 추궁하는 것은 가능한 일일 뿐만 아니라 필요하기도 하지만 조사자의 의견이 피의자신문조서의 형태로 증거로 제출되는 것은 정상적인 것으로 볼 수 없다. 그러한 내용은 검사의 의견서에 담길 수는 있을지언정 증거라고 볼 수는 없기 때문이다. 일반인이 배심원 등의 형태로 판결에 관여하는 외국과는 달리 직업법관이 재판을 하는 우리나라의 경우 이러한 관행으로 인한 위험성이 낮기는 하지만 그럼에도 불구하고 위와 같은 '증거'가 축적될 경우 판결에 영향을 미칠 우려가 전혀 없다고 보기는 어렵다. 조사 경찰관의 증언을 통하여 피의자의 진술이 현출되는 경우에는 재판장의 소송지휘권 행사를 통하여 그러한 위험을 어렵지 않게 피할 수 있다.

4. 수사경찰관의 증언의 신뢰성을 확보하기 위한 장치

피의자신문조서는 범행에 관한 피의자의 진술을 내용으로 하면서 그 작성자는 검사 또는 경찰관인 증거방법으로서 2중의 전문증거라고 할 수 있다. 그러나 피고인이 피의자신문조서의 내용을 부인한다고 하더라도 작성자가 증인으로 출석하는 경우는 없다. 검사 작성의 피의자신문조서는 형사소송법 제312조 제1항 단서에 의하여 특신상태가 인정되면 증거로서 사용할 수 있고, 경찰 작성의 피의자신문조서는 내용을 부인하면 증거로 쓸 수 없기 때문이다. 원래 전문진술의 증거능력을 제한하는 근거로 제시되는 것은 인식의 오류 우려(risk of misperception), 기억의 오류 우려(risk of faulty memory), 불명확한 진술의 우려(risk of misstatement) 및 왜곡의 우려(risk of distortion) 등이다.[9] 법정에서 이루어진 진술의 경우 위증의 경고를 받게 되고 반대신문을 거치므로 이러한 오류를 최소화할 수 있는데 법정 외의 진술의 경우에는 원진술자에 대해 반대신문을 할 수 없기 때문에 전문진술의 증거능력을 제한하는 것이다.[10] 따라서 2중의 전문증거—법정 외의 진술을 내용으로 하는 법정 외의 진술증거—의 경우에는 원칙적으로 전체가 전문법칙의 예외에 해당해야 증거능력이 인정되는 것이다.[11] 전문증거에 관한 규정이 발달한 영미의 경우 범행을 자백하는 피의자의 진술 등은 당사자가 스스로 인정한 것이라는 점을 근거로 일찍부터 증거능력이 인정되어 왔다.[12] 그러한 점에서 볼 때 피의자신문조서 혹은 사법경찰관의 증언에 의하여 현출되는 피의자의 진술 자체는—특히 자백은—전문진술이지만 상당한 신뢰성이 보장되는 것으로서 증거능력을 인정할 수 있는 것이라고 볼 수 있다. 그러나 피의자의 진술을 담은 진술의 주체, 즉 피의자신문을 하거나 피의자신문조서를 작성한 조사자에 대하여는 법정에서 선서를 하게 하고 반대신문을 받게 함으로써 신뢰성을 담보할 필요가 있다. 그러나 우리 형사소송법은 피의자신문조서의 형태로 제출되는 피의자의 진술에 대하여 조서의 작성자인 검사나 사법경

9) Mueller, Kirkpatrick, Evidence under the rules, Aspen Law & Business, 2000, p. 126.
10) Mueller 등, 위의 책, p. 124.
11) 미국 연방증거법 805 참조.
12) 미국 연방증거법 801 (d) (2)은 이러한 진술을 처음부터 전문진술에 해당하지 않는 것으로 다루고 있다.

찰관의 증언 및 그에 대한 반대신문을 요구하지 않고 있다. 즉 피의자의 신문을 조서의 형태로 제출하는 경우에는 그 작성주체가 피의자가 아님에도 불구하고 증언 없이 증거능력을 인정받을 수 있는 길이 열려 있다. 이 점에서 피의자를 조사한 경찰관 등이 직접 법정에 증인으로 출석하여 증언하는 것은 반대신문을 받아야 한다는 점에서 조서의 형태로 제출되는 경우보다 더 엄격한 심사를 거치게 된다고 말할 수 있다. 전문증거의 증거능력을 제한하는 가장 중요한 이유가 반대신문의 결여에 있다는 점에 거의 모든 학설이 동의하고 있을 만큼 증거의 신뢰성을 확보하는 장치로서 반대신문권의 보장은 중요하다고 할 수 있다. 그러한 점에서 본다면 사법경찰관이 증언을 통하여 피의자의 진술내용을 현출하는 경우를 반드시 피의자신문조서와 같이 취급해야 한다고 보기는 어렵고 이러한 방식을 법규정의 제한을 우회하는 것이라고 말할 수도 없다고 생각한다. 피의자신문조서가 증거로 제출된 경우에 그 작성자인 경찰관이 증인으로 출석하지 않으면 그 내용을 부인하는 피고인은 그에 대한 일방적인 주장을 할 수밖에 없지만, 경찰관이 증언하는 경우에는 반대신문을 통하여 방어권을 행사할 수 있는 길이 열려 있다. 형사소송법이 사법경찰관 작성의 피의자신문조서에 대하여 피고인이 내용을 부인하면 증거로 사용할 수 없게 규정하고 있는 것도 결국 조서의 작성자인 사법경찰관이 반대신문을 받지 않는다는 점에서 그 중요한 근거를 찾을 수 있을 것이다. 그렇다면 결국 피의자신문조서와 경찰관의 증언은 각각에 대처하기 위하여 피고인이 행사할 수 있는 무기의 측면에서 차이가 있다고 보아야 하고 그와 같은 차이가 있는 서로 다른 증거방법에 일률적으로 형사소송법 제312조 제 2 항이 적용된다고 볼 논리적인 필연성은 없다고 보인다.

5. 범행 직후의 피의자의 진술에 관련된 문제

이 사건에서 P는 피해자가 사망한 때로부터 약 1시간 남짓 경과했을 때 피고인과 대화를 나누고 자백을 듣게 된다. 이러한 경우에는 일반적인 경우—범행으로부터 상당한 시간이 흐른 이후에 경찰관서 등에서 이루어진 신문—와는 달리 취급할 필요가 있다. 논리적으로 볼 때 피의자의 진술을 내용으로 하는 전문증거의 증거능력을 제한하는 것은 첫째 피의자의 진술이 어떠한 사유로 실체적 진실과 다르거나 둘째 피의자의 진술을 들은 사람—조사 경찰관 등—이 피의자의 진술을 잘못 전달할 위험이 있기 때문이라고 할 수 있다. 범행 직후에 청취한 피의자의 진술의 경우에는 첫번째의 위험성이 일반적인 경우보다 현저하게 낮다고 할 수 있다. 범행 직후에 이루어진 진술은 기억의 오류(faulty memory)가 있을 가능성이 거의 없고 흥분한 상태에서 이루어진 진술이므로 왜곡의 우려(risk of distortion)도 적기 때문이다. 미국 연방증거법도 어떠한 사건 발생과 동시에 혹은 그 직후에 이루어진 진술(present sense impression)과 사건 발생으로 인한 흥분상태에서 이루어진 진술(excited utterance)을 전문법칙의 첫번째와 두번째 예외 사유로 규정하고 있다.[13] 이러한 점에 비추어 경찰관서에서 조서를 작성하면서 피의자로부터 진술을 청취하는 경우와 사건 직후 현장에서 이루어지는 피의자의 진술은 달리 취급할 충분한 근거가 있다고 생각한다. 대상판결이 피의자의 진술을 내용으로 하는 사법경찰관의 증언에 대하여 피고인이 내용을 부인하면 증거능력이 없다고 하는 것은 결국 피의자의 진술을 담았다는 점에서 피의자신문조서와 차이가 없다고 보기 때문일 것이다. 그러나 범행 현장에서(조서를 작성하는 것을 생각하기 어려운 상황에서) 피의자로부터 자백을 듣는 상황은 피의자신문조서를 작성하는 상황과 분명한 차이가 있다. 그렇다면 이러한 경우까지 사법경찰관의 증언의 증거능력을 배척하는 것은 형사소송법 제312조 제2항을 지나치게 확대 적용하는 것이 아닌가라는 의문이 든다.

V. 결　론

이 사건에서 피고인은 사건 직후 경찰관인 P뿐만 아니라 일반인인

13) 연방증거법 803 (1) 및 803 (2).

W1~W4에게도 자신이 피해자를 살해하였다는 자백을 하였다. 대상판결은 피고인의 진술을 내용으로 하는 일반인의 진술에 대해서는 증거능력을 인정하면서도 그 내용인 피고인의 진술이 신빙성이 없다는 이유로 이를 배척하고 있다. P가 작성한 검거경위서나 증언에 담긴 피고인의 진술은 W1~W4에 대한 진술조서나 증언의 내용과 거의 차이가 없다. 특히 이 사건에서 피고인이 경찰의 자백강요가 있었다는 주장을 전혀 하고 있지 않는 점에 비추어보면 P의 증언을 다른 증거와 달리 취급할 이유를 찾기 힘들다. 대상판결은 피고인이 W1~W4에게 범행을 자백하였다는 것을 인정하면서도 당시 피고인이 극도의 흥분상태에 있었다는 점, 자백을 하면서 범행도구의 소재를 밝히지 않은 점, 광범위한 수색에도 불구하고 엽총이 발견되지 않는 점 등을 들어 유죄를 인정하지 않고 있는데 이러한 판단은 P의 진술에 대해서도 똑같이 적용할 수 있다. 그렇다면 적어도 이 사건의 경우에는 굳이 P의 진술만을 별도로 취급하여 증거능력을 부정할 이유가 없다고 할 것이다. 자백의 증거로서의 가치, 수사관행의 개선 등을 고려할 때 증거방법 등의 차이를 고려하지 않고 경찰관에 대하여 이루어진 피의자의 진술을 일률적으로 증거능력의 문제로 처리하기보다는 구체적인 경우에 따라 증거능력을 인정한 다음 그 증거가치를 따지는 것이 보다 합리적인 태도라고 생각한다.

[주 제 어]
피고인의 자백, 사법경찰관의 증언, 증거능력

[Key words]
defendant's confess, interrogator's testimony, admissibility

[Abstract]

The Admissibility of the Interrogator's Testimony to the Defendant's Confess

Keum, Tae-Sup*

In 1983, Supreme Court ruled that policemen could not testify to the defendant's confess when the defendant objected. The Court reasoned that since the Code of Criminal Procedure denied the admissibility of the documents which was made by the police and contained the defendant's confess when the defendant object, the policeman was not allowed to testify to that effect, either.

The Code of Criminal Procedure, however, does not explicitly prohibit the use of such testimony. As for the document which contains the confess of the defendant, it is extremely difficult to contest. Because the defendant cannot cross-exam the policeman who interrogated the defendant or the defendant himself. But as for the testimony, the reliability can be guaranteed by the cross-examination. In addition, such testimony often includes first-handed, accurate information and cannot be obtained otherwise.

This study is an attempt to illustrate such an occasion. In this case which was ruled in 2005, Supreme Court once again denied the admissibility of the interrogator's testimony. However there are some special elements to be considered. Here, the policeman met the defendant near the crime scene just after he had committed homicide; the setting was not interrogatory; the defendant freely admitted that he had killed the victim. If he had

* Public Prosecutor, Seoul Central District Prosecutors' Office.

met a civilian, he would have told the same story. In situation like this, there is no danger of misconception, manipulation, or memory lapse.

This case clearly shows that under certain circumstance it is necessary, sometimes desirable to admit interrogators' testimony. In conclusion, the admissibility of the policeman's testimony should not be decided uniformly. Rather, it should be decided case by case in the light of reliability.

아동전문 인터뷰어와 성추행피해아동의 인터뷰 진술녹화 비디오테이프의 증거능력과 증명력

심 희 기*

[대상판결] 대법원 2004. 9. 13. 선고 2004도3161 판결(미성년자의제강제추행치상 공2004, 1681)

Ⅰ. 사 안

D는 미성년자의제강제추행치상[V1(만 4년 6개월 남짓 된 여아), V2(만 3년 7개월 남짓 된 여아)의 팬티를 내리고 손으로 음부를 만져 V1에게는 처녀막열상흔의 상해를, V2에게는 소아외음부염의 상해를 각 입혔다] 혐의로 기소되었다. 검사는 D의 유죄 증거로 '아동전문 인터뷰어'(child interviewer, 이하 'CI'로 약칭함)가 V1, V2를 인터뷰한 비디오테이프(CI의 질문과 V1, V2의 답변내용이 녹화수록되어 있다)의 사본을 제1심법원에 제출하였다. 제1심법원은 공판준비기일을 지정하여 그 기일에 이 비디오테이프의 내용을 검증하였다. 검증기일에 **비디오테이프를 촬영한 녹화담당자**는 "피해자 한 사람당 1시간 정도씩 촬영한 분량 중 출연자들(CI, V1, V2)이 상담하는 놀이방을 드나드는 과정과 그 사이 일부를 편집한 것일 뿐 V1, V2와 CI 사이의 대화내용에는 상이점이 없다"고 진술하였다. V1, V2와 상담한 CI는 검증기일에 "비디오테이프를 재생한 내용이 V1, V2와 상담한 내용과 동일하고 상이점이

* 연세대학교 법학부 교수, 법학박사.

없다"고 진술하였고, V1, V2도 비디오테이프를 모두 시청한 뒤 제1심 재판장으로부터 '화면에 나오는 어린이가 맞느냐', '그 곳에서 '상담 선생님'(CI)과 이야기를 한 것이 맞느냐'는 질문에 각자 '예'라고 답하였다. V1은 상담자인 CI가 '할아버지(V1, V2는 D를 '할아버지'로 부른다)가 서서 했어, 앉아서 했어?'라는 유도성 질문을 하였음에도 스스로 '누워서요'라고 하거나 '바닥에'라고 하는 등 **질문에서 주어지지 않은 제3의 답변을 자발적**으로 끄집어내고 있었으며, V2는 반복하여 '원장 할아버지가 (성기 부분을) 때렸다'고 진술하였다. D의 변호인도 제1심의 공판정에서 **비디오테이프의 제작과정**에 대하여 '이의 없다'고 진술하였다. 항소심은 이 비디오테이프의 증거능력과 신빙성을 인정하여 D에게 유죄를 선고하였다.[1)] D가 "비디오테이프의 증거능력에 관한 법리를 오해한 위법이 있다"고 주장하며 상고하였다.

Ⅱ. 재판요지(상고기각)

1. ㉮ '수사기관이 아닌 사인'(私人)이 'D(피고인) 아닌 사람'과의 대화 내용을 촬영한 비디오테이프는 형사소송법 제311조, 제312조의 규정 이외에 '피고인 아닌 자의 진술을 기재한 서류'와 다를 바 없으므로, D가 그 비디오테이프를 증거로 함에 동의하지 아니하는 이상 그 진술 부분에 대하여 증거능력을 부여하기 위하여는, ① 첫째 비디오테이프가 원본이거나 원본으로부터 복사한 사본일 경우에는 복사과정에서 편집되는 등 인위적 개작 없이 원본의 내용 그대로 복사된 사본일 것, ② 둘째 형사소송법 제313조 제1항에 따라 공판준비나 공판기일에서 **원진술자의 진술**에 의하여 그 비디오테이프에 녹음된 각자의 진술내용이 자신이 진술한 대로 녹음된 것이라는 점이 인정되어야 할 것

1) 제1심은 'V2에 대한 협의'에 대하여는 V2의 '진술의 신빙성'을 부인하여 무죄를 선고하고 'V1에 대한 협의'(미성년자의제강제추행치상)에 대하여는 공소사실을 축소인정(미성년자의제강제추행)하였다. 검사가 항소하자 항소심은 원심을 파기하고 V1, V2를 상대로 한 미성년자의제강제추행치상 협의 모두에 대하여 유죄를 인정한 것으로 보인다.

인바(대법원 1999. 3. 9. 선고 98도3169 판결 참조), ③ 비디오테이프는 촬영대상의 상황과 피촬영자의 동태 및 대화가 녹화된 것으로서, **녹음테이프와는 달리** 피촬영자의 동태를 그대로 재현할 수 있기 때문에 비디오테이프의 내용에 인위적인 조작이 가해지지 않은 것이 전제된다면, '비디오테이프에 촬영, 녹음된 내용을 재생기에 의해 시청을 마친 원진술자가 비디오테이프의 피촬영자의 모습과 음성을 확인하고 자신과 동일인이라고 진술한 것은 비디오테이프에 녹음된 진술내용이 자신이 진술한 대로 녹음된 것이라는 취지의 진술을 한 것'으로 보아야 할 것이다.

2. 제1심법원의 검증조서는 이 사건 비디오테이프에 대하여 실시한 검증의 내용이 V1, V2가 진술한 내용과 녹취서에 기재된 내용이 같다는 것이어서 **증거자료**가 되는 것은 비디오테이프에 녹음된 진술내용이라고 할 것이므로, V1, V2의 진술내용을 증거로 삼기 위해서는 위에서 본 법리에 따른 요건을 충족하여야 할 것인바, (중략) ㉮ 복사과정에서 편집되는 등의 인위적인 개작 없이 원본의 내용 그대로 복사된 사본이라는 점은 인정된다. 나아가 같은 V1, V2와 상담한 ㉯ C1는 **검증기일**에 '비디오테이프를 재생한 내용이 V1, V2와 상담한 내용과 동일하고 상이점이 없다'고 진술하고, ㉰ V1, V2도 비디오테이프를 모두 시청한 뒤 제1심 재판장으로부터 '화면에 나오는 어린이가 맞느냐', '그 곳에서 상담 선생님과 이야기를 한 것이 맞느냐'는 질문에 각자 '예'라고 답하였으므로, **공판준비기일**에서 원진술자의 진술에 의하여 그 비디오테이프에 녹음된 각자의 진술내용이 자신들이 진술한 대로 녹음된 것이라는 점이 인정되었으므로 비디오테이프는 그 증거능력이 인정된다.

3. 증인의 증언능력은 증인 자신이 과거에 경험한 사실을 그 기억에 따라 공술할 수 있는 정신적인 능력이라 할 것이므로, 유아의 증언

능력에 관해서도 그 유무는 단지 공술자의 연령만에 의할 것이 아니라 그의 지적수준에 따라 개별적이고 구체적으로 결정되어야 함은 물론 공술의 태도 및 내용 등을 구체적으로 검토하고, 경험한 과거의 사실이 공술자의 이해력, 판단력 등에 의하여 변식될 수 있는 범위 내에 속하는가의 여부도 충분히 고려하여 판단하여야 한다(대법원 1999.11.26. 선고 99도3786 판결 등 참조). (중략) V1, V2가 경험한 사실은 'D가 V1, V2의 팬티를 내리고 손으로 음부를 만졌다'는 비교적 단순한 것으로서 V1, V2 연령 정도의 유아라고 하더라도 별다른 사정이 없는 한 이를 알고 그 내용을 표현할 수 있는 범위 내의 것이고, V1은 상담자인 CI가 '할아버지가 서서 했어, 앉아서 했어?'라는 유도성 질문을 하였음에도 스스로 '누워서요'라고 하거나 '바닥에'라고 하는 등 **질문에서 주어지지 않은 제3의 답변**을 자발적으로 끄집어내고 있으며, V2는 반복하여 '원장 할아버지가 (성기 부분을) 때렸다'고 진술하고 있는데 이는 그 연령의 유아 수준의 표현이며, 그 외 V1, V2의 진술내용과 진술태도, 표현방식 등을 종합해 보면, V1, V2의 **증언능력**이나 그 진술의 신빙성이 인정된다.

Ⅲ. 연　구

본 사안의 쟁점은 '아동전문 인터뷰어와 성추행피해아동의 인터뷰 진술녹화 비디오테이프의 증거능력과 증명력'이다. 공소사실을 부인하는 피고인(D)은 자신에게 불리한 내용을 담고 있는 진술녹화 비디오테이프를 증거로 채택하는 데 동의하지 아니할 것이므로 '진술녹화 비디오테이프가 증거로 제출된 경우 수소법원은 전문예외를 규정하고 있는 형사소송법 제312조-316조 중 어느 조문을 어떻게 적용할 것인가'가 중심주제이다. 이하에서 1. 아동전문 인터뷰어와 녹화시설·녹화담당자의 현황, 2. '증거물 일반'의 파운데이션(foundation=authenticity)의 필요성, 3. 대법원이 취하는 '참고인 진술조서의 대용물' 관점, 4. 피고인의 반대신문권과 사회적 취약계층 보호이익 충돌의 절충,

5. 개정성폭력법과 성폭력혐의를 받고 있는 피고인의 반대신문권의 제한, 6. 아동의 증언능력·CI와 성추행 피해아동의 인터뷰 진술녹화 비디오테이프의 증명력에 관한 판례들의 순서로 관련쟁점을 검토하기로 한다.

1. 아동전문 인터뷰어와 녹화시설·녹화담당자

(1) 아동전문 인터뷰어

본 사안에서 검사가 법정에 증거로 제출한 '진술녹화 비디오테이프'가 작성된 경위는 다음과 같다. 수서종합사회복지관 내에 있는 아동복지센터(아동학대예방센터)에 아동진술녹화시설이 구비되어 있다. 아동으로부터 재판에 필요한 신빙성 있는 진술을 이끌어내려면 아동심리학적 지식을 구비하고 실습경험이 충분한 전문인력이 그 일을 담당하여야 한다. 그 전문인력을 이 글에서는 편의상 '아동전문 인터뷰어'(child interviewer), 혹은 'CI'로 약칭하기로 한다. 한국에는 아직 CI를 양성하는 프로그램이 정착되어 있지 아니하지만 형사사법기구와 심리학회, 소아정신의학회는 빠른 시일 내에 그 양성프로그램을 정착시켜야 할 과제[2]를 안고 있다. '아동복지센터'에는 임시로 그 일을 담당하는 '아동상담사'가 배치되어 있고 본 사안에서는 수사관이 아닌 사인(私人) 자격으로 아동상담사가 아동 인터뷰어로 활약하였다. 인터뷰의 진정성과 객관성을 보장하여야 하므로 '아동전문 인터뷰어'는 당해 사건의 수사관이 아니어야[3] 피고인 측으로부터의 신빙성 탄핵의 빌미를 제공하지 아

2) 아동전문 인터뷰어가 유념하여야 할 사항에 대하여는 황은영, 성폭력 피해아동 조사지침(안)[법무부·대검찰청 주최 '아동 성폭력 전담검사·전문가 세미나: 개정 성폭력법 시행에 따른 아동 인권보호를 위한 새로운 형사절차·방식의 모색'(2004. 02)(이하 이 자료는 '자료집'으로 약칭함, 34면 이하): 김현석, 성폭력 피해아동 조사에 관한 몇 가지 의견(자료집, 63면 이하), 그리고 법무연수원 검찰수사과학연구회가 번역한 「스코틀랜드 아동 증인의 조사지침」, 「아동 및 취약하거나 위협받고 있는 증인을 위한 지침」을 참조할 수 있다.

3) 황은영, 성폭력 피해아동 조사지침(안)('자료집', 34면 이하)은 아동 인터뷰어를 "원칙적으로 사법경찰관 중에서 모든 요소들, 즉 당해 아동이 선호하는 조사자의 성별, 조사 경험, 아동과의 사전 경험 및 최선의 신뢰관계를 형성할 가능성, 아동조

니한다. 설사 그가 신분법상의 경찰공무원이라 하더라도 형사소송법상의 수사기관이 아니면 형사소송법상의 전문예외조건의 운용에서는 '수사기관이 아닌 사인(私人)'으로 취급되어야 한다.

2008년 1월 1일부터 시행되는 개정형소법은 피고인의 반대신문권 보장을 강화하는 방향의 내용[4]을 담고 있어 주목된다.

(2) 녹화시설 · 녹화담당자

본 사안에서 문제되고 있는 진술녹화 비디오테이프는 '특별히 고안된 진술녹화시설'[5]에서 아동 인터뷰어가 피해아동의 진술을 채취하려고 진행한 피해아동과의 인터뷰과정을 녹화한 비디오테이프였다. 녹화의 진정성과 객관성을 보장하여야 하므로 녹화담당자도 당해 사건의 수사관이 아니어야 피고인 측으로부터 신빙성 탄핵의 빌미를 제공하지 아니한다. 이하에서 이 역할 담당자는 편의상 '녹화담당자'로 부르기로 한다. 설사 그가 신분법상의 경찰공무원이라 하더라도 형사소송법상의 수사기관이 아니면 형사소송법상의 전문예외조건의 운용에서는 '수사기관이 아닌 사인(私人)'으로 취급되어야 한다. 대법원이 본 사안의 '녹화담당자'를 '수사기관이 아닌 사인'(私人)으로 자리매김한 것은 적절한 자

사에 대한 이해도 등을 고려하여 결정할 것"을 제안하고 있는데 적어도 당해 사건을 담당하는 사법경찰관이나 검사가 아니어야 신빙성 탄핵의 빌미를 제공하지 아니할 것이다. 황은영, 성폭력 피해아동 조사지침(안)도 "아주 어린 아동의 경우에는 아동의 언어발달이나 인지적 능력 등을 감안하여 검사의 지휘를 받아 아동심리전문가 등 전문가가 조사할 수 있음(아동전문가가 아동을 조사하는 경우에는 사법경찰관이 보조적인 역할을 수행)"을 인정하고 있다.

4) 개정형사소송법 제312조(검사 또는 사법경찰관의 조서 등) "④ 검사 또는 사법경찰관이 피고인 아닌 자의 진술을 기재한 조서는 적법한 절차와 방식에 따라 작성된 것으로서 원진술자가 공판준비 또는 공판기일에 경험사실에 관하여 구체적으로 진술한 후 그 조서가 검사 또는 사법경찰관 앞에서 진술한 내용과 동일하게 기재되어 있음을 인정하고, **피고인 또는 변호인이 공판준비 또는 공판기일에 그 기재 내용에 관하여 원진술자를 신문할 수 있었던 때에는 증거로 할 수 있다**. 다만, 그 진술이 특히 신빙할 수 있는 상태 하에서 행하여졌음이 증명된 때에 한한다."

5) 진술녹화시설의 기준에 관하여는 백승민, 녹화방식의 조사에 관한 기술적 지침(안)[자료집, 93면 이하 참조]. 2003. 12. 현재 전국 23개 경찰관서에 진술녹화실이 설치되어 있으며, 아동관련 단체에도 녹화실이 설치되어 있다. 또 여성부 지원으로 '아동성폭력 전담센타(가칭)'가 설치예정(2004. 5. 개소예정)이라고 한다. 황은영, 성폭력 피해아동 조사지침(안)[자료집, 34면 이하].

리매김이다.

2. '증거물 일반'의 파운데이션(foundation=authenticity)

본 사안에서 검사가 제출한 비디오테이프는 원본이 아니라 사본이었다. 향후에도 유사사안에서 검사가 제출할 비디오테이프는 사본일 것으로 예상된다.[6] 본 판례는 제출된 것이 사본일 경우에는 "복사과정에서 편집되는 등 인위적 개작 없이 원본의 내용 그대로 복사된 사본일 것"을 요구하고 있다. 이 요건은 '전문증거에 특유한 예외요건'이라기보다는 영미법에서 공판정에 제출되는 '증거물 일반'(document도 포함)에 대하여 요구되는 파운데이션(foundation=authenticity)[7] 입증문제에 속하는 요건이다.

진술녹화 비디오테이프를 촬영한 녹화담당자가 검증기일에 출석하여 '피해자 한 사람당 1시간 정도씩 촬영한 분량 중 출연자들(CI, V1, V2)이 상담하는 놀이방을 드나드는 과정과 그 사이 일부를 편집한 것일 뿐 V1, V2와 CI 사이의 대화내용에는 상이점이 없다'고 진술하였고, D의 변호인도 제 1 심의 검증기일에 진술녹화 비디오테이프의 제작과정에 대하여 '이의 없다'고 진술하였다. 대법원은 이런 사실들을 토대로

---

6) "비디오 녹화장비는 당해 조사 중 '2원 동시 녹화'가 가능한 것이 좋다. 하나는 조사 후 즉시 봉인되는 원본 테이프(master copy)이고, 하나는 실무본 테이프(working copy)가 된다." 백승민, 앞의 글[자료집, 95면] '2원 동시 녹화'의 경우에는 원본 테이프(master copy)와 실무본 테이프(working copy)가 모두 원본이 될 수 있다고 생각할 수도 있다.

7) 필자가 사용하는 '파운데이션' 개념은 '미국 증거법상 서류(documents)나 혹은 그 대용물이 증거로 사용될 수 있는 자격'을 의미하는 용어이다. '파운데이션' 개념은 전문서류에 관하여 한국 대법원이 발전시킨 '성립의 진정'(형식적 진정 성립과 실질적 진정 성립) 개념과 다소 다른 개념이다. 후술하는 바와 같이 한국 대법원이 발전시킨 '성립의 진정' 개념은 '조서재판의 관행'에서 유출된 개념인데 조서재판의 관행이 극복되면 언젠가는 도태될 운명에 처하여 있다. 2008년 1월 1일부터 시행되는 개정형소법 제312조 제 4 항의 "(검사 또는 사법경찰관이 피고인이 아닌 자의 진술을 기재한 조서는) 적법한 절차와 방식에 따라 작성된 것으로서 그 조서가 검사 또는 사법경찰관 앞에서 진술한 내용과 동일하게 기재되어 있음이 원진술자의 공판준비 또는 공판기일에서의 진술이나 영상녹화물 기타 객관적인 방법에 의하여 증명되고"란 '파운데이션 법리'로 나아가는 중간적인 개념으로 파악할 수 있다.

삼아 진술녹화 비디오테이프의 '파운데이션'을 인정한 셈이다.

3. '참고인 진술조서'의 대용물

진술녹화 비디오테이프를 증거로 제출하는 검사의 의도는 진술녹화 비디오테이프에 담겨 있는 '진술 내용'을 '증거로 채택하여 달라'는 취지이므로 '진술 내용의 취급'이 주요 관심사이다. 이 문제에 대하여 본 판례는 "형사소송법 제311조, 제312조의 규정 이외에 '피고인 아닌 자의 진술을 기재한 서류'와 다를 바 없[다]"고 판시하여 'CI와 성추행 피해아동(V1, V2)의 인터뷰 진술녹화 비디오테이프'를 제313조 제1항이 적용되는 전문증거, 그 중에서도 '참고인의 진술기재서'의 대용물로 자리매김한 것으로 보인다. 피고인이 증거로 함에 동의하지 아니하면 통상의 '참고인의 진술기재서'는 법 제313조 제1항의 예외조건, 즉 '원진술자의 진술에 의하여 성립의 진정이 증명'되어야 증거로 사용할 수 있다.

V1, V2와 상담한 CI는 검증기일에 '비디오테이프를 재생한 내용이 V1, V2와 상담한 내용과 동일하고 상이점이 없다'고 진술하였고, V1, V2도 비디오테이프를 모두 시청한 뒤 제1심 재판장으로부터 '화면에 나오는 어린이가 맞느냐', '그 곳에서 상담 선생님(CI)과 이야기를 한 것이 맞느냐'는 질문에 각자 '예'라고 답하였다. 대법원은 **원진술자**인 CI, V1, V2의 위와 같은 발언을 토대로 삼아 '진술녹화 비디오테이프'의 **실질적 성립의 진정**을 인정한 것으로 보인다. 종래 대법원은 피의자신문조서등 각종조서의 '성립의 진정'을 공판정에서 원진술자가 형식적 성립의 진정(간인과 서명날인)과 실질적 성립의 진정(진술내용과 기재내용의 일치)을 모두 인정하는 것으로 해석하여 왔는데 제출된 증거가 진술을 녹음·녹화한 녹음테이프·비디오테이프일 경우에는 어떻게 할 것인지 문제된다. 제출된 증거가 비디오테이프일 경우에는 비디오테이프 작성자의 일치진술[8]로 **형식적 성립의 진정**을 인정하고

---

8) 비디오테이프 작성자가 검증기일에 출석하여 '복사과정에서 편집되는 등의 인위적인 개작 없이 원본의 내용 그대로 복사된 사본'이라고 진술한 것.

원진술자들(CI, V1, V2)의 일치진술[9]로 **실질적 성립의 진정**을 인정한 것으로 해석할 수도 있겠지만 아무래도 어색한 해석이다. '조서재판의 관행'이 극복되는 적당한 시기에 종래와 같은 '형식적 성립의 진정, 실질적 성립의 진정', 혹은 개정형소법의 "적법한 절차와 방식에 따라 작성된 것으로서 그 조서가 검사 또는 사법경찰관 앞에서 진술한 내용과 동일하게 기재되어 있음이 원진술자의 공판준비 또는 공판기일에서의 진술이나 영상녹화물 기타 객관적인 방법에 의하여 증명되고" 라는 애매한 개념을 폐기하고 '파운데이션 유사개념'으로 대체하는 것이 바람직하다.

4. 피고인의 반대신문권과 사회적 취약계층 보호이익 충돌의 절충

본 사안에서 피고인 D는 항소심이 "비디오테이프의 증거능력에 관한 법리를 오해한 위법이 있다"고 주장하며 상고하였다. 피고인이 주장할 만한 항변은 무엇이었을까?

피해아동보호를 위하여 'CI와 성추행피해아동의 인터뷰 녹화' 시에는 피고인이나 그 변호인이 입회하지 못하였을 것이다. 제 1 심의 검증기일에 피고인의 변호인은 입회할 수 있었겠지만 반대신문의 기회는 부여되지 아니하였고[10] 공판기일에서도 피해아동을 상대로 하는 반대

9) CI가 검증기일에 '비디오테이프를 재생한 내용이 V1, V2와 상담한 내용과 동일하고 상이점이 없다'고 진술하고, V1, V2가 비디오테이프를 모두 시청한 뒤 제 1 심 재판장으로부터 '화면에 나오는 어린이가 맞느냐', '그 곳에서 상담 선생님과 이야기를 한 것이 맞느냐'는 질문에 각자 '예'라고 답한 것을 두고 대법원은 "공판준비기일에서 원진술자들(CI, V1, V2)의 진술에 의하여 그 비디오테이프에 녹음된 각자의 진술내용이 자신들이 진술한 대로 녹음된 것이라는 점이 인정되었다"고 판단하였다.

10) "2003. 9. 8. 심문실에서 증인신문 대신 비디오테이프 검증이 실시되었다. 참가자는 재판부, 검사, 변호인, 피해아동, 피해아동의 보호자 각 1명, 상담사, 비디오촬영자, 피고인의 가족 1명, 피고인측 지정 정신과 의사 1명이었다. 검증방법은 비디오테이프를 재연하고 상담시간 및 촬영경위를 청취하고 변호인측의 요청으로 상담사의 자격, 상담경력을 청취하였다. 피고인측이 지정한 정신과 의사가 의견서를 제출하였다. 2003. 9. 22 및 10. 20. 소아정신과 전문의와 아동심리학 전문가에게 2회에 걸쳐 위 비디오테이프 감정을 실시하였다. V2에 대하여는 감정인 사이에 상이한 감정결과가 도출되었다"[신승기, 아동성폭력사건 공판사례, 자료집, 6면].

신문은 행하여지지 아니하였다. 따라서 피고인측에서 제기할 만한 항변은 '피고인의 V1, V2에 대한 반대신문권이 보장되지 아니하였으므로 진술녹화 비디오테이프를 증거로 사용한 것은 위법'이라는 항변이다. 2008년 1월 1일부터 시행될 개정형소법 제312조 제 4 항[11]은 이런 식의 항변을 제기할 수 있는 근거를 제공한다. 그러나 13세 미만의 아동·장애인 등(이하 '피해아동'으로 약칭함)이 피해사실에 관하여 진술하도록 종용하는 일은 매우 어렵기도 하고 피해아동의 정신건강에도 지극히 해롭다. 혐의범죄가 사회적 취약계층을 상대로 하는 범죄인 때에는 수사와 재판과정에서 사회적 취약계층이 받게 되는 2차피해를 최소화하여야 하므로 '사회적 취약계층의 이익보호의 요청'과 '피고인의 반대신문권보장 요청'이 필연적으로 충돌하기 마련이고 수소법원은 '양자의 이익을 절묘하게 절충'하여야 하는 어려움에 봉착한다. 이 문제와 관련하여 2004년 선고된 본 판결과 2001년 선고된 판결을 비교해 볼 필요가 있다.

(1) 2001년 판결: 성립의 진정이 인정되었지만 실질적·효과적인 반대신문이 행하여지지 아니한 '참고인의 적대적인 공판외 진술'의 증거능력과 증명력

'피고인에게 불리한 참고인의 공판외 진술'이 유죄증거로 공판정에 제출되고 피고인이 그 증거를 증거로 사용하는 데 동의하지 아니하면 '피고인에게 불리한 참고인의 공판외 진술'은 전문예외조건이 구비되어야 유죄증거로 사용될 수 있다. 이하에서 '피고인에게 불리한 참고인의 공판외 진술'을 '참고인의 적대적인 공판외 진술'로 약칭하고 그 적용법조를 대응시켜 열거하면 다음과 같다.

ⓐ **검사**가 참고인을 상대로 작성한 **참고인진술조서**(법 제312조 제 1 항[12])
ⓑ **사법경찰관**이 참고인을 상대로 작성한 **참고인진술조서**(법 제313조 제 1 항[13])

11) 앞 주 4) 참조.
12) 개정형소법에서는 제312조 제 4 항이다.
13) 개정형소법에서는 제312조 제 4 항이다.

ⓒ **사인**(私人)이 참고인의 진술을 기재한 **참고인진술기재서**(법 제313조 제 1 항)

ⓓ **참고인이 스스로 작성한 참고인진술서**(법 제313조 제 1 항)

적용법조가 법 제312조 제 1 항인 경우(ⓐ)와 법 제313조 제 1 항인 경우(ⓑ, ⓒ, ⓓ)로 나누어지지만 '참고인의 적대적인 공판외 진술'이 증거로 사용될 수 있는 요건은 **'원진술자인 참고인이 법정에 증인으로 출석하여 선서하고 성립의 진정을 인정'**(법 제312조 제 1 항)하거나 '성립의 진정이 증명'(법 제313조 제 1 항)되는 것이어서 크게 다르지 아니하다. 그런데 2001년 판결은 공판 전에 적대적인 진술을 한 참고인이 법정에 출석하여 성립의 진정을 인정하였지만 검사의 주신문과 피고인의 반대신문에 답변하지 아니한 경우에 '피고인에게 불리한 참고인의 공판외 진술'이 유죄증거로 사용될 수 있는가 하는 문제를 제기하고 있다.

법 제312조 제 1 항과 법 제313조 제 1 항을 문리해석하면 긍정하여야 하지만 전문법칙 도입의 논리적 근거(피의자·피고인의 반대신문권 혹은 대면권 보장)를 생각하면 부정적으로 판단할 수도 있다.

대법원 2001. 9. 14. 선고 2001도1550 판결(수뢰후부정처사등 공2001, 2296)은 혐의사실에 대한 주된 목격자라 할 수 있는 참고인이 수사검사의 면전에서는 공소사실에 부합(피고인에게 불리한 유죄방향)하는 내용으로 진술하였다가 제 1 심 공판기일에 증인으로 출석하여 선서하고 난 후 검사면전에서 작성된 참고인진술조서(종전진술)의 성립의 진정을 인정하면서도 검사의 주신문에 대하여 답변을 하지 아니하고, 이어 위 진술조서상의 진술내용(종전진술)을 탄핵하려는 변호인의 반대신문에 대하여도 아무런 답변을 하지 아니한 사안이다. 대법원은 이 경우에 '검사면전에서 작성된 참고인진술조서'(종전진술)의 **'증거능력은 있지만 증명력은 제한된다'**는 취지로 판시하였다. 증명력제한의 성문법적 근거로서 2001년 판결은 '형사소송법의 교호신문제도(법 제161조의2)와 전문법칙(법 제310조의2) 조항'을 들고 실질적 근거로서 '반대신문권의 보장은 형식적 · 절차적인 것이 아니라 실질적 · 효과적인 것이어야 함'을 들었다.[14] 2001년의 판례사안에서 '피고인에게 불리한 참고인의 공판외 진술'은 공판정에서 피고인의 충실한 반대신문을 경유하였다고 말할 수 없다. 이 판결에서 대법원은 '반대신문권의 보장은 형식적 · 절차적인 것이 아니라 실질적 · 효과적인 것'이어야 한다고 하면서도 반대신문권이 실질적 · 효과적으로 행사되었다고 말하기 곤란한 '피고인에게 불리한 참고인의 공판외 진술'의 증거능력을 인정하고 증명력만을 부인하였다.

(2) 2004년 선고된 본판결

2001년 판결의 사안은 '피고인이 증인에게 반대신문을 시도하였지만 증인이 답변하지 아니한 사안'이고, 2004년 판결의 사안은 '피해아동보호를 위하여 피고인과 그 변호인에게 반대신문의 기회조차 부여되지 아니한 사안'이다. 2001년 판결은 반대신문권이 실질적 · 효과적으로 행사되지 못한 적대적 증언의 증거능력은 인정하였으나 신빙성을 부인하였는데 2004년 판결에서는 반대신문권이 전혀 행사되지 못한 공판 전의 적대적 진술(비디오테이프에 수록된 진술)의 **증거능력이 인정되고 신빙성까지 인정**되었다. 따라서 외견상 2001년 판결과 2004년 판결은 서로 모순된 방향의 판결처럼 보인다. 이 외견적 모순은 어떻게 정당화될 수 있을까?

2001년 사안의 이슈는 '수뢰죄 혹은 횡령죄의 성부'였던 데 반하여 2004년 사안의 이슈는 '아동을 상대로 한 성추행죄의 성부'였다. 따라서 2004년 판결은 '아동 · 장애인 등의 사회적 취약계층의 인터뷰 진술녹화 비디오테이프'에 한정하여 '피고인의 반대신문권 보장에 제한을 가한 판결'이라는 사회정책적 의미를 지니고 있다. 2001년 판결과 2004년 판결은 '피고인의 반대신문권을 충분히 보장할 필요가 있는 범죄영역'이 있는가 하면 '피고인의 반대신문권을 희생시킬 필요가 있는 범죄

14) 이 판결에 대한 상세한 평석은 필자, 형사소송법판례(제 3 판)(홍문사, 2005), 453-462면 참조.

영역'도 있음을 시사하고 있다. 최근의 입법추세는 이와 같은 **2원적인 발상**을 정당화시키는 방향으로 발전하고 있다.

개정성폭력법은 '피고인의 반대신문권을 희생시킬 필요가 있는 범죄영역'으로 '아동·장애인 등의 사회적 취약계층'을 상대로 하는 성폭력범·성추행범을 설정한 셈이다. 다음에서 이 논점을 보다 상세히 검토하여 보자.

5. 개정성폭력법과 성폭력·성추행혐의를 받고 있는 피고인의 반대신문권의 제한

2003년 11월 21일 전재희 의원이 발의한 성폭력범죄의처벌및피해자보호등에관한법률개정안(이하 '개정안'으로 약칭함)이 일부 수정(이하 '수정안'으로 약칭함)되어 국회 본회의에서 가결(개정성폭력법)되었다. 13세 미만의 아동·장애인 등'(이하 '피해아동 혹은 사회적 취약계층'으로 약칭함)이 피해사실에 관하여 진술하도록 종용하는 일은 매우 어렵기도 하고 피해아동의 정신건강에도 매우 해롭다. 그러므로 '피해아동의 부모와 치료를 담당하는 의료진'은 피해아동이 피해사실에 관하여 진술하는 일을 단 1회에 그치도록 하고 싶어 한다(이하 이 입장을 '1회진술론'으로 약칭함). 개정성폭력법은 '1회진술론'의 입장에서 분석하여야 그 의미가 잘 드러난다.[15)]

15) 성폭력법 제21조의2(영상물의 촬영·보존 등) ① 검사 또는 사법경찰관은 성폭력 범죄를 당한 피해자의 연령, 심리상태 또는 후유장애의 유무 등을 신중하게 고려하여 조사과정에서 피해자의 인격이나 명예가 손상되거나 사적인 비밀이 침해되지 않도록 주의하여야 하며, **조사횟수는 필요 최소한으로 하여야 한다.** ② 제1항의 피해자가 13세 미만이거나 신체장애 또는 정신상의 장애로 사물을 변별하거나 의사를 결정할 능력이 미약한 때에는 피해자의 진술내용과 조사과정을 비디오녹화기 등 영상물 녹화장치에 의하여 촬영·보존하여야 한다. 다만, 피해자 또는 법정대리인이 이를 원하지 않는 의사를 표시한 때에는 촬영을 하여서는 아니 된다. ③ 제2항의 규정에 따라 촬영한 영상물에 수록된 피해자의 진술은 공판준비 또는 공판기일에서 피해자 또는 조사과정에 동석하였던 신뢰관계에 있는 자의 진술에 의하여 그 성립의 진정함이 인정된 때에는 증거로 할 수 있다. ④ 수사기관은 제2항의 요건에 해당하는 피해자 또는 법정대리인으로부터 신청이 있는 때에는 영상물 촬영과정에서 작성한 조서의 사본을 신청인에게 교부하여야 한다.

개정성폭력법 하에서 '1회진술론'을 관철시키는 방법에는 두 가지가 있다. 하나는 수사과정에서 피해자(참고인)의 **진술을 객관적·중립적으로 녹화**하도록 하고 이 증거를 공판정에서도 증거로 활용하도록 하는 방안이고 또 하나는 **피해자를 위한 증거보전**이다.

(1) 객관적·중립적인 피해아동의 진술녹화

개정성폭력법에는 피해아동의 진술을 청취할 때 누군가 객관적·중립적인 위치에 있는 자가 청취과정을 비디오로 녹화하고 수사기관은 이 녹화물을 토대로 수사하고 객관적 혐의가 생기면 기소한 후 공판정에도 이 녹화물을 증거로 제출하여 실체심리에 활용하도록 하는 방안(개정성폭력법 제21조의2)이 스며들어 있다. 피해아동의 진술을 청취할 때는 CI가 아동의 진술을 유도하여야 신빙성 있는 진술을 채취할 수 있다. 2004년의 판례사안에서도 아동의 진술을 유도한 자는 수사관이 아니라 CI였다. 국회에 제출된 당초의 성폭력법개정안은 예외조건을 '작성자 또는 진술자'가 공판정에서 '성립의 진정함'을 '증명'하는 것으로 설정하였다. 녹화담당자를 여기의 '작성자'로 해석하면 이 작성자가 법정에 출석하여 '성립의 진정함'을 '증명'하면 1회진술론이 관철될 수 있다. 그런데 국회전문위원이 이 당초의 개정안에 대하여 "원진술자에 대한 피고인의 반대신문권을 부당하게 침해하는 결과를 초래하게 되는 문제"가 있으므로 이 개정안이 삭제되어야 한다는 검토의견을 내 놓았다. 검토의견은 피고인의 반대신문권을 내세워 '최소 2회진술론'(기소전에 1회, 공판절차에서 1회)을 주장한 셈이다. 수정안(=개정성폭력법)은 예외조건을 **'피해자 또는 조사과정에 동석하였던 신뢰관계에 있는 자'가 법정에서 '성립의 진정함'을 '인정'**하는 것으로 수정하였다. 수정안(=개정성폭력법)에 따르면 수사관이나 녹화담당자는 '성립의 진정함'을 '인정'할 수 있는 주체가 아니므로 개정성폭력법 하에서 '1회진술론'을 관철시키려면 비디오테이프를 녹화할 때 피해아동과 '신뢰관계에 있는 자가 동석'[16]한 후 이 동석자가 법정에 출석하여 비디오테이프의 '성립

16) 개정형소법 제163조의2와 제221조(제 3 자의 출석요구 등) 제 3 항에도 수사절차

의 진정함'을 '인정'하여야 한다. 2004년의 판례사안에서는 신뢰관계에 있는 자기 조사과정에 동석하지 아니하였는지 CI와 피해아동(V1, V2)이 직접 수소법원 면전에 출석(**제 1 심법원의 공판준비기일이자 검승기일**)하여 '성립의 진정'을 '인정'하였다. 그런데 향후에는 '신뢰관계에 있는 자'의 포섭범위를 어떻게 설정할 것인가가 문제될 것이다.[17] '신뢰관계에 있는 자'가 '아동의 시야에서 보이지 않도록 뒤쪽에 앉게 할 것'을 조건[18]으로 당분간 '신뢰관계에 있는 자'의 포섭범위는 피해아동의 부모, 성폭력상담소 상담원이나 아동상담소 상담원을 생각할 수 있다.[19]

와 공판절차에서 '신뢰관계에 있는 자의 동석'을 허용하는 조항이 신설되었다.

17) 법무부 · 대검찰청 주최 '아동 성폭력 전담검사 · 전문가 세미나: 개정 성폭력법 시행에 따른 아동 인권보호를 위한 새로운 형사절차 · 방식의 모색'에서는 '신뢰관계에 있는 자'의 포섭범위에 대하여 합의를 도출하지 못하였다. 앞의 자료집 참조. 개정형소법[제163조의2와 제221조(제 3 자의 출석요구 등) 제 3 항]은 이를 대법원 규칙으로 정하도록 규정하였다.

18) "신뢰관계 있는 사람을 조사과정에 참석시키는 것은 피해아동에게 심리적 안정을 주고 이를 통하여 정확한 진술정보를 얻기 위한 것"이다. 그러나 "신뢰관계 있는 사람이 조사과정에 적극적으로 참여하여 진술을 유도하거나 기억을 되살리려는 행동을 하지 않아야 한다." 따라서 "신뢰관계 있는 사람은 원칙적으로 피해아동의 시야가 미치지 않는 위치에 앉아 신문에 직접 관여하지 아니하도록 하고, 신문에 전혀 관여하지 아니하였다는 사정이 녹화물에 담겨지도록 하면 피해아동의 진술의 오염 시비에서 벗어날 수 있다", "부모 등 보호자에 대한 조사 ―피해아동은 부모로부터 야단맞는 것을 염려하여 한편으로는 부모가 요구하는 대로 진술하려는 경향과 다른 한편으로는 부모가 진실을 알게 되는 것을 기피하는 경향이 복합적으로 나타날 수 있음― 피해아동의 부모 등을 사전에 조사하여 수사기관에서 조사받기 전에 부모에게 어떤 진술을 하였는지, 부모가 반복적으로 피해아동에게 피해상황을 주입시켰는지 등에 관하여 조사하여 둘 필요 ―아동진술이 유도 및 암시로부터 영향을 받았는지를 판단하는 기초자료가 될 수 있어 수사의 객관성을 도모할 수 있고, 나아가 기소된 이후에는 법원에 아동진술의 신뢰성을 부여할 수 있게 됨"[김현석, 성폭력 피해아동 조사에 관한 몇 가지 의견(자료집, 72면 이하].

19) "시행과정에서 상당한 혼란이 예상된다. 일부 성폭력상담소 상담원이나 아동상담소 상담원이 여기에 해당하는 것으로 보는 입장도 있으나 아직 이와 관련된 명시적인 판례나 해설서는 전혀 없는 실정이다. 그런데 신뢰관계에 있는 자의 동석을 의무사항으로 규정한 것이 과연 적정한 것인지 의문이다. 영국의 실무에서는 '조사조력인(interview supporters)'이 이에 해당하는 자로서 부모, 보호자, 교사, 간호원, 기타 가족 등을 들고 있는데 이들의 역할은 다른 사람이 아동에게 부당한 영향을 주는 것을 막는 것도 중요하지만, 당해 아동이 아주 어리거나 흥분하였을 경우 옆에서 보조해 준다면 도움을 준다는 점에서 도움이 될 것으로 본다. 조사조력인은 아동에게 조언이나 교정을 해주거나, 조사자의 질문에 직접 답하거나 머리 끄덕임 또는 얼굴표정 등으로 조사 자체에 관여하지 않도록 분명히 교육받아야 한다. 또한

가장 바람직한 인물은 아동성폭행 문제에 정통한 피해자변호인이다.

'녹화과정에서 신뢰관계에 있는 자가 동석'하지 아니하면 개정성폭력법의 적용을 주장할 수 없고 2004년 판결을 원용하는 수밖에 없을 것이므로 개정성폭력법 시행 이후에도 2004년 판결은 유사사건에서 리딩케이스로 작용할 것이다. 2004년 판결에 따르면 피해아동은 피고인과 그 변호인의 가혹한 반대신문은 받지 않게 되지만 최소한 검증기일에 판사 앞에 출석하여 성립의 진정을 인정하여야 하는 '최소 2회 출석'의 부담을 져야 한다.

다른 한편 비디오테이프를 녹화할 때 피해아동과 '신뢰관계에 있는 자가 동석'한 후 이 동석자가 법정에 출석하여 비디오테이프의 '성립의 진정함'을 '인정'하면 진술녹화 비디오테이프의 증거능력을 인정한 개정성폭력법 제21조의2는 피고인의 반대신문권을 제한하는 조항이므로 개정성폭력법 제21조의2가 재판의 전제가 되면 피고인으로부터 위헌제청이 신청될 가능성이 있다. 특히 개정형소법 제312조 제 4 항은 피고인의 반대신문권을 강화[20]하고 있으므로 더욱 그러하다. 그러나 헌법재판소는 피의자·피고인의 반대신문권을 헌법상의 권리로 보지 아니하므로[21] 위헌제청이 성공할 가능성이 높지는 않다.

연구결과에 의하면 보호자나 부모가 불쾌한 세부사항에 대해서 들을까 걱정하는 아동에게는 조사시 보호자나 부모가 입회하는 것이 실제로는 추가적인 스트레스의 원인이 되기도 하며, 매일 보거나 특별한 관계에 있는 교사와 같은 사람이 자신의 사생활을 세세하게 아는 것에 대하여 불편하게 느낄 수 있기 때문에 사전에 이러한 사정을 고려하지 않으면 안 된다. 또한 조사조력인의 참여가 필요한 경우 가급적 아동의 시야에서 보이지 않도록 뒤쪽에 앉게 하는 것이 좋다"[김종률, 개정 성폭력처벌법의 몇 가지 문제점, 자료집, 89면].

20) "검사 또는 사법경찰관이 피고인이 아닌 자의 진술을 기재한 조서는 적법한 절차와 방식에 따라 작성된 것으로서 그 조서가 검사 또는 사법경찰관 앞에서 진술한 내용과 동일하게 기재되어 있음이 원진술자의 공판준비 또는 공판기일에서의 진술이나 영상녹화물 기타 객관적인 방법에 의하여 증명되고, 피고인 또는 변호인이 공판준비 또는 공판기일에 그 기재 내용에 관하여 원진술자를 신문할 수 있었던 때에는 증거로 할 수 있다. 다만, 그 진술이 특히 신빙할 수 있는 상태 하에서 행하여졌음이 증명된 때에 한한다."

21) [헌법재판소 1994. 4. 28. 선고 93헌바26 결정(형사소송법 제314조 위헌소원)] "피고인에게 불리한 증거는 법관의 면전에서 직접 진술되어야 하고, 피고인에게 반대신문의 기회를 부여하여야 하는 이러한 권리보장은 적법절차에 의한 공정한 재판

(2) 증거보전

개정성폭력법 제22조의6 제 1 항은 '피해자가 공판기일에 출석하여 증언하는 것이 현저히 곤란한 사정이 있는 때'에 '피해자와 그 법정대리인은 당해 성폭력범죄를 수사하는 검사에게 형사소송법 제184조(증거보전의 청구와 그 절차) 제 1 항의 규정에 의한 증거보전의 청구를 요청' 할 수 있도록 규정하고 있다. 증거보전이란 미리 증거를 보전하지 아니하면 증거가 일실(逸失)될 우려가 있는 경우(예를 들어 피의자·피고인에게 유리한 증언을 하여 줄 증인이 곧 해외로 이주할 우려가 있는 경우)를 대비한 제도이고 증거보전의 입법의도는 피의자·피고인 측이 자신에게 유리한 증거를 법원의 힘을 빌려 미리 강제로 확보할 수 있게 하는 수단을 제공하는 데 있다. 그러나 이와 달리 개정성폭력법의 증거보전은 **피의자·피고인 측의 편의를 도모한 증거보전**이 아니라 '**피해자의 편의**(특히 1회 진술론의 관철)를 **도모한 증거보전**'이라는 점에 특색이 있다. 1회진술론자들은 개정성폭력법 제22조의6 제 1 항의 후단에 "이 경우 피해자가 13세 미만의 미성년자이거나 대통령령이 정하는 장애인인 때에는 공판기일에 출석하여 진술하는 것이 현저히 곤란한 사정이 있는 것"으로 간주하는 조항을 추가하여 검사의 지방법원 판사에 대한 증거보전 신청을 좀 더 용이하게 만들었다. 여기서 검사가 개정성폭력법의 증거보전을 활용할 때 생기는 문제를 예측하고 활용가능성이 있는지 검토할 필요가 생긴다.

과거에 검사는 수사상의 증인신문(형사소송법 제221조의2)은 간혹 행사하여 왔으나 형사소송법 제184조의 증거보전은 거의 행사한 적이

을 받을 권리나 공개재판을 받을 기본권실현을 위한 여러 방법 중의 한 방법일 뿐이고, 헌법상 명문으로 규정된 권리는 아니다. 그러므로 원칙적으로 이 권리를 부여하고 이 권리를 인정하는 근거를 배제할 만한 부득이한 사유가 있는 경우에, 그 예외와 예외의 범위를 정하는 것은 입법권자가 규범체계 전체와의 조화를 고려하여 정할 문제이다. 따라서 이렇게 정하여진 예외규정은 공개법정에서 적법절차에 의한 공정한 공개재판을 받을 기본권을 본질적으로 침해하는 것이라거나 이를 형해화한 것이라고 할 수 없다. 위에서 본 바와 같이 (한국헌법은: 필자삽입) 피고인의 반대신문권을 미국헌법이나 일본헌법과 같이 헌법상의 기본권으로까지 규정하지는 않았다."

없었다. 그 이유는 제184조의 증거보전을 행하면 **피의자·피고인의 참여권·반대신문권**이 보장되는데 검찰 측 증인은 피의자·피고인이 참여하면 증언을 회피하려는 태도를 보였고, 또한 제184조의 증거보전을 행하면 **피의자·피고인에게도 그 자료의 열람·등사권이 보장**되었기 때문이다. 개정성폭력법 제22조의6의 증거보전은 피해아동의 1회진술을 목표로 하는 증거보전이고 그 절차에서 확보된 증거는 공판정에서 절대적 증거능력이 인정되므로(법 제311조) 개정성폭력법 제22조의6의 증거보전을 주재하는 판사는 피의자의 참여권과 반대신문권을 보장하는 방향으로 운용할 것[22)]이 예상된다. 증거보전을 행하는 판사가 이런 자세를 보인다면 개정성폭력법 제22조의6의 활용가능성은 현저히 떨어질 것이다. 피해아동의 보호자는 아동보호를 목적으로 피의자·피고인의 참여(반대신문)가 보장되는 절차를 수용하기 어렵기 때문이다.

(3) 1회진술론자의 선택

1회진술론자의 입장에서는 중립적 진술녹화시설에서 피해아동의 진술을 녹화하는 녹화방식과 증거보전청구(이 경우에도 진술녹화가 가능하다)[23)]의 어느 하나를 선택할 수 있다. 피해자가 피해아동의 진술을 녹화하는 녹화방식을 선택하면 피고인 측의 반대신문을 회피할 수 있는 이점이 있지만 이 방법은 반대신문이 경유되지 않았음을 근거로 피고인의 변호인이 공판정에서 아동진술의 신빙성을 탄핵하는 빌미를 제

22) 김현석, 성폭력 피해아동 조사에 관한 몇 가지 의견(자료집, 75면 이하)은 "피의자와의 대질은 반드시 할 필요가 없을 것이지만, 변호인이 있는 경우에는 변호인의 참여를 허용하는 것이 바람직", "진술녹화물은 반드시 피고인 측에게 사본을 교부하여 피해아동의 진술 내용을 확인하고 방어 준비를 할 수 있도록 할 필요"가 있다는 의견을 개진하고 있다. 피고인에게는 이 정도의 방어를 허용하면 충분하리라 생각되지만 대질을 고집하면 아동의 보호자로서는 응하기 어렵다.

23) 성폭력범죄의처벌및피해자보호등에관한법률 제22조의4 제1항의 증인신문에관한규칙(2004. 3. 12 대법원규칙 1878호) 제6조(증언과정의 녹화): "①비디오 등 중계장치에 의하여 신문하는 경우 법원은 그 증인이 그 이후의 형사절차에서 동일한 사실에 대하여 다시 증인으로서 진술을 요구받을 수 있다고 판단되는 경우로서 증인의 동의가 있는 때에는 검사 및 피고인 또는 변호인의 의견을 들어 증인에 대한 신문과 증인의 진술 및 그 상황을 영상매체로 녹화할 수 있다. ② 제1항과 같이 하여 녹화된 영상물은 소송기록에 첨부하여 공판조서의 일부로 한다."

공하는 약점이 있다. 증거보전청구 방식을 선택할 때 증거보전청구에 임하는 판사가 피의자의 참여권과 반대신문권을 보장하는 방향으로 운용하면 아동의 보호자는 곤경에 처하게 된다. 2008년 1월 1일부터 시행되는 개정형소법 제312조 제 4 항은 피고인의 반대신문권 보장을 강화하는 방향의 내용을 담고 있다. 개정형소법 제312조 제 4 항은 판사들 사이에 반대신문권이 대단히 중요하게 강조되고 있음을 보여 준다. '1회진술론자'가 증거보전청구 방식을 선택할 때 증거보전청구에 임하는 판사는 피의자의 참여권과 반대신문권을 보장하는 방향으로 운용할 것이 예상되므로 증거보전청구가 활발하게 활용될 가능성은 적다.

6. 아동의 증언능력 · CI와 성추행 피해아동의 인터뷰 진술녹화 비디오테이프의 증명력

본 사안의 제 1 심, 항소심과 대법원은 모두 피해아동들(V1, V2)의 증언[24]능력을 인정하였다. 제 1 심은 V1의 증언의 신빙성만을 인정하고 V2의 증언의 신빙성은 부정하였다. 항소심과 대법원은 피해아동들(V1, V2)의 증언의 증명력을 모두 인정(재판요지 제 3 항)하여 D의 유죄를 인정하였다. 특기할 만한 사실은 제 1 심에서는 신빙성이 부정되어 무죄가 선고되었다가 항소심에 이르러 유죄가 선고되는 사례나 그 역의 사례가 빈발하고 있다는 사실이다. '진술녹화 비디오테이프의 증명력' 문제는 난해하고 복잡한 문제이므로 이 글에서 다루기 어렵다. 피해아동들의 증언능력과 피해아동의 인터뷰 진술녹화 비디오테이프의 신빙성은 궁극적으로 '케이스 바이 케이스' 별로 판정될 문제이다. 이하에서는 피해아동들의 증언능력과 피해아동의 인터뷰 진술녹화 비디오테이프의 신빙성이 문제되었던 종래의 판례들을 나열하는 데 그친다.

24) 본 판례에 따르면 피해아동의 증언은 비디오테이프의 진술이 자신의 진술과 일치한다는 '일치진술'에 한정되고 또한 피해아동은 선서무능력자(16세 미만의 아동, 법 제159조)이므로 선서 없이 증언하였다.

(1) 대법원 1991. 5. 10. 선고 91도579 판결(강간치상 공1996, 1680)(증언능력인정, 신빙성인정)

"사건 사고 당시는 만 3년 3월 남짓, 제1심 증언 당시는 만 3년 6월 남짓 된 여아 증인이 경험한 사실은 'D가 V의 팬티를 벗기고 바닥에 눕힌 후 D의 바지와 팬티를 내린 후 그 성기로 V의 음부에 밀어 넣으려고 하였다'라는 것으로서 비교적 간단하고 단순한 사안인바, 위 증인 연령 정도의 유아라고 하더라도 별다른 사정이 없는 한 이를 알고 그 내용을 표현할 수 있는 범위 내의 것이라고 보아지고, 또한 위 증인이 제1심 법정에서 위와 같은 피해상황에 관하여 비록 구체적이지는 못하지만 개괄적으로 물어 본 검사의 질문에 이를 이해하고 고개를 끄덕이는 형식으로 답변하고 있음을 볼 때 위 증인에게 증언능력이 있다. 그리고 위 증인이 피해를 당한 직후의 목격증인인 W2의 제1심 법정 및 경찰에서의 진술이나 의사 M1, M2 작성의 각 **촉탁회보서**의 기재내용 등에 비추어 보면, 위 V의 증언은 신빙성도 있다."

(2) 대법원 1992. 7. 14. 선고 92도874 판결(강간치상 공1992, 2464)(증언능력인정, 신빙성 부정)

"V2는 1987. 3. 20.생으로서 사건 당시에는 4세에 미치지 못하였는바, V2는 1991. 6. 12. **경찰에서 처음 D2와 대질**하였을 때 V2의 어머니와 아버지가 입회한 자리에서 'D2가 욕을 보인 아저씨이냐'는 사법경찰리의 질문에 대하여 아무 대답도 하지 않다가 같이 온 W3에게 아니라고 말하였고, 재차 물어 보는 데 대하여 아무 말도 하지 않고 고개로 이랬다저랬다 하고 의사표시를 명확하게 말을 못하였다. 그리하여 V2의 아버지는 '어린애가 아니라고 하니까 그렇게 받아 달라'고 하였다는 것이고, 그 후 V2의 아버지로부터 고소취소까지 있었다. 1991. 6. 26.자의 **검사작성의 V2에 대한 진술조서**에 의하면 V2는 위 V2의 아버지가 참여한 자리에서 '그날 일을 말해 보라'는 검사의 질문에 대하여 D2로부터 이 사건 피해를 입은 경위와 그 후의 경과에 대하여 비교적 상세하게 진술한 것으로 되어 있고, 그 날짜로 위 V2의 어머니로부터 재고소장이 제출되어 있음을 알 수 있다. 또 이 사건 공판기록에 의하면, V2는 제1심법정에서 'D2를 알겠느냐'는 재판장의 질문에 대하여 잘 모른다는 취지로 고개를 흔들었고, 'D2로부터 나쁜 일을 당한 사실이 있느냐, 전에 V2의 옷을 벗긴 사실이 있었느냐'는 질문에는 여기저기 쳐다볼 뿐 대답을 하지 아니하였으며, '전에 검찰청에서 조사를 받은 일이 있지요'라는 질문에는 그러한 사실이 있었다는 취지로 고개를 끄덕이고, '전에 어머니와 함께 검찰청에 와서 어머니가 있는 자리에서 아저씨가 물어 보는 것을 사실대로 대답하였지요' 하면서 위 진술조서의 주요내용을 읽어 주었는데 이에 대하여는 고개를 끄덕이면서 '네'라고 대답하였다. 사정이 위와 같다면 증인 V2는 그의 증언능력 그 자체를 부정할 수는 없다고 할 것이나(당원 1991.5.10. 선고 91도579 판결 참조), 자신의 과거 경험사실을 기억하여 그 기억에 따라 진술할 수 있는 능력은 정상인에 비하여 미약하다고 아니할 수 없는바, 그의 진술과정이 위에서 본 바와 같다면 경찰이나 법정에서는 그의 의사표시를 언어로써는 제대로 표현하지 못한 그가 이 사건 발생 후 5개월 20일이 지난 후에 검찰에서 그 조서가 기재하는 바와 같은 정도로 자세한 사실을 기억하여 구체적으로 공술한 것인지 의문이고, 나이 어린 **V2의 일관되지 아니하고 그 표현도 분명하지 아니한 진술**만 가지고 판시 사실을 인정하는 데 합리적인 의심을 배제한 정도의 증명에 이르렀다고 볼 수 있을 것인지도 의문이다."

(3) 대법원 1999. 11. 26. 선고 99도3786 판결(살인등 공2000상, 112)(사건 당시 만 4세 6월, 제1심 증언 당시 만 6세 11개월 된 피해자인 유아의 진술불능사유와 특신정황 인정)

"**V3가 공판정에서 진술**을 한 경우라도 증인신문 당시 일정한 사항에 관하여 '기억이 나지 않는다'는 취지로 진술하여 그 진술의 일부가 재현 불가능하게 된 경우도 위 조항이 규정하는 '원진술자가 진술을 할 수 없는 때'에 해당하고, 여러 사정에 비추어 볼 때 V3의 진술내용이나 그에 대한 조서의 작성에 허위개입의 여지가 거의 없고 그 진술내용의 신빙성이나 임의성을 담보할 구체적이고 외부적인 정황이 있어 그 진술이 특히 신빙할 수 있는 상태 하에서 행하여진 때에 해당한다고 판단하였는바, 관련 증거들을 기록과 대조하여 검토하여 보면 그와 같은 원심의 판단은 정당[하다]."

(4) 대법원 2000. 3. 10. 선고 2000도159 판결(미성년자의제강제추행 공2000, 1001)(증언능력 부정, 특신정황 부정)

"V4는 1995. 3. 8.생으로 위 녹취 당시 만 3세 1개월 남짓한 유아였고, 그 후 원심법정에서 진술함에 있어서도 그의 의사를 언어로써 제대로 표현하지 못한 점에 비추어, 과거 자신이 경험한 사실을 기억하여 그 기억에 따라 진술할 수 있는 능력이 성인이나 보다 나이가 든 아동에 비하여 미약하다"고 보아 '성립의 진정을 인정할 능력'이 없는 것으로 판단한 것 같다. 그러나 설사 V4에게 '성립의 진정을 인정할 능력'이 긍정된다 하더라도 본 판례는 "K가 위와 같이 V4와의 대화를 녹취한 것은 이 사건이 발생하였다는 때로부터 7개월가량이 지난 1998. 4. 20.일뿐만 아니라, K가 D의 처 R에게 D의 V4에 대한 추행사실을 들어 금전보상을 요구한 후에 그 증거자료를 확보하기 위한 것이었으며, 더욱이 그 녹취과정에서 K가 V4에게 편향되고 유도적인 질문을 반복하여 V4로부터 그 유도에 따라 대답을 하게 하였음을 알 수 있고, 기록상 그 녹취 당시를 제외하고는 V4가 같은 내용의 이야기를 하였음을 알 수 있는 자료가 없는 점 등에 비추어 보면, V4로서는 그 녹취에 이르기까지 K의 영향을 받아 진술이 왜곡되었을 가능성을 배제할 수 없다. 그렇다면 V4의 증언능력 유무와는 상관없이 사건이 있은 때로부터 7개월가량이 경과된 후에 K의 편향되고 유도적인 반복 질문에 따라 비로소 이루어진 단 1회의 V4의 진술만으로 피고인에 대한 이 사건 공소사실을 인정하는 데 합리적인 의심을 배제한 정도의 증명에 이르렀다고 볼 수는 없다."

(5) 대법원 2001. 7. 27. 선고 2001도2891 판결(미성년자의제강제추행 공2001, 2024)(증인능력인정, 다소 모순되지만 신빙성 인정)

"사고 당시 만 4세 6개월 남짓 된 V5의 진술에 증언능력이 없다고 할 수 없고, 또 피해를 당한 직후 처음 경찰에서 진술한 이래 제1심법정에 이르기까지 비록 그 장소나 구체적인 방법에 대하여 다소 엇갈리는 점이 있기는 하나, 여러 차례에 걸쳐 D5가 자신의 음부 등을 만졌다는 점에 대하여는 일관되게 진술하고 있는 점에 비추어 그 진술의 신빙성도 인정할 수 있다."

7. 결 어

아동보호론자들은 2004년 선고된 본 판례에 대하여 진술녹화할 때 아동에게 진술하게 하는 것으로 충분한데 구태여 아동으로 하여금 법정(공판준비기일이자 비디오테이프 검증기일)에 한 번 더 출석하게 하여 2차피해를 조장한다는 비난을 가할 것이다. 다른 한편 잠재적 피고인들은 본 판례가 자신들의 반대신문권을 무시하여 적법절차를 위반하였다는 비난을 가할 것이다. 본 판례는 위와 같은 충돌하는 두 가지 입장을 절묘하게 절충한 것으로 보인다. 한편에서는 아동보호론자들의 염려를 수용하여 피고인과 그 변호인에게 반대신문을 불허하는 대신 다른 한편으로는 피해아동과 CI를 검증기일에 출석시켜 사실인정자(수소법원) 앞에서 직접 '성립의 진정'을 인정하게 하였기 때문이다.

'아동·청소년에 대한 성폭행·성추행' 현상이 심각한데도 한국사회는 아직 적절한 처방을 마련하지 못하고 있다. '위험한 사람'에 대하여 신상공개, 전자팔찌 채우기, 거세(castration), 등록과 고지, 민사구금, 치료감호 등 가혹한 조치가 논의되고 있지만 가장 중요한 것은 예방에 있다. 형사사법제도를 정비하여 진범인 성폭행 가해자에 대한 유죄선고율을 높이는 것도 빠트릴 수 없는 과제이다. 아동성폭행·성추행 사건은 '아동·청소년의 건강'과 '피의자·피고인의 반대신문권'이 첨예하게 대립되는 영역이다. 이럴 경우 당연히 다른 나라에서는 이 문제를 어떻게 해결하고 있는가 하는 점이 궁금해진다.

영국의 1991년 형사사법법(The Criminal Justice Act of 1991)은 아동진술녹화 비디오테이프의 증거능력을 명시적으로 인정하였다. 다만 공판주재 법관은 그 비디오테이프의 내용에 현저한 결함이 있을 때 그 비디오테이프의 허용성을 배제할 수 있다. 이 경우에 피해아동은 법정에 출석하여 피고인의 반대신문에 응하여야 한다.

캐나다의 관련법률은 아동이 증언대에서 비디오테이프의 내용을 인정하고 그 비디오테이프가 사건발생 후 합리적인 기간 내에 작성되었을 것을 조건으로 아동진술녹화 비디오테이프의 증거능력을 명시적으로 인정하는 조항이 있다.

미국에서는 1980년대 이래 영국과 캐나다의 입법례와 유사한 정책을 채택한 주들도 있고 피고인의 대면권과 반대신문권(the defendant's constitutional right to confront and cross-examine child witnesses)을 우선시킨 주들도 있었지만 수사기관(경찰과 검사)이 전혀 관여하지 않고 오로지 순수한 아동보호전문가들이 주체가 되어 채취한 비디오테이프에 대하여만 증거능력을 인정하는 것이 현재의 추세라고 한다.[25)]

개정성폭력법은 영국과 캐나다의 입법례와 유사한 모습을 보이고 있다. 2004년 선고된 본판례는 개정성폭력법을 언급하지 않았다. 본 판례는 영국과 캐나다, 미국의 입법례나 판결례들과 다른 독특한 모습을 보이고 있지만 '충돌하는 두 가지 이익을 절묘하게 절충'하려고 고민한 점에서는 방향을 같이하고 있다.

25) John E.B. Myers, "SYMPOSIUM: CHILD ABUSE: A Decade of International Legal Reform Regarding Child Abuse Investigation and Litigation: Steps Toward a Child Witness Code" in 28 *University of the Pacific Law Journal*(Fall, 1996), pp. 204-205.

[주 제 어]

진술녹화 비디오테이프, 전문법칙의 예외, 아동전문 인터뷰어, 파운데이션, 피고인의 반대신문권

[Key words]

videotaped interviews, exception of hearsay rule, child interviewer, foundation(authenticity), rights to confrontation

[Abstract]

The Admissibility and Reliability of Videotaped Interviews with Children

Sim, Hui-Gi*

In Korea the 2000s witnessed a significant increase in the prosecution of child abuse, particularly sexual abuse. As more and more children took the long walk to the witness stand, children's advocates of Korea called for reforms of the adversary trial process. The reform movement gave birth to 2004 Revision of Special Act against Sexual Assault in Korea. In 2004 Supreme Court of Korea made a decision about a case in which the admissibility and reliability of videotaped interviews with children were a main issue. Because this decision is the first one which mentioned the relating issues, it should be seen and analyzed carefully.

In Part I and Part Ⅱ the author describes the facts of 2004 decision. In Part Ⅲ the author describes hearsay rules in Korea briefly and present an overview of the recent legislative and procedural reforms pertaining to children's pretrial statement and the admissibility and reliability of videotaped interviews with children. At the end of Part Ⅲ the author concludes what kind of position do Korean legislators and Korean Supreme Court Justices have from the international comparative law perspective.

England leads the way regarding use at trial of videotaped investigative interviews. The Criminal Justice Act of 1991 "permits, for the first time, the admission of videotaped interviews

* Professor, Faculty of Law, Yonsei University, Ph.D. in Law.

with a child, conducted by a police officer or social worker as a substitute for the child's evidence-in-chief at trial." The judge has authority to exclude the tape "in the interests of justice," and the child must appear at trial for cross-examination.

Canadian law contains a provision for the admissibility of videotaped interviews of child complainants of sexual abuse as long as the child adopts the contents of the tape on the witness stand, and the tape has been made within a reasonable length of time after the offense.

During the 1980s, a number of American states enacted laws authorizing videotaped investigative interviews to be used at trial, usually in lieu of the child's trial testimony. Several of these laws compromised the defendant's constitutional right to confront and cross-examine child witnesses, and the statutes received mixed reviews from the courts.

The position of Korean legislators and Korean Supreme Court Justices are basically the same of those of England and Canada in terms of compromise of competing interests, even though it does not exactly the same.

상소권회복제도의 몇 가지 문제점

천 진 호*

[대상결정 1] 대법원 2006. 2. 8. 자 2005모507 결정

[사건개요]

재항고인은 2003. 12. 1. 변호사법 위반 혐의로 부산지방법원에 불구속 기소되어 2004. 1. 8. 공소장 부본과 국선변호인 선정결정 등을 송달받은 후 같은 해 2. 2. 제1회 공판기일에 출석하여 공소사실을 모두 인정하였다. 제1심 법원은 재항고인의 정상관계를 확인하기 위하여 변론을 속행하기로 하고 제2회 공판기일을 같은 해 3. 8.로 정하여 그 자리에서 이를 재항고인에게 구두로 고지하였다. 그러나 재항고인은 제2회 공판기일에 불출석하여 변론이 연기되었고, 이에 제1심 법원은 공소장에 기재된 주거인 '김해시 삼정동 (번지 생략)'으로 소환장을 송달하였으나 이사불명으로 송달이 이루어지지 않자 제3회 공판기일에서 변론을 연기하고 재항고인의 소재조사를 촉탁하였다.

검사의 소재수사지휘를 받은 김해경찰서는 주민등록등본을 발급받아 재항고인이 '양산시 교동 (번지 생략)'으로 전출한 사실을 확인하고 새 주소에도 재항고인이 실제 거주하지 아니하고 있다고 보고하였으며, 제1심 법원은 주민등록상의 새 주소로 소환장을 2회 송달하였으나 각 '폐문부재'를 사유로 하여 송달이 이루어지지 않았고, 구속영장을 발부하여 재항고인에 대한 지명수배를 의뢰하였으나 유효기간이 지나도록 집행되지 않아 반환되자 주민등록상의 새 주소에 대한 송달불능보고서가 최초 접수된 2004. 5. 17.로부터 6개월이 지난 2005. 1. 26. 제5회 공판기일에서 변론을 연기하면서 재항고인에 대한 소송서류의 송달을 공시송달로 할 것을 결정・고지하였다.

위와 같이 제1심 법원은 재항고인의 소재탐지, 구인장 발부 등 소송촉진

---

* 경북대학교 법과대학 법학부 교수, 법학박사.

등에 관한 특례법 시행규칙[1] 제18조 제 2 항, 제 3 항 소정의 조치를 취하였음에도 끝내 재항고인의 소재가 파악되지 않자 소송촉진 등에 관한 특례법[2] 제23조, 같은 법 시행규칙 제19조 제 1 항, 제 2 항에 따라 공시송달로 소환장을 송달한 후 재항고인이 출석하지 아니한 상태에서 공판을 진행하여 2005. 4. 18. 재항고인에게 징역 6월, 추징금 690만 원의 판결을 선고하였고, 그 판결은 그 무렵 확정되었다.

그러나 공소장에 기재된 주거로 공소장 부본 등 소송서류들이 송달된 이후인 2004. 1. 27. 재항고인이 제 1 심 법원에 제출한 국선변호인 선정청구서에는 재항고인의 주거가 '부산 (북구) (번지 생략)'으로 기재되어 있었고, 하단에 두 개의 휴대전화번호까지 기재되어 있었다.

이후 재항고인은 형사소송법 제345조에 의하여 '자기 또는 대리인이 책임질 수 없는 사유로 인하여 상소의 제기기간 내에 상소를 하지 못하였음'을 이유로 상소권회복의 청구를 하였으나, 원심법원은 "피고인이 불출석한 상태에서 판결이 선고되어 재항고인이 그 사실을 몰랐다고 하더라도 이는 멋대로 재판에 불출석한 재항고인 자신의 귀책사유로 인한 것이어서 상소권회복의 요건인 '자기 또는 대리인이 책임질 수 없는 사유로 인하여 상소의 제기기간 내에 상소를 하지 못한 때'에 해당하지 않는다"고 판단하였다.[3]

[대법원 결정]

제 1 심 법원으로서는 공시송달을 명하기에 앞서 마땅히 기록에 나타난 주민등록상의 최신 주소로 휴일 또는 야간에 집달관에 의한 송달을 하거나, 위 국선변호인 선정청구서상의 주거로 송달을 실시하거나, 휴대전화번호로 통화를 시도하여 소재지를 알아보는 등, 피고인이 송달받을 수 있는 장소를 찾아보는 조치를 다하였어야 할 것이므로, 제 1 심 법원이 이러한 조치들을 취하지 아니한 이상 공소장 기재의 주거나 주민등록부의 주소로 우송한 공판기일소환장 등이 이사불명·폐문부재 등의 이유로 송달불능되었다는 것만으로는 소송촉진 등에 관한 특례법 시행규칙 제19조 제 1 항 소정의 공시송달 요건인 '피고인의 소재가 확

1) 2006. 6. 14. 대법원규칙 제2028호로 소송촉진 등에 관한 특례규칙으로 제명 개정 (2006. 6. 15. 시행).

2) 2005. 12. 14. 법률 제7728호로 개정(2006. 6. 15. 시행).

3) 부산지방법원 2005. 9. 9.자 2005로118 결정.

인되지 아니한 때'에 해당한다고 보기 어렵다. 그럼에도, 제 1 심은 재항고인의 소재를 확인할 수 없다고 단정하여 공시송달의 방법에 의한 송달을 하고 피고인의 진술 없이 공판을 진행하여 판결을 선고하였으니, 위와 같은 일련의 소송절차는 모두 소송촉진 등에 관한 특례법 제23조, 같은 법 시행규칙 제18조, 제19조에 위배된 것이다.

한편, 원심이 설시한 바와 같이 재항고인에게도 소송이 계속된 사실을 알면서 법원에 거주지 변경 신고를 하지 않은 잘못이 있는 것은 사실이나, ① 상소제기기간이란 상소의 대상이 되는 판결의 선고일자를 기준으로 정해지는 것인데, 공판의 진행과 판결의 선고에 절차상 위법이 없었다면 그 판결이 그 날짜에 선고될 수는 없는 이치로서, 그러한 법원의 직무상 위법과 피고인이 상소제기기간을 지키지 못한 것 사이에 관련이 없다고는 보기 어렵고, ② 공판과 판결의 절차에 명백한 위법이 있음에도 거주지 변경신고의무의 해태라는 본인의 잘못을 이유로 불복의 기회를 박탈한다면, 이는 비단 피고인의 권익 보호 차원에서 부당할 뿐만이 아니라, 소송절차상 위법의 통제라는 형사 상소제도의 목적에도 반하며, ③ 형사소송법 제345조의 '자기 또는 대리인이 책임질 수 없는 사유'라 함은 본인 또는 대리인에게 귀책사유가 전혀 없는 경우는 물론, 본인 또는 대리인의 귀책사유가 있더라도 그와 상소제기기간의 도과라는 결과 사이에 다른 독립한 원인이 개입된 경우를 배제한다고 하기 어려우므로, 위법한 공시송달에 터잡아 피고인의 진술 없이 공판이 진행되고, 피고인이 출석하지 않은 기일에 제 1 심 판결이 선고된 이상, 재항고인은 자기 또는 대리인이 책임질 수 없는 사유로 인하여 항소제기기간 내에 항소를 하지 못한 것으로 봄이 상당하다.

[대상판결 2] 서울중앙지법 2004. 3. 18. 선고 2003노10465 판결

[사건개요]

피고인 강○○은 피해자 나○○을 무고하고 피해자 명의의 사실증명에 관한 사문서인 전자우편의 출력물 1매를 위조하고 이를 행사하였다는 무고, 사문서위조, 위조사문서행사의 혐의로 2002. 7. 31. 불구속 기소되었다.

제 1 심 법원은 같은 해 8. 6. 피고인에게 공소장부본과 국선변호인선정고지, 답변서 및 정상관계 진술서를 발송하였고, 10. 16. 피고인에게는 소환장을 발송하고 변호인들에게는 공판기일통지서를 발송하였다.[4] 이후 11. 8. 제 1 회 공판기일에 피고인이 출석하지 않아 변론이 연기되었고, 11. 12. 검사가 주소보정을 제출하여 법원은 피고인에게 다시 공소장부본과 국선변호인선정고지, 피고인 소환장, 답변서 및 정상관계 진술서를 발송하였으나, 12. 13. 제 2 회 공판기일에도 피고인이 출석하지 않아 변론은 연기되었다. 같은 해 12. 16. 서울성북경찰서에 피고인소재탐지촉탁서가 발송되었으며, 2003. 1. 24. 제 3 회 공판기일에도 피고인이 출석하지 않아 변론이 연기되고, 이후 같은 해 제 4 회 공판기일부터 제 8 회 공판기일(3. 7,[5] 4. 2, 4. 30, 5. 28, 6. 18)에도 피고인이 출석하지 아니하여 7. 2. 제 9 회 공판기일에서 변론을 종결하고 7. 11. 송달불능을 이유로 궐석재판으로 피고인에 대하여 징역 10월의 형을 선고하였다.[6]

피고인은 2003. 7. 중순경 체포되어 서울구치소에 수감되었으며, 9. 19. 공소제기된 사실을 알지 못하여 제 1 심 공판기일에 1회도 출석하지 못했다는 점을 들어 형사소송법 제345조에 의하여 '자기 또는 대리인이 책임질 수 없는 사유로 인하여 상소의 제기기간 내에 상소를 하지 못하였음'을 이유로 상소권회복의 청구를 함과 동시에 제 1 심 판결의 사실오인과 무고의 점에 대한 법리오해 및 양형부당을 이유로 항소하였다.[7]

이후 서울중앙지방검찰청의 기록 송부 지연으로 피고인이 실질적으로 구속된 지 4개월이 지난 후에야 서울중앙지방법원 형사31단독은 2003. 11. 19. 피고인의 상소권회복청구를 인용하면서 결정으로 구속기간을 갱신하였다.[8]

그리고 같은 해 11. 19. 소송촉진 등에 관한특례법 제23조에 대한 위헌법

---

4) 변호인들은 10. 30. 소송대리인해임(사임)서를 제출하였다.

5) 2003. 3. 1. 검사가 다시 주소보정을 제출하였다.

6) 서울중앙지방법원 2003. 7. 11. 선고 2002고단7091 판결.

7) 법원은 형사소송법 제348조 제 1 항에 의하여 2003. 9. 24. 피고인에 대하여 형의 집행을 정지하는 결정을 하면서 구속영장을 발부하였다.

8) 서울중앙지방법원 2003. 11. 19.자 2003초기2455 결정.

률심판제청을 신청하였으나 서울중앙지방법원 형사31단독은 이를 기각하였으며,[9] 항소장은 11.26. 원심법원에 접수되었다. 항소심과 상고심 공판과정에서 법원은 2004.1.15.과 3.19. 및 5.10. 결정으로 피고인에 대한 구속기간을 갱신하였다.[10]

피고인은 2003.12.15. 국가인권위원회에 '소송촉진 등에 관한 특례법 제23조는 헌법에서 보장하는 재판을 받을 권리를 침해하고, 형사소송법 제347조와 제348조는 헌법에서 보장하는 신속한 재판을 받을 권리를 침해하는 것'임을 이유로 진정하였으며, 국가인권위원회는 국가인권위원회법 제32조 제1항 제1호의 '진정의 내용이 위원회의 조사대상에 해당하지 아니하는 경우'에 해당함을 이유로 각하하면서,[11] 2005.11.14. 정책위원회 결정으로 법무부장관과 법원행정처장에게 소송촉진 등에 관한 특례법 제23조를 개정할 것을 권고하였다.

[원심법원 판결요지]

원심법원은 "항소이유에 관하여 판단하기에 앞서 직권으로 살피건대, 기록에 의하면 원심은 피고인의 소재가 밝혀지지 아니하여 공소장부본 등을 공시송달하도록 명한 후 소송촉진 등에 관한 특례법 제23조 규정을 적용하여 피고인의 출석 없이 개정하고 공판절차를 진행한 끝에 피고인에 대하여 징역 10월의 형을 선고하였음을 알 수 있으나, 소송촉진 등에 관한 특례법 제23조, 같은 법 시행규칙 제18조 제2항, 제3항, 제19조 제1항은 피고인의 소재를 확인하기 위한 필요한 조치를 취하였음에도 불구하고 피고인의 소재가 확인되지 아니한 때에는 그 후 피고인에 대한 송달은 공시송달의 방법에 의하도록 규정하고 있는바, 기록에 의하면 피고인의 주민등록상 주소지는 서울 성북구 정릉동 800-58 현대빌라 ○동 ○호이나, 피고인은 검찰 피의자신문시 주거지는 서울 구로구 신도림동 동아3차아파트 ○동 ○호이고, 그 곳에서 부모와

---

9) 서울중앙지방법원 2003.11.20.자 2003초기2925 결정.

10) 항소심 공판과정에서 피고인이 2003.11.28.과 2004.1.8. 및 같은 해 2.18. 신청한 보석청구는 기각되었다(서울중앙지방법원 2003.12.18.자 2003초보2126 결정; 2004.2.3.자 2004초보34 결정; 2004.3.16.자 2004초보227 결정).

11) 국가인권위원회 2004.2.13.자 03진기690 결정.

함께 거주한다고 진술하였음을 알 수 있으므로, 원심으로서는 공시송달명령을 함에 앞서 피고인이 진술한 위 주거지로 소재탐지절차를 거치는 등 주거지 확인 절차를 거쳤어야 할 것임에도 불구하고, 이러한 조치를 취하지 아니한 채 위 주거지로는 단 한 번의 우편송달만 한 후, 피고인의 주민등록상 주소지로만 여러 차례의 우편송달 및 소재탐지절차를 거쳐 그 소재가 확인되지 않자, 공시송달의 방법에 의한 송달을 하고 피고인의 진술 없이 판결을 하였는바, 이러한 원심의 조치는 위 특례법 등 규정에 위배된 것이라 할 것이고, 이는 소송절차가 법령에 위배되어 판결에 영향을 미친 때에 해당한다고 할 것이므로, 이 점에서 원심판결은 더 이상 유지될 수 없다"고 하면서 원심판결에는 직권파기사유가 있으므로 항소이유에 관하여 나아가 판단할 필요 없이 형사소송법 제364조 제 2 항에 따라 원심판결을 파기하고 피고인에 대하여 징역 10월의 형을 선고하였다.[12]

〔연　　구〕

Ⅰ. 문제제기

상소권회복은 상소기간이 경과한 후에 법원의 결정으로 소멸한 상소권을 회복시키는 제도로, 형사소송법은 제345조 내지 제348조에 상소권회복에 관한 규정을 두고 있다. 즉 상소권자의 책임 없는 사유로 인하여 상소기간이 경과한 경우에도 상소권을 인정하지 않고 재판을 확정시키면 상소권자, 특히 피고인의 상소권을 부당하게 제약하는 결과로 된다. 이러한 경우에 법적 안정성보다 실체적 정의를 우선시켜 구체적 타당성을 고려하여 재판의 확정 자체가 당사자 특히 피고인의 이익을 부당하게 박탈하는 것을 구제하기 위한 제도가 상소권회복으로,[13] 유죄

12) 피고인은 원심판결에 대하여 사실오인과 채증법칙위반 및 양형부당을 이유로 상고하였으나, 대법원은 피고인의 상고를 기각하였다(대법원 2004. 6. 25. 선고 2004도 1929 판결).

13) 신양균, 형사소송법, 법문사, 2000, 831면, 843-844면.

의 확정판결에 중대한 사실오인이 있는 경우에 이를 시정하기 위하여 인정되는 비상구제절차로 형사소송법 제420조 이하에서 규정하고 있는 재심 및 확정판결에 대하여 그 심판의 법령위반을 이유로 이를 시정하기 위하여 인정되는 비상구제절차로 형사소송법 제441조 이하에서 규정하고 있는 비상상고와 마찬가지로 일사부재리 효력의 적용을 배제하는 절차로 인정되고 있다.

최근 들어 사법개혁의 큰 틀에서 형사소송법 개정이 활발하게 연구·논의되었는데, 논의의 주된 내용들은 인신구속제도의 정비, 공판중심주의 및 이와 관련한 증거법 규정들, 그리고 형사사법절차의 간이·신속화 방안 등에 대한 것들로, 상소제도에 대해서는 고등법원에 상고부를 설치하는 방안과 같은 형사사법시스템 그 자체에 대한 논의에 머물고 있다.[14] 특히 상소권회복제도에 대해서는 대부분의 문헌에서 관련 규정만을 소개하고 있는 정도에 그치고 있을 뿐, 이에 대한 심도 있는 연구가 전무한 상태에 있다.

다만 대법원은 2006년에 상소권회복제도와 관련한 규정의 입법불비를 보충하는 적극적인 법해석에 해당하는 판결과 결정을 판시하였는데, 그 하나는 상소장 제출에 관하여 재소자에 대한 특칙을 규정한 형사소송법 제344조 제1항이 상소이유서 제출에 관하여도 준용될 수 있는지 여부와 관련하여[15] "원래 형사소송법이 재소자에 대한 특칙을 두어 상소장 법원 도달주의의 예외를 인정한 취지는, 재소자로서 교도소나 구치소에 구금되어 행동의 자유가 박탈되어 있는 자가 상소심 재판을 받기 위한 상소장 제출을 위하여 할 수 있는 행위는 구금당하고 있

14) 1895년 근대사법제도가 도입된 후 상소절차 및 상소제도의 입법연혁에 대해서는 천진호, "상소제도론의 발전과 전망", 형사법연구 제22호, 2004, 318-322면 참조.

15) 형사소송법 제344조 제1항은 "교도소 또는 구치소에 있는 피고인이 상소의 제기기간 내에 상소장을 교도소장 또는 구치소장 또는 그 직무를 대리하는 자에게 제출한 때에는 상소의 제기기간 내에 상소한 것으로 간주한다"는 재소자에 대한 특칙을 두고, 이를 상소권회복청구, 상소의 포기·취하의 제기기간에 대하여 준용하도록 하고 있으나(형사소송법 제355조), 상소이유서 제출에 대하여는 위 특칙을 준용한다는 규정을 두고 있지 아니하다.

는 교도소 등의 책임자나 그 직무대리자에게 상소장을 제출하여 그들로 하여금 지무상 해당 법원에 전달케 하는 것이 통상적인 방법이라는 점을 고려하여 재소자에게 상소 제기에 관한 편의를 제공하자는 데 있다. 그런데 피고인으로서는 적법한 상소이유서 제출에 의하여 비로소 자신이 주장하는 상소이유에 대하여 심판받을 수 있으므로 상소이유서는 상소장과 함께 상소심 심판을 받기 위하여 반드시 제출이 요구되는 것이고, 그 기간의 장단(長短)에 차이가 있을 뿐 상소이유서 제출의 방법에 있어서는 상소장과 그 사정이 전혀 다를 바 없다. 한편, 제출기간 내에 교도소장 등에게 상소이유서를 제출하였음에도 불구하고 기간 도과 후에 법원에 전달되었다는 이유만으로 상소가 기각된다면 이는 실체적 진실발견을 위하여 자기가 할 수 있는 최선을 다한 자에게조차 상소심의 심판을 받을 기회를 박탈하는 것이고, 결과적으로 실체적 진실발견을 통하여 형벌권을 행사한다는 형사소송의 이념을 훼손하며 인권유린의 결과를 초래할 수도 있는 것이다. 형사소송법이 자기 또는 대리인이 책임질 수 없는 사유로 인하여 상소의 제기기간 내에 상소를 하지 못한 자에게 상소권회복의 청구를 인정하며(형사소송법 제345조), 그 상소권회복청구의 제기기간에 대하여 재소자에 대한 특칙 규정을 준용하는 것도 피고인이 책임질 수 없는 사유로 상소권이 박탈되어서는 안 된다는 형사소송의 이념을 표현한 것이라 볼 것이다. 그렇다면, 형사소송법 제355조에서 재소자에 대한 특칙 규정이 준용되는 경우 중에 상소이유서 제출의 경우를 빠뜨리고 있다고 하더라도 위에서 본 바와 같은 제344조 제1항의 재소자에 대한 특칙 규정의 취지와 그 준용을 규정한 제355조의 법리에 비추어 상소이유서 제출에 관하여도 위 재소자에 대한 특칙 규정이 준용되는 것으로 해석함이 상당하다"라고 하여, 상소이유서 제출에 대하여는 형사소송법 제344조 제1항의 재소자에 대한 특칙 규정이 준용되지 않는다고 판시한 대법원 1963. 5. 2.자 63로5 결정, 대법원 1963. 6. 13. 선고 63도121 판결, 대법원 1964. 5. 21. 선고 64도87 전원합의체 판결, 대법원 1967. 5. 20.자 67모24 결정, 대법원 1969.11.26.자 69모84 결정, 대법원 1984.10.11.자 84모57 결정, 대법원 2000.6.20.자 2000모69 결정들을 모두 폐기하였다.[16)]

그리고 이와 함께 형사소송절차에서 법원에 제출하는 서류는 법원에 도달하여야 제출의 효과가 발생하는 것이 기본원칙이나, 교도소 또는 구치소에 있는 피고인이 상소이유서를 제출하는 경우에는 교도소장 또는 구치소장 또는 그 직무를 대리하는 자에게 제출하면 상소이유서를 제출한 것으로 간주함으로써 재소자에게 상소제기에 관한 편의를 제공하려는 취지로, "교도소 또는 구치소에 있는 피고인이 상소이유서의 제출기간 이내에 상소이유서를 교도소장 또는 구치소장 또는 그 직무를 대리하는 자에게 제출한 때에는 상소이유서 제출기간 이내에 제출한 것으로 간주한다"는 제344조 제3항을 신설하는 형사소송법 일부개정법률안이[17)] 2006.6.7. 의원입법으로 발의되어 국회 법제사법위원회에 심의·계류중에 있다.

한편 대법원은 상소장 제출에 관하여 재소자에 대한 특칙을 규정한 형사소송법 제344조 제1항이 정식재판청구서 제출에 관하여도 준용될 수 있는지 여부에 대하여[18)] "원래 형사소송법이 재소자에 대한 특칙을 두어 상소장 법원 도달주의의 예외를 인정한 취지가 재소자로서 교도소나 구치소에 구금되어 행동의 자유가 박탈되어 있는 자가 상소심 재판을 받기 위한 상소장 제출을 위하여 할 수 있는 행위는 구금당하고 있는 교도소 등의 책임자나 그 직무대리자에게 상소장을 제출하여 그들로 하여금 직무상 해당 법원에 전달케 하는 것이 통상적인

16) 대법원 2006.3.16. 선고 2005도9729 전원합의체판결.

17) 의안번호 제4459호. 의안 원문에 대해서는 대한민국 국회 의안정보시스템 http://likms.assembly.go.kr/bill/jsp/BillDetail.jsp?bill_id=035419 참조.

18) 제458조(준용규정) ① 제340조 내지 제342조, 제345조 내지 제352조, 제354조의 규정은 정식재판의 청구 또는 그 취하에 준용한다.

즉결심판절차에서는 형사소송법 제344조를 준용하고 있다(즉결심판에관한절차법 제14조 제4항).

제14조(정식재판의 청구) ④ 형사소송법 제340조 내지 제342조, 제344조 내지 제352조, 제354조, 제454조, 제455조의 규정은 정식재판의 청구 또는 그 포기·취하에 이를 준용한다.

방법이라는 점을 고려하여 재소자에게 상소 제기에 관한 편의를 제공하자는 데 있는 점, 약식명령을 고지받은 피고인으로서는 공개된 법정에서 정식재판절차에 따라 재판을 받기 위해서는 반드시 적법한 정식재판청구서를 제출하여야 하므로 정식재판청구서 제출의 방법에 있어서는 상소장과 그 사정이 전혀 다를 바 없는 점, 한편 제출기간 내에 교도소장 등에게 정식재판청구서를 제출하였음에도 불구하고 기간 도과 후에 법원에 전달되었다는 이유만으로 정식재판청구가 기각된다면 이는 자기가 할 수 있는 최선을 다한 자에게조차 공개된 법정에서 정식재판을 받을 기회를 박탈하는 것으로서 헌법이 보장한 공개재판을 받을 권리를 침해할 뿐만 아니라 결과적으로 실체적 진실발견을 통하여 형벌권을 행사한다는 형사소송의 이념을 훼손하며 인권유린의 결과를 초래할 수도 있는 점 등에 비추어 보면, 위에서 본 바와 같은 형사소송법 제344조 제1항의 재소자에 대한 특칙 규정의 취지와 상소권회복청구에 관하여 그 준용을 규정한 같은 법 제355조의 법리에 비추어 정식재판청구서의 제출에 관하여도 위 재소자에 대한 특칙 규정이 준용되는 것으로 해석함이 상당하다"라고 하여 입법보충적 법해석을 하였다.[19]

이와 관련하여 대법원은 2001. 5. 마련한 형사소송법 개정법률안에서 제458조 제1항을 "제340조 내지 제342조, 제344조 내지 제352조, 제354조의 규정은 정식재판의 청구 또는 그 취하에 준용한다"라고 개정하여, 상소규정 중 재소자에 대한 특칙이 정식재판청구에는 준용되지 아니하므로 다른 사건으로 구금되어 있는 피의자나 피고인 또는 수형자의 경우 짧은 정식재판 청구기간을 지키는 것이 상대적으로 어렵다는 점에서 재소자들의 정식재판청구권을 최대한 보장하기 위하여 약식명령에 대한 정식재판청구에 있어 형사소송법 제344조도 준용하도록 한 바 있다.[20] 법무부가 2004. 12. 15. 입법예고한 형사소송법 개정법률

19) 대법원 2006. 10. 13.자 2005모552 결정.
20) 법원행정처, 형사소송법 개정안 설명자료, 2001. 5. 28, 43면.

안[21]과, 정부가 2006. 1. 6. 국회에 제출한 형사소송법 일부개정법률안[22]에서도 동일한 내용을 규정하고 있다.

아래에서는 상소권회복제도와 관련하여 먼저 형사소송법 제345조 이하의 상소권회복과 소송촉진 등에 관한 특례법(이하 "특례법"이라 한다) 제23조의2에서 규정하고 있는 재심의 관련성 및 입법정비방안을 검토한 후(Ⅱ), 대표적인 상소권회복청구사유인 특례법 제23조 제1심 공판의 특례 규정이 헌법상 보장된 재판청구권을 침해하는지와 함께 이에 대한 입법개정방안을 살펴보고(Ⅲ), 상소권회복청구와 집행정지를 규정하고 있는 형사소송법 제347조와 제348조가 헌법상 보장된 신속한 재판을 받을 권리를 침해하는지와 함께 입법개정방안을 검토하기로 한다(Ⅳ). 그리고 상소권회복제도와 관련하여 제348조 제1항이 규정하고 있는 필요적 재판집행정지 규정의 타당성에 대하여 살펴보고자 한다(Ⅴ).

Ⅱ. 상소권회복제도와 특례법상의 재심제도의 관련성 및 입법정비방안

특례법 제23조의2 제1항은 형사소송법 제420조 이하의 재심제도와는 달리 "제23조 본문의 규정에 의하여 유죄판결을 받고 그 판결이 확정된 자가 책임을 질 수 없는 사유로 공판절차에 출석할 수 없었던 경우에 형사소송법 제424조에 규정된 자는 그 판결이 있었던 사실을 안 날부터 14일 이내(재심청구인이 책임을 질 수 없는 사유로 위 기간 내에 재심청구를 하지 못한 때에는 그 사유가 없어진 날부터 14일 이내)에 제1심 법원에 재심을 청구할 수 있다"라고 규정하면서, 제2항에서 "제1항의 규정에 의한 청구가 있는 때에는 법원은 재판의 집행을 정지하는 결정을 하여야 한다", 제3항에서 "제2항의 규정에 의한 집행정지의 결정을 한 경우에 피고인의 구금을 요하는 때에는 구속영장을

21) 법무부공고 제2004-72호.

22) 의안번호 제3759호. 의안 원문에 대해서는 대한민국 국회 의안정보시스템 http://likms.assembly.go.kr/bill/jsp/BillDetail.jsp?bill_id=033470 참조.

발부하여야 한다. 다만, 형사소송법 제70조의 요건을 갖춘 경우에 한한다"라고 규정하고 있다. 이와 같이 형사소송법상 규정된 재심사유의 엄격성을 완화하기 위하여 우리 입법자는 특례법 제23조의2, 헌법재판소법 제47조, 5·18 민주화운동 등에 관한 특별법 제4조와 같은 특별법으로 재심사유를 확장해 가고 있다.

그런데 위 특례법 제2조의2 제1항의 재심사유는 형사소송법 제345조 제1항에서 규정하고 있는 상소권회복의 청구사유와 동일하며, 특례법 같은 조 제2항과 제3항도 상소권회복청구와 집행정지를 규정하고 있는 형사소송법 제348조와[23] 동일한 내용으로 되어 있다.

즉 제1심 공판절차에서 피고인이 본인 또는 대리인이 책임질 수 없는 사유로 특례법 제23조에 의한 궐석재판을 받아 항소를 제기하지 못한 상태에서 그 형이 확정된 경우에는 형사소송법상의 상소권회복을 청구할 수도 있고, 특례법 제23조의2에서 규정하고 있는 재심을 청구할 수도 있다. 다만 전자는 유죄판결을 포함한 모든 형태의 재판을 대상으로 하는 반면에, 후자는 제1심의 유죄판결이 확정되었을 경우를 대상으로 한다는 점에서 차이가 있다. 그리고 전자의 경우에는 심급법원으로 소송계속이 이전되어 상소심 법원에서 심판절차가 진행되지만, 후자의 경우에는 재심절차의 형식을 취하므로 원판결을 내린 제1심 법원에서 다시 절차가 진행된다.

따라서 상소권회복제도와 특례법상의 재심제도는 그 사유가 동일할 뿐 아니라, 전자가 후자의 내용을 포섭하고 있다는 점에서 입법형식으로는 특례법상의 재심 규정을 폐지하고 상소권회복제도로 일원화하여 규정하는 방안이 바람직하다.

---

23) 제348조(상소권회복청구와 집행정지) ① 상소권회복의 청구가 있는 때에는 법원은 전조의 결정을 할 때까지 재판의 집행을 정지하는 결정을 하여야 한다.
② 전항의 집행정지의 결정을 한 경우에 피고인의 구금을 요하는 때에는 구속영장을 발부하여야 한다. 단, 제70조의 요건이 구비된 때에 한한다.

Ⅲ. 특례법 제23조 불출석재판의 위헌 여부와 입법개정방안

1. 헌법재판소의 판단

형사소송법 제345조는 "제338조 내지 제341조의 규정에 의하여 상소할 수 있는 자는 자기 또는 대리인이 책임질 수 없는 사유로 인하여 상소의 제기기간 내에 상소를 하지 못한 때에는 상소권회복의 청구를 할 수 있다"라고 하여 '자기 또는 대리인이 책임질 수 없는 사유'를 상소권회복의 청구사유로 규정하고 있다. 여기서 '자기 또는 대리인이 책임질 수 없는 사유'라 함은 상소의 부제기가 상소권자 또는 그 대리인의 고의·과실에 기인하지 않는 것을 의미한다.[24] 대법원이 예시한 상소권회복청구의 사유를 보면 가장 빈번하게 문제되는 것이 소송촉진 등에 관한 특례법 제23조와 소송촉진 등에 관한 특례규칙(이하 "특례규칙"이라 한다) 제19조 소정의 공시송달요건이 구비되지 아니한 상태에서 공시송달로 피고인이 출석하지 않은 상태에서 재판이 진행되어 유죄판결이 선고된 사실을 모른 채 상소기간이 도과하였거나,[25] 피고인의 근무장소나 전화번호를 통한 송달을 시도하지 않은 경우와 같이 요건이 미비되었음에도 불구하고[26] 형사소송법 제63조의 공시송달의 방법

24) 배종대/이상돈, 형사소송법, 제 7 판, 홍문사, 2006, 772면; 백형구, 형사소송법강의, 제 8 정판, 박영사, 2001, 802면; 신동운, 형사소송법, 제 3 판, 법문사, 2005, 1050면; 이재상, 형사소송법, 제 6 판, 박영사, 2002, 636면.

25) 대법원 1985. 2. 23.자 85모37·38 결정; 1986. 2. 12.자 86모3 결정; 1991. 12. 17.자 91모23 결정; 1995. 7. 14. 선고 95도920 판결; 1997. 9. 26. 선고 97도1371 판결; 1999. 12. 24. 선고 99도3784 판결; 2003. 5. 6.자 2002모367 결정; 2004. 7. 7.자 2004모222 결정; 2006. 2. 8.자 2005모507 결정 등.

26) 바람직한 재판운영방인(재일 94-1, 재판예규 제745호)
Ⅳ. 형사소송절차에 관한 사항
3. 형사소송절차에 관한 사항
바. 주소변동사실의 보고명령 등
(3) 피고인 소환장이 송달불능된 경우에는 공판기일 전에 검사에게 서면으로 주소보정을 명하고 기일을 변경하거나 제 1 회 기일에 검사에게 주소보정을 명하도록 한다. 한편 법원으로서도 기록을 상세히 검토하여 관련자의 주소나 전화번호, 호출기번호 등으로 연락하는 등 피고인의 소재파악에 힘을 기울여 재판에 출석시키도록 한다.

으로 판결절차가 진행되어 항소제기기간 내에 항소할 수 없었던 경우이다.[27)]

한편 특례법 제21조는 "판결의 선고는 제1심에서는 공소가 제기된 날로부터 6월 이내에, 항소심 및 상고심에서는 기록의 송부를 받은 날로부터 각 4월 이내에 하여야 한다"라고 규정하면서, 이와 관련하여 같은 법 제23조에 제1심 공판의 특례로 "제1심공판절차에서 피고인에 대한 송달불능보고서가 접수된 때로부터 6월이 경과하도록 피고인의 소재를 확인할 수 없는 때에는 대법원규칙이 정하는 바에 따라 피고인의 진술 없이 재판할 수 있다. 다만, 사형·무기 또는 장기 10년이 넘는 징역이나 금고에 해당하는 사건의 경우에는 그러하지 아니하다"라고 규정하고 있다.[28)] 그리고 특례규칙 제19조 제1항은 "피고인에 대한 송달불능보고서가 접수된 때로부터 6월이 경과하도록 제18조 제2항 및 제3항의 규정에 의한 조치에도 불구하고 피고인의 소재가 확인되지 아니한 때에는 그 후 피고인에 대한 송달은 공시송달의 방법에 의한다"라고 하면서, 같은 조 제2항에서 "피고인이 제1항의 규정에 의한 공판기일의 소환을 2회 이상 받고도 출석하지 아니한 때에는 법 제23조의 규정에 의하여 피고인의 진술 없이 재판할 수 있다"라고 규정하고 있다.

이와 같이 특례법 제23조의 입법목적은 피고인의 불출석으로 인한 국가의 정당한 형벌권행사의 불가능이나 피고인의 도피 조장 등 여러 가지 불합리한 폐해를 시정하기 위하여 일정한 요건 아래 공판절차를 진행할 수 있도록 하여 형벌권의 신속하고도 적정한 행사를 도모하려는 것이고, 이를 통하여 부수적으로 영구미제사건의 적체를 줄이려는 것과 같은 입법목적 아래 마련된 조항이라고 할 수 있다.

또한 헌법재판소는 '사형·무기 또는 단기 3년 이상의 징역이나 금

27) 대법원 1984.9.28.자 83모55 결정; 1986.2.27.자 85모6 결정; 1990.12.27.자 90모69 결정; 1992.1.21. 선고 91도1327 판결; 2002.9.24. 선고 2002도2520 판결; 2005.2.25. 선고 2004도7145 판결 등.

28) 헌법재판소 1998.7.16. 선고 97헌바22 결정에 따라 1999.12.28. 개정.

고에 해당하는 사건'만 불출석 재판의 대상에서 제외한 구 소송촉진 등에 관한 특례법 제23조가 피고인이 출석하지 않은 상태에서 중형이 선고될 수 있는 가능성을 배제하지 않고 있으며 장기에 대한 제한을 두지 아니하여 불출석 재판의 대상이 너무 광범위하다는 이유로 헌법재판소로부터 위헌결정을 받자 그 위헌성을 해소하기 위하여 불출석재판의 적용대상에서 제외되는 사건의 범위를 '사형 · 무기 또는 장기 10년이 넘는 징역이나 금고에 해당하는 사건'으로 개정하여 소송촉진 등에 관한 특례법(1999. 12. 28. 법률 제6039호로 개정된 것) 제23조가 불출석 재판의 대상이 되는 범죄에서 중형이 선고될 수 있는 사건들을 제외하고 장기에 대한 제한을 둠으로써 불출석재판의 대상에서 제외되는 형법상의 죄는 크게 확대되었고, 구 소송촉진 등에 관한 특례법 제23조가 책임 없는 사유로 출석하지 못한 피고인에 대하여 별다른 증거조사도 없이 곧바로 유죄판결을 선고할 수 있게 한 점에서 적법절차원칙에 반한다는 위헌사유를 해소하기 위하여 소송촉진 등에 관한 특례법에 신설된 제23조의2는 그와 같은 경위로 판결이 선고되어 확정된 피고인이 제 1 심법원에 재심을 청구할 수 있게 하고, 재심청구가 있는 경우 법원은 재판의 집행을 정지하되 피고인의 구금을 요하는 때에는 구속영장을 발부하도록 규정하여 이로써 자신에게 책임 없는 사유로 불출석재판을 받은 피고인도 심급의 이익을 상실하지 않고 제 1 심부터 다시 증거조사를 거쳐 판결을 받을 수 있게 되었으므로 현행 소송촉진 등에 관한 특례법 제23조는 구 소송촉진 등에 관한 특례법 제23조에 대한 위헌결정 이후 위헌결정이유에 따라 법조 자체를 개정하거나 관련규정을 신설함으로써 그 위헌성을 해소한 규정이므로 헌법이 보장하는 적법절차를 위반하거나 공정한 재판을 받을 청구인의 권리를 침해한 법률로 볼 수 없음을 이유로, 현행 소송촉진 등에 관한 특례법 제23조는 헌법에 위반되지 아니한다고 판시하였다.[29]

29) 헌법재판소 2005. 7. 21. 선고 2005헌바21 결정.

2. 불출석재판에 대한 비교입법례

프랑스 형사소송법은 피고인을 체포할 수 없거나 피고인이 출석하지 않은 때에는 경죄법원, 경찰법원 등 모든 법원에서 궐석재판을 실시할 수 있도록 규정하고 있다(제487조, 제412조, 제544조).[30] 피고인은 궐석재판의 집행에 대해 이의를 제기할 수 있고 이 경우 궐석재판은 효력을 상실하는데(제489조),[31] 피고인의 이의기간은 판결이 피고인의 거주지나 시청 또는 검찰청에 통지된 날로부터 프랑스 국내에서는 10일, 국외 거주시에는 1개월이다(제492조). 예심절차에서 공소제기를 결정한 후 피고인의 소재가 불명한 경우에는 중죄법원의 재판장 등이 10일 이내에 자진출두와 재산압류 등을 명하여야 하고, 이 명령을 일간지에 게재함과 동시에 피고인의 거소나 주거지 관할 행정관청 및 법원 출입문 게시판에 게시하여 송달한다(제627-21조, 제628조). 출두명령을 한 때부터 10일이 경과하면 피고인의 출석 없이 재판을 진행하는데(제629조, 제632조), 다만 법원은 피고인의 궐석재판을 유예하는 결정을 할 수 있다(제631조). 위와 같은 절차를 거치지 아니한 경우 법원은 궐석재판의 무효를 선언하여야 한다(제632조). 피고인이 자수하거나 형이 시효로 소멸되기 이전에 체포된 경우에는 출석명령 이후에 행하여진 판결과 소송절차는 전부 무효가 되고 통상의 절차에 따라 소송이 진행된다(제639조).

---

30) 제412조 소환장이 피고인에게 직접 전달되지 아니하고, 피고인이 이러한 소환을 알고 있었음이 입증되지 아니한 경우, 피고인이 출석하지 아니한 때에는 불출석 재판을 하도록 결정한다.
제487조 제410조, 제411조, 제414조, 제415조, 제416조 및 제424조에 규정된 경우를 제외하고, 정식으로 소환된 자가 소환장에 명시된 일시에 출석하지 아니한 때에는 제412조에 규정된 바에 따라 출석 없이 재판한다.
제544조 ① 피고인 및 민사책임자의 출석 및 그 대리에 관한 제410조 내지 제415조의 규정은 경찰법원의 소송절차에 이를 준용한다.
② 다만, 소추된 위경죄가 벌금형에만 해당하는 때에는 피고인은 변호사 또는 특별대리인을 대리인으로 출석시킬 수 있다.

31) 제489조 ① 피고인이 출석하지 아니한 상태에서 선고된 판결에 대하여 피고인이 그 집행에 대하여 이의를 제기한 때에는 규정된 바에 의하여 그 효력을 상실한다.
② 피고인은 판결 중 민사상의 관계규정에 한정하여 이의신청을 할 수 있다.

독일 형사소송법은[32] 피고인의 소재가 불명한 경우, 외국에 체류하고 있고 법원 출석이 불가능하거나 상당하지 않은 경우를 부재자로 보고(제276조),[33] 부재자에 대해서는 공판절차를 개시하지 않고 증거보전절차를 거친다(제285조).[34] 공판절차가 개시된 이후에 피고인의 부재사

---

32) 독일 형사소송법 제44조 내지 제47조는 상소권회복뿐만 아니라 일반적으로 귀책사유 없이 기간을 준수하지 못한 자에 대하여 이전의 상태로 돌아갈 수 있는 제도인 'Wiedereinsetzung in den vorigen Stand'(失期의 回復)를 두고 있는데, 이 규정 역시 상소권회복의 경우에 주된 기능을 가지는 것으로 보고 있다(신양균, 앞의 책, 844면).
제44조(失期의 回復, Wiedereinsetzung in den vorigen Stand) 자신의 책임 없이 기간준수에 관한 장애를 겪은 자에게는 신청에 따라 그 실기의 회복을 허락한다. 제35조a, 제319조 제2항 제3문, 제346조 제2항 제3문에 의한 지도가 이행되지 않은 경우 상소기간의 실기에 대하여 책임 없는 것으로 본다.
제45조(회복청구, Antrag auf Wiedereinsetzung) (1) 전조의 회복청구는 장애의 제거 후 1주일 이내에 그 기간준수를 요구하는 법원에 제기되어야 한다. 청구에 관하여 재판하는 법원에 대한 청구가 적시에 제기되었다면 기간은 준수된 것이다.
(2) 청구서 또는 그 청구에 관한 절차 중 청구이유를 기초하는 사실을 소명하여야 한다. 지체된 행위는 청구기간 중에 보완될 수 있으며, 이 경우 청구 없이도 실기의 회복을 허용할 수 있다.
제46조(결정과 상소, Entscheidung und Rechtsmittel) (1) 적시의 청구시 사건에 관하여 재판하게 될 법원이 청구에 대한 결정을 내린다.
(2) 청구를 인용하는 판단에 대하여는 이의를 제기할 수 없다.
(3) 청구를 기각하는 판단에 대하여는 즉시항고가 허용된다.
제47조(집행의 부정지, Keine Vollstreckungshemmung) (1) 실기의 회복 청구에 의한 법원의 판단에 대한 집행은 정지되지 않는다.
(2) 법원은 그러나 집행의 연기를 명할 수 있다.

33) 제7장 부재자에 대한 절차(Verfahren gegen Abwesende)
제276조(부재의 개념, Begriff) 피의자의 거소가 알려지지 않은 경우 또는 피의자가 외국에 체류하고 있고 관할법원에의 출석이 불가능하거나 상당하지 않다고 인정되는 경우 그 피의자를 부재자로 본다.

34) 제285조(증거보전절차, Beweissicherungszweck) (1) 부재자에 대하여는 공판을 열지 않는다. 부재자에 대하여 시작된 절차에서는 그가 장래에 출두할 경우에 대비하여 증거를 보전하여야 한다.
(2) 이 절차에는 제286조 내지 제294조의 규정을 적용한다.
제287조(부재자에 대한 통지, Benachrichtigung des Abwesenden) (1) 부재중인 피의자에게는 절차의 진행에 관한 통지에 대한 청구권이 없다.
(2) 그러나 법관은 그 거소가 알려진 부재자에게는 통지하도록 할 수 있다.
제288조(出席催告, Aufforderung zum Erscheinen) 거소가 알려져 있지 않은 부재자에게는 1개 또는 수개의 관보를 통하여 법원에 출석하거나 자신의 소재지를 고지할 것을 최고할 수 있다.

실이 밝혀진 경우에는 필요한 증거조사를 수명법관이나 수탁판사가 실시한다(제289조).[35] 법원은 독일 영역 내에 있는 부재자의 재산을 압수할 수 있고(제290조),[36] 부재자에 대해 조건부 또는 조건 없이 구속면제를 보증할 수 있다(제295조).[37]

일본은 형사소송법 제271조에 의하여 공소제기 이후 2개월 이내에 기소장이 피고인에게 송달되지 아니한 경우 공소제기는 소급하여 효력을 상실하므로 피고인의 소재불명으로 인한 불출석재판이 발생하는 것을 사전에 차단하고 있다.[38] 또한 기소장 등본 송달 후 피고인이 공판기일에 출석하지 않는 경우에는 개정할 수 없다(제286조). 공판기일에 소환을 받은 피고인이 정당한 이유 없이 출석하지 아니하는 때에는 법

---

35) 제289조(위임에 의한 증거조사, Kommissarische Beweisaufnahme) 공판개시 이후에야 비로소 공판피고인의 부재사실이 밝혀진 경우 필요한 증거조사는 수명법관이나 수탁판사가 실시한다.

36) 제290조(구속영장을 대신하는 재산압수, Beschlagnahme statt Haftbefehl) (1) 공소제기의 대상이 된 부재자에 대하여 구속영장의 발부를 정당화할 만한 혐의근거가 존재하는 경우, 법원의 결정에 의하여 연방법 적용범위 내에 존재하는 부재자의 재산을 압수할 수 있다.

(2) 최고 6개월의 자유형 또는 180일의 일수벌금형이 가능한 범죄행위를 근거로 한 재산의 압수를 허용하지 않는다.

제291조(압수의 공고, Bekanntmachung der Beschlagnahme) 압수결정은 연방관보에 공고하여야 하며, 법원의 재량에 따라 다른 신문을 통하여서도 공고할 수 있다.

제292조(공고의 효력, Wirkung der Bekanntmachung) (1) 연방관보에의 최초 공고와 함께 피고인은 압수된 재산에 대한 처분권을 상실한다.

(2) 부재자 재산관리의 도입에 관하여 관할권 있는 관청에 재산압수의 결정을 통지하여야 한다. 이 관청은 재산관리를 개시하여야 한다.

37) 제295조(미결구금면제의 보증, Sicheres Geleit) (1) 법원은 주재중인 피의자에게 구금면제를 보증할 수 있으며, 이는 조건부로 가능하다.

(2) 보증된 구금면제는 미결구금으로부터의 자유를 보장하지만 이러한 자유는 구금면제를 보장하는 범죄행위를 이유로 한 미결구금에만 해당한다.

(3) 자유형을 부과하는 판결이 선고된 경우, 피의자가 도주를 준비한 경우 또는 피의자에게 부여한 구금면제의 보장에 따른 조건을 충족시키지 못한 경우 구금면제의 보증은 그 효력을 상실한다.

38) 제271조(기소장 등본의 송달, 불송달과 공소제기의 失效) ① 재판소는, 공소의 제기가 있은 때에는, 지체 없이 기소장의 등본을 피고인에게 송달하여야 한다.

② 공소의 제기가 있은 날로부터 2개월 이내에 기소장의 등본이 송달되지 않은 때에는, 공소의 제기는 소급하여 그 효력을 상실한다.

제58조(피고인의 勾引), 제96조(보석 등의 취소) 및 제150조 내지 제153조(증인에 대한 제재 등, 10만 엔 이하의 과료 및 소송비용의 배상명령 등)의 규정 등의 활용을 고려할 수 있다(형사소송규칙 제179조의3).

미국은 경찰관이 피의자를 체포하여 최초의 기일에 출석하여 유무죄답변을 함으로써 형사절차가 시작되는데, 최초의 기일에 출석하거나 유죄답변 또는 불항쟁답변을 한 피고인이 공판절차에서 불출석한 경우에는 출석권을 포기한 것으로 보고 피고인의 출석 없이 재판할 수 있으며, 다만 사형을 선고하는 절차는 그러하지 아니하다.

영국은 치안판사법원에서 소환에 의해 공판절차가 개시된 경죄사건의 경우 피고인이 소환장을 송달받고 출석하지 않은 때에는 궐석재판을 할 수 있다. 궐석재판에서는 3개월 이하의 구금형만을 선고할 수 있다.

이와 같이 피고인의 소재가 불명한 경우 공판절차를 개시하는 제도를 두고 있는 국가는 프랑스, 미국, 영국인데, 프랑스는 피고인의 소재불명의 경우 결석재판을 실시하되 피고인이 출석한 이후에는 종전의 절차를 무효로 하여 피고인에게 심급의 이익을 보장하고, 미국의 경우 이미 피고인의 유죄답변 또는 불항쟁답변을 거친 후이므로 불출석재판을 피고인의 권리라고 평가할 수 있는 측면이 있으며, 영국은 결석재판을 실시할 수 있는 사건을 일정한 경죄사건으로 제한할 뿐만 아니라 그 선고형도 제한된다.

피고인이 소환에 불응하는 경우에 그 처리에 관한 비교입법례를 살펴보면, 독일이나 일본과 같이 형사사건을 공소제기 이전의 단계로 남겨두는 법제, 미국과 같이 일정한 경우 궐석재판을 용인하여 재판을 종결하는 법제, 영국과 같이 궐석재판을 인정하되 일정한 제한을 가하거나, 프랑스와 같이 궐석재판의 무효를 쉽게 인정하는 법제 등으로 구분할 수 있다.

3. 입법개정방안

(1) 불출석재판의 인정범위를 축소하는 방안

헌법 제27조 제1항에서 규정하고 있는 재판받을 권리는 기능과 신분이 독립된 법관의 재판을 요구할 수 있는 재판청구권으로서의 권리와 그러한 법관에 의한 적법한 절차의 공정한 재판을 받을 수 있는 권리를 의미한다. 그리고 적법한 절차의 재판에는 심급제와 대법원에 대한 상고절차가 포함되며, 공정한 재판의 절차적 보장을 위해서 당사자의 출석과 변론의 기회를 제공하여 충실한 공격·방어를 전개할 수 있도록 당사자 주의와 구두변론주의를 요구한다.

또한 시민적 및 정치적 권리에 대한 국제규약 제14조 제3항(d)는 형사상의 죄를 결정하는 경우에 그 재판에는 본인이 출석하여 변호할 것을 명시하고 있다. 이는 형사재판에서 당사자에게 사전에 적법한 방법으로 공판절차에 대해 통보하고 출석을 요청할 것을 의미한다. 즉 당사자에게 공판에 출석하기 위해 충분한 사전 통보와 출석 기회를 제공한 경우에 한하여 당사자의 불출석 재판이 허용된다는 것이다.

그런데 특례법 제23조는 피고인의 소재를 전혀 확인할 수 없는 경우에 일정한 요건 하에서 피고인의 불출석재판을 인정하고 있다. 공정한 재판을 받기 위해서는 공판에 출석하여 진술해야 한다. 공판에 출석하는 것은 피고인의 방어권 보장과 실체적 진실발견을 위해서 중요하다. 공판출석을 위해 당사자에 대해 공판일시, 장소, 내용 등의 충분한 통보, 출석 요청을 통한 출석 기회 보장은 필수적인 적법절차이며, 정치적 및 시민적 권리에 관한 국제협약에서도 당사자에게 공판에 대한 사전 통보가 있은 경우에 한하여 불출석 재판을 할 수 있다고 하고 있다. 그런데 피고인의 소재를 전혀 알 수 없는 경우에는 피고인에게 공판에 대한 충분한 통보나 출석 요청은 이루어질 수 없으므로 이러한 경우의 불출석 재판은 허용될 수 없다. 즉 특례법 제23조에 의한 불출석 재판은 피고인이 공판에 대한 사전통보를 전혀 받지 못해도 공판이 이루어지도록 할 뿐만 아니라, 그 결과 공개된 법정의 법관의 면전에서 모든 증거자료가 조사·진술되고, 이에 대해 피고인이 공격·방어할 수 있는 기회를 박탈하고 있으므로, 적법절차 원칙에 반하고 공정한 재판 받을 권리를 침해한다고 할 것이다.

또한 특례법 제23조는 피고인의 불출석 사유를 구체적으로 고려하지 않고 획일적으로 불출석 재판을 인정하고 있다. 불출석의 사유에는 피고인에게 그 책임을 돌릴 수 있는 경우도 있으나 피고인이 공소가 제기된 사실조차 알지 못한 경우나 공소제기사실을 알고 있었더라도 책임을 돌릴 수 없는 경우가 있다. 그런데 특례법 제23조는 그 사유를 구분하지 않고 불출석 재판을 허용하고 있다. 이는 자신이 책임질 수 없는 사유로 불출석한 피고인에게는 부당한 경우로 적법절차 원칙에 반한다고 할 것이다.[39]

형사재판에서 피고인에게 공판에 대해 미리 통보하고 출석을 요구하는 것은 재판받을 권리의 보장을 위한 필수불가결한 절차이다. 그러나 소재불명으로 인한 피고인의 불출석 재판을 인정하고 있는 특례법 제23조는 당사자에게 재판에 대한 사전 통보라는 최소한의 형사소송절차를 보장하지 않을 뿐만 아니라, 불출석 사유에 대한 피고인의 귀책 여부를 구분함이 없이 획일적으로 적용하여 책임 없는 사유로 불출석한 피고인이 방어기회 없이 유죄판결을 받을 수 있게 함으로써 재판을 받을 권리 및 적법절차의 원칙에 위배된다.

이와 같이 피고인에 대한 소재불명을 이유로 불출석재판을 허용하는 것은 미제사건의 적체를 방지하기 위한 것이지만, 피고인에게 귀책사유가 있는지를 고려하지 아니하고 소송경제만을 이유로 불출석재판을 허용하는 것은 헌법상의 재판을 받을 권리에 대한 중대한 침해를 초래한다.[40] 따라서 신속한 공판절차진행과 피고인의 재판을 받을 권리를 조화하기 위해서는 특례법 제23조의 단서 규정을 "다만 사형·무기

39) 국가인권위원회, 소송촉진 등에 관한 특례법 제23조에 대한 권고 결정, 2005. 11. 14, 4면.

40) 배종대/이상돈, 앞의 책, 461-462면; 신동운, 앞의 책, 561면; 신양균, 앞의 책, 490면; 이재상, 앞의 책, 31면.

또는 장기 5년이 넘는 징역이나 금고에 해당하는 사건의 경우에는 그러하지 아니한다"로 개정함으로써 불출석재판의 범위를 축소하는 입법개정방안을 고려해 볼 수 있다.[41)]

그리고 피고인의 출석을 확보하면서 재판을 받을 권리를 충분히 보장하기 위해서는 피고인이 불출석하는 경우에 공판절차를 정지하고 필요한 경우에 인신구속사무의 처리에 관한 예규(재형 2003-4, 재판예규 제1095호) 제60조, 제61조, 제62조, 제70조의 규정[42)] 또는 바람직한 재

41) 참고로 현행 특례법상으로는 불출석재판이 가능한 법정형이 장기 5년을 초과하고 장기 10년 이하의 징역 또는 금고에 해당하는 사건은 다음과 같다.
[형법범] 불법체포·불법감금, 선거방해, 공용서류등의 무효·공용물의 파괴, 특수공무방해, 특수도주, 도주원조, 모해위증, 증거인멸(제155조 제3항), 무고, 사체등영득, 진화방해, 과실폭발성물건파열, 일반교통방해, 음용수사용방해, 아편등제조, 유가증권위조, 자격모용유가증권작성, 허위유가증권작성, 위조유가증권행사, 인지·공문서위조, 자격모용공문서작성, 허위공문서작성, 위조공문서행사, 공전자기록위작, 상해, 존속상해, 존속폭행, 폭행치사, 폭행치상, 낙태치사, 부동의낙태치사, 유지, 존속유기, 유기치사, 유기치상, 존속체포·감금, 중체포, 중감금, 존속중체포, 존속중감금, 특수체포, 특수감금, 특수협박, 미성년자의 약취, 유인, 약취·유인·매매된 자의 수수 또는 은닉, 강제추행, 준강제추행, 출판물등에 의한 명예훼손, 점유강취, 준점유강취, 중권리행사방해, 절도, 야간주거침입절도, 특수절도, 사기, 컴퓨터등사용사기, 준사기, 공갈, 업무상횡령, 업무상배임, 장물취득, 장물알선, 공익건조물파괴.
[주요 특별법범] 건설산업기본법 제94조 제2항(업무상과실로인한부실시공에의한치상), 건축법 제77조의2 제1항(구조상주요부분손괴로인한공중의위험발생), 제77조의3 제2항(제77조의3 제1항으로 인한 치사상), 대기환경보전법 제55조 제1호(무허가배출시설설치 등), 마약류관리에관한법률 제60조 제1항 제3호, 변호사법 제109조(변호사아닌자의법률사무취급), 산림법 제116조 제1항(도벌), 상표법 제93조(상표위조 등), 수질환경보전법 제56조(무허가배출시설설치 등), 여신전문금융업법 제70조 제1항(신용카드위조 등), 정보통신망이용촉진등에관한법률 제61조 제2항(허위사실적시명예훼손), 청소년보호법 제49조의3(영리목적 청소년접객행위알선 등), 총포·도검·화약류등단속법 제70조(무허가총포, 화약류 소지), 폐기물관리법 제58조의2(폐기물불법투기 등).

42) 제60조(기본방향) 불구속 피고인이 정당한 이유 없이 출석하지 아니하는 경우에는 구속영장을 발부하는 등 적극적으로 피고인의 신병확보를 위한 조치를 강구하고, 피고인에 대하여 실형을 선고할 때에는 특별한 사정이 없는 한 법정에서 피고인을 구속한다.
제61조(구속영장의 발부) ① 불구속 피고인이 소환을 받고도 출석하지 아니하는 경우에는 구인영장을 발부한다.
② 구인영장이 집행불능된 경우에는 구금영장을 발부할 수 있다. 다만 입원 등 일시적인 사유로 인하여 집행되지 않았거나, 집행불능 사유 자체에 의하더라도 실제 집행의 노력이 없음이 분명한 경우 등에는 다시 구인영장을 발부한다.

판운영방안(재일 94-1, 재판예규 제745호)[43]을 활용하여 구속영장을 발부하는 방안도 함께 검토할 필요가 있다.

(2) 재심청구기간을 연장하는 방안

특례법 제23조를 작용함에 있어 피고인의 재판받을 권리를 충분히 보장하는 또 다른 방안으로 검토해 볼 수 있는 것은 유죄판결이 확정된 자가 책임을 질 수 없는 사유로 공판절차에 출석할 수 없었던 경우에 재심청구를 할 수 있는 기간을 늘리는 방안이다.

---

③ 피고인의 소재를 확인할 수 없는 경우 또는 구인영장을 발부하더라도 집행불능될 것임이 명백히 예상되는 경우 등에는 곧바로 구금영장을 발부할 수 있다.
④ 피고인에 대하여 구금영장을 발부함에 있어서는 법 제72조에 따른 절차를 거쳐야 한다. 다만 제2, 3항의 경우에는 그러하지 아니하다.
제62조(구속영장의 유효기간 등) ① 불구속 피고인에 대한 소재탐지 불능보고서가 접수되거나 피고인이 출국 기타 사유로 정당한 이유 없이 공판기일에 출석하지 아니하는 경우에 발부하는 구속영장의 유효기간은 그 발부일로부터 1년 범위 안에서 상당한 기간으로 정할 수 있다.
제70조(지명수배 의뢰) ① 피고인의 소재불명을 이유로 구속영장을 발부하여 대응 검찰청에 송부하는 경우 필요하다고 인정하는 때에는 지명수배를 의뢰할 수 있다.

43) Ⅳ. 형사소송절차에 관한 사항
1. 구속관련사무의 처리
라. 구속영장의 발부 및 법정에서의 구속
(1) 피고인이 불구속상태에서 재판을 받는 경우 소환을 받고도 정당한 이유 없이 출석하지 아니하는 경우에는 즉시 구속영장을 발부하고 또한 피고인에 대하여 실형을 선고하여야 할 사안에 대하여는 과감히 실형을 선고하고 법정에서 피고인을 구속하여야 할 것이다. 실형을 선고하는 경우 법정에서의 구속을 주저하는 것이 일반적이나, 이는 법관 개인의 입장에서는 이해되지 않는 바도 없지 아니하나 법을 집행하여 정의를 실현하여야 하는 책무를 가지고 있는 법관으로서 지나치게 온정적인 태도이므로 과감히 시정되어야 할 것이다. 법원에서 실형을 선고받은 피고인은 일응 도주의 우려나 증거인멸의 염려가 있다고 보아도 좋을 것이다.
3. 형사소송절차에 관한 사항
바. 주소변동시실의 보고명령 등
(1) 소송촉진등에관한특례법시행규칙 제18조에는 재판장은 인정신문을 마친 뒤 피고인에 대하여, 그 주소의 변동이 있을 때에는 이를 법원에 보고할 것을 명하고 피고인의 소재가 확인되지 아니할 때에는 그 진술 없이 재판할 경우가 있음을 경고하도록 규정되어 있으므로 이 절차를 생략하여서는 아니 된다. 재판장은 개정시에 불구속 피고인에 대하여는 주소변동을 보고하지 아니하여 소환을 불가능하게 하거나 정당한 이유 없이 공판에 출석하지 아니한 경우에는 법원이 출석을 확보하기 위하여 구인하거나 법정구속을 할 수 있고 양형에 있어서도 출석하여 성실하게 재판에 임하는 피고인에 비하여 불리하게 반영될 수 있음을 주지시킨다.

피고인이 재심을 청구하는 구체적인 경우를 보면 궐석재판에서 실형을 선고받고 지명수배되었다가 체포된 때, 집행유예형을 선고받고 별건 범죄로 수사를 받게 된 때 등인데, 이러한 경우 피고인 입장에서는 매우 중대한 사안으로 특례법 제23조의2에서 규정하고 있는 '그 판결이 있었던 사실을 안 날부터 14일 이내 또는 재심청구인이 책임을 질 수 없는 사유로 위 기간 내에 재심청구를 하지 못한 때에는 그 사유가 없어진 날부터 14일 이내'는 충분한 기간으로 보기에는 미흡하다.

그러나 형사재판의 효력을 무효로 돌릴 수 있는 청구를 지나치게 장기간 유동적인 상태로 두는 것은 바람직하지 않을 뿐 아니라, 소송지연의 방지 등을 고려한다면 민사소송법 제456조[44]의 재심청구기간과의 균형을 맞추어 30일로 하는 입법개정방안을 검토해 볼 수 있을 것이다.

Ⅳ. 형사소송법 제347조와 제348조의 위헌 여부와 입법개정방안

형사소송법 제347조 제1항은 "상소권회복의 청구를 받은 법원은 청구의 허부에 관한 결정을 하여야 한다"라고 규정하고 있고, 제348조 제1항은 "상소권회복의 청구가 있는 때에는 법원은 전조의 결정을 할 때까지 재판의 집행을 정지하는 결정을 하여야 한다", 같은 조 제2항은 "전항의 집행정지의 결정을 한 경우에 피고인의 구금을 요하는 때에는 구속영장을 발부하여야 한다. 단, 제70조의 요건이 구비된 때에 한한다"라고 규정하고 있다.

이와 같이 피고인이 상소권회복을 법원에 청구한 경우, 법원은 형의 집행을 정지하게 되어 있으나 실무에서는 통상 구속영장을 동시에 발부하는 것이 관례로 되어 있다. 그런데 상소권회복 결정을 하기 위해

44) 제456조(재심제기의 기간) ① 재심의 소는 당사자가 판결이 확정된 뒤 재심의 사유를 안 날부터 30일 이내에 제기하여야 한다.
② 제1항의 기간은 불변기간으로 한다.
③ 판결이 확정된 뒤 5년이 지난 때에는 재심의 소를 제기하지 못한다.
④ 재심의 사유가 판결이 확정된 뒤에 생긴 때에는 제3항의 기간은 그 사유가 발생한 날부터 계산한다.

서는 해당검찰청으로부터 기록을 송부받아[45] 상소권회복 여부를 결정하여야 하는데, 형사소송법은 이에 대한 기간을 제한하는 규정을 두고 있지 아니하다.[46]

따라서 해당검찰청에서 기록의 송부를 지연하거나 상소권회복 결정 여부를 지연할 경우에는 상소권회복을 청구한 피고인은 재판을 제대로 받아보지도 못한 상태에서 최장 6개월까지 구속된 상태에서 기다릴 수밖에 없어 헌법에서 보장하는 '신속한 재판을 받을 권리'를 침해받을 뿐만 아니라,[47] 부당하게 구금이 장기화됨으로써 신체의 자유에 중대한 침해가 발생할 수 있다. 특히 법원의 상소권회복청구결정에 의하여 일단 발생하였던 재판의 확정력이 배제되면서 상소심에서 무죄가 선고·확정될 경우에는 문제는 더욱 심각하게 된다.

상소권회복청구제도와 관련하여 재판의 필요적 정지와 구속영장 발부를 규정하고 있는 제348조는 피고인의 인권보장과 국가형벌권의 적정한 실현이라는 상호 충돌하는 가치를 적절하게 조화하고자 하는 취지이기 때문에, 만일 이러한 입법취지와 배치되는 현상이 발생하는 경우에는 입법취지에 부합되게 관련규정을 개정할 필요가 있다.

상소권회복을 청구한 피고인에 대하여 법원이 형사소송법 제348조 제2항에 의하여 구속영장을 발부한 때에는 법원이 상소권회복 여부에 대한 결정을 신속하게 함으로써 만일 인용결정이 내려지는 경우 본안

---

45) 법원재판사무처리규칙 제26조(형사소송기록 등 송부) 형사사건 또는 감호사건이 완결된 때에는 담임법원사무관 등은 지체없이 사건기록과 재판서를 그 법원에 대응하는 검찰청에 송부하여야 한다.
검찰보존사무규칙 제5조(기록 등의 보존기관) ③ 재판서 중 별표에 기재한 재판서는 판결을 선고하거나 결정 등을 고지한 법원에 대응하는 검찰청에서 보존하고, 그 밖의 재판서는 사건기록과 함께 제1심법원에 대응하는 검찰청에서 보존한다.

46) 다만 구속영장을 발부하여 피고인을 구속한 후 상소권회복청구가 기각된 경우에도 그 구속된 일수는 미결구금일수로 본형에 산입하여야 한다(대법원 1967.12.29. 자 67모45 결정; 1996.7.16.자 96모44 결정).

47) 신속한 재판을 받을 권리의 구체적 내용과 그 침해에 대한 상세는 천진호, "형사피고인의 신속한 재판을 받을 권리", 법학논고 제14집, 경북대학교 법학연구소, 1998, 129면 이하; 안경옥, "형사절차의 '신속'가능성과 법치주의적 한계", 비교형사법연구 제8권 제2호, 한국비교형사법학회, 2006, 269면 이하 참조.

을 구속기간이 6개월 또는 4개월 이내인 상소심에서 다툴 수 있도록 하기 위해서는 법원이 상소권회복을 청구한 자에 대하여 구속영장을 발부한 때에는 구속영장을 발부 때로부터 30일 이내 상소권회복청구의 인용 여부에 결정을 하도록 형사소송법 제348조 제 3 항을 신설하는 방안을 적극적으로 검토할 필요가 있다. 그리고 그 기간 내에 상소권회복 여부를 결정하지 못한 경우에는 구속영장의 효력을 상실하도록 하거나 구속기간연장을 할 수 없도록 규정하여야 한다. 마찬가지로 형사소송법 제348조와 같은 내용을 규정하고 있는 특례법 제23조의2도 이와 같은 내용으로 개정하여야 한다.

다만 지금처럼 각종 형사소송기록을 문서로 전달하고 받는 시스템에서 탈피하여 형사사법통합정보체계추진단이 추진하고 있는 바와 같이 형사소송절차에서 각 수사기관간 그리고 수사기관과 형사법원 및 교정기관 등 형사사법기관간에 전자문서를 전자파일링 형태로 교환하고 공동 활용하는 전자파일링 시스템[ECF(Electronic Case Filing) 또는 EFS(Electronic Filing System]과 통합형사사법시스템이 구축되면 이 문제는 상당 부분 해소될 여지가 있다.[48]

Ⅴ. 제348조 제 1 항 필요적 재판집행정지 규정의 타당성

형사소송법 제348조 제 1 항은 "상소권회복의 청구가 있는 때에는 법원은 전조의 결정을 할 때까지 재판의 집행을 정지하는 결정을 하여야 한다"라고 하여 필요적 재판집행정지를 규정하고, 이를 약식명령에 대한 정식재판청구의 경우에 준용하고 있다(제458조 제 1 항).

그런데 위 규정을 이용하여 벌금 미납으로 노역장 유치집행중인 자가 정식재판청구권 회복청구를 하여 법원의 형집행정지 결정으로 석

48) 형사사법시스템에서의 전자문서 이용과 형사사법통합정보시스템에 대한 자세한 내용은 천진호 외 3인, 형사사법절차에서의 전자문서 이용과 관련한 쟁점사항 및 근거규정 제정방안 연구(법무부 형사사법통합정보체계추진단 연구용역보고서, 2005. 12) 참조.

방된 후 도주하는 사례가 빈발할 뿐 아니라,[49] 법원에서 형집행정지 결정시 청구인이 노역장 유치집행중임을 알지 못하여 구속영장을 일부 미발부하는 사례가 발생한다는 점에서,[50] 정부는 2006. 1. 6. 국회에 제출한 형사소송법 일부개정법률안에서 제348조 제1항을 "상소권회복의 청구가 있는 때에는 법원은 전조의 결정을 할 때까지 재판의 집행을 정지하는 결정을 할 수 있다"로 하여 상소권회복 청구시 재판의 집행을 정지하는 필요적 규정을 임의적 규정으로 개정하였다.[51] 그리고 신설된 서면신속절차와 관련하여 "정식재판청구권회복의 청구가 있는 때에는 법원은 청구의 허부에 대한 결정을 할 때까지 서면심판의 집행을 정지하는 결정을 할 수 있다"(제457조의3)라고 하여 마찬가지로 임의적 집행정지 규정을 신설하였다.[52] 제348조 제1항의 개정규정은 2001. 3. 법무부

---

49) 2000. 9. 30. 현재 정식재판청구가 기각된 209명 중 약 52%인 108명이 도주하여 형집행의 권위가 약화되는 것으로 보고하고 있다.

50) 사법제도개혁추진위원회, 형사소송법 개정법률안 설명자료, 2006. 1. 26, 199면.

○ 상소권회복청구가 있는 때에 적용되는 필요적 집행정지에 관한 제348조를 정식재판청구권 회복청구에 준용하도록 함으로써 정식재판청구권 회복청구가 있는 때에 필요적으로 집행정지를 하도록 되어 있는 규정을 개정하여 임의적으로 집행정지를 할 수 있도록 함

— 현행법에 의한 절차는 다음과 같음

약식명령 확정 → 벌금 미납자 환형 유치 → 정식재판청구권 회복청구 → 검찰 기록송부 촉탁 및 필요적 집행정지 → 피고인 석방 → 기록 도착 → 기록 검토 후 회복청구 허부 결정

— 회복청구에 대한 허부 결정에 앞서 필요적으로 집행정지를 하여야 하는 것을 이용하여 환형유치된 피고인은 정당한 사유가 없음에도 대부분 정식재판청구권 회복청구를 하고 있고, 법원은 피고인이 석방된 후 회복청구를 기각하는 결정을 하고 있음(인용결정을 하는 경우에도 피고인에게 소환장 송달이 되지 않는 경우가 대부분임)

— 현행법은 피고인의 구금을 요하는 경우 구속영장을 발부할 수 있도록 하고 있으나, 약식명령에 대한 정식재판청구사건에서 구속영장을 발부하는 것은 지나침

— 결국 실효적인 벌금형 집행이 곤란하고 자진하여 벌금을 납부한 국민과 그렇지 않은 국민 사이에 형평성이 문제됨.

51) 일본 형사소송법 제365조는 임의적 재판집행정지로 규정하고 있다.

제365조(동전) 상소권회복의 청구가 있는 때에는, 원재판소는, 전조의 결정을 할 때까지 재판의 집행을 정지하는 결정을 할 수 있다. 이 경우에는 피고인에 대하여 勾留狀을 발부할 수 있다.

52) 의안번호 제3759호. 의안 원문에 대해서는 대한민국 국회 의안정보시스템 http://likms.assembly.go.kr/bill/jsp/BillDetail.jsp?bill_id=033470 참조.

가 성안한 형사소송법 개정법률안과,[53] 법무부가 2004. 12. 15. 입법예고한 형사소송법 개정법률안[54]에서도 동일한 내용으로 규정하고 있었다.

그러나 상소권 회복청구시 재판집행정지를 임의적 사항으로 할 경우 상소권자가 아닌 국가기관의 귀책사유로 회복청구가 문제됨에도 그 부담을 상소권자에게 지우는 결과가 되기 때문에 현행 제도를 유지해야 한다. 그리고 집행정지결정을 하더라도 같은 조 제2항에 의해 구속영장을 발부하여 계속 구금할 수 있기 때문에 영장 미발부의 문제점을 실무적으로 해결하는 방안으로 노역장 유치집행중인 자가 정식재판회복청구시 정식재판청구권회복청구서에 교도관이 '노역장유치집행중인 자임'이라는 고무인을 날인토록 하여 법원에서 알 수 있도록 하거나, 노역장 유치집행중인 자가 정식재판청구권회복청구시 구금 필요성이 인정되면 구속영장을 발부함으로써 제도를 악용할 수 없도록 협조 요청하는 방안이 바람직하다고 본다.

다만 벌금이나 과료의 약식명령을 받은 자가 노역장 유치집행인 경우와 같이 구속영장을 발부하기에 그 사유가 미흡한 사안에 대해서는 형벌권의 적정한 실형을 위해 약식명령에 대해 제한적으로 도입하는 것은 고려될 수 있을 것이다.

[주 제 어]
상소, 상소권회복, 재심, 소송촉진 등에 관한 특례법, 재판을 받을 권리

[Key words]
Criminal Appeal, Judgment by default, Recovery of the right to appeal, Retrial, Right to a speedy trial, Rechtsmittel, Antrag auf Wiedereinsetzung, Verfahren gegen Abwesende

---

53) 법무부, 형사소송법 개정안 설명자료, 2001. 3, 55면.

54) 법무부공고 제2004-72호.

[Abstract]

Problems on the Recovery of Right to Appeal

Chun, Jin-Ho*

The recovery of right to appeal after the appeal duration elapses, is the system which recovers the right to appeal which disappears with decision of the court of justice. The recovery of right to appeal is provided in the criminal procedure law(§ 345~ § 358). Against the right to appeal lapse the right to appeal own responsibility not recognizing the right to appeal even in nil the right to appeal it is unjust and it reaches the wave high price which it restricts.

If it decides a justice, it the right to appeal it is unjust and becomes the result which it restricts. Appeal recovery volume the legal stability compared to is the system which makes an entity justice first of all. And this system justice decision form profit of the accused it is unjust and the fact that it deprives a system for it is. The criminal procedure law providing, the reexamination which it is doing, at decision judging and emergency with system and sameness, the recovery of right to appeal system is recognized with the process which excludes double jeopardy effect.

Recently the research and the discussion regarding criminal procedure law opening a court are actively advanced from viewpoint of administration of justice reform. And also the simplification, nimbleness plan of criminal case administration of justice process are discussed. Against the recovery of right to

* Professor, Department of Law, Kyungpook National University, Ph.D. in Law.

appeal system specially only it will be stopping in the degree which introduces only a relation regulation to be, the research against hereupon almost there is to a condition which is not.

The dissertation which in short, it sees with afterwords observes a same contents and the reporter it does. First it investigates the relation and a legislation maintenance plan of the recovery of right to appeal and reexamination from the dissertation which it sees. Second, Representative the recovery of right to appeal it will be able to requisition in order, provided special law at constitution should have infringed the justice claim which is guaranteed with, it tries to observe the legislation opening a court plan against hereupon. Third, The regulation regarding the recovery of right to appeal requisition and a suspension of executant at constitution is quick it is guaranteed and infringe the right which will administer justice with, it investigates a legislation opening a court plan, it does. And it relates with the recovery of right to appeal system and against the propriety of necessary justice suspension of executant regulation it observes and the reporter it does.

공시송달과 상소권회복청구

김 정 원*

[대상결정] 대법원 2006. 2. 8. 자 2005모507 결정

[사건개요]

○ 2003. 12. 1. - 피고인은 부산지방법원에 변호사법위반 혐의로 기소
○ 2004. 1. 8. - 공소장 부본 송달
○ 2004. 1. 27. - 피고인이 법원에 국선변호인 선정청구서를 제출하면서 주거지를 '부산 북구△△△'로 기재하고 두 개의 휴대전화번호를 기재
○ 제1회 공판기일(2004. 2. 2.) - 피고인 출석, 공소사실 인정
○ 제2회 공판기일(2004. 3. 8.) - 피고인 불출석으로 공소장 주거지 '김해시 삼정동 △△△'으로 송달
○ 제3회 공판기일 - 소환장이 이사불명으로 송달불능되자 재판부는 소재 조사촉탁
○ 김해경찰서는 주민등록등본을 발급받아 '양산시 교동 △△△'으로 전출한 사실을 확인하고 그 곳에도 피고인이 거주하지 아니하고 있다고 보고함
○ 재판부는 주민등록상 주소지로 소환장을 2회 송달하였으나, 각 '폐문부재'를 사유로 송달불능(첫 송달불능보고서는 2004. 5. 17. 법원에 접수)
○ 이에 피고인에 대한 구속영장을 발부하고 지명수배의뢰하였으나 영장 유효기간이 지나도록 집행되지 않아 구속영장이 반환
○ 2005. 1. 26. - 공시송달 결정(송달불능보고서 접수일로부터 6개월도과)
○ 피고인은 그 후 진행된 공판기일에 2회 불출석
○ 2005. 4. 18. - 피고인에 대하여 징역 6월, 추징금 690만 원의 판결선고
○ 2005. 8. 4. - 판결확정으로 형이 집행되자 상소권회복청구를 제기

* 춘천지방법원 부장판사.

[판시사항]

1. 제1심 결정(부산지방법원 2005. 8. 10.자 고지 2005초기2001 결정)

제1심은 피고인의 상소권회복청구가 이유 있다고 보고 공시송달로 진행되어 이미 확정되어 버린 변호사법위반 사건에 대하여 상소권을 회복하는 결정을 하자, 검사가 불복하여 즉시항고를 하였다.

2. 항고심 결정(부산지방법원 2005. 9. 9.자 고지 2005로118 결정)

항고심 재판부는 피고인이 불출석한 상태에서 판결이 선고되어 피고인이 그 사실을 몰랐다고 하더라도 이는 임의로 재판에 불출석한 피고인 자신의 귀책사유로 인한 것이어서 상소권회복의 요건인 '자기 또는 대리인이 책임질 수 없는 사유로 인하여 상소의 제기기간 내에 상소를 하지 못한 때'에 해당하지 않는다고 보아 원심결정을 취소하고 피고인의 상소권회복신청을 기각하였고, 이에 대하여 피고인이 재항고하였다.

3. 재항고심 결정(대법원 2006. 2. 8.자 고지 2005모507 결정)

재항고심인 대법원은 제1심 법원(필자 주: 변호사법위반사건)으로서는 공시송달을 명하기에 앞서 마땅히 기록에 나타난 주민등록상의 최신 주소로 휴일 또는 야간에 집달관에 의한 송달을 하거나, 위 국선변호인 선정청구서상의 주거로 송달을 실시하거나, 휴대전화번호로 통화를 시도하여 소재지를 알아보는 등 피고인이 송달받을 수 있는 장소를 찾아보는 조치를 다하였어야 할 것이므로, 제1심 법원이 이러한 조치들을 취하지 아니한 이상 공소장 기재의 주거나 주민등록부의 주소로 우송한 공판기일소환장 등이 이사불명·폐문부재 등의 이유로 송달불능되었다는 것만으로는 소송촉진등에관한특례법 시행규칙 제19조 제1항 소정의 공시송달 요건인 '피고인의 소재가 확인되지 아니한 때'에 해당한다고 보기 어렵다. 그럼에도 제1심은 재항고인의 소재를 확인할 수 없다고 단정하여 공시송달의 방법에 의한 송달을 하고 피고인의 진술 없이 공판을 진행하여 판결을 선고하였으니 위와 같은 일련의 소송절차는 모두 소송촉진등에관한특례법 제23조, 같은 법 시행규칙 제18조, 제19조에 위배된 것이라고 설시하였다.

나아가, 대법원은 원심(필자 주: 항고심)이 설시한 바와 같이 재항고인에게도 소송이 계속된 사실을 알면서 법원에 거주지 변경 신고를 하지 않은 잘못이 있는 것은 사실이나, ① 상소제기기간이란 상소의 대상이 되는 판결의 선고일자를 기준으로 정해지는 것인데, 공판의 진행과 판결의 선고에 절차상 위법이 없었다면 그 판결이 그 날짜에 선고될 수는 없는 이치로서, 그러한 법원의 직무상 위법과 피고인이 상소제기기간을 지키지 못한 것 사이에 관련이 없다고는 보기 어렵고(밑줄표시는 필자가 함, 이하 같다), ② 공판과 판결의 절차에 명백한 위법이 있음에도 거주지 변경신고의무의 해태라는 본인의 잘못을 이유로 불복의 기회를 박탈한다면, 이는 비단 피고인의 권익 보호 차원에서 부당할 뿐만이 아니라, 소송절차상 위법의 통제라는 형사 상소제도의 목적에도 반하며, ③ 형사소송법 제345조 소정의 "자기 또는 대리인이 책임질 수 없는 사유"라 함은 본인 또는 대리인에게 귀책사유가 전혀 없는 경우는 물론, 본인 또는 대리인의 귀책사유가 있더라도 그와 상소제기기간의 도과라는 결과 사이에 다른 독립한 원인이 개입된 경우를 배제한다고 하기 어려우므로, 위법한 공시송달에 터잡아 피고인의 진술 없이 공판이 진행되고, 피고인의 출석하지 않은 기일에 제 1 심 판결이 선고된 이상, 재항고인은 자기 또는 대리인이 책임질 수 없는 사유로 인하여 항소제기기간 내에 항소를 하지 못한 것으로 봄이 상당하다고 설시하면서 원심결정을 파기하고 원심법원에 환송한다는 결정을 내렸다.

〔연 구〕

Ⅰ. 문제의 제기

검사 또는 피고인은 판결을 선고한 날로부터 7일 내에 상소를 할 수 있고(형사소송법 —이하, '법'이라고만 한다— 제338조, 제358조, 제374조), 상소할 수 있는 자는 자기 또는 대리인이 책임질 수 없는 사유로 인하여 상소의 제기기간 내에 상소를 하지 못한 때에는 상소권회복의 청구를 할 수 있고, 그 청구를 한 자는 그 청구와 동시에 상소를 제기하여야 한다(법 제345조, 346조 제3항)고 형사소송법상 규정되어 있다.[1)]

형을 선고하는 경우에는 재판장은 피고인에게 상소할 기간과 상소할 법원을 고지하여야 하므로(법 제324조), 실무상 상소권회복청구는 피고인이 판결 선고 당시 출석하지 아니한 경우, 즉 공시송달로 재판이 진행된 경우에 주로 제기된다.

형사소송법상 상소권회복청구 요건인 '자기 또는 대리인이 책임질 수 없는 사유'라 함은 상소권자 본인 또는 대리인의 고의·과실에 기하지 아니한 것을 말한다고 한다.[2)] [3)]

대법원은 뒤에서 살펴보는 바와 같이 이번 평석대상 결정을 하기 전부터 위법한 공시송달에 터잡아 재판이 진행되었다면 상소를 제기하지 못한 것이 피고인의 책임질 수 없는 사유로 인한 것이라고 설시함으로써 공시송달의 적법성 여부를 '책임질 수 없는 사유'의 중요한 징

---

1) 상소권회복청구제도를 두고 있는 형사소송과는 달리 민사소송의 경우는 "당사자가 책임질 수 없는 사유로 말미암아 불변기간을 지킬 수 없었던 경우에는 그 사유가 없어진 날부터 2주 이내에 게을리한 소송행위를 보완할 수 있다"(민사소송법 제173조 제1항)는 규정을 두어 이 규정을 통하여 추완상소를 하는 길을 열어 놓았는데, 모두 '책임질 수 없는 사유'라는 같은 표현을 쓰고 있다.

2) 백형구, 알기쉬운 형사소송법 제3판, 박영사(2005년), 220면(통설로 소개되어 있다); 신동운, 형사소송법 제3판, 법문사(2005년), 1050면; 신양균, 형사소송법 제2판, 법문사(2004년), 917면; 이재상, 형사소송법 제6판, 박영사(2002년), 636면; 임동규, 형사소송법 제2판, 법문사(2003년), 657면 각 참조.

3) 대법원 1986. 9. 17.자 86모46 결정

표로 삼아왔다.[4)]

그런데 대법원의 이러한 태도는, 공시송달결정의 적법 여부는 그 결정이 법원이 필요한 절차를 거쳐 내리는 결정인 만큼 법원이 절차를 제대로 지켰는지의 관점에서 접근해야 하는 것인 반면, 피고인이 '책임질 수 없는 사유'는 피고인에게 당시 어떠한 사정이 있었는지의 관점에서 접근해야 하는 것으로 접근 방향이 다르다고 할 수 있음에도 어떤 근거에서 위법한 공시송달이 피고인의 '책임질 수 없는 사유'의 근거가 되는지에 관하여 불분명한 점이 있었다.

이에 형사재판에서 공시송달의 의미와 대법원결정들을 검토한 후 대상결정의 의미를 고찰해 보고자 한다.

Ⅱ. 형사재판에서 공시송달의 의미

1. 불출석재판을 위한 전제조건

법원은 공소의 제기가 있는 때에는 지체 없이 공소장의 부본을 피고인에게 송달하여야 하고(법 제266조), 피고인의 주거, 사무소와 현재지를 알 수 없는 때에는 공시송달을 할 수 있으며(법 제63조 제1항), 법원은 공시송달의 사유가 있다고 인정한 때에는 직권으로 결정에 의하여 공시송달을 명한다(형사소송규칙 —이하, '규칙'이라고만 한다— 제43조).

그런데 공시송달은 법원서기관 또는 서기가 송달할 서류를 보관하고 그 사유를 법원게시장에 공시하여야 하므로(법 제64조 제2항), 사람들이 관공서에 게시판을 통하여 이런저런 일들을 알아보는 시대가 아닌 현대사회에서는 피고인에 대하여 공시송달결정이 내려지면 피고인

4) 대법원은 제1심의 공시송달결정이 위법한 경우 항소권회복청구결정을 받아들여 심리하게 된 항소심으로서는 제1심 판결에 영향을 미친 법률위반이 있는 때에 해당하여 직권으로 파기를 하고 적법한 증거조사를 거쳐 다시 판결하여야 한다고 판시하고 있는바(대법원 2004.2.27. 선고 2002도5800 판결 참조), 이러한 유형의 대법원 판례들(사건번호가 0000도xxx로 나가는 사건들)은 상소권회복청구사건의 쟁점인 '책임질 수 없는 사유'에 대한 판단이 이루어지는 것은 아니지만 어떠한 경우가 공시송달 결정이 위법한 경우인지 사례를 제시해 준다. 다만, 이러한 대법원 판례들은 쟁점이 절차가 법령에 위배되었는지 여부이므로 이 평석에서는 상소권회복청구사건에 대한 대법원 결정들에 국한하여 검토하기로 한다.

이 공판기일에 출석하리라는 것은 예상하기 어려운 일이다. 피고인이 공판기일에 출석하지 아니한 때에는 특별한 규정이 없으면 개정하지 못하므로(법 제276조), 공시송달결정이 내려지게 되면 결국 재판진행을 하지 못하게 되는 결과가 생긴다.[5)]

이에 제 1 심 공판에 대한 특례로서 제 1 심 공판절차에서 피고인에 대한 송달불능보고서가 접수된 때로부터 6월이 경과하도록 피고인의 소재를 확인할 수 없는 때에는 대법원규칙이 정하는 바에 따라 피고인의 진술 없이 재판할 수 있고, 다만, 사형·무기 또는 장기 10년이 넘는 징역이나 금고에 해당하는 사건의 경우에는 그러하지 아니하다는 규정을 두고(소송촉진등에관한특례법—이하, '특례법'이라고만 한다— 제23조),[6)] 특례법시행규칙에서 피고인에 대한 송달이 불능인 경우에 재판장은 그 소재를 확인하기 위하여 소재조사촉탁, 구인장의 발부 기타 필요한 조치를 취하여야 한다고 규정하고(제18조 제 2 항), 공소장에 기재된 피고인의 주소가 특정되어 있지 아니하거나 그 기재된 주소에 공소제기 당시 피고인이 거주하지 아니한 사실이 인정된 때에는 재판장은 검사에게 상당한 기간을 정하여 그 주소를 보정할 것을 요구하여야 한다고 규정한 다음(제18조 제 3 항), 피고인에 대한 송달불능보고서가 접수된 때로부터 6월이 경과하도록 제18조 제 2 항 및 제 3 항의 규정에 의한 조치에도 불구하고 피고인의 소재가 확인되지 아니한 때에는 그 후 피고인에 대한 송달은 공시송달의 방법에 의하고(제19조 제 1 항), 피고인이 제 1 항의 규정에 의한 공판기일의 소환을 2회 이상 받고도 출석하지 아니한 때에는 특례법 제23조의 규정에 의하여 피고인의 진술 없

5) 항소심에서는 피고인이 2회 불출석할 경우 피고인의 진술 없이 판결할 수 있는 규정(법 제365조)이 있어 재판진행이 가능한데, 이는 제 1 심 법원에서 증거조사를 마쳤다는 점이 고려된 것으로 보인다.

6) 종전에는 제외되는 사건의 법정형이 '사형·무기 또는 단기 3년 이상의 징역이나 금고에 해당하는 사건'이라고 규정되어 있었으나 헌법재판소 1998. 7. 16. 선고 헌바 97헌바22 결정으로 이 부분에 대하여 위헌결정이 내려짐에 따라 위 특례법 규정이 1999. 12. 28. 법률 제6039호로 개정되었고, 이에 대하여는 심희기, 형사소송법판례70선, 홍문사(2000년), 226면 이하 참조.

이 재판할 수 있다고 규정하고 있다.[7]

결국 형사소송법상 규정되어 있는 공시송달은 특례법 제23조에서 제1심공판의 특례를 규정함으로써 비로소 사실심의 시작인 제1심공판에서 의미를 가지게 되었고, 이는 장기미제사건의 처리[8]라는 실무상 골칫거리의 해소에도 큰 역할을 하게 되었다.

그런데 모든 일이 그렇듯이 좋은 점이 있으면 안 좋은 점도 있기 마련이니 도저히 헤쳐 나올 수 없을 것 같은 '기타 필요한 조치'의 해석이라는 무거운 짐도 함께 지어야만 하게 되었다. 일단 특례법에 따라 공시송달로 재판을 진행하게 되면 뒤에서 살펴보는 바와 같이 증거동의 의제가 되므로 유죄판결로 연결되고, 판결확정에 따른 형의 집행이라는 심각한 상황을 만든다는 점에서 '기타 필요한 조치'의 해석은 단순한 공시송달 요건에 대한 해석을 넘어선 또다른 의미가 있다.

2. 증거조사의 편의성

제1심공판에서 피고인이 불출석한 상태에서 공시송달로 재판이 진행되면 증거조사는 어떻게 할 것인가.

법 제318조 제2항에 의하면, 피고인의 출정 없이 증거조사를 할 수 있는 경우에 피고인이 출정하지 아니한 때에는 증거에 대한 동의가 있는 것으로 간주한다고 규정하고 있고, 실무상 특례법에 따라 공시송

7) 특례법 제23조에 의하면 "…대법원규칙이 정하는 바에 따라 피고인의 진술 없이 재판할 수 있다"고 규정되어 있는데, 이 표현은 법 제276조에서 보장하고 있는 피고인의 출석권을 대법원규칙에 의하여 제한하고 있는 것처럼 비추어질 우려가 있다. 특례법 제23조를 두 개의 항으로 하여 제1항으로 '제1심 공판절차에서 피고인에 대한 공시송달보고서가 접수된 때로부터 6월이 경과하도록 대법원규칙에 정한 조치를 거쳤음에도 피고인의 소재가 확인되지 아니한 때에는 그 후 피고인에 대한 송달은 공시송달의 방법에 의한다'고 규정하고, 제2항으로 '피고인이 제1항의 공시송달의 방법으로 공판기일의 소환을 2회 이상 받고도 출석하지 아니한 때에는 피고인의 진술 없이 재판할 수 있다'고 규정하여 특례법시행규칙 제19조를 삭제하면 특례법으로서 형사소송법상 항소심의 2회 불출석규정을 특별한 요건하에 인정한다는 것이 명확해진다.

8) 법원에서는 피고인의 불출석으로 구속영장이 2회 이상 발부되고 공소제기 후 1년이 경과되었으나 소재불명으로 집행불능된 미제사건을 대상으로 '형사영구미제사건처리에관한예규(재형80-3)'에 따라 별도로 관리하고 있다.

달로 형사재판을 진행하는 때에는 법 제318조 제 2 항이 정한 '피고인의 출정 없이 증거조사를 할 수 있는 경우'로 보고 증거에 대한 동의가 있는 것으로 처리하고 있다. 이에 대하여는 '피고인이 출정 없이 증거조사를 할 수 있는 경우'는 피고인이 법인이고 대리인이 출석하지 않은 경우(법 제276조 단서), 경미사건의 경우(법 제277조), 구속피고인이 출석을 거부한 경우(법 제277조의2 제 1 항)를 말하고 특례법상 불출석재판은 피고인의 소재불명에 해당하는 것으로 피고인이 반대신문권을 포기한 것이라 볼 수 없고 증거동의를 의제하게 되면 비례의 원칙에도 반하므로 증거동의가 의제되지 않는다는 견해가 있는바,[9] 특례법 제23조에서는 '피고인의 진술 없이 재판할 수 있다'고 규정하고 있어 '피고인의 출정 없이 증거조사를 할 수 있는 경우'라고 규정하고 있는 형사소송법의 명문에 비추어 볼 때도 증거동의 의제를 할 수 있는지는 의문이다. 입법론상 명문으로 해결함이 바람직할 것으로 보인다.[10]

결국 제 1 심공판이 공시송달로 재판을 진행하면 유죄판결로 이어지게 되는데, 피고인이 수사까지 다 받고 기소된 후 법정에 출석하지 않았다는 점은 양형참작시 불리하게 작용하여 실형선고의 가능성이 높아지게 되고 실제로 실형선고가 확정되어 형까지 집행되는 상황에 이르게 되므로, 제 1 심공판에서의 공시송달결정은 실형의 집행이라는 심대한 결과를 피고인에게 가져다 준다는 점에서 피고인에게 커다란 제재의 의미를 띠게 되고, 공시송달결정이 적법하다면 피고인으로서는 그러한 제재를 감수해야 한다는 전제가 성립되어 이러한 경우 '피고인이 책임질 수 없는 사유'라고는 볼 수 없다는 논리가 형성될 수 있다.

반면에 공시송달결정이 위법하다면 피고인에게 그러한 제재를 가

9) 신양균, 앞의 책, 783면 참조. 입법론으로서는 법 제318조 제 2 항의 규정에서 증거동의 의제를 할 수 있는 경우를 구체적으로 규정하는 것이 바람직할 것이다.

10) 실제로 상소권회복청구사건의 상당수가 공시송달 상태로 재판이 진행되어 실형이 선고되어 확정됨에 따라 형집행을 받고 있는 상태에서 이루어지고 있으므로 증거동의 의제 문제에 관한 입법논의가 필요하다고 하겠다. 재판부에 따라서는 실형을 선고할 사안의 경우에는 공시송달로 진행하면서 증인을 소환하는 등의 방법으로 정식으로 증거조사를 거친 뒤 판결을 선고하는 경우가 있다.

하는 것은 피고인의 입장에서 매우 부당하다고 할 것이므로 이는 '피고인의 책임질수 없는 사유'에 해당한다는 대법원의 판시가 가능한 토대를 마련해 준다고 하겠다.

3. 약식명령사건의 경우

약식명령에 대한 정식재판 청구시 상소권회복청구에 관한 규정이 준용되고 있다(법 제458조 제1항). 그런데 약식명령은 재판이 약식명령을 피고인에게 송달하는 방법으로 이루어지기 때문에(법 제452조) 공소장에 기재된 주거지로 송달하여 송달불능되면 검사에게 주소보정을 요구한다거나 소재조사촉탁 등을 하지 아니하고 곧바로 공시송달의 방법으로 약식명령을 송달하는 것이 실무이다.

따라서 정식재판청구권회복청구를 한 경우 약식명령이 공시송달로 송달되었다면 대부분 청구를 받아들이고 있어 정식재판청구가 받아들여진 뒤 진행되는 공판절차에서 특례법이 정한 절차에 따라 불출석재판을 할 것인지, 아니면 법 제458조 제2항에서 준용하고 있는 법 제365조에 따라 항소심절차처럼 6개월을 기다릴 필요 없이 2회 불출석하면 불출석재판을 할 것인지에 대한 견해대립이 있다.

증거동의 의제 여부는 약식명령에서도 앞서 본 논의가 그대로 적용된다고 할 것인데, 일반 형사사건이 공시송달의 방법으로 공소장 부본 송달, 증거조사 및 형의 선고라는 일련의 절차를 거친 뒤 확정된 판결에 대하여 상소권회복청구를 하게 되어 상소권이 회복된 뒤 법정에 불출석하는 경우는 드문 반면(실형을 선고한 경우에는 법 제348조 제2항에 따라 구속영장을 발부해 놓은 상태에서 재판진행이 되는 경우가 많다), 약식명령은 공시송달의 방법으로 송달되어 확정된 경우 노역장유치집행을 받기 때문에 이를 모면하기 위한 방편으로 정식재판청구권회복청구를 하여 집행정지가 되도록 하여 신병이 풀리면 그 후 진행되는 정식재판사건에서는 거의 출석을 기대하기 어려운 실정이라는 점에 비추어 보면 증거동의 의제의 필요성은 크다고 할 수 있다.

Ⅲ. 대법원의 태도

1. 심급별 공시송달 결정에 대한 평가

상소권회복청구가 있으면 그 심리대상은 상소권회복대상이 되는 사건이 진행되던 당시 법원에서 한 공시송달 결정이 적법하였는가 여부가 될 것이다. 이때는 이미 확정판결은 물론 수사기록을 포함한 모든 재판기록을 보고 심리할 수 있기 때문에 '필요한 조치'가 이루어졌는지 여부를 상소권회복청구사건을 심리하면서 충분히 따져 볼 수 있는 여건이 조성되어 있는 상태이다.

제1심 재판의 경우는, 공소장 부본부터 송달불능되어 공시송달방법으로 재판이 진행된 때에는 수사기관에서 기소할 때 피고인에게 그러한 사실을 알려 주는 제도를 가지고 있지 않고 실제로 알려 주고 있지 않은 상태에서는 기소 후 피고인에게 송달불능되었다는 사정을 가지고 피고인에게 귀책사유가 있다고 보기 어려운 점을 염두에 둘 필요가 있다. 다만, 증거분리제출제도(1989.6.7. 규칙 제132조의2의 신설로 그 근거가 마련된 제도로 공소가 제기된 후 검사가 수사기록을 일괄적으로 제1회 공판기일 무렵에 제출하지 않고 피고인이 동의하는 서류만 제출하고 부동의한 서류는 증인신문을 거친 뒤 증거능력을 부여받은 후에 제출 여부를 검토하는 제도)하에서는 공소장 부본부터 송달불능이 되면 수사기록이 법원에 제출되기 전의 상태이기 때문에 법원에서 '필요한 조치'를 강구하는 데 큰 어려움이 발생하게 된다.

항소심에서 공시송달방법에 의한 재판이 진행된 경우는, 피고인이 제1심에서 재판이 이루어졌다는 것을 알고 항소한 것이므로 피고인이 항소심에서 불출석하는 것은 피고인에게 귀책사유가 더욱 많다고 볼 수 있는 여건이 조성되어 있다는 점에 유의할 필요가 있다.

2. 위법한 공시송달

① 대법원 1984.9.28.자 83모55 결정 —대법원은 제1심 법원이 수

사기록에 편철된 피고인의 주민등록등본 기재 주소지로 송달해 봄이 없이 공시송달을 하였다면 피고인은 책임질 수 없는 사유로 인하여 항소기간 내에 항소를 하지 못한 것이라고 설시(공시송달이 위법하다는 명시적 언급은 없으나 위법함을 전제로 피고인의 귀책사유가 없다는 점을 인정한 것으로 해석)하였다.

대법원의 이러한 태도는 이 결정을 참조결정으로 인용한 1986. 2. 27.자 85모6 결정에서 수사기록에 편철된 피고인에 대한 피의자신문조서 등에 피고인의 사무소가 나타나 있다면 법원으로서는 그 사무소에 다시 소송서류를 송달해 보아야 할 것임에도 바로 공시송달의 방법을 취한 것은 공시송달의 요건을 흠결한 것이며 그로 인하여 피고인이 정식재판청구기간을 도과하게 되었다면 이는 피고인이 책임질 수 없는 사유에 해당한다고 설시함으로써 다시 확인되었고, 공시송달의 요건을 흠결하였다는 표현을 사용하여 위법하다는 것을 강하게 시사한 것이다.

그 후 대법원 1991. 12. 17.자 91모23 결정(피고인이 공시송달의 방법으로 송달한 첫 기일에 불출석하면 재소환하여 그 기일에도 불출석하여야 비로소 재판절차를 진행할 수 있음에도 첫 기일에 바로 판결선고를 한 사안)에서, 대법원은 공시송달 결정에 위법은 없으나 제 1 심의 조치는 특례법 시행규칙에 위배된 위법한 조치라 할 것이고 또 이와 같은 위법사유는 이 사건에서 피고인의 상소기간도과와 무관하다 할 수는 없으며 공시송달에 의한 소환을 다시 한번 더 하여 선고 공판을 하였더라면 피고인이 상소의 법정기간을 준수할 수 있었을 가능성을 배제할 수는 없는 것이니 결국 피고인이 상소를 법정기간 내에 하지 못한 것은 피고인이 책임질 수 없는 사유로 인한 것으로 볼 여지도 있다고 설시하여 피고인의 귀책사유를 판단하는 징표로서 '위법사유'라는 명시적 표현을 사용하기 시작하여 대법원 2002. 9. 11.자 2002모15 결정(제 2 회 이후의 공시송달은 5일을 경과하여야 그 효력이 발생함에도 제 2 회 이후의 공판기일을 공시송달을 한 날부터 5일 이내로 정하여 절차를 진행한 사안), 2004. 7. 7.자 2004모222 결정(피고인에 대한 검찰 및 경찰피의자신문조서에 공소장 기재와는 다른 주거지가 기재되어 있고 집 전화번호와 핸드폰 전화번호가 함께 기재되어 있음에도 위 주거지로 송달을 실시하거나 위 전화번호로 연락하여 송달받을 장소를 확인하여 보는 등의 시도를 하지 아니한 사안으로 공시송달 결정이 위법하다는 명시적 표현은 사용하지 않았으나 위법임을 전제로 한 것으로 보임)에서도 그러한 입장이 유지되고 있다.

② 대법원 1985.2.23.자 83모37, 38 결정—제1심이 피고인의 상소권회복청구를 기각하자 항소심에서 제1심 결정을 취소하고 상소권회복청구를 받아들이자 검사가 재항고한 사안에서, 대법원은 '상소권회복 여부의 허용 여부는 그 재판절차의 위법 여부와는 관계없이 오로지 상소기간 도과가 상소권자의 책임 없는 사유에 기인한 것인지의 여부에 따라서만 판단되어야 할 것이다.… 제1심 공판절차는 적법하고 거기에 아무런 위법사유를 찾아 볼 수 없음은 소론 주장과 같다 하겠으나 한편 피고인은 … 그 거소를 수차 옮겨다닌 결과 이 건 공소가 제기된 사실조차 모르는 상태에 있었고 1심 판결 역시 공시송달방법으로 송달되어 위 판결이 선고된 것을 모르는 채 이에 대한 상소기간을 도과한 사실이 인정'된다면 상소기간의 도과는 피고인의 책임질 수 없는 사유에 기인한 것이라고 설시하면서 검사의 재항고를 기각하였다.

대법원의 이러한 태도는 이 결정을 참조한 1986. 2. 12.자 86모3 결정에서 유지되었고(재판절차의 위법 여부와 관계없다는 표현은 쓰지 않음), 같은 해 1986.7.23.자 86모27 결정에서는 항소심의 공시송달결정의 적법 여부에 대한 언급 없이 공소제기 당시의 주소지나 그 후 신고한 주소지를 옮길 때는 자기의 신주소지를 법원에 제출한다거나 기타 소송진행 상태를 알 수 있는 방법을 강구하여야 하고, 만일 이러한 조치를 취하지 않았다면 소송서류가 송달되지 아니하여 공판기일에 출석하지 못하거나 판결선고 사실을 알지 못하여 상고기간을 도과하는 등 불이익을 받는 책임을 면할 수 없다고 설시하였고, 대법원 1991.8.27.자 91모17 결정, 1992.7.21.자 92모32 결정(제1심에서 피고인이 신고한 주소지로 송달불능되어 공시송달한 사안), 1994.11.29.자 94모39 결정(항소기록접수통지서부터 송달불능되어 공시송달한 사안), 1996.8.23.자 96모56 결정(제1심에 출석하여 재판받다가 새로운 주소를 신고하지 아니하여 공시송달로 진행한 사안으로서 대상결정과 사실관계가 비슷함), 1998.12.10.자 98모128 결정(제1심 선고 후 변동된 주소지 신고 아니한 사안), 2004.1.7.자 2003모256 결정(피고인이 공소장 부본과 공판기일 소환장을 송달받고서도 불출석하여 공시송달로 진행한 사안), 2004.1.30.자 2003모447 결정(피고인에게 공소장 부본 등이 적법·유효하게 송달된 것으로 볼 수는 없다고 설시하면서도 재판절차의 위법 여부와는 관계없이 귀책사유를 판단해야 한다는 대법원 1985.2.23.자 83모37, 38 결정을 인용해 놓았다), 2005.4.7.자 2004모414 결정 등에서도 마찬가지 설시가 이어졌다.

3. 평 가

위 ① 유형의 결정은 하급심의 공시송달 결정의 위법을 포함한 절차상의 위법행위를 상소권회복청구권을 행사요건인 '책임질 수 없는 사유'의 중요한 징표로 보고 있는 결정으로서 그러한 위법행위가 없었다면 피고인이 상소기간을 준수할 수 있었을 것이라는 법률적 가정을 하고 있는 것으로 보인다. 이 입장을 그대로 견지한다면 공시송달 결정에 위법이 없고, 다른 절차상 위법이 없다면 '책임질 수 없는 사유'에 해당하지 않는다는 결론에 이르게 될 수 있고, 바로 이러한 점이 두 번째 유형의 대법원 결정이 나온 배경이 되지 않았나 하는 가정이 가능해진다.

위 ② 유형의 결정은 피고인 입장에서 '책임질 수 없는 사유'를 검토하려는 접근방법을 가지고 공판기일에 출석한 적이 있었는지 여부를 중요한 고려요소로 보아 공소제기 후 한 번도 송달을 받지 못하고 판결이 선고된 때(대법원 1985.2.23.자 83모37, 38 결정 등)에는 '책임질 수 없는 사유'에 해당한다고 보았지만, 제1심 공판기일에 제대로 출석을 하다가 중간부터(대법원 1996.8.23.자 96모56 결정 등) 또는 항소심부터(대법원 1994.11.29.자 94모39 결정 등) 출석하지 아니한 때에는 '책임질 수 없는 사유'에 해당하지 아니한다고 보았다.

그런데, 위 ② 유형의 결정례 중 수사기록이나 공판기록에 공소장에 기재된 피고인의 주소지와 다른 장소의 주소지나 전화번호 등 자료가 있었던 경우에도 그러한 설시가 있었는지는 확인할 수 없었다.

이는 위 두 유형의 대법원 결정이 가지고 있는 요소가 모두 존재하는 경우, 즉 수사기록이나 공판기록에 공소장에 기재된 피고인의 주소지와 다른 장소의 주소지나 전화번호 등 자료가 있고, 동시에 피고인이 공판기일에 출석하다가 또는 적법한 송달을 받고 출석하지 아니한 상태에서 변경된 주소지를 신고하지 않은 경우에는 위 두 가지 유형의 결정 중 어느 것을 우선적으로 검토하여야 하는지 어려운 상황에 빠지게 한다.

이번 평석대상인 대법원 결정이 바로 이러한 두 가지 요소를 모두 가지고 있는 사례이다.

흥미로운 점은 첫 번째 유형의 대법원 결정은 모두, 공시송달이 위법 내지 절차가 위법하기 때문에 '책임질 수 없는 사유'에 해당한다고 보아 피고인을 구제해 주었지 공시송달이 적법하다고 해서 상소권회복청구를 기각한 결정은 찾아보기 어렵고, 두 번째 유형의 대법원 결정 중 첫 결정례는 피고인을 구제해 주었지만 대부분은 피고인의 상소권회복청구를 받아들이지 아니하였다는 것이다.

4. 증거분리제출로 인한 환경변화

증거분리제출제도[11]를 시행하게 되면 공소장 부본과 공판기일 소환장 등이 송달불능되었을 때 수사기록이 제출되지 않은 상태이므로 수사기록에 나타날 수 있는 피고인의 연락처에 접근할 가능성 자체가 없어진다.

---

11) 증거분리제출제도는 2005.4.1.부터 서울남부지방법원, 대전지방법원, 광주지방법원에서 시범실시되었다. 광주지방법원의 경우 검사가 증거서류를 등본으로 법원에 제출하여 논란이 되었으나, 앞으로는 원본을 제출하는 것으로 법원행정처와 대검 공판송무부 사이에 협의가 이루어졌다고 한다.

이러한 점 때문에 공소장의 정확한 주소 기재가 필요하고, 주소 기재를 보충할 수 있는 주거지 또는 직장의 전화번호, 휴대전화번호의 기재가 요청되고 있다.

따라서 송달을 위하여 필요한 범위 내에서 수사기록상 피고인의 연락처 확인을 위한 수사기록 제출을 요구할 근거를 마련해야 하는 것인지도 검토해 보아야 할 문제가 되었다.[12)]

Ⅳ. 대상결정의 의미

평석대상 대법원 결정은 피고인이 소송이 계속된 사실을 알면서 법원에 거주지 변경 신고를 하지 않은 잘못, 즉 앞서 본 두 번째 유형의 대법원 결정이 가지고 있는 요소가 있음을 명시적으로 인정하면서 세 가지 사유를 들어 피고인이 '책임질 수 없는 사유'에 해당한다고 설시하였는바, 그 사유를 차례로 검토한다.

1. 위법한 공시송달과 귀책사유의 관계

평석대상 대법원 결정은, '상소제기기간이란 상소의 대상이 되는 판결의 선고일자를 기준으로 정해지는 것인데, 공판의 진행과 판결의 선고에 절차상 위법이 없었다면 그 판결이 그 날짜에 선고될 수는 없는 이치로서, 그러한 법원의 직무상 위법과 피고인이 상소제기기간을 지키지 못한 것 사이에 관련이 없다고는 보기 어렵고,'라고 설시하였다.

이 사건은 피고인이 공소장을 송달받고 제 1 심 법정에 나와 자백까지 한 사안이라는 점에서, 앞서 본 두 번째 유형의 대법원 결정례에 따를 경우에는 피고인의 책임질 수 없는 사유에 해당한다고 보기 어렵

12) 증거분리제출로 인한 문제점에 대하여는, 신용석, "제 1 심이 위법한 공시송달로 피고인의 출석없이 재판한 경우 항소심이 취하여야 할 조치(2004. 2. 27. 선고 2002도5800 판결)", 대법원판례해설 2004년 상반기(통권 제50호), 법원도서관, 757면 및 광주지방법원 판례연구회에서 2006. 3. 6. 이명철 판사가 발표한 "형사재판에서 피고인의 불출석과 재심"(이 글은 광주지방법원 법관들이 2006년 1년간 발표한 다른 논문들과 함께 해마다 간행되어 온 「재판실무연구」라는 제목의 책으로 출간될 예정임) 각 참조.

게 된다. 피고인이 이러한 상황에서 법정에 출석하지 않았다면 이는 고의적으로 선고를 모면하기 위하여 법정에 출석하지 아니한 경우라고 보는 것이 오히려 자연스러울 것이고, 이러한 전제에서 항고심은 피고인의 상소권회복청구를 받아들이지 아니하였을 것이다.

이러한 점에서 '공판의 진행과 판결의 선고에 절차상 위법이 없었다면 그 판결이 그 날짜에 선고될 수는 없는 이치로서, 그러한 법원의 직무상 위법[13]과 피고인이 상소제기기간을 지키지 못한 것 사이에 관련이 없다고는 보기 어렵고'라는 표현은 절차가 위배된 재판진행은 피고인의 귀책사유가 아닌 법원의 귀책사유가 있는 때에 해당하여 피고인이 책임질 수 없는 사유가 아니라는 법리전개가 가능해진다.

그런데 대법원은 이러한 법리전개만으로는 피고인의 귀책사유가 없다고 할 수는 없다는 점을 염두에 두고 다음에서 보는 바와 같이 두 가지 근거를 더 제시하였다.

2. 상소제도의 목적

대법원은 계속해서 '공판과 판결의 절차에 명백한 위법이 있음에도 거주지 변경신고의무의 해태라는 본인의 잘못을 이유로 불복의 기회를 박탈한다면, 이는 비단 피고인의 권익 보호 차원에서 부당할 뿐만이 아니라, 소송절차상 위법의 통제라는 형사 상소제도의 목적에도 반하며'라고 설시하고 있다.

결론적으로 피고인에게 부당하게 해서도 안 되고 위법의 통제도 해야 된다는 것이다.

이 설시는 상소권회복청구권의 요건인 '책임질 수 없는 사유'를 해

13) '법원의 직무상 위법'이라는 표현은 대법원이 하급심에 대한 잘못을 지적하면서 자주 사용하지는 않는 표현으로서 국가배상법 제 2 조 제 1 항이 정한 '공무원이 그 직무를 집행함에 당하여'라는 부분의 '직무' 내지는 법관이 행한 재판과 관련하여 국가를 상대로 한 손해배상소송에서 대법원이 판시하고 있는 '그 재판상 직무행위가 … 위법한 행위로 되어 …'—2001. 3. 9. 선고 2000다29905 판결 참조— 라는 부분의 '재판상 직무행위'라는 표현과 어떤 견련관계가 있는지 검토의 필요성이 있다고 하겠다.

석하는 데 있어 이 명문규정에만 국한해서 판단할 것이 아니라 입법목적을 고려해야 한다는 것으로서 피고인의 권익을 보호한다는 측면에서 형사상 해석원칙의 하나로 받아들일 수 있는 부분이라고 하겠다.

3. 독립한 원인의 개입

대법원은 끝으로 '본인 또는 대리인의 귀책사유가 있더라도 그와 상소제기기간의 도과라는 결과 사이에 다른 독립한 원인이 개입된 경우를 배제한다고 하기 어려우므로'라고 설시하여 피고인에게 귀책사유가 있는 경우, 즉 '책임질 수 없는 사유에 해당하지 아니하는 때'로서 외견상으로는 법 제345조가 정한 상소권회복청구권을 행사할 수 있는 요건에 해당하지 아니할 때에도 '법원의 직무상 위법'이라는 '다른 독립한 원인'이 개입된 경우는 그렇지 않다는 견해를 밝히고 있다.

이 견해는 다음 두 가지 점에서 주목할 필요가 있다.

첫째, 절차상 위법(공시송달의 위법성)이 '책임질 수 없는 사유'를 판단하는 하나의 징표로서 기능하는 것이 아니고 법 제345조에서 명문으로 규정하고 있지는 아니하나 해석론상 '다른 독립한 원인'의 존재 여부가 심리되어야 한다는 점을 밝혔다는 것이다. 다만, '다른 독립한 원인'이 무엇인지에 대하여는 앞으로 구체적인 사례들을 통하여 그 태양이 제시되어야 할 것이다.

둘째, 상소권회복 여부의 허용 여부는 그 재판절차의 위법 여부와는 관계 없이 오로지 상소기간 도과가 상소권자의 책임질 수 없는 사유에 기인한 것인지의 여부에 따라서만 판단되어야 한다는 앞에서 본 두 번째 유형의 대법원 결정 중 첫 결정인 1985.2.23.자 83모37, 38 결정은 이 평석대상 결정과는 배치되는 결정으로서 사실상 유지될 수 없게 되었다는 점이다.

V. 결　론

평석대상 결정은 피고인에게 상소기간을 준수하지 못한 귀책사유가 분명하게 있는 때에도 절차상 위법이 존재할 때에는 피고인을 구제해 주어야 한다는 입장을 밝힘으로써 피고인의 권리를 더욱 강하게 보호해 준 결정이라고 하겠다. 즉 피고인의 상소권회복청구권에 대한 대법원의 태도는 피고인의 상소권을 충분히 보장해 주어야 한다는 점에서 형사재판진행과정에서 절차상 위법이 있으면 피고인에게 비록 잘못이 있다고 하더라도 피고인을 보호해 주는 방향으로 해석해야 한다는 것을 나타내 주고 있음을 알 수 있다.

이 결정은 피고인이 자신에 대한 형사재판이 진행중인 것을 명백히 알면서 고의적으로 출석하지 아니한 경우라도 공시송달의 결정에 '기타 필요한 조치'를 하지 아니한 위법이 있는 때에는 피고인에게 상소권을 회복시켜 주어야 한다는 입장을 밝히면서 그 법리를 제시하였다는 점에서 큰 의미가 있다고 할 것이다.[14)]

[주 제 어]

공시송달, 상소권회복, 불출석, 위법한 공시송달, 구속영장

---

14) 공시송달제도와 관련한 입법론으로서 일본처럼 공시송달은 불가능하고, 기소 후 2개월 내에 기소장등본이 송달되지 아니하면 기소는 소급하여 그 효력을 상실하게 하여(일본 형사소송법 제271조 제 2 항) 검사에게 송달에 대한 책임을 지우는 것이 합리적이라는 견해가 있는바(신용석, 위 논문, 757면), 이러한 경우 공소기각결정을 하게 되므로(일본 형사소송법 제339조 제 1 호) ―사법부내부전산망인 사법부그룹웨어CourtNet 상의 국내외법률정보에서 제공되는 일본의 '判例MASTER' 참조―, 이러한 입법례 하에서는 형사재판에서 공시송달로 인하여 발생하는 문제가 없어질 것이다. 다만, 이 문제는 우리 형사소송법 체계와 궐석재판제도, 피고인 소재불명으로 인한 법원과 검찰 사이의 업무부담이라는 실무적인 문제들이 얽혀 있어 쉽사리 도입을 결정할 수는 없겠으나(국회에 상정될 예정으로 있는 형사소송법 개정안에 이 부분은 반영되어 있지 않음) 향후 검토가 필요한 부분으로 보인다.

[Key words]
public notification, recovery of right of appeal, non-appearance, illegal public notification, arrest warrant

[Abstract]

Service by Public Notification & Recovery of Right of Appeal in Criminal Procedure

Kim, Jung-Won*

Criminal Procedure Act(CP ACT) Article 266 regulates 'When a public trial has been instituted, the court shall serve the defendant or his defence counsel with a copy of the indictment without delay---'. According to the Act Article 63 (1), when the dwelling, office or present residence of the defendant is unknown, the service may be made by public notice. Service by public notice may be made only when a court so orders in accordance with the Supreme Court Regulations and service by public notice shall be made by the court administrative officer or clerk preserving the document to be served and by his putting a summary thereof on the court bulletin board to show it to the public{CP ACT Article 64 (1), (2)}.

The previous provisions tell us that in case of service by public notice, the defendant has the difficulty to be informed on the schedule on his trial in modern times, and therefore we reach the conclusion that the trial cannot be opened because when the defendant does not appear on the day fixed for public trial, the court shall not sit without special provisions(The Act Article 276).

To solve the problem mentioned above, ACT ON SPECIAL CASES CONCERNING EXPEDITION, ETC. OF LEGAL PROCEEDINGS(ACT ON SC) has been made. When it is

* Judge, Chuncheon District Court.

impossible to confirm the whereabouts of an accused, in the procedures at the court of first instance, up to an elapse of 6-month from the time when the report on impossibility of service on the accused has been received, the judgment may be rendered without hearing a statement of the accused under the conditions as determined by the Supreme Court Regualtions(ACT ON SC Article 23).

The Supreme Court has decided that the court need to make every effort to find out the whereabouts of an defendant to satisfy the requirements asked by ACT ON SC Article 23. If the court did not make every effort to do, the procedures of the court would be illgal and the decision of the court should be reversed. If so, the defendant may apply for recovery of his right to appeal{When a person entitled to make an appeal --- has been prevented, by a cause not imputable to himself or his representative, from lodging an appeal within the period for making an appeal, he may apply for recovery of his right to appeal(CP ACT Article 345)}.

It remains to be seen that how much effort has to be made by lower courts.

항소이유서 미제출과 직권조사사유

김 우 진*

[대상결정] 대법원 2006. 3. 30. 자 2005모564 결정[1]

[결정요지]

1. 검사가 제출한 제 1 심 무죄판결에 대한 항소장의 '항소의 이유'란에 '사실오인 및 법리오해'라는 문구만 기재되어 있을 뿐 다른 구체적인 항소이유가 명시되어 있지 않은 경우 위와 같은 항소장의 기재는 적법한 항소이유의 기재에 해당하지 않는다.

2. 검사가 제출한 항소이유서에 제 1 심판결에 대하여 불복하는 사유로서 형사소송법 제361조의5에서 정하는 항소이유를 구체적으로 명시하지 않고, 단지 항소심에서 공소장변경을 한다는 취지와 변경된 공소사실에 대하여 유죄의 증명이 충분하다는 취지의 주장만 한 경우 적법한 항소이유의 기재라고 볼 수 없다.

3. 형사소송법 제361조의4 제 1 항 단서 소정의 '직권조사사유'라 함은 법령적용이나 법령해석의 착오 여부 등 당사자가 주장하지 아니하는 경우에도 법원이 직권으로 조사하여야 할 사유를 말한다.

4. 형사소송법 제361조의4 제 1 항은 항소인이나 변호인이 같은 법 제361조의3 제 1 항의 기간 내에 항소이유서를 제출하지 아니한 때에는 직권조사사유가 있거나 항소장에 항소이유의 기재가 있는 경우를 제외하고 결정으로 항소를 기각하여야 한다고 규정하고 있으므로, 항소인이

---

* 대법원 재판연구관.

1) 공 2006. 5. 1.(249), 777.

나 변호인이 항소이유서에 항소이유를 특정하여 구체적으로 명시하지 아니하였다고 하더라도 항소이유서가 법정의 기간 내에 적법하게 제출된 경우에는 이를 항소이유서가 법정의 기간 내에 제출되지 아니한 것과 같이 보아 형사소송법 제361조의4 제1항에 의하여 결정으로 항소를 기각할 수는 없다.

〔연　　구〕

Ⅰ. 문제의 제기

형사소송법 제361조의4 제1항은 "항소인이나 변호인이 전조 제1항의 기간 내에 항소이유서를 제출하지 아니한 때에는 결정으로 항소를 기각하여야 한다. 단, 직권조사사유가 있거나 항소장에 항소이유의 기재가 있는 때에는 예외로 한다"고 규정하고 있다.[2)] [3)] 즉, 민사소송법과 달리 형사소송법은 항소인 및 변호인에 대하여 항소장 또는 항소이유서를 통해 항소이유를 구체적으로 명시할 것을 요구하고 있으며, 직권조사사유에 대하여만 그 예외를 인정하고 있다. 따라서 항소인이나 변호인이 항소이유를 제대로 명시하지 못할 경우 항소심의 심리를 받

2) 제정 당시의 형사소송법에는 항소이유서의 제출에 관한 규정이 없었는데 제1차 개정시(1961. 9. 1.)에 위 규정이 신설되고 제2차 개정시(1963. 12. 13.)에 위 규정이 개정되었다(控訴를 抗訴로 용어 변경).

3) 한편, 상고의 경우에는 상고이유서를 제출하여야 하는바, 형사소송법 제380조는 "상고인이나 변호인이 전조 제1항의 기간 내에 상고이유서를 제출하지 아니한 때에는 결정으로 상고를 기각하여야 한다. 단, 상고장에 이유의 기재가 있는 때에는 예외로 한다"고 규정하고 있다. 제정 당시의 형사소송법에는 제380조의 단서 규정이 "단, 상고장에 이유의 기재가 있거나 직권조사사유가 있는 때에는 예외로 한다." 고 되어 있었는데, 제1차 개정시(1961. 9. 1.)에 항소이유서 제도가 도입되면서 제380조 단서 규정 중 '직권조사사유가 있는 때' 부분이 삭제되었다. 이는 항소심으로 하여금 광범위한 직권조사를 하게 하는 대신 상고심에 대하여는 그러한 부담을 덜어주려는 데 그 취지가 있는 것이라고 한다(주석형사소송법 Ⅳ, 310면). 다만, 위와 같은 규정의 변경에도 불구하고 소송조건은 소송절차가 유지·존속되기 위한 필수적인 요건으로서 소송의 전과정에 걸쳐 그 존속 여부를 심사하여야 하므로 소송조건의 존부는 상고심의 직권조사사유가 된다고 보는 견해도 있다(주석형사소송법 Ⅳ, 311면).

지 못한 채 항소가 기각되는 불이익을 받게 되는데, 대상결정은 적법한 항소이유의 기재라고 볼 수 없는 사례를 예시하고 있다. 한편, 항소인이나 변호인이 항소이유를 제대로 명시하지 못하더라도 직권조사사유가 있는 경우에는 항소심이 심리를 하여야 하는데, 대상결정이 언급하고 있는 직권조사사유에 관한 정의규정만으로는 과연 무엇이 직권조사사유에 해당하는지 명확하지 않다. 그리고 대상결정에서 언급되고 있지는 않지만 형사소송법 제361조의4 제 1 항 단서에서 말하는 직권조사사유와 같은 법 제364조 제 2 항에서 말하는 직권심판사유의 관계가 어떠한지도 의문이다.

이하에서는 이러한 점을 염두에 두면서 형사소송법 제361조의4 제 1 항의 해석을 중심으로 논의를 전개해 나가기로 한다.

Ⅱ. 형사소송법 제361조의4 제 1 항에 따른 항소기각의 전제요건

1. 항소장에 항소이유의 기재가 없을 것[4]

항소장에는 제 1 심 판결에 대하여 항소한다는 취지를 기재하게 되지만 그와 함께 구체적인 항소이유도 기재할 수 있음은 물론이다. 현실적으로 구속피고인이 항소장에 항소이유를 기재하는 경우는 거의 없는데, 항소이유를 기재할 공간이 전혀 마련되어 있지 아니한 항소장 양식에도 그 일단의 원인이 있는 것으로 보인다. 검찰이 항소하는 경우 그 항소장 양식에 '항소의 이유'란이 마련되어 있지만 그 공간이 협소하여 구체적인 사유를 기재하는 예는 드물다. 대상결정의 사안에서도 검사는 항소장의 '항소의 이유'란에 구체적인 사유를 기재하지 않은 채 통상적인 예에 따라 '사실오인 및 법리오해'라고만 기재하였다. 이러한 경우 적법한 항소이유의 기재라고 볼 수 있는가? 대상결정은 검사가 제 1 심 무죄판결에 대하여 항소하면서 그 항소장의 '항소의 이유'란에 '사실오인 및 법리오해'라는 문구만 기재하였을 뿐 다른 구체적인 항소이유

4) 편의상 항소장에 기재하는 항소이유는 물론, 항소이유서에 기재하는 항소이유도 여기에서 다루기로 한다.

를 명시하지 아니하였다면 위와 같은 항소장의 기재는 적법한 항소이유의 기재에 해당하지 않는 것으로 보고 있다(同旨: 대법원 2003.12.12. 선고 2003도2219 판결 등). 마찬가지로 항소이유로서 단지 공소장을 변경하겠다는 취지와 변경된 공소사실에 대하여 유죄의 증명이 충분하다는 취지의 주장만 기재한 경우에도 역시 적법한 항소이유의 기재라고 볼 수 없을 것이다(대상결정 참조).

그렇다면 항소이유로서 '양형부당'이라고만 기재한 경우는 어떠한가? 물론 양형부당에는 양형과경 및 양형과중이 모두 포함될 수 있지만 피고인의 경우에는 양형과중을 의미할 것임이 분명하고 검사의 경우에는 통상 양형과경을 의미할 것인데, 구체적으로 항소이유를 적시한다고 하더라도 그 취지는 결국 양형부당 이상의 것이 될 수 없을 것이므로 항소이유로서 '양형부당'이라고 기재한 것은 적법한 항소이유의 기재라고 봄이 상당하다.

한편, 대법원 2002.12.3.자 2002모265 결정은 항소인인 피고인이 항소이유로서 '위 사건에 대한 원심판결은 도저히 납득할 수 없는 억울한 판결이므로 항소를 한 것입니다'라고만 기재한 경우에도 항소심으로서는 이를 제1심판결에 사실의 오인이 있거나 양형부당의 위법이 있다는 항소이유로 선해하여 그 항소이유에 대하여 심리를 하여야 한다고 설시하고 있는데, 이는 구체적인 항소이유를 명시하지 않은 경우 적법한 항소이유의 기재로 보지 않는 위 판례들의 태도와 부합하지 않는 것으로 보인다. 위 대법원 2002모265 결정은 그 논거로서 상고심과 항소심의 차이점을 강조하면서, 형사소송법은 상고이유를 엄격히 제한함과 동시에 상고이유서에는 소송기록과 원심법원의 증거조사에 표현된 사실을 인용하여 그 이유를 명시하도록 규정하고 있음[5]에 반하여 항소이유서에 대하여는 그와 같은 규정을 두고 있지 아니할 뿐 아니라 상고심은 원칙적으로 법률심으로서 사후심인 데 반하여 항소심은 사후심적 성격이 가미된 속심인 점을 들고 있다. 즉, 항소이유서는 상고이유

5) 형사소송법 제379조 제2항 참조.

서와는 다르므로 반드시 구체적인 상소이유를 명시하지 않아도 좋다는 것이다. 그러나 형사소송규칙 제155조에 의하면 항소이유서에는 항소이유를 구체적으로 간결하게 명시하도록 되어 있으므로[6] 상고이유서와 항소이유서의 작성에 본질적인 차이가 있다고 하기 어렵고, 항소심이 사후심적 성격이 가미된 속심이라고 하여 형사소송규칙 제155조를 무시하여도 좋다고 말할 수는 없을 것이다. 위 결정과 관련하여 법원이 항소이유 기재의 구체성의 정도와 관련하여 소극적 당사자인 피고인에 대하여는 적극적 당사자인 검사에 대한 것보다 완화된 태도를 취한 것으로 볼 여지도 있지만 대법원 1977. 3. 8. 선고 76도1982 판결이 "국선변호인이 제출한 항소이유서에 구체적인 사실은 적시하지 아니한 채 법령위반, 사실오인 등의 점에 관하여 추후 항소이유보충서를 제출하겠다고 한 것만 가지고 기간이 도과되어 제출된 피고인의 항소이유서로 갈음할 수 있다고 볼 수 없다"고 설시한 점에 비추어 보면 법원이 항소이유 기재와 관련하여 반드시 피고인에 대하여 검사에 대한 것보다 완화된 기준을 적용하여 왔다고 보기도 힘들다. 무엇보다도 항소이유 기재의 구체성의 정도와 관련하여 피고인에 대한 기준과 검사에 대한 기준을 달리하여야 할 합리적인 근거를 찾기 어렵다. 위 결정과 같은 사안의 경우 적법한 항소이유의 기재가 있다고 무리하게 해석하지 않더라도 파기환송[7] 후 원심이 심리한 결과 피고인에게 억울한 사정이 발견될 경우 판결에 영향을 미친 사실오인 또는 양형부당의 사유(직권심판사유)를 인정함으로써 피고인을 구제할 수 있었을 것이다.

---

6) 위 형사소송규칙은 헌법 제108조에 규정된 대법원의 규칙제정권에 근거하여 형사소송절차를 규율하는 것으로서 형사소송법에 저촉되는 것이라거나 형사소송법의 효력을 부당하게 변경·제한하는 것이라거나 또는 항소권을 부당하게 제한하는 것이라고는 할 수 없다(대법원 2003. 12. 12. 선고 2003도2219 판결 참조).

7) 위 사건의 원심은 항소이유를 구체적으로 명시하지 않았다는 이유로 결정으로 항소를 기각하였는바, 뒤에서 보는 바와 같이 이러한 조치는 잘못된 것이므로 대법원은 이를 이유로 파기환송할 수 있다.

2. 적법한 기간 내에 항소이유서를 제출하지 않을 것

(1) 항소이유서의 미제출 또는 기간 도과 후 제출

앞에서 본 바와 같이 항소이유서에는 형사소송규칙 제155조에 따라 항소이유를 구체적으로 간결하게 명시하도록 되어 있으므로, 항소이유서에는 형사소송법 제361조의5에 열거된 항소이유 중 어떠한 사유가 있는지를 구체적으로 명시하여야 할 것이다. 적법한 기간을 도과하여 항소이유서를 제출한 경우 항소이유서를 제출하지 않은 경우와 똑같이 취급된다.

형사소송법 제361조의3 제 1 항에 의하면 "항소인 또는 변호인은 전조의 통지를 받은 날로부터 20일 이내에 항소이유서를 항소법원에 제출하여야 한다"고 되어 있고, 제361조의2 제 1 항에 의하면 "항소법원이 기록의 송부를 받은 때에는 즉시 항소인과 상대방에게 그 사유를 통지하여야 한다", 같은 조 제 2 항에 의하면 "전항의 통지 전에 변호인의 선임이 있는 때에는 변호인에게도 전항의 통지를 하여야 한다"고 되어 있으므로[8] 항소인 또는 변호인은 항소법원으로부터 소송기록접수통지서를 받은 날로부터 20일 이내에 항소이유서를 항소법원에 제출하여야 한다.

여러 개의 판결주문에 대하여 항소한 후 그 중 일부에 대한 항소이유를 항소이유서에 기재하지 아니한 경우에는 그 부분에 관해서는 항소이유서를 제출하지 않은 것으로 된다. 예컨대, 일부 유죄, 일부 무죄의 제 1 심판결 전부에 대하여 검사가 항소하면서 항소이유서에는 무죄부분에 대한 아무런 언급이 없이 유죄부분에 대하여만 제 1 심의 양

8) 따라서 피고인에 대한 소송기록접수통지 후에 변호인의 선임이 있는 경우에는 변호인에게 다시 같은 통지를 할 필요가 없고, 변호인의 항소이유서 제출기간은 피고인이 위와 같은 통지를 받은 날로부터 계산하게 된다(주석형사소송법 Ⅳ, 212면, 同旨: 대법원 1994.3.10.자 93모82 결정 등). 다만 형사소송법 제33조 제 1 항 각 호 또는 같은 조 제 3 항에 따라 법원이 직권으로 국선변호인을 선정하거나 같은 조 제 2 항에 따라 항소이유서 제출기간 도과 전에 제기된 피고인의 청구를 받아들여 국선변호인을 선정한 경우에는 선정의 시기에 관계없이 반드시 그 변호인에게 소송기록접수통지를 하여야 한다(형사소송규칙 제156조의2 제 1 항, 제 2 항).

형이 지나치게 가벼워 부당하다는 취지의 주장을 기재한 경우 무죄 부분에 대한 항소이유서는 제출하지 않은 것이 된다(대법원 1986.7.22. 선고 84도2248 판결, 대법원 1978.1.10. 선고 77도3376 판결, 대법원 1970.11.30. 선고 70도2111 판결 등 참조). 마찬가지로 동일한 피고인에 대한 수개의 범죄사실 중 일부에 대하여 먼저 공소가 제기되고 나머지 범죄사실에 대하여는 별도로 공소가 제기됨으로써 이를 심리한 각 제1심법원이 공소제기된 사건별로 별개의 형을 선고하였으나 그 사건이 모두 항소되어 항소심법원이 이를 병합심리하게 된 경우 피고인은 각각의 사건에 대하여 항소이유서를 제출할 필요가 있다. 다만, 이 경우 피고인이 일부 사건에 대하여 항소이유서를 제출하지 않더라도 그 병합심리하게 된 수 개의 범죄가 형법 제37조 전단의 경합범 관계에 있다면 위 범죄 모두가 경합범에 관한 법률규정에 따라 처벌되어야 하는 것이므로 공소제기된 사건별로 별개의 형을 선고한 각 제1심판결에는 사후적으로 직권조사사유가 발생하였다고 할 것이고, 따라서 항소심으로서는 병합한 사건을 다시 분리하여 그 중 피고인이 항소이유서를 제출하지 아니한 사건에 대하여 항소기각의 결정을 할 수는 없다(대법원 1998.10.9.자 98모89 결정 참조).

(2) 항소이유서 제출과 관련된 최근의 주목할 만한 대법원 결정

항소이유서 제출과 관련하여 최근에 대법원에서 2개의 중요한 결정이 나왔다. 하나는 필요적 변호사건에서 피고인의 귀책사유에 의하지 아니한 사정으로 국선변호인이 교체된 경우 항소이유서 제출기간 산정의 기준시점에 관한 것이다. 대법원 2006.3.9.자 2005모304 결정은 “이른바 필요적 변호사건에 있어서 피고인에게 변호인이 없는 경우에는 기록을 송부받은 항소법원은 지체 없이 변호인을 선정한 후 그 변호인에게 소송기록접수통지를 함으로써 그 변호인이 통지를 받은 날로부터 기산한 소정의 기간 내에 피고인을 위하여 항소이유서를 작성·제출할 수 있도록 하여 변호인의 조력을 받을 피고인의 권리를 보호하여야 한다고 할 것인바[(구)형사소송규칙 제156조의2], 변호인의 조력을 받을

위와 같은 피고인의 권리는 필요적 변호사건에서 법원이 국선변호인을 선정한 후 그 변호인에게 소송기록접수통지를 하였다가 항소이유서 제출기간 내에 피고인의 귀책사유에 의하지 아니한 사정으로 그 선정결정을 취소하고 새로운 국선변호인을 선정한 경우에도 마찬가지로 보호되어야 한다고 할 것이므로, 국선변호인의 교체가 피고인의 귀책사유에 의하지 아니한 사정으로 이루어진 경우에는 법원은 (구)형사소송규칙 제156조의2 규정을 적용하여 새로이 선정된 국선변호인에게 소송기록접수통지를 하여야 하고, 그 경우 항소이유서 제출기간은 새로이 선정된 변호인이 소송기록접수통지를 받은 날로부터 20일 이내라 할 것"이라고 판시하였다. 변호인의 조력을 받을 피고인의 권리를 실질적으로 보장하기 위한 것으로서 타당한 결론이라 생각된다. 위 판시는 2006. 8. 17. 개정된 형사소송규칙 제156조의2 제 3 항으로 반영되었다. 위 판시는 국선변호인의 교체가 피고인의 귀책사유에 의하지 아니한 사정에 기인한 경우에 적용되는 것이므로, 예컨대 국선변호인의 교체가 '피고인으로부터 폭행, 협박 또는 모욕을 당하여 신뢰관계를 지속할 수 없을 때'(형사소송규칙 제20조 제 2 호), '피고인으로부터 부정한 행위를 할 것을 종용받았을 때'(같은 조 제 3 호) 등에 기인한 경우에는 적용이 없다고 할 것이다. 한편, 위 대법원 결정은 필요적 변호사건과 관련된 것인데, 그렇다면 필요적 변호사건이 아닌 경우에는 어떠한가? 필요적 변호사건[9]이 아니라고 하더라도 일단 국선변호인이 선정된 이상 변호인의

9) 2006. 7. 19. 개정된 형사소송법은 제282조(필요적 변호)에서 "제33조 제 1 항 각 호의 어느 하나에 해당하는 사건 및 같은 조 제 2 항 · 제 3 항의 규정에 따라 변호인이 선정된 사건에 관하여는 변호인 없이 개정하지 못한다. 단, 판결만을 선고할 경우에는 예외로 한다"고 규정하는 한편, 제33조(국선변호인) 제 1 항에서 "다음 각 호의 어느 하나에 해당하는 경우에 변호인이 없는 때에는 법원은 직권으로 변호인을 선정하여야 한다. 1. 피고인이 구속된 때 2. 피고인이 미성년자인 때 3. 피고인이 70세 이상인 때 4. 피고인이 농아자인 때 5. 피고인이 심신장애의 의심이 있는 때 6. 피고인이 사형, 무기 또는 단기 3년 이상의 징역이나 금고에 해당하는 사건으로 기소된 때", 제 2 항에서 "법원은 피고인이 빈곤 그 밖의 사유로 변호인을 선임할 수 없는 경우에 피고인의 청구가 있는 때에는 변호인을 선정하여야 한다", 제 3 항에서 "법원은 피고인의 연령 · 지능 및 교육 정도 등을 참작하여 권리보호를 위하여 필요하다고 인정하는 때에는 피고인의 명시적 의사에 반하지 아니하는 범위

조력을 받을 피고인의 권리는 마찬가지로 보호되어야 할 것이므로 결론은 동일하다고 보아야 할 것이다.[10)]

또 하나의 대법원 결정은 재소자의 항소이유서 제출에 관한 섯이다. 그간 재소자인 피고인의 항소이유서 제출기간에 관하여는 "교도소 또는 구치소에 있는 피고인이 상소의 제기기간 내에 상소장을 교도소장 또는 구치소장 또는 그 직무를 대리하는 자에게 제출한 때에는 상소의 제기기간 내에 상소한 것으로 간주한다"는 형사소송법 제344조 제1항을 준용하는 규정이 없다는 이유로 재소자인 피고인이 항소이유서를 제출하는 경우에도 그 제출기간 내에 항소이유서가 항소법원에 도달되지 않으면 항소기각 결정의 사유에 해당한다고 보았다.[11)] 판례의 대세도 항소이유서에 관하여는 형사소송법 제344조 제1항의 규정이 적용되지 아니하고 달리 특별한 규정이 없으므로 항소이유서는 법정기간인 20일 이내에 항소법원에 제출접수되어야 하고 교도소장 또는 구치소장 및 그 직무를 대행하는 자에게 제출접수되었다 하더라도 이를 법정기간 내에 그 법원에 제출된 것으로 간주할 수 없다고 하였다(대법원 2000.6.20.자 2000모69 결정, 대법원 1984.10.11.자 84모57 결정 등 참조).[12)] 그런데 대법원은 2006.3.16. 선고 2005도9729 전원합의체 판결

안에서 변호인을 선정하여야 한다"고 규정하고 있는바, 제282조의 표현상으로는 형사소송법 제33조 제1항 각 호의 경우 이외에 같은 조 제2항, 제3항의 경우도 필요적 변호사건에 해당하는 것 같은 느낌을 주지만 필요적 변호사건은 형사소송법 제33조 제1항 각 호의 어느 하나에 해당하는 경우를 말하고 같은 조 제2항, 제3항에 해당하는 경우는 포함되지 않는다고 봄이 상당하다(2006.8.17. 개정된 형사소송규칙 제156조의2 제1항도 "기록의 송부를 받은 항소법원은 법 제33조 제1항 제1호 내지 제6호의 필요적 변호사건에 있어서 변호인이 없는 경우에는 지체 없이 변호인을 선정한 후 그 변호인에게 소송기록접수통지를 하여야 한다. 법 제33조 제3항에 의하여 국선변호인을 선정한 경우에도 그러하다"고 규정하여 필요적 변호사건은 형사소송법 제33조 제1항 각 호의 경우만을 지칭한다고 보고 있다).

10) 2006.8.17. 개정된 형사소송규칙 제156조의2 제3항도 필요적 변호사건의 경우와 피고인의 청구에 의하여 국선변호인이 선정된 사건의 경우를 동일하게 취급하고 있다.

11) 주석형사소송법 Ⅳ, 213면.

12) 반면, 대법원 1959.7.20. 선고 4292형상261 판결은 피고인이 상고이유서 제출기간 내에 상고이유서를 형무소에 제출하였는데 그 상고이유서가 상고이유서 제출기간 경과 후에 대법원에 도달한 사안에서, 비록 형사소송법이 형무소에 있는 피고인

에서 위와 같은 종래의 태도를 변경하였다. 즉, 대법원은 "원래 형사소송법이 재소자에 대한 특칙을 두어 상소장 법원 도달주의의 예외를 인정한 취지는, 재소자로서 교도소나 구치소에 구금되어 행동의 자유가 박탈되어 있는 자가 상소심 재판을 받기 위한 상소장 제출을 위하여 할 수 있는 행위는 구금당하고 있는 교도소 등의 책임자나 그 직무대리자에게 상소장을 제출하여 그들로 하여금 직무상 해당 법원에 전달케 하는 것이 통상적인 방법이라는 점을 고려하여 재소자에게 상소 제기에 관한 편의를 제공하자는 데 있다. 그런데 피고인으로서는 적법한 상소이유서 제출에 의하여 비로소 자신이 주장하는 상소이유에 대하여 심판받을 수 있으므로 상소이유서는 상소장과 함께 상소심 심판을 받기 위하여 반드시 제출이 요구되는 것이고, 그 기간의 장단에 차이가 있을 뿐 상소이유서 제출의 방법에 있어서는 상소장과 그 사정이 전혀 다를 바 없다. 한편, 제출기간 내에 교도소장 등에게 상소이유서를 제출하였음에도 불구하고 기간 도과 후에 법원에 전달되었다는 이유만으로 상소가 기각된다면 이는 실체적 진실발견을 위하여 자기가 할 수 있는 최선을 다한 자에게조차 상소심의 심판을 받을 기회를 박탈하는 것이고, 결과적으로 실체적 진실발견을 통하여 형벌권을 행사한다는 형사소송의 이념을 훼손하며 인권유린의 결과를 초래할 수도 있는 것이다. 형사소송법이 자기 또는 대리인이 책임질 수 없는 사유로 인하여 상소의 제기기간 내에 상소를 하지 못한 자에게 상소권회복의 청구를 인정하며(형사소송법 제345조), 그 상소권회복청구의 제기기간에 대하여 재소자에 대한 특칙 규정을 준용하는 것도 피고인이 책임질 수 없는 사유로 상소권이 박탈되어서는 안 된다는 형사소송의 이념을 표현한 것이라 볼

이 상고이유서를 제출하는 경우의 특별취급에 관해서 별다른 명문 규정을 두고 있지 않더라도 형사사법에 있어서의 정의실현을 이념으로 하는 형사소송법규의 목적론적 해석에 있어서 상고장에 당연히 수반되어야 할 상고이유서 제출은 상고장 제출의 경우와 마찬가지로 법정기간 내에 그 형무소장 또는 그 직무대리자에게 당해 서면을 제출하면 족하다고 해석함이 타당하다고 하였는데, 그 설시내용이 이번에 선고된 대법원 2006.3.16. 선고 2005도9729 전원합의체 판결과 상당히 유사하다.

것이다. 그렇다면, 형사소송법 제355조[13]에서 재소자에 대한 특칙 규정이 준용되는 경우 중에 상소이유서 제출의 경우를 빠뜨리고 있다고 하더라도 위에서 본 바와 같은 제344조 제1항의 재소자에 대한 특칙 규정의 취지와 그 준용을 규정한 제355조의 법리에 비추어 상소이유서 제출에 관하여도 위 재소자에 대한 특칙 규정이 준용되는 것으로 해석함이 상당하다"고 판시하였다. 역시 타당한 결론이라 생각된다.

(3) 필요적 변호사건에서의 항소이유서 미제출

항소이유서 제출과 관련하여 필요적 변호사건에서 국선변호인이 항소이유서를 제출하지 아니한 경우에는 어떻게 할 것인가? 필요적 변호사건은 법이 피고인에게 변호인의 도움을 받도록 보장하는 사건인데 변호인의 임무해태로 인하여 항소이유서 미제출의 불이익을 피고인이 받도록 하는 것은 법의 취지에 어긋난다고 볼 수도 있다. 그러나 다른 한편 형사소송법 제361조의4는 특별히 필요적 변호사건의 국선변호인을 달리 취급하고 있지는 않다. 이와 관련하여 판례는 필요적 변호를 요하는 사건의 국선변호인이 소정 기간 내에 항소이유서를 제출하지 아니할 때는 피고인 본인의 적법한 항소이유서의 제출이 없는 이상 항소기각의 결정을 하는 것이 상당하다고 보고 있다(대법원 1966. 5. 25.자 66모31 결정[14] 참조). 대법원 2000. 11. 28.자 2000모66 결정도 직접적으로 이 문제를 다룬 것은 아니지만 국선변호인이 항소이유서를 제출하지 아니할 경우 항소기각의 결정을 할 수 있음을 인정하고 있다. 생각건대, 필요적 변호사건과 관련하여 법원이 피고인에게 국선변호인의 조력을 받을 수 있는 환경을 조성해 준다고 하더라도 실제 국선변호의 질과 내용은 어디까지나 개개 국선변호인의 자세에 달려 있다. 국선변호인이 제출한 항소이유서가 부실하다는 이유로 법원이 접수거부하고

13) 형사소송법 제355조: 제344조의 규정은 교도소 또는 구치소에 있는 피고인이 상소권회복의 청구 또는 상소의 포기나 취하를 하는 경우에 준용한다.

14) 同旨: 상고이유서 제출에 관한 대법원 1964. 5. 21. 선고 64도87 전원합의체판결: "상고심에서 선정한 국선변호인이 법정기간이 경과되도록 상고이유서의 제출을 태만히 한 결과 해임되고 새로이 국선변호인이 선정된 경우 새로이 선정된 국선변호인에게 다시 상고이유서를 제출할 수 있는 기회를 줄 수 없다."

새로 보완된 항소이유서를 제출하도록 명하지 못하는 이상[15] 국선변호인이 항소이유서를 제출하지 아니한 경우에도 피고인의 불이익으로 돌릴 수밖에 없지 않을까 생각된다.

한편, 필요적 변호사건이라고 하더라도 피고인이 적법한 기간 내에 항소이유서를 제출하지 아니한 채 항소이유서 제출기간이 도과한 경우에는 별도의 변호인 선정 없이 결정으로 항소를 기각할 수 있을 것인가? 필요적 변호사건이 아니라면 피고인이 적법한 기간 내에 항소이유서를 제출하지 아니한 경우 설령 그 후에 피고인이 사선변호인을 선임한다 하더라도 별도로 사선변호인에게 항소이유서 제출의 기회를 부여할 필요 없이 결정으로 항소를 기각할 수 있을 것이다. 그러나 필요적 변호사건은 그와 같이 볼 수 없다. 변호인의 조력을 받을 피고인의 권리가 침해될 수 있기 때문이다. 판례도 "사건이 사형, 무기 또는 단기 3년 이상의 징역이나 금고에 해당하는 소위 필요적 변호사건의 경우, 항소심은 항소심에 준용되는 형사소송법 제282조, 제283조, 형사소송규칙 제16조 제 1 항, 제17조 제 1 항에 의하여 피고인에게 변호인이 없는 때에는 국선변호인을 선정하여 그 국선변호인으로 하여금 항소이유서를 작성, 제출하도록 하여야 하는 것이고, 피고인이 항소이유서 제출기간 이내에 항소이유서를 제출하지 않고, 항소장에도 항소이유를 기재하지 않았다고 하더라도, 피고인에게 변호인이 없는 때에는 국선변호인을 선정하지 않은 채 형사소송법 제361조의4 제 1 항에 의하여 결정으로 피고인의 항소를 기각할 수는 없다"고 설시하고 있다(대법원 1996. 11. 28.자 96모100 결정 등 참조). 같은 맥락에서 필요적 변호사건에서 법원이 정당한 이유 없이 국선변호인을 선정하지 않고 있는 사이에 피고인 스스로 변호인을 선임하였으나 그 때는 이미 피고인에 대한 항소이유서 제출기간이 도과해 버린 후이어서 그 변호인이 피고인을 위하여 항소이유서를 작성·제출할 시간적 여유가 없는 경우 법원은 사선변호인

15) 국선변호인이 직무를 성실히 수행하지 아니하는 경우 법원으로서는 국선변호인의 선정을 취소하거나(형사소송규칙 제18조 제 2 항) 그 사유를 대한변호사협회장 또는 소속지방변호사회장에게 통고할 수 있을 뿐이다(형사소송규칙 제21조).

에게도 형사소송규칙 제156조의2를 유추적용하여 소송기록접수통지를 함으로써 그 변호인이 통지를 받은 날로부터 기산하여 소정의 기간 내에 피고인을 위하여 항소이유서를 작성·제출할 수 있는 기회를 주어야 할 것이다(대법원 2000.12.22. 선고 2000도4694 판결 등 참조).

(4) 소송기록접수통지서 송달의 적법성 문제

항소이유서 제출이 적법한 기간을 도과하였는지 여부와 관련하여 소송기록접수통지서가 적법하게 송달되었는지 여부, 특히 보충송달의 적법성 여부가 종종 문제로 된다. 판례에 의하면 "민사소송법 제186조 제1항의 규정은 형사소송법 제65조에 의하여 형사소송절차에도 준용되므로, 피고인의 동거 가족에게 서류가 교부되고 그 동거 가족이 사리를 분별할 지능이 있는 이상 피고인이 그 서류의 내용을 알지 못한 경우에도 송달의 효력이 있고, 사리를 분별할 지능이 있다고 하기 위하여는 사법제도 일반이나 소송행위의 효력까지 이해할 필요는 없더라도 송달의 취지를 이해하고 영수한 서류를 수송달자에게 교부하는 것을 기대할 수 있는 정도의 능력이 있으면 족하며, 문맹이라거나 거동이 다소 불편하다는 사정만으로 그와 같은 능력이 없다고 보기는 어렵다"고 설시하고 있다(대법원 2005.10.20.자 2005모483 결정, 대법원 2005.1. 21.자 2004모525 결정 등 참조). 위 결정들은 연로한 자로서 무지하거나 문맹인 자에 대한 송달의 효력이 문제가 되었던 사안인데, 반대로 연소한 자에 대한 송달의 효력은 어떠한가? 이와 관련하여 판례 중에는 8세 4개월 정도의 여자어린이에 대한 소송기록접수통지서의 송달이 적법하다고 하거나(대법원 1995.8.16.자 95모20 결정 참조), 10세 남짓 된 남자어린이에 대한 소송기록접수통지서의 송달이 적법하다고 한 것이 있다(1996.6.3.자 96모32 결정 참조). 동거관계가 장기간일 것은 요건이 아니므로 일시적으로 동거하더라도 생계를 같이 하면 동거자로 볼 수 있을 것이다(예컨대, 외국에 유학중인 자녀가 방학기간을 이용하여 일시 귀국한 사이에 소송기록접수통지서를 수령한 경우[16] 등). 판례 중에는 항소심재

16) 대법원 1998.8.21. 선고 98도1523 판결의 사안이다.

판장이 피고인이 해외여행을 하여도 피고 사건에 대한 재판에 아무런 지장이 없다는 내용의 확인을 하여 준 바 있다고 하더라도 그러한 사정은 소송기록접수통지서를 피고인의 처에게 송달한 것이 위법하다고 할 사유가 되지 못한다고 한 것이 있다(대법원 1997. 2. 24.자 97모4 결정 참조). 한편, 공시송달과 관련하여 형사소송법 제63조 제 1 항은 "피고인의 주거, 사무소와 현재지를 알 수 없는 때에는 공시송달을 할 수 있다"고 하고 있는바, 소송기록접수통지서를 공시송달한 경우 그것이 적법한지를 둘러싸고 많은 논의가 전개되고 있으나 여기에서는 특별히 다루지 않는다.

(5) 항소이유서 제출기간의 계산

항소이유서는 소송기록접수통지서를 송달받은 날로부터 20일 이내에 제출하여야 하며, 여기에서 기간 계산은 민법상의 기간 계산 규정(민법 제156조, 제157조, 제160조, 제161조)과 큰 차이가 없는 형사소송법 제66조 제 1 항, 제 3 항 등에 따라서 하게 되지만, 형사소송에서는 민사소송에서와 다른 특칙이 있으니 형사소송법 제67조가 그것이다. 위 조항은 "법정기간은 소송행위를 할 자의 주거 또는 사무소의 소재지와 법원 또는 검찰청 소재지와의 거리 및 교통통신의 불편정도에 따라 대법원규칙으로 이를 연장할 수 있다"고 규정하고 있고, 이를 받은 형사소송규칙 제44조 제 1 항은 "소송행위를 할 자가 국내에 있는 경우 주거 또는 사무소의 소재지와 법원 또는 검찰청 소재지와의 거리에 따라 해로는 100킬로미터, 육로는 200킬로미터마다 각 1일을 부가한다. 그 거리의 전부 또는 잔여가 기준에 미달할지라도 50킬로미터 이상이면 1일을 부가한다. 다만, 법원은 홍수, 천재지변 등 불가피한 사정이 있거나 교통통신의 불편정도를 고려하여 법정기간을 연장함이 상당하다고 인정하는 때에는 이를 연장할 수 있다"고 규정하고 있다. 그런데 특별한 사유가 있는 경우에 법원의 판단에 따라 법정기간을 연장할 수 있도록 하는 형사소송규칙 제44조 제 1 항 단서는 별론으로 하더라도, 교통통신이 크게 발달한 오늘날 일정한 거리단위마다 법정기간을 필수적으로 연장하도록 하는 형사소송규칙 제44조 제1항 본문의 필요성 내지 합리성은, 적어도 항소이유서 제출과 관련하여서는 의문이다. 최근의 판례에 의하여 재소자의 항소장 제출은 물론, 항소이유서 제출에 대하여도 특칙이 인정되고 있는 마당이므로 재소자는 위 조항에 의하지 않더라도 기간 계산에 있어서 불이익을 볼 우려가 없다. 또한 어떤 장소가 법원과 해로 또는 육로상 얼마나 떨어져 있는지 계산하는 것이 생각만큼 용이한 것도 아니다. 해로 100킬로미터당 1일, 육로 200킬로미터당 1일의 가산근거가 어디에서 도출된 것인지도 의문이다. 물론 형사소송규칙 제44조 제1항 본문이 피고인의 권익을 보호하기 위한 규정임은 분명하지만 오늘날의 상황과는 맞지 않는 감이 있으므로 삭제하고 단서규정만 남기는 것이 좋지 않을까 생각된다. 특히, 앞으로 고등상고부가 도입된다면 위 조항의 의미는 더욱 감소될 것이다. 다만, 현재 판례는 항소이유서 제출과 관련하여 위 조항의 적용을 인정하고 있다(대법원 1985.10.27.자 85모47 결정, 대법원 1983.2.8.자 83모2 결정 등 참조).

(6) 항소이유서 제출기간 도과의 치유 여부

당사자가 항소이유서 제출기간을 도과하였다고 하더라도 법원이 이를 간과하고 이후의 절차를 진행하였다면 위와 같은 항소이유서 제출기간 도과의 하자는 치유되는가? 예컨대, 필요적 변호사건이 아닌 사건에서 피고인이 항소이유서 제출기간이 경과하도록 항소이유서를 제출하지 않았는데 법원이 착오로 그 기간 경과 후에 국선변호인을 선정하여 국선변호인이 그 선정시로부터 적법한 기간 내에 항소이유서를 제출한 경우 국선변호인의 항소이유서를 기간 내에 제출된 항소이유서로 볼 수 있을 것인가? 이에 대하여 판례는 부정적인 견해를 취하고 있다(대법원 2004.12.23. 선고 2004도6504 판결 등 참조). 이는 법원의 업무 착오로 인해 항소이유서 제출기간을 도과한 피고인들에 대한 취급이 달라져서는 안 된다는 점을 고려하였기 때문으로 보인다.

하자의 치유와 관련한 또 다른 문제로서, 만일 직권조사사유가 있어 변론을 거쳐 판결을 하게 되는 경우에는 항소이유서 제출기간 도과의 흠이 치유되고 기간 도과 후에 제출된 항소이유도 반드시 심리·판단해야 한다고 할 수 있을까? 이 점에 대하여도 판례는 부정적인 견해를 취하고 있다(대법원 2000. 1. 21. 선고 99도2590 판결 참조).

3. 직권조사사유가 없을 것

(1) 직권조사사유의 의미

직권조사사유라 함은 당사자가 주장하지 아니한 경우에도 법원이 직권으로 조사하여야 할 사유를 말한다.[17] 판례도 형사소송법 제361조의4 제1항 단서 소정의 직권조사사유라 함은 법령적용이나 법령해석의 착오 여부 등 당사자가 주장하지 아니하는 경우에도 법원이 직권으로 조사하여야 할 사유를 말한다고 한다(대상결정, 대법원 2003. 5. 16.자 2002모338 결정 등).

판례에 의하면 단순한 증거취사의 잘못, 사실오인이나 양형부당은 직권조사사유에 해당하지 않으나(대법원 2003. 5. 30. 선고 2003도1326 판결, 대법원 2002. 2. 26. 선고 2002도167 판결, 대법원 1986. 7. 22. 선고 84도2248 판결, 대법원 1978. 1. 10. 선고 77도3376 판결, 대법원 1971. 3. 23. 선고 70도2752 판결, 대법원 1970. 11. 30. 선고 70도2111 판결 등 참조), 다만, 피고인이 항소한 경우로서 판결에 영향을 미치는 경우에는 사실오인도 직권조사사유에 해당한다고 한다(대법원 1993. 5. 25. 선고 93도836 판결 등 참조). 이러한 판례의 태도는 정당한가? 피고인이 항소한 경우 판결에 영향을 미치는 사실오인을 법원이 직권으로 바로잡는다는 것은 피고인의 권익보장의 측면에서는 바람직하다고 할 수 있을지 모른다. 그러나 우리 형사소송의 기본적인 구조가 당사자주의를 채택하고 있는 이상 공격방어방법을 제출할 책임은 원칙적으로 당사자에게 있는 것으로 봄이 타당하다. 판결에 영향을 미치는 사실오인이 있다면 당사자 스스로 정해진 기간 내에 항소이유서를 제출하여 주장하여야 할 것이다.

---

17) 주석형사소송법 Ⅳ, 218면.

나아가 항소이유서 제출을 강제할 것인지 여부는 입법정책의 문제이다. 형사항고의 경우에는 형사소송법상 정해진 기간 내에 항고이유서를 제출하도록 하는 규정이 없다. 이와 달리 항소이유서의 경우에는 형사소송법이 그 제출을 강제하고 있다. 따라서 적법한 기간 내에 항소이유서 제출이 없는 경우에는 항소를 기각하는 것이 원칙이지 직권으로 조사하는 것이 원칙이라고 할 수는 없다. 그럼에도 검사가 항소한 경우와는 달리 피고인이 항소한 경우에만 판결에 영향을 미치는 사실오인을 직권조사사유로 취급하는 것은 합리적인 근거가 있다고 보기 어렵다. 앞에서도 보았듯이 직권조사사유란 당사자가 주장하지 아니한 경우에도 법원이 직권으로 조사하여야 할 사유를 말하는 것인데, 사실오인은 기본적으로 당사자가 주장할 사유이지 직권조사사유라고 보기는 어렵다. 피고인의 구제가 꼭 필요한 것이라면 아예 항소이유서 제출을 의무화하지 않는 것으로 형사소송법을 개정하는 것이 바람직하지 직권조사사유라는 이름하에 직권조사사유가 아닌 것까지 끌어들여 직권조사사유의 개념을 변형시키는 것은 바람직하지 않다고 생각된다. 판례의 위와 같은 태도는 항소이유서 미제출의 경우 직권조사사유에 관한 형사소송법 제361조의4 제 1 항 단서의 규정과 항소이유서에 포함되지 않은 사유의 직권심판에 관한 형사소송법 제364조 제 2 항의 규정을 준별하지 못한 데에도 기인한 것이 아닌가 싶다. 형사소송법 제364조 제 2 항은 "항소법원은 판결에 영향을 미친 사유에 관하여는 항소이유서에 포함되지 아니한 경우에도 직권으로 심판할 수 있다"고 규정하고 있다. 직권조사사유와 직권심판사유의 관계에 관해서는 뒤에서 다시 살펴보기로 한다.

결국, 직권조사사유란 법령적용 또는 법령해석의 오류가 있어 원심판결을 취소할 만한 사유라고 할 수 있다. 즉, 원심판결에 내재되어 있는 절차적, 실체적 위법으로 인해 원심판결을 그대로 유지할 수 없게 하는 사유라고 할 수 있다.[18)]

18) 윤병철, "재심청구서에 재심청구 이유가 기재되어 있는 경우 재심청구인에게 의

(2) 항소이유와 직권조사사유[19]

직권조사사유도 당사자가 별도로 주장하지 않더라도 법원이 직권으로 조사하여야 한다는 점에서 차이가 있을 뿐 당사자가 주장하는 사유와 마찬가지로 항소이유가 될 수 있는 것이어야 함은 당연하다. 항소이유에 관해서는 형사소송법 제361조의5에서 규정하고 있는데, 구체적으로는 '판결에 영향을 미친 헌법·법률·명령 또는 규칙의 위반이 있는 때(제1호)', '판결 후 형의 폐지나 변경 또는 사면이 있는 때(제2호)', '관할 또는 관할위반의 인정이 법률에 위반한 때(제3호)', '판결법원의 구성이 법률에 위반한 때(제4호)', '법률상 그 재판에 관여하지 못할 판사가 그 사건의 심판에 관여한 때(제7호)', '사건의 심리에 관여하지 아니한 판사가 그 사건의 판결에 관여한 때(제8호)', '공판의 공개에 관한 규정에 위반한 때(제9호)', '판결에 이유를 붙이지 아니하거나 이유에 모순이 있는 때(제11호)', '재심청구의 사유가 있는 때(제13호)', '사실의 오인이 있어 판결에 영향을 미칠 때(제14호),'[20] '형의 양정이 부당하다고 인정할 사유가 있는 때(제15호)' 등이다. 형사소송법 제361조의5가 열거하고 있는 항소이유는 대별하면 피고인의 중대한 절차적 권리가 침해된 경우(제3, 4, 7, 8, 9호), 판결결과에 영향을 미칠 만한 사전적 또는 사후적 사정이 있는 경우(제1, 2, 14, 15호), 이유불비 내지 이유모순이 있는 경우(제11호), 재심청구의 사유가 있는 경우(제13호) 등으로 분류할 수 있을 것이다. 앞에서 보았듯이 직권조사사유를 법령적용 또는 법령해석의 오류가 있어 원심판결을 취소할 만한 사유, 즉, 원심판결에 내재되어 있는 절차적, 실체적 위법으로 인해 원심판결

견진술기회를 부여하지 않은 채 한 재심에 대한 결정의 효력", 대법원판례해설(2004. 7.), 555면은 직권조사사유를 판결에 영향을 미친 법령위반 및 사실오인으로서 그 흠이 중대하거나 명백한 경우를 의미하는 것으로 해석하고 있다.

19) 정만조, "항소이유서의 제출이 없는 무죄부분에 대하여 항소심법원이 직권으로 심리판단할 것인지 여부", 사법행정(1978. 1.), 72면은 형사소송법 제361조의5 제1, 2, 3, 4, 7, 8호를 직권조사사유로 보고 있다.

20) '사실의 오인이 있어 판결에 영향을 미친 때'라 함은 사실오인에 의하여 판결의 주문에 영향을 미쳤을 경우와 범죄에 대한 구성요건적 평가에 직접 또는 간접으로 영향을 미쳤을 경우를 의미한다(대법원 1996. 9. 20. 선고 96도1665 판결 참조).

을 그대로 유지할 수 없게 하는 사유라고 할 때 피고인의 중대한 절차적 권리가 침해된 경우(제3, 4, 7, 8, 9호)에 해당하는 항소이유는 직권조사사유가 될 수 있을 것이다. 그것들은 판결결과에 영향을 미쳤는지의 여부에 관계없이 항소이유가 되며 직권조사사유가 된다. 반면 재심청구의 사유(제13호)는 직권조사사유가 아니라고 본다. 재심청구의 사유는 판결이 확정된 후에 재심청구로써 주장할 수 있을 뿐 아니라 재심청구의 구체적인 사유들은 개별적 사정을 토대로 한 것으로서 당사자의 주장 없이 직권으로 판단하기가 곤란하기 때문이다. 그렇다면, 판결결과에 영향을 미칠 만한 사전적 또는 사후적 사정이 있는 경우(제1, 2, 14, 15호)는 어떠한가? 이것은 다음과 같이 나누어 살피는 것이 좋을 것이다. 즉, 판결결과에 영향을 미치는 요인이 구체적·실질적 사정인 경우에는 직권조사사유에 해당하지 않고, 판결결과에 영향을 미치는 요인이 일반적·추상적 또는 형식적·절차적인 사유인 경우에는 직권조사사유에 해당한다고 보는 것이다. 전자의 경우에는 당사자가 사정을 잘 알고 있을 것이므로 당사자에게 그 주장책임을 지워 당사자가 주장하지 아니한 때에는 법원이 직권으로 나서서 조사하지 않도록 함이 상당하다. 항소이유 중 사실오인(제14호), 양형부당(제15호)이 여기에 해당할 것이다. 반면 후자의 경우에는 법령적용 및 법령해석의 통일을 기한다는 점에서 법원이 직권으로 그 사유에 관하여 심사할 필요가 있을 것이다. 항소이유 중 판결에 영향을 미친 절차적·실체적 법규위반(제1호), 판결 후 형의 폐지·변경 또는 사면(제2호)이 여기에 해당할 것이다. 끝으로, 이유불비나 이유모순(제11호)의 경우는 어떠한가? 이유불비나 이유모순의 경우 판결에 영향을 미친 절차적·실체적 법규위반의 한 형태라고 할 수 있으므로 직권조사사유가 된다고 할 것이다. 판례도 이유불비나 이유모순이 직권조사사유가 된다는 태도를 취하고 있다.[21)]

---

21) 대법원 2005. 9. 9. 선고 2005도3782 판결(증거의 요지의 기재가 누락된 경우 증거 없이 범죄사실을 인정하거나 형사소송법 제323조 제1항을 위반한 위법이 있다 할 것이고, 이는 형사소송법 제361조의5 제11호의 이유불비의 위법으로서 직권파기사유가 된다), 대법원 2000. 1. 21. 선고 99도2590 판결(항소이유서를 제출하지 않았다

(3) 직권조사사유의 구체적인 예

직권조사사유가 될 수 있는 항소이유 중 형사소송법 제361조의5 제3, 4, 7, 8, 9호나 제11호의 사유는 그 자체로 적용범위가 분명하므로 결국 제1, 2호, 특히 제 1 호의 사유의 구체적인 적용범위를 밝히는 것이 문제가 될 것이다. 이하에서는 판례에 나타난 것들을 중심으로 직권조사사유의 구체적인 사례를 살펴보기로 한다.

• 관할위반: 법원은 직권으로 관할을 조사하여야 하므로(형사소송법 제 1 조) 관할권의 유무는 직권조사사유가 될 수 있을 것이다.[22] 다만, 형사소송법 제262조 제 1 항 제 2 호[23]의 규정에 의하여 지방법원의 심판에 부하여진 사건에 대하여는 관할위반의 선고를 할 수 없으므로(형사소송법 제319조 단서) 위 사건에 있어서의 관할권 유무는 직권조사사유가 될 수 없을 것이고, 또한 토지관할위반의 경우에는 피고인의 신청이 없으면 관할위반의 선고를 하지 못하므로 토지관할권 유무도 직권조사사유가 될 수 없을 것이다(대법원 1983. 4. 26. 선고 82도2095 판결[24] 참조).

하더라도 제 1 심판결이 사실을 오인하였거나 판결이유에 모순이 있는 경우에는 직권으로 이를 심리하는 것이 마땅하다), 대법원 1973. 11. 6.자 73모70 결정(범죄일시가 잘못 기재된 공소장에 따른 판결은 비록 피고인이 항소이유서를 제출하지 아니하였다 할지라도 제 1 심판결이 사실을 오인하였거나 판결이유에 모순이 있는 경우로 보아서 직권으로 심리를 하는 것이 마땅하다) 등 참조

22) 주석형사소송법 Ⅳ, 33면.

23) 형사소송법 제262조: ① 재정신청서와 그 기록을 수리한 고등법원은 항고의 절차에 준하여 20일 이내에 다음의 구별에 의하여 재정결정을 하여야 한다. (중략) 2. 신청이 이유 있는 때에는 사건을 관할지방법원의 심판에 부한다.

24) 이 판결은 군법회의 재판과 관련한 판결로서 구 군법회의법 제365조의 규정에 의하면, 군법회의는 피고인의 신청이 없으면 그 군의 다른 보통군법회의 관할에 속하는 사건에 대하여 관할위반의 선고를 하지 못하게 되어 있고(제 1 항), 또한 관할위반의 신청은 피고 사건에 대한 진술 전에 하여야 한다고 되어 있음(제 2 항)을 근거로, 피고인이 관할위반의 신청을 한 바가 전혀 없으면 당해 사건이 다른 보통군법회의의 관할에 속하는 사건이라 하더라도 제 1 심 보통군법회의로서는 관할의 유무를 직권으로 조사할 필요도 없고 관할위반의 선고를 할 수도 없다고 판시하였는바, 구 군법회의법 제365조와 거의 유사한 형사소송법 제320조의 규정에 비추어 볼 때 일반 형사사건의 토지관할위반과 관련하여서도 동일한 결론을 이끌어낼 수 있을 것이다.

• 소송조건의 존부: 이른바 반의사불벌죄에서 처벌불원의 의사표시의 부존재는 소극적 소송조건으로서 직권조사사항이므로 비록 당사자가 항소이유로 주장하지 아니하였다고 하더라도 직권으로 조사·판단하여야 한다(대법원 2005.11.10. 선고 2005도6080 판결,[25] 대법원 2002. 8.23. 선고 2002도3245 판결[26] 등 참조).

• 형의 폐지 또는 변경: 2006.3.24. 법률 제7891호로 『폭력행위 등 처벌에 관한 법률』이 개정되면서 야간에 행해진 범죄에 대하여 형의 1/2 가중을 하는 규정이 삭제되었는데, 이와 같이 개정된 법률을 적용하는 것은 직권조사사유가 될 수 있다(대법원 2006.4.28. 선고 2006도672 판결 등 참조). 2005.12.29. 법률 제7767호로 『특정범죄 가중처벌 등에 관한 법률』이 개정되면서 가중처벌하는 수뢰액의 기준이 상향조정되었는데, 이와 같이 개정된 법률을 적용하는 것도 직권조사사유가 될 수 있다(대법원 2006.5.25. 선고 2005도8424 판결 등 참조). 또한 2005.7.29. 법률 제7623호로 형법 제39조 제1항이 개정되어 경합범 중 판결을 받지 아니한 죄가 있는 때에는 그 죄와 판결이 확정된 죄를 동시에 판결할 경우와 형평을 고려하여 그 죄에 대하여 형을 선고하되, 이 경우 그 형을 감경 또는 면제할 수 있게 되었는데, 이와 같이 개정된 규정을 적용하는 것도 마찬가지이다(대법원 2005.9.29. 선고 2005도4738 판결 등 참조). 제1심판결 이전에 위와 같이 법률이 개정되어 제1심이 개정된 법률을 적용하였어야 함에도 이를 간과한 경우는 물론, 제1심판결 후 법률이 개정된 경우에도 직권으로 조사하여 개정된 법률이 적용되도록 하여야 할 것이다. 그러나 단순히 어떠한 법령에 대하여 위헌이라는 취지로 헌법소원심판이 계속중이라는 사유는 그 처벌법규의 적용이 중지

---

25) 2005.3.31. 법률 제7465호로 개정되어 2005.7.1.부터 시행된 근로기준법 제112조 제2항은 같은 법 제36조(금품청산)의 규정을 위반한 자에 대하여 피해자의 명시한 의사에 반하여 공소를 제기할 수 없도록 하고 있는데, 이와 관련된 사안이다.

26) 2001.12.19. 법률 제6534호로 개정되어 같은 날부터 시행된 『폭력행위 등 처벌에 관한 법률』 제2조 제4항은 야간에 형법 제260조 제1항의 죄를 범한 경우 반의사불벌에 관한 형법 제260조 제3항의 규정이 그대로 적용되도록 하고 있는데, 이와 관련된 사안이다.

되어야 한다거나 이를 적용한 것이 법령해석의 착오라고 할 수 없으므로 직권조사사유가 된다고 보기 어려울 것이다(대법원 2005.7.4.자 2005모25 결정 등 참조).

• 미성년자의 성년 도달: 제1심판결 선고 후 항소심판결 당시 성년이 되었다면 피고인이 소정기간 내에 항소이유서를 제출하였는지 여부를 가릴 것 없이 직권으로 심리하여 제1심판결을 취소하고 정기형을 선고하여야 할 것이다(대법원 1976.1.19.자 75모72 결정 참조).

• 누범가중의 적법 여부: 만일 누범가중의 요건이 존재하지 아니함에도 누범가중을 하여 처단형을 정하였다면 직권조사사유가 될 수 있을 것이다. 다만, 어떠한 범죄에 대하여 누범가중의 요건이 존재하지 아니함에도 제1심이 누범가중을 하였다고 하더라도 그것과 다른 범죄가 형법 제37조 전단의 경합범 관계에 있고 결국 형, 죄질 또는 범정이 더 무거운 다른 범죄에 정한 형에 경합범 가중을 하여 처단형의 범위를 정하게 된 경우에는 실제로 제대로 법령을 적용하여 처단형의 범위를 정한 경우와 다를 바 없으므로 위와 같은 누범가중의 잘못은 판결결과에 영향이 없고 따라서 직권조사사유가 되지 않는다(대법원 2003.5.30. 선고 2003도1326 판결 등 참조).

• 필요적 변호사건 여부: 형사소송법 제282조에 규정된 필요적 변호사건에 해당하는 사건에서 제1심의 공판절차가 변호인 없이 이루어진 경우 항소심으로서는 변호인 있는 상태에서 소송행위를 새로이 한 후 위법한 공판절차에 따른 제1심판결을 직권으로 파기하고 항소심에서의 진술 및 증거조사 등 심리결과에 기하여 다시 판결하여야 한다(대법원 2002.9.4.자 2002모239 결정 참조).

• 구속갱신의 적법 여부: 판례는 제1심법원에서의 구속갱신결정의 유무가 항소법원에서의 직권조사사항이라고 볼 수 없고(대법원 1963.6.5. 선고 63도102 판결 참조), 제1심법원에서 법정횟수를 초과하여 구속기간을 갱신한 위법이 직권조사사유는 물론이고 항소이유에도 해당하지 않는다는 판시를 한 바 있으나(대법원 1968.8.23. 선고 68도832 판

결) 이는 의문이다.

• 공소사실과 다른 범죄사실의 인정 여부: 공소제기된 범죄사실은 인정되지 않지만 다른 범죄사실은 인정될 수 있는 경우 이는 직권조사사유가 되는가? 이와 관련하여 대상결정은 "법원은 공소사실의 동일성이 인정되는 범위 내에서 공소가 제기된 범죄사실에 포함된 보다 가벼운 범죄사실이 인정되는 경우에 심리의 경과에 비추어 피고인의 방어권행사에 실질적 불이익을 초래할 염려가 없다고 인정되는 때에는 공소장이 변경되지 않았더라도 직권으로 공소장에 기재된 공소사실과 다른 범죄사실을 인정할 수 있지만, 이와 같은 경우라고 하더라도 공소가 제기된 범죄사실과 대비하여 볼 때 실제로 인정되는 범죄사실의 사안이 중대하여 공소장이 변경되지 않았다는 이유로 이를 처벌하지 않는다면 적정절차에 의한 신속한 실체적 진실의 발견이라는 형사소송의 목적에 비추어 현저히 정의와 형평에 반하는 것으로 인정되는 경우가 아닌 한 법원이 직권으로 그 범죄사실을 인정하지 아니하였다고 하여 위법한 것이라고까지 볼 수는 없다"고 설시하고 있다.[27] 따라서 설령 제1심법원이 피고인의 방어권을 해치지 않으면서 공소장에 기재된 공소사실과 다른 범죄사실을 인정할 수 있었음에도 공소사실을 무죄로 판단한 데 그친 경우 특별한 사정이 없는 한 제1심이 직권조사사유를 간과한 위법을 범한 것이라고 할 수는 없다.

• 기타: 판례에 의하면 그 외에도 제척사유의 유무, 증거능력의 유무, 보강증거의 존부 등이 직권조사사유가 될 수 있다고 한다(대법원 2005. 12. 5.자 2005초기316 결정 참조).

27) 대상결정은 제1심법원이 공직선거 및 선거부정방지법 제256조 제3항 제6호, 제141조 제1항에서 정하는 '당원집회 제한 위반'의 공소사실을 무죄로 판단하면서 같은 법 제254조 제2항 제3호에서 정하는 '선거운동기간 제한 위반'의 죄를 인정하지 않은 것이 위법인가의 여부는 형사소송법 제361조의4 제1항 단서에서의 직권조사사유에 해당하지 않는다고 보았다.

Ⅲ. 항소기각의 결정

1. 형사소송법 제361조의4 제1항에 의한 항소기각의 위헌성 여부

형사소송법 제361조의4 제1항에 관해서는 종전에 그 위헌성 여부가 문제되었으나 대법원은 위 조항이 위헌이라는 주장을 받아들이지 않았고(대법원 2005.12.5.자 2005초기316 결정, 대법원 2003.5.20.자 2003초기165 결정 등 참조), 헌법재판소 역시 위 조항이 위헌이라고 볼 수 없다고 판시하였다(헌법재판소 2005.3.31. 선고 2003헌바34 결정 참조).

위 조항의 위헌 여부와 관련하여서는 다음과 같은 2가지 점을 고려해 볼 수 있다. 먼저, 위 조항이 공정한 재판을 받을 권리를 침해하는지 여부이고, 다음으로, 위 조항 단서의 '직권조사사유' 부분이 죄형법정주의에 위배되는지 여부이다.

전자의 문제에 있어 위 조항이 위헌이라고 주장하는 측은 ① 형사소송에서는 실체적 진실의 발견을 위하여 소송의 신속·경제의 이념은 완화되어야 하고, ② 항소심은 원칙적으로 속심적 구조를 가지고 있으므로 항소이유서가 제출되지 않았다고 하더라도 심리에 지장이 없으며, ③ 피고인은 유죄의 확정판결이 있을 때까지는 무죄의 추정을 받으면서 다툴 권리가 보장되어야 한다는 이유 등을 들어 위 조항이 공정한 재판을 받을 권리를 침해한다고 주장한다. 이에 대하여 대법원은 ① 항소이유서를 제출하지 않은 경우에도 직권조사사유가 있을 때의 예외를 규정함으로써 제1심판결의 법령적용의 오류를 시정할 수 있는 길을 열어두고 있으므로 실체적 진실의 발견이 무조건 희생된다고 볼 수 없는 점, ② 항소이유서 제출을 통하여 항소심의 심판대상을 확정할 수 있고 이를 통해 신속·원활한 항소심재판을 구현할 수 있는 점, ③ 항소인 또는 변호인에게 항소이유서 제출의무를 부과할 것인지 아니면 부과하지 않을 것인지는 기본적으로 입법자가 형사 항소심의 구조와 성격, 형사사법절차의 특성 등을 고려하여 결정할 입법재량에 속하는 문제인 점 등을 고려하면 위 조항이 공정한 재판을 받을 권리를 침해하는 것으로 볼 수 없다고 판시하고 있다.

후자의 문제에 있어 위 조항이 위헌이라고 주장하는 측은 '직권조사사유'의 개념이 추상적이고 모호하여 헌법 제13조 제1항이 정하고 있는 죄형법정주의에 위배된다고 주장한다. 이에 대하여 대법원은 헌법 제12조 및 제13조에서 보장되고 있는 죄형법정주의의 원칙은 범죄와 형벌이 법률로 정하여져야 함을 의미하며, 이러한 죄형법정주의에서 파생되는 명확성의 원칙은 법률이 처벌하고자 하는 행위가 무엇이며 그에 대한 형벌이 어떠한 것인지를 누구나 예견할 수 있고, 그에 따라 자신의 행위를 결정할 수 있도록 구성요건을 명확하게 규정하는 것을 의미하지만, 처벌법규의 구성요건이 명확하여야 한다고 하여 모든 구성요건을 단순한 서술적 개념으로 규정하여야 하는 것은 아니고, 통상의 해석방법에 의하여 건전한 상식과 통상적인 법감정을 가진 사람이면 당해 처벌법규의 보호법익과 금지된 행위 및 처벌의 종류와 정도를 알 수 있도록 규정하면 족하며, 법규범의 문언과 함께 그 입법목적, 입법취지, 입법연혁 그리고 법규범의 체계적 구조 등을 종합적으로 고려하는 해석방법에 의하여 그 의미내용을 합리적으로 파악할 수 있는 해석기준을 얻을 수 있고, 이를 통해 수범자의 예측가능성 및 법 해석·집행기관의 자의적인 법집행 배제를 확보할 수 있다면 헌법이 요구하는 처벌법규의 명확성의 원칙에 위배되지 않는다고 할 것인데, 위 조항의 '직권조사사유' 부분은 법규범의 문언, 입법목적, 법규범의 체계적 구조 등으로부터 그 의미내용을 확정하는 합리적인 해석기준을 찾을 수 있으므로 '직권조사사유' 부분이 명확성의 원칙 등 죄형법정주의에 위배되지 않는다고 판시하였다.

2. 항소기각 결정

항소인이나 변호인이 적법한 기간 내에 항소이유서를 제출하지 아니한 경우에는 직권조사사유가 있거나 항소장에 항소이유의 기재가 있는 경우를 제외하고는 항소심법원은 형사소송법 제361조의4 제 1 항에 따라 결정으로 항소를 기각하여야 한다.

항소이유서를 제출하였다고 하더라도 항소이유를 구체적으로 명시하지 않은 경우 항소이유서가 제출되지 않은 것과 동일하게 취급하여 결정으로 항소를 기각할 수 있는가? 이와 관련하여 대상결정은 항소인이나 변호인이 항소이유서에 항소이유를 특정하여 구체적으로 명시하지 아니하였다고 하더라도 항소이유서가 법정의 기간 내에 적법하게 제출된 경우에는 이를 항소이유서가 법정의 기간 내에 제출되지 아니한 것과 같이 보아 결정으로 항소를 기각할 수는 없다고 한다(同旨 대법원 2002.12.3.자 2002모265 결정). 앞에서 본 바와 같이 구체적으로 항소이유를 명시하지 않은 경우 적법한 항소이유의 기재에 해당하지 않는다는 것이므로 항소이유서를 제출하지 않은 경우와 동일하게 취급할 수 있다는 주장도 충분히 제기될 수 있지만[28] 그것은 형사소송법 제361조의4 제 1 항의 문언에 반한다. 그렇다면, 위와 같은 경우 항소심은 사건을 어떻게 처리해야 하는가? 형사소송법 제364조 제 4 항은 "항소이유 없다고 인정한 때에는 판결로써 항소를 기각하여야 한다", 제 5 항은 "항소이유가 없음이 명백한 때에는 항소장, 항소이유서 기타의 소송기록에 의하여 변론 없이 판결로써 항소를 기각할 수 있다"고 규정하고 있으므로, 항소심으로서는 변론을 열거나 변론을 열지 않고 판결로써 항소를 기각하면 될 것이다. 다만, 공판절차에서 공소장 변경 등이 이루어질 경우 그로 인해 직권으로 제 1 심판결이 파기될 수 있으며,[29] 뒤에서 보는 바와 같이 직권심판사유가 있는 경우에는 그로 인해 제 1 심판결이 파기될 수도 있다.

그런데, 대법원 2004.12.23. 선고 2004도6504 판결 설시 중에는 "상고인이 제출한 상고이유서에 위와 같은 구체적이고도 명시적인 이

28) 이것이 대상결정의 환송 전 원심이 취한 태도이다.

29) 대상결정의 사안도 대법원에서 파기환송된 후 원심에서 '당원집회 제한 위반'에서 '선거운동기간 제한 위반'으로 공소장변경이 이루어져 제 1 심판결 파기 및 피고인에 대한 형의 선고유예로 종결되었다.

유의 설시가 없는 때에는 상고이유서를 제출하지 않은 것으로 취급할 수밖에 없다"는 부분이 있어, 그 의미를 둘러싸고 논란의 소지가 있어 보인다. 즉, 형사소송법 제379조 제 2 항은 "상고이유서에는 소송기록과 원심법원의 증거조사에 표현된 사실을 인용하여 그 이유를 명시하여야 한다."고 하고 있는바, 위 부분의 설시를 상고이유서의 경우에는 구체적으로 상고이유를 특정하지 아니하면 법정의 기간 내에 상고이유서가 제출되지 아니한 것과 동일하게 보아 결정으로 상고를 기각할 수 있다는 취지로 본다면 구체적인 이유의 적시가 없는 경우 항소이유서의 취급과 상고이유서의 취급을 달리하는 것이 된다. 그러나 앞에서도 보았듯이 상고이유서와 항소이유서의 작성에 본질적인 차이가 있다고 보기 어려운 이상 구체적인 이유의 적시가 없는 경우 상고이유서와 항소이유서의 취급을 달리할 이유는 없다. 위 대법원 2004도6504 판결의 설시는 민사판결의 설시를 차용한 것으로 보이는데,[30] 민사사건에서는 상고이유서를 제출하지 않은 경우에도 판결로 상고를 기각하게 되어 있는(민사소송법 제429조 참조) 차이를 염두에 두지 않은 채 부주의하게 표현을 차용한 것이 아닌가 생각된다. 일본에서는 우리와 달리 항소이유서에 항소이유를 구체적으로 명시하지 않은 경우와 관련하여 형사소송법에 명문의 규정을 두고 있어서 결정으로 항소를 기각할 수 있다고 한다.[31]

직권조사사유가 있는지 여부를 심리하기 위해 구두변론을 거쳤는

30) 대법원 2001. 3. 23. 선고 2000다29356, 29363 판결은 "상고법원은 상고이유에 의하여 불복신청한 한도 내에서만 조사·판단할 수 있으므로, 상고이유서에는 상고이유를 특정하여 원심판결의 어떤 점이 법령에 어떻게 위반되었는지에 관하여 구체적이고도 명시적인 이유의 설시가 있어야 할 것이므로, 상고인이 제출한 상고이유서에 위와 같은 구체적이고도 명시적인 이유의 설시가 없는 때에는 상고이유서를 제출하지 않은 것으로 취급할 수밖에 없다"고 설시하고 있다.

31) 일본 형사소송법 제386조: 아래의 경우에는 항소재판소는 결정으로 항소를 기각하여야 한다.

1. 제376조 제 1 항에 정한 기간 내에 항소이유서를 제출하지 않은 때
2. 항소이유서가 이 법률 또는 재판소의 규칙에 정한 방식에 위배된 때 또는 항소이유서에 이 법률 또는 재판소의 규칙의 정하는 바에 따라 필요한 소명자료 또는 보증서를 첨부하지 않은 때

데 결국 직권조사사유가 없는 것으로 밝혀진 경우 결정으로 항소를 기각할 것인가 아니면 판결로 항소를 기각할 것인가? 판례는 전자의 입장을 취하고 있다. 즉, 판례는 "결정으로 재판을 함에 있어서 구두변론을 거칠 것인가 구두변론을 거치지 않을 것인가 여부는 법원의 재량에 속하는 것이므로,[32)]항소이유서 제출기간 내에 항소이유서가 제출되지 않았고 항소장에도 항소이유의 기재가 없는 사건에서 항소심 법원이 직권조사사유가 있는지 여부에 관하여 심리하기 위하여 구두변론을 거쳤다고 하더라도, 심리 결과 직권조사사유가 없다고 판단된 경우에는 결정으로 항소를 기각할 것이지, 구두변론을 거쳤다고 하여 판결로써 항소를 기각하여야 하는 것은 아니다"고 설시하고 있다(대법원 1996. 6. 18.자 96모36 결정 등 참조). 만일 항소심 법원이 직권조사사유의 유무를 심리하기 위해서가 아니라 적법한 기간 내에 항소이유서의 제출이 없었다는 사실을 간과하는 바람에 구두변론을 열고 증거조사를 하게 된 것이라면 어떠한가? 이 경우에는 구두변론의 범위가 직권조사사유의 유무에만 한정되었던 것이 아니므로 판결로써 항소를 기각하여야 한다고 할 수 있는가? 이에 관하여 판례는 방론이기는 하지만 역시 결정으로 항소를 기각하여야 한다는 입장을 취하고 있다(대법원 2005. 7. 19.자 2005모280 결정 참조).

앞에서도 보았듯이 일부 유죄, 일부 무죄의 제 1 심판결 전부에 대하여 검사가 항소하면서 항소이유서에 무죄부분에 대하여는 아무런 언급을 하지 않은 채 유죄부분과 관련하여서만 피고인에 대한 양형이 지나치게 가벼워 부당하다는 취지의 주장을 한 경우 검사는 무죄부분에 대하여는 항소이유서를 제출하지 않은 것이 된다. 따라서 이 경우 항소심으로서는 무죄부분에 대한 검사의 항소를 결정으로 기각하는 등의 조치를 취해야 하는데 항소심이 이러한 조치를 취하지 않은 채 검사의 피고인에 대한 양형부당의 주장만을 이유 없다고 설시하여 판결로써 검사의 항소를 기각하였다면 재판의 탈루에 해당할 것인가? 판례는 그

32) 형사소송법 제37조 제 2 항 참조.

렇게 보지 않는 듯하다. 즉, 항소심판결의 취지는 비록 이유의 설시는 없다고 하더라도 검사의 항소전체를 기각한 것으로서 결국 무죄부분에 대하여 항소이유서의 제출이 없다는 이유에 의한 항소기각도 포함된 것으로 못 볼 바 아니라고 한다(대법원 1978. 1. 10. 선고 77도3376 판결 참조). 항소이유서를 제출하지 아니한 경우 항소를 기각하게 되어 있고, 항소심은 당연히 그러한 전제하에 제출된 항소이유서에 대한 판단만을 명시한 것으로 볼 수 있으므로 위 판례의 태도는 수긍할 수 있다.

결정으로 항소를 기각하는 경우 구속 피고인에 대한 미결구금일수 산입은 어떻게 되는가? 형법 제57조 제1항은 "판결선고 전의 구금일수는 그 전부 또는 일부를 유기징역, 유기금고, 벌금이나 과료에 관한 유치 또는 구류에 산입한다"고 규정하고 있어 판결이 아닌 결정으로 항소를 기각하는 경우에도 미결구금일수를 산입할 수 있는지 문제가 될 수 있다. 그러나 항소기각판결이냐 아니면 항소기각결정이냐는 단지 재판형식의 차이에 불과할 뿐이고 항소기각결정을 하는 경우에는 피고인에 대한 미결구금일수를 산입하지 아니할 정당한 이유가 없으므로 형법 제57조 제1항의 문언에도 불구하고 결정으로 항소를 기각하는 경우 미결구금일수를 산입하여야 할 것이다. 판례도 같은 견해를 취하고 있다(대법원 1998. 11. 27. 선고 98오2 판결, 대법원 1977. 6. 7. 선고 77오1 판결 등 참조—모두 검찰총장의 비상상고를 받아들여 미결구금일수 산입을 누락한 원심결정을 파기한 사안이다).

3. 결정으로 항소기각할 것을 판결로써 항소기각한 경우 위법 여부

위와 같이 적법한 기간 내에 항소이유서 제출이 없는 경우 결정으로 항소를 기각함이 원칙인데, 만일 판결로써 항소를 기각하면 위법하다고 볼 것인가? 항소기각결정이나 항소기각판결이나 모두 종국재판으로서 항소를 기각한다는 점에서는 동일하므로 재판의 형식상 차이만을 두고 위법하다고 할 수는 없을 것이다. 실제로도 동일 절차에서 복수의 피고인이 재판을 받는 경우 일부의 피고인들이 항소이유서를 제출하지 않았다고 하여 별도로 그 피고인들의 항소를 기각하는 결정을 하기보다는 하나의 판결로 항소이유서를 제출한 피고인들의 항소이유를 판단함과 동시에 항소이유서를 제출하지 않은 피고인들의 항소를 기각하는 판단을 하는 것이 일반적인 실무의 관행이다. 마찬가지로 피고인과 검사가 동시에 항소하였지만 검사만이 항소이유서를 제출하고 피고인은 항소이유서를 제출하지 아니한 경우 법원은 결정으로 피고인의 항소를 기각하지 아니하고, 이와 동시에 심판하는 검사의 항소를 판결로써 기각하면서 피고인의 항소도 함께 판결로써 기각할 수 있다(대법원 1998. 8. 21. 선고 98도1523 판결 등 참조).

4. 항소이유서가 적법한 기간을 도과하여 제출되었음을 간과한 채 항소이유서에 대한 판단에 나아가 판결로써 항소를 기각한 경우 위법 여부

항소이유서가 적법한 기간을 도과하여 제출되었음에도 이를 간과한 채 항소이유서에 대한 판단에 나아가 판결로써 항소를 기각하는 것은 위법이다. 그런데 항소심판결에 위와 같은 위법이 있는 경우 이를 어떻게 처리하여야 할 것인지에 관해서는 견해가 나뉘고 있다. 첫 번째 견해는 파기자판하자는 견해이다. 대법원 1973. 12. 11. 선고 73도2646 판결은 "피고인이 항소이유서 제출기간을 도과한 때에는 항소심은 결정으로 항소를 기각하여야 함에도 피고인의 항소이유를 판단한 후 항소기각의 판결을 하였음은 위법이다"고 하면서 파기자판하였다. 대법원 2006. 9. 14. 선고 2006도1917 판결 역시 이러한 견해를 취하고 있다. 두 번째 견해는 항소기각결정을 하여야 할 것을 항소이유를 판단하여 판결로써 항소를 기각한 것은 위법하다는 이유로 파기환송하자는 견해이다. 세 번째 견해는 항소기각결정을 하여야 할 것을 항소이유를 판단하여 판결로써 항소를 기각한 것은 잘못이지만 그 주문은 동일하고 단지 형식만 결정이냐 판결이냐의 차이가 있을 뿐이라는 이유로 상고기각하자는 견해이다. 대법원 2004.5.28. 선고 2004도1683 판결이 이러한 견해를 취하고 있다. 첫번째 견해와 관련하여 원심이 결정으로 하여야 할 것을 판결로 항소기각하였다는 이유로 원심판결을 파기하면서 마찬가지로 판결로 자판하는 것은 앞뒤가 맞지 않는다는 비판이 제기되기도 하나 첫 번째 견해가 단순히 결정으로 하여야 할 것을 판결로 한 것이 잘못이라는 취지가 아니라 항소이유서에 대한 판단에 들어간 것이 잘못이라는 취지이므로 위 비판이 적절하다고 할 수는 없다. 굳이 원심에 환송하여 절차를 번거롭게 할 필요는 없다는 점에서 실무상 두 번째 견해는 취하고 있지 않은 것 같다. 결국 첫 번째 견해 아니면 세 번째 견해가 가능한 해결책이라고 할 것인데, 원심의 처리방법이 잘못 되었음을 부각시킨다는 점에서는 첫 번째 견해가 의미가 있지만, 결과에 영향이 없는데도 굳이 파기하고 같은 결론으로 자판을 할 실익이 없다는 점을 감안한다면 세 번째 견해가 보다 실질적인 방안이라고 할 수 있을 것이다.

5. 직권조사사유와 상고이유의 제한

피고인이 제1심판결에 대하여 양형부당만을 항소이유로 내세워 항소하였다가 그 항소가 기각된 경우, 피고인은 원심판결에 대하여 사실오인 또는 법리오해의 위법이 있다는 것을 상고이유로 삼을 수 없다는 것이 판례의 태도이다(대법원 2005.9.30. 선고 2005도3345, 2005감도14 판결 등 참조). 위와 같이 양형부당의 항소이유가 받아들여지지 않은 경우는 물론, 원심이 피고인의 항소이유를 받아들여 제1심판결을 파기하고 그보다 가벼운 형을 선고한 경우에도 피고인으로서는 사실오인이나 법리오해 등의 점을 상고이유로 삼을 수 없는 것은 마찬가지이다(대법원 2004.4.28. 선고 2004도927 판결 등 참조). 위와 같이 상고이유가 제한되는 근거는 상고심은 항소심 판결에 대한 사후심이므로 항소심에서 심판대상이 되지 않은 사항은 상고심의 심판범위에 들지 않는 것이라는 데에 있다(대법원 2000.3.28. 선고 99도2831 판결 등 참조).

항소이유서를 제출하지 않았지만 원심에서 직권조사사유가 있다는 이유로 제1심판결을 파기한 경우에도 원심판결에 대한 상고이유는 제한을 받게 된다. 즉, 피고인이 항소심에서 항소이유로 주장하지 아니한 사유에 대하여는 상고이유로 삼을 수 없는 것과 마찬가지로 항소심이 직권으로 심판대상으로 삼은 사항 이외의 사유에 대하여는 역시 상고이유로 삼을 수 없다(대법원 2005. 7. 14. 선고 2005도2996 판결[33] 등 참조).

Ⅳ. 직권조사사유와 직권심판사유

형사소송법 제361조의4 제1항은 항소인이나 변호인이 같은 법 제361조의3 제1항의 기간 내에 항소이유서를 제출하지 아니한 때에는 결정으로 항소를 기각하여야 하나, 직권조사사유가 있거나 항소장에 항소이유의 기재가 있는 때에는 예외로 한다고 규정하고 있고, 같은 법 제364조 제1항, 제2항은 항소법원은 항소이유서에 포함된 사유에 관하여 심판하되, 판결에 영향을 미친 사유에 관하여는 항소이유서에 포함되지 아니한 경우에도 직권으로 심판할 수 있다고 규정하고 있다.

여기에서 위와 같은 직권조사사유(형사소송법 제361조의4 제1항 단서)와 직권심판사유(같은 법 제364조 제2항)의 관계가 어떻게 되는지가 문제로 된다. 판례는 위 두 규정을 대조하여 볼 때, 항소법원은 직권조사사유에 관하여는 항소제기가 적법하다면 항소이유서가 제출되었는지 여부나 그 사유가 항소이유서에 포함되었는지 여부를 가릴 필요 없이 반드시 심판하여야 할 것이지만, 직권조사사유가 아닌 것에 관하여는 그것이 항소장에 기재되어 있거나 그렇지 아니하면 소정 기간 내에 제출된 항소이유서에 포함된 경우에 한하여 심판대상으로 할 수 있고, 다만 판결에 영향을 미친 사유에 한하여 예외적으로 항소이유서에 포함되지 아니하였다 하더라도 직권으로 이를 심판할 수 있다는 취지라고 한다(대법원 2001. 1. 30. 선고 99도3949 판결, 대법원 1998. 9. 22. 선고 98도

33) 항소이유서를 제출하지 않았지만 원심이 직권으로 제1심판결의 법령적용을 문제삼아 제1심판결을 파기하고 다시 제1심판결과 동일한 형을 선고한 데 대하여 피고인이 상고하면서 사실오인 및 법리오해를 주장한 사안이다.

1234 판결 등 참조).

위와 같은 형사소송법의 규정 및 판례의 설시를 종합할 때 직권조사사유와 직권심판사유는 다음과 같은 차이섬을 가진다. 첫째, 직권조사사유는 항소이유서 제출 여부와 관계없이 심사하여야 하므로 항소인이 항소이유서를 제출하지 않았을 경우에도 심사하여야 하지만, 직권심판사유는 항소이유서의 제출을 전제로 하므로 항소이유서의 제출이 없으면 심사할 수 없다(다만, 적법한 기간 내에 항소이유서의 제출이 있으면 비록 거기에 적법한 항소이유의 기재가 없더라도 직권심판사유에 대하여 심사할 수 있다). 둘째, 직권조사사유는 법원이 의무적으로 심사하여야 하지만 직권심판사유에 대하여는 법원에 심사의 재량이 인정된다(다만, 학설에 따라서는 직권심판사유에 대하여도 특별한 사정이 있을 경우—피고인이 항소한 경우로서 제 1 심의 소송자료에 의하여 제 1 심판결이 오판임을 명백하게 알 수 있는 경우—법원의 심사의무를 인정하기도 한다.[34])[35]) 셋째, 직권조사사유는 판결에 영향을 미쳤는지 여부와 관계없이 심사하게 되지만 직권심판사유는 판결에 영향을 미친 경우에 한하여 심사하게 된다. 이 점과 관련하여 판례는 "형사소송법 제364조 제 2 항의 취지는 형사소송법이 항소이유를 제한하고 소정기간 내에 항소이유서의 제출을 하도록 하는 등 항소절차를 제한하고 있기 때문에 당사자가 미처 생각지 못하고 또는 적절하게 항소이유서에서 지적하지 못한 사유도 있을 것이 예상되므로 실체적 진실의 발견과 형벌법규의 공정한 실현을 위하여 법원에게 판결에 영향을 미친 사유가 상소이유서에 포함되지 않는 경우에도 직권으로 심판을 하여 판결의 적정을 기하고 당사자의 이익을 보호하려는 데 있고 동 조항의 판결에 영향을 미친 사유라는 것은 널리 항소이유가 될 수 있는 사유 중에서 직권조사사유를 제

34) 주석형사소송법 Ⅳ, 241면.

35) 따라서 직권조사사유가 있음에도 불구하고 항소이유서 미제출을 이유로 항소기각의 결정을 한 경우 상고이유에 해당하지만 항소이유서에 기재되지 아니한 직권심판사유가 있음에도 불구하고 이를 이유로 제 1 심판결을 파기하지 아니한 경우 원칙적으로 상고이유에 해당하지 않는다(주석형사소송법 Ⅳ, 218-219면, 240면).

외한 것으로서 판결에 영향을 미친 경우를 포함하는 것이다"고 설시하고 있다(대법원 1976.3.23. 선고 76도437 판결 등 참조).

결국 직권조사사유는 원심판결에 일반적·추상적인 사유와 관련한 하자가 존재하여 항소이유서 제출 여부나 판결결과에 대한 영향 여부에 관계없이 심사하여야 하는 경우를 말하고 직권심판사유는 원심판결에 그 밖의 하자가 존재하여 판결결과에 영향을 미쳤기 때문에 항소인이 항소이유로 주장하지 않았더라도 심사하여야 하는 경우를 말한다고 할 수 있다. 따라서 사실오인이나 양형부당은 직권조사사유가 될 수 없지만 직권심판사유는 될 수 있다. 판례도 "항소법원은 판결에 영향을 미친 사유에 관하여는 항소이유서에 포함되지 아니한 경우에도 직권으로 심판할 수 있는 것이므로 피고인이 사실오인만을 이유로 항소한 경우에 항소심이 직권으로 양형부당을 이유로 제 1 심판결을 파기하고 제 1 심의 양형보다 가벼운 형을 정하였다 하여 거기에 항소심의 심판범위에 관한 법리오해의 위법이 있다고 할 수 없다"고 하고 있는바(대법원 1990. 9. 11. 선고 90도1021 판결 참조), 이는 양형부당이 직권심판사유가 됨을 인정한 것이다.

한편, 직권심판사유가 존재할 경우 설령 항소인이 그 사유를 항소이유서에서 주장하였다가 철회하였다고 하더라도 심리할 수 있다고 할 것이다. 이와 관련하여 "구 소득세법(1994.12.22. 법률 제4803호로 전문개정되기 전의 것) 제30조 제 9 항에서는 부가가치세의 매출세액은 당해연도의 소득금액 계산에 있어서 총수입금액에 산입하지 아니하도록 규정하고 있고, 한편 피고인이 항소이유서에 기재하였던 사실오인이나 법률위반 등의 항소이유를 철회하였다 하더라도 항소심으로서는 제 1 심판결에 그러한 위법이 있는 경우에는 그 점을 직권으로 심리하여야 한다"고 한 판례가 있다(대법원 1997.5.9. 선고 95도2653 판결 참조). 또한 "피고인이, 당국의 허가를 받지 아니하고 토지 등의 거래계약 규제구역안에 위치한 답과 전을 각 매수하는 계약을 체결하였다는 점에 대하여 형사입건되기 전에 위 답에 관하여는 토지 등 거래허가를 받아 자기 앞으로 소유권이전등기를 경료하였고 위 전에 관하여는 소유권이전등기청구의 소를 제기하였으며, 이러한 점이 제 1 심의 변론에서 주장되었거나 항소이유서에 기재되었다면 피고인의 변호인이 비록 사실오인이나 법률위반의 항소이유를 주장하지 아니하고 철회하였다 하더라도 원심으로서는 판결이유에서 그 철회된 항소이유에 대하여 판단을 설시할 필요가 없음은 별론으로 하고 이 점을 직권으로 심리하여 피고인의 소위가 국토이용관리법 제31조의2가 정하는 바의 구성요건에 해당하는지를 가려 보았어야 할 것이다"고 한 판례도 있다(대법원 1992. 8. 18. 선고 92도1240 판결 참조).

직권조사사유와 직권심판사유가 위와 같이 개념상 구분될 수 있음에도 불구하고 판례 중에는 양자를 명확히 구분하지 못하는 것처럼 보이는 것들도 있다. 예컨대, 대법원 2001. 7. 13. 선고 2001도2229 판결이 "피고인이 항소이유서를 제출하지 아니한 것이라고 할지라도 제 1 심판결이 사실을 오인하여 판결에 영향을 미친 사유가 있는 경우에는 형사소송법 제364조 제 2 항에 의하여 직권으로 이를 심판할 수 있는 것이다"고 하거나, 대법원 1986. 7. 22. 선고 84도2248 판결이 "제 1 심법원이 피고인들에 대한 공소사실을 인정할 증거가 없다는 이유로 무죄를 선고한 부분에 증거의 취사와 사실인정에 잘못이 있다 하더라도 이는 형사소송법 제361조의4 제 1 항 단서 및 동법 제364조 제 2 항 소정의 직권조사사유에 해당된다고 할 수 없다"고 하거나, 대법원 1968. 9. 24. 선고 68도1028 판결이 "형사소송법 제361조의4의 규정에 의하면 항소인이나 변호인이 같은 법 제361조의3 제 1 항 소정 항소이유서 제출기간내에 항소이유서를 제출하지 아니한 때에는 결정으로써 항소를 기각하여야 하나, 직권조사사유가 있을 때에는 예외로 한다고 되어 있고, 같은 법 제364조 제 2 항의 규정에 의하면 항소법원은 판결에 영향을 미친 사유에 관하여는 항소이유서에 포함되지 아니한 경우에도 직권으로 (심판)할 수가 있다고 되어 있어서 판결에 영향을 미친 사유를 전반적으로 직권사유로 규정하였음을 알 수 있으니만큼 항소인이 법정기간 내에 항소이유서를 제출하지 아니한 때에도 항소이유서에 포함되지 아니한 경우와 같이 판결에 영향을 미친 사유가 있으면 항소법원은 항소이유서를 법정기간 내에 제출하지 아니하였다는 이유로 결정으로 항소를 기각할 것이 아니라 직권으로 심판하여야 된다고 해석하는 것이 상당하다"고 한 설시들은 형사소송법 제361조의4 제 1 항 단서의 직권조사사유와 같은 법 제364조 제 2 항의 직권심판사유가 사실상 동일한 것처럼 표현하고 있다. 그러나 항소인이 항소이유서를 제출하지 아니하였다면 직권조사사유는 검토할 수 있을지언정 직권심판사유는 거론할 수 없다. 대법원 1978. 1. 10. 선고 77도3376 판결은 "제 1 심법원이 피고인의 자백 이외에 이에 대한 아무런 보강증거가 없다는 이유로 무죄를 선고한 위의 공소사실에 대하여 가사 그 증거의 취사와 사실인정에 잘못이 있다고 가정하더라도 이는 형사소송법 제361조의4 제 1 항 단서 소정의 직권조사사유에 해당된다 할 수 없고, 경합범의 관계에 있는 별개의 범죄사실에 대하여 각별로 유죄와 무죄가 선고되고 유죄부분에 대하여서만 항소이유서가 제출되었을 뿐 무죄부분에 대하여는 항소이유서가 제출되지 아니한 이 건의 경우에 있어서는 같은 법 제364조 제 2 항 소정의 직권심판사유에 해당된다고도 할 수 없는 바이므로 원심판결에는 위의 무죄부분에 대하여 직권으로 조사하여 심리판단하지 아니한 위법이 있다고도 할 수 없다"고 설시하여 이 점을 분명히 하고 있고, 대법원 1971. 3. 23. 선고 70도2752 판결도 "무죄를 선고한 부분에 있어서 가사 그 증거취사와 사실 인정에 잘못이 있다고 가정하더라도 이는 형사소송법 제361조의4 제 1 항 단서의 직권조사사유에 해당된다고 할 수 없을 뿐 아니라, 본건과 같이 검사가 항소이유서를 제출하지 아니한 경우에는 형사소송법 제364조 제 2 항 소정의 항소법원은 판결에 영향을 미친 사유에 관하여는 항소이유서에 포함되지 아니한 경우에도 직권으로 심판할 수 있다는 경우에도 해당될 수 없다고 해석함이 상당하다"고 설시하고 있다.

V. 결　　어

우리 형사소송법이 항소이유서 제출주의를 채택하고 있는 이상 항소인 또는 변호인이 항소이유를 제출하지 않을 경우 그 불이익은 항소인에게 돌릴 수밖에 없다. 다만, 이를 보완하기 위한 것이 직권조사사유의 인정인데, 직권조사사유가 무엇을 말하는지, 어떤 것이 직권조사사유가 될 수 있는지에 관하여 형사소송법이 명확한 지침을 주고 있지 않으므로 그것은 해석에 의하여 해결할 수밖에 없다. 그런데 직권조사사유에 관한 해석기준이 명확하지 않을 경우 항소이유서를 제출하지 않은 비슷한 처지의 항소인이 어떤 경우에는 직권조사사유가 인정되어 구제를 받는 반면, 어떤 경우에는 직권조사사유가 인정되지 않아 구제를 받지 못하는 불합리가 초래될 수 있다. 현재 판례는 직권조사사유란 법령적용이나 법령해석의 착오 여부 등 당사자가 주장하지 아니하는 경우에도 법원이 직권으로 조사하여야 할 사유를 말한다고 하고 있는데, 그것만으로는 너무 막연한 느낌이 있다. 앞으로 직권조사사유에 관하여 보다 구체적인 기준이 제시되기를 기대한다.

그리고 형사소송법 제361조의4 제1항 단서의 직권조사사유나 같은 법 제364조 제2항의 직권심판사유나 모두 직권에 의한 것이라는 점에서 판례상 양자가 준별되지 못하고 혼용되는 듯이 보인다. 그러나 양자는 그 근거규정을 달리할 뿐만 아니라 적용요건, 간과시 효과 등의 면에서 차이가 있으므로 양자는 엄격하게 구별되어야 할 것이다.

[주 제 어]
항소이유서 미제출, 직권조사사유, 항소기각결정, 직권심판사유, 소송기록접수통지, 재소자, 필요적 변호사건, 항소이유, 사실오인, 양형부당

[Key words]
statement of reason for appeal, *ex officio* investigation, issues to be investigated *ex officio*, ruling of rejection, error in fact, error in legal principles, misapplication of statutes, misunderstanding of statutes, issues to be examined *ex officio*

[Abstract]

The Scope and Limit of *ex officio* Investigation in the Event that the Appellant Fails to File Statement of Reason for Appeal

Kim, Woo-Jin*

As our Statute of Criminal Procedure compels the appellant to file statement of reason for appeal, the court is to hand down ruling of rejection without reviewing the merits of the case when the appellant fails to file statement of reason for appeal. However despite the appellant's negligence to file that statement, the court is obliged to review the case as far as the case involves the issues to be investigated *ex officio*.

The case at issue not merely shows that it does not suffice for the prosecutor to just claim 'error in fact', 'error in legal principles' or 'the intent to modify the indictment' without elaborating on grounds for appeal when filing statement of reason for appeal, but also informs that the court cannot hand down ruling of rejection without reviewing the merits of the case once the appellant has filed statement of reason for appeal, which does not meet the requirement.

While the Statute of Criminal Procedure remains silent concerning the scope and limit of *ex officio* investigation, the Supreme Court defines the issues to be investigated *ex officio* as issues the court is obliged to investigate regardless of the parties' claims, such as misapplication or misunderstanding of statutes. As the Court's definition is too vague, it serves too little. It will be useful to categorize the issues to be investigated *ex officio*.

* Judge, Supreme Court.

The Court seems to be indifferent in drawing a clear line between the issue to be investigated *ex officio* pursuant to Art. 361-4 Para. 1 and the issue to be examined *ex officio* pursuant to Art. 364 Para. 2. However it is desirable to distinguish the former from the latter since each has its own ground, conditions or legal effect.

2006년도 형법판례 회고

오 영 근*

I. 서 론

2006년 1월 1일부터 12월 31일까지의 대법원 형사판결로서 인터넷 대법원 홈페이지 종합법률정보 사이트[1]에 게재되어 있는 판례는 총 348건이다. 이 중 전원합의체 판결은 6건인데 그 중 2건은 형사소송법에 관한 판결이고(대법원 2006.12.5. 선고 2006초기335 전원합의체 판결; 대법원 2006.3.16. 선고 2005도9729 전원합의체 판결), 형법에 관한 판결은 4건이었다(대법원 2006.11.16. 선고 2006도4549 판결; 대법원 2006.10.19. 선고 2004도7773 판결; 대법원 2006.10.19. 선고 2005도3909 판결; 대법원 2006.4.7. 선고 2005도9858 전원합의체 판결).

대법원 2006.11.16. 선고 2006도4549 판결과 대법원 2006.10.19. 선고 2004도7773 판결은 유추해석금지원칙에 관한 판결이고, 대법원 2006.10.19. 선고 2005도3909 판결은 증거인멸죄와 직무유기죄의 죄수관계에 관한 판결이고, 대법원 2006.4.7. 선고 2005도9858 판결은 보존등기말소청구를 통한 소송사기에 관한 판결이었다. 네 판결들이 우연히 이루어진 것인지 아니면 대법원이 이전에 비해 형법해석의 엄격성원칙을 좀 더 강조하는 입장으로 선회하는 것인지는 더 두고 보아야 할 일이긴 하지만, 일단 구체적 타당성을 중시하였던 이전의 판결경향에 비해서는 진일보한 것이라고 평가할 수 있다.

---

* 한양대학교 법과대학 교수, 법학박사.

1) http://glaw.scourt.go.kr/glis/legal__c/SearchListFrame.jsp

이 글에서는 2006년도의 형법판례 중 전원합의체 판결 중 3개의 판결과 필자가 임의로 선정한 판결들을 총칙과 각칙으로 나누어 검토하기로 한다.

Ⅱ. 전원합의체 판결

1. 대법원 2006. 10. 19. 선고 2004도7773 전원합의체 판결

(1) 사실관계 및 재판의 경과

지방세법 제234조의4는 특별징수의 절차라는 제목하에 "① 도축세를 징수하고자 할 때에는 조례의 정하는 바에 따라 도장경영자 기타 징수에 편의가 있는 자를 특별징수의무자로 하여 징수한다. ② 제1항의 규정에 의한 특별징수의무자는 매월 5일까지 전월중에 징수한 또는 징수하여야 할 도축세에 관한 과세표준 세액 기타 조례에 정하는 사항을 기재한 납입신고서를 시장·군수에게 제출함과 동시에 그 세액을 납입할 의무를 진다"고 하여 도축세(소·돼지의 도살에 대하여 도살자에게 부과되는 조세)를 도장경영자(屠場經營者) 등을 특별징수의무자로 하여 징수하는 특별징수방법을 규정하고 있다.

그런데 지방세법 제84조 제1항은 "지방세에 관한 범칙행위에 대하여는 조세범처벌법령을 준용한다"고 규정하고, 조세범처벌법 제11조는 "조세의 원천징수의무자가 정당한 사유 없이 그 세를 징수하지 아니하거나 징수한 세금을 납부하지 아니하는 경우에는 1년 이하의 징역 또는 그 징수하지 아니하였거나 납부하지 아니한 세액에 상당하는 벌금에 처한다"라고 규정하여 원천징수의무자에 대한 처벌규정을 두고 있다.

피고인은 도축세를 징수하지 아니하거나 징수한 세금을 납부하지 않았다. 검사는 지방세법 제84조 제1항을 근거로 피고인을 조세범처벌법 제11조 위반죄(원천징수의무위반죄)로 기소하였다. 제1심과 항소심 법원은 피고인에게 무죄를 선고하였다(부산지법 2004. 10. 28. 선고 2004노1422 판결). 검사가 상고하였으나, 대법원은 대법관 전원일치의 의견으로 종래의 입장(대법원 2005.2.25. 선고 2004도8758 판결)을 변경한 후 검사의 상고를 기각하였다.

(2) 판결요지

조세범처벌법 제11조에서 규정하고 있는 '원천징수'와 지방세법 제234조의4 제1항에서 규정하고 있는 '특별징수'는 각 법률에 규정된 개념정의에서 구별될 뿐만 아니라 그 성격이나 제도적 목적 등에 있어서도 차이가 있고, 주민세의 특별징수에 관한 지방세법 제179조의3 제1항은 특별징수의무자가 원천징수의무자와 서로 구별되는 개념임을 전제로 "… '소득세법' 또는 '법인세법'의 규정에 의한 원천징수의무자를 주민세의 특별징수의무자로 한다"는 별도의 규정을 두고 있으며, 지방세법 제84조 제2항에서 조세범처벌법의 준용에 따르는 별도의 간주규정을 두고 있음에도 도축세의 특별징수의 경우 특별징수의무자를 원천징수의무자로 본다는 별도의 규정이 없는 점 등에 비추어 보면, 도축세의 특별징수의무자는 조세범처벌법 제11조에서 규정하고 있는 원천징수의무자와는 구별된다. 따라서 지방세법상의 범칙행위 처벌과 관련하여 도축세 특별징수의무자를 원천징수의무자로 간주하는 등의 별도의 규정이 없는 이상, 지방세법 제84조 제1항의 일괄적 준용규정만으로 원천징수의무자에 대한 처벌규정인 조세범처벌법 제11조를 지방세법상 도축세 특별징수의무자에 대하여 그대로 적용하는 것은 수범자인 일반인의 입장에서 이를 쉽게 예견하기 어려운 점에 비추어 형벌법규의 명확성의 원칙에 위배되는 것이거나 형벌법규를 지나치게 확장·유추해석하는 것으로서 죄형법정주의에 반하여 허용될 수 없다.

(3) 평　석

1) 대상판결의 의의

대상판결은 형법해석의 엄격성원칙, 유추해석금지원칙을 지방세법상 도축세 특별징수의무 위반행위에 대해 적용하고 있다. 특히 불과 1년 8개월 전 동일한 사안에서 지방세법 위반에 해당되어 유죄라고 판단한 대법원 2005.2.25. 선고 2004도8758 판결의 입장을 변경하였고,

그것도 대법관 전원일치로 판결이 이루어졌다는 점에서 의의가 있다.

이 판결은 이후 형벌권의 범위를 줄이는 방향으로의 해석을 강조하는 전원합의체판결이 있었다(대법원 2006.10.19. 선고 2005도3909 전원합의체 판결; 대법원 2006.11.16. 선고 2006도4549 전원합의체 판결).

2) **대상판결의 평가**

대상판결은 국세의 원천징수와 도축세의 특별징수와 유사점이 있기는 하지만 차이점도 있기 때문에 전자에 적용되는 형벌법규를 후자에 적용하는 것은 유추해석금지원칙에 반한다고 하였다. 이러한 대상판결의 입장은 타당하다고 생각된다. 도축세 특별징수의무위반자에 대한 처벌은 해석이 아니라 새로운 입법을 통해 이루어져야 하는 것이 올바른 길이기 때문이다.

2. 대법원 2006.11.16. 선고 2006도4549 전원합의체 판결

(1) 사실관계 및 재판의 경과

피고인은 특정범죄 가중처벌등에 관한 법률상의 조세포탈죄, 특정경제범죄 가중처벌등에 관한 법률상의 횡령죄, 절도죄, 범죄수익 은닉의 규제 및 처벌 등에 관한 법률 위반죄, 조세범처벌법위반죄 등으로 기소되었는데, 대상판결은 변호사법 제111조 위반죄에 대한 것이다.

변호사법 제111조는 "공무원(법령에 의하여 공무원으로 보는 자를 포함한다)이 취급하는 사건 또는 사무에 관하여 청탁 또는 알선을 한다는 명목으로 금품·향응 기타 이익을 받거나 받을 것을 약속한 자 또는 제 3 자에게 이를 공여하게 하거나 공여하게 할 것을 약속한 자는 5년 이하의 징역 또는 1천만원 이하의 벌금에 처하거나 이를 병과할 수 있다"고 규정하고 있다. 한국수자원공사 사장을 변호사법 제111조의 공무원이라고 본다면 피고인은 유죄가 되고, 공무원이라고 보지 않는다면 피고인은 무죄가 된다.

항소심인 서울고등법원은 한국수자원공사 사장을 공무원으로 보아 피고인에게 유죄를 선고하였다(서울고법 2006.6.23. 선고 2005노2685 판결). 이에 피고인이 상고하였다. 대법원은 피고인의 상고를 받아들여 종래의 입장(대법원 2005. 5. 13. 선고 2005도1903 판결)을 변경한 후, 항소심판결을 파기하고 사건을 서울고등법원으로 환송하였다.

(2) 판결요지

[다수의견] 변호사법 제111조에서 규정하고 있는 공무원이 아닌 자를 공무원으로 보는 법령은, 개별 법령의 내용이 구체적으로 변호사법 제111조의 적용에 있어서 공무원으로 의제한다거나 또는 일반적으로 공무원이 범죄구성요건으로 들어가 있는 모든 형사처벌 조항의 적용에 있어서 공무원으로 의제하는 경우 등을 비롯하여, 공무원이 아닌 자가 취급하는 사건 또는 사무에 대해서도 공무원이 취급하는 사건 또는 사무와 동일시하여 그에 관하여 청탁 또는 알선이 이루어지는 경우에는 일반적으로 형사처벌의 대상으로 삼아 그들을 공무원으로 의제한다는 뜻을 담고 있는 때로 한정함이 상당하다. 그런데 정부투자기관 관리기본법 제18조의 공무원 의제조항은 정부투자기관의 임·직원에게 형법이 규정하고 있는 뇌물에 관한 죄를 적용함에 있어서 공무원으로 의제한다는 의미에 불과하고, 그러한 경우가 아닌 일반적인 사안에서 그들이 취급하는 사건 또는 사무가 청탁·알선행위의 대상으로 되기만 하면 모두 이를 형사처벌하겠다는 취지는 아니라고 할 것이므로, 위 공무원 의제조항만으로는 정부투자기관의 임·직원이 변호사법 제111조에서 규정하고 있는 '법령에 의하여 공무원으로 보는 자'에 해당한다고 볼 수 없다. 그러므로 한국수자원공사 사장은 변호사법 제111조에 정한 '법령에 의하여 공무원으로 보는 자'에 해당한다고 볼 수 없어 한국수자원공사 사장이 취급하는 사무에 대하여 청탁 또는 알선한다는 명목으로 금품을 수령한 행위가 변호사법 제111조에 위반된다고 할 수 없다.

[대법관 김용담, 양승태, 김황식, 박일환, 김능환, 안대희의 반대의견] 정부투자기관 관리기본법 제 2 조에서 정한 정부투자기관의 임·직원은 형법 제129조 내지 제132조의 적용에 있어서는 이를 공무원으로 보도록 규정되어 있으므로(정부투자기관 관리기본법 제18조) 변호사

법 제111조의 '공무원(법령에 의하여 공무원으로 보는 자를 포함한다)'이라는 문언 중 괄호 안 부분의 문언의 가능한 의미 범위 내에서 보면 한국수자원공사의 임·직원은 변호사법 제111조에서 말하는 공무원에 해당한다고 볼 수 있고, 정부투자기관 관리기본법 제18조의 입법 취지, 변호사법 제111조의 입법목적 및 형법 제129조 내지 제132조와의 관련성 등에 비추어 보면 정부투자기관 임·직원을 괄호 부분의 문언에 따라 공무원으로 본다고 하여 어떠한 불합리가 생긴다고 볼 수 없으며, 이러한 해석이 죄형법정주의에 따른 형벌법규의 명확성의 원칙에 어긋나는 것이라고 볼 수도 없다. 그러므로 정부투자기관의 임·직원이 알선수뢰죄에서 알선행위의 상대방이 되는 경우에 공무원으로 의제된다면 변호사법 제111조에서 정한 알선수재죄에서 알선행위의 상대방이 되는 경우에도 이를 공무원으로 보는 것이 옳을 것이고 변호사법 제111조의 괄호 부분은 이 점을 명시적으로 표현한 것이라고 볼 수 있다.

[다수의견에 대한 대법관 김지형의 보충의견] 다수의견은 죄형법정주의가 요구하는 형벌법규의 해석원칙에 따라 변호사법 제111조의 '공무원(법령에 의하여 공무원으로 보는 자를 포함한다)'이라는 문언 중 괄호 부분을 더더욱 엄격하게 해석하여야 한다는 것이고, 구체적으로 변호사법 제111조의 적용에 있어서 공무원으로 의제하는 경우, 일반적으로 공무원이 범죄구성요건으로 들어가 있는 형사처벌조항의 적용에 있어서 공무원으로 의제하는 경우, 공무원이 아닌 자가 취급하는 사건 또는 사무에 대해서도 공무원이 취급하는 사건 또는 사무와 동일시하여 그에 관하여 청탁 또는 알선이 이루어지는 경우에는 일반적으로 형사처벌의 대상으로 삼아 그들을 공무원으로 의제한다는 뜻을 담고 있는 경우 등, 변호사법 제111조에 의한 처벌대상의 범위를 명확하게 확인할 수 있는 경우로만 한정해야 한다는 견해를 취하고 있는 것이다. 그리고 이러한 해석이 보다 헌법합치적 해석에 가까운 것이다.

(3) 평　석

1) 대상판결의 의의

대상판결은 변호사법 제111조의 법령에 의하여 공무원으로 의제되는 자의 개념을 놓고 형법의 대원칙인 유추해석금지 원칙의 적용여부에 대한 논의를 하였다는 점에 의의가 있다. 특히 다수의견 6, 다수의견의 보충의견 1, 소수의견 6으로 대법관들의 견해가 나뉘고, 결국 7 : 6으로 판결이 이루어져 유추해석금지원칙에 대한 심층적인 논의가 이루어졌다는 점에서 더욱 의미가 크다.

2) 대상판결에 대한 평가

형법상의 수뢰죄, 사전수뢰죄(형법 제129조), 제3자 뇌물제공죄(제130조), 수뢰후 부정처사죄, 사후수뢰죄(제131조), 알선수뢰죄(제132조) 등은 그 주체가 공무원 또는 중재인으로 한정되어 있다. 그런데 공무원 또는 중재인이 아닌 사람들이 이러한 행위를 한 경우 처벌해야 할 필요성이 있기 때문에, 정부투자기관관리기본법 제18조는 "투자기관의 임원 및 대통령령이 정하는 직원은 형법 제129조 내지 제132조의 적용에 있어서는 이를 공무원으로 본다"고 규정하고 있다. 따라서 한국수자원공사 사장이 직무에 관하여 뇌물을 수수, 요구, 약속한 경우 형법 제129조의 뇌물죄로 처벌할 수 있다.

정부투자기관관리기본법 제18조를 변호사법 제111조에도 적용할 수 있는가가 문제되는데, 제18조는 형벌권을 확장하는 규정으로서 이러한 규정은 엄격하게 해석해야 하는 것이 원칙이므로 다수의견이 좀 더 타당하다고 할 수 있다.

이러한 해석의 논란은 결국 입법의 미숙에서 비롯되는 것인데, 형사입법의 미숙으로 인한 문제점을 피고인에게 불리한 해석으로 해결해서는 안 될 것이다. 이런 의미에서 "역설적일지 모르지만 변호사법 제111조의 괄호 부분의 의미에 관하여 다수의견과 반대의견이 이렇듯 첨예하게 견해가 나뉘고 있다는 사실 바로 그 자체가 위 괄호 부분의 불명확성을 웅변으로 말해 주는 것 아닌가 생각하며 …"라고 한 다수의

견의 보충의견은 음미해 볼만한 가치가 있다고 생각된다.

3. 대법원 2006. 10. 19. 선고 2005도3909 전원합의체 판결

(1) 사실관계 및 재판의 경과

경찰서 방범과장이던 피고인은 부하직원 A가 음반·비디오물 및 게임물에 관한 법률 위반 혐의로 B오락실을 단속하여 범죄행위에 제공된 증거물로 오락기의 변조 기판을 압수하여 위 방범과 사무실에 보관중임을 A로부터 보고받았다. 피고인은 위 압수물을 수사계에 인계하고 검찰에 송치하여 범죄혐의의 입증에 사용하도록 하는 등의 적절한 조치를 취해야 할 직무상의 의무가 있음에도 불구하고 이러한 조치를 취하지 않고, A에게 압수한 변조 기판을 B오락실 업주에게 돌려주라고 지시하였고, A는 이를 B오락실 업주에 돌려주었다.

피고인은 증거인멸죄와 직무유기죄의 상상적 경합범으로 기소되었다. 항소심인 대전지방법원은 이 경우 별도의 직무유기죄는 성립하지 않는다는 이유로 피고인에게 증거인멸죄만의 유죄를 인정하였다(대전지법 2005. 5. 20. 선고 2005노219 판결). 그러나 종래의 대법원 판례에 의하면 이 경우 증거인멸죄와 직무유기죄의 상상적 경합범이라고 해야 하므로, 검사가 상고하였다. 대법원은 전원합의체 판결로 종래의 입장을 변경하고 검사의 상고를 기각하였다.

(2) 판결요지

경찰서 방범과장이 부하직원으로부터 음반·비디오물 및 게임물에 관한 법률 위반 혐의로 오락실을 단속하여 증거물로 오락기의 변조 기판을 압수하여 사무실에 보관중임을 보고받아 알고 있었음에도 그 직무상의 의무에 따라 위 압수물을 수사계에 인계하고 검찰에 송치하여 범죄 혐의의 입증에 사용하도록 하는 등의 적절한 조치를 취하지 않고, 오히려 부하직원에게 위와 같이 압수한 변조 기판을 돌려주라고 지시하여 오락실 업주에게 이를 돌려준 경우, 작위범인 증거인멸죄만이 성립하고 부작위범인 직무유기(거부)죄는 따로 성립하지 아니한다.

(3) 평　　석

1) 판결의 의의

대상판결은 경찰관이 그 직무에 위배하여 피의자의 친족으로 하여금 피의자의 형사사건에 관한 증거인멸을 교사한 경우 증거인멸교사죄와 직무유기죄의 상상적 경합을 인정하였던 종래의 입장(대법원 1967. 7.4. 선고 66도840 판결)을 변경하였다는 점에 의의가 있다. 즉, 종래의 입장에 의하면, 경찰관이 그 직무에 위배하여 증거인멸죄나 증거인멸교사죄를 범한 경우 증거인멸죄나 증거인멸교사죄 이외에 직무유기죄가 별도로 성립한다. 그러나 대상판결은 경찰관이 그 직무에 위배하여 증거인멸죄나 증거인멸교사죄를 범한 경우 이들 범죄와 직무유기죄는 상상적 경합이 아니라 법조경합의 관계에 있다는 점을 분명히 하였다.

2) 공무원의 직무유기죄와 기타 범죄와의 관계

대법원이 대상판결과 같은 입장을 취할 것은 일찍부터 예상되었던 것이라고 할 수 있다.

대법원은 1967.7.4. 선고 66도840 판결에서 증거인멸교사죄와 직무유기죄의 상상적 경합을 인정하였다(이 판결은 경찰관인 피고인이 밀수품 보관 피의자 A를 조사함에 있어서 동인의 처남인 B가 밀수품을 갖고 와서 보관케 되었다고 사실대로 진술하였음에도 불구하고 A를 사주하여 C라는 가공인물을 내세워서 그로부터 동 물품을 받았다고 허위진술하게 하여 그와 같은 취지로 피의자 신문조서에 기재하고 또 A의 처인 D에게는 누가 물으면 남편친구 부탁으로 받아 놓았다고 말하라고 한 사건에 관한 것이다).

그러나 이후 대법원은 직무유기죄와 증거인멸죄 이외의 범죄와의 관계에서는 법조경합이라는 입장을 취하였다. 대법원은 "세무공무원이 범칙사건을 수사하고 관계서류를 작성함에 있어 그 혐의 사실을 고의로 은폐하기 위하여 내용허위의 전말서나 진술조서 등을 작성하였다면 허위공문서작성 및 동행사죄만이 성립되고 직무유기죄는 성립하지 않는다"(대법원 1971.8.31. 선고 71도1176 판결), "위법건축물이 발생하지 않도록 예방·단속해야 할 직무상 의무 있는 자가 위법건축을 하도록 타인을 교사한 경우 건축법위반교사죄만이 성립한다”(대법원 1980. 3. 25. 선고 79도2831 판결), “경찰관인 피고인이 검사로부터 범인을 검거하라는 지시를 받고서도 그 직무상의 의무에 따른 적절한 조치를 취하지 아니하고 오히려 범인에게 전화로 도피하라고 권유하여 그를 도피케 하였다는 범죄사실만으로는 직무위배의 위법상태가 범인도피행위 속에 포함되어 있는 것으로 보아야 할 것이므로, 이와 같은 경우에는 작위범인 범인도피죄만이 성립하고 부작위범인 직무유기죄는 따로 성립하지 아니한다”(대법원 1996. 5. 10. 선고 96도51 판결), “어업허가를 담당하는 공무원인 피고인이, 출원인이 어업허가를 받을 수 없는 자라는 사실을 알면서도 그 직무상의 의무에 따른 적절한 조치를 취하지 않고 오히려 부하직원으로 하여금 어업허가 처리기안문을 작성하게 한 다음 피고인 스스로 중간결재를 하는 등 위계로써 농수산국장의 최종결재를 받았다면, 직무위배의 위법상태가 위계에 의한 공무집행 방해행위 속에 포함되어 있는 것이라고 보아야 할 것이므로, 이와 같은 경우에는 작위범인 위계에 의한 공무집행방해죄만이 성립하고 부작위범인 직무유기죄는 따로 성립하지 아니한다”(대법원 1997. 2. 28. 선고 96도2825 판결)고 하였다.

(4) 대상판결에 대한 평가

이와 같이 공무원이 그 직무에 위배하여 허위공문서작성죄, 범인도피죄, 위계에 의한 공무집행방해죄를 범한 경우 이들 범죄만 성립하고 직무유기죄는 성립하지 않는다고 하는 데에 비해, 공무원이 그 직무에 위배하여 증거인멸죄 내지 증거인멸교사죄를 범한 경우 이들 범죄와 직무유기죄의 상상적 경합이라고 하는 것은 균형에 맞지 않는다고 할 수 있다. 전자의 입장의 판례가 주류적 입장을 이루었으므로, 후자의 입장의 판례가 변경되리라는 것은 쉽게 예상할 수 있는 일이다. 이러한 의미에서 원심판결이 판결 당시 대법원의 입장이었던 대법원 1967. 7. 4. 선고 66도840 판결의 입장을 따르지 않고 대상판결과 같은 입장을 취한 것을 충분히 이해할 수 있다.

공무원이 그 직무에 위배하여 범죄행위를 한 경우 정당한 직무집행을 유기하는 것은 당연히 이에 포함된다고 할 수 있으므로 별도의 직무유기죄가 성립하지 않는다고 하는 것이 논리적이다. 따라서 대상판결의 입장이 타당하다고 생각된다. 한편 공무원이 그 직무에 위배하여 직무유기죄의 형벌보다 가벼운 형벌에 처해지는 범죄행위를 한 경우 직무유기죄만이 성립하는지 아니면 직무유기죄와 이들 범죄와의 상상적 경합인지에 대해서 대법원이 어떤 입장을 취할지가 궁금해진다.

Ⅲ. 총칙판례

1. 대법원 2006. 10. 13. 선고 2006도5360 판결

(1) 판결요지

자신의 충동을 억제하지 못하여 범죄를 저지르게 되는 현상은 정상인에게서도 얼마든지 찾아볼 수 있는 일로서, 특단의 사정이 없는 한 위와 같은 성격적 결함을 가진 사람에 대하여 자신의 충동을 억제하고 법을 준수하도록 요구하는 것이 기대할 수 없는 행위를 요구하는 것이라고는 할 수 없으므로, 원칙적으로 충동조절장애와 같은 성격적 결함은 형의 감면사유인 심신장애에 해당하지 아니한다고 봄이 상당하지만, 충동조절장애와 같은 성격적 결함이라 할지라도 그것이 매우 심각하여 원래의 의미의 정신병을 가진 사람과 동등하다고 평가할 수 있는 경우에는 그로 인한 범행은 심신장애로 인한 범행으로 보아야 한다.

(2) 평　　석

형법 제10조 제1항은 "심신장애로 인하여 사물을 변별할 능력이 없거나 의사를 결정할 능력이 없는 자의 행위는 벌하지 아니한다"고 규정하고 있다. 즉, 책임무능력이나 한정책임능력을 인정받기 위해서는 심신장애라고 하는 생물학적 요소와 사별변별능력 또는 의사결정능력의 결여 내지 감소라는 심리학적 요소가 존재해야 한다.

판례에 의하면 충동조절장애는 성격적 결함이어서 심신장애에 해당되지 않아 생물학적 요소에 해당되지 않는다. 그러나 충동조절장애란

본능적 욕구가 지나치게 강하거나 자기방어 기능이 약해져서 스스로 충동을 조절하지 못하는 정신장애의 일종이다. 병적 도박과 병적 방화, 병적 도벽을 비롯하여 간헐성 폭발장애, 발모광(拔毛狂), 쇼핑중독·마약중독·인터넷중독 등 모든 중독 증세가 충동조절장애에 포함된다. 따라서 충동조절장애도 생물학적 요소로서의 심신장애에 해당된다고 해야 할 것이다.

충동조절장애자의 사물변별능력에는 별 문제가 없으므로 의사결정능력의 결여 내지 감소가 문제될 것이다. 그런데 충동조절장애의 존재는 입증하기가 어려우므로 판례가 원칙적으로 충동조절장애는 심신장애에 해당하지 않고 매우 심각하여 정신병을 가진 사람과 동등하다고 인정될 경우에만 심신장애에 해당된다고 하는 것도 이해할 수 있는 일이다. 판례의 입장이 충동조절장애는 심신장애에 해당되지 않으므로 설사 행위 당시에 행위자에게 충동조절장애로 인한 의사결정능력의 결여 내지 감소가 존재하였더라도 무죄가 되거나 형벌감경을 받을 수 없다는 의미인지 아니면 구체적 사건에서 충동조절장애가 있어 생물학적 요소는 갖춰져 있지만, 충동조절장애로 인한 의사결정능력의 결여 내지 감소가 없었다는 의미인지는 분명하지 않다. 그런데 충동조절장애도 정신병이라고 보아야 하므로 충동조절장애가 있음에도 불구하고 생물학적 요소인 심신장애가 결여되었다고 하는 논리는 타당하다고 할 수 없다.

따라서 충동조절장애가 있는 경우 생물학적 요소의 존재는 인정하는 후자의 입장이 타당하므로, "충동조절장애도 정신장애에 해당하나, 범죄행위시 경미한 충동조절장애만 있는 경우에는 의사결정능력이 결여되었거나 감소된 상태에서의 범행이라고 단정할 수 없다. 그러나 행위자에게 심각한 충동조절장애가 있는 경우에는 의사결정능력이 결여되었거나 감소된 상태에서의 범행이라고 할 수 있다"로 표현을 바꾸는 것이 바람직해 보인다.

2. 대법원 2006. 4. 28. 선고 2006도1296 판결 및 대법원 2006. 12. 8. 선고 2006도6886 판결(상습절도 누범에 대한 형법과 특가법의 적용문제)

(1) 판결요지

[대법원 2006. 12. 8. 선고 2006도6886 판결] 2005. 8. 4. 법률 제7654호로 개정·시행된 특정범죄 가중처벌 등에 관한 법률 제5조의4 제6항은 그 입법 취지가 2005. 8. 4. 법률 제7656호로 공포·시행된 사회보호법 폐지법률에 의하여 사회보호법이 폐지됨에 따라 상습절도 사범 등에 관한 법정형을 강화하기 위한 데 있다고 보이고, 조문의 체계가 일정한 구성요건을 규정하는 형식으로 되어 있으며, 적용요건이나 효과도 형법 제35조와 달리 규정되어 있는 점 등에 비추어 볼 때, 위 법률 제5조의4 제1항 또는 제2항의 죄로 2회 이상 실형을 받아 그 집행을 종료하거나 면제받은 후 3년 이내에 다시 위 제1항 또는 제2항의 죄를 범한 때에는 그 죄에 정한 형의 단기의 2배까지 가중한 법정형에 의하여 처벌한다는 내용의 새로운 구성요건을 창설한 규정이라고 새겨야 할 것이므로, 이러한 경우 위 제6항에 정한 형에 다시 형법 제35조의 누범가중한 형기범위 내에서 처단형을 정하는 것이 옳다.

[대법원 2006. 4. 28. 선고 2006도1296 판결] (앞 부분은 2006도6886판결과 같음) … 새로운 구성요건을 창설한 규정이라고 새기는 것이 옳고, 이와 달리 누범가중에 관한 형법 제35조를 보충하는 데 불과한 규정으로 새길 것이 아니므로, 법원이 위 제5조의4 제6항을 적용하기 위해서는 검사가 공소장에 위 조항을 기재하거나 적용법조의 추가·변경 절차에 의하여 법원에 그 적용을 구하여야 하고, 그러한 기재 등이 없는 한 법원이 직권으로 제5조의4 제6항을 적용할 수는 없다고 보아야 한다.

(2) 평 석

형법 제35조와 특가법 제5조의4 제6항이 일반 대 특별의 관계인가 아니면 별개의 사안을 규정하는 것인가에 대해서는 해석이 달라질 수 있다. 대상판결들은 후자의 입장을 따른 것이다. 전자의 입장을 따르면 특가법 제5조의4 제6항이 적용되는 경우에는 형법 제35조가 적용될 수 없게 된다. 이 경우 상습절도죄로 1회의 징역형을 선고받은 상습절도 누범에 대해서는 25년의 징역까지 처할 수 있게 된다(특가법 제5조의4 제1항은 상습절도죄에 대해 무기 또는 3년 이상의 징역에 처하도록 규정하고 있기 때문에 3년 이상의 징역을 선택하고 장기의 두 배까지 가중하면 형법 제42조 단서에 의해 25년의 징역까지 처할 수 있다). 그러나 상습절도죄로 2회 이상 징역형을 선고받은 상습절도 누범에 대해서는 단기만을 가중하기 때문에 6년 이상(15년 이하)의 징역에만 처할 수 있게 된다. 이와 같이 상습절도죄로 2회 이상의 징역을 선고받았던 누범에 대한 징역형의 상한이 1회 징역형을 선고받았던 누범에 대한 징역형의 상한보다 낮은 것은 문제라고 할 수 있다.

따라서 특가법 제5조의4 제6항이 새로운 구성요건을 창설한 규정으로 보는 대상판결의 입장은 타당하다고 할 수 있다.

(3) 입법상의 문제점

해석상으로는 위와 같은 결론이 난다 하더라도, 특가법 제5조의4 제6항은 물론이고, 제5조의4 전체가 헌법상 과잉금지원칙에 위배된다고 할 수 있다. 동조 제1항은 상습절도범에 대한 형벌을 무기 또는 3년 이상의 징역으로 규정하고 있는데, 상습범에 대한 가중이라고 하더라도 형벌가중이 지나치다고 할 수 있다. 상습범가중에 대한 비판이 높은 것을 감안하면 이는 더욱 그렇다. 제5조의4 제6항의 경우도 보호감호제도의 폐지에 따른 보완책이라고 하지만, 보호감호제도가 폐지된 것은 보호감호제도가 없더라도 상습절도범 등에 대한 충분한 처벌이 가능하다는 점을 고려한 것이라고 할 수 있다. 그렇다면 굳이 제5조의4 제6항과 같은 규정을 새로이 신설할 필요는 없었을 것이다.

3. 대법원 2006. 5. 29. 선고 2006모135 결정

(1) 사실관계 및 재판의 경과

신청인은 1986. 2. 7. 인천지방법원에서 폭력행위등 처벌에 관한 법률 위반으로 징역 5년을 선고받고 항소하였다. 항소심인 서울고등법원은 신청인에게 징역 2년 6월을 선고하였고, 신청인의 상고포기로 이 재판이 확정되었다. 1986. 6. 4. 서울고검의 검사는 1986. 5. 27.을 기산일로 하여 위 2년 6월의 징역형을 집행하되 274일의 미결구금일수를 산입하도록 안양교도소장에게 형집행지휘처분을 하였다. 신청인은 안양교도소에 복역하던 중 위 확정판결 이전인 1985. 7. 31.경 강도살인죄를 범한 것이 발견되어 기소되었고, 1987. 5. 15. 제1심에서 사형, 1987. 8. 25. 항소심에서 무기징역형을 선고받았고, 이 판결이 확정되었다. 1987. 9. 서울고검 검사는 1987. 9. 3.을 기산일로 하여 무기징역형을 집행하되, 그 때까지의 구금일수는 통산하지 않도록 하는 형집행지휘처분을 하였다. 2005. 8. 15. 무기징역형이 20년 징역형으로 감형되었다.

이에 신청인은 구금일수를 통산하지 않도록 한 1987. 9. 3.의 검사의 형집행지휘처분은 위법부당하다는 항고를 제기하였으나 서울고등법원은 신청인의 항고를 기각하였다(서울고법 2006. 3. 9. 선고 2005로12 결정). 신청인이 재항고하였으나 대법원은 재항고를 기각하였다.

(2) 결정요지

구 형법(2005. 7. 29. 법률 제7623호로 개정되기 전의 것) 제39조 제2항, 제1항, 제38조 제1항 제1호는 경합범관계에 있는 사건에 관하여 수개의 형이 선고·확정된 경우에는 경합범의 처벌례에 의하여 집행하도록 되어 있으므로 그 중 중한 형이 사형 또는 무기징역이나 무기금고인 때에는 그 형만을 집행할 수 있을 뿐 몰수나 벌금, 과료 이외의 다른 형은 집행하지 아니함이 그 규정 취지에 의하여 분명하므로 경합범에 해당하는 무기징역형이 사후에 징역 20년 형으로 감형되었다 하더라도 그 감형된 형만을 집행할 수 있을 뿐 몰수나 벌금, 과료 이외의 다른 형은 집행할 수 없다. 한편 이미 집행한 형기의 통산규정인 같은 법 제39조 제4항은 수개의 형을 합산하여 집행하는 경우에 이미 집행한 형기는 수개의 형 중 일부에 해당하는 것이어서 이를 통산하라는 취지이므로 무기징역형만을 집행할 뿐 다른 형을 더 이상 집행하지 아니하는 경우에는 적용될 여지가 없는 것이니, 위 무기징역형이 사후에 징역 20년 형으로 감형되었다 하더라도 마찬가지로 그 적용이 없다. 경합범관계에 있는 각 죄에 대하여 2년 6월의 징역형과 무기징역형이 별도로 선고·확정된 경우에는 위 무기징역형이 사후에 징역 20년으로 감형되었다고 하더라도 징역 2년 6월의 형 집행으로 복역한 형기를 감형된 징역 20년의 형기에 통산할 수 없다.

[비교결정: 대법원 1991. 8. 9. 선고 91모54 결정] 경합범관계에 있는 수개의 형이 선고, 확정된 경우에는 경합범의 처벌례에 따라 집행하도록 되어 있으므로 피고인에 대하여 선고, 확정된 경합범관계에 있는 2개의 형 중 1개의 형이 무기징역형이고, 1개의 형이 징역 5년 형인 경우에는 위 무기징역형이 사후에 징역 20년 형으로 감형되었다 하더라도 그 감형된 형만을 집행할 수 있을 뿐 위 5년 형은 집행할 수 없는 것이니 위 20년 형에다가 위 5년 형을 합산하여 집행하라는 검사의 형집행지휘처분은 위법하다.

(3) 평　석

1) 결정의 취지 및 문제점

신청인의 주장대로 유기징역형으로 인한 구금기간을 산입한다면 신청인이 구금된 것은 1986. 5. 27.에서 274일 이전인 1985. 8. 25.경이므로, 2005. 8. 25.경이면 석방되어야 한다. 그러나 신청인의 구금일수를 산입하지 않는다면 2007. 9. 2.에야 신청인이 석방될 수 있다. 따라서 사후적 경합범으로 무기징역형이 선고된 사건에서 이전의 구금일수를 산입하느냐의 여부는 피고인에게 중대한 의미를 갖는다.

대상결정은 사후적 경합범에 대해 무기징역이 선고된 경우 그 이전의 범죄로 인해 구금된 기간은 무기징역형이 감형되더라도 감형된 형기에 산입할 수 없다는 점을 명확히 하였다. 대상결정과 비교결정을 비교하여 보면, 경합범관계에 있는 두 개의 범죄에 대해 각각 무기징역형과 유기징역형이 선고되고 유기징역형이 집행되지 않은 경우에는 무기징역형만을 집행할 수 있으므로 무기징역형이 20년형으로 감형되더라도 유기징역형은 집행할 수 없지만, 유기징역형의 일부를 집행하던 중에 무기징역형이 선고된 경우에는 집행된 유기징역형의 기간은 무기징역형에 산입할 수 없고 따라서 무기징역형이 감형된 경우라도 감형된 기간 전부를 집행해야 한다는 입장이다.

2) 바람직한 해결방법

사후적 경합범의 처벌에서 중요한 것은 동시적 경합범으로 판결을 받았을 때보다 (유리하지도) 불리하지도 않아야 한다는 것이다. 즉, 신청인이 강도살인죄와 폭력행위등 처벌에 관한 법률위반죄의 동시적 경합범으로 판결을 받아 무기징역형(과 유기징역형)을 선고받고 이 무기징역형이 20년형으로 감형되었다면 신청인은 최초 구금되었던 기간부터 20년간을 복역하면 된다. 그런데 폭처법위반죄의 재판이 먼저 이루어지고 이후 강도살인죄가 사후적 경합범으로 재판을 받았기 때문에 무기징역형을 선고받은 경우에는 무기징역형이 20년형으로 감형되더라도 무기징역형이 선고된 때부터 20년형을 복역하여야 한다.

이것은 결국 신청인이 사후적 경합범으로 처벌받음으로써 동시적 경합범으로 처벌받았을 때보다 불리하게 된 경우에 해당되므로 원칙적으로 허용되어서는 안 되고, 중대한 예외가 있는 경우에만 허용될 수 있다. 예를 들어 강도살인죄와 폭처법위반죄가 동시적 경합범으로 재판을 받았다면 사형이 선고될 가능성이 많았는데, 폭처법위반죄에 대해 먼저 유기징역형이 선고되고 강도살인죄는 사후적 경합범으로 재판을 받았기 때문에 무기징역형이 선고되었을 경우와 같은 경우이다. 그러나 대상결정의 사건에서 이러한 특별한 사유가 설시되어 있지는 않다.

대상결정에는 신청인의 구금일수를 산입하는 경우 이미 석방되어야 할 사람을 1년 가까이 구금하였다는 문제가 발생하고, 신청인이 1년 가까이 더 구금되었더라도 억울한 것은 아니라는 생각이 깔려있는 것 같다. 그러나 대법원은 구체적 타당성보다는 법적 안정성을 중시해야 하므로, 대상결정의 사건에서 신청인의 구금일수를 산입하도록 하는 것이 바람직하다고 생각된다. 이렇게 되어야 대상결정과 비교결정이 좀 더 잘 조화를 이룰 수 있을 것이다.

Ⅳ. 각칙판례

1. 대법원 2006. 1. 12. 선고 2005도8427 판결

(1) 사실관계

피해자는 1988년생인 조선족이다. 2000. 4. 11. 피고인은 피해자와 사이에 약정을 했는데, 그 내용은 피고인이 피해자의 교육을 지원하고, 피해자는 결혼한 후에도 피고인의 사망시까지 피고인과 함께 살며 피고인은 사망시 재산의 30%와 함께 살던 집을 피해자에게 주기로 하는 것이었다. 이 약정에 따라 피고인은 2000. 9. 16. 피해자를 중국에서 우리나라로 데려온 후 피고인의 집에서 함께 생활하면서 피해자에게 생활비와 교육비를 지원하였고, 2002. 4. 9.에는 피해자를 자신과 처인 A 사이의 친생자로 출생신고까지 하였다. 한편 피해자의 생모인 B는 법정대리인으로서 위 약정 및 출생신고에 동의하였으나, 피고인은 그의 처 A와는 상의를 하지 않았다. 그런데 피고인이 피해자를 강간하였다.

(2) 판결요지

[1] 사실상의 양자의 양부와 같이 법정혈족관계를 맺고자 하는 의사의 합치 등 법률이 정하는 실질관계는 모두 갖추었으나 신고 등 법정절차의 미이행으로 인하여 법률상의 존속으로 인정되지 못하는 자도 성폭력특별법 제7조 제5항이 규정한 사실상의 관계에 의한 친족에 해당한다.

[2] 처가 있는 자가 입양을 함에 있어서 혼자만의 의사로 부부 쌍방 명의의 입양신고를 하여 수리된 경우, 처와 양자가 될 자 사이에서는 입양의 일반요건 중 하나인 당사자간의 입양합의가 없으므로 입양이 무효가 되는 것이지만, 처가 있는 자와 양자가 될 자 사이에서는 입

양의 일반 요건을 모두 갖추었어도 부부 공동입양의 요건을 갖추지 못하였으므로 처가 그 입양의 취소를 청구할 수 있으나, 그 취소가 이루어지지 않는 한 그들 사이의 입양은 유효하게 존속하는 것이고, 당사자가 양친자관계를 창설할 의사로 친생자출생신고를 하고, 거기에 입양의 실질적 요건이 모두 구비되어 있다면 그 형식에 다소 잘못이 있더라도 입양의 효력이 발생하고, 양친자관계는 파양에 의하여 해소될 수 있는 점을 제외하고는 법률적으로 친생자관계와 똑같은 내용을 갖게 되므로, 이 경우 허위의 친생자출생신고는 법률상의 친자관계인 양친자관계를 공시하는 입양신고의 기능을 발휘하게 된다.

[3] 피고인이 피해자의 생모의 동의를 얻어 피해자를 입양할 의사로 데려왔으나 자신의 처의 동의 없이 피해자를 자신과 처 사이의 친생자로 출생신고를 한 경우, 피고인은 친생자출생신고 전에는 성폭력특별법 제7조 제5항의 '사실상의 관계에 의한 친족'에 해당하고, 친생자출생신고 후에는 같은 법 제7조 제1항의 '친족'에 해당한다.

[참고판결: 대법원 1996. 2. 23. 선고 95도2914 판결] 형벌법규는 그 규정 내용이 명확하여야 할 뿐만 아니라 그 해석에 있어서도 엄격함을 요하고 유추해석은 허용되지 않는 것이므로 성폭력특별법 제7조 제4항에서 규정하는 사실상의 관계에 의한 존속이라 함은, 자연혈족의 관계에 있으나 법정 절차의 미이행으로 인하여 법률상의 존속으로 인정되지 못하는 자(예컨대, 인지 전의 혼인 외의 출생자의 생부) 또는 법정 혈족관계를 맺고자 하는 의사의 합치 등 법률이 정하는 실질관계는 모두 갖추었으나 신고 등 법정절차의 미이행으로 인하여 법률상의 존속으로 인정되지 못하는 자(예컨대, 사실상의 양자의 양부)를 말하고, 위와 같은 관계가 없거나 법률상의 인척에 불과한 경우에는 그 생활관계, 당사자의 역할·의사 등이 존속관계와 유사한 외관을 가진다는 이유만으로 위의 사실상의 관계에 의한 존속에 포함된다고 할 수는 없다. … 피해자와 아무런 혈연관계가 없고 단지 피해자의 어머니와 사실상 부부로서 동거하는 관계에 있는 자(의붓아버지)는 성폭력특별법

제 7 조 제 4 항에서 규정하는 사실상의 관계에 의한 존속에 포함되지 않는다.

(3) 평　　석

대상판결의 논리와 근거는 모두 타당하다고 할 수 있다. 다만, 피고인에게 피해자를 입양할 진정한 의사가 있었는지에 대해 변호인이 다투었는지 의문이다. 만약 처음부터 피고인이 피해자를 강간할 의사로 피해자를 중국에서 데려왔고, 과거 혹은 장래의 강간사실을 숨기기 위해 친생자로 출생신고를 하였다면, 피고인에게 진정한 입양의 의사가 없으므로 입양의 효력은 발생할 수 없고, 이에 따라 피고인을 피해자의 법률상의 친족이라고 할 수 없을 뿐만 아니라 사실상의 친족이라고도 할 수 없기 때문이다.

성폭력특별법은 제정 당시부터 졸속·부당한 입법으로 인하여 여러 가지 해석상의 문제를 낳는 규정이 있었다. 이는 동법 제 9 조의 주체에 미수범이 포함되는지의 여부에 관한 대법원 1995. 4. 7. 선고 95도94 판결, 의붓아버지가 사실상의 존속에 포함되는지에 대한 참고판결, 동법 제8조에 규정된 '신체장애'에 정신장애가 포함되는지 여부에 대한 대법원 1998. 4. 10. 선고 97도3392 판결 등에서 알 수 있다. 대상판결도 강간죄 등을 가중처벌하는 제 7 조의 규정으로 인해 불필요하게 국가의 형사사법기관이 노력을 낭비하는 한 예라고 할 수 있다.

대상판결은 동법 제18조(직계존속에 대한 고소허용규정)이나 성폭력범죄의 처벌의 특례에 과한 규정 등과 같이 현행 형법이나 형사소송법의 흠결을 보완하는 규정을 제외하고, 현행 형법상의 범죄의 가중처벌을 내용으로 하는 규정들은 삭제해야 할 필요가 있음도 보여주고 있다.

2. 대법원 2006. 3. 10. 선고 2005도382 판결

(1) 판결요지

전보발령을 받아서 더 이상 웹서버를 관리 운영할 권한이 없는 피고인이 웹서버에 접속하여 홈페이지 관리자의 아이디와 비밀번호를 무단으로 변경한 경우, 위와 같은 행위는 피고인이 웹서버를 관리 운영할 정당한 권한이 있는 동안 입력하여 두었던 홈페이지 관리자의 아이디와 비밀번호를 단지 후임자 등에게 알려 주지 아니한 행위와는 달리, 정보처리장치에 부정한 명령을 입력하여 정보처리에 현실적 장애를 발생시킴으로써 피해 대학에 업무방해의 위험을 초래하는 행위에 해당한다.

(2) 평 석

1) 권한 없는 정보의 입력과 부정한 명령의 입력

권한 없는 정보의 입력이 부정한 명령의 입력에 포함된다고 하는 대상판결의 입장은 타당하다고 할 수 있다. 권한 없는 정보의 입력이 부정한 명령의 입력이라는 문언의 가능한 의미를 벗어나는 것이라고 볼 수 없기 때문이다.

2) 부정한 명령의 입력과 정보처리의 장애발생의 요부

제314조 제2항의 '정보처리에 장애발생'이란 컴퓨터의 정상적 기능을 저해하는 것으로서, 컴퓨터의 사용목적에 부합하도록 작동을 하지 못하게 하는 경우뿐만 아니라 사용목적에 어긋나도록 작동하게 하는 경우도 포함한다. 따라서 '정보처리에 장애를 발생시킨다'는 것은 '정보처리장치의 오작동으로 인한 업무처리의 장애발생'을 의미한다고 할 수 있다.

제314조 제2항의 문언을 보면, 허위의 정보 또는 부정한 명령의 입력의 경우에도 정보처리에 장애를 발생시킬 것을 요한다고 해석할 수도 있고, 기타의 방법의 경우에만 정보처리에 장애를 발생시킬 것을 요한다고 해석할 수도 있다. 후자의 견해는 정보처리장애는 업무방해의 추상적 위험 내지 구체적 위험이 있음을 판단할 수 있는 가장 정확한 표지라고 한다. 그러나 제347조의2의 컴퓨터등사용사기죄의 해석과 관련하여, 정보처리장치의 오작동을 통해 업무처리에 장애를 발생시키지 않고서도 허위의 정보나 부정한 명령의 입력만을 통해 컴퓨터등사용사기죄가 성립할 수 있다면, 정보처리에 장애를 발생시키지 않고서도 업

무방해죄가 성립할 수 있다고 있다고 해석하는 것이 논리 일관된 것이라고 생각된다.

제314조 제2항의 보호대상이 되는 업무는 제1항의 보호대상이 되는 업무와 구별되는 것은 아니다. 제314조 제2항은 제1항의 행위태양에 포함되기 어려운 행위를 통한 업무방해죄를 처벌하기 위한 것이라고 할 수 있기 때문이다. 따라서 아이디와 비밀번호를 변경한 것만으로 정보처리에 장애를 발생시켰다고 해석할 것이 아니라 아이디와 비밀번호를 변경한 것은 부정한 명령의 입력에 해당하고, 이 행위가 업무방해의 추상적 위험성을 가진 것이라면 정보처리에 장애를 발생시켰느냐에 상관없이 업무방해죄가 성립한다고 해야 할 것이다.

3. 대법원 2006. 9. 14. 선고 2006도2824 판결

(1) 사실관계

피고인은 출입문이 열려 있는 집에 들어가 재물을 절취하기로 마음먹었다. 피고인은 야간에 피해자들이 주거하는 A다세대주택에 들어가 그 건물 101호의 출입문을 손으로 당겨보았는데 문이 잠겨 있자 그 옆의 102호, 2층의 201호, 202호, 3층의 301호, 302호, 옆 B건물의 주택 1층에 이르러 똑같이 출입문을 당겨보았는데 모두 잠겨 있어 범행에 실패하였다. 그 후 피고인은 B주택 2층의 문이 열려 있는 것을 발견하고 그 곳으로 들어가 재물을 절취하였다.

(2) 판결요지

[1] 야간에 타인의 재물을 절취할 목적으로 사람의 주거에 침입한 경우에는 주거에 침입한 단계에서 이미 형법 제330조에서 규정한 야간주거침입절도죄라는 범죄행위의 실행에 착수한 것이라고 보아야 한다.

[2] 주거침입죄의 실행의 착수는 주거자, 관리자, 점유자 등의 의사에 반하여 주거나 관리하는 건조물 등에 들어가는 행위, 즉 구성요건의 일부를 실현하는 행위까지 요구하는 것은 아니고 범죄구성요건의 실현에 이르는 현실적 위험성을 포함하는 행위를 개시하는 것으로 족

하므로, 출입문이 열려 있으면 안으로 들어가겠다는 의사 아래 출입문을 당겨보는 행위는 바로 주거의 사실상의 평온을 침해할 객관적인 위험성을 포함하는 행위를 한 것으로 볼 수 있어 그것으로 주거침입의 실행에 착수한 것으로 보아야 한다.

(3) 평 석

대상판결의 입장이 대체로 타당하지만, 다음과 같은 의문점이 있다.

첫째, 이 사례에서 주거침입죄의 미수가 성립한다면 닫힌 출입문을 당긴 경우에는 주거침입의 결과가 발생할 수 없으므로 주거침입죄의 불능미수의 문제가 발생하는 것은 아닌가 하는 의문이 있을 수 있다. 만약 피고인이 닫힌 출입문을 열린 출입문이라고 착각하고 출입문을 당긴 경우에는 행위의 대상인 출입문에 대한 착오로 인해 주거침입의 결과발생이 불가능한 경우로서 불능미수가 문제된다고 할 수도 있을 것이다. 그러나 이 사례에서 피고인이 출입문이 열려 있을 수도 있고 닫혀 있을 수도 있다고 생각하였기 때문에 대상의 착오나 실행 수단의 착오는 없으므로 불능미수의 문제는 발생하지 않는다고 해야 할 것이다.

둘째, A다세대주택의 구조가 명확하게 나와 있지 않기는 하지만, 보통의 다세대주택의 경우에는 건물출입문과 계단이 있고, 각 호실의 출입문이 배치되어 있다. 만약 이러한 경우라면 피고인이 건물출입문이나 계단에 들어온 경우 주거침입죄의 기수가 될 수 있으므로 야간주거침입죄의 실행에 착수하였는가 아니면 예비단계에 불과한가 하는 문제는 발생하지 않을 것이다.

셋째, 대상판결은 피고인의 각 행위를 실체적 경합범으로 다룬 것으로 보인다. 그러나 피고인의 행위는 동일한 시간, 장소에서 행해진 접속범이라고 할 수 있으므로 포괄일죄로 다루는 것이 타당하다고 생각된다. 이렇게 되면 B주택에 대한 야간주거침입절도죄가 성립하므로 A주택의 각 호실에 대한 야간주거침입절도죄의 미수범 성립여부의 문제는 발생하지 않을 것이다.

4. 대법원 2006. 7. 27. 선고 2006도3126 판결

(1) 사실관계

피고인은 1997. 5. 21. 처인 A와 협의이혼하였다. 피고인은 A로부터 신용카드발급에 대한 동의나 승낙을 받은 적이 없음에도 불구하고 A명의를 모용하여 엘지신용카드 주식회사, 삼성신용카드 주식회사, 외환신용카드 주식회사로부터 A명의의 신용카드를 발급받아 소지하게 되었다. 당시 피고인의 채무는 약 5,000만원 정도 되었으며, 피고인이 운영하던 업체에서는 매달 약 100만원의 적자가 발생하고 있는 상황이므로 피고인이 신용카드를 사용하더라도 이를 변제할 의사나 능력은 없는 상황이었다.

1) 2002. 2. 8.경 피고인은 그의 사무실에서 A명의의 엘지카드를 이용하여 ARS로 300만원의 현금대출을 받고 150만원을 변제하지 않은 것을 비롯하여, 여러 차례에 걸쳐 그 카드로 ARS로 현금대출을 받거나 현금자동지급기에서 현금을 인출하고 이를 변제하지 않았다.

2) 2000. 10. 27.경 피고인은 그의 사무실에서 A명의의 삼성카드를 이용하여 카드론으로 250만원을 대출받고 그 중 1,664,000원을 변제하지 아니하였다.

3) 2000. 8. 29.경 피고인은 서울 서초구등에서 A명의의 외환카드를 이용하여 ARS로 200만원의 현금대출을 받고 1,500,000원을 변제하지 않는 등, 여러 차례 걸쳐 같은 방법으로 대출을 받고 일부 금원을 변제하지 않았고, 7회에 걸쳐 현금자동지급기에서 현금을 인출하고 이를 변제하지 아니하였다.

(2) 판결요지

[1] 피고인이 타인의 명의를 모용하여 신용카드를 발급받은 경우, 비록 카드회사가 피고인으로부터 기망을 당한 나머지 피고인에게 피모용자 명의로 발급된 신용카드를 교부하고, 사실상 피고인이 지정한 비밀번호를 입력하여 현금자동지급기에 의한 현금대출(현금서비스)을 받을 수 있도록 하였다 할지라도, 카드회사의 내심의 의사는 물론 표시된

의사도 어디까지나 카드명의인인 피모용자에게 이를 허용하는 데 있을 뿐 피고인에게 이를 허용한 것은 아니라는 점에서, 피고인이 타인의 명의를 모용하여 발급받은 신용카드를 사용하여 현금자동지급기에서 현금대출을 받는 행위는 카드회사에 의하여 미리 포괄적으로 허용된 행위가 아니라, 현금자동지급기의 관리자의 의사에 반하여 그의 지배를 배제한 채 그 현금을 자기의 지배하에 옮겨 놓는 행위로서 절도죄에 해당한다.

[2] 타인의 명의를 모용하여 발급받은 신용카드의 번호와 그 비밀번호를 이용하여 ARS 전화서비스나 인터넷 등을 통하여 신용대출을 받는 방법으로 재산상 이익을 취득하는 행위 역시 미리 포괄적으로 허용된 행위가 아닌 이상, 컴퓨터 등 정보처리장치에 권한 없이 정보를 입력하여 정보처리를 하게 함으로써 재산상 이익을 취득하는 행위로서 컴퓨터등사용사기죄에 해당한다.

(3) 평 석

부정발급받은 타인명의신용카드를 사용하여 물품구매, 현금인출, ARS현금대출을 한 경우 사기죄, 절도죄, 컴퓨터등사용사기죄를 인정하는 대상판결에는 다음과 같은 문제점이 있다.

첫째, 대상판결이 부정발급받은 카드로 가맹점에서 물품을 구입하는 경우 카드를 부정발급받는 행위와 물품구입행위가 사기죄의 포괄일죄가 된다고 하는 입장이라면, 카드를 부정발급받은 행위와 현금인출행위 또는 ARS를 통한 현금대출행위가 포괄하여 일죄가 되지 않는 이유가 불분명하다.

둘째, 대상판결이 타인명의의 신용카드를 부정발급받는 행위와 물품구입행위가 포괄일죄가 되는 것이 아니라 물품구입행위만이 사기죄가 된다는 입장이라면, 이는 타인명의의 신용카드를 부정발급받는 행위는 문서위조죄나 동행사죄에 해당될지언정 사기죄에 해당되지는 않는다는 의미가 된다. 그런데 대법원은 대금결제의 의사와 능력 없이 자기명의의 신용카드를 부정발급받아 물품을 구입하고 현금서비스를 받은 경우 사기죄의 포괄일죄가 된다는 입장을 취하고 있기도 하다(대법원 1996. 4. 9. 선고 95도2466 판결). 여기에서 대금결제의 의사와 능력 없이 자기명의의 신용카드를 부정발급받는 행위는 사기죄에 해당되는데, 대금결제의 의사와 능력 없이 타인명의의 신용카드를 부정발급받는 행위는 사기죄에 해당되지 않는 이유가 분명하지 않다.

따라서 타인명의를 모용하여 신용카드를 부정발급받은 경우 물품구입, 현금서비스 등을 받을 수 있는 재산상 이익을 취득한 것으로서 사기죄의 기수가 되고, 이후의 물품구입, 현금인출, ARS를 통한 현금대출 등의 행위는 재산상 이익을 실현하는 것으로서 이들 행위는 모두 포괄하여 사기죄가 된다고 해야 할 것이다. 이러한 점에서 대상판결보다는 사기죄의 포괄일죄를 인정하는 제1, 2심 판결의 결론과 근거가 타당하다고 생각된다.

5. 대법원 2006. 3. 24. 선고 2005도3516 판결

(1) 사실관계

피고인은 2003. 2. 중순 일자불상 10:00경 충주시 목행동에 있는 충주농업협동조합 목행지점에서, 같은 동에 있는 'C 피씨방'에 게임을 하러 온 피해자 A로부터 그 소유의 농협현금카드로 20,000원을 인출해 오라는 부탁과 함께 현금카드를 건네받게 되었다. 이를 기화로 피고인은 위 지점에 설치되어 있는 현금자동인출기에 위 현금카드를 넣고 인출금액을 50,000원으로 입력하여 그 금액을 인출한 후 그 중 20,000원만 피해자에게 건네주고 30,000원은 자신이 가졌다.

(2) 판결요지

예금주인 현금카드 소유자로부터 일정한 금액의 현금을 인출해 오라는 부탁을 받으면서 이와 함께 현금카드를 건네받은 것을 기화로 그 위임을 받은 금액을 초과하여 현금을 인출하는 방법으로 그 차액 상당을 위법하게 이득할 의사로 현금자동지급기에 그 초과된 금액이 인출되도록 입력하여 그 초과된 금액의 현금을 인출한 경우에는 그 인출된 현금에 대한 점유를 취득함으로써 이때에 그 인출한 현금 총액 중 인출을 위임받은 금액을 넘는 부분의 비율에 상당하는 재산상 이익을 취득한 것으로 볼 수 있으므로 이러한 행위는 그 차액 상당액에 관하여 형법 제347조의2(컴퓨터등사용사기)에 규정된 '컴퓨터등정보처리장치에 권한 없이 정보를 입력하여 정보처리를 하게 함으로써 재산상의 이익을 취득'하는 행위로서 컴퓨터등사용사기죄에 해당된다.

(3) 평　석

1) 대상판결의 의의 및 문제점

대상판결은 위임범위를 초과하여 타인의 현금카드로 현금을 인출하여 영득한 행위에 대해 최초로 컴퓨터등사용사기죄를 인정하였다는 점에 의의가 있다. 그러나 대상판결은 전원합의체 판결이 아니므로 권한 없이 타인의 현금카드로 현금을 인출한 행위에 대해 컴퓨터등사용사기죄를 인정하지 않고 절도죄를 인정하였던 종래의 입장(대법원 2002. 7. 12. 선고 2002도2134 판결; 대법원 2003. 5. 13. 선고 2003도1178 판결)을 변경한 것은 아니라고 할 수 있다. 결국 이전의 판결들과 대상판결을 종합하면, 대법원은 타인으로부터 전혀 위임을 받지 아니하고 현금을 인출한 경우에는 절도죄가 성립하지만, 타인으로부터 위임받은 범위를 초과하여 현금을 인출한 경우에는 컴퓨터등사용사기죄가 된다는 입장이라고 할 수 있다.

그런데 이전의 판결들은 "컴퓨터등사용사기죄의 객체는 재물이 아닌 재산상의 이익에 한정되어 있으므로, 타인의 명의를 모용하여 발급받은 신용카드로 현금자동지급기에서 현금을 인출하는 행위를 이 법조항을 적용하여 처벌할 수는 없다"고 하여 현금자동지급기에서 인출한 현금은 재산상 이익이 아니라 재물에 해당된다고 하였다. 그리고 대상판결에 의하면 권한을 초과하여 인출한 현금은 재물이 아니라 재산상 이익이 된다. 대상판결이 이전의 입장을 변경한 것이 아니라면, 권한을 초과하여 인출한 현금은 재물이 아니라 재산상 이익이 되는지에 대한 명백한 근거를 제시하지 않은 문제점이 있다. 또한 대상판결은 '권한을 초과하여' 정보를 입력한 행위를 '권한 없이' 정보를 입력한 행위로 보고 있는데, 이 점 역시 문제의 소지가 있다.

2) '권한을 초과하여'와 '권한 없이'

'권한 없이'의 좁은 의미는 권한이 아예 없는 경우를 의미한다. 따라서 권한이 있지만 권한을 초과한 경우를 '권한 없이'에 포함시키는 것이 피고인에게 불리한 유추해석이 아닌가 하는 의문이 있을 수 있다. 예를 들어 판례는 "약속어음의 액면금액란에 자의로 합의된 금액의 한도를 엄청나게 넘는 금액을 기입하는 것은 백지 보충권의 범위를 초월하여 서명날인 있는 약속어음 용지를 이용한 새로운 약속어음의 발행에 해당되는 것으로서 그 소위가 유가증권 위조죄를 구성한다"(대법원 1972. 6. 13. 선고 72도897 판결)라고 하여 '엄청나게' 넘는 권한초과에만 위조를 인정한다. 또한 "결과적으로 보충권의 행사가 그 범위를 일탈하게 되었다 하더라도 그 점만 가지고 바로 백지보충권의 남용 또는 그에 대한 범의가 있다고 단정할 수는 없다 할 것이고 그 보충권일탈의 정도, 보충권행사의 원인 및 경위 등에 관한 심리를 통하여 정중히 이를 인정하여야 한다"(대법원 1989. 12. 12. 선고 89도1264 판결)고 한다.

대상판결의 사건에서 2만원의 인출을 위임받은 피고인이 5만원의 위임을 인출한 것은 '엄청나게 권한을 초과한 경우'라고 할 수도 있고, 권한을 초과한 부분에 대해 '권한 없이'라고 표현하는 것이 언어의 가능한 의미에서 벗어난다고 하기는 어려울 것이다.

3) 권한을 초과하여 인출한 현금의 성격

'권한을 초과하여'가 '권한 없이'에 포함된다고 하면서도, 권한 없이 인출한 현금은 재물임에 비해 권한을 초과하여 인출한 현금은 재산상 이익이 된다는 대상판결의 논리는 일관성이 있다고 보기 어렵다. 이러한 논리를 전개하기 위해서는 좀 더 명백한 근거를 밝혔어야 한다. 그러나 대상판결이 인출한 현금이 컴퓨터등사용사기죄의 재산상 이익에 해당한다고 한 것은 타당하다고 생각된다. 문제는 인출한 현금이 재산상 이익에 해당하지 않는다고 한 이전의 판결들에 문제가 있다. 그렇다면 대상판결의 진정한 문제점은 인출한 현금을 재산상 이익에 해당한다고 하는 입장을 좀 더 분명히 하기 위해 사건을 대법관전원합의체에 붙이지 않은 것이라고 할 수 있다. 이러한 중요한 문제에 대해 관여법관의 의견이 일치하였다는 것은 매우 신기한 일이다.

6. 대법원 2006. 1. 26. 선고 2005도4764 판결

(1) 판결요지

[1] 유가증권변조죄에 있어서 변조라 함은 진정으로 성립된 유가증권의 내용에 권한 없는 자가 그 유가증권의 동일성을 해하지 않는 한도에서 변경을 가하는 것을 말하므로, 이미 타인에 의하여 위조된 약속어음의 기재사항을 권한 없이 변경하였다고 하더라도 유가증권변조죄는 성립하지 아니한다.

[2] 약속어음의 액면금액을 권한 없이 변경하는 것은 유가증권변조에 해당할 뿐 유가증권위조는 아니므로, 약속어음의 액면금액을 권한 없이 변경하는 행위가 당초의 위조와는 별개의 새로운 유가증권위조로 된다고 할 수 없다.

[참고판결: 대법원 1982. 6. 22. 선고 82도677 판결] 타인이 위조한 액면과 지급기일이 백지로 된 약속어음을 구입하여 행사의 목적으로 백지인 액면란에 금액을 기입하여 그 위조어음을 완성하는 행위는 백지어음 형태의 위조행위와는 별개의 유가증권위조죄를 구성한다. 이 판결의 사실관계는 피고인들이 액면과 지급기일이 공란으로 된 위조약속어음을 구입하여 백지로 된 액면란을 추가로 기재한 경우이다. 원심판결은 피고인들의 행위는 위조어음을 행사하는 방법으로서 금액란을 보충한 것 뿐이고, 이로써 별도로 새로이 약속어음위조죄를 구성하지 않는다고 하였다.

(2) 평　　석

1) 대상판결의 의미

참고판결은 위조유가증권도 유가증권위조죄의 객체가 된다고 하는 반면, 대상판결은 위조유가증권은 유가증권변조죄의 객체가 될 수 없다고 한다. 이를 종합하면 위조유가증권은 유가증권위조죄의 객체가 될 수 있지만, 유가증권변조죄의 객체는 될 수 없다는 것이다. 또 백지어음의 보충권을 남용하여 금액을 보충한 경우에는 유가증권위조죄가 된다고 하는 참고판결과 대상판결의 입장을 종합하면, 권한 없이 백지어음의 금액을 보충한 경우 유가증권위조죄가 되고, 권한 내에서 보충한 이후 권한 없이 금액을 변경하게 되면 유가증권변조죄가 된다는 취지로 해석할 수 있다. 대상판결에 의하면 액면가 10만원짜리 약속어음을 1억원으로 변경한 경우에도 유가증권위조죄가 아니라 유가증권변조죄가 되므로, 대상판결과 참고판결을 백지어음의 보충과 관련하여 보면, 10만원 범위 내에서 보충할 수 있는 권한밖에 없는 사람이 1억원으로 보충하면 유가증권위조죄가 되지만, 10만원으로 보충한 이후 1억원으로 변경하면 유가증권변조죄가 된다는 의미로 해석할 수도 있다.

2) 위조유가증권에 대한 유가증권변조죄의 성립여부

위조유가증권이 유가증권변조죄의 객체가 될 수 있는가에 대해 이를 긍정하는 참고판결보다는 부정하는 대상판결의 입장이 타당하다고 생각된다. 위조어음은 어음으로서의 효력이 없기 때문에, 권한 없이 내용을 변경한다는 것 자체가 불가능하기 때문이다. 다만, 이 경우 불능미수의 성립여부가 문제될 수는 있을 것이다. 판례가 따르는 추상적 위험설에 의하면 위조된 어음을 진정으로 성립한 어음이라고 생각하고 권한 없이 금액을 변경한 경우에는 유가증권변조죄의 불능미수(제223조, 제214조, 제27조)가 성립하고, 위조된 어음인 줄 안 경우에는 유가증권변조죄의 불능범이 될 것이다. 대상판결의 사실관계를 정확하게 알 수 없지만, 이 부분에 대한 심리가 이루어졌는지 궁금하다.

3) 금액의 변경과 유가증권변조죄

대상판결에서 피고인이 유가증권의 액면금액을 얼마에서 얼마로 변경하였는지 나와 있지 않지만(그 금액의 차이가 크지 않으리라 짐작된다), 위조가 되는가 변조가 되는가는 기존의 어음의 동일성을 유지한 것으로 볼 수 있는가 아니면 새로운 어음을 작성한 것으로 보아야 하는가에 달려 있다. 그리고 어음 금액변경의 경우 위조, 변조의 구별은 변경한 액수에 크게 좌우된다고 할 수 있다. 따라서 앞의 든 예에서와 같이 10만원을 100만원 혹은 그 이상으로 변경한 경우에는 단순히 변조가 아니라 위조가 된다고 해야 할 것이다. 또 백지어음을 보충권범위 내에서 보충하고 이어 권한 없이 금액을 변경한 경우에도 금액의 차이가 큰 경우에는 변조가 아니라 위조로 보아야 할 것이다.

권한 없이 어음의 금액을 변경한 경우 변조가 된다고 한 대상판결의 입장에 찬성하지만, 금액변경의 경우 위조, 변조의 구별기준에 대해 좀 더 친절하게 언급하여 주었으면 더욱 좋았을 것이다.

7. 대법원 2006. 3. 10. 선고 2005도9402 판결

(참고판결: 대법원 1996. 6. 11. 선고 96도233 판결)

(1) 사실관계 및 재판의 경과

[대상판결] 피고인 甲은 A로부터 부동산을 매수하고 계약금 3,500만원을 지급하였다. 甲과 A는 중도금의 지급에 갈음하여 甲이 A의 채무를 인수하기로 하였지만 채권자의 승낙 등 인수절차가 모두 마쳐지지는 않았다. 만약 甲의 채무인수가 인정된다면 甲이 A에게 지급해야 할 매매잔대금은 1억 3,260만원이었다. 2002. 11. 5. 甲과 A는 매매대금잔금에서 甲이 인수할 채무 등을 공제하여 매매잔대금 액수를 확정하였다. A는 자신이 경기도 성남에 거주하고 있어 또 다시 강원도 홍천으로 오기 곤란하였기 때문에, 다음날 甲으로부터 잔금을 지급받는 조건으로 법무사 사무실에 등기신청을 위임해 두기로 하였다. 그 날 18:00경 A는 K법무사 사무실의 사무장 B에게 연락하여 그 사무실 직원 C에게 등기신청에 관한 위임장을 작성해 주고 이 사건 부동산의 소유권이전등기에 필요한 서류 일체를 교부하여 소유권이전등기신청을 K법무사에게 위임하였다.

甲은 2002. 11. 6. 잔금을 지급하기만 하면 된다는 생각에서, A와 협의를 하거나 허락을 받은 바가 없음에도 불구하고, 사무장 B에게 "이 사건 부동산에 관하여 소유권이전등기를 먼저 마치고 위 부동산에 저당권을 설정한 후 대출을 받아 잔금을 지급하도록 A가 허락하였다"고 거짓말하였다. B는 이 말을 그대로 믿고 부동산에 관한 소유권이전등기절차를 밟아 甲 앞으로 소유권이전등기를 마치게 하였다.

甲은 다음날 조흥은행을 근저당권자로 한 근저당권설정등기를 마치고 조흥은행으로부터 2억 7천만원을 대출받아 甲이 인수하기로 한 채무를 변제하고 선순위 근저당권을 말소한 다음 나머지 돈으로 A에게 잔금을 지급할 계획이었다. 그러나 선순위 근저당권자인 강원양돈축산업협동조합에서 A의 별도의 대출금 2,000만원 내지 3,000만원을 추가로 변제하여야만 위 근저당권을 말소해줄 수 있다고 하는 바람에 甲은 선순위근저당권을 말소하지 못하고 조흥은행으로부터 대출도 받지 못하게 되어 잔금을 지급하지 못하게 되었다.

[비교판결] 1994. 2. 14. 15 : 00경 경기 용인군 기흥읍 소재 S법무사 사무실에서 피고인 乙은 매도인 D와 D 소유의 토지 약 300평을 금 6,300만원에 매매하기로 매매계약을 체결하고, 즉석에서 계약금으로 1천만원을 수수하였다. 乙과 D는 1994. 2. 17. 중도금으로 3천만원을 각 수수하고, 1994. 3. 21. 11 : 00경 위 법무사 사무실에서 잔금 중 1천만원을 교부하고, 나머지 잔금 1,300만원에 대하여는 위 D가 부동산소유권이전등기에 필요한 서류 일체를 위 S법무사에게 맡겨 놓고 위 잔금을 지불한 후에 위 서류들을 찾아서 乙 앞으로 소유권이전등기를 마치도록 하였다. 1994. 3. 22. 10 : 00경 피고인은 S법무사에 대하여 D에게 위 잔금을 모두 지불하였다고 거짓말하여 S법무사로 하여금 수원지방법원 용인등기소에서 성명불상 등기공무원에게 위 등기서류들을 제출하게 하여 乙 앞으로 소유권이전등기를 경료케 하였다.

(2) 판결요지

[대상판결] 형법 제228조 제 1 항이 규정하는 공정증서원본불실기재죄는 특별한 신빙성이 인정되는 공문서에 대한 공공의 신용을 보장

함을 보호법익으로 하는 범죄로서 공무원에 대하여 진실에 반하는 허위신고를 하여 공정증서원본 또는 이와 동일한 전자기록 등 특수매체기록에 실체관계에 부합하지 아니하는 불실의 사실을 기재 또는 등록하게 함으로써 성립하는 것이므로, 공정증서원본 등에 기재된 사항이 존재하지 아니하거나 외관상 존재한다고 하더라도 무효에 해당하는 하자가 있다면 그 기재는 불실기재에 해당한다. … 부동산 매수인이 매도인과 사이에 부동산의 소유권이전에 관한 물권적 합의가 없는 상태에서, 소유권이전등기신청에 관한 대리권이 없이 단지 소유권이전등기에 필요한 서류를 보관하고 있을 뿐인 법무사를 기망하여 매수인 명의의 소유권이전등기를 신청하게 한 경우, 이는 단지 소유권이전등기신청절차에 하자가 있는 것에 불과한 것이 아니라 허위의 사실을 신고한 것이라고 보아야 하고, 위 소유권이전등기는 원인무효의 등기로서 불실기재에 해당하므로 공정증서원본불실기재죄가 성립한다.

[비교판결] 피고인과 매도인과의 사이에 매매계약이 이루어졌고 그 계약금과 대부분의 중도금이 지급되었으며 매도인이 법무사에게 소유권이전등기에 필요한 서류 일체를 맡기고 나중에 잔금지급이 되면 그 등기신청을 하도록 위임하였는데, 피고인이 법무사를 기망하였고 그가 피고인에게 기망당하여 잔금이 모두 지급된 것으로 잘못 알고 등기신청을 하여 그 소유권이전등기를 경료한 것이라면 위 법무사의 등기신청 행위에 하자가 있다고 할 수는 있으나(위 신청이 무효라고는 할 수 없다), 위 소유권이전등기의 원인이 되는 법률관계인 매매 내지는 물권적 합의가 객관적으로 존재하지 아니하는 것이라고는 할 수 없으니, 피고인이 위 법무사를 통하여 등기공무원에게 허위의 사실을 신고하여 등기부에 부실의 사실을 기재하게 한 것이라고는 할 수 없다.

(3) 평　　석

1) **대상판결의 문제점**

대상판결 및 비교판결과 관련하여 다음과 같은 의문이 제기된다.

첫째, 비교판결에서 甲과 A 사이에 물권적 합의가 존재한다고 할 수 있는가, 물권적 합의가 존재한다고 하여도 물권행위가 존재한다고 할 수 있는가, 물권행위가 존재하지 않는다고 한다면 이 상황에서 소유권이전등기를 한 것은 여전히 부실의 등기를 하게 한 것이 아닌가 하는 의문이다.

둘째, 비교판결에서 위와 같은 의문에 모두 부정적인 답을 하였다면, 대상판결에서도 같은 원리가 지배하는 것은 아닌가 하는 의문이다. 왜냐하면 매매대금의 일부만이 지급되었지만, 중도금은 甲이 매도인 A의 채무를 인수하는 것으로 대체하기로 하였고, 대상판결에서와 마찬가지로 A가 등기이전에 필요한 서류를 K법무사에게 맡겨 놓았기 때문이다.

셋째, 만약 대상판결과 비교판결에서 물권행위가 없다고 한다면 피고인 甲, 乙이 법무사를 기망하여 자신의 명의로 소유권이전등기를 하게 한 행위에 대해 사기죄의 성립여부를 검토해야 하는 것은 아닌가 하는 의문이다. 그리고 만약 사기죄가 성립한다면 공정증서원본등부실기재죄가 성립할 수 있는가 하는 점도 검토해야 할 필요가 있다. 사기죄가 성립한다면 이에 기한 등기가 허위사실의 신고에 해당된다고 할 수 없거나 피고인 甲, 乙에게 허위사실신고에 대한 고의가 존재하지 않는다고 할 수도 있기 때문이다.

2) 물권적 합의 및 물권행위의 존재여부

(가) 물권적 합의의 존재여부 대법원은 비교판결의 사건에서는 물권적 합의가 존재하고, 대상판결의 사건에서는 물권적 합의가 존재하지 않는 것으로 보았다. 대상판결에서 물권적 합의가 존재하지 않는다고 판단한 중요한 이유는 甲이 현실적으로 지급한 매매대금이 3,500만원에 불과하고, 중도금은 채무인수 형식으로 이루어졌지만 채무인수에 대한 채권자의 승인이 없었고, 채무인수가 유효하더라도 잔대금이 1억 3천여만원이 된다는 것이었다. 그런데 대상판결의 사건에서 아파트에 담보권이 설정되어 있기 때문에 채권자가 채무인수를 승인하지 않을 가능성은 별로 없다고 해야 할 것이다.

그렇다면 대상판결과 비교판결에서 대법원이 물권적 합의 존재 여부를 달리 판단한 것은 후자에서는 잔대금이 1,300만원에 불과하다는 것이고, 전자에서는 잔대금이 1억 3천여만원이 된다는 것을 중시했기 때문이라고 해야 할 것이다. 대상판결은 ① A가 2002. 11. 5. 법무사 사무실 직원에게 소유권이전등기에 필요한 서류를 교부하면서 자신으로부터 전화연락을 받은 후에야 비로소 소유권이전등기신청을 하도록 함으로써 소유권이전등기를 하려면 자신으로부터 별도의 승낙을 얻어야 한다는 점을 분명히 해둔 점, ② 매매잔대금이 1억 3,260만원이나 되는 터에 A가 소유권을 상실할 수도 있는 위험을 감수하면서까지 피고인 명의로 먼저 소유권이전등기를 마쳐 주어야 할 특별한 사정이 보이지 않는 점, ③ 일반적으로 말하여, 부동산매도인이 잔금을 모두 지급받기 전에 먼저 매수인에게 소유권이전등기를 마쳐 주었다가 매수인이 잔금을 지급하지 않은 채 그 부동산을 제3자에게 처분하여 버리면 매도인은 잔금을 지급받지 못하면서도 매매목적물의 소유권은 상실해버리는 손해를 입게 될 위험이 크므로, 잔금을 지급받기에 앞서 매도인이 매수인에게 먼저 소유권이전등기를 하여 주기로 약정한다는 것이 그리 흔하지 않은 점, ④ A가 소유권이전등기를 신청하는 데 필요한 위임장을 법무사 사무실 사무원에게 작성하여 주고 소유권이전등기에 필요한 모든 서류를 그에게 보관시키기는 하였지만 이는 그 다음날 甲으로부터 잔금을 지급받은 후에 법무사에게 작성하여 주거나 교부하여 주어야 할 서류를 본인이 다시 오기에 불편하다는 이유로 미리 작성 및 보관시킨 것에 불과할 뿐이라고 보아야 한다는 점 등도 근거를 들고 있다.

그러나 이러한 사정은 비교판결에서도 존재한다고 할 수 있다. ① 잔대금이 1,300만원이 있는 경우에도 매도인은 매수인으로부터 잔금을 받은 후에야 소유권이전등기를 허락할 의사가 있다고 할 수 있고, ② 매도인 D가 특별히 소유권상실의 위험을 무릅쓸 필요가 없을 것이며, ③ 일반적으로 보아 D도 1,300만원의 잔금을 받기 전에 소유권이전등기를 하여 주기로 약정하지는 않을 것이며, ④ D 역시 법무사 사무실에 다시 오기 싫기 때문에 필요한 서류를 법무사 사무실에 맡겨 놓았다고 할 수 있기 때문이다.

따라서 비교판결에서는 물권적 합의가 존재한다고 하고, 대상판결에서는 물권적 합의가 존재하지 않는다는 대법원의 입장은 논리일관성을 유지한다고 보기 어렵다. 그리고 대상판결과 비교판결 중에서는 물권적 합의의 존재를 인정하는 비교판결의 입장이 더 타당하다고 할 수 있다. 민법에서는 물권행위의 독자성을 부인하여 채권행위시에 물권적 합의가 존재한다는 견해도 있고, 매도인 A가 법무사에게 등기이전에 필요한 서류를 맡겨 놓은 점 등을 고려한다면 대상판결의 사건에서도 甲과 A 사이에 물권적 합의가 존재한다고 보아야 하기 때문이다.

(나) 물권행위의 존재여부 대상판결과 비교판결에서 모두 물권적 합의가 존재한다고 보더라도 A, D가 甲, 乙에게 토지의 소유권을 넘기는 행위인 물권행위가 존재한다고 보아야 할 것인가가 문제된다. 채권행위시에 물권행위가 존재한다고 한다면 당연히 물권행위가 존재한다고 보아야 할 것이다. 그러나 채권행위와 물권행위가 별도로 행해지고, 매도인이 매수인에게 등기에 필요한 서류를 인도할 때에 물권행위가 있다고 하게 되면, A, D가 甲, 乙에게 등기에 필요한 서류를 교부하지 않고 법무사 사무실에 등기에 필요한 서류를 보관시킨 것만으로는 A, D가 甲, 乙에게 등기에 필요한 서류를 교부하는 행위 즉, 물권행위가 있다고 보기 어렵기 때문이다.

(다) 사기죄의 성립여부 대상판결과 비교판결에서 물권적 합의는 있지만 물권행위가 있다고 보기 어렵다면, 甲, 乙이 법무사를 기망하여 소유권이전등기를 하도록 한 행위가 사기죄에 해당되는가가 문제될 수 있다. 소유권이전등기에 필요한 A, D의 서류를 보관하고 있는 법무사는 사기죄에서 타인의 재물을 처분할 수 있는 권능 내지 지위에 있는 자라고 할 수 있다. 등기에 필요한 타인의 서류를 보관하고 있는 자는 횡령죄의 주체는 될 수 없다고 할 수도 있지만, 사기죄에서의 처분행위를 할 수 있는 지위나 권능은 가진 자라고 할 수 있기 때문이다.

대상판결과 비교판결의 사건에서 甲, 乙이 법무사들을 기망한 행위는 거래의 신의칙에 반하는 기망행위라고 할 수 있고, 소유권이전등기를 하도록 한 것은 재물을 취득한 것이라고 할 수 있다. 따라서 甲, 乙의 행위는 사기죄에 해당된다고 할 수 있다.

㈑ 편취한 부동산에 대한 공정증서원본등부실기재죄 판례는 법원을 기망하여 승소판결을 받고 그 판결에 따라 허위신고를 하여 소유권이전등기를 경료한 경우는 사기죄와 공정증서원본등부실기재죄의 경합범이 된다고 한다(대법원 1996.5.31. 선고 95도1967 판결). 그러나 판례는 "공정증서원본에 기재된 사항이 외관상 존재하는 사실이라 하더라도 이에 무효나 부존재에 해당되는 하자가 있다면 그 기재는 불실기재에 해당되나 그것이 객관적으로 존재하는 사실이고 이에 취소사유에 해당되는 하자가 있을 뿐인 경우에는 취소되기 전에 그 결의 내용이 공정증서원본에 기재된 이상 그 기재가 공정증서원본불실기재죄를 구성하지는 않는다"(대법원 1993.9.10. 선고 93도698 판결)고도 하는데, 이는 타인을 기망하여 재물을 취득하고 이에 기해 소유권이전등기를 한 경우에는 공정증서원본등부실기재죄는 성립하지 않는다는 취지라고 해석할 수 있다. 두 판결 중에서는 후자가 더 타당하다고 생각된다. 따라서 甲, 乙에게 사기죄을 인정한다면 공정증서원본등부실기재죄 및 동행사죄는 성립하지 않는다고 해야 할 것이다.

(4) 결 어

대상판결과 비교판결은 결국 같은 성질을 가진 사건이라고 할 수 있으므로 이를 다른 것으로 파악한 대상판결의 입장은 논리일관성이 없다고 할 수 있다. 대상판결과 비교판결의 사건에서 피고인들에 대해 공정증서원본등부실기재죄 및 동행사죄의 죄책보다는 사기죄의 죄책을 물었어야 했을 것이다.

8. 대법원 2006. 4. 28. 선고 2003도4128 판결

(1) 사실관계

피고인 甲은 유무선 전기통신사업 등을 사업목적으로 하는 A주식회사의 인터넷 포털서비스 사이트 내 오락채널을 총괄하는 팀장이고, 피고인 乙은 위 오락채널 내 만화사업을 책임지고 운영하는 직원이었다. A회사는 무료사이트에서 유료사이트로 전환하기 위하여 수익사업의 일환으로 성인만화방을 개설하고, 수익에 지대한 관심을 가지고 성인만화방 등을 비롯한 성인대상 채널을 중점적으로 관리하였다.

A회사는 콘텐츠 제공업체들과 사이에 위 성인만화방에 게재되는 만화 콘텐츠 이용자들로부터 그 이용료를 받아 그 수익금의 40-50%는 A회사가, 50-60%는 콘텐츠 제공업체들이 나누어 갖는 공동사업을 하는 내용의 계약을 체결하였다. 그 계약에 따르면, 콘텐츠 제공업체들은 위 성인만화방에 게재될 만화 콘텐츠의 수집, 가공, 개발, 입력, 갱신의 업무를 수행하고, A회사는 위 인터넷 사이트 이용자들이 만화 콘텐츠에 접근·이용할 수 있도록 하는 온라인 시스템의 유지·관리 및 운영업무를 수행하기로 하되, 각자의 분담 업무에 관하여 상호 협의하기로 하였다.

이에 따라 A회사의 담당직원들인 피고인들은 사전에 콘텐츠 제공업체들과 협의를 함으로써 ① 위 성인만화방에 대체로 어떠한 내용의 콘텐츠가 게재될 것인가를 사전에 예상하였고, ② 그 콘텐츠의 뷰잉(viewing) 프로그램을 개발하여 제공하는 등 게재의 편의를 적극적으로 도모하였으며, ③ 사후에 콘텐츠의 실제 게재 여부 및 정상 서비스 여부에 관하여 확인하였고, ④ 만화 콘텐츠가 저장된 서버에 대한 시스템상 사용 및 보안권한 설정권을 보유하는 등 일반적 통제권한을 보유하여 콘텐츠의 내용을 실시간에 지속적으로 쉽게 검색·파악할 수 있었다.

A회사는 콘텐츠 제공업체들과 사이에 제공업체들은 콘텐츠에 사회윤리를 침해하는 내용의 정보를 담아서는 안 되며 이러한 의무를 불이

행할 경우 계약을 해지할 수 있다고 약정하였고, 피고인 乙은 이러한 해지권을 근거로 실제 일부 만화들에 대하여 직접 삭제를 하거나 콘텐츠 제공업체에 요구하여 삭제하도록 하기도 하였다.

위 사이트의 성인만화방에는 음란성이 문제된 만화가 있었는데, 이 만화들에 대해 한국간행물윤리위원회 및 정보통신윤리위원회가 음란성 등을 이유로 청소년유해매체물로 판정하였으나 시정요구를 하거나 형사처벌 또는 행정처분을 요청하지는 않았다.

피고인 乙는 이 사건 만화들 중 일부가 게재된 것을 알았고, 피고인 甲도 성인만화방에서 어떤 내용의 만화가 게재되어 제공되고 있는지 알았으며 직접 검색을 하여 문제가 되는 만화는 피고인 乙에게 삭제조치를 취하도록 지시하였고, 음란성의 수위를 조절하도록 지시하였지만 위 만화들은 그대로 방치하였다. 피고인들은 부작위에 의한 구 전기통신기본법 제48조의2(전기통신역무를 이용하여 음란한 부호·문언·음향 또는 영상을 반포·판매 또는 임대하거나 공연히 전시한 자는 1년 이하의 징역 또는 1천만원 이하의 벌금에 처한다) 위반죄의 방조범으로 기소되었다.

(2) 판결요지

[1] 인터넷 포털 사이트 내 오락채널 총괄팀장과 위 오락채널 내 만화사업의 운영 직원인 피고인들은, 콘텐츠제공업체들이 게재하는 음란만화가 위 사이트에 게재되고 있다는 것을 알았을 때에는 그의 삭제를 요구할 조리상의 의무가 있다. 피고인들이 그 의무를 이행함으로써 음란만화가 게재되는 결과발생을 쉽게 방지할 수 있었음에도 불구하고 그 결과발생을 용인하고 이를 방관한 채 그 의무를 이행하지 아니한 경우에, 그 부작위가 작위에 의한 법익침해와 동등한 형법적 가치가 있는 것이어서 그 범죄의 실행행위로 평가될 만한 것이라면, 작위에 의한 실행행위와 동일하게 부작위범으로 처벌할 수 있고, 여기서 작위의무는 법령, 법률행위, 선행행위로 인한 경우는 물론, 기타 신의성실의 원칙이나 사회상규 혹은 조리상 작위의무가 기대되는 경우에도 인정된다.

[2] 한국간행물윤리위원회나 정보통신윤리위원회가 이 사건 만화에 대하여 심의하여 음란성 등을 이유로 청소년유해매체물로 판정하였을 뿐 더 나아가 전기통신사업법 시행령 제16조의4 제1항에 따라 시정요구를 하거나 청소년보호법 제8조 제4항에 따라 관계기관에 형사처벌 또는 행정처분을 요청하지 않았다 하더라도, 위 만화를 게재하도록 허용한 피고인들의 행위가 정당한 이유가 있는 법률의 착오에 해당되지 않는다.

(3) 평　　석

1) 대상판결의 의의 및 문제점

대상판결은 인터넷포탈사이트의 직원들에게 그 포탈사이트에 게재된 음란정보를 삭제해야 할 작위의무가 있고, 이를 이행하지 않은 경우 부작위에 의한 음란정보게재의 방조범의 죄책을 진다는 것을 처음으로 인정하였다는 점에 의의를 찾을 수 있다.

그러나 대상판결에 대해서는 만화에 대한 음란성판단의 문제, 조리상의 작위의무를 인정하여 작위의무를 너무 넓게 인정하는 문제, 법률의 착오에서 정당한 이유를 지나치게 협소하게 인정한다는 문제점 등이 있다고 할 수 있다.

2) 음란성판단의 문제

대상판결은 전체적으로 보아 이 사건 만화들이 비정상적인 남녀관계를 설정해서 변태적인 성행위를 노골적·사실적·집중적으로 묘사하거나 만화에 등장하는 여성의 나신이나 성기를 지나치게 선정적이거나 자극적으로 묘사하였다는 이유로 음란성을 인정하고 있다. 그런데 매체가 영화, 연극 혹은 만화, 소설인가에 따라 음란성판단이 조금씩 다를 수 있다. 대상판결이 이러한 차이점을 어떻게 고려할 것인가에 대해 언급하지 않은 것은 조금 아쉽다고 할 수 있다. 문제가 된 만화들에 대해 정보통신윤리위원회나 공연윤리위원회와 같이 보수적인 기관에서도 음란이 아니라고 판단하였다는 점을 고려한다면 더욱 그렇다.

3) 작위의무의 문제

대상판결은 조리상의 작위의무를 인정하고 있는데, 이는 작위의무를 너무 넓게 인정하는 것이라고 할 수 있다. 따라서 피고인들에게 작위의무를 인정하더라도 법령상 혹은 근로계약상의 작위의무를 인정하는 것이 바람직하다.

나아가 포탈사이트에는 음란정보가 항상 게재될 수밖에 없고 특히 서버가 해외에 있는 경우에는 더욱 그렇다. 그런데 이런 정보들이 있음을 알고도 삭제하지 않은 경우 부작위에 의한 방조범의 성립을 인정하게 되면 사실상 포탈사이트는 포탈사이트로서의 기능을 할 수 없게 되는 문제점이 있다. 이 문제를 어떻게 해결할 것인지에 대해서도 대상판결이 언급하지 않고 있는 점 역시 아쉽다.

4) 법률의 착오의 문제

음란성 판단은 매우 어려운 문제이다. 따라서 정보통신윤리위원회나 공연윤리위원회가 음란정보라고 하지 않고 청소년유해매체라고 판단한 것을 그대로 믿고 삭제요구를 하지 않았다면 이는 정당한 이유가 있는 법률의 착오라고 보아야 할 것이다. 정당한 이유를 극히 제한적으로 해석하는 대상판결은 타당하다고 할 수 없다.

9. 대법원 2006. 4. 27. 선고 2006도735 판결

(1) 사실관계

피고인은 1995. 6.경부터 범행 당시까지 광주시의회 의원으로 재직하면서 광주시 조례 제정 및 개정, 예산 편성 및 결산, 광주시에 대한 행정 감사 등과 관련한 업무를 담당하여 왔고 그 과정에서 광주시의회 의장, 도시계획위원 등을 거친 사람이다. 2002. 10. 4.경 피고인은 광주시에 소재한 자신 소유의 임야가 평당 130만원임을 알고 있으면서도, 건설업자인 A에게 평당 100만원 더 비싼 가격 즉 시가보다 26억여원 비싼 가격으로 매도하기로 계약하였다. 이어 2003. 5. 23.경 피고인은 A로부터 BMW 735 승용차 1대를 제공받아 사용하였다.

A는 자신의 공동주택사업 승인과 관련하여 피고인이 광주시 공무원에게 말을 잘 해주고, 광주시의회 의원들이 위 공동주택사업에 대해 오폐수 발생 등 환경문제를 이유로 반대하지 않도록 힘써 달라는 청탁을 하면서 피고인에게 위와 같은 이익을 제공하였다.

(2) 판결요지

자동차를 뇌물로 제공한 경우 자동차등록원부에 뇌물수수자가 그 소유자로 등록되지 않았다고 하더라도 자동차의 사실상 소유자로서 자동차에 대한 실질적인 사용 및 처분권한이 있다면 자동차 자체를 뇌물로 취득한 것으로 보아야 한다. 그런데 피고인에게 뇌물로 제공되었다는 자동차는 리스차량으로 리스회사 명의로 등록되어 있는 점, 피고인이 처분승낙서, 권리확인서 등 원하는 경우 소유권이전을 할 수 있는 서류를 소지하고 있지도 아니한 점, 리스계약상 리스계약이 기간만료 또는 리스료 연체로 종료되어 리스회사에서 위 승용차의 반환을 구하는 경우 피고인은 이에 응할 수밖에 없다고 보이는 점 등에 비추어 볼 때 피고인에게 위 승용차에 대한 실질적 처분권한이 있다고 할 수 없어 자동차 자체를 뇌물로 수수한 것으로 볼 수 없다.

(3) 평　　석

1) 승용차를 뇌물로 볼 수 없다는 대상판결의 논리

항소심판결과 대상판결이 피고인이 뇌물로 받은 것은 승용차 자체가 아니라는 것에 대한 근거는 다음과 같다.

첫째, A는 2003. 5. 23.경 자신이 실질적으로 경영하고 있는 B 주식회사명의로 C리스주식회사와 사이에 이 사건 승용차에 관하여 취득원가 합계 1억 4천여만원, 리스보증금 4천여만원, 연체이자율 연 24%, 리스기간은 물건수령증서 발급일로부터 36개월, 리스료 월 340여만원으로 하는 리스계약을 체결하였다. 이에 따라 피고인에게 이 사건 승용차를 인도하기 전에 이미 위 승용차는 C 주식회사명의로 등록되었고, 피고인이 위 승용차를 자유로이 처분할 수 있는 서류 등을 소지하고 있지 않았다.

둘째, 리스계약서에 의하면, 리스계약이 기간만료 또는 리스료 연체로 종료되어 C리스회사에서 이 사건 승용차의 반환을 구하는 경우 피고인은 이에 응할 수밖에 없다.

셋째, A가 이 사건 차량을 리스할 당시 B주식회사명의로 차량 가액에서 리스보증금을 공제한 금액을 은행에 정기예금으로 예치시키고 그 예금에 리스회사인 C주식회사명의로 질권을 설정한 것도 피고인이 이 사건 승용차에 대한 실질적인 처분권을 갖는 근거가 될 수 없다.

2) 대상판결의 평가

피고인이 승용차 그 자체를 뇌물로 받은 것은 아니라고 한 대상판결의 입장도 별로 타당하다고 할 수는 없다. 그러나 이 입장이 타당하다고 하더라도 바로 피고인이 받은 뇌물이 무형적 이익이라고 한 것은 논리의 비약이 있다. A와 피고인은 승용차를 리스계약기간인 3년간 사용할 수 있도록 하고, A가 그 때까지 월리스료를 납부하여 줄 것을 명시적 혹은 묵시적으로 약속한 것이라고 할 수 있다. 그렇다면 그 수뢰액은 적어도 1억 2천여만원에 달하게 된다(340만원×36개월). 특가법 제2조는 수뢰액을 '수수・요구 또는 약속한 뇌물의 가액'이라고 규정하고 있는데, 수뢰액을 결정할 때에는 A와 피고인이 약속한 기간에 얻을 수 있는 이익을 포함시켜야 하기 때문이다. 그리고 여기에 보증금으로 제공한 4천여만원의 시중 이자를 수뢰액에 포함시켜야 할 것이다. 이렇게 되면 피고인의 수뢰액은 승용차의 가격보다 많게 되고, 이 경우에는 피고인에게 유리하게 해석하여 승용차를 뇌물로 받은 것이라고 해석할 수 있을 것이다.

특가법 제2조는 수뢰액이 1억원 이상인 때에는 무기 또는 10년 이상의 징역에 처할 것을 규정하고 있으므로, 작량감경하더라도 피고인을 5년 이상의 징역에 처해야 한다. 대상판결이 무형적 이익을 수뢰했다고 한 것은 피고인에게 특가법의 적용을 면해주기 위한 것이라고 보인다. 특가법 제2조가 합리적 규정이 아닌 것은 사실이지만, 법원이 대상판결과 같은 방식으로 그 적용을 회피하는 것은 훨씬 더 큰 문제이다.

대상판결은 종래의 판례가 취해오는 입장 즉, '뇌물죄의 해석은 엄격하게, 뇌물죄의 처벌은 관대하게'라는 부당한 입장을 다시 한번 확인한 판결이라고 생각된다.

[주 제 어]
2006년도 형법판례, 전원합의체, ISP, 유추해석금지, 신용카드

[Key words]
Criminal Cases in 2006, Supreme Court, nulla poena sine lege, ISP, Bribery, Fraud, Rape

[Abstract]

Review of the Criminal Cases in 2006

OH, Young-Keun*

In 2006, 294 criminal cases of the Korean Supreme Court are registered on the homepage of that court. 4 cases are decided by the counsel of all the judges, one of which was on the crimial procedure and three of which were on the criminal law. In this paper are reviewed, several cases including three cases by the counsel.

I. Cases by the counsel of all the judges.

1. Supreme Court 2006. 10. 19. 2004 Do 7773; Supreme Court 2006. 11. 16. 2006 Do 4549

These cases are on the problem of nulla poena sine lege

2. Supreme Court 2006. 10. 19. 2005 Do 3909.

This case is on the number of crimes between the destruction of evidences and the neglect of duty by the public officials.

Ⅱ. Individual Cases

1. Supreme Court 2006. 10. 13. 2006 Do 5360.

This case is on the theft by irresistable impulse.

2. Supreme Court 2006. 4. 28. 2006 Do 1296.

This case is on the application between the crimial law and Anti-Violence Act.

3. Supreme Court 2006. 1. 12. 2005 Do 8427.

This case is on the rape by the foster father.

* Professor, College of Law, Hanyang University, Ph.D. in law.

4. Supreme Court 2006. 3. 10. 2005 Do 382.

This case is on the disturbance of business by changing id and password of the internet homepage

5. Supreme Court 2006. 9. 14. 2006 Do 2824.

This case is on the beginning of the burglary.

6. Supreme Court 2006. 7. 27. 2006 Do 3126; Supreme Court 2006. 3. 24. 2005 Do 3516

These cases are on the misuse of the credit card of others.

7. Supreme Court 2006. 1. 26. 2005 Do 4764.

This case is on the fogery of securities.

8. Supreme Court 2006. 3. 10. 2005 Do 9402

This case is on the fraud of the real estate.

9. Supreme Court 2006. 4. 28. 2003 Do 4128.

This case is on the criminal liability of the internet service provider.

10. Supreme Court 2006. 4. 27. 2006 Do 735.

This case is on the evaluation of the bribe.

刑事判例研究 總目次
(1권~15권)

[刑事判例硏究(1)]

[刑事判例研究(2)]

[刑事判例研究(3)]

[刑事判例研究(4)]

[刑事判例研究(5)]

[刑事判例研究(7)]

[刑事判例研究(8)]

[刑事判例硏究(9)]

[刑事判例研究(10)]

[刑事判例研究(12)]

[刑事判例研究(14)]

노동조합및노동관계조정법상 안전보호시설과 명확성원칙 ········· 이상원
무면허 의료행위에 있어서의 의료행위의 개념 ··························· 황만성
2005년도 형법판례 회고 ·· 오영근

[刑事判例研究(15)]

부진정결과적 가중범의 성립범위와 죄수 ································· 김성룡
예방적 정당방위의 성립가능성 ·· 김혜경
경찰관의 무기사용에 대한 정당방위의 성립여부 ························ 김태명
승계적 종범의 성립범위 ·· 이용식
음란물에 대한 형사규제의 정당성 및 합리성 검토 ····················· 주승희
형법 제310조의 적용범위 ·· 권오걸
경영판단과 배임죄의 성부 ·· 박미숙
배임행위의 거래상대방의 형사책임 ·· 신양균
긴급체포의 전(前)단계로 남용되는 불법적 임의수사에 대한
통제 ·· 조 국
마약투약사범에 대한 공소사실 특정 ·· 남성민
위법수집 증거물의 증거능력 ·· 안성수
공판중심주의와 참고인진술조서 ·· 최병각
사법경찰관작성 피의자신문조서와 탄핵증거 ······························ 이완규
피의자의 진술을 내용으로 하는 사법경찰관의 진술의
증거능력 ·· 금태섭
아동전문 인터뷰어와 성추행피해아동의 인터뷰 진술녹화
비디오테이프의 증거능력과 증명력 ·· 심희기
상소권회복제도의 몇 가지 문제점 ·· 천진호
공시송달과 상소권회복청구 ·· 김정원
항소이유서 미제출과 직권조사사유 ·· 김우진
2006년도 형법판례 회고 ·· 오영근

한국형사판례연구회 2006년도 발표회

○ 第166회 (2006. 1. 16)

황만성 박사: 무면허 의료행위에 있어서의 의료행위의 개념

○ 第167회 (2006. 2. 11~2. 12)

윤승은 판사: 강간죄의 구성요건으로서의 폭행·협박의 정도

김혜정 교수: 음주측정불응죄의 처벌적정성에 관한 검토

○ 第168회 (2006. 3. 13)

주승희 박사: 음란물에 대한 형사규제의 정당성 및 합리성 검토

김태명 교수: 경찰관의 무기사용에 대한 정당방위의 성립여부

○ 第169회 (2006. 4. 3)

임동규 판사: 형사소송법상 '공범인 공동피고인'의 범위

이정훈 교수: 컴퓨터등업무방해죄의 적용범위

○ 第170회 (2006. 5. 1)

심희기 교수: 아동전문 인터뷰어와 성추행피해아동의 인터뷰 진술녹화 비디오테이프의 증거능력과 증명력

이완규 검사: 사법경찰관작성 피의자신문조서와 탄핵증거

○ 第171회 (2006. 6. 5)

권오걸 교수: 형법 제310조의 적용범위

김정원 판사: 공시송달과 상소권회복청구

○ 第172회 (2006. 7. 3)

이용식 교수: 승계적 종범의 성립범위

윤동호 박사: 금괴밀수와 죄수판단

○ 제173회 (2006. 8. 7)

이정원 교수: 부작위에 의한 사기죄에서의 기망행위와 공동정범

박미숙 박사: 경영판단과 배임죄의 성부

○ 제174회 (2006. 9. 4)

한상훈 교수: 중한 범죄의 고의로 경한 범죄를 실현한 경우 경한 범죄 기수의 인정 필요성
—구성요건적 착오론의 재구성—

금태섭 검사: 피의자의 진술을 내용으로 하는 사법경찰관의 진술의 증거능력

○ 제175회 (2006. 10. 2)

김혜경 교수: 예방적 정당방위의 성립가능성

김우진 판사: 항소이유서 미제출과 직권조사사유

○ 제176회 (2006. 11. 6)

이경렬 교수: 사후경합범에 대한 형의 집행방법

심우정 검사: 함정수사의 적법성 요건

○ 제177회 (2006. 12. 4)

김성돈 교수: 소극적 신분과 공범

남성민 판사: 마약투약사범에 대한 공소사실 특정

○ 제178회 (2007. 1. 8)

안성수 검사: 위법수집 증거물의 증거능력

신양균 교수: 배임행위의 거래상대방의 형사책임

○ 제179회 (2007. 2. 3~4)

천진호 교수: 상소권회복제도의 몇 가지 문제점

최병각 교수: 공판중심주의와 참고인진술조서

한국형사판례연구회 회칙

1997. 11. 3. 제정

2007. 8. 15. 개정

제1장 총 칙

제 1 조 [명칭]

본회는 한국형사판례연구회(이하 '본회'라 함)라 한다.

제 2 조 [주소지]

본회는 서울특별시에 주소지를 둔다.

제 3 조 [목적]

본회는 형사판례를 연구하고 회원 상호간의 의견교환을 장려·촉진·지원함으로써 형사법학 및 형사판례의 발전을 도모함을 목적으로 한다.

제 4 조 [사업]

본회는 전조의 목적을 달성하기 위하여 다음의 사업을 한다.

1. 형사판례연구
2. 월례연구발표회 및 토론회 개최
3. 학술지 '형사판례연구' 및 기타 간행물의 발간
4. 기타 본회의 목적에 적합한 사업

제2장 회 원

제 5 조 [회원]

본회의 회원은 본회의 목적에 찬동하는 자로서, 다음 각 호에 따라 구성한다.

1. 정회원은 판사, 검사, 변호사, 대학의 전임강사 이상의 자, 박사학

위 소지자 기타 이와 동등한 자격을 갖추었다고 인정되는 자로서 정회원 3인 이상의 추천과 이사회의 승인을 얻은 자로 한다.

2. 준회원은 대학원 박사과정 이상의 연구기관에서 형사법학 및 유관 분야를 연구하는 자로서 정회원 1인 이상의 추천과 이사회의 승인을 얻은 자로 한다.
3. 기관회원은 대학도서관 기타 형사법학을 연구하는 유관기관으로 정회원 3인 이상의 추천과 이사회의 승인을 얻은 기관으로 한다.

제 6 조 [권리의무]

회원은 본회의 각종 사업에 참여할 수 있는 권리를 가지며 회칙준수, 총회와 이사회 의결사항의 이행 및 회비납부의 의무를 진다.

제 7 조 [자격상실]

회원 중 본회의 목적에 위배되거나 품위를 손상시키는 행위를 한 자는 이사회의 결의에 의하여 제명할 수 있다.

제 3 장 총 회

제 8 조 [종류 및 소집]

① 총회는 정기총회와 임시총회로 하고, 회장이 이를 소집한다.

② 정기총회는 매년 하반기 중에 소집함을 원칙으로 한다.

③ 임시총회는 회장이 필요하다고 인정하거나, 이사회의 의결이 있거나, 재적회원 2/5 이상의 요구가 있을 때에 소집한다.

④ 총회의 소집은 적어도 회의 7일 전에 회의의 목적을 명시하여 회원들에게 통지하여야 한다. 다만 긴급하다고 인정되는 사유가 있는 때에는 예외로 한다.

제 9 조 [권한]

총회의 의결사항은 다음과 같다.

1. 회칙의 제정 및 개정에 관한 사항
2. 회장·부회장 및 감사의 선임에 관한 사항
3. 예산 및 결산의 승인에 관한 사항

4. 기타 회장이 이사회의 의결을 거쳐 회부한 사항

제10조 [의결]

총회의 의결은 출석회원 과반수의 찬성으로 한다.

제 4 장 이 사 회

제11조 [구성 및 소집]

① 이사회는 회장, 부회장 및 이사로 구성한다.

② 회장·부회장은 당연직 이사로서, 각각 이사회의 의장·부의장이 된다.

③ 이사회는 회장이 필요하다고 인정하거나 이사 3인 이상의 요구가 있을 때에 회장이 소집한다.

제12조 [권한]

이사회는 다음 사항을 심의·의결한다.

1. 사업계획에 관한 사항
2. 재산의 취득·관리·처분에 관한 사항
3. 총회의 소집과 총회에 회부할 의안에 관한 사항
4. 총회가 위임한 사항
5. 기타 회장이 회부한 본회 운영에 관한 중요사항

제13조 [의결]

이사회의 의결은 재적이사 과반수의 출석과 출석이사 과반수의 찬성으로 한다.

제14조 [상임이사회]

① 회장은 이사회의 효과적인 운영을 위하여 이사 중에서 총무, 연구, 출판, 섭외, 재무, 법제, 홍보의 업무를 전담할 상임이사를 위촉할 수 있다.

② 상임이사회는 회장, 부회장, 상임이사로 구성한다.

③ 회장은 상임이사회를 소집하고 그 의장이 된다.

④ 이사회는 필요하다고 인정되는 경우에는 그 권한을 상임이사회에

위임할 수 있으며, 회장은 긴급하다고 인정되는 사유가 있는 경우에는 이사회의 권한을 상임이사회로 하여금 대행하게 할 수 있다.

⑤ 상임이사회의 의결은 재적상임이사 과반수의 출석과 출석상임이사 과반수의 찬성에 의한다.

제 5 장 임 원

제15조 [종류]

본회에 다음의 임원을 둔다.

1. 회장 1인
2. 부회장 2인
3. 이사 5인 이상 40인 이내
4. 감사 2인

제16조 [임원의 선임]

① 회장은 부회장 및 상임이사 중에서 이사회의 추천을 받아 총회에서 선임한다.

② 부회장은 이사 중에서 이사회의 추천을 받아 총회에서 선임한다.

③ 이사는 회장의 추천을 받아 총회에서 선임한다.

④ 감사는 이사회의 추천을 받아 총회에서 선임한다.

제17조 [임원의 직무]

① 회장은 본회를 대표하고 회무 전반을 관장한다.

② 부회장은 회장을 보좌하고, 회장 유고시에 그 직무를 대행한다.

③ 이사는 이사회의 구성원으로서 중요 회무를 심의 · 의결한다.

④ 감사는 본회의 사업과 회계를 감사하여 정기총회에 보고한다.

제18조 [임원의 임기]

① 임원의 임기는 2년으로 하되 중임할 수 있다.

② 임원이 궐위된 때의 후임자의 임기는 전임자의 잔임기간으로 한다.

제19조 [고문]

① 본회의 발전을 위하여 약간 명의 고문을 둘 수 있다.

② 고문은 이사회의 의결을 거쳐 회장이 위촉한다.

제20조 [간사]

① 회장의 명을 받아 회무를 처리하기 위하여 간사 약간 명을 둘 수 있다.

② 간사는 회장이 임명한다.

제21조 [위원회]

본회 사업의 효율적인 추진을 위하여 이사회의 의결을 거쳐 필요한 분과위원회를 둘 수 있다.

제6장 재 무

제22조 [재정]

① 본회의 재정은 회원의 회비, 기부금, 보조금 및 기타수입으로 한다.

② 회비의 액수는 이사회가 정한다.

제23조 [예산과 결산]

재정에 관한 수입과 지출은 매년도마다 예산으로 편성하여 총회의 결의를 얻어야 하고 결산은 다음 연도 총회에 보고하여야 한다.

부 칙

제 1 조

발기인 및 발기인 3인 이상의 추천을 받아 본회의 회원이 되기를 승낙한 자는 제 5 조 제 2 항의 규정에 불구하고 회원이 된다.

부 칙

제 1 조 [시행일]

이 회칙은 이사회의 승인이 있은 날부터 시행한다.

한국형사판례연구회 편집위원회 규정

1997. 11. 3. 제정

2007. 8. 15. 개정

제 1 조 [목적]

이 규정은 한국형사판례연구회(이하 '본회'라 함) 회칙 제 4 조 제 3 호에 규정된 학술지 기타 간행물의 발간을 위한 편집위원회(이하 '위원회'라 함)의 구성과 운영에 관한 사항을 정함을 목적으로 한다.

제 2 조 [구성]

위원회는 편집위원장을 포함한 10인 이내의 편집위원으로 구성한다.

제 3 조 [편집위원의 선임 및 임기]

① 편집위원장은 본회의 출판담당상임이사로 한다.

② 편집위원은 본회의 회원 중에서 이사회가 선임한다.

③ 편집위원의 임기는 1년으로 하되 연임할 수 있다.

제 4 조 [업무]

위원회의 주요업무는 다음 각 호와 같다.

1. 본회의 학술지 '형사판례연구'의 편집 및 출판
2. '형사판례연구' 원고의 접수 및 게재여부 심사
3. 기타 간행물의 편집 및 출판
4. 편집위원회의 업무와 관련된 지침의 제정

제 5 조 [운영]

① 위원회는 편집위원장 또는 재적편집위원 과반수의 요구가 있는 경우에 편집위원장이 소집한다.

② 위원회의 의결은 재적편집위원 과반수의 출석과 출석편집위원 과반수의 찬성에 의한다.

③ 편집위원장은 위원회의 업무를 효율적으로 수행하기 위하여 편집간

사를 둘 수 있다.

제 6 조 [투고원고의 심사]

① 위원회는 '형사판례연구' 기타 간행물에 투고된 원고를 심사하여 그 게재여부를 의결한다.

② 위원회는 '형사판례연구'에 투고되는 원고의 작성 및 문헌인용방법, 투고절차 등에 관한 지침(투고지침)을 제정할 수 있다.

③ 위원회는 '형사판례연구'에 투고된 원고의 심사기준 및 절차에 관한 지침(심사지침)을 제정할 수 있다.

④ 제 1 항의 원고 게재여부에 관한 의결은 '可', '否', '원고수정후 재심의'로 나눈다.

⑤ '원고수정후 재심의'로 의결된 원고가 수정·투고된 때에는 위원회는 그 재심의를 편집위원장 또는 약간 명의 편집위원에게 위임할 수 있고, 재심의의 결정은 '可' 또는 '否'로 한다.

제 7 조 [형사판례연구의 발간]

① '형사판례연구'는 연 1회 발간하며, 발간일자는 매년 6월 30일로 한다.

② 학술대회 발표논문 기타 학회에서 개최하는 학술발표회에서 발표된 논문은 '형사판례연구'의 별책으로 발간할 수 있다.

제 8 조 [개정]

이 규정의 개정은 이사회의 승인을 받아야 한다.

부 칙

제 1 조 [시행일]

이 규정은 이사회의 승인이 있은 날부터 시행한다.

한국형사판례연구회 임원명단

2007년 8월 현재

고　문:	이재상, 김동건, 권광중, 김진환
회　장:	박상기
부회장:	김대휘, 권태호
이　사:	강동범, 강용현, 권태호, 김영환, 김인선, 김희옥, 박광민, 백원기, 석동현, 선우영, 소병철, 손기식, 손동권, 신양균, 심희기, 오영근, 이기헌, 이승호, 이용식, 이은모, 이재홍, 이정원, 임동규, 장영민, 정동욱, 정영일, 조상제, 조준현, 천진호, 추호경, 하태훈, 허일태
상임이사:	총무 장영민
	연구 오영근
	출판 하태훈
	섭외 김영환
	재무 손동권
	법제 임동규
	홍보 심희기
감　사:	정현미, 이상철
간　사:	총무 황태정
	편집 이승현

한국형사판례연구회 회원명부〈2007. 8. 현재〉

〈학 계〉

성 명	직 위	근 무 처	우편번호 주 소	전화번호 직장 자택
강 기 정	교수	창원대 법학과	641-241 경남 창원시 사림동 9	055-279-7305
강 동 범	교수	이화여대 법학과	120-750 서울 서대문구 대현동 11-1	02-3277-4480
강 석 구	부연구 위원	형사정책 연구원	137-715 서울 서초구 우면동 142	02-3460-5128
권 오 걸	교수	경북대 법학과	702-701 대구 북구 산격동 1370	053-950-5473
권 창 국	교수	전주대 법정학부	560-759 전북 전주시 완산구 효자동 1200	063-220-2242
김 선 복	교수	부경대 법학과	608-737 부산 남구 대연3동 599-1	051-620-6673
김 성 돈	교수	성균관대 법학과	110-745 서울 종로구 명륜동3가 53	02-760-0343
김 성 룡	교수	경북대 법학과	702-701 대구 북구 산격동 1370	053-950-5459
김 성 천	교수	중앙대 법학과	156-756 서울 동작구 흑석동 221	02-820-5447
김 영 철	교수	건국대 법학과	143-701 서울 광진구 화양동 1	02-2049-6047
김 영 환	교수	한양대 법학과	133-791 서울 성동구 행당동 17	02-2290-0995

성 명	직 위	근 무 처	우편번호 / 주 소	직장 / 자택 전화번호
김 유 근	강사	한양대 법학과	133-773 서울 성동구 화왕십리동 258 청계벽산아파트 106-2006	02-2295-9259
김 인 선	교수	순천대 법학과	540-742 전남 순천시 매곡동 315	061-750-3437
김 재 봉	교수	한양대 법학과	137-791 서울 성동구 행당동 17	02-2220-1303
김 재 윤	교수	인제대 법학과	621-749 경남 김해시 어방동 607	055-320-3128
김 정 환	연구위원	인하지재권 연구사업팀	402-751 인천 남구 용현3동 253	032-860-7915
김 종 원	명예교수	성균관대 법학과	110-745 서울 종로구 명륜동3가 53	02-762-0721
김 태 명	교수	동국대 법학과	100-715 서울 중구 필동3가 26	02-2260-3267
김 택 수	교수	경찰대학 경찰학과	446-703 경기 용인시 기흥구 언남동 88	031-284-5256
김 한 균	전문 연구원	형사정책 연구원	137-715 서울 서초구 우면동 142	02-3460-5163
김 형 준	교수	중앙대 법학과	156-756 서울 동작구 흑석동 221	02-820-5452
김 혜 경	교수	계명대 경찰학부	704-701 대구 달서구 신당동 1000	053-580-5956
김 혜 정	교수	영남대 법학과	712-749 경북 경산시 대동 214-1	053-810-2616
노 태 식	교수	경찰종합학교	403-705 인천 부평구 동수로 137 (부평6동 663)	032-519-0341

성 명	직 위	근 무 처	우편번호 / 주 소	직장 / 자택 전화번호
도 중 진	연구위원	형사정책 연구원	137-715 서울 서초구 우면동 142	02-3460-5164
류 석 준	교수	영산대 법률학과	626-847 경남 양산시 웅상읍 주남리 산150	055-380-9423
류 인 모	교수	인천대 법학과	402-749 인천 남구 도화2동 177	032-770-8324
류 전 철	교수	조선대 법학과	501-759 광주 동구 서석동 375	062-230-6756
문 성 도	교수	경찰대학 법학과	446-703 경기 용인시 기흥구 언남동 88	031-283-9173
박 강 우	교수	충북대 법학과	361-763 충북 청주시 흥덕구 개신동 산48	043-261-2622
박 광 민	교수	성균관대 법학과	110-745 서울 종로구 명륜동3가 53	02-760-0359
박 기 석	교수	대구대 경찰행정학과	713-714 경북 경산시 진량면 내리 15	053-850-6182
박 미 숙	연구위원	형사정책 연구원	137-715 서울 서초구 우면동 142	02-3460-5166
박 상 기	교수	연세대 법학과	120-749 서울 서대문구 신촌동 134	02-2123-3005
박 상 진	교수	건국대 법학과	380-701 충북 충주시 단월동 322	043-840-3429
박 수 희	교수	관동대 경찰행정학과	210-701 강원 강릉시 내곡동 522	033-649-7336
백 원 기	교수	인천대 법학과	402-749 인천 남구 도화2동 177	032-770-8328

성 명	직 위	근 무 처	우편번호 / 주 소	직장 / 자택 전화번호
변 종 필	교수	동국대 법학과	100-715 서울 중구 필동3가 26	02-2260-3238
서 거 석	교수	전북대 법학과	561-756 전북 전주시 덕진구 덕진동1가 664-14	063-270-2663
서 보 학	교수	경희대 법학과	130-701 서울 동대문구 회기동 1	02-961-0614
성 낙 현	교수	영남대 법학과	712-749 경북 경산시 대동 214-1	053-810-2623
손 동 권	교수	건국대 법학과	143-701 서울 광진구 화양동 1	02-450-3599
송 광 섭	교수	원광대 법학과	570-749 전북 익산시 신용동 344-2	063-850-6373
신 동 운	교수	서울대 법학과	151-742 서울 관악구 신림9동 산56-1	02-880-7563
신 양 균	교수	전북대 법학과	561-756 전북 전주시 덕진구 덕진동1가 664-14	063-270-2666
심 재 무	교수	경성대 법학과	608-736 부산 남구 대연동 110-1	051-620-4518
심 희 기	교수	연세대 법학부	220-710 강원 원주시 흥업면 매지리 234	033-760-2344
안 경 옥	교수	경희대 법학과	130-701 서울 동대문구 회기동 1	02-961-0517
안 원 하	교수	부산대 법학과	609-735 부산 금정구 산30	051-510-2502
오 경 식	교수	강릉대 법학과	210-702 강원 강릉시 지변동 산1	033-640-2211

성 명	직 위	근 무 처	우편번호 / 주 소	직장 / 자택 전화번호
오 영 근	교수	한양대 법학과	130-791 서울 성동구 행당동 17	02-2220-0994
원 재 천	교수	한동대 법학과	791-708 경북 포항시 북구 흥래읍 남송리 3	054-260-1268
원 혜 욱	교수	인하대 법학과	402-751 인천 남구 용현3동 253	032-860-7937
유 용 봉	교수	한세대 경찰행정학과	435-742 경기 군포시 당정동 604-5	031-450-5272
윤 동 호	교수	부경대 법학과	608-737 부산 남구 대연3동 599-1	051-620-6728
윤 용 규	교수	강원대 법학과	200-701 강원 춘천시 효자2동 192-1	033-250-6517
은 숭 표	교수	신라대 법정학부	617-060 부산 사상구 괘법동 산1-1	051-999-5690
이 경 렬	교수	숙명여대 법학부	140-742 서울 용산구 효창원길 52	02-710-9806
이 경 재	교수	충북대 법학과	361-763 충북 청주시 흥덕구 개신동 산48	043-261-2612
이 경 호	교수	한국해양대 법학과	606-791 부산 영도구 동삼동 1	051-410-4393
이 기 헌	교수	명지대 법학과	120-728 서울 서대문구 남가좌동 50-3	02-300-1534
이 기 호	교수	경찰대학 법학과	446-703 경기 용인군 기흥구 언남동 88	031-283-0232
이 동 희	교수	경찰대학 경찰학과	446-703 경기 용인군 기흥구 언남동 88	031-284-5256

성 명	직 위	근 무 처	우편번호 / 주 소	직장 / 자택 전화번호
이 상 용	교수	명지대 법학과	120-728 서울 서대문구 남가좌동 50-3	02-300-1460
이 승 현	전문 연구원	형사정책 연구원	137-715 서울 서초구 우면동 142	02-3460-5193
이 승 호	교수	건국대 법학과	143-701 서울 광진구 화양동 1	02-450-3597
이 영 란	교수	숙명여대 법학과	140-742 서울 용산구 효창원길 52	02-710-9490
이 용 식	교수	서울대 법과	151-742 서울 관악구 신림9동 산56-1	02-880-7557
이 은 모	교수	한양대 법학과	137-791 서울 성동구 행당동 17	02-2220-2573
이 인 영	교수	백석대 법학부	330-704 충남 천안시 안서동 115	041-620-9529
이 재 상	교수	이화여대 법학과	120-750 서울 서대문구 대현동 11-1	02-3277-3547
이 정 원	교수	경남대 법학과	631-701 경남 마산시 합포구 월영동 산449	055-249-2515
이 정 훈	교수	중앙대 법학과	156-756 서울 동작구 흑석동 221	02-820-5456
이 진 국	연구위원	형사정책 연구원	137-715 서울 서초구 우면동 142	02-3460-5173
이 천 현	연구위원	형사정책 연구원	137-715 서울 서초구 우면동 142	02-3460-5125
이 태 언	교수	부산외대 법학과	608-738 부산 남구 우암동 55-1	051-640-3139

성 명	직 위	근 무 처	우편번호 / 주 소	전화번호 직장 / 자택
이 호 중	교수	한국외대 법학과	131-791 서울 동대문구 이문동 270-1	02-961-4814
장 규 원	교수	원광대 경찰행정학과	570-749 전북 익산시 신용동 344-2 .	063-850-6905
장 영 민	교수	이화여대 법학과	120-750 서울 서대문구 대현동 11-1	02-3277-3502
전 지 연	교수	연세대 법학과	120-749 서울 서대문구 신촌동 134	02-2123-5996
정 승 환	교수	아주대 법학과	443-749 경기 수원시 팔달구 원천동 산5	031-219-2783
정 영 일	교수	경희대 법학과	130-701 서울 동대문구 회기동 1	02-961-9142
정 웅 석	교수	서경대 법학과	136-704 서울 성북구 정릉동 산16-1	02-940-7182
정 준 섭	교수	숙명여대 법학부	140-742 서울 용산구 효창원길 52	02-710-9935
정 진 수	연구위원	형사정책 연구원	137-715 서울 서초구 우면동 142	02-3460-5136
정 행 철	교수	동의대 법학과	614-714 부산 부산진구 가야동 산24	051-890-1363
정 현 미	교수	이화여대 법학과	120-750 서울 서대문구 대현동 11-1	02-3277-3555
조 국	교수	서울대 법학과	151-742 서울 관악구 신림9동 산56-1	02-880-5794
조 병 선	교수	청주대 법학과	360-764 충북 청주시 상당구 내덕2동 36	043-229-8171

성 명	직 위	근 무 처	우편번호 / 주 소	직장 / 자택 전화번호
조 상 제	교수	아주대 법학과	443-749 경기 수원시 팔달구 원천동 산5	031-219-2759
조 준 현	교수	성신여대 법학과	136-742 서울 성북구 동선동 3가 249-1	02-920-7124
조 현 욱	교수	영산대 법률학과	626-847 경남 양산시 웅상읍 주남리 산150	055-380-9493
주 승 희	부연구위원	형사정책연구원	137-715 서울 서초구 우면동 142	02-3460-5192
천 진 호	교수	경북대 법학과	702-701 대구 북구 산격동 1370	053-950-5463
최 병 각	교수	동아대 법학과	602-072 부산 서구 부민동2가 1	051-240-8528
최 병 문	교수	상지대 법학과	220-702 강원 원주시 우산동 660	033-730-0242
최 상 욱	교수	강원대 법학과	200-701 강원 춘천시 효자2동 192-1	033-250-6516
최 석 윤	교수	한국해양대 해양경찰학과	606-791 부산 영도구 동삼동 1	051-410-4238
최 우 찬	교수	서강대 법학과	121-742 서울 마포구 신수동 1	02-705-8404
최 호 진	교수	단국대 법정학부	330-714 충남 천안시 안서동 산29	041-550-3272
탁 희 성	연구위원	형사정책연구원	137-715 서울 서초구 우면동 142	02-3460-5161
하 태 영	교수	동아대 법학과	604-714 부산 서구 부민동2가 1	051-240-8573

성 명	직 위	근 무 처	우편번호 / 주 소	직장 / 자택 전화번호
하 태 훈	교수	고려대 법학과	136-701 서울 성북구 안암동5가 1	02-3290-1897
한 상 돈	교수	영산대 법률학과	626-847 경남 양산시 웅상읍 주남리 산150	055-380-9306
한 상 훈	교수	연세대 법학과	120-749 서울 서대문구 신촌동 134	02-2123-5998
한 영 수	교수	경원대 법학과	461-701 경기 성남시 수정구 복정동 산65번지	031-750-5517
한 인 섭	교수	서울대 법학과	151-742 서울 관악구 신림9동 산56-1	02-880-7577
허 일 태	교수	동아대 법학과	604-714 부산 서구 부민동2가 1	051-240-8516
홍 승 희	부연구위원	형사정책연구원	137-715 서울 서초구 우면동 142	02-3460-5171
황 만 성	부연구위원	형사정책연구원	137-715 서울 서초구 우면동 142	02-3460-5170
황 태 정	교수	경기대 경찰행정학과	443-760 경기 수원시 영통구 이의동 산 94-6	031-249-9337
황 호 원	교수	한국항공대 법학과	412-791 경기 고양시 덕양구 화전동 200-1	02-300-0114

〈변 호 사〉

성 명	직 위	근 무 처	우편번호 / 주 소	직장 / 자택 전화번호
강 민 구	변호사	강민구 법률사무소	425-021 경기 안산 단원구 고잔1동 710 중앙법조빌딩 401호	031-487-3322
강 수 진	변호사	강수진 법률사무소	137-070 서울 서초구 서초동 1573-1 서초프라자 601호	02-3472-9944
강 용 현	변호사	법무법인 태평양	135-723 서울 강남구 역삼동 647-15 한국타이어빌딩 11층	02-3404-0184
곽 무 근	변호사	법무법인 로고스	135-090 서울 강남구 삼성동 159-9 도심공항타워 15층	02-2188-1000
권 광 중	대 표 변호사	법무법인 광장	100-902 서울 중구 남대문로2가 118 해운센터본관 10층	02-2191-3031
금 태 섭	변호사	금태섭 법률사무소	137-070 서울 서초구 서초동 1554-5 한승아스트라빌딩 1304호	02-598-0300
김 동 건	대 표 변호사	법무법인 바른	137-044 서울 서초구 반포4동 51-5 대동빌딩 6층	02-3476-5599
김 동 호	변호사	변호사	611-800 부산 연제구 거제1동 1-24 새마을금고 2층	051-866-6200
김 상 헌	변호사	김상헌 법률사무소	150-721 서울 영등포구 여의도동 20 LG트윈타워 동관 28층	02-3773-0514
김 상 희	변호사	김상희 법률사무소	137-884 서울 서초구 서초동 1702-9 상림빌딩 301호	02-536-7373
김 성 준	변호사	김성준 법률사무소	137-913 서울 서초구 서초3동 서초프라자 602호	02-543-2736
김 주 덕	변호사	법무법인 태일	137-070 서울 서초구 서초동 1709-3 태흥빌딩 4층	02-3481-4200
김 진 환	대 표 변호사	법무법인 충정	137-040 서울 중구 태평로2가 120 신한은행빌딩 9-10층	02-772-2700
서 우 정	부사장 (변호사)	삼성전자	100-742 서울 중구 태평로2가 삼성본관빌딩 11층 법무실	02-751-3490

성 명	직 위	근 무 처	우편번호 / 주 소	직장 / 자택 전화번호
선우 영	대 표 변호사	법무법인 광장	100-902 서울 중구 남대문로2가 118 해운센터본관 10층	02-2191-3022
신 남 규	변호사	법무법인 에이스	135-769 서울 강남구 역삼1동 826-14 KTB네트워크 12층	02-3478-5000
유 병 규	상무이사 (변호사)	삼성SDS	135-918 서울 강남구 역삼2동 707-19	02-3429-2083
유 혁	변호사	삼성전자	100-742 서울 중구 태평로2가 삼성본관빌딩 21층 법무팀	02-721-7170
이 광 재	변호사	이광재 법률사무소	143-825 서울 광진구 구의1동 크레신타워 507호	02-457-5522
이 명 규	변호사	이명규 법률사무소	135-980 서울 강남구 역삼1동 지식재산센터 11층	02-3458-6060
이 용 우	변호사	이용우 법률사무소	135-973 서울 강남구 삼성1동 공항타워 14층	02-2188-1003
이 종 상	상무이사 (변호사)	LG그룹	150-721 서울 영등포구 여의도동 20 LG트윈타워 동관 29층	02-3773-2091
정 진 규	대 표 변호사	법무법인 대륙	110-700 서울 종로구 신문로1가 세안빌딩 5-6층	02-737-2800
조 균 석	변호사	조균석 법률사무소	137-885 서울 서초구 서초동 1713-1 한승아스트라II 303호	02-599-4100
최 근 서	변호사	최근서 법률사무소	137-070 서울 서초구 서초동 1713-4 길도빌딩 504호	02-532-1700
최 정 수	변호사	김&장 법률사무소	110-720 서울 종로구 내자동 223 세양빌딩	02-3703-1114
추 호 경	변호사	추호경 법률사무소	137-885 서울 서초구 서초동 1709-4 영포빌딩 504호	02-591-8008
한 영 석	변호사	법무법인 우일아이비씨	100-714 중구 남대문로5가 541 대우센터빌딩 1101호	02-752-3101

성 명	직 위	근 무 처	우편번호 / 주 소	직장 / 자택 전화번호
홍 석 조	변호사	홍석조 법률사무소	135-995 서울 강남구 논현2동 75-19 삼익빌라 B동	02-511-7475

〈법 원〉

성 명	직 위	근 무 처	우편번호 / 주 소	직장 / 자택 전화번호
권 오 봉	지원장	부산지법 가정지원	611-742 부산 연제구 거제1동 1500	051-590-1114
김 광 태	부장판사	서울중앙지법	137-737 서울 서초구 서초동 1701-1	02-530-1114
김 기 영	판사	특허법원	302-831 대전시 서구 둔산동 1400	042-480-1428
김 대 웅	부장판사	광주지법	501-703 광주 동구 지산2동 342-1	062-239-1114
김 대 휘	부장판사	서울고법	137-735 서울 서초구 서초동 1701-1	02-530-1047
김 용 헌	부장판사	서울중앙지법	137-735 서울 서초구 서초동 1701-1	02-530-1114
김 우 진	재판 연구관	대법원	137-750 서울 서초구 서초로 219 (서초3동 967)	02-3480-1100
김 정 원	교수	사법연수원	411-777 경기 고양시 일산구 호수로 382	031-920-3114
김 희 옥	헌법 재판관	헌법재판소	110-250 서울 종로구 가회로 15 (재동 83)	02-708-3456
김 희 철	판사	서울행정법원	137-744 서울 서초구 서초동 1701-1	02-3479-3083
남 성 민	등기호적 심의관	법원행정처	137-750 서울 서초구 서초로 219(서초3동 967)	02-3480-1100
손 기 식	원장	사법연수원	411-777 경기 고양시 일산구 호수로 382	031-920-3114
신 용 석	지원장	청주지법 제천지원	390-012 충북 제천시 중앙로2가 16-2	043-643-2002
여 훈 구	부장판사	수원지법	443-704 경기 수원시 영통구 원천동 80 (법원1길 69)	031-210-1114

성 명	직 위	근 무 처	우편번호 / 주 소	직장 / 자택 전화번호
윤 병 철	교수	사법연수원	411-777 경기 고양시 일산구 호수로 382	031-920-3114
윤 승 은	판사	서울고법	137-735 서울 서초구 서초동 1701-1	02-530-1114
윤 재 윤	부장판사	서울고법	137-735 서울 서초구 서초동 1701-1	02-530-1114
이 규 훈	판사	광주지법	501-703 광주 동구 지산2동 342-1	062-239-1114
이 민 걸	기획조정 심의관	법원행정처	137-750 서울 서초구 서초로 219 (서초3동 967)	02-3480-1100
이 상 원	판사	서울고법	137-735 서울 서초구 서초동 1701-1	02-530-1114
이 상 철	부장판사	서울중앙지법	137-737 서울 서초구 서초3동 1701-1	02-530-1114
이 승 련	부장판사	전주지법	561-758 전북 전주시 덕진구 덕진동1가 1416-1	063-259-5400
이 재 홍	부장판사	서울고법	137-735 서울 서초구 서초동 1701-1	02-530-1020
이 정 환	판사	인천지법 부천지원	420-704 경기 부천시 원미구 구지길 99 (상동 445-1)	032-320-1114
임 동 규	판사	서울동부지법	143-705 서울 광진구 구의로 406 (자양2동 680-22)	02-2204-2114
전 주 혜	부장판사	광주지법	501-703 광주 동구 지산2동 342-1	062-239-1114
최 동 렬	재판 연구관	대법원	137-750 서울 서초구 서초로 219 (서초3동 967)	02-3480-1100
최 철 환	재판 연구관	대법원	137-750 서울 서초구 서초로 219 (서초3동 967)	02-3480-1100

〈검 찰〉

성 명	직 위	근 무 처	우편번호 / 주 소	직장 / 자택 전화번호
고 흥	부부장 검사	의정부지검	480-706 경기 의정부시 법원길 (가능1동 364)	031-820-4200
권 순 철	검찰 연구관	대검찰청	137-730 서울 서초구 반포로 706 (서초3동 1730-1)	02-3480-2000
권 익 환	지청장	대구지검 상주지청	742-260 경북 상주시 만산동 652-2	054-530-4500
권 태 호	검사	서울고검	137-741 서울 서초구 반포로 707(서초동 1724)	02-530-3114
김 광 준	특수부장	부산지검	611-743 부산 연제구 미남로 11 (거제동 1501)	051-606-3300
김 기 준	부부장 검사	서울남부지검	158-737 서울 양천구 신정1동 313-1	02-3219-4200
김 동 철	부장검사	대전지검 서산지청	356-010 충남 서산시 고운로 49 (동문동 804-8)	041-665-5201
김 영 규	검사	부산지검	611-744 부산 연제구 미남로 11 (거제동 1501)	051-606-3300
김 종 형	검사	창원지검	641-704 경남 창원시 사파동 대방로 101	055-264-3311
문 성 우	검찰국장	법무부	427-720 경기 과천시 관문로 88	02-503-7007
문 영 호	검사장	부산지검	611-743 부산 연제구 미남로 11 (거제동1501)	051-606-3300
박 민 식	검사	서울중앙지검	137-741 서울 서초구 반포로 707 (서초동 1724)	02-530-3114
박 민 표	형사 2부장	서울중앙지검	137-741 서울 서초구 반포로 707 (서초동 1724)	02-530-3114
박 영 관	차장검사	부산고검	611-743 부산 연제구 미남로 11	051-606-3202

성 명	직 위	근 무 처	우편번호 / 주 소	직장 / 자택 전화번호
백 재 명	검사	서울동부지검	143-704 서울 광진구 자양2동 680-22	02-2204-4000
백 창 수	전문 부장검사	서울중앙지검	137-741 서울 서초구 반포로 707 (서초동 1724)	02-530-3114
변 창 훈	부부장 검사	광주지검	501-707 광주 동구 지산동 342-1	062-231-3114
봉 욱	혁신기획 과장	대검찰청	137-730 서울 서초구 반포로 706 (서초3동 1730-1)	02-3480-2000
석 동 현	검사	서울고검	137-741 서울 서초구 반포로 707(서초동1724)	02-530-3114
소 병 철	범죄정보 기획관	대검찰청	137-730 서울 서초구 반포로 706 (서초3동 1730-1)	02-3480-2000
손 기 호	지청장	춘천지검 원주지청	220-963 강원 원주시 학성1동 1008-91	033-742-3003
심 우 정	검사	법무부 검찰과	427-720 경기 과천시 관문로 88	02-503-7047
안 미 영	여성정책 담당관	법무부	427-720 경기 과천시 관문로 88	02-503-7023
안 성 수	부부장 검사	창원지검	641-704 경남 창원시 대방로 101(사파동1)	055-264-3311
오 세 인	공안 2부장	서울중앙지검	137-741 서울 서초구 반포로 707 (서초동 1724)	02-530-3114
원 범 연	교수	사법연수원	411-777 경기 고양시 일산구 호수로 382	031-920-3114
이 건 종	연구위원	법무연수원	446-776 경기 용인시 기흥구 언남동 39	031-286-3500
이 기 배	검사장	수원지검	443-703 경기 수원시 영통구 원천동 80	031-210-4200

성 명	직 위	근 무 처	우편번호 / 주 소	직장 / 자택 전화번호
이 선 훈	부장검사	광주지검 순천지청	540-705 전남 순천시 왕지동 777-1	061-725-8703
이 완 규	검사	서울고검	137-741 서울 서초구 반포로 707 (서초동 1724)	02-530-3114
이 용 주	검사	서울중앙지검	137-741 서울 서초구 반포로 707 (서초동 1724)	02-530-3114
이 훈 규	검사장	대전지검	302-719 대전 서구 둔산동 1390	042-472-9001
전 승 수	검사	대검찰청 미래기획단	137-730 서울 서초구 반포로 706 (서초3동 1730-1)	02-3480-2000
정 구 환	검사	서울고검	137-741 서울 서초구 반포로 707 (서초동 1724)	02-530-3114
정 동 기	차관	법무부	427-720 경기 과천시 관문로 88	02-503-7003
정 석 우	과학수사 담당관	대검찰청	137-730 서울 서초구 반포로 706 (서초3동 1730-1)	02-3480-2000
정 점 식	공안 2과장	대검찰청	137-730 서울 서초구 반포로 706 (서초3동 1730-1)	02-3480-2000
정 진 기	검사	서울중앙지검	137-741 서울시 서초구 반포로 707 (서초동 1724)	02-530-3114
조 상 준	검사	대검찰청 미래기획단	137-730 서울 서초구 반포로 706 (서초3동 1730-1)	02-3480-2000
조 영 수	검사	서울고검	137-741 서울 서초구 반포로 707 (서초동 1724)	02-530-3114
조 은 석	범죄정보 1담당관	대검찰청	137-730 서울 서초구 반포로 706 (서초3동 1730-1)	02-3480-2000
조 희 진	공판 2부장	서울중앙지검	137-741 서울 서초구 반포로 707 (서초동 1724)	02-530-3114

성 명	직 위	근 무 처	우편번호 / 주 소	직장 / 자택 전화번호
차 맹 기	부부장 검사	수원지검 안산지청	137-741 서울 서초구 서초동 1724	02-530-3114
최 교 일	검사	서울고검	137-741 서울 서초구 반포로 707 (서초동 1724)	02-530-3114
최 기 식	검사	서울중앙지검	137-741 서울시 서초구 반포로 707 (서초동 1724)	02-530-3114
최 길 수	검사	서울중앙지검	137-741 서울 서초구 반포로 707 (서초동 1724)	02-530-3114
최 성 진	검사	수원지검	443-703 경기 수원시 영통구 원천동 80	031-210-4200
최 운 식	부장검사	수원지검 평택지청	450-718 경기 평택시 동삭동 245-1	031-657-9401
최 인 호	검사	서울 중앙지검	137-741 서울시 서초구 반포로 707 (서초동 1724)	02-530-3114
최 재 경	중수 1과장	대검찰청	137-730 서울 서초구 반포로 706 (서초3동 1730-1)	02-3480-2000
홍 연 숙	검사	대구지검	706-902 대구 수성구 동대구로 345 (범어2동 458-2)	053-740-3300
황 병 주	검사	청주지검 충주지청	380-062 충북 충주시 교현2동 720-2	043-841-4200
황 철 규	국제 형사과장	법무부	427-720 경기 과천시 관문로 88	02-503-7023

刑事判例研究〔15〕

2007年　9月　1日　初版印刷
2007年　9月　5日　初版發行

編　者　韓國刑事政策研究院
發行人　安　鍾　萬
發行處　博　英　社
서울特別市 鍾路區 平洞 13-31番地
電話　(733) 6771　FAX (736) 4818
登錄　1952. 11. 18.　제1-171호(倫)

www.pakyoungsa.co.kr　e-mail: pys@pakyoungsa.co.kr

ISBN 978-89-10-51225-7
978-89-10-51221-9(세트)

定　價　42,000원

ISSN 1225-6005　15